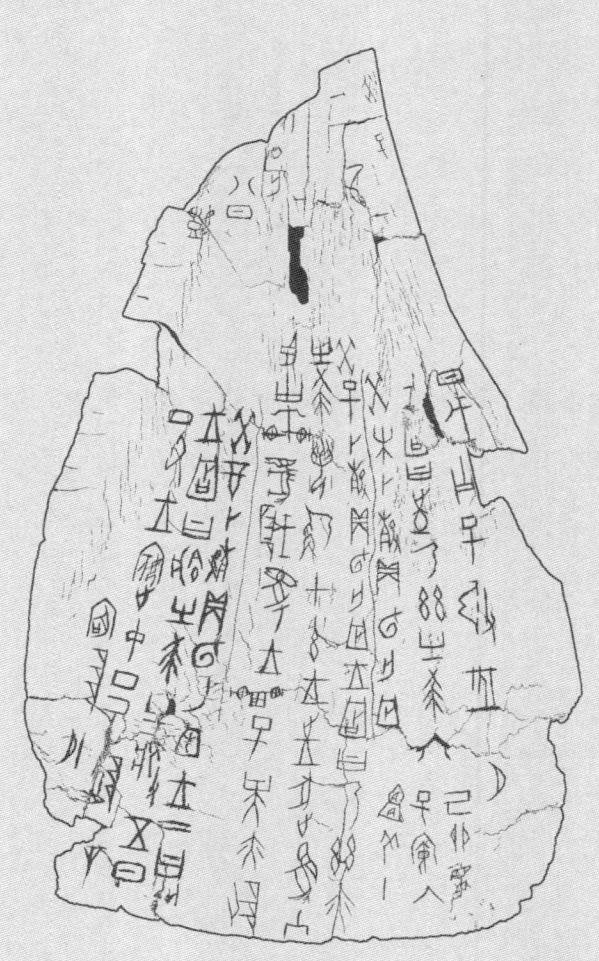

　　本書爲"古文字與中華文明傳承發展工程"項目成果（YWZ-J012），得到教育部語信司和中國文字學會的支持和指導，謹此致謝！

商務印書館（上海）有限公司　出品
The Commercial Press (Shanghai) Co.Ltd

主編 劉釗

副主編 陳劍

甲骨文發現一百二十年來甲骨學論文精選及提要

傳承中華基因

四

商務印書館
The Commercial Press

提 要

目 錄

001	劉　鶚	《鐵雲藏龜》自序	葛　亮　撰	2457
002	孫詒讓	《契文舉例》選	趙　鵬　撰	2460
003	羅振玉	殷商貞卜文字考	趙　鵬　撰	2464
004	王國維	殷卜辭中所見先公先王考　殷卜辭中所見先公先王續考	方稚松　撰	2467
005	王國維	殷周制度論	方稚松　撰	2473
006	王國維	《觀堂集林》選	趙　鵬　撰	2477
007	明義士	殷虛卜辭後編序	王子楊　撰	2481
008	丁　山	釋𤔲　釋𥄂	蔣玉斌　撰	2487
009	徐中舒	耒耜考	蔣玉斌　撰	2491
010	商承祚	釋甲　釋靁	趙　鵬　撰	2495
011	郭沫若	釋五十　釋七十——殷文紀數之一新例	趙　鵬　撰	2497
012	郭沫若	骨臼刻辭之一考察	方稚松　撰	2500
013	郭沫若	釋祖妣	劉　雲　撰	2504
014	董作賓	甲骨文斷代研究例	王子楊　撰	2509
015	容　庚	甲骨文編序	劉　釗　撰	2517
016	唐　蘭	《殷虛文字記》選	劉　雲　撰	2520
017	唐　蘭	［釋斤］	陳　劍　撰	2528
018	唐　蘭	卜辭時代的文學和卜辭文學	蔣玉斌　撰	2530
019	聞一多	釋豕	趙　鵬　撰	2533
020	陳夢家	［釋注　釋丂　釋生月］	陳　劍　撰	2535
021	于省吾	《甲骨文字釋林》選	周忠兵　撰	2538
022	張宗騫	卜辭弜弗通用考	葛　亮　撰	2542
023	胡厚宣	武丁時五種記事刻辭考	方稚松　撰	2545
024	董作賓	［大采、小采］	王子楊　撰	2548

025	張政烺　古代中國的十進制氏族組織	劉　雲　撰	2551
026	貝塚茂樹　伊藤道治　甲骨文斷代研究法の再檢討——董氏の文武丁時代卜辭を中心として（甲骨文斷代研究法的再檢討——以董氏所謂文武丁時代卜辭爲中心）	崎川隆　撰	2556
027	島邦男　禘祀	崎川隆　撰	2559
028	楊樹達　釋追逐	袁倫強　撰	2562
029	胡厚宣　釋殷代求年於四方和四方風的祭祀	周忠兵　撰	2567
030	陳夢家　殷虛卜辭綜述·斷代　上	王子楊　撰	2572
031	李學勤　論殷代親族制度·日名的意義	周忠兵　撰	2578
032	董作賓　甲骨實物之整理	趙　鵬　撰	2583
033	張秉權　論成套卜辭	方稚松　撰	2586
034	金祥恒　釋目	趙　鵬　撰	2594
035	朱芳圃　《殷周文字釋叢》選	袁倫強　撰	2597
036	松丸道雄　殷墟卜辭中の田獵地について——殷代國家構造研究のために（關於殷墟卜辭中的田獵地——爲研究殷代的國家構造）（節選）	崎川隆　撰	2602
037	張光直　商王廟號新考	周忠兵　撰	2605
038	李孝定　讀契識小録·説干	陳　劍　撰	2610
039	許進雄　鑽鑿對卜辭斷代的重要性	周忠兵　撰	2612
040	David N. Keightley（吉德煒）　SHIH CHENG 釋貞：A NEW HYPOTHESIS ABOUT THE NATURE OF SHANG DIVINATION（釋貞：商代占卜本質的新假設）（節選）	崎川隆　撰	2616
041	曾毅公　論甲骨綴合	趙　鵬　撰	2619
042	Paul L-M. Serruys（司禮義）　STUDIES IN THE LANGUAGE OF THE SHANG ORACLE INSCRIPTIONS（商代甲骨文中的語言研究）	崎川隆　撰	2624
043	嚴一萍　殷虛書契前編的三種不同版本	葛　亮　撰	2627
044	于豪亮　説引字	陳　劍　撰	2632

045	David S. Nivison（倪德衛）	THE PRONOMINAL USE OF THE VERB YU(GIǓG: 㞢, 㣇, 㞢, 有)IN EARLY ARCHAIC CHINESE（動詞"㞢、㣇、㞢、有"在早期古漢語中的代詞性用法）	崎川隆	撰	2635
046	李學勤	殷墟甲骨兩系說與歷組卜辭	王子楊	撰	2638
047	白玉崢	殷墟第十五次發掘成組卜甲	蔣玉斌	撰	2648
048	于省吾	釋具有部分表音的獨體象形字 釋古文字中附劃因聲指事字的一例	劉釗	撰	2651
049	郭若愚	釋黽	葛亮	撰	2655
050	林澐	從武丁時代的幾種"子卜辭"試論商代的家族形態	蔣玉斌	撰	2659
051	姚孝遂	商代的俘虜	劉雲	撰	2662
052	王宇信	商代的馬和養馬業	袁倫強	撰	2665
053	張亞初	甲骨金文零釋·釋祇（附 㐬、弖、娚、䶒）	劉雲	撰	2670
054	沈建華	甲骨文釋文二則·釋电	劉雲	撰	2673
055	黃錫全	甲骨文"㞢"字試探	袁倫強	撰	2675
056	陳煒湛	甲骨文異字同形例	方稚松	撰	2679
057	裘錫圭	論"歷組卜辭"的時代	王子楊	撰	2683
058	林澐	甲骨文中的商代方國聯盟	周忠兵	撰	2687
059	常正光	"辰爲商星"解——釋"辰、晨、農"	袁倫強	撰	2692
060	曹錦炎	釋甲骨文北方名	周忠兵	撰	2697
061	裘錫圭	釋"虫"	陳劍	撰	2702
062	姚孝遂	牢宰考辨	劉釗	撰	2705
063	林澐	小屯南地發掘與殷墟甲骨斷代	王子楊	撰	2707
064	胡厚宣	八十五年來甲骨文材料之再統計	葛亮	撰	2712
065	張政烺	殷墟甲骨文中所見的一種筮卦	蔣玉斌	撰	2733
066	姚孝遂 趙誠	小屯南地甲骨考釋·今來翌	王子楊	撰	2736
067	詹鄞鑫	甲骨文字考釋二則·釋慶	袁倫強	撰	2739
068	常玉芝	晚期龜腹甲卜旬卜辭的契刻規律及意義	方稚松	撰	2743
069	黃德寬	卜辭所見"中"字本義試說	方稚松	撰	2746
070	裘錫圭	關於殷墟卜辭的命辭是否問句的考察	蔣玉斌	撰	2749

071	蔡哲茂	釋"🔥""🔥"	陳　劍　撰	2754
072	張玉金	卜辭中表示兩事時間關係的詞的意義和用法	周忠兵　撰	2756
073	高嶋謙一	殷代貞卜言語の本質（殷代貞卜語言的本質）	崎川隆　撰	2760
074	夏含夷	試論周原卜辭囟字——兼論周代貞卜之性質	蔣玉斌　撰	2763
075	劉　桓	釋馘	劉　雲　撰	2767
076	馮　時	殷曆歲首研究	蔣玉斌　撰	2771
077	劉　釗	釋甲骨文耤、羲、蟺、敖、栽諸字	周忠兵　撰	2774
078	彭裕商	賓組卜辭的時代分析	蔣玉斌　撰	2777
079	Jean A.Lefeuvre（雷煥章）	RHINOCEROS AND WILD BUFFALOES NORTH OF THE YELLOW RIVER AT THE END OF THE SHANG DYNASTY：Some Remarks on the Graph 🔥 and the Character 兕（晚商黃河北部的犀牛和野水牛——談談 🔥 形與兕字）	崎川隆　撰	2780
080	冀小軍	説甲骨金文中表祈求義的叀字——兼談叀字在金文車飾名稱中的用法	陳　劍　撰	2783
081	陳漢平	古文字釋叢·釋因	周忠兵　撰	2788
082	沈之瑜	濮茅左　卜辭的辭式與辭序	方稚松　撰	2792
083	孫常敍	雚雀一字形變説	袁倫強　撰	2797
084	蕭良瓊	卜辭文例與卜辭的整理和研究	方稚松　撰	2802
085	劉一曼	安陽殷墟甲骨出土地及其相關問題	葛　亮　撰	2810
086	吴振武	"戉"字的形音義	陳　劍　撰	2816
087	饒宗頤	《甲骨文通檢》田獵篇前言（節選）	葛　亮　撰	2820
088	魏慈德	［子組"又史"卜辭的意義］	蔣玉斌　撰	2824
089	王藴智	出土文獻中所見的"贏"和"龍"	袁倫強　撰	2827
090	趙平安	戰國文字的"遴"與甲骨文"奉"爲一字説	劉　釗　撰	2831
091	常玉芝	黄組周祭分屬三王的再論證	王子楊　撰	2833
092	李宗焜	從甲骨文看商代的疾病與醫療	袁倫強　撰	2835
093	張世超	賓組大字骨版刻辭研究	崎川隆　撰	2841
094	季旭昇	《雨無正》解題	劉　釗　撰	2843
095	喻遂生	甲骨文雙賓語句研究	袁倫強　撰	2846

096	沈　培	殷墟卜辭正反對貞的語用學考察	周忠兵	撰	2850
097	黄天樹	重論關於非王卜辭的一些問題	蔣玉斌	撰	2854
098	宋鎮豪	從新出甲骨金文考述晚商射禮	劉　雲	撰	2859
099	董　珊	試論周公廟龜甲卜辭及其相關問題	葛　亮	撰	2862
100	陳　劍	釋"造"	蔣玉斌	撰	2868
101	方稚松	釋殷墟花園莊東地甲骨中的瓚、祼及相關諸字	王子楊	撰	2871
102	李學勤	汐翁《龜甲文》與甲骨文的發現	葛　亮	撰	2874
103	朱鳳瀚	再讀殷墟卜辭中的"衆"	劉　雲	撰	2878
104	黄天樹	甲骨形態學	趙　鵬	撰	2882
105	郭永秉	談古文字中的"要"字和从"要"之字	劉　雲	撰	2885
106	崎川隆	"字排特徵"的觀察對殷墟甲骨文字體分類研究的重要性	趙　鵬	撰	2889
107	劉一曼　曹定雲	三論武乙、文丁卜辭	王子楊	撰	2891
108	周忠兵	從甲骨金文材料看商周時的墨刑	袁倫強	撰	2895
109	常耀華	甲骨文田獵刻辭性質芻議	劉　雲	撰	2898
110	何毓靈	論殷墟新發現的兩座"甲骨貞人"墓	葛　亮	撰	2901
111	王子楊	甲骨文舊釋"凡"之字絕大多數當釋爲"同"——兼談"凡"、"同"之别	方稚松	撰	2904
112	何景成	試釋甲骨文中讀爲"廟"的"勺"字	方稚松	撰	2907
113	謝明文	説"臨"	劉　釗	撰	2911
114	趙　鵬	殷墟 YH127 坑賓組龜腹甲鑽鑿佈局探析	周忠兵	撰	2913
115	林宏明	賓組骨面刻辭起刻位置研究	趙　鵬	撰	2917
116	張惟捷　宋雅萍	從一版新材料看甲骨文家譜刻辭的真偽問題	葛　亮	撰	2919
117	李春桃	釋甲骨文中的"觴"字	葛　亮	撰	2923
118	蔣玉斌	釋甲骨金文的"蠢"兼論相關問題	劉　雲	撰	2925
119	鄔可晶	釋"穗"	袁倫強	撰	2928
120	孫亞冰	殷墟卜骨的雙兆幹現象	周忠兵	撰	2930

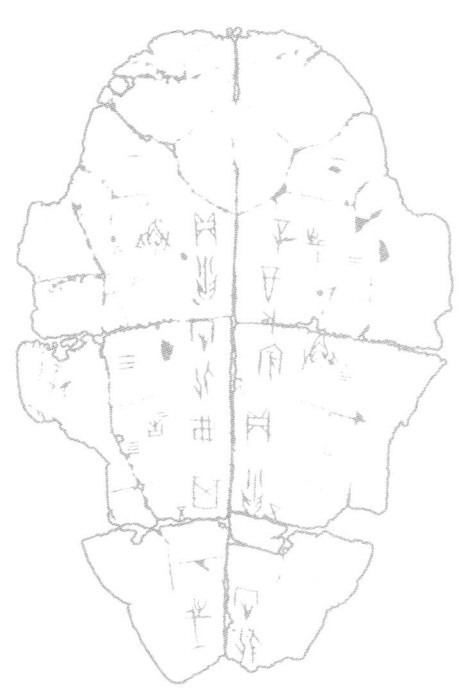

劉 鶚

《鐵雲藏龜》自序

《鐵雲藏龜》，抱殘守缺齋石印本，1903 年；又上海蟬隱廬石印本，1931 年；又臺北藝文印書館翻印本，1954 年；又收入北京圖書館甲骨文研究資料彙編編委會編：《甲骨文研究資料彙編》，北京圖書館出版社，2000 年。

同作於 1903 年的三篇《鐵雲藏龜》序——羅振玉序、吳昌綬序及劉鶚自序——是已知最早的一批甲骨學研究文獻。其中羅序、吳序尚未具體論及甲骨文字，劉鶚自序則釋讀了數十個單字及若干辭例，還根據卜辭中多見日名的現象推定甲骨文爲"殷人刀筆文字"，可謂一百二十年來"甲骨文研究論文"的開山之作。

劉鶚寫定《〈鐵雲藏龜〉自序》的時間是"癸卯九月既望"，即 1903 年 11 月初。根據其《壬寅日記》(1902)[①]，劉鶚開始收購、研究甲骨文的時間當在壬寅十月初，即 1902 年 11 月初。[②] 在短短一年之內，劉鶚不但收購了五千餘片甲

---

① 劉鶚著、劉德隆編：《抱殘守缺齋日記》（影印本），中西書局，2018 年。
② 劉鶚購買、研究甲骨當自壬寅年（1902）王懿榮之子王翰甫"售所藏，清公凤債"始。劉鶚《壬寅日記》從六月初六起有自王翰甫處收購文物的記錄。六月至八月間，劉鶚先後購入王懿榮舊藏之磚瓦、封泥、璽印、古錢、青銅器、碑帖、拓片、印譜等。如《〈鐵雲藏龜〉自序》所言，"龜板最後出"。十月初六，日記中首次出現了與甲骨文相關的內容（"晚間刷龜文，釋得數字，甚喜"），十月初七則有最後一次向王翰甫付款的記錄（"昨日翰輔之四百金取去"）。此後一個月的日記中，又接連出現了五條釋讀、購買、清點甲骨的記載。而十月初六之前，初一至初四的一頁日記恰好被撕去，從殘紙形態看，應該是有人故意爲之（見中西書局影印本第 154 頁）。這四天的日記中很可能就有劉鶚首次收購甲骨之事（參看劉蕙蓀 1982：100—101）。《考古學社社刊》第 5 期（1936）曾刊出《抱殘守缺齋日記》中"購得殷墟甲骨事三條"，卻誤將日記年份由"壬寅（1902）"改爲"辛丑（1901）"。胡厚宣《殷墟發掘》(1955)、陳夢家《殷虛卜辭綜述》(1956)及不少後出論著因此誤將劉鶚開始收購甲骨的年份提前到了 1901 年（參看劉德隆 1989）。

骨，編成了首部甲骨著録書，還提出了不少正確的文字釋讀意見，實屬不易。

《〈鐵雲藏龜〉自序》篇幅不長，卻涉及甲骨學研究中的不少重要問題。全文共 14 段，可分爲六個部分。

第一部分（第 1—2 段），記述甲骨出土及收藏經過。根據劉鶚日記，他很可能是在 1902 年購得王懿榮舊藏之後，才從濰縣估人趙執齋等處間接獲知甲骨出土及流傳情形①，以致《〈鐵雲藏龜〉自序》採用了甲骨出於湯陰等誤説。劉鶚本人收購的甲骨，除自序所記"約過五千片"外，後來又有所增加。現存記録者，還有見於其《乙巳日記》（1904）十月十七之"又買范姓龜骨三百餘片"。

第二部分（第 3—4 段），總説甲骨文發現的意義及釋讀之難。劉鶚所謂以"六書之恉推求鐘鼎"、"以鐘鼎體勢推求龜板"的釋字方法，正符合古文字考釋的基本路徑，也是其釋出成批甲骨文字的主要原因。

第三部分（第 5—7 段），釋讀甲骨卜辭中的幾類關鍵字詞。首先是釋干支，然後通讀以"干支卜"開頭的卜辭。結合下文看，二十二個干支字除"子"、"巳"、"申"、"午"外均已釋出。根據卜辭的一般格式，作者接著討論了所謂"稱問者"四種（實爲貞人名＋"貞"），儘管没有釋對，但從以上三步可以看出，作者已分析出了卜辭前辭的一般結構。

第四部分（第 8—10 段），由象形字較多、習見以天干爲人名的現象，推斷甲骨文爲商代遺物。儘管作者對商周文字的區分並不準確，也没有注意到周初仍有使用日名的現象，但其基本的思路仍是可取的。將甲骨文認定爲"殷人刀筆文字"，當是《〈鐵雲藏龜〉自序》最大的貢獻。

第五部分（第 11 段），釋卜辭習語"虫父卜"（實爲"旬亡囚"）。

據楊澤生（2005）統計，《〈鐵雲藏龜〉自序》共釋讀甲骨文 61 字，其中可能正確的 43 字，錯誤的 18 字，正確的比例已十分可觀（具體各字的甲骨文原形及釋讀的正誤，均參看楊文）。②另據劉鶚《壬寅日記》十月初七"夜作《説龜》數則"、十月十三"晚圈《説文古籀》，悟龜文二字。㠯恐是功字，𦫳恐是晉字"等記載，其所釋甲骨文應多於 61 字。

---

① 劉鶚《壬寅日記》十月二十："巳刻，濰縣趙執齋來，携龜版……"十月廿八："申刻至王孝禹處㘱談，並訪龜板原委，與趙（執齋）説相孚。今早王端士來，其説亦與趙孚。端士云，文敏計買兩次，第一次二百金，第二次一百餘金。孝禹云，文敏處極大者不過二寸徑而已，並未有整龜也。德寶云，有整龜十餘片，共價十七兩，皆無稽之談矣。"
② 如據甘露（2000）統計，《〈鐵雲藏龜〉自序》所釋甲骨文則爲 59 字，其中 8 字無法判定正誤，35 字正確，16 字錯誤。

第六部分（第12—13段），是《鐵雲藏龜》的幾點編纂説明。從中可知作者對龜、骨所作區分，以及在短時間內編輯出版此書的緣由："斯實三代真古文，亟當廣謀其傳……以公同好。"次年（1904）起，劉鶚在《時報》上刊登"《鐵雲藏龜》《鐵雲藏陶》出版廣告"，前後持續約半年。在廣告語中，同樣表達出他對公佈學術資料的看法，其文曰：

> 士生三千年後而欲上窺三代文字，難矣！雖山川往往出鼎彝，十之八九歸諸內府，散在人間十之一二而已。而收藏家又每以保護古器物爲辭，不肯輕易示人。人之所得見者，僅摹刻木版耳。摹刻之精者如《積古齋》《兩罍軒》之類，又復行世甚希，好古者憾焉。

> 近來新學日明，舊學將墜，願與二三同志抱殘守缺，以待將來。故出敝藏古文，拓付石印……①

劉鶚以開放的態度，在短時間內，用當時最先進的印刷手段，使私藏之出土材料化身千萬，並廣爲宣傳，使之儘可能爲學界所用。這些做法，可謂領"新學"之風，且多爲後人所效仿，對其後百餘年的甲骨文研究事業產生了深遠的影響。

（葛　亮　撰）

• 參考文獻

甘　露 2000　《鐵雲藏龜》劉序所釋甲骨文正誤小考，黔西南民族師專學報，第4期。
劉德隆 1989　試論劉鶚對甲骨學的貢獻，天津師大學報（社會科學版），第3期（又載中國書法，1999年第12期）。
劉蕙蓀 1982　鐵雲先生年譜長編，齊魯書社。
任光宇 2019　1904年中國甲骨文發現公告之再發現，文化與傳播，第5期。
楊澤生 2005　甲骨文字研究的開端——劉鶚《鐵雲藏龜》自序略論，漢字研究，第1輯，學苑出版社。

---

① 轉引自劉鶚著、劉德隆整理：《劉鶚集》，吉林文史出版社，2007年，第669頁。參看任光宇（2019）。

孫詒讓

《契文舉例》選

《契文舉例》，吉石盦叢書本一册二卷，1917年（影印1904年稿本）；又上海蟬隱廬石印本，1927年；收入《孫籀廎先生集》（1），藝文印書館，1963年；又收入《羅雪堂先生全集初編》第15册，臺北大通書局影印本，1968年；又樓學禮點校本，齊魯書社，1993年；又收入北京圖書館甲骨文研究資料彙編編委會編：《甲骨文研究資料彙編》，北京圖書館出版社，2000年；又《契文舉例　名原》（程邦雄、戴家祥點校），中華書局，2016年。

孫詒讓主要從金石學的角度考釋甲骨文字，考釋文字多參照《說文》或金文中的同形字。

《月日弟一》主要内容爲釋讀甲骨文中的紀時語，包括紀日的天干地支字和紀月的十二個月份。紀日文中指出甲骨文簡略，多記録有"某日卜"，所以現存文字中日名最多。十天干中，只有"乙巳"兩个字和小篆相同。其餘的天干字都有差異。指出了甲至癸十個天干字在甲骨文中的字形：十、ノ、丙、口、戊、己、帝、平、工、癸。判定的理由爲金文有可確定的同形天干字。指出了十二地支除巳、午以外，子至亥在甲骨文中的字形：子、丑、寅、卯、辰、未、申、酉、戌、亥，判定依據爲金文及《說文》有可確定的同形地支字。其中"子"用字分析有誤，該字形在甲骨中用爲地支字"巳"。指出《説文》子部籀文形，金文有同形字，這是正確的。認爲"巳"、"午"甲骨未見，凵、§兩形爲申，不確，此當是地支"子"和"午"兩字。認爲己似巳字，是否日名無可考，是正確的。把癸釋作癸，把寅釋爲寅、酉釋爲酉、戌釋爲戌等，皆不確。把易日釋作易日，認爲與金文錫同形，這是很正確的，但解釋爲更日、改日，認爲是"吉則不易日，不吉則易日"，不確。從卜辭文例來看，易日當與天氣有關，易、錫當作"賜"講。卜辭紀月的常例是在文中或用小字記在下方直下旁行，正書反書形體不定。例舉了一至五、七至十，以及合文的十一、十二、十三月。認爲十三月爲閏月。根據金文字形確定甲骨文中的六月，修正《説文》"六"字解説之誤。指出卜辭有正月。以上關於卜辭紀月的辭例特徵以及字形的認定都是正確的。但認爲卜辭有正日，所指爲朔日，不確。

《貞卜弟二》中把甲骨文中的𣂺釋作貞。文中指出甲骨文記録占卜時，日名下多爲"某貝"，字形爲𣂺。舊釋問，與字形不符。金文貝與該字形相近，𣂺可能是貝的古文，是問卜用貝爲謝贄，但於卜辭文義不合。引《説文》等文獻認爲貞當卜問講。

孫詒讓把𣂺釋作"貞"是正確的。把𣂺隸作貝，在字形上不正確。從文義上認爲𣂺是貞字的省形，是正確的。認爲國族名𣂺爲貞字變體，不確。從師組"貞"字形爲𣂺、𣂺來看，當爲"鼎"形無疑，𣂺是鼎字的省體。其具體所指，或認爲是問，或認爲是正，至今仍在討論。

《貞卜弟二》又從《説文》亘，象亘回形以及金文宣、䢔、洹等所从的亘形，指出𠄢、𠄢爲亘。

卜辭𠄢，多用爲貞人名，也用爲方國名。卜辭有𠄢、𠄢，即洹字，洹水在汛期會氾濫敦邑，給城邑帶來憂患，對洹水舉行祭祀等，可證𠄢爲亘。

《方國弟七》中認爲羌字皆作𦍌形。《説文·羊部》："羌，西戎羊種也。从羊人，羊亦聲。"指出甲骨羌，从人从羊省。並引金文同形字爲證。《詩經·商頌》鄭箋羌夷狄在西方。商時西羌種族甚盛。

所論羌字形、字義皆確。卜辭羌，从人从羊省，或从系，羊亦聲。賓組、出組多用𦍌形，歷組、何組、無名組、黃組多用𦍌、𦍌形。卜辭有：伐羌、捷羌、牵羌、獲羌、追羌、失羌、以羌、來羌、用羌、多馬羌、羌龍、羌芻等。羌是商代西方的族屬，與商屢有戰事，也爲商王朝做畜牧等事，被用爲祭牲。

唐際根《殷墟西北崗祭祀坑人骨與甲骨文中的"羌"》認爲殷墟王陵區祭祀坑中人骨的同位素水平與商人"族墓地"人骨差別較大，係長期生活在殷墟以外地區的"外地人"，且與同時期我國西部地區人骨的鍶同位素水平接近。顯示殷墟西北崗王陵區祭祀坑中的人骨，應包括大量甲骨文中的"羌"。

《文字弟九》中認爲𦣝是省字。《説文·眉部》："省，視也。"聯繫金文同形字，確知爲省。𦣝，从目生省聲，表省視義。卜辭有省黍、省牛、省田、省廪等，省視者一般爲商王。

《文字弟九》中又認爲 🔲 即《說文》"㐭"字，以甲骨文 🔲（嗇）、🔲（㐭）字形中的"🔲"佐證。孫文將單字㐭與作嗇、㐭偏旁的㐭相聯繫，用偏旁分析的方法正確釋讀出了甲骨文中的"㐭"，也指明其倉廩義。

郭沫若（1933）認爲 🔲 象倉廩之形，指明其造字理據。姚孝遂（1996）指出㐭有作人名。陳劍（2010）補充了"㐭"的一個字形"🔲"，並進一步指出歷組卜辭倉廩之"㐭"和人名"㐭"字皆作"🔲"形。賓組普通用法的倉廩之"㐭"字，一般其寫法較繁（如《合集》9642 🔲，《合集》9643 🔲），作人名用字作較簡略之形（如《合集》5450 🔲、🔲，《合集》5451 🔲），祇有個別的如《合集》583 反倉廩之廩作 🔲。陳文準確地分析了㐭字形的組類差異及詞義關係。

《文字弟九》中把 🔲、🔲 隸爲㐭。但認爲 🔲 从幸从収。《說文·収部》："𢌜，引繒也。从収𦉫聲。"金文借爲擇字。懷疑或爲執之借字。《說文》："執，捕辠也，从丮从幸，幸亦聲。"幸羌，執捕羌眾。

🔲，王襄（1929）認爲是古幸字。葉玉森（1933）隸作幸，釋爲執。董作賓（1945）隸作幸，認爲象手械，即拲字，蓋加於俘虜之刑具也。朱芳圃（1962）指出殷虛出土陶俑有作 🔲 形，象人械其兩手。🔲 爲正面形，其側面當作 🔲，中有二孔，以容兩手，上下用繩束之，上繩繫於頸，下繩繫於腰。字形與實物，恰如形影相應。

🔲、🔲、🔲、🔲，王襄（1929）認爲是古執字。裘錫圭（1993）指出象兩手脫離手梏，應即"釋"之初文，表釋放義。古通，所以金文借爲擇。

孫詒讓認爲 🔲 字形近於金文㐭字形，隸定爲㐭，於字形釋讀有誤。董作賓、朱芳圃從出土陶俑形釋讀出幸字是正確的，是以出土文物識讀古文字字形的典型字例。孫詒讓認爲 🔲 字从幸从収，字形分析是正確的。一直以來學者都認爲該字形爲執字的異寫，直到裘錫圭先生轉換了思考角度，認爲該字象兩手脫離手梏，爲"釋"字初文，並由此解釋了金文擇的用字理據，這個字的字形、字義與相關用字及字音得到了很好的詮釋。🔲 兩手被束之形爲執，🔲、🔲 兩手脫離出 🔲 爲釋。趙平安（2000）把 🔲、🔲 釋作逸、失，更加明確了甲骨文字構字偏旁的位置關係以及方向性所蘊含的表意特徵。另 🔲 基本用於早期（出二、歷二之前）組類，🔲 見於早晚期卜辭。

孫詒讓熟悉金文，在甲骨文發現之初，以金文字形及《說文》小篆、古文、籀文爲橋梁識讀甲骨文字，是釋讀甲骨文字的渠道之一。孫詒讓還關注到把單字與作偏旁的字形相聯繫來釋讀古文字，這些都是難能可貴的。

（趙　鵬　撰）

• 參考文獻

陳　劍 2010　釋"出"，出土文獻與古文字研究，第 3 輯，復旦大學出版社。
董作賓 1945　殷曆譜，中央研究院歷史語言研究所專刊之 23，中央研究院歷史語言研究所（又藝文印書館，1977 年）。
郭沫若 1933　釋畐卣，殷契餘論，文求堂（收入郭沫若全集·考古編，第 1 卷，科學出版社，1982 年）。
裘錫圭 1993　説殷墟卜辭的"奠"——試論商人處置服屬者的一種方法，"中央研究院"歷史語言研究所集刊，第 64 本第 3 分（收入裘錫圭學術文集·古代歷史、思想、民俗卷，復旦大學出版社，2012 年）。
唐際根 2019　殷墟西北崗祭祀坑人骨與甲骨文中的"羌"，第一屆"出土文獻與中國古代史"學術論壇暨青年學者工作坊論文集，上海。
王　襄 1929　簠室殷契類纂，增訂本，河北第一博物院。
王子楊 2011　説甲骨文中的"逸"字，故宮博物院院刊，第 1 期（收入甲骨文字形類組差異現象研究，中西書局，2013 年）。
葉玉森 1933　殷虛書契前編集釋，上海大東書局。
于省吾主編 1996　甲骨文字詁林，中華書局。
趙平安 2000　戰國文字的"遴"與甲骨文"夆"爲一字説，古文字研究，第 22 輯，中華書局（收入文字·文獻·古史——趙平安自選集，中西書局，2017 年）。
朱芳圃 1962　殷周文字釋叢，中華書局。

羅振玉

殷商貞卜文字考

玉簡齋石印本一册，1910年；收入《羅雪堂先生全集三編》第1册，大通書局影印本，1970年；又收入北京圖書館甲骨文研究資料彙編編委會編：《甲骨文研究資料彙編》，北京圖書館出版社，2000年；又收入宋鎮豪、段志洪主編：《甲骨文獻集成》第7册，四川大學出版社，2001年；又收入《殷虛書契考釋三種》上册，中華書局，2006年；又收入羅繼祖主編：《羅振玉學術論著集》第1集，上海古籍出版社，2010年。

《殷商貞卜文字考補正》，原載《考古社刊》第5期，1936年；收入《殷虛書契考釋三種》上册、《羅振玉學術論著集》第1集。

羅振玉《殷商貞卜文字考》是最早的以殷墟甲骨文爲第一手資料綜合研究商代歷史、甲骨文字、甲骨占卜以及卜辭行款的論著，可以看作是"甲骨學"研究的肇端之作。該文分爲四個部分：

第一部分考史，認爲安陽小屯爲武乙之都。論及卜辭所載帝王名謚與《史記》相合的有十五個，可訂正史籍的兩個。提出商代日名爲"生日説"。以卜辭證商代稱年爲"祀"。指出卜辭占卜多爲祭祀和田獵，可見商人尚鬼以及帝王般游無度，由此知商代的興亡得失。

第二部分識讀文字。認爲籀文爲古文。指出古象形字因形示意不拘筆畫的特徵，即古象形之文以肖物形爲主，不拘字畫之繁簡向背，指出羊均象其環角、廣顙，馬均象其豐尾長顱，鹿均象其歧角，豕均象其竭尾，犬均象其修體，龍均象其蜿勢，一見可別，不能相混。而其疏密向背，不妨增損，移易推是例以求之。牢字可从牛从羊。指出甲骨文與金文可相互發明。甲骨文的干支字以及兇、射、夾、改、衆、方、家、郭、周、中、唐、往、齒、册、商、用、自、百、旅、赤、雨、漁、至、黽、車、五、莫、止、逆、追、衛、啟、教、卜、冓、再、受、即、既、來、邑、鄉、斿、禾、鼠、魚、龕、萬、陟、降、簠、得等金文可見。

第三部分卜法。明確了甲骨的占卜過程：一曰貞，有問、正義。二曰契，即鑽鑿。鑽形圓，鑿形橢圓。又有鑽而復鑿者，蓋灼處欲其薄，乃易坼也。並且進一步指出龜甲皆鑿而未見鑽者，骨則鑽者少，鑿者多。此鑽與鑿之別。三曰灼。灼處正當契（鑽鑿）處。四曰致墨，即灼痕留下墨色。五曰兆坼，指出龜卜之事，蓋先取龜之下甲，於其腹之裏面，先鑿爲穴，而不令穿，此之謂契。灼火於穴中，色乃焦黑，此之謂灼與致墨。灼於裏，則縱橫之坼自現於表，此之謂兆。兆之與墨，表裏異地。蓋由於鑿甲，令薄鑿處多爲橢圓形狀。契之刃斜入，故外博而內狹。其狹處，骨尤薄。故由此而得縱坼，又有縱坼而旁出橫坼也。六曰卜辭。指出甲骨刻辭，在兆側。七曰薶藏。指出出土甲骨，一用再用，必待無容契灼之處，而後棄去之耳。八曰骨卜。指出今發現之卜辭刻於龜與骨者殆相半……今殷之卜有骨與龜之異。

第四部分涉及卜辭行款及塗朱塗墨的現象。指出卜辭文字或右讀，或左讀，更有顛倒參錯讀之者。骨器多塗朱塗墨等。

羅振玉確定了安陽小屯爲甲骨發現地，這一點對於甲骨學研究以及中國考古學的發展有著重要意義。在甲骨發現之初，羅振玉的《殷商貞卜文字考》關注到了商史中的王都、商王世系、祭祀與田獵等問題。提出商代日名爲"生日說"，與死日說（王國維 1917）、次序說（陳夢家 1940/1954）、卜選說（李學勤 1957）、死後廟主的分類制度（張光直 1963）等爲當前日名的五種觀點。主要通過參照金文字形識讀甲骨文字，指出了甲骨文文字異形的特點，並對一些動物象形字做出了正確的象形分析。關注到了占卜過程：施加鑽鑿、灼燒、成兆、刻寫卜辭、埋藏等。關注到了卜辭刻寫行款及塗朱塗墨現象。這些可以說是甲骨學作爲一門獨立學科發展的肇端。

（趙　鵬　撰）

• 參考文獻

陳夢家 1940/1954　商王名號考，燕京學報，第 27 期；商王廟號考，考古學報（收入殷虛卜辭綜述，科學出版社，1956 年；中華書局，1988/2004 年）。

董作賓 1951　論商人以十日爲名，大陸雜誌，第 2 卷第 3 期。

李學勤 1957　論殷代親族制度，文史哲，第 11 期。

李學勤 1957　評陳夢家殷虛卜辭綜述，考古學報，第 3 期。

王國維 1917　殷卜辭中所見先公先王考、殷卜辭中所見先公先王續考，上海學術叢刊（收入觀堂集林，烏程蔣汝藻排印本，1923 年；又藝文印書館影印本，1958 年；又中華書局影印本，1959 年；又中華書局新一版，1999 年；又觀堂集林（外二種），河北教育出版社，2001 年；又收入王忠愨公遺書初集，1927 年；又收入海寧王靜安先生遺書，商務印書館，1940 年；又收入二十世紀中國文史考據文錄，上册，雲南人民出版社，2001 年）。

張光直 1963　商王廟號新考，"中央研究院"民族學研究所集刊，第 15 卷（收入中國青銅時代，生活·讀書·新知三聯書店，1999 年）。

王國維

殷卜辭中所見先公先王考
殷卜辭中所見先公先王續考

原收入《上海學術叢編》,1917 年;又收入《觀堂集林》卷九,烏程蔣汝藻密韻樓排印本,1923 年;又收入《王忠慤公遺書初集》,1927 年;又收入《海寧王靜安先生遺書》,商務印書館,1940 年;又藝文印書館影印本《觀堂集林》,1958 年;又中華書局影印本《觀堂集林》,1959 年,以及新一版,1999 年;又收入宋鎮豪、段志洪主編:《甲骨文獻集成》第 20 册,四川大學出版社,2001 年;又收入傅傑編:《二十世紀中國文史考據文錄》(上),雲南人民出版社,2001 年;又《觀堂集林(外二種)》,河北教育出版社,2002 年;又收入謝維揚、房鑫亮主編:《王國維全集》第 8 卷,浙江教育出版社、廣東教育出版社,2009 年。

王國維《殷卜辭中所見先公先王考》和《殷卜辭中所見先公先王續考》皆作於 1917 年,兩篇前後相隔兩個月,可視爲一整體,合而觀之。該文作爲運用"二重證據法"研究中國古史的典範之作,在中國近代學術史上影響深遠。

該文寫作之緣起,王先生在文章前面的敘述中已有交待。1914 年,羅振玉在《殷虛書契考釋》一文中提到了幾條"王亥"之卜辭,王國維以其深厚的文獻功底和文字音韻學知識,指出卜辭中的"王亥"即《山海經》、《竹書紀年》中所說的殷人先公王亥,也即《世本·作篇》之胲、《帝繫篇》之核、《楚辭·天問》之該、《吕氏春秋》之王氷、《史記·殷本紀》和《三代世表》之振、《漢書·古今人表》之垓。這一發現所具有的重大價值使得王先生希望能在甲骨卜辭中找到更多的殷代先公,而王先生也確實在這方面取得了極大創獲。

文中考證的殷代先公有夒(帝嚳)、相土、冥(季)、王亥、王恒、上甲、報乙、報丙、報丁、主壬、主癸共 11 位。其中主壬、主癸，羅振玉《殷商貞卜文字考》已指出，報乙、報丙、報丁，羅振玉雖已辨識，但苦無以證之，王國維以《後》上 8·14 一辭證成之，後在《續考》一文中又將此片與《戩》1·10 綴合（《合集》32384 上、中），開甲骨綴合之先河，有力證明了報乙、報丙、報丁、主壬、主癸釋讀之正確。至於夒（帝嚳）、相土、冥（季）、王亥、王恒、上甲幾位先公之釋讀，則爲王先生所首釋，這其中以王亥、王恒、上甲的考證最爲精彩。作者對王亥與王恒的考訂不僅推動了甲骨卜辭釋讀，於商史研究大有裨益，而且也改變了學界對《山海經》和《楚辭·天問》這類典籍的認識，其影響意義已遠在甲骨之外，參舒鐵（2017）。作者又緣於對報乙 ㇄、報丙 ㇄、報丁 ㇄ 構形之認識，悟出甲骨文中的 ㇄、㇄ 乃上甲之專字。後羅振玉又補充材料補證 ㇄、㇄ 乃上甲之合文。文中對卜辭中季即先公冥的考釋，因有《楚辭·天問》"該秉季德"、"恒秉季德"之語，故也具有一定說服力。至於王先生將一些卜辭中的"土"理解爲"相土"，則不如其舊說理解爲"社"更妥，參陳夢家（1936）。關於卜辭中的 ㇄，王先生在 1917 年的《學術叢編》和 1923 年出版的蔣汝藻排印本《觀堂集林》中所收《先公先王考》及《續考》中都釋爲夋，後在《古史新證》中改釋爲夒，現中華書局影印的《觀堂集林（附別集）》和河北教育出版社出版的《觀堂集林（外二種）》中的《先公先王考》"夋"字條下已據《古史新證》內容改寫。釋 ㇄ 爲夒的觀點現已被學界廣泛認同。不過，卜辭中作爲高祖的夒是否如王先生所說指帝嚳則還有商榷之處。現學者多已指出夒當爲《左傳》昭公二十九年中所說"少皞四叔"中的蓐收，參連劭名（1992）、裘錫圭（2007）。

若將王先生一文所考訂的先公名號與《史記·殷本紀》所載先公名號對照可知，只差契、昭明、昌若、曹圉四位。此後，雖也有學者試圖從卜辭中找出四位先公名，如吳其昌（1933）以"商"爲契，以若爲昌若；董作賓（1933）以 ㇄（兕）爲契；蔡哲茂（2008）以卜辭中的 ㇄（虩）爲契；金祖同（1935）、聞一多（1948）以 ㇄ 爲昭明，丁山（1948）以囧爲昭明；胡小石（1943）以 ㇄ 爲昌若；郭沫若（1933）以王吳爲曹圉。但這些意見多無確證，難以令人信服，參周鴻翔（1958）。附帶說一下，關於"河"是否稱"高祖"的問題，《合集》32028 有"禱禾高祖河"之語，學界或認爲"河"亦屬"高祖"系列，但也有不少學者持反對意見。從同版"河"與"高祖"、"岳"單獨對舉看，"高祖河"一語中的高祖與河之間應點斷，不能連讀。《屯南》916 有"高癸河"的結構，其中的"高"即爲"高祖"，對此，可參朱彥民（2013）。有關甲骨文中的商代先公研究之學術歷程，章秀霞（2019）撰文有所介紹，讀者可參看。

王國維在考釋報乙、報丙、報丁時，根據卜辭中之次序指出《史記》中有關三報之次序記載有誤，認爲上甲、報乙、報丙、報丁、主壬、主癸乃湯有天下後所追名，故先公之次與十日天干之次同。這一意見自提出以來，廣爲學界所認同，被看作是利用出土材料糾正傳世文獻訛誤的一個經典案例。但近年來，侯乃峰（2016）對這一問題提出異議，認爲《史記》中的記載或並無錯誤。他認爲卜辭中的次序僅代表祭祀順序，與《史記》中所載世系或繼位次序有別，兩者性質不同。這一觀點頗具新意，值得重視。不過，從周祭卜辭看，祭祀祖先的順序應該還是根據其繼位次序來確定的，在用五種祀典祭祀祖先時，上甲與大甲之間、小甲與戔甲之間、陽甲與祖甲之間之所以出現空旬，就是因爲每組之間的祖先名按照次序先後無法在一旬之内完成，如上甲與大甲之間的報乙和大乙得安排在兩旬。而大甲與小甲之間、戔甲與陽甲之間無需空旬，是因之間的祖先名可以按順序安排在一旬内完成，具體參常玉芝（1987/2009）。若周祭卜辭不考慮祖先的先後順位，那麼小甲與戔甲之間的大戊、雍己、中丁、外壬按照日名完全可以安排在一旬，但實際是在兩旬，這說明當時肯定是按照繼位先後祭祀，而不是根據日名先後。而周祭卜辭中明確是按照報乙、報丙、報丁順序來祭祀，故我們以爲王國維所提觀點應是正確的。

在先王方面，之前羅振玉《殷商貞卜文字考》和《殷虛書契考釋》中已釋出大乙、大丁、卜丙、大甲、大庚、小甲、大戊、中丁、卜壬、祖乙、祖辛、祖丁、南庚、羊甲、盤庚、小辛、小乙、武丁、祖庚、祖甲、康丁（康祖丁）、武乙、文丁（文武丁①）。王先生在《先公先王考》中指出卜辭中的"唐"即湯，並對羅振玉所說的大乙和羊甲說有所補充；文中認爲卜辭乃盤庚自帝乙時所刻，故無帝乙、帝辛之名，未見的僅有仲壬、沃丁、雍己、河亶甲、沃甲、廩辛六帝，而這些應是屬於名亡而實存，包含在卜辭中的祖某、父某、兄某稱謂中了，這一意見也十分中肯，文中對《前》1·19·3（《合集》22188）中"三祖庚"即盤庚，《後上》3·10（《合集》36260）等片中的"四祖丁"即祖丁之判斷都正確可從；不過，其對《後》上4·16（《合集》27439）中的"帝甲"爲沃甲說則不確，裘錫圭（1985）指出此版的帝甲當爲祖甲。《續考》一文正確釋出了卜辭中的"毓"，認爲卜辭中的毓祖乙爲武乙；並根據《太平御覽》所引《竹書紀

---

① 卜辭中的"文武帝"亦指文丁，參常玉芝（1980）。

年》指出卜辭中的"中宗祖乙"即祖乙；在"商先王世數"一節中指出《殷本紀》所記商王世數較爲可靠，有商一代共有17世，其中祖乙當爲中丁之子，非河亶甲之子。

繼羅、王之後，在商代先王名號研究取得成績的有：董作賓（1933）糾正了王國維毓祖乙爲武乙之誤，指出毓祖乙當爲小乙（郭沫若亦有此說），並根據甲骨斷代指出《甲》2589中的"兄辛"爲廩辛；郭若沫（1933）糾正了羅、王的羊甲爲陽甲之誤，正確指出"陽甲"在卜辭中當作"𢓊甲"，所謂的"羊（𦍌）甲"對應的乃是史書中的"沃甲"，卜辭中的"戔甲"爲河亶甲；吳其昌（1934）考釋出了卜辭中的雍己；胡厚宣（1944）指出卜辭中的"下乙"亦指祖乙；方靜若（1948）釋出了卜辭中的𡴀爲"小甲"合文；至於"帝乙"，則見於商代金文四祀必其卣、坂方鼎和西周甲骨H11：1中，稱之爲"文武帝乙"。在世系方面，學者多據周祭卜辭對史書中的記載有所糾正，具體可參常玉芝（1987/2009）；近年來，吳俊德（2007）、裘錫圭（2012）指出戔甲（河亶甲）非中丁之弟，而是祖乙之兄，與祖乙當爲一世，《古今人表》中"祖乙爲河亶甲弟"的記載是可信的。

（方稚松　撰）

• 參考文獻

蔡哲茂 2005　契生昭明辨，東華漢學，第3期。

蔡哲茂 2009　說殷人的始祖——"㝅"（契），高明教授百歲冥誕紀念學術研討會，臺北政治大學（又發表於中國社會科學院歷史研究所先秦史研究室網站，http://www.xianqin.org/blog/archives/1851.html，2010年2月10日；又復旦大學出土文獻與古文字研究中心網站，http://www.gwz.fudan.edu.cn/Web/Show/1090，2010年2月24日）。

常玉芝 1980　說文武帝——兼論商末祭祀制度的變化，古文字研究，第4輯，中華書局（又見商代周祭制度，社會科學出版社，1987年；增訂本，綫裝書局，2009年）。

陳夢家 1936　古文字之商周祭祀，燕京學報，第19期（又見殷虛卜辭綜述，科學出版社，1956年）。

丁　山 1948/1997　卜辭所見先帝高祖六宗考，文史，第43輯。

董作賓 1933　甲骨文斷代研究例，中央研究院歷史語言研究所集刊外編第一種　慶祝蔡元培先生六十五歲論文集上冊（收入董作賓先生全集甲編，第二冊，藝文印書館，1977年；又收入劉夢溪主編，中國現代學術經典·董作賓卷，河北教育出版社，1996 年）。

方静若 1948　屮爲"小甲"合文説，上海中央日報文物周刊（又載中國文字，新 4 期，藝文印書館，1981 年）。

郭沫若 1933　卜辭通纂，文求堂（收入郭沫若全集·考古編，第 2 卷，科學出版社，1983 年）。

韓江蘇　江林昌 2010　商代史卷二·《殷本紀》訂補與商史人物徵，中國社會科學出版社。

侯乃峰 2016　《史記·殷本紀》"三報"世系次序再議，歷史研究，第 4 期。

胡厚宣 1944　卜辭下乙説，甲骨學商史論叢初集，齊魯大學國學研究所專刊（又甲骨學商史論叢初集［外一種］，河北教育出版社，2002 年）。

胡小石 1943　卜辭中的羔即昌若説，國立中央大學文史哲季刊，第 1 卷第 2 期（收入胡小石論文集三編，上海古籍出版社，1995 年）。

黄奇逸　彭裕商 1982　釋小甲，古文字研究論文集，四川大學學報叢刊，第 10 輯。

金祖同 1935　殷虚卜辭講話，中國書局。

李學勤 2005　一版新綴卜辭與商王世系，文物，第 2 期。

連劭名 1992　甲骨刻辭叢考，古文字研究，第 18 輯，中華書局。

林宏明 2004　從一條新綴的卜辭看歷組卜辭的時代，古文字研究，第 25 輯，中華書局。

劉　桓 1989　釋䖵，殷契新釋，河北教育出版社。

裘錫圭 1985　甲骨卜辭中所見的逆祀，出土文獻研究，文物出版社（收入裘錫圭學術文集·甲骨文卷，復旦大學出版社，2012 年）。

裘錫圭 2007　釋《子羔》篇"銫"字並論商得金德之説，簡帛，第 2 輯，上海古籍出版社（收入裘錫圭學術文集·簡牘帛書卷，復旦大學出版社，2012 年）。

裘錫圭 2012　《醉古集》第 207 組綴合的歷組合祭卜辭補説，古文字研究，第 29 輯，中華書局。

舒　鐵 2017　學術轉型視野下的《山海經》與民國古史研究——以王國維王亥考證爲中心，史林，第 6 期。

聞一多 1948　聞一多全集·古典新義，開明書店（又聞一多全集·10，湖北人民出版社，1993 年）。

鄔可晶 2019　"夒"及有關諸字綜理，商周金文與先秦史研究論叢，科學出版社。

吴俊德 2007　殷墟《屯》4050＋《屯補》244 新綴卜辭新探，臺大中文學報，第 26 期。

吴其昌 1933　卜辭所見殷先公先王三續考，燕京學報，第 14 期。

吴其昌 1934/2008　殷虚書契解詁，武漢大學出版社。

章秀霞 2019　甲骨文所見商代先公研究 120 年回眸，中國社會科學報，10 月 21 日。

周鴻翔 1958　商殷帝王本紀，香港（收入甲骨文獻集成，第 20 册，四川大學出版社，

2001年)。

朱芳圃 1947　殷卜辭中所見先公先王再續考,新中華,復刊第 5 卷第 4 期。

朱彥民 2013　論殷卜辭中"河"的自然神屬性,黃河文明與可持續發展,第 5 輯,河南大學出版社。

王國維

殷周制度論

原收入《上海學術叢編》,1917年;又收入《觀堂集林》卷十,烏程蔣汝藻密韻樓排印本,1923年;又收入《王忠慤公遺書初集》,1927年;又收入《海寧王靜安先生遺書》,商務印書館,1940年;又藝文印書館影印本《觀堂集林》,1958年;又中華書局影印本《觀堂集林》,1959年,以及新一版,1999年;又收入宋鎮豪、段志洪主編:《甲骨文獻集成》第20冊,四川大學出版社,2001年;又收入傅傑編:《二十世紀中國文史考據文錄》(上),雲南人民出版社,2001年;又《觀堂集林(外二種)》,河北教育出版社,2002年;又收入謝維揚、房鑫亮主編:《王國維全集》第8卷,浙江教育出版社、廣東教育出版社,2009年。

王國維《殷周制度論》寫作於1917年9月,是在其完成《殷卜辭中所見先公先王考》及《續考》後又一篇運用"二重證據法"研究中國古代歷史的經典之作。如果說《先公先王考》是作者利用出土材料解決古史問題的一次微觀考察,屬於個案研究,《殷周制度論》則是作者利用出土材料解決殷周制度問題的一次宏觀概括,屬於整體關照。後者所討論問題之複雜重大、內容之廣度深度都遠超前者。該文論證條分縷析,鞭辟入裏;行文洋洋灑灑,大氣磅礴,"於考據之中,寓經世之意"①。

文章開頭第一句話即直陳觀點:"中國政治與文化之變革,莫劇於殷周之際。"爲論證這一觀點,作者由表及裏,由淺入深。先從表面的都邑、地理入手,指出"自五帝以來,政治文物所自出之都邑,皆在東方。惟周獨崛起西土","以地理言之,則虞、夏、商皆居東土,周獨起於西方,故夏、商二代文化

---

① 《王國維全集·書信》,中華書局,1984年,第214頁。

略同"。在闡述了這一表象之後，作者開始上升到深層次的制度文化方面，文中提到："殷周間之大變革，自其表言之，不過一姓一家之興亡與都邑之移轉；自其裏言之，則舊制度廢而新制度興、舊文化廢而新文化興。"

　　文中詳細分析了周人制度異於商者的三個方面：一是立子立嫡之制，二是廟數之制，三是同姓不婚之制。這其中"嫡庶制"最爲重要，宗法喪服之制，封建諸侯之制皆由此生。作者在這方面花費筆墨最多，論證最爲詳盡。文中層層推進，首先指出殷商以前無嫡庶之制，因作者之前在《先公先王考》一文中已利用甲骨卜辭材料證實了《史記》中關於商王世系記載之可信，故此處作者通過對《史記·殷本紀》中商王世系的考察，得出如下結論：商人繼統法以兄終弟及爲主，以父子相承爲輔助，舍弟傳子之法，實自周始。然後作者由子繼之法到嫡庶之制，論證了立子立嫡之法乃周人改制之最大者，有周一代之禮制皆由此出。嫡庶之制起而宗法與喪服之制生。商人無嫡庶之制，故不能有宗法；周人嫡庶之制本爲天子、諸侯繼統法而設，復以此制通之大夫以下，則不爲君統而爲宗統，於是宗法生焉。作者通過對《儀禮·喪服》中的內容分析得出喪服制度亦當是嫡庶制產生後的結果。接著，作者又分析了"爲人後者爲之子"亦是嫡庶制之產物。商王中以弟繼兄者，仍尊崇其父；但周代若兄弟相繼，則其地位相當於所繼之兄之子。此部分最後作者又對與嫡庶之制相輔相成的封建諸侯之制進行了論述。

　　在宗廟之制方面，作者認爲商人祭法繁複，無遠邇之殊，無尊卑之分，無毀廟之制，不合尊尊、親親二義；而周人以尊尊之義經親親之義而立嫡庶之制，又以親親之義經尊尊之義而立廟制。在男女之別方面，周亦較前代嚴格，男子稱氏，女子稱姓，同姓不婚之制皆自周人始。

　　在論述完殷周三大制度之別後，作者做了很好的總結，文中說道："是故有立子之制而君位定，有封建子弟之制而異姓之勢弱、天子之位尊。有嫡庶之制，於是有宗法、有服術，而自國以至天下合爲一家。有卿、大夫不世之制，而賢才得以進。有同姓不婚之制，而男女之別嚴。且異姓之國，非宗法之所能統者，以婚媾甥舅之誼通之。於是天下之國，大都王之兄弟、甥舅，而諸國之間亦皆有兄弟、甥舅之親，周人一統之策實存於是。"

　　制度定則典禮成，所謂周人"經禮三百，曲禮三千"，皆有上述周人所定之制度生。作者認爲周人爲政之精髓即在於：使天子、諸侯、大夫、士各奉其制度、典禮，以親親、尊尊、賢賢，明男女之別於上，而民風化於下，此之謂治。反是，則謂之亂。天子、諸侯、大夫、士者，民之表也；制度、典禮者，道德之器也。文章最後指出商代之滅亡即在於紀綱廢、道德隳，殷周之興亡，乃有德與無德之興亡。

該文甫一發表，即引起學界轟動，郭沫若譽稱是"一篇轟動了全學界的大論文，新舊史家至今都一樣地奉以爲圭臬"。文中所討論的諸多問題引起學界廣泛關注，提出的觀點也引起學界廣泛討論，特別是有關商代嫡庶制、宗法制、分封制的問題，學界至今在認識上還存有一定爭議。王玉哲（1956）、鄭慧生（1984）、晁福林（1989）、葛志毅（1996）等學者讚成王國維所説商代無嫡庶和宗法，而胡厚宣（1944）、趙錫元（1980）、裘錫圭（1984）、楊升南（1985）、吳浩坤（1989）、常玉芝（1992）等學者則持反對意見，認爲商代已有嫡庶制和宗法制。關於商代是否存有分封制，也有學者持肯定態度，如胡厚宣（1944）、李雪山（2004）等。總之，《殷周制度論》一文所開創的商周史研究諸多問題至今仍是學界關注之焦點，文中所提出的諸多觀點至今仍具有重要的學術價值，對此，可參看沈長雲（1997）、周書燦（2012）等文的相關評述。

（方稚松　撰）

• 參考文獻

常玉芝 1992　論商代王位繼承制，中國史研究，第 4 期。
晁福林 1989　關於殷墟卜辭中的"示"和"宗"的探討，社會科學戰綫，第 3 期。
陳　贇 2015　晚年王國維的學術轉向及其對中西文化的再認識，杭州師範大學學報（社會科學版），第 4 期。
成祖明　趙亞婷 2018　重新檢視王國維的《殷周制度論》——走出王國維的"二重證據法"，社會科學戰綫，第 8 期。
葛志毅 1996　商周王位繼承制度新探，盡心集，社會科學出版社。
胡厚宣 1944　殷代封建制度考，甲骨學商史論叢初集，齊魯大學國學研究所專刊。
胡厚宣 1944　殷代婚姻家族宗法生育制度考，甲骨學商史論叢初集，齊魯大學國學研究所專刊。
李學勤 1957　論殷代親族制度，文史哲，第 11 期（收入李學勤早期文集，河北教育出版社，2008 年）。
李雪山 2004　商代分封制度研究，中國社會科學出版社。
裘錫圭 1983　關於商代的宗族組織與貴族和平民兩個階級的初步研究，文史，第 17 輯，中華書局（收入裘錫圭學術文集·古代歷史、思想、民俗卷，復旦大學出版社，2012年）。

沈長雲 1997　論殷周之際的社會變革——爲王國維誕辰 120 週年逝世 70 週年而作，歷史研究，第 6 期。

王玉哲 1956　試論商代"兄終弟及"的繼統法與殷商前期的社會性質，南開學報（哲學社會科學版），第 1 期。

吳浩坤 1989　商朝王位繼承制度論略，學術月刊，第 12 期。

楊升南 1985　從殷墟卜辭中的"示"、"宗"説到商代的宗法制度，中國史研究，第 3 期。

張富祥 2011　重讀王國維《殷周制度論》，史學月刊，第 7 期。

趙錫元 1980　論商代的繼承制度，中國史研究，第 4 期。

鄭慧生 1984　從商代無嫡妾制度説到它的生母入祀法，社會科學戰綫，第 4 期。

周書燦 2012　《殷周制度論》新論——學術史視野下的再考察，清華大學學報（哲學社會科學版），第 5 期。

王國維

《觀堂集林》選

原收入《觀堂集林》，烏程蔣汝藻密韻樓排印本，1923年；又收入《王忠愨公遺書初集》，1927年；又收入《海寧王靜安先生遺書》，商務印書館，1940年；又藝文印書館影印本《觀堂集林》，1958年；又中華書局影印本《觀堂集林》，1959年，以及新一版，1999年；又收入宋鎮豪、段志洪主編：《甲骨文獻集成》第20册，四川大學出版社，2001年；又收入傅傑編：《二十世紀中國文史考據文錄》（上），雲南人民出版社，2001年；又《觀堂集林（外二種）》，河北教育出版社，2002年；又收入謝維揚、房鑫亮主編：《王國維全集》第8卷，浙江教育出版社、廣東教育出版社，2009年。

王國維是早期甲骨文研究的代表人物之一，在商史研究及甲骨文字考釋方面多有創獲。如《説珏朋》、《釋昱》、《釋旬》、《釋西》、《釋牡》、《釋禮》等。

《説珏朋》認爲玉、貝皆貨幣。甲骨文"寶"字從玉從貝，可能是商代玉貝的功用相同。小玉、小貝穿繫起來，玉爲珏，貝爲朋。珏朋古爲一字。文中認爲一串玉的"丰"、兩串玉的"丰丰"都是珏字。"丨"、"丨丨"象其繫。以朋友的朋從珏從朋，認爲珏、朋一字。貝玉五枚一繫，合二繫爲一珏，若一朋。玉十爲珏。五貝一繫，二繫一朋。

王文認爲丰丰爲珏字，"丨"、"丨丨"象其繫，玉兩繫爲一珏，貝兩繫爲一朋，是正確的。但認爲丰、丰丰都是珏字，不可取。丰當如羅振玉指出的爲玉字。王文認爲珏、朋古一字丰丰，不確。甲骨卜辭有：取玉（《合集》4120）、取珏（《合集》826）。丰丰當是某種規格的玉。冂則用於表貝的量。卜辭有：貝十朋（《合集》29694）、貝二朋（《掇三》731）。倗（倗）字只從冂，不從丰丰。所以，珏和朋是兩個不同字，意義也不同。

《釋昱》將卜辭𐅁、𐅂、𐅃三形釋爲昱。通過文獻語句排比，小盂鼎"粵若𐅃乙亥"，《王莽傳》"越若翊辛丑"，《尚書》"越若翌乙卯"，認爲"𐅂"當釋爲"翌"。從而指出，其字从日、从立，與《説文》訓明日之昱同。詞義方面，認爲卜辭諸昱字，什九指明日，亦有指第三、第四日，比《説文》明日之訓稍廣。字形方面，認爲𐅁象毛髮鼠鼠形，鼠，借爲昱，是個兩聲字。在卜辭中又用爲祭名，指明日又祭。

王文認爲𐅁、𐅂、𐅃三形爲一字，指出了與"翌"的關係，所指爲明日或第三、第四日，又用爲祭名。這些都是正確的。但字形分析方面，認爲𐅁爲鼠字，假借爲昱，則不確。

王襄（1920）指出"丁酉卜貞昱壬寅"中"翌"用於第五日。葉玉森（1933）認爲其字多肖蟲翼或鳥翼形。王襄（1961）認爲《尚書·金縢》"王翌日乃瘳"，翌取象於蟬翼，疑爲翼之本字，借爲翌日字。吳其昌（1959）指出翌又用於第六、八、十日。饒宗頤（1959）認爲翌有二義，定指明日，不定指明日以後之任何一日。張秉權（1959）指出𐅂祇見於前四期卜辭，是較早的一種形體，𐅃祇見於後三期卜辭是較晚一些的寫法。𐅁五期都有，沒有顯著的時代性。只有在用法上，最初只用於紀時，稍晚則兼用紀時和祭名。許進雄（1968）、常玉芝（1987/2009）認爲翌祀爲五祀之首。唐蘭（1981）認爲是羽字，象羽形，紀時之稱，猶言來，指出與卜辭"來干支"的關係。姚孝遂（1985）認爲次日以後的十日之内稱"翌"，十日以外的"干支"日稱"來"。關於"今翌"陳夢家（1988）和温少峰、袁庭棟（1983）認爲是最近的下季，饒宗頤（1959）認爲指今日和翌日，另有沈培（2006）可以參看。

翌多認爲是"翼"的象形初文，甲骨中用假借義。表時間時，"翌日"指稱第二日，"翌干支"多指第二天，也可用於指即將到來的某個干支日，該義項無名組多用𐅃形。作祭名時，"翌日"，"翌上甲"表示某種祭祀，該義項出組多用𐅂形。

《釋旬》把𐅄釋爲旬。劉鶚（1903）、孫詒讓（1927）釋虫（虺）。王國維《釋旬》聯繫金文"金十𐅄"，《説文》鈞，古文"𐅅"，从旬字，由鈞的字形，指出𐅄爲旬字。又通過卜辭辭例"𐅄㞢二日"，證其爲旬字。指出卜辭凡"貞旬"皆癸日卜，殷人以自甲至癸爲一旬，而於此旬之末卜下旬吉凶，猷《易》"旬無咎"。《説文》勹即旬字。

王文中以金文及《説文》古文字形爲依據，指出𐅄爲旬字，卜辭自甲至癸爲一旬，癸日卜下一旬的吉凶。這些觀點都是正確的。但認爲《説文》勹爲旬字，不確。

《釋西》據《說文》"西，日在西方而鳥棲，象鳥在巢上"釋作西，認爲象鳥巢形。

釋西正確。西，方向名詞，常用辭例爲"自西"、"西方"、"西土"等。卜辭中賓組多用⌘形，歷組、無名組、黃組、花東子組多用⌘形。⌘、⌘爲同一容器類物品敞口與閉口的兩種形態，⌘爲⌘的簡體形式。

《釋牡》認爲⌘是《說文》的牡字，畜父，並認爲牡不從土聲，當從士聲，士，指男子。牡從士，同與牝從匕。

牡，雄性動物，與牝相對。甲骨字形有從牛、羊、豕、馬、鹿、麃、宰等，加⊥形，⊥表雄性生殖器官，亦可看作聲符，爲形聲兼會意字。卜辭凡牡、牪、豺均用爲祭牲名。豺、豺是花東甲骨中出現的祭牲名。駐出現在花東甲骨中馬匹的交易。⌘所在卜辭殘缺，不好確定是祭牲名，很可能是地名。

《釋禮》認爲《說文》禮，"所以事神致福也，從示從豐，豐亦聲"，"豐，行禮之器也，從豆象形"。殷墟卜辭有豐字，古丰、玨同字。以⌘、⌘一字爲證，認爲⌘、⌘一字，是豐字所從的⌘。甲骨文"出"字形體有⌘、⌘來看，古凵、口一字，證明⌘可作⌘、⌘形。豐是其繁文，象二玉在器之形。古者行禮以玉。豐從玨在凵中，從豆爲會意。盛玉以奉神人之器謂之⌘、若豐，推之而奉神人之酒醴亦謂之醴。又推之而奉神人之事通謂之禮。卜辭的"醴禮"，"醴"從酒，則豐假爲酒醴字。後來分化爲兩字。

王文把⌘、⌘釋作豐字是正確的。但是以⌘、⌘一字來證⌘、⌘一字，又甲骨凵、口一字，證明⌘、⌘、⌘一字，象二玉在器中形。這個遞進的論證過程並不合適。

林澐（1985）辨析了豐、豐兩個字形，認爲二字從壴，而非從豆。豐從玨，是會意字。豐從丰，是形聲字。⌘是不同於"豐"的另外一個字。裘錫圭（1980）認爲"豐"從壴從玉，表示大鼓的"豐"字。林澐（2018）再一次辨析了豐、豐字形的不同，認爲⌘可能是豐字。

甲骨文"豐"，字形從玨從壴，多見於歷組、無名組卜辭。可以作名詞和動詞，二者可能是名動相因的關係。作名詞有：用＋新豐/舊豐/茲豐/玉豐。從辭例上看，可能是指某種祭祀、禮儀，也可能是指某種祭祀物品。作動詞即舉行某種祭祀、禮儀，或使用某種物品。豐，多用作人名或地名，未見豐與豐出現在相類辭例中，不好確定是一個字。

王國維考釋甲骨文字主要以《説文》和金文爲橋梁。通過後世的相關字形追溯到商代的甲骨文，同時注重把考釋之字代入卜辭，通讀全辭。但因爲所處時代較早，甲骨在很多方面的研究都没有展開，在論證以及聯繫字形等方面有不妥之處。

（趙　鵬　撰）

• 參考文獻

常玉芝 1987　商代周祭制度，中國社會科學出版社（又綫裝書局，2009 年）。
陳夢家 1956　殷虚卜辭綜述，科學出版社（又中華書局，1988、2004 年）。
林　澐 1985　豊豐辨，古文字研究，第 12 輯，中華書局（收入林澐學術文集，中國大百科全書出版社，1998 年）。
林　澐 2018　豊豐再辨，古文字研究，第 32 輯，中華書局。
劉　鶚 1903　鐵云藏龜・序，抱殘守缺齋石印出版。
裘錫圭 1980　甲骨文中的幾種樂器名稱——釋"庸""豐""鞀"，中華文史論叢，第 2 輯，上海古籍出版社（收入古文字論集，中華書局，1992 年；又收入裘錫圭學術文集・甲骨文卷，復旦大學出版社，2012 年）。
饒宗頤 1959　殷代貞卜人物通考，香港大學出版社。
沈　培 2006　關於殷墟甲骨文"今"的特殊用法，古文字研究，第 26 輯，中華書局。
孫詒讓 1927　契文舉例上，蟫隱廬印行。
唐　蘭 1981　殷虚文字記，中華書局。
王國維 1917　戩壽堂所藏殷虚文字考釋，上海倉聖明智大學。
王　襄 1929　簠室殷契類纂，增訂本，河北第一博物院。
王　襄 1961　古文流變臆説，龍門聯合書局。
温少峰　袁庭棟 1983　殷墟卜辭研究——科學技術篇，四川省社會科學院出版社。
吴其昌 1959　殷虚書契解詁，藝文印書館。
許進雄 1968　殷卜辭中五種祭祀的研究，臺灣大學文學院。
姚孝遂 1985　小屯南地甲骨考釋，中華書局。
葉玉森 1933　殷虚書契前編集釋，上海大東書局。
張秉權 1957—1972　殷虚文字丙編，"中央研究院"歷史語言研究所。

007 明義士

殷虛卜辭後編序

> 李學勤:《小屯南地甲骨與甲骨分期》附,《文物》1981 年第 5 期;又《明義士對一坑卜骨的整理》,《社會科學戰綫》2008 年第 9 期,後收入《通嚮文明之路》,商務印書館,2010 年;後手寫稿正式刊入曾毅公編著:《殷虛卜辭後編考釋》,文物出版社,2016 年。

明義士的第一本甲骨文著録書《殷虛卜辭》發表於 1917 年,收録甲骨 2369 版,全部採用摹本形式。後來,明氏購入出土於小屯村中張學獻菜園中的整坑甲骨,並聘請拓工劉殿臣專門傳拓,編排裝訂,名之爲《殷虛卜辭後編》。這篇"序言"就是專門爲《殷虛卜辭後編》而作的。遺憾的是,這部書稿以及序言在明氏生前並未出版。1972 年,許進雄先生把明氏家屬捐贈給加拿大安大略博物館的甲骨拓本進行了系統整理,去僞拼綴,重新編號,仍然命名爲《殷虛卜辭後編》,由台灣藝文印書館出版。這批甲骨材料自然包括了前面提到的張學獻菜園整坑甲骨 300 餘版,但面貌已經跟明氏最初編排的《殷虛卜辭後編》大不相同。顯然,作爲本書的整理者,許進雄先生並未看到明氏寫下的這篇序言。

最早公佈這篇序言的是李學勤先生。李先生曾經 50 年代在曾毅公住處見過這篇序言的中文翻譯稿,並且當場手抄一份。後來在 1981 年發表的《小屯南地甲骨與甲骨分期》一文後附上了這篇序言(《文物》1981 年第 5 期,第 33 頁)。2008 年,李先生在《明義士對一坑卜骨的整理》一文中再次引述了此篇序稿全文(刊於《社會科學戰綫》2008 年第 9 期,第 101—102 頁;後收入《通嚮文明之路》第 84—92 頁,商務印書館,2010 年)。2015 年冬天,明氏這篇序言連同曾毅公先生爲整坑甲骨撰寫的釋文手稿出現在中國書店秋拍會上,被劉波先生拍下。2016 年,這篇序言連同曾先生的釋文手稿由文物出版社影印出版(《殷虛卜辭後編考釋》，文物出版社，2016年）。至此，我們才看到這篇序言中文手稿的真容。把李先生先前公佈的序言跟手稿本對勘，確實如李先生所言，"無一字之差"。

明氏這篇序言非常簡短，主要是對這坑甲骨所作整理的記錄。明氏首先按照卜辭內容將全部甲骨分爲兩個部分，一部分關於田獵、游行之事，另一部分涉及祭祀之事。然後祭祀部分又按照時代先後，分爲"甲屉"和"丙屉"兩個集合，甲屉、丙屉各分爲七（甲屉無甲屉一）。其中甲屉二至甲屉四盛放的卜骨爲武丁時期，理由是"武丁稱小乙爲父乙，母爲母庚；羊甲爲父甲，般庚爲父庚，小辛爲父辛"。也就是説，排在甲屉二至甲屉四的諸版卜骨，卜辭內容多含有以上稱謂組合，可以根據稱謂系統把它們斷在武丁時期。甲屉五至甲屉七以及丙屉一，時代定在祖庚時期，理由也是稱謂，這些卜骨有一部分含有"父丁"，這是祖庚稱呼父親武丁的，"可决屬於祖庚時代"。同時，明氏也注意到字體特徵，"其字形爲大"，不少没有父丁稱謂的卜骨，參照相同字體也分在了這個區間。丙屉二、丙屉三爲祖甲時期，這些卜骨中有"父丁"、"兄己"、"兄庚"等稱謂組合，"祖甲稱武丁爲父丁，孝己爲兄己，祖庚爲兄庚"，同時"此時代之字體，變爲小而細整"。丙屉四、丙屉五爲康祖丁時期，丙屉六、丙屉七爲武祖乙時期。爲了明晰，可以把上述文字表格如下：

	/	/	/		丙屉一	3189—3219	祖庚時期
甲屉	甲屉二	3051—3076	武丁時期	丙屉	丙屉二	3220—3239	祖甲時期
	甲屉三	3077—3095	武丁時期		丙屉三	3240—3263	祖甲時期
	甲屉四	3096—3126	武丁時期		丙屉四	3264—3293	康祖丁時期
	甲屉五	3127—3145	祖庚時期		丙屉五	3294—3329	康祖丁時期
	甲屉六	3146—3161	祖庚時期		丙屉六	3330—3354	武祖乙時期
	甲屉七	3162—3187	祖庚時期		丙屉七	3355—3381	武祖乙時期

以上就是此篇序言的主要內容。李學勤（2008/2010）對這篇序言有很好的研究，提出了不少真知灼見。李先生指出："明義士對他所收藏的這一坑甲骨，由分期的角度做了整理，取得了當時屬於前沿性的成果。""明氏所分甲屉二至丙屉一，大致相當現在説的歷組卜辭。其甲屉二、三、四略當我們的歷組一類，甲屉五、六、七及丙屉一略當歷組二類。明氏的丙屉二至七，大致相當現在説的無名

組卜辭。"上述概括高屋建瓴，很有理論高度。李先生當時僅僅依靠明義士的講義《甲骨研究》一書列舉的《殷虛卜辭後編》的編號，進而查證藝文印書館出版的《殷虛卜辭後編》拓片，就獲得了上述認識，確實發人所未發，已經把明義士在甲骨分期上取得的成果完全揭示出來了。現在，文物出版社又影印出版了曾毅公為明義士編次的甲屜、丙屜卜骨所做的釋文，使我們有條件依照釋文編號按圖索驥，分別在後來許進雄編次的《殷虛卜辭後編》中找到對應的拓片，從而可以精確還原出明氏當時對這批甲骨的整理編排情況，甚至可以復原出明氏最初編定的《殷虛卜辭後編》一書的原貌。也唯有如此，才能透過明氏簡短的序言，得以窺見明氏關於早期甲骨分期斷代的意見，從而對明氏在甲骨分期斷代方面做出的成就給予客觀公正的評價。下面我們就在李先生的基礎上，再做一個比較細微的探究，希望對理解這篇序文有所幫助。

誠如李先生所言，明氏對這批甲骨的分期斷代，已經達到了當時最為科學的水平。即使放在當前的甲骨分期斷代研究中，明氏的這些意見也並未完全過時。先說明氏斷定為武丁時期的甲屜二至甲屜四卜骨。李先生認為甲屜二至甲屜四略當我們今天的歷組一類。核查我們復原出來的三屜卜骨拓本，總數為 73 片（其中 3066 號曾毅公並未隸寫釋文，難以索查；3060 號未能找到對應的拓本），絕大多數都屬於今天的歷組二類，共計 52 片，占到 71.23%，而歷組一類只有 16 片，占 21.92%，此外還有師歷間類、歷無名間類、屮類各 1 片，無名類 2 片。總體來說，甲屜二至甲屜四卜骨主體部分當是歷組二類卜辭。我們知道，有少數含有"父乙"稱謂的歷組二類卜辭，其時代可以早到武丁晚期。由於明氏主要按照稱謂進行斷代，再加之當時並無精確的字體分類理論，因此，他把歷組一類和歷組二類卜辭混在一起是不可避免的。甲屜五至甲屜七以及丙屜一卜骨，確實如李先生所言，大致相當於今天的歷組二類卜辭。這幾屜卜骨幾乎都是歷組二類，歷組一類偶爾可見，但數量相當少（當然也不可避免混入極少量的歷無名間類、師歷間類等卜辭）。僅從歷組一類卜辭的數量上看，甲屜二至甲屜四遠遠多於甲屜五至甲屜七以及丙屜一，這是比較合理的編排，昭示著歷組一類卜辭的時代要早於歷組二類，這是被後來的分類斷代實踐充分證明了的。

再看丙屜二至丙屜七卜骨。李先生指出大致相當於今天的無名組卜辭，這大致是不錯的。如果仔細排比這六屜卜骨拓本，還會發現比較有意思的現象。丙屜二、丙屜三明氏認為是祖甲時代之物；丙屜四、丙屜五明氏認為是康祖丁之物；

丙屉六、丙屉七明氏認爲是武祖乙之物。考察我們復原出來的這幾屉卜骨拓本發現，丙屉二絕大多數是今天我們說的歷無名間類卜辭，占73.68%，無名類卜辭僅有1片，占5.26%；丙屉三歷無名間類卜辭數量明顯下降，占33.33%，而無名類卜辭數量上升，占54.17%；丙屉四，歷無名間類卜辭數量進一步下降，占13.33%，無名類繼續上升，占73.33%；丙屉五歷無名間卜辭僅2見，占5.71%，而無名組占94.29%；丙屉六、丙屉七都是無名類卜辭。從這些統計可以看出，在明氏心中，被我們稱爲歷無名間類的那類卜辭的時代要早於無名類卜辭的。

把明氏對這批甲骨的整理情況略作分析總結，可以看出明氏對村南系甲骨的分期斷代意見。明氏認爲，含有"父乙"、"母庚"稱謂、字體婉轉纖細的卜骨時代屬於武丁時期，"父乙"、"母庚"是武丁對生父、生母"小乙"和"妣庚"的稱呼。這一類卜骨今天我們稱作歷組一類卜辭。含有"父丁"、"兄己"一類稱謂，字體粗大的卜骨時代屬於祖庚時期，"父丁"是祖庚對生父"武丁"的稱呼，"兄己"是祖庚對其兄長孝己的稱呼。這一類卜骨今天一般稱作歷組二類。含有"父丁"、"兄己"、"兄庚"，字體"小而細整"的卜骨時代屬於祖甲時期，"兄己"、"兄庚"是祖甲對其兄長孝己、祖庚的稱呼。這一類卜骨今天我們稱作歷無名間類卜辭。含有"父甲"、"祖丁"、"兄辛"的卜骨，時代屬於康祖丁時期。"父甲"是康丁對生父祖甲的稱呼，"祖丁"是康丁對祖父武丁的稱呼，"兄辛"是康丁對其兄長廩辛的稱呼。這一類卜骨今天稱作無名類卜辭。按照時代先後順序把上述各類卜辭排列出來，即：歷組一類→歷組二類→歷無名間類→無名類。明氏就是大致按照這個順序編次這批卜骨的，而這個演進序列也正是現在我們對全部村南系甲骨卜辭時代的總體認識。

明氏對一些卜骨時代的判定時有錯誤，也經常把不同時代、不同字體類別的卜骨混在一起，這是甲骨分類斷代初期必然出現的狀況，實在不能苛求。但是他對村南系卜骨時代的總體把握、對不同類組卜辭的前後順序的判定則是完全正確的。同時，明氏已經開始運用字體和稱謂系統來給卜骨進行分類，開創了字體分類的先河，這都是需要特別注意的。尤其是明氏最早正確指出，村南系卜骨中含有"父乙"、"母庚"稱謂，字體婉轉纖細的卜骨時代屬於武丁時期；含有"父丁"、"兄己"一類稱謂，字體粗大的卜骨時代屬於祖庚時期。這已經把我們今天稱作"歷組卜辭"的時代比較正確地揭示出來了，這是十分難得的，一般也被認爲是明氏在甲骨斷代研究領域的最大貢獻。遺憾的是，後來的董作賓（1933）發表著名的《甲骨文斷代研究例》没有採納這一正確意見（很可能没有看到），主張"歷組卜辭"的時代屬於文武丁時期，從而把無名類卜辭排在歷組卜辭之前。這一學説統治了學術界近四五十年之久，直到李學勤（1977）以殷墟婦好墓的發掘爲契機，發表《論"婦好"墓的年代及有關問題》這篇名文，提出"歷組卜辭其實是武丁晚年到祖庚時期的卜辭"這一著名論斷，使得學界重新考慮歷組卜辭的真正時代。後來，裘錫圭（1981）、林澐（1984）、李先登（1982）、彭裕商（1983）、黄天樹（1991）等都陸續撰文，支持李説。現在，雖然有學者仍然堅持董説，但大部分學者已經取得共識，歷組卜辭的時代已經不再是一個問題了。回顧這段學術史，我們要清楚地知道，早在1928年，明氏已經把歷類、歷無名間類、無名類卜辭（只是那個時候没有這個稱呼）的時代和先後順序講清楚了。從這個角度看，明氏這篇序言在甲骨分期斷代史上具有極其重要的地位。李先生較早指出歷組卜辭時代應該提前至武丁至祖庚時期，想必或多或少受到了明氏這篇序言的影響。

　　明義士是較早收集和研究甲骨的外國學者，除了在甲骨分期斷代方面取得的成果之外，還對商王世系進行了系統的研究，這部分成果刊布在他在齊魯大學的講義《甲骨研究初編》之中（後以《甲骨研究》爲名正式出版，齊魯書社，1996年）。明氏繼王國維之後較早利用甲骨卜辭跟《史記·殷本紀》、《古本竹書紀年》等材料進行綜合研究，最早指出祖乙非河亶甲之子，乃中丁之子，言外之意，戔甲可能是祖乙之兄（明義士1996：75）。這個意見比張光直（1980）提出該説要早出很多年。又如通過對相關卜辭梳理後指出，甲骨文戔甲即《殷本紀》之河亶甲，羌甲即《殷本紀》之沃甲，兔甲即《殷本紀》之陽甲（明義士1996：83—90）。這個結論跟郭沫若《卜辭通纂》提出的完全相同，且幾乎同時。另外，明氏也比較早注意到，只有有子即位爲王的先王，其配偶才能進入周祭卜辭。他説："凡有赫祭傳嫡子者，未傳嫡子者不記配偶。故凡見赫祭配偶者，顯然爲一世。"（明義士1996：70）

　　本提要提交出版社後，我們看到付振起先生發表的《〈殷虚卜辭後編〉初探》一文（宋鎮豪主編：《甲骨文與殷商史》新9輯，上海古籍出版社，2019年），研究方法與我們相同，請讀者參考。

（王子楊　撰）

參考文獻

黃天樹 1991　殷墟王卜辭的分類與斷代，文津出版社。
李先登 1982　關於小屯南地甲骨分期的一點意見，中原文物，第 2 期。
李學勤 1977　論"婦好"墓的年代及有關問題，文物，第 11 期。
李學勤 2008　明義士對一坑卜骨的整理，社會科學戰綫，第 9 期。
李學勤 2010　通嚮文明之路，商務印書館。
林　澐 1984　小屯南地發掘與殷墟甲骨斷代，古文字研究，第 9 輯，中華書局。
明義士 1996　甲骨研究，齊魯書社。
彭裕商 1983　也論歷組卜辭的時代，四川大學學報（哲學社會科學版），第 1 期。
裘錫圭 1981　論"歷組卜辭"的時代，古文字研究，第 6 輯，中華書局。
曾毅公 2016　殷虛卜辭後編考釋，文物出版社。
張光直 1980　商文明，耶魯大學出版社。

008 | 丁 山

釋🅰 釋🅱

原載《中央研究院歷史語言研究所集刊》第 1 本第 2 分,1930 年;收入宋鎮豪、段志洪主編:《甲骨文獻集成》第 11 册,四川大學出版社,2001 年。

丁山(1901—1952)在甲骨學方面的著作,常被提起的是其遺著《甲骨文所見氏族及其制度》、《商周史料考證》等。二書均側重古史研究,丁氏並不以考釋文字名家。本書選録他 1929 年寫成、次年發表的兩篇短文,原來也僅是《說🅲》(考爲"古國之名")一文的附録。但由於所釋"疾、瘵"兩字常用而且重要,在甲骨文字考釋發明史上,丁氏的意見是必定要提的。

甲骨文中常見的🅰、🅱,早期甲骨學者没有釋"疾"的。孫詒讓釋"瘵",王襄釋"疥"。羅振玉所釋雖有"疾"字,乃就"𤕫"形言之,當據金文"𤕫(疾)畏(威)"之"疾"釋出。①彼時羅氏不識🅰、🅱,引用時尚照摹原形。②

丁山考釋🅰、🅱形,首先指出孫、王之說或於形體不合,或於辭例不通。進而認爲散點象血液,"爿本象大版,亦象斧依",全形表示"人體流血,倚版寢息",應釋爲"疾"。以此"驗諸所卜各辭,亦無不怡然順理"。他釋"疾"的意見,爲絶大多數學者接受。

丁氏考釋此形,力圖從字形演變鏈條中尋求關鍵形體,作爲定點上推,這種思路值得肯定,也是古文字考釋的重要方法。文章將🅰形與《說文》篆形🅳聯繫起來,聯繫的中間環節,使用的是秦兩詔橢量刻辭"丞相斯、去疾"的"疾"

---

① 羅振玉:《增訂殷虚書契考釋》,卷中,羅振玉著,羅繼祖主編、王同策副主編:《羅振玉學術論著集》,第一集,上海古籍出版社,2010 年,第 291—292 頁。
② 同上書,卷下,第 352、384 頁等。

字。丁氏將此"疾"字摹寫作𠆜，看起來很像是从"人"。胡厚宣（1943）引丁說摹作𠆜；《甲骨文字詁林》轉録丁文時寫作𠆜，所从直接就是"人"形了。若按上述摹寫的"疾"形，便能直接聯繫甲骨文形體。

但覆按拓本，丁氏此一證據其實大有問題。《銘圖》18835—18840 收録兩詔橢量較全，各器中"疾"字作：

18840 不清①

其中首尾兩例不清，不過前者爲 1982 年江蘇東海出土，後者爲近年首陽齋入藏、公佈，皆無可能爲丁文所據。丁氏的𠆜形摹自中間四例中的某形，而且很不準確。這四形中，儘管有的筆畫不清，但相互比較，能看出諸形均爲从"疒"从"矢"②，跟《説文》篆形的結構没有差别。因此，也就不能用來直接證明甲骨文形體即《説文》"疾"字。丁氏的考釋方法值得稱道，但證據本身並不能成立。

丁氏對"疾"字構形的理解也多不可信。其將散點看作血點，舉了包含散點的"祭"字、"毓"字等作爲輔證，但這些散點的功能是否一致、是否適合對"疾"的解釋，其實無法確定；他按金石學舊説，把"爿"看作大版/斧依，也是不對的。葉玉森等學者指出"爿"乃古文"牀"字，正確可從；而胡厚宣據"宿"字指出"疾"象人卧於牀上，則真正將該字的主要構形説清（兩説並見胡厚宣 1943）。"疾"爲了書寫方便，才豎寫騰空。③丁文中不認識或誤釋的文字也很多，例如"㞢"誤釋"之"，普通名詞"子"釋爲"巳"，"害"字、"緩"字都不認識；疾病卜辭中多見的"肩興"，前一字不識，後一字誤釋"與"，完全不能獲知準確意義。"敦其有疾／敦亡疾"本是就敦這個人有無疾病作的對貞，丁文也分別誤解爲命卜和吉凶既判之語。在這樣的釋讀水平下認出"疾"字，實屬難得。

附帶説一下，釋"疾"意見的提出要追溯到丁山，但學者有時不太追究丁説原意，可能有一些誤解。如孫海波謂"丁山釋疒"（《甲骨文字詁林》第 3096 頁）。實際上丁文完全未提到"疒"，而是直接釋"疾"。較早釋"疒"的是楊樹達，他説"疒既象人有疾病倚箸之形，自含疾義，疒、疾文雖小異，義實無殊"，

---

① 其中 18838 一件，《通鑒》换了更清晰的拓片，此據《通鑒》截圖。
② 參看王輝主編《秦文字編》"疾"條，中華書局，2015 年，第 1207 頁。
③ 參看陳劍：《甲骨金文舊釋"䵼"之字及相關諸字新釋》，《出土文獻與古文字研究》第二輯，復旦大學出版社，2008 年，第 26 頁。

乃釋爲"疒"後，從意義上將其與"疾"溝通。所以李孝定説："至丁氏釋疾始得發其意藴，然於字形猶小有未合。楊氏釋疒，於字形辭義無不允當，其説塙不可易也。"（參看李宗焜2001）

但是，爲何説"疒"就是"疾"而不是其他？于省吾（1979：319—321）曾揭出，甲骨文有些"疒"相當於古書訓"急"的"疾"，這恐怕是少有的連接"疒"、"疾"的實證。西周早期文字中"疾"作 （山西洪趙甲骨）、 （《銘圖》13299否叔卣），一般認爲是甲骨文中"疒"、"矢"兩形的合併。小篆乃至今文字中的"疾"就是由此變來的。

總之，丁山釋出"疾"字，可謂卓識，但其證據和論證都有一些問題；不同時期多位學者接力研究，才基本實現"完全釋字"。

丁山《釋 》一文釋出"寢（夢）"字，是巧妙運用已知信息考釋未識字的成功案例。

在丁氏之前，該字被釋爲"瘳"、"瘣"、"疒"（孫詒讓1904、葉玉森1923，王襄1920，董作賓1929，參松丸道雄　高嶋謙一1993：230、于省吾1996：3106）。作者注意到睡夢之"夢"在《説文》中寫作"寢"，"从宀、从疒，夢聲"；而"夢"（訓"不明也"）"从夕、瞢省聲"，"瞢"則"从苜、从旬"。其中共有的部件"苜"篆形作 。《説文》又説"蔑"字"从苜、人，从戍"，而"蔑"字金文作 、甲骨文作 （王襄1920年的《簠室殷契類纂》已釋出），丁氏因此"以蔑之偏傍變化測 右之 ，可斷其爲夢之最初形"。這是利用字形的歷史比較和甲骨文字系統中同一形體的繫聯，確立了考釋 的字形依據。至於" "，則解釋爲人所倚卧，正是睡夢情境中的要素。睡夢"形誼已著，奚用從宀哉？夢從苜，不明之誼亦足，奚用從夕哉？"也就是説，《説文》"寢"篆所从的"宀"、"夕"，均可看作贅加的義符，由此就很自然地把 考釋爲"寢"之初形。

丁氏從已經確認的這種"夢"字寫法出發，又根據"卜辭文法比勘"，指出該字幾種異體，這種認同工作也是非常重要的。

"夢"是常用字，該字釋出使一大批卜辭得以解讀。董作賓先生曾説："貞卜的事類，現在所知道的，不過一個概畧，有許多因字不可識，文不可通而無從歸類的，正還不少。例如一個寢字，經了丁山先生的認識而我們才知道應添上'卜夢'一類。"[①]丁説的重要性可見一斑。

---

① 董作賓：《大龜四版考釋》事類考二，《安陽發掘報告》第三期，1931年，第425頁。

儘管丁氏釋"寢（夢）"的觀點無誤，但考釋還是比較粗疏，對有些現象的看法不夠準確或是錯誤的：1.同前篇一樣，還不能確切認識"爿"就是床形；2.卜辭"鬼夢"丁氏認爲猶言"畏夢"、"懼夢"，但實際上指一種噩夢；3.該篇最後討論"寢父"，以爲是對武丁夢得之傅説的尊稱。此説得到董作賓的贊同與補充（《甲骨文斷代研究例》）。原辭爲王的占辭，本作"㞢（有）求（咎），㞢（有）寢"，所謂"寢父"是一個字，表示不好的意義，根本不可能是人名。

關於甲骨文中貞夢之辭，宋鎮豪（2006）有全面的搜集研究；關於"夢"字異體以及構形解釋等，近年謝明文（2016）的討論很詳細，可以參看。

（蔣玉斌　撰）

參考文獻

胡厚宣 1943　殷人疾病考，學思，第 3 卷 3、4 期（收入甲骨學商史論叢初集，成都齊魯大學國學研究所專刊，1944 年）。
李宗焜 2001　從甲骨文看商代的疾病與醫療，"中央研究院"歷史語言研究所集刊，第 72 本第 2 分。
宋鎮豪 2004　商代的疾患醫療與衛生保健，歷史研究，第 2 期。
宋鎮豪 2006　甲骨文中的夢與占夢，文物，第 6 期。
謝明文 2016　説寢與蔑，出土文獻，第 8 輯（收入商周文字論集，上海古籍出版社，2017 年）。
于省吾 1979　釋广、疒，甲骨文字釋林，中華書局。

徐中舒

耒耜考

原載《中央研究院歷史語言研究所集刊》第 2 本第 1 分，1930 年；又《農業考古》1983 年第 1、2 期；收入《徐中舒歷史論文選輯》（上），中華書局，1998 年；又收入宋鎮豪、段志洪主編：《甲骨文獻集成》第 26 册，四川大學出版社，2001 年；又收入傅傑編：《二十世紀中國文史考據文録》（上），雲南人民出版社，2001 年；又收入徐中舒：《徐中舒論先秦史》，上海科學技術文獻出版社，2008 年；又收入徐中舒：《古器物中的古代文化制度》，商務印書館，2015 年。

《耒耜考》是徐中舒先生（1898—1991）的代表作之一，也是古文字、古史研究中的名作。原發表於 1930 年的《史語所集刊》；鑒於其對農史研究的重要作用，《農業考古》經徐先生同意，在 1983 年分兩期特地重新發表。

該文從古代農具耒耜入手，結合古文字字形資料、考古實物資料和古書記載，探討了耒耜的形制、演變、通行地域及相關的古代耕作情況等。文章很長，内容也極爲豐富。作爲提要，先對文章大旨作一撮述。全文共分七個部分：

一　文字上的耒。通過分析甲金文"耤"字，指出其中ㄎ等爲耒的象形寫法；金文⼿象手秉耒之形，小篆"耒"形即由此訛變而來。復以從"力"的"男、劦"等字證明，認爲"力字即象耒形（惟省去下端歧出形），力耒古同來母，於聲亦通"。又指出⼿、⼿（釋爲"丽、麗"）也從"耒"。金文中"男、勒"從力，也有力上加手形的，即"耒"；"嘉、靜"從力加手形，也即從"耒"。而"利、勿、方"三字亦包含"力"。

二　耒的形制。首先根據第一部分對"耒"字、偏旁"耒"及從"耒"形孳乳諸字的考察，歸納出"耒形上端鉤曲，下端分歧"的特徵，作爲推測古耒形制的出發點。引武梁祠石室刻神農手執耒耜圖及鄭玄注證之。指出古錢圓足布、方足布、尖足布者，即古農具的仿製品；推論耒的演變，由木製變爲金屬製，由歧頭變爲平刃，由平首變爲空首。

三　文字上的耜及其形制。認爲"㠯"即"耜"的初文，"厶與私亦當爲耜引申之字"。日本奈良正倉院藏有子曰手辛鋤（758年）即古代耜之遺制。錢幣中的磬幣、橋幣即耜的仿製品。最初的犁，即爲此種耜形的放大，戴於木上，其形如冠，故稱犁冠，字或作錧，混言曰犁，析言曰犁冠。近代犁即由漢晉犁冠演變而來。

四　耒耜通行的區域。結合前舉若干資料，討論耒耜使用範圍。

五　耒耜名稱的混淆。耒耜二物本有明顯分別，但向來注家都以耒爲耜上句木、耜爲耒下入土的杴或金。古文字中的部件ㄢ即耒之倒文，而"耜"字從耒、ㄢ，即耒耜相混淆之證，在文字上可見其混淆之久。至於爲什麽相混，徐文解釋爲："在東方還没有金屬製的農具時，耜的特點，即所以異於耒者，自是其下端之金。因而謂耒爲木，謂耜爲金。後來東方的耒，也採用金屬製了，耒耜又混爲一名，於是就以耜上句木爲耒，耒下金（或杴）爲耜。"

六　古代耕作情況。也就是耒耜等農具如何使用的問題。由舉足而耕、同時用手推發，談到耦耕之制。

七　牛耕的興起與耒耜的遺存。認爲牛耕的開始，不得在戰國初期以前。牛耕盛行以後，耒耜退居於輔助農具的地位，亦未至全然絶迹。杴、鏟、鍬、耩爲耒的遺制；長鑱、鋒及前述之日本子曰手辛鋤，爲耜的遺制。

該文開頭説："雖是一兩件農具的演進，有時影響所及，也足以改變全社會的經濟狀況，解決歷史上的困難問題。"文章很好地做到了這一點，是多重考證、小中見大的典範之作。

這一研究方法，從徐中舒（1987）的自述中能清晰看到其背景與來源：

> 我在進入清華國學研究院以前，主要是打下了較好的古文基礎，工具書也不過是一本《康熙字典》。在清華國學研究院一年的學習中，我把大部分時間都用在從王國維先生學習古文字，抄寫甲骨文、金文，並採用王國維先生提出的"古史二重證法"，將古文字材料與古代的文獻典籍相互映證，互相補充，運用於中國古代史的探索之中。《從古書上所見的殷周民族》一文，這是我在清華國學研究院的畢業論文，也是我對中國古代社會研究的開端。後來我在前中央研究院史語所工作時，便循著這個方向陸續寫出了《耒耜考》、《殷人服象及象之

南遷》《殷周文化之蠡測》《殷周之際史跡之檢討》等一組文章，逐漸形成了自己對中國古代社會的一套看法。

該研究方法的先進，在其創作、發表的時代也很突出。陳夢家《殷虛卜辭綜述》把 1919—1933 年劃爲甲骨文字審釋的第二個時期，"這個時期有好些人很輕易的印出小册，他們的説法是臆想多於考證。他們的態度是求發明新字而釋字，其結果是一無所得。反之，有些人從研究某一問題而涉及甲骨文，常常有較好的結果。徐中舒的《耒耜考》提出了耤、劦、男、利、方等字象著某種農耕工具之形，全文雖不無尚待商榷之處，但用這種方法處理文字是很正確的"。

1947 年，徐中舒先生曾被提名爲前中央研究院第一屆院士候選人，"合於院士候選人資格之根據"就是他"用古文字與古器物研究古代文化制度"（參徐亮工 2015：447），《耒耜考》正是該研究方法的代表。

當然，徐文內容豐富，涉及問題多，今天來看已有不少可以修正訂補之處。在文字考釋方面，林澐（2010）評價説：

> 徐中舒在《耒耜考》中對耒的確定是有貢獻的，但也造成了不少混亂。一、把利字偏旁所从的刀形、方字字形（至今不明其所象）、司字字形的局部，都錯誤地定爲和耒形有關。二、把單尖耕具的象形符號——力，也混同於耒。三、錯誤地認定"以"字的初文，是耜的象形字。
>
> ……徐中舒當初認爲男、嘉、靜等實際是从力的字也可以从耒，其實是把附加了手形的"力"錯看成"耒"了。而"以"的初文，其實是從有所挈領的人形省去人體部分而來。現在已成爲多數甲骨學者的共識。這種甲骨文字辨識過程中難免的誤解，一點也不會掩蓋徐先生在耒字釋讀上的閃光卓識。

這些評價可謂客觀公允。對相關諸字更嚴謹的考釋，可看裘錫圭（1989）。

在有關耒耜的考古資料和實物資料方面，李學勤（1990）、林澐（2010、2016）等都有所補充，並指出耒是東亞地區普遍使用過的最古老的農具，至少沿用至公元 5 世紀。徐文具體論述中也有個別問題，如用古錢幣的形制演變來推測耒耜演變的有效性及操作方式值得質疑，認爲牛耕不得早於戰國初期的推論過於保守等（參劉麗婷 2015）。

（蔣玉斌　撰）

• 參考文獻

李學勤 1990　力、耒和踏鋤，農業考古，第 2 期。
林　澐 2010　甲骨文中所見的耒和耜，"甲骨文與文化記憶世界論壇"論文，"中央研究院"。
林　澐 2016　耒：東亞最古老的農具，經濟社會史評論，第 1 期。
劉麗婷 2015　徐中舒《耒耜考》的當代價值和歷史局限，農業考古，第 6 期。
裘錫圭 1989　甲骨文中所見的商代農業，"力和耒（附論牛耕問題）"，農史研究，第 8 輯，農業出版社（收入裘錫圭學術文集·甲骨文卷，復旦大學出版社，2012 年）。
徐亮工 2015　從"書"裏到"書"外：徐中舒先生的治學方法，徐中舒，古器物中的古代文化制度，商務印書館。
徐中舒 1987　我的學習之路，文史知識，第 6 期（又先秦史十講·代前言，中華書局，2009 年）。

商承祚

釋申　釋䨻

原載《師大國學叢刊》第 1 卷第 2 期，1931 年；收入《商承祚文集》，中山大學出版社，2004 年。

商承祚《釋申　釋䨻》結合《説文》申、電、雷、虹諸字以及金文申、䨻的字形，認爲申象電伸屈之形，䨻中間相連的交叉筆畫，爲申字，象電形。並據甲骨金文文字糾正了《説文》對相關文字以及古文、籀文字形的認知之誤。

葉玉森（1919）認爲申象電耀屈折形，《説文》虹，从申，申，電也。申爲電字初文。孫詒讓（1927）把 𧘇 釋爲申，認爲與《説文》及金文申字形略同。

商承祚《釋申》引《説文》"申，神也"，从𦥑，𦥑 爲籀文形。金文申形同於甲骨。認爲 𧘇 字形左右一伸一曲，象電形，字義爲神。認爲《説文》𩃓（電）古文形當爲籀文形，𧈫（虹）籀文形當爲古文形。把《説文》申訓爲電，並做了進一步闡述，雷電自天降，且能傷人，以之爲神。後原形借用爲地支字。把表神義的申加示旁。把表雷電義的加雨旁。因電形伸屈不定，引申爲伸，加人旁。並指出許慎誤認爲申从𦥑。

商承祚《釋䨻》引《説文》䨻，从雨，畾象回轉形。回，雷聲。𤴐、𤴌 古文形，𤴏 籀文形。指出金文䨻形 ⊗、⊛、⊙、⊕、⊛，象連鼓形，畾，擂鼓，鼓聲隆隆，認爲中間相連綴的爲電形。指出《説文》𤴐（回）爲申形之誤。𤴐 古文形中的 ∞ 爲 𤴐 形之訛。

兩篇文章的考釋，均以金文與《説文》相關之字爲橋梁，正確分析了甲骨文中申與䨻的字形，並根據甲骨、金文的字形糾正了《説文》之誤。

葉玉森（1933）認爲 𧘇 是電形爲初文，神爲引申義。金文䨻从申，象電生形。《甲骨文字詁林》姚孝遂按語指出王筠《説文句讀》已經指出 ?象電光閃爍屈曲之狀，電字小篆加雨，以茲分別。

甲骨、金文中的"申"是象形字，象電形。"靁"是形聲字，中間爲電形，四周"晶"爲聲符。甲骨文中"申"假借爲地支字，靁在甲骨文中用爲靁電義及地名。

（趙　鵬　撰）

• 參考文獻

孫詒讓 1927　契文舉例下，蟫隱廬印行。
葉玉森 1929　殷契鉤沈，北平富晉書社。
葉玉森 1933　殷虛書契前編集釋，上海大東書局。

郭沫若

釋五十　釋七十——殷文紀數之一新例

《釋五十》原收入《甲骨文字研究》，二卷二冊，上海大東書局石印本，1931年；又重訂本，人民出版社影印本一冊，1952年；又科學出版社影印本一冊，1962年；又收入《郭沫若全集・考古編》第一卷，科學出版社影印本，1982年，又再版本，2002年。

《釋七十》原收入《古代銘刻彙考續編》，日本東京文求堂，1934年；又收入《卜辭通纂》重印本附錄，日本朋友書店，1977年；又收入《郭沫若全集・考古編》第一卷，科學出版社影印本，1982年，又再版本，2002年。

郭沫若《釋五十》、《釋七十》考釋出殷墟甲骨文十的倍數的合書形式，並且從字形分析、數詞結構、選貞焦點等角度進行論證。

"ᚼ"羅振玉認爲是"十五"。這個問題涉及卜辭的正確釋讀、數字合書的形式以及對商代社會經濟發展狀況、祭祀規模的認識。在郭沫若之前，這個問題沒有得到正確的認知。

郭沫若（1931）全文主要分爲三個部分。第一部分說明了數字一到九的構形，認爲數"一"至"四"生於手，象手指之形。"四"至"九"爲假借。第二部分論證了甲骨文中"十"、"百"、"千"的倍數合書，不足十、百、千之數，或零數之下，加或不加"又"。第三部分，考釋了甲骨文中"五十"到"八十"的合書形式。在第三部分，以三條卜辭爲例證，把ᚼ改釋爲"五十"。其中第二條卜辭《後》下43・9（《合集》7771）僞刻，不能作爲論據，第三條爲"ⅪӀ犬。二十犬。三十犬。ᚼ犬（《前》3・23・6，《合集》29537）"，認爲ⅪӀ爲"十五"，ᚼ爲"五十"，主要從數詞結構及選貞焦點的角度闡釋了"五十"合書的觀點。該文還考釋了甲骨文中的"六十"、"八十"合文。得出殷周人紀數法的兩大原則：

（一）十之倍數合書，千百亦如是；雖間或有一二例析書者，乃是例外，蓋古人亦不能保無筆誤也。（二）不足十之數析書，且或加"又"以繫之，此則絶無例外。該文在 1952 年 8 月 28 日補遺。釋讀出了卜辭中的"七十"、"八百"、"八千"、"三萬"。

郭沫若（1934）考釋出"七十"合書。把"鹿⼿一（《佚》43，《合集》20723）"中的"⼿"（舊釋"七"）釋爲"七十"，指出字形特徵爲"此字中直，上段過長，且不直，與七字有異……決爲七十字之合書無疑"。從數詞結構方面指出後面爲數字"一"，應當是"七十"，並預測了"九十"合書的存在。

郭沫若兩篇關於十的倍數釋讀的文章，從字形分析、數詞結構以及選貞焦點的角度正確識讀了甲骨文中的"五十"、"六十"、"七十"、"八十"、"八百"、"八千"、"三萬"等合文形式。其中對於"五十"的釋讀具有一定的開創意義，"七十"的釋讀體現了對文字字形細微差別認知的敏銳性。而對於"九十"的預知，體現了對數詞結構規律的確定性。但文中認爲"一"至"四"象手指形，不可據。十之倍數合書，不足十之數析書的觀點也過於絕對化。

王宇信（1977）從字形分析和數詞結構的角度，指出"⼞百㞢⼷㞢⼷（《乙》764 正，《合集》10407 正）"百字之後的⼷是"九十"合書。從字形上看，⼷與⼷是兩個不同的字，⼷上面的豎劃粗而長，特別是在交叉部以上，較一般九字顯得要長些。一般九字豎劃短而細。從結構上看，後面⼷字在個位位置，而前面的⼷字在十位的位置，當爲十之倍數，表示的應是"九十"的概念。同時，該文指出了正確釋讀這些卜辭對研究商代的階級關係、畜牧業和狩獵業水平以及當時的戰爭情況等方面的認識是有必要的。

陳煒湛（1980）列舉了十之倍數析書、不足十之數合書的辭例，將郭文的結論修正爲：（一）十之倍數多合書，千百亦如是；其析書者雖較少見，確是發展的趨勢。（二）不足十之數雖亦有合書之例，但以析書者爲多，且或加"又"以繫之。其中，"二十"析書（《甲》3422，《合集》7359）中的"二"是兆序數混入卜辭的誤讀。在《再補》文中補充的"三十"等析書辭例均不可信。

宋鎮豪（1983）認爲《合集》34675 等中的"⼷"是"九十"合書，論證中首先從數詞結構判斷"⼷"爲"十"的倍數，又從字形上分析，認爲該字包含"九"和"十"兩個要素。但文中認爲《合集》10407 正中的"⼷"既非合書，也非析書，用"九"字形表九十意的觀點，則不可取。"⼷"是歷組字形，"⼷"是賓組字形。賓組的"⼷"爲九十，與賓組的"⼿"爲七十出於同一刻寫習慣，且與賓組常用的"↓"形是有區別的。

金祥恒（1991）的觀點基本同於郭文及王文。

（趙　鵬　撰）

• 參考文獻

陳煒湛 1980　郭沫若《釋五十》補說，郭沫若《釋五十》補說再補，中華文史論叢，第15、16輯，上海古籍出版社。

金祥恒 1991　釋九十兼談卜辭之計數法，中國文字，新14期。

宋鎮豪 1983　甲骨文"九十"合書例，中原文物，第4期。

王宇信 1977　釋"九十"，文物，第12期。

郭沫若

骨臼刻辭之一考察

原收入《古代銘刻彙考續編》，日本東京文求堂，1934年；又收入《甲骨文字研究》重訂本，人民出版社影印本一册，1952年；又科學出版社影印本一册，1962年；又收入《郭沫若全集·考古編》第一卷，科學出版社影印本，1982年，又再版本，2002年。

郭沫若先生《骨臼刻辭之一考察》（下簡稱"《骨臼》"）一文最早收録於1934年日本文求堂出版的《古代銘刻彙考續編》一書中。20世紀50年代，作者將《續編》中的該篇以及"釋七十"與1933年出版的《古代銘刻彙考》中的《殷契餘論》合編在一起，統稱爲《殷契餘論》。現收入《郭沫若全集·考古編》第一卷中的《殷契餘論》即爲合編本。不過，需注意的是，合編本的封面仍採用的是1933年《古代銘刻彙考》中的《殷契餘論》封面，書名下有"一九三三年秋日書於江户川畔之鴻臺　沫若"，但目次卻是根據合編本編排的，這很容易讓人誤認爲《骨臼》一文最早收入於1933年的《殷契餘論》中。《甲骨文獻集成》第七册所收録的《殷契餘論》實爲合編本，但在扉頁上卻注"據日本東京文求堂書店一九三三年十二月石印本影印"，應是受封面題字所誤導。

骨臼刻辭作爲甲骨文中記事刻辭之一種，最先由董作賓（1933）發凡起例。董先生在《帚矛説——骨臼刻辭的研究》一文中對其當時所能見到的骨臼刻辭材料進行了較全面的收集整理和研究。文中共得到八個結論：1.帚矛刻辭，是在貞卜文字之外的記事文字。2.由帚矛刻辭，證明貞人即是史官，愈見以貞人爲斷定卜辭時代標準的可靠。3.帚矛刻辭的時代，在武丁之世。4.帚矛刻辭是史官親筆所書，下面都簽著自己的名字。由此可以推知貞卜文字，也是貞人的手筆。5.帚矛刻辭，是專門記載餽送頒發銅矛於各地，各國各人以及守衛者的文字。6.頒發與餽送銅矛，是有定時無定數的。7.由此種記載，可知史官記事，爲輪流值班時所爲，與貞人的輪值略同。8.由此種記載，可知武丁時代武備充實的一斑。董先生一文對這類刻辭的格式、性質、時代的分析都極具價值，不足之處就在於釋字。董先生文中將這類刻辭中常見的"𢎥"字，從王襄、葉玉森等之說釋爲"矛"；對於"帚"，雖指出舊讀爲"歸"之誤，但因受帚、歸關係影響，認爲當讀爲餽送之餽。故而認爲這類刻辭是關於餽矛之事。由於釋字上的錯誤，董先生此文對這類刻辭的含義理解并不正確，真正對這類刻辭含義做出正確解讀的首推郭沫若《骨臼》一文。

郭沫若先生在閱讀到董先生文後不久，便寫下了《骨臼》一文。該文最重要的貢獻就在於正確指出甲骨文中的"帚"當讀爲"婦"，而這一意見郭氏在1933年1月所完書的《卜辭通纂》中就已提及，如通307、435、446、通別二·中村獸骨等片的注釋中都提及"帚"當讀爲婦，乃婦之省，可見郭先生在平時閱讀甲骨材料過程中早已悟出此點。《骨臼》一文對"帚"爲何讀爲"婦"做了詳細論證，文中對有關"帚"的辭例做了分類整理，指出"帚"字辭例中無一例可以釋爲歸，亦無一例有作"歸"字者，再次強調帚、歸之有別。文中根據"帚某"之某字多從女，且與生育之事有關，指出"帚某"必是女字，女字之上通冠以帚，則帚乃婦之省，"帚某"乃殷王之妃嬪、世婦之屬。其後，唐蘭（1934）亦論證了甲骨文中的"帚"當讀爲"婦"，並指出"帚"之字形象王帚一類之植物，"帚"讀爲"婦"乃音近通假。實際上，帚字字形中的⺅、⺄才是王帚之形，所從的"冂"表捆扎之意，參鄔可晶（2014）。

在正確釋讀出"帚"爲"婦"後，郭先生文中也順帶解決了經常與"帚某"搭配的"㚅"、"㚔"兩字的含義：㚅蓋㛂之古文，㚔當是"㜅"之省文，讀爲嘉①。其中釋㚅爲㛂（娩）頗得學界認同，不過其將字形分析爲從向從攀，攀亦聲也，則不可信。關於該字的字形含義，可參趙平安（2001）。至於讀㚔爲嘉，至今仍然是非常有影響力的觀點。

《骨臼》一文除了正確釋讀出"婦"外，文中對"𢎥"含義的理解也十分精彩。郭先生根據此類刻辭之用意，知該字斷不能讀爲矛，他認爲可讀爲包，並根據其後常有表零餘的"一)"或"一凸"推知一包當指二骨。郭先生這裏之所以將"𢎥"釋讀爲包，主要根據的是他對這類刻辭文意的準確把握，而不是字形，

---

① 郭沫若《殷契粹編考釋》第160頁亦有說。

故其文中對"✧"之字形或認爲象有所包裹而加緘縢之形,又認爲象兩半月形骨臼合而爲一圓而於其骨頸處拴之,甚或認爲可牽就舊釋矛而音轉讀爲包。郭先生這裏釋包之説現在來看雖屬誤釋,但其指出一✧爲二骨,則確無可移。關於學界對"✧"字的認識和理解過程,參看方稚松(2009)。該字于省吾先生釋爲"屯"正確無疑,其字形含義參蔣玉斌(2018)。至於")"和"凸",郭文認爲前者即骨臼半月形之象形,即《説文》卷十一中訓爲"流也"的"乁",本義即是骨棄;後者爲冎,骨義。這些意見都具有較強的合理性,其中凸確爲肩胛骨之形,不過,因甲骨文中另有"冎"字,現學界多將此字釋爲"肩",參吳匡(2005)和徐寶貴(2008:834—835)。")"的釋讀可參李家浩(2002:200)、楊澤生(2006:92—95)。此外,《骨臼》一文對"示"字含義的理解在學界也影響深遠,關於該字釋讀意見,可參方稚松(2009)。

　　除了文字釋讀外,《骨臼》一文對這類刻辭性質的理解也多有可取之處。其文中提到:"今案骨臼所刻之辭雖與卜辭無涉,然其事必與卜骨有關。由其所刻之地位以覘之,其性質寔如後人之署書頭或標牙籤耳。蓋甲骨既經修治以待卜用,必裹而藏之。又肩胛骨之性質而言,勢必平放,平放則骨臼露於外,故恰好利用其地位以作標識。"這裏所提及的肩胛骨收藏形式也值得進一步思考。董作賓(1954)曾提到將牛的左右肩胛骨合在一起,成爲一對,送至太卜之府交與史臣,以備使用。這種左右相合是左右胛骨骨首對齊還是左右骨首一正一反放置,也都頗值得玩味。林宏明(2003)根據左胛骨署辭正刻、右胛骨署辭倒刻的情況,判斷胛骨在收藏擺放時是一正一反擺放。這是否代表一種常態和制度還可進一步研究。另外,《骨臼》一文所舉第一例《後》下27·10(《合集》17510)裏面的刮刻現象,也有助於理解骨臼刻辭中史官名和其他內容的刻寫順序,對此,可參考吳麗婉(2018)。

　　該文存在的不足之處主要是由當時所見材料和甲骨釋讀水平所致。如文中將"气"誤釋爲"川",1940年,于省吾先生將該字釋爲"气"之初文,得到學界公認。另外,文中所說"帚"無一例用爲"歸"者,現在來看也不確,胡光煒(1958)曾指出《京津》2030(《合集》4923)中的"帚"假爲"歸"。類似用例,我們還可補《合集》20505、《合集》8666、《合集》33192 + 32896、《合集》32897等。在文意理解方面,文中將"御帚某于祖先"中的"帚某"理解爲死者,是祭祀祖先時的祔祭對象,其中的"某"都爲姓字,由此得出"帚某"死後僅稱姓字,而無廟號。這些觀點現在來看都不可信。"御帚某"句式中的"帚某"

應是生稱，多是因其有病或災禍而向祖先舉行禦祭，以祓除疾病或災禍。而"帚某"死後亦同樣有廟號，如婦好廟號爲辛，婦井爲戊。"帚某"之"某"也並非指姓。關於甲骨文中的"婦"及"婦某"，可參趙鵬（2007：107—117）。

（方稚松　撰）

參考文獻

蔡哲茂 2005　殷卜辭"肩凡有疾"解，第十六屆中國文字學國際學術研討會論文集。

董作賓 1933　帚矛説——骨臼刻辭的研究，安陽發掘報告，第 4 期（收入董作賓先生全集甲編，第 2 册，藝文印書館，1977 年）。

董作賓 1954　骨臼刻辭再考，"中央研究院"院刊，第 1 輯（收入董作賓先生全集甲編，第 2 册，藝文印書館，1977 年）。

方稚松 2009　殷墟甲骨文五種記事刻辭研究，綫裝書局。

郭沫若 1933　卜辭通纂，文求堂（收入郭沫若全集·考古編，第 2 卷，科學出版社，1983 年）。

胡光煒 1958　讀契札記，江海學刊，第 1、2 期（收入胡小石論文集三編，上海古籍出版社，1995 年；又收入甲骨文獻集成，第 12 册，四川大學出版社，2001 年）。

蔣玉斌 2018　釋甲骨金文中的"蠢"兼論相關問題，復旦學報（社會科學版），第 5 期。

李家浩 2002　仰天湖楚簡十三號考釋，著名中年語言學家自選集·李家浩卷，安徽教育出版社。

林宏明 2003　小屯南地甲骨研究，政治大學博士學位論文，指導教師：蔡哲茂。

唐　蘭 1934　殷虛文字記，北京大學石印本（又中華書局，1981 年）。

鄔可晶 2014　談談所謂"射女"器銘，出土文獻，第 5 輯，中西書局。

吴麗婉 2018　試論骨臼刻辭的順序，考古與文物，第 6 期。

徐寶貴 2008　石鼓文整理研究，中華書局。

楊澤生 2006　甲骨文"丿"讀爲"奇"申論，華學，第 8 輯，紫禁城出版社。

趙　鵬 2007　關於殷墟甲骨文中"婦某"的結構問題，殷墟甲骨文人名與斷代的初步研究，綫裝書局。

趙平安 2001　從楚簡"娩"的釋讀談到甲骨文的"娩㜪"，簡帛研究 2001，廣西師範大學出版社（收入新出簡帛與古文字古文獻研究，商務印書館，2009 年）。

郭沫若

013 | **釋祖妣**

原收入《甲骨文字研究》,二卷二册,上海大東書局石印本,1931年;又重訂本,人民出版社影印本一册,1952年;又科學出版社影印本一册,1962年;又收入《郭沫若全集·考古編》第一卷,科學出版社影印本,1982年,又再版本,2002年;又收入傅傑編:《二十世紀中國文史考據文錄》(上),雲南人民出版社,2001年。

郭沫若先生該文發表於1931年,以卜辭中的祖妣爲中心,探討了一系列相關問題,是中國古史研究中的一篇名作。郭文的寫作受到摩爾根的《古代社會》和恩格斯的《家庭、私有制和國家的起源》的影響,有明確的唯物史觀理論的指導,而且還參照了西方人類學、考古學的相關知識,利用了當時剛被發現不久的甲骨文資料以及金文資料,視野十分開闊,爲當時治中國古史的學者所不及,遥領風氣之先,爲之後的古史研究指出了一條大道。

郭文大體上可分爲兩部分:第一部分,討論中國古代曾經歷過亞血族群婚制,因爲有亞血族群婚制存在,所以古人有多父多母的現象,男女之字可稱爲"某父"、"某母";第二部分,討論了中國古代生殖崇拜的相關表現,認爲"祖"、"妣"爲"牡"、"牝"之初文,殷人男名"祖某",女名"妣某",僅以用來表示性別而已。

西周時代女人之字可稱"某母",男人之字可稱"某父",王國維據以指出,古書中男人之美稱"甫"的本字當爲"父","父"、"母"爲男女之美稱。郭文認爲王氏指出"甫"的本字爲"父"是正確的,但認爲王氏説"父"、"母"是男女之美稱,則有可商。文中從亞血族群婚制的角度討論了男女稱"父"、"母"的問題。

郭文略述了婚姻演進的過程，即由雜交發展爲血族群婚，再發展爲亞血族群婚，最後發展爲一夫一婦的婚姻制度。進而指出，中國婚姻史也是遵循這一演變過程的。中國古代帝王傳説中，帝王均是感天而生，知母不知父，這是雜交時代或血族群婚時代的現象。二女傳説，即舜娶堯之二女，而舜弟象與之並淫，是亞血族群婚制的例證。

　　王國維考釋出了卜辭中表示先王名的"夒"字，並將其讀爲"嚳"。郭文據之認爲嚳與舜、俊爲一人，也就是説認爲卜辭中即已出現了舜。還認爲卜辭所祭之妣有名"娥"的，此"娥"即"娥皇"。卜辭又有"京義"合文作人名，此人名與"常羲"、"常儀"語音可通。也就是説，卜辭中也有舜二妻之名。王國維考釋的卜辭中的"夒"字，已爲學界普遍接受，但該"夒"字表示的是否是嚳，學界則還有爭議，參連劭名（1992：69—74）、裘錫圭（2012：496—503）、鄔可晶（2019：22—45）。王説尚有疑問，那麽，郭文據王説所提出的"夒"即舜説，也就需要重新考慮了。既然卜辭中有没有舜都是個問題，那麽卜辭中舜的二妃娥皇、常羲也就無從談起了。

　　舜以二女爲妻，其弟象與之"並淫"，郭文認爲這證明殷代先人尚處於亞血族群婚時代。在此群婚制下，自兒女而言，每人都有多父多母。卜辭中有"多父"、"三父"之稱，還有列舉"二父"、"三父"之名的。卜辭中亦有多妣存在，如祖乙之配有二，一爲妣己，一爲妣庚，等等。在此亞血族群婚制度下，以母性爲中心，故父子不能相承，而兄弟可以相及。殷代帝王多兄終弟及，就是這個原因。其或父子相承者，其父子實爲翁婿。

　　母權與父權之交替在殷周之際，亞血族群婚制在入周後逐漸廢除，但後世依然有殘留現象。因爲古有亞血族群婚制，所以當時之兒女均多父多母，稱呼他們的父母輩均稱"某父"、"某母"。周人因之，男女之字亦稱爲"某父"、"某母"。後世爲避嫌，不再使用"某母"之稱，且將"某父"改爲"某甫"。

　　商代帝王以祖爲名者有很多，古書、卜辭、銅器銘文中都大量出現，如"祖甲"、"祖乙"、"祖丙"、"祖丁"等。祖之配爲妣，卜辭中以妣爲名者也很多，如"妣甲"、"妣丙"、"妣庚"等。郭文據上述現象，指出商人男子可稱爲"祖某"，女子可稱爲"妣某"，但商人所謂的祖、妣與周人的不同。

　　郭文認爲"祖"、"妣"爲"牡"、"牝"之初文。"牡"、"牝"字在卜辭中無定形，偏旁不一定是"牛"，但皆从⊥、ᄼ。"祖"在卜辭中作"且"，寫作𠂤形。郭文認爲"且"是牡器之象形，⊥即從"且"省簡而來。"妣"在卜辭中作"匕"，

寫作 形，與"牝"字所從爲一字。郭文認爲"匕"爲匕柶字之引申，蓋以牝器似匕，所以以"匕"爲"妣"、"牝"。還認爲，"土"、"士"也是牡器之象形。郭文據以上所論得出結論：殷人男名"祖某"，女名"妣某"，僅以用來表示性別而已。

"且"是牡器之象形的觀點，曾經十分流行。不過在學者的不斷研究下，大家對"且"的形體認識越來越清楚，現在大家都知道，"且"與牡器毫無關係，而是俎案的形象，是"俎"字的異體（陳劍 2008：38—40）。"土"、"士"亦非牡器之象形，這已是學界之共識，無須多言。真正表示牡器的字是郭老提到的⊥，但該字非從"且"省簡而來。郭文云"蓋以牝器似匕，所以以'匕'爲'妣''牝'"，這難以令人信從，以"匕"爲"妣"、"牝"，顯然是音近通假，與形體無關。

郭文在"祖"、"妣"爲"牡"、"牝"之初文的認識的基礎上，認爲祖宗崇拜、神道設教，以及某些人事的本源，其實是生殖崇拜，並列舉了一些證據。

第一，卜辭中的"示"字作T、丅等，郭文認爲T爲牡器⊥之倒懸，丅兩側的小點是毛形。據此認爲，"宗"是祀此神像之地，"祀"象人跪於此神像之前，"祝"象跪於此神像之前而有所禱告，"祭"象持肉以獻於此神像。

雖然學界對於"示"字的本義，現在也沒有一個大家普遍接受的意見，但綜合考察"示"字的各種異體，不難看出"示"字絕非牡器之倒懸。

第二，郭文認爲卜辭中亦有以"牝"爲神者。文中説 亦是卜辭中的"祭"字，從"匕"與從"示"同意。卜辭"賓"字或作 、 、 、 等，文中認爲其中的 爲"賓"之初文，從"宀"從"匕"，"匕"亦聲。從"匕"在"宀"下，與"宗"同意。現在看來， 非"祭"字，"賓"亦非從"匕"，此説無據。

郭文認爲"方"是"賓"字之省，"方"亦是牝神，與"妣"是内外之别，祀於内者爲妣，祀於外者爲方。古人常"社"、"方"連言，"社方"猶言祖妣。其實"方"與"賓"在形體上毫無關係，關於"方"字的構形可參裘錫圭（2012：63）的意見。

第三，甲骨文中的某些文字反映了人事上的生殖崇拜。

甲骨、金文"母"字作 ，中間兩點象人乳形，郭文認爲此即生殖崇拜之象徵。卜辭中表示配偶義的 、 等字，郭文認爲象人形而特大其兩乳，爲"母"字異體。還將該字與歐洲出土的生殖女神象"奶拏"的形象作比較，指出兩者形體相似。 、 與兩乳之形毫不相干，郭文該説無據。

王國維認爲，卜辭中的"毓"字用爲"后辟"之"后"，"后"即從"毓"演變而來。郭文據之認爲，"母權時代，族中最高之主宰爲母，而母氏最高之屬德爲毓，故以毓爲王母之稱"，所以"后（毓）"在卜辭中的用法也體現了生殖崇拜。據裘錫圭（2012：404—415）研究，卜辭中的"毓"字並非用爲"后辟"之"后"，而是應讀爲"戚"，表示親近的親屬關係。這樣一來，郭文的這一說法就沒有了根據。

甲骨文中的"王"字或作 $\mathbf{\bar{A}}$，或作 $\mathbf{\bar{1}}$。郭文認爲甲骨文中"王"字所从的 Δ 或 $\bot$，爲"且"或"士"的變體。這一意見問題十分明顯，關於"王"、"士"的形體，可參林澐（1965：311—312，1996：1—11）的相關論述。

第四，郭文根據王國維認爲"帝"爲"花蒂"之"蒂"的初文的意見，認爲"帝"用爲天帝義，也是生殖崇拜的表現。

郭文最後又據上文所論，分析了《墨子·明鬼》中的相關文句。《墨子·明鬼》記載燕有馳祖之習，又云："燕之有祖當齊之社稷，宋之有桑林，楚之有雲夢也，此男女之所屬而觀也。"郭文認爲"祖"指受祭祀之牡神，"馳祖"指荷牡神而趨，與古書中記載的仲春男女野合通淫之事密切相關。

由於郭老寫作此文時甲骨文資料尚不豐富，研究也處於發軔期，郭文對甲骨文資料的利用難免會有諸多不確之處，尤其是對具體甲骨文形體的解釋，大多是有問題的，唐蘭（2015：1911—1914）曾針對郭文專門作文討論"祖"、"妣"的形體問題，指出了郭文的諸多錯誤。不過，這些細節問題對郭文的宏觀的理論價值沒有根本影響。

（劉　雲　撰）

• 參考文獻

陳　劍 2008　甲骨金文舊釋"齏"之字及相關諸字新釋，出土文獻與古文字研究，第 2 輯，復旦大學出版社。
郭沫若 1982　中國古代社會研究，郭沫若全集·歷史編，第 1 卷，人民出版社。
連劭名 1992　甲骨刻辭叢考，古文字研究，第 18 輯，中華書局。
林　澐 1965　說"王"，考古，第 6 期。
林　澐 1996　士王二字同形分化說，盡心集：張政烺先生八十慶壽論文集，中國社會科學出版社。
裘錫圭 2012　釋"無終"，裘錫圭學術文集·金文及其他古文字卷，復旦大學出版社。

裘錫圭 2012 釋《子羔》篇"铊"字並論商得金德之説,裘錫圭學術文集·簡牘帛書卷,復旦大學出版社。

唐　蘭 2015 殷虚文字二記,唐蘭全集·論文集,下編,上海古籍出版社。

鄔可晶 2019 "夒"及有關諸字綜理,商周金文與先秦史研究論叢,科學出版社。

董作賓

甲骨文斷代研究例

原載《中央研究院歷史語言研究所集刊外編第 1 種　慶祝蔡元培先生六十五歲論文集》上册，1933 年；收入《董作賓先生全集·甲編》第 2 册，藝文印書館，1977 年；又收入劉夢溪主編：《中國現代學術經典·董作賓卷》，河北教育出版社，1996 年。

董作賓《甲骨文斷代研究例》的創作和發表有一個過程。早在 1928 年中央研究院組織的第一次殷墟試掘期間，由於出土於村中、村北、洹河南岸的甲骨文字的書體風格、字形文例不太一致，使得董氏感覺到這些文字差異可能源於時代之不同。於是，如何判定甲骨文字的時代這一命題擺在了董氏的面前。① 直到 1929 年在小屯村北"大連坑"南段的一個長方坑中出土"大龜四版"後，這一問題才有了突破性的進展。董氏通過反復研讀"大龜四版"卜甲，發現很多卜辭開頭一句話中"卜"下"貞"上的字，應該是記錄占卜時命龜者的名稱，並把這種命龜之人通稱爲"貞人"。董氏敏鋭地認識到，貞人之名正是自己苦苦尋找的具有甲骨斷代作用的標準。他説："凡見於同一版上的貞人，他們差不多可以説是同時。"因此可以"因貞人以定時代"。

有了"貞人"這一斷代標準後，董氏以之爲突破口，繼續推演繫聯，於 1931 年 6 月發表《大龜四版考釋》，提出應該根據坑層、同出器物、貞卜事類、所祀帝王、貞人、文體、用字、書法八項斷代標準來爲全部甲骨卜辭斷代。② 這應該是後來發表《甲骨文斷代研究例》一文的理論雛形。1932 年董氏名文《甲骨

---

① 參看《甲骨學六十年》，劉夢溪主編：《中國現代學術經典·董作賓卷》，河北教育出版社，1996 年，第 201 頁。
② 參看《大龜四版考釋》，《安陽發掘報告》第三期，第 423—441 頁。

文斷代研究例》完稿①，發表在 1933 年出版的《中央研究院歷史語言研究所集刊外編第一種　慶祝蔡元培先生六十五歲論文集》上册。

《甲骨文斷代研究例》（以下簡稱爲"《斷代例》"）在《大龜四版考釋》提出八項斷代標準的基礎上進一步推演、豐富，提出十項斷代標準，它們是：（1）世系；（2）稱謂（董氏説"以稱謂定卜辭應在某王時代，這是斷代研究的絶好標準"）；（3）貞人（由許多貞人定每一卜辭的時代，更由所祀先祖等的稱謂，而定此許多貞人屬於某帝王的時代，這樣可指出某貞人是某王的史官）；（4）坑位；（5）方國；（6）人物；（7）事類；（8）文法；（9）字形；（10）書體。從而把全部甲骨文字分爲以下五期：

第一期：武丁及其以前（盤庚、小辛、小乙）；

第二期：祖庚、祖甲；

第三期：廪辛、康丁；

第四期：武乙、文丁；

第五期：帝乙、帝辛。

董氏的"五期分類法"在甲骨斷代史上堪稱鑿破鴻蒙，大大提高了甲骨文作爲史料的科學價值，這應該是董氏在甲骨學領域中最爲重要的貢獻。後來的甲骨文獻整理和研究工作絶大多數都是在五期框架内進行的，取得了别開生面的學術成就。應該説，董氏的"五期説"自提出始，極大影響和豐富了甲骨學方方面面的研究，促進了甲骨學健康蓬勃地發展。然而，隨著甲骨學研究工作的日益精細和研究理論的日臻完善，董氏建立的"五期"、"十標準"理論也逐漸暴露出一些問題，需要及時修訂和完善。

先説斷代標準問題。在董氏看來，《斷代例》提出的"十標準"，地位和效用並不能等同。他在後來發表的《殷曆譜》中明確説："當時擬定之十標準，最重要者爲貞人。……其次爲世系、稱謂、坑位。明世系乃能定其稱謂，由稱謂乃知此貞人屬於某一時期。坑位可以證同出卜辭之時代，然非親與發掘工作者，不易用

---

① 董作賓先生自言道："余舊作《甲骨文斷代研究例》成於民國二十一年之三月，文長十萬言，舉'十標準'與'五期'，以示甲骨文研究之新方案。此後即應用之以從事甲骨卜辭之整理，雖時有新標準之發現，及更精細之分期，而十餘年來，未遑增訂也。本譜寫定，乃獲得新知不少，新舊兩派之大别，其重要貢獻之一也。"引自秦始皇兵馬俑博物館藏董作賓手批本《殷曆譜》上編卷一，巴蜀書社，2009 年，第 1 頁。

之。由此四項，推演互證，因而有方國、人物、事類、文法、字形、書體之六項標準。"①後來在《甲骨學六十年》又進一步解釋說："十種判別時期的標準，重要的自然是'貞人'。何以知某一貞人是在某一王的時代？自然要根據他們貞卜時王祭祀祖妣時的'稱謂'，而稱謂如何，又須先明了殷代王室的'世系'；所以世系、稱謂、貞人三位一體，都是斷代的基礎。'坑位'是出土甲骨的地點，只限於民國十七年至廿六年中央研究院發掘的材料，不能概括全部甲骨文。'方國'、'事類'、'文法'、'字形'、'書體'都是根據有貞人的基本片子推演出來的，也可以說是間接的標準。"②可見，董氏一直認爲，"貞人"、"世系"、"稱謂"是斷代之基礎，而"貞人"標準尤爲重要；至於"方國"、"事類"、"文法"、"字形"、"書體"等則是輔助標準，而"字形"和"書體"則只有在文字不多的殘片斷代上才有意義。

貞人在甲骨斷代早期，確實是一個操作方便、簡單易行的標準。即使是在當今的分類斷代活動中，仍然是一個極爲重要的參考。因此，貞人在甲骨早期的斷代實踐中，確實引人注目。董氏《斷代例》劃分出五期，完全就是根據貞人繫聯的結果作出的切分。董氏說："所謂'五期'，是完全爲貞人關係而劃分的，如以祖庚、祖甲爲第二期，以帝乙、帝辛爲第五期，就是因爲這兩期前後二王的貞人相同、不易再爲區分。"③言外之意，如果祖庚、祖甲的貞人不同，完全可以把祖庚、祖甲劃歸爲不同的時期，而不會照顧二王前後相接爲一世的史實（後來董氏確實根據"新派"、"舊派"的區分，傾向於把祖庚歸在第一期，與武丁同列）。這是把貞人標準放在了至高無上的地位。

後來陳夢家在董氏創立的貞人標準基礎上，利用更多的甲骨材料，廣泛繫聯各時期的卜人（即董氏之貞人），彙合成爲不同的卜人組，再通過各組卜人出現的稱謂系統斷定各組卜人的時代。④由於某組卜人的時代就是含有這組卜人之甲骨卜辭的時代，因此，陳氏這種以繫聯卜人組並以稱謂定其時代的做法，在甲

---

① 參看秦始皇兵馬俑博物館藏董作賓手批本《殷曆譜》上編卷一，第1頁。
② 參看《甲骨學六十年》，劉夢溪主編：《中國現代學術經典·董作賓卷》，第211頁。
③ 同上書，第210—211頁。
④ 陳夢家先生指出："決定卜人的時代可有四個方法：（一）由同組卜人的稱謂定其時代；（二）由特殊刻辭的簽署定其時代；（三）由卜辭内所記述的人物事類定其時代；（四）由字體文例等定其時代。……四法之中，自然以第一種最爲周密。所謂同組卜人者，是指某些卜人在兩種情形之下一同出現乃可定其爲同時代的人：一是同版卜人，即同一甲或骨之上有若干條卜辭，在不同卜辭内有幾個不同的卜人名，此諸人是同時代的；二是並卜卜人，即在同（轉下頁）

骨早期斷代實踐中是富有成效的。陳氏利用這種方法成功將自組卜人、子組卜人、午組卜人和賓組卜人都斷定作武丁時代，這是一個巨大的進步。一方面，打破了董氏一個王世只對應一個貞人集團的局面，促進甲骨學者對過去斷代方法論的深入檢討；另一方面，把董氏早先置於第四期、現在稱作自組、子組、午組卜辭等時代上提，劃歸到第一期武丁時代，使得學界重新思考武乙、文丁卜辭的範圍。從方法論上看，陳氏利用卜人組進行斷代的做法跟董氏表面上看沒有什麽大的區別，但陳氏在斷代實踐中，"認爲在字體等方面各具特點的不同卜人組的卜辭可以屬於同一時代，如賓組、自組、子組、午組都屬於武丁時代。這實際上就是把卜辭的分類和斷代分成兩步來進行，研究方法比董氏科學得多"①。

李學勤（1957：124）雖然對陳氏的斷代方法有所批評，但李先生提出的"同一王世不見得只有一類卜辭。同一類卜辭也不見得屬於一個王世"的著名論斷毫無疑問也受到了陳氏上述斷代方法的影響。不過李先生提出，"卜辭的分類與斷代是兩個不同的步驟，我們應該先根據字體、字形等特徵分卜辭爲若干類，然後分別判定各類所屬時代"②。這個看法是非常正確的，爲甲骨分類斷代指明了正確的方向。第一，要科學進行甲骨斷代工作，必須先分類，後斷代，不能將二者混爲一談。第二，分類的標準當是字體、字形等特徵。這就把甲骨分類斷代的標準從過去的"貞人"（或卜人）、"稱謂"、"世系"等縮小到字體、字形特徵，使得甲骨分類工作更加純粹、客觀，避免了分類斷代實踐中由於分類標準不一而產生的各種混亂，這在甲骨斷代理論上是一個巨大的飛躍。

後來，林澐（1986：30—31）再次強調，"卜人名和祭祀稱謂只能作爲聯繫同一種字體對比研究的重要綫索，分類卻只能依據字體"。又說，"科學分類的唯一標準是字體"。當然，林先生所說的"字體"，實際包括書體風格、字形結構和用字習慣三個方面，内涵比較豐富。同時，林先生使用字體進行分類時，"在重視書

（接上頁）一版同一卜辭内兩個卜人同卜一件事，這樣的例子不很多。另有一種'異卜同辭'的情形，即是在不同版上由不同卜人同日同卜一事，可推定此諸卜人乃屬於同時代的，這樣的例子也不多。由以上各法組成了某些組卜人，彙合某一組卜人見於不同版的稱謂便成爲某組卜人的稱謂系統，由此系統可決定其時代。"參看《殷代卜人篇——甲骨斷代學丙篇》，《考古學報》第六册，1953年，第19頁。

① 裘錫圭：《評〈殷虚卜辭綜述〉》，原載《文史》第三十五輯，中華書局，1992年；後收入《裘錫圭學術文集·雜著卷》，復旦大學出版社，2012年，第86—87頁。
② 李學勤：《評陳夢家殷虚卜辭綜述》，《考古學報》1957年第3期，第124頁。

體一致的前提下，著重於總結每類卜辭在特徵性字形和用字習慣上的特有組合關係"①，保證了利用字體進行分類工作的科學、客觀。經過以上前輩學者對分類標準的探索研究，甲骨分類斷代理論已經比較成熟。現在，我們説的甲骨分類研究，就是專指依據甲骨字體進行分類的研究工作，可見字體標準在甲骨分類斷代工作中已經深入人心。

回過頭看董氏創立的十個標準，應該説這些標準在甲骨分類和斷代實踐中都是重要的參考，但董氏過分推崇"貞人"、"稱謂"、"世系"標準，把分類和斷代混在一起，用斷代上的名稱代替分類意義上的名稱，這樣做的結果就是用斷代代替分類，得出"每一個王世只有一種卜辭"的機械結論，造成分類斷代上的失誤。當然這種失誤在草創階段是很難避免的。

再説甲骨分期。董氏創立"五期説"後，並没有故步自封，而是依據新材料不斷地作出調整和修訂。比如，董氏在1945年發表的《殷曆譜》中就曾經根據自己創製的"新派"、"舊派"學説把祖甲歸入新派，把祖庚納入舊派，實際上董氏已經把第二期一分爲二。後來又在《甲骨學六十年》中説："第二期的貞人，原列祖庚、祖甲在一起。現在看起來，祖甲時的貞人較爲明白，祖庚時的貞人往往與第一期相混。因爲祖庚一切承襲武丁舊制，不易分辨。……所以我在斷代例中曾聲明，第二期的貞人是'以祖甲爲主'的。"②可見，董氏已經把祖庚調整至第一期中去了。如此調整，從各方面來看是有些道理的。其實，最讓人不能接受的是大量不記貞人名、現在被稱爲歷組、無名組卜辭，董氏把這些卜辭斷在第四期，即所謂的"文武丁卜辭"。後來，董氏又把第十三次發掘的YH127坑出土的賓組以外的現在我們稱作"師組"、"子組"、"午組"等卜辭也劃歸到第四期，使得武乙、文丁時期的卜辭品類十分豐富多樣。③然而，這些被董氏斷在第四期的上述品類卜辭，經過衆多學者的研究，皆非武乙、文丁卜辭。下面就簡單説説這些所謂的"文武丁卜辭"。

董氏把那些不記貞人名、有父丁母辛稱謂的甲骨斷在第四期，理由無他，僅僅是因爲這些甲骨出土在村中（第三區），而村中不出土第三期以上的甲骨。董

---

① 林澐：《小屯南地發掘與殷墟甲骨斷代》，《古文字研究》第九輯，中華書局，1984年，第146—147頁；後收入《林澐學術文集》，中國大百科全書出版社，1998年，第126頁。
② 參看《甲骨學六十年》，劉夢溪主編：《中國現代學術經典·董作賓卷》，第221—222頁。
③ 參看董作賓《殷曆譜》"自序"，1945年；董作賓主編《殷虛文字乙編》"序"，中央研究院歷史語言研究所，1948年。

氏説:"本來,武丁之配有妣辛,康丁之配有也名妣辛,稱父丁、母辛固然可能是武乙時卜辭,但同時也可以説是祖庚、祖甲時的卜辭。至此,單以稱謂定時期的方法,便窮於應付了。在貞人、文法、字形等方面固然也可以幫著解決,而最有力的標準卻是坑位。因爲這父丁、母辛的卜辭出土村中(第三區),我們可以斷然説這是武乙時的卜辭。"爲什麽如此肯定呢? 董氏接著説,"村中無第三期以上的卜辭,而祖甲時又必有貞人,今此版出土村中,亦可見非祖甲之物。故以下的父丁即康丁,母辛即康丁之配妣辛,而父辛亦即廩辛了。又村中有武乙時的卜辭,時期是同武乙相聯接的"。①

陳夢家(1951:179—180)對董氏在斷代活動中片面誇大坑位作用的做法有詳細地檢討和批評,並且從方法論的高度強調了坑位在斷代活動中的限度。陳氏説:"第一,所謂坑位應該和'區'分別,ABCDE 等區是爲發掘與記錄方便起見在地面上所作人爲的分界,並非根據了地下遺物的構成年代而劃分的。必須是某些獨立的儲積甲骨的穴窖纔有可能定這個坑包含某個或某些朝代的卜辭;或者某一鄰近地帶所發掘出來的甲骨,可能同屬於某一段時期的卜辭。第二,即使如上所述,那些坑穴必須是屬於有意的儲藏或堆積甲骨所用的,纔有作爲斷代的可能;然而也有限度,一個只包含武丁卜辭的坑穴最早是武丁時代的儲積,也一樣可能是武丁以後的儲積。第三,某坑若只出現武丁卜辭,則同坑出土的其它實物不一定是武丁時代的,可能是以後的;因此,不可以某坑的甲骨年代來拘束同坑的其它實物的年代,反之其它實物花紋形制足以決定此坑堆積中的實物的最晚時期,而不是堆積的最晚時限。第四,坑以外我們自得注意層次。第五,我們説某坑出土的甲骨屬於某某期,必須根據了卜辭本身的斷代標準,如卜人、稱謂、字體、文例等等;這些斷代標準必須嚴格而準確,纔能定出某坑甲骨的時期。由上所述,坑位只能供給我們以有限度的斷代啟示,而在應用它斷代時需要十分的謹慎。一個獨立的有意儲積穴窖,就其實物本身的斷代可知此窖所包含實物的最早與最晚的期限,而實物的最晚期限乃是此窖停止堆積的最早期限。"陳氏這段話是十分有道理的,很好地揭示出董氏把那些不記貞人名、有父丁母辛稱謂的卜骨時代定在武乙、文丁是缺乏關鍵證據的。然而陳氏並沒有據此將這些卜骨的時代提前,仍然沒能跳出董氏框架的束縛,而只是把董氏斷在第四期的師組、子組、午組卜辭的時代提前到武丁時期。

---

① 參看董作賓《甲骨文斷代研究例》"四 坑位"之下,《中央研究院歷史語言研究所集刊外編第一種 慶祝蔡元培先生六十五歲論文集》上册,1933 年。

董氏、陳氏甲骨斷代的抓手都是貞人（卜人）和稱謂，那爲什麼陳氏能夠把師組、子組、午組卜辭的時代正確地斷在武丁時代呢？關鍵還是董氏把甲骨分類和時代推定混爲一談了，想當然地認爲一個王世只能存在一種卜辭。當董氏在《斷代例》中認定賓組甲骨就是武丁時期的卜辭後，再發現YH127坑中賓組以外的其他種類甲骨，而這些品類的甲骨稱謂、作風又跟賓組極爲近似，這恰好契合了董氏創製的"文武丁復古"的學説，因此自然而然地把本來應該屬於武丁時期的師組、子組、午組卜辭放置在第四期，以此來與"新派"、"舊派"學説自洽，互相照應。

陳氏將師組、子組、午組卜辭斷在武丁時代，很快被學界接受。但一直以來没有學者進一步懷疑同樣被董氏斷在第四期的那些不記貞人名的甲骨的時代，雖然陳先生已經很早就指出董氏僅據坑位進行推定的方法並不謹嚴，個中緣由值得深思。我想主要有以下兩個原因：第一，董氏創製的五期分法基本比較合理，在甲骨文獻整理和研究中發揮了很大的威力，影響力巨大，這樣權威的框架没有人有勇氣反對；第二，如果把不記貞人名的那些甲骨時代全部提前，一來第一期卜辭種類更加繁多，體量過大，需要作出合理的解釋，二來第四期甲骨全部被抽空，究竟哪些甲骨屬於武乙、文丁時代，需要給出具體的答案。無論是第一期甲骨品類繁多的解釋，還是找出真正的武乙、文丁卜辭，在當時的條件下都是格外艱難的課題。這一點應該是最爲重要的。因此，在很長的一段時間裏，雖然在第四期被我們後來稱作"歷組"的卜辭中經常發現跟賓組存在極爲近似的語句，但學者們都用舊派復古的理由去解釋，而並没有反對董氏五期框架。這種局面至少持續了四五十年，直至殷墟小屯婦好墓的發掘，情況才得到改變。因爲這座大墓的主人是同時見於賓組和歷組卜辭的婦好，判定大墓的時代，就必須解決墓主人"婦好"是第一期賓組卜辭中的婦好還是第四期歷組卜辭的婦好，也就是説，判定婦好墓的時代跟殷墟甲骨分期研究產生了密切關係，兩個問題必須同時做出完滿的回答。李學勤（1977）正是以此爲契機，發表《論"婦好"墓的年代及有關問題》一文，把歷組卜辭提前到武丁、祖庚時代。後來裘錫圭（1981）、林澐（1984）、李先登（1982）、彭裕商（1983）、黃天樹（1991）、李學勤、彭裕商（1996）、林澐（2013）等都陸續撰文，補正李説。現在，雖然仍有一小部分人堅持董説，但大部分學者都接受歷組卜辭提前説，這個問題已經有了基本的共識，可以不必再論。至於哪些卜辭是真正的武乙、文丁卜辭，請參看裘錫圭（1981）、李學勤（1981）、林澐（1984）、黃天樹（1991）等論著，此不贅。

《斷代例》提出的"五期説"在甲骨斷代史上堪稱鑿破鴻蒙，大大提高了甲骨文作爲史料的科學價值，影響極爲深遠，至今仍然發揮着重要作用。董氏創建的甲骨分類斷代體系雖然有些地方需要修正，但大部分都是符合實際的，《斷代例》提出的"字體"、"字形"等斷代標準，對後來的甲骨分類斷代研究有重要的啓示作用。今天我們在字體研究進一步細化的道路上繼續前進時，不應該忘記董先生的開創之功。

（王子楊　撰）

參考文獻

陳夢家 1951　甲骨斷代與坑位——甲骨斷代學丁篇，中國考古學報，第 5 册。
黄天樹 1991　殷墟王卜辭的分類與斷代，文津出版社。
李先登 1982　關於小屯南地甲骨分期的一點意見，中原文物，第 2 期。
李學勤　彭裕商 1996　殷墟甲骨分期研究，上海古籍出版社。
李學勤 1957　評陳夢家殷虛卜辭綜述，考古學報，第 3 期。
李學勤 1977　論"婦好"墓的年代及有關問題，文物，第 11 期。
李學勤 1981　小屯南地甲骨與甲骨分期，文物，第 5 期。
林　澐 1984　小屯南地發掘與殷墟甲骨斷代，古文字研究，第 9 輯，中華書局。
林　澐 1986　無名組卜辭中父丁稱謂研究，古文字研究，第 13 輯，中華書局。
林　澐 2013　評《三論武乙、文丁卜辭》，李宗焜主編，出土材料與新視野，"中央研究院"歷史語言研究所。
林　澐　劉金山 2015　《甲骨文斷代研究例》在斷代研究中仍可發揮作用，古文字與古代史，第 4 輯，"中央研究院"歷史語言研究所。
彭裕商 1983　也論歷組卜辭的時代，四川大學學報（哲學社會科學版），第 1 期。
裘錫圭 1981　論"歷組卜辭"的時代，古文字研究，第 6 輯，中華書局。

容 庚

甲骨文編序

原載孫海波：《甲骨文編》，哈佛燕京學社石印本，1934年；收入容庚：《頌齋述林》，香港翰墨軒出版有限公司，1994年；又收入《容庚學術著作全集》第22冊，中華書局，2011年；又收入曾憲通編：《容庚雜著集》，中西書局，2014年。

容庚先生的《〈甲骨文編〉序》一文，是容先生爲孫海波先生的《甲骨文編》所作的序。序寫於1934年9月，而孫先生的《甲骨文編》出版於1934年10月。

容先生的序先從癖好説起，舉了很多古人嗜癖的例子，然後説到自己癖青銅器，再引出孫海波先生的癖甲骨。從容先生文中，可知孫海波先生爲了能經常及時向容先生請教，甚至"賃屋"與容先生"比居"，"朝夕過從，以析疑爲樂"，不顧"妻子之啼飢號寒"和"朋友之非笑"，歷時五載，艱苦卓絶，終於編成《甲骨文編》。其全身心投入學術的敬業精神，委實令人感動。

容先生的序雖短，但其中也有學術亮點。如提到甲骨文"多君"與"多尹"同義，因此"君"應當爲"尹"之繁文，對"君"與"尹"的關係有不俗的認識。還如揭示甲骨文言"天邑商"，或言"大邑商"，引《尚書·多士》"肆余求爾于天邑商"、《孟子》引《逸書》"惟臣附于大邑商"及"天戊五牢"，由此得出"天戊即大戊"，"則天之義當如大"的結論，就是非常高明的見解。

容先生的序還透露了他對編輯甲骨文字典的要求和心目中研究古文字的標準。他評價《甲骨文編》超過了之前的《簠室殷契類纂》和《殷虛文字類編》，但是晚出的《殷墟書契續編》和中央研究院所發掘的資料"未盡覩"，因此未免留有遺憾，可見其對編輯甲骨文字典的要求是資料要全。他説："且古文字之學，纂錄其文，考釋其義，而參證于繹史，乃為盡之。"說明他認為研究古文字不光要解決字詞的問題，還要與歷史相結合。這是非常科學的觀點。

孫海波先生的《甲骨文編》1934 年由哈佛燕京社出版，北京大業印書局石印，引得校印所鉛印。《甲骨文編》共 18 卷（其中正編 14 卷，合文 1 卷，附錄 1 卷，檢字、備查各 1 卷），收甲骨文字頭 2 116 個，其中已釋字 1 006 個。在《甲骨文編》之前，有關甲骨文字典方面的著作有王襄的《簠室殷契類纂》、商承祚的《殷虛文字類編》和朱芳圃的《甲骨學文字編》，孫海波的《甲骨文編》後出轉精，得到學術界的充分肯定。

20 世紀 50 年代，中國科學院考古研究所邀請當時的河南省歷史研究所研究員孫海波先生對《甲骨文編》進行修訂，在吸收了最新成果和聽取了衆多專家的意見建議的基礎上經過反復校改，最後定稿，這也就是最後署名中國科學院考古研究所編輯、列為考古學專刊乙種第十四號、由中華書局於 1965 年 9 月隆重推出的新版《甲骨文編》。

新版《甲骨文編》出版於 1965 年，這個時間很重要，因為隨著 1965 年 11 月姚文元的《評新編歷史劇〈海瑞罷官〉》一文的刊出，代表了"文化革命"的先聲，轉年就進入"文化大革命"，即"十年動亂"的開始。如果新版《甲骨文編》没有在 1965 年及時推出，相信第二年就不會再有出版的機會了。從這個角度看，《甲骨文編》一書和學術界都可以說是非常幸運的。

新版《甲骨文編》正編收字 1 723 個，附錄收字 2 949 個，共 4 672 字。新版《甲骨文編》以資料齊全、摹寫準確、釋字水平高而備受學術界的重視，成為甲骨文學者的案頭必備，中華書局也多次重印，至今仍然是古文字研究者，尤其是甲骨文研究者經常翻檢的工具書，在學術界有很高的口碑。

對於 1934 年出版的孫海波的《甲骨文編》，容庚先生是付出很多的。從其序中可知在編輯過程中，容先生就經常和孫先生"朝夕過從，以析疑為樂"。中華書局 2019 年出版的《容庚北平日記》1934 年 7 月 9 日條記有："七月九日星期一，雨。與大業定印刷《甲骨文編》合同，付定洋壹千元。六時回家。"11 月 3 日條記有："十一月三日星期六。早至琉璃廠，在大業取《甲骨文編》一部。"從中可知容先生不光為《甲骨文編》寫序，還親自聯繫印刷廠，並贊助或墊付出版費用，這充分體現出容庚先生提攜後進、愛惜人才的珍貴品格。

容庚先生序中還提到孫海波先生也曾向他求教謀生之道。容先生的回答是引古人的名言，即孔子所云："富而可求也，雖執鞭之士，吾亦為之；如不可求，從吾所好。"即對待財富要順其自然，求之有道當然好，如果無道求之，則癡心不改，從我所愛。這也可視作夫子自況。容先生序中所言他用石鼓文字體擬的"自樂其所樂，不爲以有爲"聯正好可以拿來做注腳。

《容庚北平日記》1934年9月28日條記有如下內容：

> 九月二十八日星期五：早授課。寫孫海波《甲骨文編》序，中有改去一段：余弱冠嘗從鄧爾疋四舅治古文字之學。田産歲入不足千金，弟妹之教養，人事之酬酢，官府之賦稅，書籍之購置，咸取給焉。余母黎明即起，治家有法，勤而能儉，剛而能斷，量入爲出，因得不匱。

這段内容定稿序中没有，顯然是後刪去的。刪去的這段文字，明顯是容先生欲以自己從小家庭生活的不易來提示孫海波先生，勉力他要"抱學以待時"，不應"去所癖以求所不必得"。

綜合來看，容庚先生的這篇序言，既有容先生高明的學術見解，又有容先生對甲骨文字典編纂的要求和心目中古文字研究的標準，同時也體現出容先生獎飾後學、愛惜人才的品格和安貧樂道、一心向學的精神追求。其中透露出的容、孫兩位先生的交往信息，完全可以視爲一段引人入勝的學壇佳話。

（劉　釗　撰）

016 唐 蘭

《殷虛文字記》選

節選自《殷虛文字記》，北京大學講義石印本，1934年；又中華書局影印本，1981年；又收入《唐蘭全集》第6冊，上海古籍出版社，2015年。

釋龜龖

唐蘭先生該文成功考釋出了甲骨文中用爲"秋"的"龜"、"龖"，使"秋"這一重要概念，在甲骨卜辭中浮現出來，其功甚偉。

甲骨文中的 ᵛ、ᵛ、ᵛ、ᵛ、ᵛ 等字，孫詒讓釋爲"夔"（李圃 2002：676），葉玉森認爲象蟬形，釋爲"夏"（于省吾 1996：1833—1834），還有人認爲該字象蟋蟀、蛤蟆、泥鰍等（參松丸道雄、高嶋謙一 1994：362—363）。

唐文將上揭諸字與甲骨文中的"龜"字對比，認爲這類字象帶有兩隻角的龜，並將其隸定爲"龜"，指出"龜"見於《萬象名義》、天治本《新撰字鏡》，《廣雅》、《新撰字鏡》、《龍龕手鑑》中亦有該字，只是略有訛誤。"龜"在《萬象名義》、《新撰字鏡》中都有"奇樛反"的反切注音，《新撰字鏡》更直言該字爲"虯"字。該文據此語音綫索，又聯繫該字與龜相似而具兩角的形體特點，認爲"龜"就是《說文》中解爲"龜屬，頭有兩角"的"龝"。

甲骨文中還有從"火"從"龜"的"龖"，唐文認爲該字象以火熟龜，"龜"亦聲。

原本《玉篇》中有從"龠"、"龜"聲之字，據其記載，該字與"簫"字可通用，且反切注音爲"思條反"。漢楊箸碑之"秋"、《隸韻》引燕然銘之"秋"、

《萬象名義》之"秋",皆从"禾"从"龜"。唐文據這些"秋"字推知《說文》"秋"字籀文"𪛊"乃一訛體,其所从的"龜"由"龜"訛變而來。這些證據進一步證明"龜"、"龜"的語音與"虬"、"秋"相近。

卜辭中有"今龜"、"來龜"、"今龜",唐文指出,其中的"龜"及"龜"並當讀爲"秋",秋本指收穫之時,穀多一年一熟,所以秋的意思大體相當於年,卜辭中"今秋"、"來秋"即指今年、來年。

唐文將甲骨文中的"龜"、"龜"讀爲"秋",可以與《說文》"秋"字籀文互相發明,結論可靠,此說一出,學者率從。但唐文對"龜"字形體的解說,尚有可商榷之處,學者多不贊同。雖然"龜"的主體部分與甲骨文中的"龜"字比較相似,但兩者畢竟不同。唐文將"龜"字頭部上面兩條彎曲的筆畫,理解爲龜的角,將"龜"字背部側面的筆畫,理解爲龜的腳,與常識相違背,學者不認同這種分析也是可以理解的。

于省吾(1996:1834—1835)曾舉古書中有關長角的龜的記載,以及澳大利亞發現的長有雙角的龜化石,作爲唐先生說法的證據。但古書記載是否可靠,該化石是否確爲龜類動物,均無法質言。而且,退一步說,即使承認自然界有長角的龜,恐也不能說這種龜就是甲骨文中的"龜",因爲甲骨文中"龜"字背部側面還有筆畫,這不是龜類動物的形象。

唐蘭(2015:306—309)後來放棄了"龜"象兩角龜的說法,在《天壤閣甲骨文存考釋》中又提出新說。唐先生認爲卜辭中寫作的"龜",下部象龜形,上部歧出的筆畫象龜的長喙,其他異體所从的角形是從長喙形演變來的。又認爲寫作的"龜"所从的"龜","尾旁之揭起者,實是甲形","龜"字其他異體中類似翅膀的筆畫是龜殼形筆畫的訛變。①總之,"龜之上端既非角,而尾部亦無翼,又非三足,則仍是尋常之龜屬耳,非異物也"。又據"龜"有長喙,從語源學角度推定"龜"爲一種名爲"觜蠵"的大龜之象形,進而指出"龜"爲"觜蠵"之合音。

唐先生此新說,亦頗不合情理,龜類豈能有長喙?而且於字形亦多有扞格之處。單周堯(1987:222—224)曾詳辨此說之非,讀者可以參看。

唐文發表之後,不斷有學者提出關於"龜"字形體的新說。

郭沫若(1965:344—345)認爲"龜"字象蟋蟀之形。蟋蟀,又名趨織、趨

---

① "龜"字中類似翅膀的筆畫是龜殼形筆畫的訛變的說法,在《殷虛文字記補正》中已提出。

趯，都是啾啾的聲轉。也就是說，蟋蟀得名於其啾啾的叫聲，所以古人用表示蟋蟀的"𧓴"字來表示與"啾"語音相近的"秋"。蕭艾先生將"𧓴"釋爲"羌𧓴"合文（于省吾 1996：1829—1830）。郭若愚（1979）認爲"𧓴"字象蝗蟲形，釋爲"蚤"。夏渌（1985）也認爲"𧓴"字象蝗蟲之形，表示的是後世義爲"龍子有角"的"虬"，蝗蟲即有角的龍子虬。何琳儀（1999）認爲"𧓴"字上部所從是聲符"丘"。郭小武（2001：91—92）認爲"𧓴"字象天牛之形，而"蜻"爲天牛之古名，所以將"𧓴"釋爲"蜻"。王恩田（2015）亦認爲"𧓴"字象天牛之形，亦將該字釋爲"蜻"，不過王先生認爲"蜻"表示天牛幼蟲"蜻蠐"之"蜻"。

現在看來，"𧓴"字形體到底該怎麼分析，並無定論，但該字象帶翅的昆蟲之形，是大家的一致意見。如果單純考慮字形，"𧓴"字與天牛最爲相似，但古人如何稱呼天牛，古書中似無記載。如果兼顧到卜辭中"𧓴其至"、"𧓴禹"、"寧𧓴"等説法，將"𧓴"理解爲蝗蟲，也是一個選擇，但蝗蟲如何會有"秋"一類的語音，又是一個難題。看來，"𧓴"字到底該如分析，還需俟諸他日。

近來，陳劍（2021：69—89）聯繫金文、秦漢文字中的相關形體，進一步梳理了"𧓴"字的演變脈絡，並指出《説文》中的"鼀"即"𧓴"的訛變之體。

釋彗䨮冒霠

卜辭中的"雪"字作𩃬，王襄、羅振玉、葉玉森、商承祚、馬敘倫等學者皆釋爲"雪"（參李圃 2002：335—336）。諸家將該字釋爲"雪"大都是據卜辭文意推斷出來的，至於該字的形體該如何分析，諸家大都無善解。①卜辭中的"雪"字上從"雨"，這是很明顯的，下部所從的"彗"，是釋讀該字的關鍵。

"彗"在卜辭中不僅見於"雪"字，還可以獨立成字。卜辭中的"彗"字，孫詒讓釋爲"友"，又釋爲"羽"，羅振玉釋爲"濯"，王襄釋爲"羽"，葉玉森釋爲"雪"，陳邦懷釋爲"雨"（參于省吾 1996：1849）。

《説文》小篆"雪"字從"雨"、"彗"聲。唐先生該文利用偏旁分析法，得出"彗"爲表示掃竹的"彗"的本字的結論，知道了"彗"是"彗"的本字。該文

---

① 值得提出的是，馬敘倫在釋讀甲骨文中的"雪"字時，已經認識到"雪"字下部所從的"彗"爲"彗"字之省，但奇怪的是他並沒有將甲骨文中其他地方出現的"彗"統一釋爲"彗"。根據馬先生和唐先生的論述，兩人在研究"雪"字時，似都沒有讀到對方的論著。

又分析了"丑"與"彗"的形體關係,認爲"丑"是掃帚形,"彗"所從的"玨"是從"丑"演變而來。

甲骨文中的"習"字是郭沫若(1983:527—528)首先考釋出來的,郭先生認爲"習"字從"羽"從"日"。唐文肯定了郭先生釋"習"的意見,但同時指出,甲骨文中的"習"字不從"羽",而是從"丑",並以"丑"爲聲旁。還指出卜辭"習"從"彗"的初文"丑",而《說文》"彗"字古文作"篲",從"竹"、"習"聲,這進一步證明"習"所從的"丑"爲聲旁。唐文還指出"習"字的本義是暴曬,後世或借"熭"字表示"習"的本義,"晞"是"習"的後起字。"習"與"疊"、"襲"語音相近,所以"習"有重義、慣義。卜辭中"習一卜"、"習龜卜"之"習",是重的意思。

甲骨文中的"騽"字是羅振玉首先考釋出來的,但羅氏誤以爲"騽"字的聲旁是《說文》"友"字古文(于省吾1996:1599),有此錯誤認識,所以也就未能據此釋出甲骨文中的"習"字。"騽"字,《爾雅》云"騽馬黃脊",《說文》云"馬豪駩"。唐文根據卜辭中"叀騽眔騽"的記載,認爲《爾雅》的說法是正確的。

卜辭中的"丑"字,與後世的"彗"字形體差距比較大,而同時又與後世的"羽"字形體十分相似,這是很多學者能夠釋出卜辭中的"雪"字,卻不能釋出"雪"字所從的"丑"字的原因,也是有的學者在唐文考釋出卜辭中的"彗"字之後,依然將"丑"釋爲"羽"的原因(參蔡哲茂1993:86—87)。唐先生慧眼獨具,通過偏旁分析及相關之字的繫聯,釋讀出卜辭中的"彗"字,足見科學的考釋方法的重要性。

唐文發表之後,學者對甲骨文"彗"字的認識,又不斷深化。唐文指出,卜辭中的"丑"字多爲人名,或假借爲"雪"。據楊樹達(1986:85)、蔡哲茂(1993:81—96)、裘錫圭(2012a:422—430)等研究,卜辭中的"丑"字還有一種重要用法,就是表示疾病痊愈的意思。卜辭中的"丑"字,唐先生釋爲"彗",陳劍(參趙鵬2009:195)將"丑"視爲"彐"的繁化,認爲"彐"表示的是義爲植物王帚的"彗"這個詞,而鄔可晶(2014:5—16)更進一步,否定了將"丑"釋爲"彗"的意見,直接將"丑"釋爲"蠚",因爲"彗"象手持掃竹之形,本義是掃除,而"丑"並不從手形,只是象王彗之形。另外,唐文認爲小篆"彗"字所從的"玨",是由甲骨文中的"丑"演變而來,也不準確。據鄔可晶(2014:5—16)研究,"丑"是由"玨"簡省而來。

釋帚婦叟歸㛐歸㫳叜㜅屐埽牪

唐先生該文認爲"帚"字象植物王帚之形，反對羅振玉將"帚"理解爲掃帚的意見。唐文贊同郭沫若先生的説法，認爲"帚"字在卜辭中用爲"婦"，並就相關問題有所補充，認爲"帚"與"婦"語音相近，卜辭中的"婦"可能指今王的配偶。

卜辭中的"叜"字，羅振玉釋爲"眘"，孫海波釋爲"侵"（參于省吾 1996：3028—3029），唐文根據甲骨文中"叜"字的實際使用情況，認爲"叜"是一個獨立的字，應釋爲"叜"，並指出《説文》謂"梫"、"祲"、"駸"等字從"侵"省聲，是有問題的，實際情況應是從"叜"聲。

唐文將卜辭中的"歸"、"㛐"視爲一字之異體，認爲可能是"帚"與"叜"之繁文。卜辭中"叜"、"㛐"所從"帚"旁或加數小點，唐文認爲這數小點象掃帚所掃之塵土，後演變爲"土"，整字遂變爲《説文》之"埽"、"塦"。"埽"、"塦"，《説文》分爲二字，唐文認爲它們爲一字異體。還將甲骨文中的 、 、 、 ，都釋爲"掃"。還據卜辭"帚"字從"帚"，不從"叜"，論證了"帚"讀如"侵"。卜辭中的"牪"、"犙"，羅振玉釋爲"牧"，唐文認爲該字象以帚拭牛之形，"帚"、"叜"亦聲，並將該字讀爲"侵"。

唐文指出"帚"象多用來製作掃帚的植物王帚之形。這一觀點，唐先生在《釋丑雷眘騳》一文中已經提及。在那篇文章中，唐先生指出，"丑"與"帚"形體相近，"帚"象王帚之形，"丑"象掃帚之形。唐先生的這一觀點鮮有人認同（參蔡哲茂 1993：81—96）。陳劍（參趙鵬 2009：195）對"帚"與"丑"有很好的解釋，他認爲"帚"象掃帚之形，"彐"象植物王藸之形，"丑"是"彐"的繁化，但由於形體的密切聯繫，這些形體存在通用關係。裘錫圭（2012a：422—430）對這些形體的通用關係有很好的論述。鄔可晶（2014：5—16）進一步指出"帚"與"藸"音義關係密切，本由一語分化。

該文將卜辭中的"牪"、"犙"讀爲"侵"，現已爲學界普遍接受。對於該字及 、 等字，裘錫圭（2012b：552—565）有專文討論。裘先生認爲這類字表示的意思都是表示灑掃的"叜"的具體化，"牪"、"犙"表示洗刷牛， 、 表示灑掃室屋或庭院，它們可以看作"叜"的異體。裘先生的觀點與唐先生不同，但

"叞"與"掃"本是同源的，所以兩位先生的觀點其實也没有本質不同。

🗑字，現在學界一般遵從羅振玉的觀點，將其釋爲"糞"（參劉釗 2014：253，李宗焜 2012：1114）。就字形來說，該字與"糞"關係更爲緊密一些。卜辭中的"歸"、"䢅"、"婦"等字，由於辭例不足徵等方面的原因，究爲何字，未有定論。鄔可晶（2014：14—16）有相關討論，大家可以參看。

唐文所論證的"帚"與"婦"、"侵"語音相近，早期學者多不信從，但近些年來，由於古音學的發展，大家漸趨信從"帚"、"侵"語音相近之說。這足見唐先生之遠見卓識。

釋壴鼓殸寁喜𤒳偱卲娡嬉歅

唐先生該文檢討諸家之說，明確了"壴"象建鼓之形，"鼓"象擊鼓之形。據古文字中"鼓"字的不同寫法，辨明了《說文》中收錄的"鼓"與"鼓"是異體關係。指出甲骨文中的"鼓"字亦作🗑，从"殳"从"壴"。還指出"寁"从"宀"、"鼓"聲。

唐文指出，卜辭中"壴"、"娡"、"卲"辭例相似，代表的當是同一個詞，所以"娡"、"卲"必爲形聲字，且以"壴"爲聲旁。又據"娡"與"歅"辭例相似，推斷"壴"、"娡"、"卲"、"歅"代表同一個詞，且"歅"亦當从"壴"聲。而"歅"與"艱"字、《說文》籀文"囏"爲一字，所以"壴"、"娡"、"卲"、"歅"都應讀爲"艱"。

唐文指出，"娡"在卜辭中或作"嬉"，"歅"後世作"囏"，"鼓"所从之"壴"，金文中或變爲"喜"，可證"壴"、"喜"語音相近。唐文據此推斷，"喜"當从"口"、"壴"聲，卜辭中从"火"从"壴"的"𤒳"當釋爲"熹"，从"人"从"壴"的"偱"當釋爲"僖"，从"卩"从"壴"的"卲"當釋爲"歅"，从"女"从"壴"的"娡"當釋爲"嬉"。

唐文將卜辭中的"娡"、"卲"、"歅"讀爲"艱"的意見，有《說文》籀文的形體支撑，又有明確的辭例爲證，很有說服力，早已成爲定論。

在考釋文字的過程中，唐文充分利用了辭例的限定作用，將形體看似不同的文字歸攏在一起，進而尋找出它們的相通之處，並加以合理的解釋。這一考釋文字的思路，在當時是極爲罕見的，體現了唐先生深厚的古文字學修養。唐文在考釋文字的過程中，還注意到了文字形體的歷時變化，如指出早期卜辭多用"娸"，晚期卜辭多用"艱"，這在當時也是難能可貴的。現在上述考釋古文字的思路已爲廣大古文字學者所熟知。唐先生導夫先路，其功不可沒。

不過唐文也有一些觀點沒有被大家接受，比如將某些"壴"讀爲"艱"的意見，少有人認同。這種不認同是有原因的。

唐文舉了三個"壴"讀爲"艱"的例子，這三個例子分別見於《契》409（《合》17417正）、《續》6·3·1（《合》19394）、《庫》103（《合》40903）。第一個形體從拓片看來的確是"壴"，但該字右側恰好殘損，所以不能保證該字不是"娸"，而一定是"壴"。第二個形體也有學者認爲是"娸"（陳年福2010：1739）。該字右側有些漫漶，就整體輪廓來說，與"女"旁有些相似，所以該字的確有可能是"娸"。第三個形體是確定無疑的"壴"，但這個"壴"字的辭例並不能證明它一定讀爲"艱"。唐文列舉了《鐵》113·3（《合》4845，與《合》22412爲重片）中與該"壴"字辭例相同的"娸"字，但這個所謂的"娸"字其實也不是真正的"娸"字，從拓片看，該字其實應該還是"壴"字，學界也沒有人將這個字釋爲"娸"。可見這三個例子都是有疑問的，而唐文所能舉出的恰好僅僅是這三個例子，這不能不令人懷疑。

大家的不認同，還有一個重要原因，就是將"壴"讀爲"艱"，在語音上有些難以接受。上古音"壴"屬魚部，"艱"屬文部，根據現在大家對古音的認識，魚部與文部很難相通。也正是基於這種認識，大家也多不相信唐先生將"娸"、"卲"、"艱"所從的"壴"理解爲聲旁的意見，而多從陳劍（2007：332—333）之説，將"娸"、"卲"理解爲會意字。

另外，唐文在討論卜辭中用爲"艱"的字時，刻意排除了與"艱"形體與語音皆有密切關係的"堇"、"蓳"。唐先生在另一篇《釋堇蓳》的文章中專門討論了這兩個字，認爲這兩個字在卜辭中應讀爲義爲乾旱的"暵"。這兩個字現在一般都遵從羅振玉的觀點，讀爲"艱"，孫俊、趙鵬（2011：131—142）有專文補充論證。

（劉　雲　撰）

• 參考文獻

蔡哲茂 1993　説"彐彐"，第四屆中國文字學全國學術研討會論文集，大安出版社。

陳　劍 2007　殷墟卜辭的分期分類對於甲骨文字考釋的重要性，甲骨金文考釋論集，綫裝書局。

陳　劍 2021　說"電"等字所從"黽"形來源，中國文字，總第 5 期。

陳年福 2010　殷墟甲骨文摹釋全編，綫裝書局。

郭沫若 1933　卜辭通纂，文求堂（收入郭沫若全集·考古編，第 2 卷，科學出版社，1983 年）。

郭沫若 1965　殷契粹編·考釋，科學出版社。

郭若愚 1979　釋鼀——向郭沫若先生學習殷契文字習作之一，上海師範學院學報，第 2 期。

郭小武 2001　古文字考釋五題，殷都學刊，第 3 期。

何琳儀 1999　說"秋"，江蘇紀念甲骨文發現 100 周年甲骨文與商代文明國際學術研討會論文選集（收入安徽大學漢語言文字研究叢書·何琳儀卷，安徽大學出版社，2013 年）。

李圃主編 2002　古文字詁林，第 5 冊，上海教育出版社。

李宗焜 2012　甲骨文字編，中華書局。

劉釗主編 2014　新甲骨文編（增訂本），福建人民出版社。

裘錫圭 2012a　殷墟甲骨文"彗"字補說，裘錫圭學術文集·甲骨文卷，復旦大學出版社，2012 年。

裘錫圭 2012b　釋"𢼸"，裘錫圭學術文集·甲骨文卷，復旦大學出版社，2012 年。

單周堯 1987　"𦏠"非"羌馗"辨——兼論唐蘭之釋"𦏠"，王力先生紀念論文集，三聯書店香港分店。

松丸道雄　高嶋謙一 1994　甲骨文字字釋綜覽，東京大學出版會。

孫　俊　趙　鵬 2011　"艱"字補釋，甲骨文与殷商史，新 2 輯，上海古籍出版社。

唐　蘭 2015　天壤閣甲骨文存并考釋，唐蘭全集，第 6 冊，上海古籍出版社。

王恩田 2015　釋秋，復旦大學出土文獻與古文字研究中心網站，http://www.gwz.fudan.edu.cn/Web/Show/2578，8 月 25 日。

鄔可晶 2014　談談所謂"射女"器銘，出土文獻，第 5 輯，中西書局。

夏　淥 1985　釋甲骨文春夏秋冬——商代必知四季說，武漢大學學報（社會科學版），第 5 期。

楊樹達 1986　積微居甲文說，上海古籍出版社。

于省吾主編 1996　甲骨文字詁林，中華書局。

趙　鵬 2009　殷墟甲骨文女名結構分析，甲骨文與殷商史，新 1 輯，綫裝書局。

唐 蘭

[釋斤]

節選自唐蘭:《古文字學導論》下編,北京大學講義石印本,來薰閣書店,1934年;又齊魯書社增訂影印本,1981年;又收入《唐蘭全集》第5册,上海古籍出版社,2015年。

研究者公認,唐蘭先生寫成於1934年的《古文字學導論》(以下簡稱《導論》),是第一部系統闡述古文字學理論的專書,奠定了科學古文字學的基礎。

《導論》提出了系統的考釋古文字的科學方法,即"對照法(或比較法)"、"推勘法"、"偏旁的分析"和"歷史的考證",至今仍是古文字考釋的基本方法。其中"偏旁的分析"亦即一般所説"偏旁分析法",《導論》回顧運用此法考釋古文字的歷史,謂"孫詒讓是最能用偏旁分析法的",指出:

> 他的方法,是把已認識的古文字,分析做若干單體——就是偏旁,再把每一個單體的各種不同的形式集合起來,看牠們的變化;等到遇見大衆所不認識的字,也只要把來分析做若干單體,假使各個單體都認識了。再合起來認識那一個字;這種方法,雖未必便能認識難字(因爲有些字的偏旁雖是可識,一湊合後卻又不可識了),但由此認識的字,大抵總是顛撲不破的(有些錯誤,是因偏旁分析不精所造成)。

《導論》謂,"這種方法最大的效驗,是我們只要認識一個偏旁,就可以認識很多的字"。接下來,《導論》以"冎"字、"斤"字爲例,"推出其形","於是下面諸字便可認識"。此"釋斤",即節選自《導論》此部分。

《導論》謂,"我尋出了這偏旁('斤'旁)的寫法","我們可以多認二十多個前人未識的字",以實際成績證明了"偏旁分析法"的巨大效用。唐蘭先生將舊有方法與自己的方法尤其是"偏旁分析法"之別,比喻爲"手工製品"與"機器的大量生産"之不同,謂按其方法"再去整理,至少可以使(甲骨文)可識的字增加出一倍來",其得意自負之情可見。

當然,《導論》寫成時間甚早,作爲篳路藍縷之作,不可避免地也會存在一些問題。此就"釋斤"部分列舉如下。

所引《戬》47·9（《合集》28118）形（《上博》17647·408）,其右下所從與"斤"不合,現在一般認爲應釋"旙"（《甲骨文字編》1196頁,摹作 ；《新甲骨文編[增訂本]》409頁）。

"斫"字下所舉《前編》5·21·3（《合集》9339）（原作，此摹形不確）,"斪"字下所舉《佚存》858（《合集》18761）,"破"字下所舉"斫"字異文（《前編》8·6·1[《合集》21050]）,皆應釋爲"殸（磬）"（《甲骨文字編》851頁、《新甲骨文編[增訂本]》547頁）,前兩形省去"又"形而已。諸形所從皆非"斤"旁。

説"斫"、"胐"、"弥"字,皆將"斤"旁看作"折"省,謂分別即"築"、"胐"、"䓲"；又謂"斯就是析的異文",此恐皆不可信。説《前編》4·43·5（《合集》9594）形,舉金文"折"字或作（毛公鼎）爲證,謂"疑此亦斯字",恐怕也是有問題的。①

但以上問題,並非"偏旁分析法"本身的缺陷,而反映的是正如前引《導論》所謂,"有些錯誤,是因偏旁分析不精所造成"的。我們看從《導論》至今的古文字考釋的進步（包括上舉一些偏旁分析的錯誤被糾正）,很大程度上就可以説正是"偏旁分析法"被運用得越來越"精密"的過程。

（陳　劍　撰）

---

① 參看陳劍：《説慎》,《甲骨金文考釋論集》,綫裝書局,2007年,第45—46頁。

唐 蘭

卜辭時代的文學和卜辭文學

原載《清華學報》第 11 卷第 3 期,1936 年;收入《唐蘭論文集》第 2 册,上海古籍出版社,2018 年。

甲骨文是現存最早的成規模的漢語文獻。學者研究中國古代社會文化的一些現象,往往需要向上溯求,也就經常遇到如何看待和利用甲骨文材料的問題。要處理好這一問題,必須對卜辭的性質、卜辭中甲骨文字的發展階段有清醒的認識,必須對卜辭時代的實際情況及其所處的發展階段有清醒的認識。在 20 世紀 30 年代,唐蘭先生認爲,"學者間能留意到這一方面的,還不很多",他因此寫了本文。

唐文共五部分:

第一部分"卜辭時代的社會和文化"。主要是以評論的方式,闡明準確認識商代社會和文化所處發展階段的重要性。評議的靶子,是郭沫若《卜辭中的古代社會》的一些看法,例如認爲商代還處於兄弟姊妹羣婚的野蠻未開化狀態等。唐氏指出,"商代已是文明時代,而遠離了未開化時代",並從文字、青銅器、國家、社會組織、産業、工藝、宗教、曆數等方面加以説明。

第二至四部分,分别討論卜辭時代的一般文獻(甲骨、金文等特種文獻外)中的文學、金文中的文學、卜辭中的文學。

第二部分"卜辭時代的一般文學"。主要談了兩方面問題:

(甲)商代有没有文學的問題。唐氏認爲,只是現存的少,不是没有。商代本有長篇文獻,有文學:(1)"卜辭、彝銘所以多簡短而質樸,只是實用的關係,而尋常長篇文字,是應該寫在竹帛上的。不幸,竹帛的保存不易,所以,我們目前所能見到的只是些短篇。……但不能斷然說商代沒有長篇的文字。"並反證說："卜辭、彝銘的素樸和簡短，不夠做商代沒有文學的證據。春秋的記事，何嘗不素樸簡短，戰國時的匋器銘辭，何嘗不是一兩個字，——最多不過十數字，我們能說春秋戰國時期還沒有文學嗎？"（2）贊同郭沫若根據《書·多士》"惟殷先人有册有典"來證明殷時就有竹簡。"周初書裏常常說到夏、商的史事，當然都是根據這種典册的記載。那末，商代已有很完備的記載，是無可疑的。"（3）從進化的角度看，周初的長篇不可能是突然產生的，商代"一定也有很優美的文學"，"周初的文學家，受過商代文學的影響，是無疑的"。以上幾點都講得很好。

（乙）商代文學和文學的起源問題。指出商代的文學可以拿《商書》作代表，強調應重視佚《書》。商代也是有韻文的，只是留存較少。關於文學的起源，認爲商以前的文學包含兩部分，一部分是簡短的演說辭，例如《甘誓》；一部分由歌謠而變成史詩。

這一部分涉及古書真僞和年代問題，有些看法甚爲通達，例如"大部分古書總是經過許多變動的，這種變動，常常是無意的錯誤，而不是有心的作僞"；"凡一篇文章，流傳的時代愈久，地域愈廣，這種錯誤就愈多，有時，和原來大相徑庭；但這只是錯誤，我們不能說成是'僞'"。舉了商末周初很多例子論述譬喻和格言，稱之爲"原始文學裏最精采的一部分"。這種譬喻及格言確是上古文獻中常見的，很值得注意。

第三部分"銘識的起源和卜辭時代的銘識"。舉商代金文若干篇，指出其"幾乎完全是紀事的短章"，"在這種一套板的文章裏是很少文學意味的"。並解釋說，"器用是爲實用的，普通的長篇文字，自有玉、石、竹、帛的簡書去記載，不能求之於銘識"。因此，"商代的銘識，是不足以代表商代文學的"。

第四部分"卜辭文學"。先講了卜辭的起源、卜辭的組成，相當於甲骨文基礎知識講義。應該說這份講義水平很高，內容專業、準確，深入淺出。①至於卜辭中的文學，作者還是首先強調，卜辭本身不能代表商代的文學，"它只是屬於太卜的龜室裏面的一大批陳年斷爛檔案，……要在這裏面求偉大的文學作品，是不可能的。有些學者把這部分材料的價值看得太高，以爲只有這種真是商代的文

---

① 這部分也有個別錯誤的看法。如談卜辭的構成，說董作賓、郭沫若和作者自己以前"都以爲骨臼刻辭是記事文，不是卜辭"，"其實是錯了……這是貞祭祀的辭"，反而將本來正確的看法改成了誤說。

學，而紙上材料，是完全不足信的。他們只顧把卜辭抬高，却把商代整個文化壓抑的太低了"。但若實在用來研究古代文學，也可以舉出一些文從字順的"很好的斷句"，其"所用字彙的豐富，文法的完密，顯然已和周以後相近"，藉此"可以斷定商代已有極燦爛的文學"。這些意見也都很中肯。

　　第五部分是結語。總結了全文觀點，强調不能只去懷疑，不能"把中國古代文化抑得太低"。"因爲不明，而去懷疑，本是應當，但只去懷疑，是不能有收穫的。……懷疑以後，一定要有所確信。……懷疑只是破壞的工作，有確信才能有建設，所以希望學者們大家來做後一種的工作，庶幾，真正的中國古代史可以重新建設起來。"

　　第三部分有一段話説：

> 地下材料的發現常常是偶然的，有出乎意外的新發現，可也有出乎意外的不發現，假如因爲没有發現而斷定那時代一定没有這東西，那是很危險的。因爲古物而沉薶在地下的，本只是一部分，而這一部分，不一定能發現；即使發現，未必能保存；即使保存，我們也未必看見；即使看見了，也未必能懂得。我們能看見而且懂得的，實在太有限了，所以只能考其已有的現象，而不要輕率地下結論，説某物或某種現象是那時所没有的。

這段話主要是破除"默證"，其實也就是這篇長文的核心意思。

　　直至今天，有些打算利用甲骨文的學者，還不能很好地認識到唐文指出的問題；唐文所傳達的各種觀念，仍有進一步強調的必要。

（蔣玉斌　撰）

● 參考文獻

陳桐生 2019　百年卜辭文學研究的反思與展望，光明日報，9 月 2 日 13 版。
胡厚宣 1950　古代研究的史料問題，商務印書館（又雲南人民出版社，2005 年）。
饒宗頤 1992　如何進一步精讀甲骨刻辭和認識"卜辭文學"，成功大學中文系編，甲骨學與資訊科技學術研討會論文集（收入饒宗頤二十世紀學術文集卷二下甲骨集林，新文豐出版股份有限公司，2003 年；中國人民大學出版社，2009 年）。
姚孝遂 1963　論甲骨刻辭文學，吉林大學社會科學學報，第 2 期。

019

聞一多

釋豕

原載《考古社刊》第 6 期，1937 年；收入《古典新義》，《聞一多全集》第 2 册，開明書店，1948 年；又古籍出版社，1956 年；《中國文字》第 49 册，1973 年；又生活·讀書·新知三聯書店，1982 年；又收入《聞一多全集·語言文字編》第 10 册，湖北人民出版社，1993 年；又收入《古典新義》，商務印書館，2011 年；又上海古籍出版社，2013、2014 年；又商務印書館，2017 年。

聞一多《釋豕》把甲骨文中的 ⚏ 形從 ⚏、⚏ 兩形中分離出來。認爲經傳中的稼、劓、羧等字與《說文》中的"豕"音同義通。從字形分析及祭祀田獵卜辭辭例的角度確定"豕"表去勢之豕義。

一般把 ⚏、⚏、⚏ 三個字形都釋作"豕"。聞一多（1937）文主要分爲三個部分。第一部分，指出甲骨辭例有 ⚏、⚏ 兩形并見一條卜辭的情況（《鐵》142·2，《合集》14341），知兩字形有别。唐蘭認爲 ⚏ 爲豕腹下有根器形，釋豭。卜辭及金文均有"家"下做"⚏"形。許慎認爲"家"所從爲"豭"省，唐蘭説可信。提出腹下一畫與腹部相連的"⚏"形表示牡豕，不相連的"⚏"形表示去勢之豕，當釋爲豕。第二部分，指出許慎《説文》對豕字的釋義爲絆足行豕有誤。提出豕的本義應該從經傳的稼、劓、羧等字進行考慮。通過分析《詩》、《書》、《周禮》等傳世文獻中的稼、劓、羧、觸等字與豕音同義通，指出豕的本義爲去勢之豕。第三部分，論證卜辭的字形爲"豕"。從詞義限定的角度指出：豕爲去勢之豕，則"牝"、"牡"二字絶無從豕者。卜辭中的鳥獸不外祭牲與田獵物，田獵所獲，絶無"豕"。分析了去勢的原因，祭祀用牲，尚肥腯，去勢之豕，膚革易充盈。

該文認爲豕爲去勢之豕，指出"牝"、"牡"字形不從"豕"。從甲骨文中的"家"字不從 ⚏ 這一點，足以説明 ⚏ 與 ⚏ 不是一字。另外，《合集》14341 ⚏、⚏

兩形共見，非一字。從辭例角度指出𧰲只見於祭祀卜辭，用作祭牲，田獵物不用𧰲形，可説明𧰲與豕不是一字，即𧰲是獨立於豕、豭以外的一個字形。𧰲形中的"丨"與"豕"分離且至於腹下，意在表明生殖器與本體分裂的造字本義。聞一多把𧰲釋作豙，認爲是去勢之豙應該是正確的。去勢的目的就是加速生长。

　　陳夢家（1937）將"𧰲"釋爲"豕"，認爲與𧰲爲一字，義爲牡豕。"𧰲"形，原始象形，象豕於後足前腹下連著陰器之形。"𧰲"形將陰器稍離於腹下，蓋由刀筆之便。"豭"形後於象形字豕，所從之士象陰器形，從豕字分衍而來。關於𧰲、𧰲爲兩個不同的字，聞一多論述的較爲充分，也可信。陳夢家文對於豕在卜辭中用法的總結比較精煉，即祭牲，常與犬羊並用，皆屬小牢，用法多以燎。

　　1937年以後把𧰲、𧰲、三形相混的有：《甲骨文編》（1965）𧰲、混形，並釋爲"豭"；金祥恒（1959）𧰲、混形，並釋爲"豕"，𧰲單列一字形，釋作"豕"；島邦男（1967）𧰲、𧰲混形，並釋爲"豭"、"豕"。《集釋》、《類纂》、《詁林》、《甲骨文字形表》、《甲骨文字編》、《新甲骨文編》等都把兩字形分釋，𧰲釋爲豭，𧰲釋爲豕。其中《集釋》與《新甲骨文編》將字序調整爲先"𧰲"後"𧰲"，在造字理據上更加合理。

（趙　鵬　撰）

參考文獻

陳夢家 1937　釋豕，考古學社社刊，第 6 期（收入陳夢家學術論文集，中華書局，2016 年）。
島邦男 1967　殷墟卜辭綜類，大安（增訂版，汲古書院，1971 年；增訂版第 2 次印刷，1977 年）。
金祥恒 1959　續甲骨文編，藝文印書館。
李孝定 1965　甲骨文字集釋，"中央研究院"歷史語言研究所（再版，1970 年）。
李宗焜 2012　甲骨文字編，中華書局。
劉釗主編 2009/2014　新甲骨文編，福建人民出版社；又增訂本。
沈建華　曹錦炎 2008/2017　甲骨文字形表，上海辭書出版社；又增訂本。
孫海波 1965　甲骨文編，中華書局。
姚孝遂 1989　殷墟甲骨刻辭類纂，中華書局。
于省吾主編 1996　甲骨文字詁林，第 2 册，中華書局。

陳夢家

020 ［釋注　釋罗　釋生月］

《釋注》節選自《中國文字學·文字學甲編》，中華書局，2006年。後二篇節選自《殷虛卜辭綜述》，科學出版社，1956年；又中華書局，1988、2004年。

《釋注》節選自陳夢家先生《中國文字學·文字學甲編》。據該書"出版後記"，1937年秋至1944年秋間，陳夢家先生在昆明西南聯大任教，講授中國文字學。1939年夏，陳先生將授課講義編訂成册，名《文字學甲編》。但一直遲至2006年7月，該書才由中華書局正式出版。因此，此書中一些很好的看法，長期不爲人所知。

《釋注》將甲骨文 、 （《新甲骨文編[增訂本]》629頁、《甲骨文字編》1015—1016頁）釋爲"注"的象形初文，解釋其形爲注水之形，甚爲自然直接。聯繫金文鑄造之"鑄"與"釁"（"沬"字初文）上方所從，將其看作雙手奉皿形的"倒文"，也都是很有道理的。後來裘錫圭（1990/2012）在尚未看到陳説的情況下，對有關字形與用法有更爲詳盡深入的論述，並指出"注"與"鑄"在語源上也有關係，"鑄器時的主要工作就是把熔化的金屬注入器範，'鑄'應該就是由'注'孳生的一個詞"（亦即《釋注》所謂"金文假借爲鑄"，略嫌不够準確），此説遂可爲定論。

《釋罗》與《釋生月》皆節選自《殷虛卜辭綜述》。

《釋罗》將舊釋爲"蜀"字所從的 、 等形（《新甲骨文編[增訂本]》221—222頁、《甲骨文字編》1015—1016頁），分析爲從"目"從"勹（旬）"聲，即《説文》之"旬"字，現已成爲定論。其説於字形分析尚嫌簡略，後來裘錫圭（1990/2012）、林澐（2002/2008）均對有關从"勹"之字有更詳細的討論，請參看。林澐（2002/2008）並指出，于省吾（1943/2009）已曾謂卜辭"竹（芎）""左从勹作⊃即旬字，其作⊃者變體也"，是首發此説者。至於"蜀"字上部所从之形，殷墟甲骨文中亦有之，詳見蔣玉斌（2014）的討論。此外，《釋旬》將卜辭作地名的"旬"認爲後世的"筍（荀）"國，應該是正確的；但所引卜辭中那兩條言"至旬"者，"旬"還是應該讀爲"旬"（參看裘錫圭 1990/2012）。

《釋生月》將卜辭中與"月"字連用、舊誤釋爲"之"之字改釋爲"生"，亦早已得到公認。除了字形上"生"與"之"寫法不同，其主要根據是"生（某）月"常與"兹月"及"今某月"對舉，並以"卜辭的現在式與未來式常結合起來"的其他辭例爲旁證。"生月"指"下月"的理由，蔡哲茂（1993）補充謂："從古書提到月亮之圓缺，常用死生來比況，在古人觀念中，下一個月，月亮就漸漸生出來，因此'生月'即指來月，那就不言而可知。"可從。這種用法的"生"字，歷組卜辭又常寫作"木"或"林"形，詳見裘錫圭（1992B/2012）的討論。

裘錫圭（1992A/2012）曾評論説，陳夢家先生的甲骨學研究，並不以文字考釋見長，但他在這方面也有一些重要貢獻。除此所述之外，如《綜述》對甲骨文成湯之"成"字、"邊"字、"咎"字的考釋等，也都是正確的。正如陳先生自己所説，有些研究者的態度"是求發明新字而釋字，其結果是一無所得。反之，有些人從研究某一問題而涉及甲骨文，常常有較好的結果"，"當作一個問題來處理某個或某些字，是可能得到滿意的結果的，是比單單分析字形更可以全面的了解某字的意義的。但是，若以不正確的分析字形爲出發，則其結果必然是失敗的"（《綜述》67 頁）。上舉三例，可以説在很大程度上都體現出這個特點。

（陳　劍　撰）

• 參考文獻

蔡哲茂 1993　卜辭生字再探，"中央研究院"歷史語言研究所集刊，第 64 本第 4 分（又復旦大學出土文獻與古文字研究中心網站，http://www.gwz.fudan.edu.cn/Web/Show/1041，2009 年 12 月 28 日）。

蔣玉斌 2014　釋甲骨文中的"獨"字初文，古文字研究，第 30 輯，中華書局。

林　澐 2002　釋昫，古文字研究，第 24 輯，中華書局（收入林澐學術文集[二]，科學出版社，2008 年）。

裘錫圭 1990　殷墟甲骨文字考釋（七篇）之"五、釋'勻'"又"七、釋'注'"，湖北大學學報（哲學社會科學版），第 1 期（收入裘錫圭學術文集·甲骨文卷，復旦大學出版社，2012 年）。

裘錫圭 1992A　評《殷虛卜辭綜述》，文史，第 35 輯，中華書局（收入裘錫圭學術文集·雜著卷，復旦大學出版社，2012 年）。

裘錫圭 1992B　釋"木月""林月"，古文字論集，中華書局（收入裘錫圭學術文集·甲骨文卷，復旦大學出版社，2012 年）。

于省吾 1943　釋🈂️，雙劍誃殷契駢枝三編，大業印書局（雙劍誃殷契駢枝·雙劍誃殷契駢枝續編·雙劍誃殷契駢枝三編[附古文雜釋]，中華書局，2009 年）。

于省吾

《甲骨文字釋林》選

《釋屯》,《輔仁學誌》第 8 卷第 2 期,1939 年;《釋屯》、《釋气》,《雙劍誃殷契駢枝》(初編),大業印書局,1940 年。《甲骨文字釋林》,中華書局,1979 年。

于省吾先生 1939 年開始從事甲骨文研究,深感"契學多端,要以識字爲其先務"(于省吾 1940 序),因而在他的研究生涯中,長期以甲骨文字考釋爲主,從 1940 年到 1943 年先後出版《雙劍誃殷契駢枝》(1940)、《雙劍誃殷契駢枝續編》(1941)和《雙劍誃殷契駢枝三編》(1943),另有未正式刊行的四編稿本(于省吾 1945,參看陳夢家 1956:663 "甲骨論著簡目",于省吾 1979 凡例二),晚年匯成《甲骨文字釋林》(1979)。這些論著皆爲于先生研究甲骨文字的重要成果。我們據以提要的《釋屯、萅》等一組文章,選自《釋林》,當然《釋屯》、《釋气》亦見於《駢枝》,有詳略之不同,可參閱。

于先生這組文章的主要觀點如下:

1. 釋屯、萅:將甲骨文 ᐃ、ᐃ 等字與商周金文 ᐃ、ᐃ、ᐃ、ᐃ,小篆 ᐃ 繫聯,指出"此乃屯字之演變源流"。甲骨文多屯、示屯、气屯等其涵義存以待考。甲骨文春秋之春作 ᐃ、ᐃ、ᐃ、ᐃ 等形,亦可借"屯"爲"春"。另有 ᐃ,可從唐蘭釋爲秋,卜辭中有萅、秋對貞之例。甲骨文無夏字,雖有冬字,但用爲終,故商代、周初只有春、秋兩季。

2. 釋气:此文歸納的气字字形演變軌跡爲 ᐃ(甲骨文)、ᐃ(天亡簋)、ᐃ(齊侯壺)、ᐃ(行氣玉銘)、ᐃ(石鼓文)、ᐃ(小篆),"以其與三字易混,故一變作 ᐃ;取其左右對稱,故再變作 ᐃ"。"其橫畫皆平,中畫皆短,其嬗演之迹,固相銜也。"气字在甲骨文中可用爲:乞求之乞,迄至之迄,終止之訖。

3. 釋勹、鳧、倗：《說文》"勹，裹也，象人曲形，有所包裹"，許慎乃據小篆立說，語意含混。甲骨文从勹的字常見，作 ⁊ 、ᒣ 等形，象人側面俯伏之形，乃"伏"之初文。金文伏作 ⿰, 本義爲犬伺人，勹、伏兩字本義有別。《說文》勹部十四字除去勻、旬本从勹外，其他皆从勹。甲骨文另有 ⿱ 字，古文从隹从鳥無別，下从勹，可釋爲"鳧"。《說文》認爲鳧从几有誤，應作"鳧，水鳥也，从鳥勹，勹亦聲"。甲骨文 ⿰ 从朋勹聲，《說文》倗字中的勹訛爲人。倗乃象形字附加聲符形成的形聲字。

于先生在考釋甲骨文字方面取得很大的成績，和他運用科學的研究方法和善於總結文字考釋的規律分不開。如：

> 研究古文字，其形音義三者，必無一不符，方可徵信，而三者中，尤須先定其形。形之認識如準確，則音讀與詞義，迎刃而解矣。（于省吾 1940：5）

> 考名識字，必須先定其形，形定而音通，形音既確，其於義也則六通四辟，覈諸文理與辭例，自能訢合無間矣。至於形之定在於分析偏旁，分析偏旁，不可失於點畫，失則貌似臆斷之説興，不可滯於點畫，滯則拘攣固執之見成。（于省吾 1941 序）

> 古文，篆之本也，小篆，篆之末也，治之者須本末兼晐，本固重矣，而其所以演變以至於末者，迹必相銜，方可徵信。（于省吾 1943 序）

> 留存至今的某些古文字的音與義或一時不可確知，然其字形則爲確切不移的客觀存在，因而字形是我們實事求是地進行研究的唯一基礎。（于省吾 1979 序）

> 古文字是客觀存在的，它是有形可識，有音可讀，有義可尋的，只要深入鑽研，對文字的點劃或偏旁以及它和音、義的關係做出實事求是的科學分析，並尋出每一字橫向的同一時期的相互關係，以及縱向的先後時期的發生、發展和變化的規律，則多數古文字是能夠被正確認識的，那種貌襲臆斷的舊作風必須堅決擯棄。（于省吾 1982：49）

從上面引用的于先生相關觀點，可將他考釋甲骨文字的方法大致概括爲以下幾點：

1. 一個甲骨文字的正確考釋，需兼顧其形音義三方面，其中，字形尤爲關鍵（如何科學理解于先生所說"以形爲主"，可參看林澐 2010：500—502）。

2. 字形可通過偏旁分析，將之與同時代文字作橫向繫聯，以及不同時代其字形演變的縱向繫聯。排比出合理的字形演變序列，做到本（古文字）末（小篆）兼晐，才可能正確地釋讀文字。

3. 偏旁分析不可拘泥於點畫的區別，又不可不注意點畫的區別。

4. 字形確認後，需將之置入卜辭，辭意通順，方可徵信。

本組文章的成功考釋，皆是于先生貫徹其科學文字考釋觀的結果。

于先生這組文章所考釋的屯、气、勹，皆爲甲骨文中的基本偏旁，釋讀出此類字，對考釋其他相關文字有極大的推動作用，意義重大。如于先生自己考釋的薔、鬱，皆是因爲有了屯、勹的準確考釋，纔可能完成的新考釋成果。

于先生文章發表之後，學界對相關問題研究取得的新進展：

1. 屯字在甲骨文中還有一種更爲象形的字形，作↓形，在卜辭中可用爲"蠢"。由這種屯字字形可知屯本爲草木初生幼芽的象形（蔣玉斌 2018：118—130、138）。

2. 示屯、气屯用於記事刻辭，其中示爲交付、气爲乞求，屯讀爲純訓爲全，指一對胛骨或背甲（方稚松 2009：22—44、65—80）。

3. 多屯之屯爲一種犧牲，與侯屯中的屯語意一致（蔡哲茂 2011：110—130）。

4. 裘錫圭先生亦正確釋讀了"舄"字，並指出舄字下部所从字形與人有別，可能爲"俯"之初文（裘錫圭 1980：161）。俯、伏音義皆近，爲同源詞。李家浩先生認爲勹可能是"菢（抱）"之初文，抱與伏一音之轉，義亦相關，不宜將《說文》所錄勹之音義與勹分開，伏與抱只是因方言不同，讀音不同而已（李家浩 2012：32—33）。

5. 气字在卜辭中的用法，除去用作動詞者外，大多數用作副詞，表示最終、終究、終竟的意思，只有爲數很少的例子用作介詞，表示迄至義（沈培 2002：11—28）。

另于先生認爲朐亦从勹，似可商榷。此字在甲骨文中的字形作（《合》12）、（《合》13）、（《合》10196）、（《北大》872 =《合》19636）等形，爲人持有朋形，故朋多位於人的手形之下，特別是後兩例字形，還畫出手掌形，更明確了手持朋這一動作（金文亦有此類字形，作）。所以，從甲骨字形看，朐應非从勹。《甲骨文字詁林》第 3290 頁此字按語已指出其不从勹，可參看。

（周忠兵　撰）

• 參考文獻

蔡哲茂 2011　殷卜辭"用侯屯"辨，甲骨文與殷商史，新 2 輯，上海古籍出版社。
陳夢家 1956　殷虛卜辭綜述，科學出版社。
方稚松 2009　殷墟甲骨文五種記事刻辭研究，綫裝書局。
蔣玉斌 2018　釋甲骨金文的"蠢"兼論相關問題，復旦學報（社會科學版），第 5 期。
李家浩 2012　甲骨文北方神名"勹"與戰國文字從"勹"之字，文史，第 3 輯。
林　澐 2010　《甲骨文字釋林》述介，甲骨文字釋林，商務印書館。
裘錫圭 1980　甲骨文字考釋（八篇）·釋"鳧"，古文字研究，第 4 輯，中華書局。
沈　培 2002　申論殷墟甲骨文"气"字的虛詞用法，北京大學中國古文獻研究中心集刊，第 3 輯，北京大學出版社。
于省吾 1940　雙劍誃殷契駢枝，大業印書局。
于省吾 1941　雙劍誃殷契駢枝續編，大業印書局。
于省吾 1943　雙劍誃殷契駢枝三編，大業印書局。
于省吾 1945　雙劍誃殷契駢枝四編稿本。
于省吾 1982　于省吾自傳（林澐執筆），晉陽學刊，第 2 期。
于省吾 2009　雙劍誃殷契駢枝·雙劍誃殷契駢枝續編·雙劍誃殷契駢枝三編，中華書局。
于省吾主編 1996　甲骨文字詁林，中華書局。

張宗騫

卜辭弜弗通用考

原載《燕京學報》第 28 期，1940 年。

甲骨卜辭中表示否定詞的字有"不"、"弗"、"叀"、"弜"、"勿"、"毋"、"亡"、"非"、"妹"等。其中"叀"、"弜"、"妹"與後世習用字之間缺乏直接的對應關係，研究者對此三字的認識經歷了相對曲折的過程（關於"叀"，參看裘錫圭 1981；關於"妹"，參看李宗焜 1995）。

甲骨文"弜"主要有二"弓"內外相疊（A 弜）、左右並置（B 弜）兩種形體，從 A、B 二形的類組分佈及族名金文普遍作 A 形的現象看，"二弓內外相疊"當是此字較原始之形（參看李宗焜 2012：952—955、嚴志斌 2016：300）。

王國維（1923）根據毛公鼎、番生簋以"彌（弜）"表"弗"的現象，糾正了《說文》將"弼"分析爲"从弜、丙聲"的錯誤，認爲"弜"是"弼"的聲旁，是表示弓檠（矯正弓弩的器具）的"柲"的本字。此說於字形（尤其是 A 形）、字音均合，當可信。但王國維未認出甲骨文"弜"字，而懷疑其爲"比"（見王國維 1917：10）。甲骨文"弜"早年另有"斤"、"从"等釋，同意釋"弜"者亦不少，但均未指出"弜"在卜辭中的實際用法（參看于省吾 1996：2623—2624）。

1940 年，張宗騫發表《卜辭弜弗通用考》一文，認爲"卜辭弜字蓋與弗相通叚"，首次揭示出"弜"在卜辭中多用作否定詞的現象，爲相關研究奠定了基礎。張文就"弜弗通用"舉出了三方面證據：

其一是"弜弗同聲"，除王國維（1923）已舉出的金文以"彌"表"弗"外，還補充了《說文》"奔""讀若'予違汝弼'"一例。

其二是"弜與弗、勿、不、毋、亡同用"，分別列出兩類辭例。第一類是較寬泛的"同用"例,即"弜"下一字與"弗、勿、不、毋、亡"下一字相同者。作者自知"不足爲吾說之力證也",因而再列出第二類——"弜字對貞,與弗、勿、不、毋、亡等字對貞"文例相同者,以"弜"在對貞中與其他否定詞出現的位置相同,證明其用法相同。①

其三是没有"弗"等字文例可對比的"弜字對貞"例。其中有的並非對貞,如所謂"異辭對貞"例,但也看得出"弜"表示否定的意義。通過比勘大量辭例,作者認爲"試將卜辭弜字,除作方國人名外,以弗解之,意無不適"。

以今天的眼光來看,《卜辭弜弗通用考》對所引辭例的理解還存在不少問題,所謂"同用"、"通用"的標準也過於寬泛。但作者在許多正反對貞的卜辭中,找到了"弜"與其他否定詞處於同樣位置的辭例,這些對貞辭例確爲"弜"字用法的明證。换言之,在一組不省略主要動詞的正反對貞中,"弜"總是位於反貞命辭的主要動詞之前,這足以證明"弜"表示的是一個否定副詞。

正因爲這些可靠辭例的存在,《卜辭弜弗通用考》一文的結論後來逐漸爲學界所接受。②學者在其基礎上開展研究,進一步發現了同爲否定副詞的"弜"、"弗"在用法上的區别。司禮義(Paul L-M. Serruys)在《甲骨刻辭的語言中的否定詞》(1969)中,根據各否定詞在卜辭中的不同用法及其在前後各期的分佈情況,指出"弜"的用法與"弗"不同,而與"勿(丂)"相同。其《商代卜辭語言研究》(1974,已收入本書)也有相關論述。稍晚發表的裘錫圭《説"弜"》(1979)一文亦指出,甲骨卜辭中四個主要的否定詞可分爲兩組,"不"、"弗"爲一組,"勿(丂)"、"弜"爲另一組。其中"不"、"弗"通常是表示可能性和事實性的,可翻譯爲"不會……"或"没有……";而"勿(丂)"、"弜"通常是表示主觀意願的,可翻譯爲"不要……"。"丂"、"弜"讀音相近,且出現的類組基本互補,很可能表示同一個詞。③

帶著"弜"表示主觀意願的否定、可翻譯爲"不要"的認識,再看《卜辭弜弗通用考》所引辭例,便會發現不少問題。如原文第60頁"弜風錄94"(見《合》24369)實爲"弜隹(唯)";61頁"弜雨粹24"(見《合》34194)實爲"弜眔";"弜其戈戬45·4"(當爲戬45·14即《合》20442,"戈"當作"戋")之"弜"實爲人名;第63頁"戉,王

---

① 張文所謂"勿"指"丂"字,"勿"實爲"勿"字,參看裘錫圭(1981)。
② 反對"弜"爲否定詞者往往没有重視這些對貞辭例。如于省吾(1996:2624—2629)引李亞農、魯實先、丁山諸説,又如夏渌(1981)等。
③ 關於卜辭中兩組否定詞用法的"例外"及其解釋,參看沈培(2009)。

弜其薅雨。其薅大雨。粹694"（見《合》30077）之"弜"下有缺文，"弜"並非對"薅雨"的否定。以上各例中的颳風、下雨、翦滅敵人等並非主觀可控之事，所卜的應當是"會不會"發生，而非"要不要"施行，所以一般不用"弜"。

（葛　亮　撰）

● 參考文獻

李宗焜 1995　論殷墟甲骨文中的否定詞"妹"，"中央研究院"歷史語言研究所集刊，第66本第4分。

李宗焜 2012　甲骨文字編，中華書局。

裘錫圭 1979　説"弜"，古文字研究，第1輯，中華書局（收入裘錫圭學術文集·甲骨文卷，復旦大學出版社，2012年）。

裘錫圭 1981　釋"勿""發"，中國語文研究，第2期，香港中文大學（收入裘錫圭學術文集·甲骨文卷，復旦大學出版社，2012年）。

沈　培 2009　商代占卜中命辭的表述方式與人我關係的體現，古文字與古代史，第2輯，"中央研究院"歷史語言研究所。

司禮義（Paul L-M. Serruys）1969　甲骨刻辭的語言中的否定詞，裘錫圭 1979/2012 編校追記引。

司禮義（Paul L-M. Serruys）1974　STUDIES IN THE LANGUAGE OF THE SHANG ORACLE INSCRIPTIONS（商代甲骨文中的語言研究），*T'oung Pao*，LX，1-3（通報第60卷1—3期）.

王國維 1917　戩壽堂所藏殷虛文字考釋，倉聖明智大學。

王國維 1923　釋鬹，觀堂集林，卷6，烏程蔣汝藻密韻樓排印本。

夏　淥 1981　釋弜——張宗騫《卜辭弜、弗通用考》的商榷，武漢大學學報（社會科學版），第3期。

嚴志斌 2016　商金文編，中國社會科學出版社。

于省吾主編 1996　甲骨文字詁林，中華書局。

胡厚宣

武丁時五種記事刻辭考

原收入《甲骨學商史論叢初集》第 3 册,成都齊魯大學國學研究所專刊,1944 年;又收入《民國叢書》第一編之八十二歷史地理類,上海書店出版社,1990 年;又收入北京圖書館甲骨文研究資料彙編編委會編:《甲骨文研究資料彙編》,北京圖書館出版社,2000 年;又河北教育出版社,2000、2002 年;又收入宋鎮豪、段志洪主編:《甲骨文獻集成》第 21 册,四川大學出版社,2001 年。

最早關注到甲骨刻辭中存在非占卜性的記事刻辭文字的當屬董作賓先生。董作賓(1933)指出"殷虛出土的甲骨文字,除了大部分是卜辭之外,還有一部分是記事的",這時所認識到的記事文字主要是一些獸頭刻辭和骨臼刻辭,文後所附的圖中也有一些屬於骨面刻辭。董作賓(1936)又意識到其在《商代龜卜之推測》一文中所討論的"册六"、"編六"等刻辭亦屬記事文字。胡厚宣(1937)首次對甲骨中的記事文字做了全面的梳理,他將甲骨文中的記事文字分爲卜辭外和卜辭中的記事文字,其中卜辭外的記事文字包括甲子表、祭祀表、史官簽名、骨臼刻辭、牛胛骨背面刻辭、背甲背面邊緣刻辭、腹甲甲橋背面刻辭、腹甲尾端刻辭、腹甲骨橋邊緣刻辭(松按:所舉例子爲《合集》10976"丁酉雨,至于甲寅,旬又八日。九月"和《合集》28011 中的"乙酉小臣董")和牛胛骨下角刻辭(松按:即"宜于義京"類)十類。這已基本涵蓋了記事刻辭的各種類型,其中甲橋和背甲類記事刻辭爲胡先生首提。1944 年胡先生所作的《武丁時五種記事刻辭考》則專門對武丁時期的甲橋、甲尾、背甲、骨臼、骨面五種記事刻辭進行了全面系統而深入的研究。該文是記事刻辭研究方面的一部里程碑式著作。

《武丁時五種記事刻辭考》一文在結構上分爲六大部分,分別是引論、釋名、輯例、辨誤、考義和結論。"釋名"部分首次明確將這類刻辭定名爲甲橋、背甲、甲尾、骨臼和骨面刻辭，這一命名也基本爲後世所遵循，一直沿用至今。"輯例"部分對當時所能見到的五種刻辭做了較全面的整理，其中甲橋刻辭共輯得 273 例（其中例 13 與 211 重，95 與屬背甲刻辭的 314 重，例 34 屬背甲刻辭，例 24 屬骨面刻辭），文後又補有 6 例；甲尾刻辭共 37 例，文後補 1 例；背甲刻辭共輯 13 例，文後補 1 例；骨臼刻辭共 177 例（其中例 478 屬骨面刻辭），文後補 3 例；骨面刻辭共 26 例。"辨誤"部分主要對前人在"甲尾刻辭"和"骨臼刻辭"研究方面的錯誤認識做了辨正。"分析"部分則對五種刻辭的體式、組成成分進行了十分詳細的統計分析。文中認爲這類刻辭主要包含兩個部分：一是言"某入（含來、氏）若干"或"≡自某若干"；一部分言"某示若干"。其中以"某入若干"一類刻辭觀之，則甲橋、甲尾、背甲三種龜甲刻辭都含有這一結構，而骨臼和骨面則絕無"某入若干"之語。至於"≡自某若干"及"某示若干"，則龜甲與牛骨皆有。若以"若干屯"之辭例觀之，則只見於骨臼、骨面和背甲刻辭。"考義"部分則主要對記事刻辭中的幾個詞語"入"、"來"、"氏"、"≡"、"示"、"𠂤"等字的含義進行了梳理。指出"入"、"來"、"氏"三詞皆有呈貢致送之義；"≡"當從于省吾先生意見釋气，讀爲乞；"示"爲祭祀之義；"𠂤"從郭沫若先生二骨之說，疑即匹字。胡先生在對辭例和字詞含義做了充分的分析基礎之上，得出以下結論：五種記事刻辭中的"某入若干"類表示的乃是貢龜之事，之所以只見於龜甲而不見於牛骨，是因爲殷代北方不產龜，卜用之龜，皆南方所貢。而卜用牛骨，因可以自給自足，無需他求，故牛骨刻辭不見"某入若干"之記載；"气自某若干"一類則是記採集龜骨之事；"某示若干"則是記祭祀龜甲牛骨之事，蓋殷人既得龜骨之後，必須先經過一種祭典而後用之。

　　胡先生《武丁時五種記事刻辭考》一文資料搜集全面，分析細緻，特別是對這類刻辭句式結構特點和出現類型的歸納總結，爲理解這類刻辭性質奠定了十分重要的基礎。加之胡先生對刻辭中詞語含義的把握大多較爲準確，故其所得結論可信度高，參考價值大，已基本解決了這類刻辭的主要問題。1998 年，尚秀妍先生發表有《再讀胡厚宣先生〈五種記事刻辭考〉》，文中結合甲骨文研究的新成果，對胡先生《武丁時五種記事刻辭考》進行了一些補充和修正：補充了一些師組、歷組、出組、何組、無名組、黃組等的五種記事刻辭辭例；指出了胡先生釋字上的一些錯誤，如氏當改釋爲以，𠂤當爲屯等。

　　在胡先生之後，再次全面系統探討五種記事刻辭的即爲方稚松的《殷墟甲骨文五種記事刻辭研究》（2009）。方文基本延續了胡先生一文的研究框架，所做的工作主要是補充了胡先生文中的例子，增加了這類刻辭中表貢納義的動詞"肇"、"竈"等，並對"入"、"來"、"以"、"示"、"气"幾個常見動詞的含義進行了探討，根據它們用法的不同，分析了裏面所透露出的一些相關制度。方文認爲這類刻辭中的"示"並非是胡先生所理解的祭祀義，而應是一些學者所說的"給予"、"交納"之義。文中主要根據記事刻辭本身所反映的一些綫索以及"示"在整個甲骨刻辭中的用法，論證了"示"字當理解爲交付之義。記事刻辭中"入"、"來"、"以"前的名稱通常表示的是龜甲的貢入地；"乞"、"示"前的名稱則是龜骨的求取、交付人員，非龜骨來源地。方文根據"乞"、"示"這兩個動詞後常跟"屯"字搭配、所在句子前常帶有干支且有些干支與占卜屬同一天這些特點，指出"示"、"乞"來的龜骨應是已經整治完畢只需再加鑽鑿就可用於占卜了；而"入"、"來"、"以"的龜甲很可能還是整龜，占卜之前還需經過整治處理。猜想當時應該設有整治機構和占卜機構兩個不同的部門，外地貢入的未經整治的龜甲應先經過整治機構的整治後，才由專門的"示"者交付到占卜機構來，以備占卜，這就是記事刻辭中"示"字句常用於"入"、"來"、"以"、"乞"句後的原因所在。至於爲何記事刻辭中並非每一條都記有龜甲的貢入者和交付者，方先生認爲這與記事刻辭產生、發展的過程是有關係的。不同的時代、不同的組類在記事刻辭的類型、使用的動詞、刻辭的内容等方面都會有一定的差異。

2014年，孫亞冰先生所著《殷墟花園莊東地甲骨文例研究》又專門對花東甲骨中的記事刻辭文例進行了研究，讀者可參看。

（方稚松　撰）

• 參考文獻

董作賓 1936　安陽侯家莊出土之甲骨文字，田野考古報告，第1册（收入董作賓先生全集甲編，第2册，藝文印書館，1977年）。
方稚松 2009　殷墟甲骨文五種記事刻辭研究，綫裝書局。
胡厚宣 1937　論殷代的記事文字，益世報・人文周刊，第25—31期，天津。
尚秀妍 1998　再讀胡厚宣先生《五種記事刻辭考》，殷都學刊，第3期。
孫亞冰 2014　殷墟花園莊東地甲骨文例研究，上海古籍出版社。

董作賓

024

[大采、小采]

節選自《殷曆譜》,中央研究院歷史語言研究所專刊,1945 年;收入《董作賓先生全集・乙編》第 1 册,藝文印書館,1977 年;秦始皇兵馬俑博物館藏董作賓手批本《殷曆譜》上編卷一,巴蜀書社,2009 年。

《殷曆譜》"紀時法"一節分舊派和新派討論了不少時稱名詞。董作賓認爲舊派一日之内分爲"明"、"大采"、"大食"、"中日"、"昃"、"小食"、"小采"七個時段。新派則用"朝"、"暮"替代了舊派的"大采"和"小采",而且又增加了"昏"、"兮"(或郭兮)、"妹"等。在對這些時稱名詞的説解中,最爲經典的還是"大采"和"小采"。

關於"大采"、"小采",在董作賓之前,已有不少學者進行了不同的説解。比如陳邦懷(1925)認爲"大采"是殷代的"朝日之禮","小采"則爲"夕月之禮"。孫海波(1935)認爲"大采"、"小采"皆爲"舞服之稱"。郭沫若(1937)則認爲卜辭中的"大采"、"小采"均作動詞,舊解皆不可通讀。于省吾(1943)從卜辭用例出發,主張甲骨文"大采"、"小采"乃"就雲色言之","三色以上,四色、五色、六色謂之大采。其三色者,謂之小采"。①有意思的是,上引諸家幾乎都注意到了《國語・魯語下》"是故天子:大采朝日,與三公九卿祖識地德;日中考政,與百官之政事,師尹維旅牧相,宣序民事;少采夕月,與大史司載,糾虔天刑;日入監九御,使絜奉禘郊之粢盛,而後即安"這一段記載,也都意識到,甲骨文"大采"、"小采"相當於《魯語》裏面的"大采朝日"、"少采

---

① 以上諸家之説請參于省吾先生主編:《甲骨文字詁林》,中華書局,1996 年,第 1366—1368 頁。

夕月"之"大采"、"少采"，只是都過分相信韋昭注而做出了不同的說解，未達一間。

董作賓通過系統分析卜辭語言事實後得出，"大采"應該跟卜辭的"明"、"夕"等一樣，都應該是表示殷代時稱的名詞，"大采"在"大食"之前，"小采"爲日暮傍晚之時。在這種認識之上，再看《國語·魯語下》這段記載，很容易想到"大采朝日"、"少采夕月"之"大采"、"少采"無疑跟處於同一語法地位的"日中"、"日入"相同，俱爲時稱名詞，何況甲骨卜辭中也有"日中"（多言中日）、"日入"（多言入日）與之對應呢！明乎此，韋昭注引禮書"朝日以五采"之說就不能成立了。應該說董氏能夠跳出韋昭注的藩籬，徹底解決卜辭中的"大采"、"小采"問題，很大程度上取決於他對甲骨卜辭中"大采"、"小采"語法地位的深入分析和語義的準確把握。有了正確的理解和自信後才能敢於質疑韋昭注，從而揭示出真相。以我們今天的認識水平看，前引陳邦懷、孫海波、郭沫若、于省吾等諸位先生對"大采"、"小采"用法的理解，顯然與卜辭用法不合，其錯誤是顯而易見的，但各位研契大家都拘泥韋昭注而做了不同的發揮，其錯誤根源就是没有仔細辨明"大采"、"小采"在甲骨卜辭中的具體用法和含義。這個案例啟示我們，在試圖解決甲骨文字詞考釋難題時，全面深入辨明待考字詞在甲骨卜辭中的用法和語義特徵是非常必要的，應該儘可能地利用已有知識，逐步減少待考字詞存在其他說解的可能性。當後世古書文獻所涉待考字詞的含義跟甲骨卜辭實際不合時，應優先考慮古書古注存在其他理解的可能性，而不是相反，把古書古注當作金科玉律從而調整甲骨卜辭的理解。

董氏關於"大采"、"小采"表示殷代時稱的意見早已得到學界公認。至於"大采"、"小采"、"大采日"、"小采日"具體命名的來由，則没能給出準確的解釋。後來董作賓（1962）、李孝定（1965）、高嶋謙一（2013）、陳劍（2015）等先生都指出，"大采"、"小采"之"采"謂太陽光綫的強弱。陳劍（2015）更進一步指出，"大/小采日"跟卜辭"中日"、"入日"、"出日"等結構一致，即"日大/小采"、"日中"、"日入"、"日出"，"日"指太陽而非"白天"，"日"後的動詞"是描述一日中太陽狀態的變化或其視運動軌跡的"。至此，"大/小采"、"大/小采日"問題才得到徹底的解決。

後來又有不少學者對白天時稱名詞進行了全面的清理與研究，比如陳夢家先生《殷虛卜辭綜述》第七章第三節"一日內的時間分段"（科學出版社，1956年）、宋鎮豪先生《試論殷代的記時制度》（《殷都學刊》增刊《全國商史學術討論會論文集》，1985年）、李宗焜先生《卜辭所見一日内時稱考》（《中國文字》新18期，藝文印書館，1994年）、常玉芝先生《殷商曆法研究》第三章第三節"殷代的紀時法"（吉林文史出版社，1998年）和黄天樹先生的《殷墟甲骨文白天時稱補説》（《中國語文》2005年第5期）等，諸家或多或少都揭示出了新的時稱名詞，讀者可以參看。

（王子楊　撰）

• 參考文獻

陳邦懷 1925　殷虛書契考釋小箋，石印本。
陳　劍 2015　"羞中日"與"七月流火"，古文字與古代史，第4輯，"中央研究院"歷史語言研究所。
董作賓 1962　卜辭中之大小采與大小食説，慶祝朱家驊先生七十歲論文集（大陸雜誌特刊，第2輯）。
高嶋謙一 2013　論甲骨文和金文中之"日"字，黄德寬主編，安徽大學漢語言文字研究叢書——高嶋謙一卷，安徽大學出版社。
郭沫若 1937　殷契粹編，文求堂。
李孝定 1965　甲骨文字集釋，"中央研究院"歷史語言研究所。
孫海波 1935　卜辭文字小記，考古學社社刊，第3期。
于省吾 1943　雙劍誃殷契駢枝三編，大業印書局。

張政烺

古代中國的十進制氏族組織

原載《歷史教學》第 2 卷第 3、4、6 期，1951 年；收入宋鎮豪、段志洪主編：《甲骨文獻集成》第 28 册，四川大學出版社，2001 年；又收入《張政烺文史論集》，中華書局，2004 年；又收入《張政烺文集·甲骨金文與商周史研究》，中華書局，2012 年。

　　張政烺先生的治學特點是將出土文字資料與古史研究相結合，張先生該文是其這一治學特點的集中展現。張文既有豐富的卜辭資料、古書書證，又有開闊的學術視野，能將這些零散的證據統轄於自己論述的框架之內，是宏觀與微觀相結合的典範之作。

　　20 世紀 50 年代，學界對商代的社會性質問題有著比較大的爭議。而這爭議集中在甲骨文與古書中頻繁出現的"衆"與"衆人"的身份上，其中以"衆"爲奴隸説最爲盛行（參朱鳳瀚 2009：1—37）。張文最先提出"衆"是直接的生產者和主要兵源，是古代中國的氏族成員。這一意見爲大多數學者所接受，爲以後學者對"衆"的研究指明了方向。張文認爲商周時代還不是成熟的政治社會，而是部族聯合。這一觀點與當時的主流觀點，即商周是成熟的奴隸制國家或封建國家相左，發表之初沒有被廣爲接受。但這一觀點已逐漸引起學界的重視，充分說明了張文深刻的洞察力。張文十分重視民族學方面的材料。在文獻不足的情況下，利用其他民族的相似現象進行類比研究，是一個很好的辦法。張先生 1973 年又發表《卜辭"裒田"及其相關諸問題》一文，1983 年又發表《殷契"叠田"解》一文，張先生在這兩篇文章中對"衆"的身份地位作了進一步的詳細考察。

　　張文所説的"古代中國"指的是中國的夏、商、周和春秋時代，這一時代處於氏族社會的末期，氏族制度已進步到部族聯合，有了統治氏族和被統治氏族。

統治氏族將被統治氏族在原有的血緣爲基礎的組織上加以調整，使每一氏族都包含一百個壯丁，從氏族宗族到部族都成爲一種十進制組織。張文還舉中國之外的其他部族，如印加族統治前後的古秘魯印第安人等，也實行這種十進制組織，來印證自己的説法。

張文從軍事編制、農業生產、氏族組織、軍事的民主政治與宗法封建等幾個方面展開討論。

首先討論了軍事編制和古代中國十進制氏族組織的關係。指出印加族統治前後的古秘魯印第安人的十進制氏族組織，和軍隊編制相適合，古代中國的情況和古秘魯印第安人的情況相似。列舉了甲骨卜辭中與戰爭有關的一些卜辭，這些卜辭涉及軍隊的編制，軍隊的數目有以百人爲單位的，有以千人爲單位的，還有以萬人爲單位的，這説明殷人軍隊的編制中有百人團體、千人團體和萬人團體。根據《尚書·牧誓》中的"百夫長"、"千夫長"，《逸周書·克殷》中的"伯夫"，以及《詩經》、《國語》、《管子》、《白虎通》等古書中的相關記載，推斷周朝軍隊的編制中也有百人團體、千人團體和萬人團體。還指出，卜辭中有以"三族"、"五族"出征的記載，周成王時的明公簋也有以"三族"出征的記載，這都説明軍隊編制和氏族組織有分不開的關係。

其次討論了農業生產和古代中國十進制氏族組織的關係。指出古秘魯印第安人及古代的日耳曼人都有農業生產上的百人團體"馬克"。"馬克"耕地公有，共同耕作，強制勞動，開耕時有一定的儀式。"馬克"的運轉模式可與中國十進制氏族組織下農業耕作情況類比。

古代中國的氏族成員叫"眾"，是兵源，亦是直接生產者。在有關農業耕作的卜辭中有"令眾"、"勸藉"、"協田"的記載。"令"、"勸"有"耕作強制"的意味。"協田"之"協"有"通力合作"的意思。"藉"字，根據甲骨文的寫法可以看出，就是手持耒，用腳踏之耕田的意思。這種耕作方式如果單獨勞作，效率低下，需要集體耕作才能有一定效率。藉田這種耕作方式，延續到了周代。《國語·周語》裏保存了有關周代藉田的史料。據之可知，古人很看重集體勞動，農民三時務農，一時講武。所以在軍事編制和農業生產上要有統一的組織。《詩經·小雅·甫田》"倬彼甫田，歲取十千"，《詩經·周頌·噫嘻》"十千維耦"，《載芟》"千耦其耘"，説的是十個千人團體或一個千人團體共同耕作，規模很大。《周禮·地官·遂人》敍述了從一夫到萬夫的耕地，也是十進制氏族組織的反映。《詩經·周頌·良耜》在説到農業豐收時，提到了一族百室共同生產的情狀。《逸

《周書·作雒解》"都鄙不過百室，以便野事"，說的是一族百室聚集一處，便於農業耕作。《詩經·大雅·緜》"百堵皆興"，《小雅·鴻雁》"百堵皆作"，《斯干》"築室百堵"，說的也都是作邑以百家爲標準。

古羅馬到綸繆拉斯時代建立了十進制的氏族組織，亦實行了"百分田"的班田辦法。"百分田"一區容納一百個"家"，每家對分得的土地擁有主權。百分田是羅馬從氏族社會進步到政治社會過程中的產物。張文指出這和中國從春秋到戰國初年的某些情況相似，並舉了《國語·晉語》中的相關例子。

張文又討論了古代中國氏族組織的形式與形成過程。先據莫爾甘的《古代社會》，討論了古羅馬的十進制氏族組織的形式與形成過程，並以此爲探討古代中國氏族組織形式與形成過程的參照。

張文認爲古代中國的十進制氏族組織是社會發展上自然的產物，形成之後，統治者亦會有計劃地加以推廣和鞏固。《尚書·堯典》"平章百姓"之"百姓"，是一個部族所包含的一百個氏族。"平章百姓"就是堯整頓清楚衆多氏族的意思，也就是《古代社會》中提到的綸繆拉斯在古羅馬所做的工作。古羅馬十進制氏族組織結合的過程既憑藉了武力，又依靠了"引誘"。古代中國的情況也與之相似。中國古書《尚書》、《詩經》，以及西周銅器銘文裏常見一個成語"柔遠能邇"，這是古代中國團結氏族的一貫政策。"柔遠能邇"的具體手段，有修德行善，有酒食宴饗，這些手段在古書和卜辭、銅器銘文中都有體現。據臣辰父癸卣銘文記載，臣辰是"百姓"，且受到周王的賞賜，而據銘文中的"父癸"及臣辰的族徽可以判斷臣辰是殷人。殷人可作周之"百姓"，即編入十進制氏族組織中，且受到周王的賞賜，可以很清楚地看出周初的懷柔政策。據《尚書·多士》、《多方》可知，周王用保留氏族組織、賞賜、大官來拉攏殷遺民。

張文指出，古代中國的十進制氏族組織，還保存著基本的民主形式，這體現在兩個方面：一個是部族全體會議，一個是選舉。關於部族全體會議，可參看《尚書·盤庚》所記載的盤庚遷都到殷，人民不滿，盤庚召開民衆大會，安撫民衆。周代的部族會議可參《周禮·小司寇》所記載的"詢國危"、"詢國遷"、"詢立君"。關於選舉，張文根據《新書·大政下》所引《鶡子》，以及《春秋繁露·爵國》、《淮南子·泰族》中所記載的十進制的選人方法，推斷古代中國的選舉方法是利用層層氏族組織逐級推舉。

最後討論了"軍事的民主政治"與"宗法封建"。

氏族組織發展到政治組織，一般要經過一個"二權政府"的階段，一方面酋長會議管民政，一方面軍務總指揮管軍事、司法和宗教等，這就是"軍事的民主政治"。據《尚書》、《論語》、《孟子》、《史記》等古書的記載，指出古代中國在十進制氏族組織下，酋長會議便是百姓（百族的酋長）的大會，軍務總指揮是從各部族的酋長中選拔出來的，其職務在軍事、司法和宗教方面，亦管理一些民政，部族聯合仍是民主的。

古代中國社會在殷周之際，出現一大變革，母系氏族消失，父系家長制出現。商代"兄終弟及"制到康丁以下四代便變爲"父死子繼"，就是這一變化的表現。甲骨文第一到第四期裏常見的一些世襲的軍務酋長也即氏族的名字，到第五期卻不見了。這是隨著王族繼承制的改變，而在各氏族發生的軍務酋長世襲方法的改變。《尚書》中給商紂王加的許多罪名都與這一轉變有關。《呂氏春秋·慎大覽》中有對商紂王時期"子不聽父"、"弟不聽兄"情況的描述，該文認爲也是對這一時期懷念兄終弟及的舊勢力，與擁護父死子繼的新勢力之間對立情況的反映。

周代有鑒於殷末亂象，確立了父死子繼的父系繼位模式。周滅商之後，還沒有走上政治的社會，還處於氏族社會，所以在疆土上有畿服內外的分別。畿內由周王直接管理，仍是軍事民主主義的形式，畿外利用原有的氏族組織進行管理，使用的是"立監"、"立侯"的辦法。這兩種辦法都保存了被征服者基本的氏族組織。《左傳》定公四年中被分封給各國的殷民六族、殷民七族、懷姓九宗，都保存著原有的氏族組織，是百姓的身份。

周代確定了父死子繼制度以後，國王的繼位仍然受到氏族勢力的制約。相當於氏族世襲酋長的周代貴族之卿，對國王有廢立之權。這廢立國王之事，皆因利益分配不均而起，《左傳》、《孟子》、《史記》、《竹書紀年》等古書都有相關記載。中國氏族社會就這樣因內部利益不一致而解體。

（劉　雲　撰）

• 參考文獻

丁　山 1956　甲骨文所見氏族及其制度，科學出版社。
葛英會 1990　殷墟卜辭所見王族及其相關問題，紀念北京大學考古專業三十周年論文集，文物出版社。

李學勤 1957　論殷代親族制度，文史哲，第 11 期。

林　澐 1979　從武丁時代的幾種"子卜辭"試論商代的家族形態，古文字研究，第 1 輯，中華書局。

劉昭瑞 1987　關於甲骨文中子稱和族的幾個問題，中國史研究，第 2 期。

裘錫圭 2012　關於商代的宗族組織與貴族和平民兩個階級的初步研究，裘錫圭學術文集·古代歷史、思想、民俗卷，復旦大學出版社。

張政烺 1973　卜辭"裒田"及其相關諸問題，考古學報，第 1 期。

張政烺 1983　殷契"叠田"解，甲骨文與殷商史，第 1 輯，上海古籍出版社。

朱鳳瀚 1990　商周家族形態研究，天津古籍出版社。

朱鳳瀚 2009　再讀殷墟卜辭中的"衆"，古文字與古代史，第 2 輯，"中研院"歷史語言研究所。

貝塚茂樹　伊藤道治

026 甲骨文斷代研究法の再檢討
——董氏の文武丁時代卜辭を中心として
（甲骨文斷代研究法的再檢討——以董氏所謂文武丁時代卜辭爲中心）

原載《東方學報》（京都）第 23 冊·殷代青銅文化の研究，1953 年；收入《京都大學人文科學研究所紀要》第 11 冊特輯，1953 年；又收入《甲骨文字研究》（本文篇），同朋舍，1980 年；又收入宋鎮豪、段志洪主編：《甲骨文獻集成》第 25 冊，四川大學出版社，2001 年。

本文第一作者貝塚茂樹（1904—1987）曾任京都大學人文科學研究所教授、日本甲骨學會會長等，長期從事以甲骨、金文等出土文字材料爲主的中國古代史研究，爲日本學界奠定了甲骨、金文研究的基礎，曾著有《京都大學人文科學研究所藏甲骨文字》、《貝塚茂樹著作集》（全 10 冊）、《古代殷帝國》等。第二作者伊藤道治（1925—2016）師從貝塚茂樹研習甲骨文，曾任神户大學教授、關西外國語大學教授等，著有《中國古代王朝の形成》、《中國古代國家の支配構造》、《天理大學天理參考館甲骨文字》等。

本文作者在甲骨實物材料整理工作的基礎上，對以往的甲骨斷代研究中未能解決其所屬年代的兩群甲骨卜辭（即以"干支王卜貞"開頭的一群和以"干支子卜貞"開頭的一群）進行了較全面的資料搜集和整理研究，對其年代問題提出了合理的解決方案，進而對殷墟卜辭中的"非王卜辭"的史料性質、商王朝占卜機構的組織形態等問題進行了深入討論。

在序論和第一章中，作者首先扼要介紹了董先生《乙編》序在"新舊兩派"理論的基礎上修改而重新提出的甲骨斷代框架。在第二、三章中，通過對相關材料的全面分析，對以"干支王卜貞"開頭的一群卜辭（作者所謂"王族卜辭"）和以"干支子卜貞"開頭的一群卜辭（作者所謂"多子族卜辭"）在這一新的斷代框架中的分組、斷代方案提出了一些疑問。疑問的重點可歸納爲如下兩條：

第一，董先生在新發表的斷代框架中，將以"干支王卜貞"開頭的一群卜辭（作者所謂"王族卜辭"）和以"干支子卜貞"開頭的一群卜辭（作者所謂"多子族卜辭"）一併劃入同一貞人組中，在兩者之間並沒有做出區分。但通過對相關材料的全面搜集和貞人同版關係的系統分析可以知道，"王族貞人"和"多子族貞人"之間其實並不存在同版關係。而且，這兩種卜辭從來沒有從同一坑裏出土過；在"貞"字的字體上也有明顯的區別。因此，這兩種卜辭是應該屬於兩個不同的貞人組。

第二，董先生認爲這兩群卜辭的年代應屬於"第四期（文武丁期）"，但通過對兩群卜辭中所見祖先稱謂及其與貞人名、其他人名之間的同版關係的綜合分析可知，兩群卜辭的年代更有可能是第一期或第二期早段。就是說，兩群卜辭和賓組、出組等王朝官方卜辭的年代是並行的。

根據以上的理解，作者在第四章和結論中對"王族"和"多子族"卜辭的基本性質作了進一步的討論，認爲：這兩群卜辭分別應是在商王個人的占卜機構和商王室王子團體的占卜機構中所進行的占卜記錄，而這兩處占卜機構與賓組、出組等屬於甲骨文第一期至第二期早段的商王朝官方的占卜機構似乎是同時共存的。這一解釋不但合理解決了董先生在《乙編》序中提出來的新的斷代框架中存在的一些問題，而且對殷墟甲骨卜辭占卜主體的身份和卜辭的史料性質問題，甚至對商王朝內部結構和統治形態等重要問題的研究也提供了新的視角。

本文作者對"王族"和"多子族"的概念界定雖然後來受到了林澐（1979）、朱鳳瀚（1990）等學者的批評，但對其所屬年代和基本性質的看法實際上與陳夢家在20世紀50年代前後發表的一系列文章中所取得的結論不謀而合，已經成爲學界共識。

此外，本文在王族卜辭和多子族卜辭分期問題的討論中，還對董作賓作爲分期輔助標準提出來的"字形"、"書體"等概念的有效性和實際運用方法進行了反思。

（崎川隆　撰）

• 參考文獻

貝塚茂樹　伊藤道治 1980　甲骨文字研究,同朋舍。
貝塚茂樹 1938　殷金文に見えた圖像文字〔〕に就いて,東方學報,第 9 冊。
貝塚茂樹 1946　中國古代史學の發展,弘文堂。
貝塚茂樹 1960　京都大學人文科學研究所藏甲骨文字(本文篇),京都大學人文科學研究所。
陳夢家 1951　甲骨斷代與坑位——甲骨斷代學丁篇,中國考古學報,第 5 冊。
陳夢家 1951　甲骨斷代學甲篇,燕京學報,第 40 期。
陳夢家 1953　殷代卜人篇——甲骨斷代學丙篇,考古學報,第 6 冊。
陳夢家 1954　商王廟號考——甲骨斷代學乙篇,考古學報,第 8 冊。
陳夢家 1956　殷虛卜辭綜述,科學出版社。
董作賓 1933　甲骨文斷代研究例,慶祝蔡元培先生六十五歲論文集,中央研究院歷史語言研究所集刊外編第一種。
董作賓 1936　五等爵在殷商,中央研究院歷史語言研究所集刊,第 6 本第 3 分。
董作賓 1945　殷曆譜,中央研究院歷史語言研究所專刊。
董作賓 1948　小屯(第二本)殷虛文字乙編上輯,中央研究院歷史語言研究所。
蔣玉斌 2006　殷墟子卜辭的整理與研究,吉林大學博士學位論文,指導教師:林澐。
林　澐 1979　從武丁時代的幾種"子卜辭"試論商代的家族形態,古文字研究,第 1 輯。
朱鳳瀚 1990　商周家族形態研究,天津古籍出版社。

島邦男

禘 祀

节选自《殷墟卜辭研究·本論》第一篇第二章,1953 年油印本;弘前大學,1958 年;汲古書院,1975 年。趙誠譯,張政烺、陳應年校,《古文字研究》第 1 輯,中華書局,1979 年;收入宋鎮豪、段志洪主編:《甲骨文獻集成》第 30 册,四川大學出版社,2001 年;又收入溫天河、李壽林譯,《殷墟卜辭研究》,鼎文書局,1975 年;又收入濮茅左、顧偉良譯,《殷墟卜辭研究》,上海古籍出版社,2006 年。

本論文原爲作者單著《殷墟卜辭研究》的一章節。作者島邦男(1908—1977)爲日本著名漢學家,曾任弘前大學教授。主要研究方向爲甲骨文和中國古代思想史,曾著有《祭祀卜辭の研究》(1953 年)、《殷墟卜辭研究》(1958 年)、《殷墟卜辭綜類》(1967 年)、《五行思想と禮記月令の研究》(1971 年)、《老子校正》(1973 年)等專著,單篇論文有 20 餘篇。其中的《殷墟卜辭綜類》按單字或單詞對當時作者所能搜集到的全部甲骨文進行梳理、排列,做成一部辭例彙編式的工具書,爲其後的甲骨文釋讀研究提供了極大方便。作者在 20 世紀 50 年代公佈的有關祭祀卜辭的一系列研究也曾經受到學術界高度評價,尤其在"五祀"祀譜復原研究中所取得的成果是與董作賓(1945)所做的復原不謀而合,已成爲甲骨學研究歷史上的紀念碑性質的成績。

本論文所討論的問題也與祭祀卜辭有關,通過對相關對資料的全面、系統搜集以及辭例的比較分析歸納出:在卜辭中作爲祭名出現的"口"字應是"禘"字的假借,進而推斷在西周金文以及傳世文獻中所見"禘祀"有可能起源於殷墟卜辭中的"口"祭。本文首先根據卜辭辭例的全面梳理指出:卜辭所見"口"字的用法可以分爲如下兩類:(1)作爲祭祀對象的用法,(2)作爲祭祀名稱的用法。

就作爲祭祀對象出現的"口"字而言，在辭例上可分爲兩種情況：①代表祖先名，如：武丁、祖丁、文武丁等；②代表神名"上帝"。關於①，金祖同（1939）、楊樹達（1954）等學者曾經將其釋作"祊"，但作者根據《佚存》536（《合集》22911）所見的作爲祖先名的"口"字出現在祖乙、祖丁、羌甲、祖辛四位祖先名之前，而且"第一期"和"第三期"的卜辭中也有出現同樣例子，推斷：這些"口"字所代表的無疑是"丁"，分別指是武丁、祖丁以及文武丁。關於②，作者指出：由於卜辭中 ⚌、⚍、⚎ 等祭祀並非是針對祖先神而舉行的，所以，作爲其祭祀對象出現的"口"必定是祖先神以外的某種神名。值得注意的是：在卜辭中"口"與"帝"往往是可以通假的；而且"帝"同樣也是 ⚌、⚍、⚎ 等祭祀的對象。由此可知，這些作爲"非祖先名"的"口"所代表的祭祀對象就是"帝（上帝）"。

作爲祭祀名稱出現的"口"字主要出現於"第五期"卜辭中，其祭祀對象只限於武丁以下直系五王以及母癸、妣己、妣癸等特定祖妣，其祭日與祭祀對象的天干基本上是一致的。此外，在武乙、文武帝時期卜辭中，又稱作"升口"、"宗口"或者"升"、"宗"等。王國維（1917）、陳夢家（1956）、董作賓（1957）等以往學者分別將此"口"字釋作"丁"、"祊"、"日"等，但就其實際字義並沒有提出具體的看法。實際上，這些卜辭基本都是連續兩旬進行的。所以，從卜法角度看，這完全可以視作"口"祭。至於只見於文武帝時期的"文武帝宗"、"文武帝升"等辭例，曾經郭沫若（1933）、葉玉森（1933）等學者釋作"禘"，認爲是個祭名。但通過對"口"祭卜辭辭例的整理可知，其中沒有一個"文武口宗"那樣"口"字夾在王名和升（或宗）中間的例子。因此，作者認爲：這些"口"字應該不是祭名，而有可能是一種作爲尊稱的"帝"。實際上，這種將"口"或"帝"作爲商王尊稱的辭例是在各期卜辭以及商末金文中都能見到的。綜上所述，卜辭中的"口"祭可以視作一種以尊父爲重點的祭祀活動。

最後，作者在如上討論的基礎上，進而對卜辭中的"口"祭與夨簋、小盂鼎、剌鼎等西周金文所見的"禘（啻）"祀之間的關係進行探討，指出：除了"口"、"禘"兩字同聲外，兩者在其性質、目的上也彼此相當一致，都是以尊父爲主要目的的祭祀活動。因此，殷墟卜辭中所見的"口"祭應該就是西周金文以及後代文獻所見的"禘（啻）"。

本論文在文字釋讀、考釋方法上的優點和特色可歸納爲如下兩點：

第一，通過對相關辭例的全面搜集和整理，客觀地歸納出了各個時期的

"口"字在其用法上的區別；第二，充分利用西周金文、古文獻等不同時期、不同性質的文本材料，對"口"字的形、音、義以及"口"祭的宗教性質和社會意義、時代演變等問題進行了深入思考。

（崎川隆　撰）

• 參考文獻

陳夢家 1956　殷虛卜辭綜述，科學出版社。
島邦男 1953　祭祀卜辭の研究——甲骨卜辭研究・第一部，弘前大學文理學部文學研究室。
島邦男 1958　殷墟卜辭研究，中國學研究會。
島邦男 1967　殷墟卜辭綜類，大安（增訂版，汲古書院，1971 年）。
島邦男 1971　五行思想と禮記月令の研究，汲古書院。
島邦男 1973　老子校正，汲古書院。
董作賓 1945　殷曆譜，中央研究院歷史語言研究所專刊。
董作賓 1957　爲書道全集詳論卜辭時期之區分，大陸雜誌，第 14 卷第 9 期。
郭沫若 1933　卜辭通纂考釋，文求堂（收入郭沫若全集・考古編，第 2 卷，科學出版社，1983 年）。
金祖同 1939　殷契遺珠考釋，上海中法文化出版委員會。
王國維 1917　戩壽堂所藏殷虛文字考釋，上海倉聖明智大學。
楊樹達 1954　積微居甲文說，中國科學院。
葉玉森 1933　殷虛書契前編集釋，上海大東書局。

楊樹達

釋追逐

《積微居甲文説》，中國科學院排印本一册，1954年；又與《耐林廎甲文説》、《卜辭求義》合，上海古籍出版社新一版，1986年。

楊樹達先生學識淵博，畢生沉潛學問，早先從事古漢語研究，晚年始治甲骨、金文之學。《積微翁回憶録》裏記1934年7月17日"讀朱芳圃《甲骨學文字編》。此爲余治甲文之始"。楊氏的甲骨文研究起步時間雖晚，但成果豐富，創獲很多，且多是真知灼見，得到了學界的普遍稱讚。胡厚宣先生在《五十年甲骨學論著目》的序言中稱："楊樹達以六十幾歲的老先生，最後寫文章最多，不失爲五十年來甲骨學研究中最努力的一人。"

楊氏有關甲骨文的研究著作有四種：

1. 《積微居甲文説》收文53篇，分上下兩卷。卷上説字，凡33篇，分識字、説義、通讀、説形四類；卷下考史，凡20篇，分人名、國名、水名、祭祀、雜考五類。原稿本有70篇，郭沫若先生爲其選定53篇。
2. 《卜辭瑣記》收札記49條，爲作者"讀諸家著作，心有所疑"及爲原書"拾遺補缺"之札記。
3. 《耐林廎甲骨文説》收文6篇，爲《積微居甲文説》審定時汰去的17篇之部分。"耐林廎"者，作者室名，取自夢中得句"霜枝耐晚林"。
4. 《卜辭求義》收文218篇（條），爲作者"讀甲文諸家之書，遇有説義善者，則手録之，心有所觸，自覺其可存者，亦附記焉"之札記，多爲短篇，至數十字之一條。

前兩種合爲一册於1954年5月由中國科學院出版，后兩種合爲一册於1954年

11月由上海群聯出版社出版。1986年12月，上海古籍出版社將以上四種合印爲一册，作爲《楊樹達文集》之五出版，又於2007年再版。

楊氏在《積微居甲文説自序》中説：

> 甲骨文者，殷商之文字也。欲識其字，必以《説文》篆籀彝器銘文爲途徑求之，否則無當也。甲文中已盛行同音通假之法，識其字矣，未必遽通其義也，則通讀爲切要，而古音韻之學尚焉，此治甲骨者必備之初步知識也。甲骨文所記者，殷商之史實也。欲明其事，必以古書傳記所記殷周史實稽合其同異，始能有所發明，否則亦無當也。大抵甲骨之學，除廣覽甲片，多誦甲文，得其條理而外，舍是二術，蓋不能有得也。就形以識其字，循音以通其讀，然後稽合經傳以明史實，庶幾乎近之矣。

這是楊氏在具體而深入地研究甲骨文之後總結的經驗，既是其治甲骨文的鮮明特色和方法，更爲後學指明了甲骨文研究的門徑，具有極强的指導意義。楊氏又在《積微居金文説自序》中説：

> 每釋一器，首求字形之無牾，終期文義之大安，初因字以求義，繼復因義而定字。義有不合，則活用其字形，借助於文法，乞靈於聲韻，以假讀通之。

此雖就金文之考釋而言，然其考釋甲骨文亦用此方法。

《釋追逐》一文寫於1946年2月16日，收在《積微居甲文説》卷上。這是一篇甲骨文研究的經典論文，洞察精微，説解透闢，歷來爲學者所津津樂道。趙誠（2005：56）評價：

> 這是一大發明，確具卓識，學術界不僅完全接受，而且作爲甲骨文研究中的一件大事，極爲讚賞。尤其值得一提的是，楊氏之説使人們具體而微地感受到，殷商甲骨文的詞義系統，與周代，乃至與後代，實有不同，有益於上古漢語詞義史的研究。

《説文》以"追"、"逐"二字互訓，認爲同義，古書中也混而不分。甲骨卜辭中此二字習見，學者很早已經正確釋讀出，但尚未明了二者用法上的區别。《釋追逐》最直接的貢獻就在於，正確揭示出了"追"、"逐"二字的本義及其區别。文中指出，"追必用於人，逐必用於獸"，"二字用法之殊，由於二字構造之本異"，這是非常正確的。

甲骨文"追"、"逐"二字一般寫作：

追：𠂤 （字形）

逐：（字形）

"追"字从𠂤从止，"象師在前而人追逐之"。"逐"字从豕从止，"象豕在前而後有逐之者"。在甲骨卜辭中，"追"所涉及的對象有"羌"、"寇"、"龍"、"亘"、"方"等。"羌"、"寇"是具體的一類人，"龍"、"亘"等爲方國名，作爲"追"的對象指該方國的人。"逐"的對象包括"豕"、"兔"、"兕"、"鹿"、"麋"、"𢇛"、"𩫏"等，均爲鳥獸之類。兩個字在卜辭中的用法"劃然不紊"，詞義恰好與字形相吻合，"追"的本義即追人，"逐"的本義即逐獸。

整體而言，卜辭中"追"、"逐"二字的用法是嚴格區別的，但已經出現了個別混用的例子（喻遂生 2002：173），比如：

　　□衛逐人。　　　　　　　　　　　　　　　　（《合集》28062，無名類）

黄天樹（2019：16）指出，"説明甲骨文到了第三期卜辭時，'逐'字已經開始從'逐獵'的本義引申爲追逐義"。

《釋追逐》一文是將"追"單純地看作一個會意字，裘錫圭（2013：143）指出，"'追'字从'𠂤'，大概是既取其音（'𠂤'本讀'堆'，《説文》説'追'从'𠂤'聲），又取其義的，字形表示追逐師衆的意思"。隨著對"𠂤"字研究的深入，學者們認識到，"𠂤"本是"臀"字的初文，引申而爲"堆"，假借爲"師"。"𠂤"、"臀"、"師"、"追"的古音皆近可通（參李守奎、肖攀 2015：118—137）。清華簡《繫年》中"𠂤"即可讀爲"追"：

　　楚人被駕以𠂤（追）之，遂敗晉師于河。　　　　　　　　　　　　（簡 65）

在歷組卜辭中有一字寫作：

　　（字形）（《屯》776）

　　□子貞：王令𠭯[以]人𠂤旅方。

學者或逕釋爲"追"字（參《詁林》3042 號按語），李守奎、肖攀（2015：130—131）謂"增加的'𠂤'部更表明所追爲'師旅'"。

甲骨文中除寫作从豕从止的"逐"，還有這樣幾類密切相關的字形：

（《合集》32832）

[甲骨字形] (《合集》10294)

[甲骨字形] (《合集》10654)　　[甲骨字形] (《合集》8256)

[甲骨字形] (《合集》20715)

《釋追逐》謂"別有从犬从兔與从鹿者，或云與逐爲一字，未知信否"。裘錫圭（2012：417—419）集中討論過這幾類字形，指出"𡘜"應該理解爲"逐隻"，"由於所逐的是隻，就把'逐'字所从的'豕'改爲'隻'，並用它來表示'逐隻'"；認爲卜辭言"𡘜鹿"，與"逐"的文例相類，"應該是可以用來表示'逐兔'的"；"𡘜"、"𡘜"辭例不完整，"是有可能被用來表示'逐'或'逐鹿'的"；"'奐'字象犬逐兔，應該是'逐'的另一種異體"，是"反映甲骨文原始性的例子"。以上裘先生的意見大都可信，唯"𡘜"字據葛亮（2013：72—81）的研究，與"魯"字的構形、辭例、用法幾乎完全相同，在田獵卜辭中應表示"當"這個詞，指的是"遇到"獵物。

王子楊（2013：45—46）指出甲骨文表示"追逐"的"逐"這個詞，在不同組類中還可以用不同的字形來表示。何組卜辭中"逐"常寫作从犬从止：

[甲骨字形] (《合集》28888)

王子楊先生認爲是"犬"與"豕"用作偏旁的通用。鄔可晶（2013：20—33）認爲，這不是"豕"、"犬"二旁簡單地互替之例，"逐"中"犬"是狩獵工具或獵人助手，其表意方式與像人追逐野豬的"逐"有別。

何組卜辭中，還常用"犬"來表示"逐"，習語"卒逐亡災"寫作"卒犬亡災"。王子楊（2013：45—46）提出了兩種解釋，一種解釋是"犬"爲"𠨘"之省，一種解釋是殷人常用犬輔助打獵，所以可以用"犬"來表示"逐"。陳劍（2008：24）指出兔善奔逸，早期古文字或以"兔"字表示"逸"這個詞，這與卜辭以"犬"表示"逐"類似。

（袁倫强　撰）

• 參考文獻

陳　劍 2008　甲骨金文舊釋"齍"之字及相關諸字新釋，出土文獻與古文字研究，第 2 輯，復旦大學出版社。
葛　亮 2013　甲骨文田獵動詞研究，出土文獻與古文字研究，第 5 輯，上海古籍出版社。
胡厚宣 1952　五十年甲骨學論著目，中華書局。
黃天樹 2019　卜辭釋文補正兩則，中國文字，總第 1 期，萬卷樓圖書股份有限公司。
李守奎　肖攀 2015　清華簡《繫年》文字考釋與構形研究，中西書局。
裘錫圭 1988　文字學概要，商務印書館（修訂本，商務印書館，2013 年）。
裘錫圭 2012　從文字學角度看殷墟甲骨文的複雜性，裘錫圭學術文集·甲骨文卷，復旦大學出版社。
王子楊 2013　甲骨文字形類組差異現象研究，中西書局。
鄔可晶 2013　釋上博楚簡中的所謂"逐"字，簡帛研究 2012，廣西師範大學出版社。
喻遂生 2002　甲金語言文字研究論集，巴蜀書社。
趙　誠 2005　楊樹達甲骨文研究，古漢語研究，第 1 期。

胡厚宣

釋殷代求年於四方和四方風的祭祀

原載《復旦學報（人文科學）》1956年第1期；收入宋鎮豪、段志洪主編：《甲骨文獻集成》第30册，四川大學出版社，2001年；又收入傅傑編：《二十世紀中國文史考據文録》（下），雲南人民出版社，2001年。

胡厚宣先生關於甲骨文四方風名的研究，若以其對龜版四方風名的綴合爲界，可分爲兩階段。第一階段：最初以《甲骨文四方風名考》爲題發表（胡厚宣1941），很快丁聲樹與胡先生聯合署名發表了《甲骨文四方風名考補證》一文，對前文內容進行了一些補充（丁聲樹、胡厚宣1942）。相關研究在收録1944年出版的胡先生《甲骨學商史論叢初集》時，又據前兩者進行了改訂，名爲《甲骨文四方風名考證》（胡厚宣1944）。第二階段：1954年，胡先生將《京》428與《乙》4548綴合在一起①，使得龜甲上有關四方風的卜辭相對完整，故1956年在吸收其他學者的綴合及研究成果的基礎上，他發表了《釋殷代求年於四方和四方風的祭祀》一文（胡厚宣1956），再次對四方風等問題做了細緻的研究，與第一階段的研究相比，此文做了大量的修訂擴充，乃精益求精之作。

此文由五部分構成：一、甲骨文裏的四方和四方風名，首先對記有四方名和四方風名的兩版甲骨內容進行介紹，兩版甲骨分別爲善齋所藏《京》520（《合》14294）及YH127科學發掘品《乙》4548＋（《合》14295），認爲《京》520所録有關四方、四方風刻辭乃記事刻辭，《乙》4548＋所録相關卜辭

---

① 此版甲骨的綴合情況介紹參看林宏明：《醉古集——甲骨的綴合與研究》第73組釋文及考釋，第95—96頁，萬卷樓，2011年。最新的綴合參看林宏明：《甲骨新綴第487例》，先秦史研究室網站2014-6-4，http://www.xianqin.org/blog/archives/4053.html。

是舉行禘祭，以求年於四方、四方風。另繫聯甲骨文中其他四版有關四方或四方風名的甲骨①，對這些甲骨所錄四方名、四方風名用字異同進行分析，認爲這些名稱大體一致，只是《京》520 刻辭中的西方名及西方風名，《乙》4548＋刻辭中的南方名及南方風名皆互相顛倒。四方名及四方風名應作：東方曰析，風曰劦；南方曰夾，風曰岂（凱）；西方曰彝，風曰𢏗；北方曰勹，風曰伇。

二、《山海經》裏的四方和四方風名，對《山海經》中有關四方、四方風的文字進行了校訂，在吸收孫詒讓的研究成果基礎上，認爲相關文字應作：有人名曰折，東方曰折，來風曰俊；有神名曰因，南方曰因，來風曰民；有神名曰夷，西方曰夷，來風曰韋；有人名曰鵷，北方曰鵷，來風曰㹞。它們與甲骨文所記錄的四方名、四方風名一一對應，其中折乃析形近訛誤，劦、俊乃義近；夾、因義近，民爲之岂訛字；彝、夷音近，𢏗、韋音近；鵷應讀爲宛，與甲骨勹（宛）同，㹞讀爲剡，伇義與之相當。

三、《堯典》裏的四方和四方風名，對《堯典》中有關四方、四方風的記錄進行梳理，認爲《堯典》中的"厥民析，鳥獸孳尾"、"厥民因，鳥獸希革"、"厥民夷，鳥獸毛毨"、"厥民隩，鳥獸氄毛"與甲骨文、《山海經》中的四方名、四方風名相合。前者民後之字對應四方名，析析同，因夾義近，夷、彝音近，隩、宛音近。後者由於誤將作爲風的鳳理解爲鳳凰，而引申演變爲鳥獸，訓爲合的協字訛變爲孳尾，岂（微）與希義近，𢏗、毨皆有盛義，氄氄細毛以禦寒冬（北方爲寒風）。

四、四方和四方風名的演變，分析了四方名、四方風名的具體含義，認爲它們都是一種神靈，強調殷人雖有四方配四時的趨勢，但只是一種萌芽。至《山海經》四神成了一種神人，四方名爲其名字，風爲神人所操作。東方、南方神人乃司"出入風"的神人，西方、北方神人乃司"日月長短"的神人，亦無春夏秋冬四時的記載。至《堯典》司日月長短的神人演變爲主日月之神的羲和，並把四方

---

① 胡先生所列舉的《粹》195（《合》33329）釋文有問題，相關卜辭應爲"乙酉貞：又歲于伊𤉲示"，其中的𤉲乃𤉲（32086）之異體，而被胡先生誤釋爲"西彝"，且誤將此辭中的"示"歸入下方的"癸未"之辭，所以此例宜刪。需注意的是，不少研究四方風的學者亦沿襲胡先生這一釋文錯誤，如鄭慧生《商代卜辭四方神名、風名與後世春夏秋冬之關係》（《史學月刊》1984 年第 6 期，第 8 頁）、鄭傑祥《商代四方神名和風名新證》（《中原文物》1994 年第 3 期，第 6 頁。按：此文標題風名之名原誤作各）、馮時《殷卜辭四方風研究》（《考古學報》1994 年第 2 期，第 131 頁）、常玉芝《商人的四方神崇拜》（《考古學研究》[六]，科學出版社，2006 年，第 287 頁）等。

和四時明確地相配在一起。在甲骨文四方名、四方風名之後，以《山海經》的時代最早，《堯典》稍後，至《夏小正》、《十二紀》等時代雖有先後，大都本乎《堯典》。

五、殷代求年於四方和四方風的祭祀，探討殷人爲何會爲求雨祈年而向四方、四方風舉行禘祭。從甲骨文看，自然現象中的風、雨、雷、電、雲、虹等，都被殷人看作是一種神靈，認爲它們掌管著人間農作物豐歉的命運，故在卜辭中常對它們進行祭祀。風雨雷電等來自四方，所以四方、四方風也被看作一種神靈，殷人對四方、四方風舉行禘祭，反映他們對農業生産的重視。

此文最大的創新無疑是揭示了甲骨文四方名、四方風名與《山海經》、《尚書・堯典》等傳世文獻相關記録的關聯。這一方面對準確理解相關甲骨刻辭有益，另一方面也能對傳世文獻中存在的訛誤進行訂正，同時還證明了通常認爲是荒誕不經的《山海經》亦有可靠的早期文獻來源，其意義的重要是顯而易見的。甲骨文由於其內容的特殊性，能與傳世文獻這樣完美對讀的例子並不多，胡先生有此發明，反映出其敏鋭的學術洞察力。其研究可以説是利用二重證據法研究的一個典範，被譽爲是"能繼王君之業也"（楊樹達 1954）。

文章還有另外一些特色，如收集資料全，文章收集了甲骨文中與四方名、四方風名直接相關的材料六條（其中一條有誤，參前頁注①），可謂一網打盡。故判斷骨版與龜版所録西方名與西方風名不一致何者爲正時，能有準確的判斷。此外在研究殷人爲何對四方、四方風進行祭祀這一問題時，胡先生列舉甲骨文中大量的祭祀風雨雷電等的卜辭進行類比，這種利用甲骨文內證進行研究的方法顯然易取得讓人信服的結論。這些研究特點屬於説來易做來難，因而還是值得大家學習借鑒。

當然，胡先生此文也存在一些問題，由於未正確釋讀文字，在解釋甲骨文字與傳世文獻用字關係時不免有牽強之處，如在誤釋甲骨文南方名爲"夾"的基礎上的相關闡釋。

此文發表後，引起了學界高度關注，其後繼研究論著多達幾十種，研究亦更爲深入。取得的進展舉例如下：1.南方名、南方風名的準確釋讀（參看陳漢平 1989，裘錫圭 1992，林澐 1996）。2.北方名的準確釋讀（參看曹錦炎 1982，李家浩 2012）。3.《合》14295 上"聽協風"的準確闡釋（參看饒宗頤 1988，李學勤 2003）。

此問題可進一步探討的，如：北方風名的準確釋讀（參看陳劍 2012，蔡哲茂

2013b）；學界對四方名、四方風名的蘊義還有不同的理解（參看王暉 2004），如何儘快取得統一的認識。

（周忠兵　撰）

• 參考文獻

蔡哲茂 2013a　甲骨文四方風名再探，甲骨文與殷商史，新 3 輯，上海古籍出版社。
蔡哲茂 2013b　説甲骨文北方風名，東華漢學，第 18 期。
曹錦炎 1982　釋甲骨文北方名，中華文史論叢，第 3 輯。
常玉芝 2006　商人的四方神崇拜，考古學研究（六），科學出版社。
陳邦懷 1959　殷代社會史料徵存・四方風名，天津人民出版社。
陳漢平 1989　説四方與四方風名，屠龍絕緒，黑龍江教育出版社。
陳　劍 2012　試説甲骨文的"殺"字，古文字研究，第 29 輯，中華書局。
丁　山 1961　中國古代宗教與神話考・四方之神與風神，龍門聯合書局。
丁聲樹　胡厚宣 1942　甲骨文四方風名考補證，責善半月刊，第 2 卷第 22 期。
馮　時 1994　殷卜辭四方風研究，考古學報，第 2 期。
何景成 2009　試釋甲骨文的北方風名，殷都學刊，第 2 期。
胡厚宣 1941　甲骨文四方風名考，責善半月刊，第 2 卷第 19 期。
胡厚宣 1944　甲骨文四方風名考證，甲骨學商史論叢初集，齊魯大學國學研究所。
李家浩 2012　甲骨文北方神名"勹"與戰國文字從"勹"之字，文史，第 3 輯。
李學勤 1985　商代的四風與四時，中州學刊，第 5 期。
李學勤 2003　申論四方風名卜甲，華學，第 6 輯，紫禁城出版社。
林　澐 1996　説飄風，于省吾教授百年誕辰紀念文集，吉林大學出版社。
裘錫圭 1992　甲骨文字考釋（續）・釋南方名，古文字論集，中華書局。
饒宗頤 1988　四方風新義，中山大學學報（社會科學版），第 4 期。
松丸道雄 2003　介紹一片四方風名刻辭骨，紀念殷墟甲骨文發現一百週年國際學術研討會論文集，社會科學文獻出版社。
王　暉 2004　論殷墟卜辭中方位神和風神的蘊義，2004 年安陽殷商文明國際學術研討會論文集，社會科學文獻出版社。
嚴一萍 1957　卜辭四方風新義，大陸雜誌，第 15 卷第 1 期。
楊樹達 1945　甲骨文中之四方風名與神名，積微居甲文説・卜辭瑣記，中國科學院

（1954）。

楊樹達 1954　《戰後京津新獲甲骨集》序，群聯出版社。

于省吾 1979　釋四方和四方風的兩個問題，甲骨文字釋林，中華書局。

鄭慧生 1984　商代卜辭四方神名、風名與後世春夏秋冬四時之關係，史學月刊，第 6 期。

鄭傑祥 1994　商代四方神名和風名新證，中原文物，第 3 期。

陳夢家

殷虛卜辭綜述·斷代　上

節選自《殷虛卜辭綜述》，科學出版社，1956年；又中華書局，1988、2004年。

20世紀50年代初期，陳夢家先後發表了《甲骨斷代學甲篇》（《燕京學報》第40期，1951年）、《甲骨斷代與坑位——甲骨斷代學丁篇》（《中國考古學報》第五册，1951年）、《殷代卜人篇——甲骨斷代學丙篇》（《考古學報》第六册，1953年）、《商王廟號考——甲骨斷代學乙篇》（《考古學報》第八册，1954年）[①]四篇系列文章，系統闡發他的甲骨斷代理論。後來，上述論文"稍經删改"，《甲骨斷代與坑位——甲骨斷代學丁篇》被陳氏寫入《殷虛卜辭綜述》第四章"斷代"（上）；《殷代卜人篇——甲骨斷代學丙篇》被寫入《殷虛卜辭綜述》第五章"斷代"（下）。現在學界討論、研究陳氏的甲骨斷代學説，大抵都是根據《殷虛卜辭綜述》"斷代"這兩章内容。

"斷代上"首先綜述甲骨斷代研究小史，然後重點陳述陳氏甲骨斷代的方法論，提出甲骨斷代的三個標準：

第一標準：世系、稱謂、占卜者（卜人）；

第二標準：字體（包括字形的構造和書法、風格等）、詞彙（包括常用詞、術語、合文等）、文例（包括行款、卜辭形式、文法等）；

第三標準：祭祀、天象、年成、征伐、王事、卜旬。

在上述三個標準中，陳氏最爲看重的是第一標準。陳氏説："由甲（筆者按：即祖先的世系）可知各王之間的距離，就是位次、世次以及直系、旁系。由乙

---

① 本篇收入《殷虛卜辭綜述》第十二章，科學出版社，1956年。

（筆者按：即稱謂）可知占卜當時的王對於祖先的距離，就是他們之間的親屬關係。丙（筆者按：占卜者）的年代依乙而定，因爲占卜者與時王是同時的。此三者（世系、稱謂、占卜者）乃是甲骨斷代的首先條件，我們姑名之爲第一標準。"①關於第一標準内部成員之關係，跟董作賓"明世系乃能定其稱謂，由稱謂乃知此貞人屬於某一時期"的思路是一致的，但在具體操作層面往往又有很大的不同。對於第二標準的"字體"、"詞彙"、"文例"，跟董作賓的"十標準"中的"文法"、"字形"、"書體"類似，但内涵有了不同。陳氏的"字體"大致相當於董氏的"字形"和"書體"；陳氏的"文例"大略相當於董氏的"文法"，"詞彙"則是陳氏獨立提出來的。更爲重要的是，陳氏提出的第二標準，在具體的分類斷代中是發揮過重大作用的，亦即陳氏確實運用了字體等標準進行了卓有成效的分類，而董氏雖然提出了"字形"和"書體"標準，但並未運用這些標準去斷代，僅僅是在運用了其他標準進行斷代活動後，從這兩個維度進行一些特徵描寫而已。陳氏説："某一時代字體、詞彙與文例的特徵，用此特徵可以判定不具卜人的卜辭的年代。"②可見，陳氏提出第二標準是有針對性的，即用以判定没有卜人出現的卜辭的時代。至於第三標準，陳氏並不是用它來進行分類斷代的，而是提出可以"將所有的甲骨刻辭按其内容分別爲不同的事類而加以研究"。

　　運用上述標準，陳氏對董氏放置在第四期的甲骨進行了系統、深入的研究，指出這些甲骨可以按照卜人的名字命名爲自組、午組、子組（包括附屬）等。又根據卜人繫聯出的稱謂系統，提出自組、午組、子組及其附屬卜辭，連同賓組卜辭，時代都是武丁時期的，並且有早晚的不同，其中自組、子組兩組大約較晚。

　　"斷代下"主要列舉了武丁賓組、祖庚祖甲出組、廩辛何組以及武乙、帝乙帝辛各個時期、各個組別的卜人情況，並且利用稱謂系統詳細辨明其時代早晚。陳氏大多數的斷代成果都是可信的。

　　陳氏在甲骨分類斷代領域取得的成績是多方面的，其學術貢獻和影響比較突出的，可有如下諸端：

　　第一，陳氏把董作賓歸入第四期文武丁時代的師組、午組、子組以及若干附屬卜辭斷在武丁時期，豐富了武丁時代的卜辭品類和内容，爲後來的甲骨分類斷代工作奠定了堅實的基礎。一方面，學界公認的賓組卜辭屬於武丁時期，加上陳氏重新劃歸的師組、午組、子組以及若干附屬卜辭，武丁時期的卜辭種類異常豐

---

①② 陳夢家：《殷虚卜辭綜述》，第137頁。

富，一改過去"同一王世對應一種卜辭"的印象，使學界認識到，"同一王世不見得只有一類卜辭，同一類卜辭也不見得屬於一個王世"。另一方面，品類衆多的甲骨卜辭全部屬於武丁時代，那就有必要精確斷定每一類甲骨的絶對時代，最終理出一個先後順序來，這就促進了甲骨分類斷代的進一步精密化。以今天的認識水平看，陳氏劃歸到武丁時期的午組、子組及其附屬卜辭皆爲非王卜辭，師組、賓組皆爲王卜辭，且師組卜辭時代較賓組爲早，並非如陳氏提出的那樣，乃"武丁和祖庚卜辭的過渡"。無論如何，陳氏將四者斷在武丁時期是非常正確的。

第二，促使學者繼續思考"文武丁之謎"，訂正和完善了甲骨的分類和斷代。大家都知道，董作賓在《甲骨文斷代研究例》中把出土於村中的不記貞人名的甲骨斷在第四期，而且主要是武乙時代，究竟哪些甲骨屬於文武丁時期一直就是一個謎團。直到殷墟第十三次發掘出土著名的 YH127 坑甲骨，董作賓以此爲契機，把此坑出土的賓組卜辭以外的其他品類的甲骨全部劃歸到文武丁時期。這樣處理的理由只有一個，即武丁時代已經有賓組卜辭了，其他品類的甲骨不可能再屬於武丁時期，但又跟賓組卜辭的稱謂比較接近，那就只能是文武丁時代。更何況文武丁時期又沒有什麼確定的甲骨卜辭來填充。董作賓對這一研究成果十分滿意，專門寫了札記《揭穿了文武丁時代卜辭的謎》，寫入《殷虛文字乙編》的"序"中。董氏自以爲揭開了文武丁卜辭之謎，實際距離真相卻越來越遠。陳氏既然證實了董氏歸入文武丁時代的師組、午組、子組等卜辭當是武丁時期卜辭，那麼，真正的文武丁卜辭仍然需要學者去尋找，這無疑會促進甲骨分類斷代的進一步發展。後來，裘錫圭（1981）、李學勤（1981）、林澐（1984）、黄天樹（1991）對這個問題都有探索，讀者可以參看。

第三，陳氏較早指出卜辭可以分爲"王室正統卜辭"和"非正統卜辭"（比照陳氏"王室正統卜辭"而構擬）。他説："賓組似乎是王室正統的卜辭；師組卜人也常和時王並卜，所以也是王室的，而其内容稍異。午組所祭的人物很特别，子組所記的内容也與它組不同。子組卜人騽和巡（或與婦巡是一人）很像是婦人，該組的字體也是纖細的。這些卜人不一定皆是卜官，時王自卜，大卜以外很可能有王室貴官之參與卜事的。當時什麼人卜，祝宗卜史如何分工，都是尚待研究的問題。"這段表述似乎已經意識到，賓組、師組卜辭爲王室卜辭，午組、子組以及附屬卜辭可能是王室以外貴族卜辭。後來，李學勤（1958）首次提出"王卜辭"和"非王卜辭"的概念。他説："小屯出土的殷代卜辭，多數是商王的卜辭，其問疑者是王，我們稱這種卜辭爲王卜辭，……問疑者不是王的卜辭，我們稱之爲非王卜辭。"①貝塚茂樹（1960）撰寫的《京都大學人文科學研究所藏甲骨文字》（本文篇）的序論中也指出殷墟甲骨有"多子族卜辭"和"王族卜辭"。"多子族卜辭"大致相當於陳氏所說的子組卜辭，"王族卜辭"大致相當於陳氏所說的師組卜辭。再後來，黃天樹（1995、1998、1999、1999A、1999B、2000、2005、2006）又撰寫了一系列文章，系統研究了非王卜辭。蔣玉斌（2006）的博士論文也是研究非王卜辭的佳作。

第四，陳氏指出子組中有卜人很像是婦人，該組的字體也是纖細的。首次提出子組中有婦人卜辭。後來，李學勤（1958）在《帝乙時代的非王卜辭》一文中單列一節"YH251、330 坑的婦女卜辭"，專門對陳氏提出的這些卜辭進行了比較全面的陳述和揭示，首次提出"婦女卜辭"這個稱謂。

除此以外，陳氏對董作賓五期分法的調整、對坑位在斷代研究中的局限性的相關論述都是十分精彩的，讀者可以參看。最後談談陳氏在甲骨斷代研究中體現出的特點，或許對我們今後的斷代研究有所啟示。

第一，陳氏在斷代研究中始終貫穿著系統的觀念。

第二，具有發展、變化、過渡的觀念。陳氏說"𠂤組大部分和賓組發生重疊的關係，小部分與下一代重疊，它正是武丁和祖庚卜辭的過渡"，然後總結說："在同一朝代之內，字體文例及一切制度並非一成不變的；它們之逐漸向前變化也非朝代所可隔斷的。"師組卜辭雖然不能是武丁和祖庚卜辭的過渡，但師組卜辭確實屬於武丁時代，這個結論被後來證實是沒有問題的。這種發展變化的眼光難能可貴，這是陳氏得以超越其他學者取得輝煌的甲骨斷代成就的原因。又如陳氏對祖庚、祖甲卜人時代的研究，也很好地體現了他具有發展、過渡的觀念。陳氏首先根據卜人繫聯得到出組這個大群，並用"出組"命名祖庚祖甲卜辭。然後把出組卜人分作三群，即"兄群"、"大群"和"尹群"。最後根據共見的稱謂系統進行斷代，其結論是："尹群及其附屬者當屬於祖甲時代，兄群的兄、出當屬於祖庚時代並上及武丁晚期。中間的大群早期的見於武丁記事刻辭的中、㞢與兄群早期的兄、出同時，當屬於祖庚時代，並上及武丁晚期；二是大群晚期的大、疑、喜與兄群晚期的逐當屬於祖庚晚期與祖甲早期。"陳氏還附上三組卜人的前後交替重疊的示意圖，表現出的發展、重疊

---

① 早在 1938 年，貝塚茂樹在《論殷代金文中所見圖像文字》一文中就指出，甲骨卜辭中的"子卜貞卜辭"不是王卜辭。參看《東方學報》第九冊。

意圖十分明顯。①

第三，在甲骨斷代研究中，自覺貫穿了"先分類，後斷代"的觀念。董作賓雖然也把"字形"、"書體"列爲斷代標準，但並没有利用這兩個標準去進行分類斷代實踐，只是在斷代成果的基礎上，從字形和書體兩個方面去分析總結了五期不同的特徵。陳氏則不同，陳氏把"字體"、"詞彙"和"文例"上升到第二標準，并利用這些標準"判定不具卜人的卜辭的年代"，在方法論上，實在是比董氏更爲科學和徹底。比如陳氏在討論師組卜辭的時代時，花了不少筆墨描寫"子"、"午"、"于"、"丁"、"貞"的特徵寫法，來説明師組跟賓組卜辭時代大約同時。又如在討論子組卜辭時代時，描寫了子組"貞"、"于"、"隹"、"丁"、"又"等特徵寫法來幫助斷代。最顯著的例子是陳氏對午組卜辭時代的討論。午組卜辭的兩個所謂的卜人（並非卜人）其實並不能繫聯在一起，陳氏把這些卜辭放在一起稱爲"午組卜辭"，完全是因爲"它們字體自成一系"，這已經跟現在我們科學分類的做法毫無二致。然後根據午組卜辭的稱謂把它斷在武丁時期。整個做法已經採用了先分類、後斷代的方式，這在當時乃至現在都是比較科學的做法。正如裘錫圭（1992/2012）評價的那樣："從表面上看，陳氏所説的卜人組跟董作賓所説的貞人集團似乎没有什麽重大區别。但是實際上，他們二位研究甲骨斷代的方法是很不相同的。陳氏認爲在字體等方面各具特點的不同卜人組的卜辭可以屬於同一時代，如賓組、師組、子組、午組都屬於武丁時代。這實際上就是把卜辭的分類和斷代分成兩步來進行，研究方法比董氏科學得多。……總之，陳氏在甲骨斷代的研究中，實際上已經在相當大的範圍裏使用了先分類後斷代的方法。這在甲骨斷代研究史上是具有重要意義的。"裘先生所言甚是。

對於陳夢家先生的斷代研究，趙誠（2006）、常玉芝（2020）有很詳細的評議，亦可參看。

（王子楊　撰）

• 參考文獻

貝塚茂樹 1960　京都大學人文科學研究所藏甲骨文字（本文篇），京都大學人文科學研

---

① 參看陳夢家：《殷代卜人篇——甲骨斷代學丙篇》，《考古學報》第六册，第 37—40 頁，1953 年；又《殷虚卜辭綜述》，第 186—193 頁。

究所。

常玉芝 2020　殷墟甲骨斷代標準評議，中國社會科學出版社。

黃天樹 1991　殷墟王卜辭的分類與斷代，文津出版社。

黃天樹 1995　關於非王卜辭的一些問題，陝西師範大學學報（哲學社會科學版），第 4 期（收入黃天樹古文字論集，學苑出版社，2006 年）。

黃天樹 1998　非王"劣體類"卜辭，徐中舒先生百年誕辰紀念文集，巴蜀書社。

黃天樹 1999　非王卜辭中"圓體類"卜辭的研究，出土文獻研究，第 5 集，科學出版社。

黃天樹 1999A　婦女卜辭，中國古文字研究，第 1 輯，吉林大學出版社。

黃天樹 1999B　午組卜辭研究，甲骨文發現一百周年學術研討會論文集，文史哲出版社。

黃天樹 2000　子組卜辭研究，中國文字，新 26 期，藝文印書館。

黃天樹 2005　重論關於非王卜辭的一些問題，甲骨學國際學術研討會論文集，東海大學中文系。

黃天樹 2006　簡論"花東子類"卜辭的時代，古文字研究，第 26 輯，中華書局。

李學勤 1958　帝乙時代的非王卜辭，考古學報，第 1 期。

李學勤 1981　小屯南地甲骨與甲骨分期，文物，第 5 期。

林　澐 1984　小屯南地發掘與殷墟甲骨斷代，古文字研究，第 9 輯，中華書局。

裘錫圭 1981　論"歷組卜辭"的時代，古文字研究，第 6 輯，中華書局。

裘錫圭 1992　評《殷虛卜辭綜述》，文史，第 35 輯，中華書局（收入裘錫圭學術文集·雜著卷，復旦大學出版社，2012 年）。

趙　誠 2006　二十世紀甲骨文研究述要，書海出版社。

李學勤

論殷代親族制度·日名的意義

原載《文史哲》1957 年第 11 期；收入《李學勤早期文集》，河北教育出版社，2008 年。

商代日名來源的探討由來已久，各家之説大相徑庭，20 世紀 50 年代之前的相關研究有以下幾種：生日説（《白虎通·姓名篇》）、廟主説（譙周）、次序説（吴榮光、陳夢家）、祭名説（王國維）、死日説（董作賓）、謚法説（屈萬里）（參看胡輝平 2003：2—3，張富祥 2014：19—29 等）。除去生日説外，其他幾類基本是讚同日名乃死後所稱。只是對日名的來源觀點有别，如陳夢家（1954、1956）認爲日名是依據一定次序排列而來，王國維《殷禮徵文》、屈萬里（1948）認爲日名來自其生日，董作賓（1933、1951）與之相反，譙周則未言明日名據何而得。可見，日名乃死後所稱的觀點是占主流的。

在此基礎上，李學勤先生進一步提出日名乃死後占卜選定，其觀點最早發表在《評陳夢家殷虚卜辭綜述》一文（李學勤 1957A），稍後在《論殷代親族制度》（李學勤 1957B）一文中特列 "日名的意義" 一節，更爲詳細地論證其觀點，我們引述李先生觀點據此文。李先生的主要觀點如下：

1. 介紹對日名意義的解説有生日、死日、祭名、次序幾説。死日説由董作賓最先提出，但無證據。次序説雖起源很早（清代吴榮光即明確是此類主張），但 "這個説法如果是真的，將使依親屬稱謂判斷卜辭時代的方法成爲不可能，因爲按照數學的原則，十干既是循環的，那麽如'父甲'便可能是 1、11、21、……位父，……所以一個舉稱者的親屬人數便不能確定"。

2. 據《庫》985＋1106（《卡》400）上 "其示帝"、"帝日惠丁"、"惠乙，又

日"、"惠辛，又日"等卜辭，其中的"帝"指已死的王，即《曲禮》的"措之廟，立之主，曰帝"，卜辭殷王稱帝皆此意，如廩辛時的帝甲即指其父祖甲。"示"即主，故"其示帝"即爲故王立主所卜。

3. "帝日"的理解可參看《明》1983（《合》4962）等甲骨上的卜辭：

癸亥卜□貞，旬亡禍？己丑，小㸜囚（殪），八月。　　　　（《合》4962）
己丑卜大貞，作喪小㸜。　　　　　　　　　　　　　　　　（《合》23711）
己丑卜大貞，作𣪘小㸜，亡㭒。　　　　　　　　　　　　　（《合》23711）
丙申卜出貞，作小㸜日，惠癸？八月。　　　　　　　　　　（《合》23713）
丁酉卜大貞：小㸜老，唯丁叶？　　　　　　　　　　　　　（《合》23716）

其中的"老"爲宗廟初成之祭"考"。這些卜辭說明小㸜乃八月己丑死，在丙申占卜其日名是否用"癸"。據《珠》1055（《合》22559）等可知此人的祭日即在癸日。由此"帝日"相關卜辭即卜故王的日名是丁、乙、辛中的哪一個，因乙、辛下記有"又（有）日"，故此故王的日名選定爲"丁"，即康丁。

4. 據上可知次序說等說法皆不可信，日名像謚法，在死後選定。祭祀日乃依日名而定。殷王自上甲始有日名。

李學勤（1957A）一文發表後，被張光直（1963）引用，並將李先生觀點概括爲"卜選說"，認爲"倘所舉卜辭的實例可靠，倒是非常值得注意的"。"卜選說，倘非把廟號的決定歸之於神意或祖先的意旨，則也非把它歸之於偶然的因素不可——如卜兆的形狀及對它的解釋。"一方面覺得李先生所舉之例不一定可靠，一方面覺得這種選擇也是由偶然因素決定，而這種偶然因素不好解釋張先生自己發現的商王世系中日名（廟號）的規律性分佈現象，故張先生並不認可李先生的卜選說。

許倬云（1965）懷疑《庫》985 與 1106 的綴合有誤，並由此懷疑李先生的相關論證。嚴一萍（1966）認爲李先生關於小㸜的相關卜辭的"釋文與補缺，都有一點問題"，如"乍"應爲"翌"之誤，《掇》1·210（《合》17098）上的"丁亥卜□"不應補，並認爲這四版卜辭（按，即《合》4962、17098、23713、23714）不能確定在同一個八月，"己丑小㸜死"並非實際發生的事，"小㸜"應是死在癸日，"叀癸"是卜問在哪個癸日進行翌祭。

《庫》985 與 1106 綴合無誤，李學勤（1979：73）有補充說明，可參看。至於嚴一萍先生提出的質疑，其所釋"翌"，原篆作𘠄，李先生釋讀無誤。《合》

17098上的卜辭不應補"丁亥卜囗"，應可信。不過，説小𠬝不是死於己丑之日，而是死於癸日，則不可信。李學勤（1998：76—77）後又發現法國巴黎基美博物館所藏一版甲骨可與《合》4962等繫聯，並重新對相關卜辭進行了排譜，指出："看各辭可知，小𠬝其人死於八月己亥（按：應爲丑之筆誤）日，隨後商王爲之舉喪，並以癸日進行祭祀。"這批卜辭的繫聯還可參看李學勤、彭裕商（1996：131—132）、陳劍（2010：82—85）。

近年新刊布的甲骨拓片和新綴合的甲骨成果對這批小𠬝卜辭的釋文可糾誤補充者如下：

1.《合》17098著録的這版甲骨在《上博》一書著録爲17645.83，其拓片質量更高，可清晰地看出此辭"日"字下的字作 ，並非"己"字，李學勤（1957）、嚴一萍（1966）等皆誤釋。此字從殘存筆劃看應爲 ，此辭可補足作"貞：其㞢[來]艱。二日 ，小𠬝囨，八月"。據此，亦可之右側後腹甲與之相關的卜辭，其占卜時間應是庚子日（因爲此類出組卜辭是從占卜之日計算時間的）。

2. 蔣玉斌（2009）將《合》4963與26804相綴，綴合後的卜辭爲"癸未卜，祝貞：旬亡憂。七日 ，小𠬝囨，[八月]"。《合》4962應與之爲同時占卜，據此版新綴甲骨可知，李學勤先生將《合》4962上的卜辭釋作"癸未卜囗貞，旬亡禍？己丑，小𠬝因（殪），八月"，嚴一萍先生將之擬補爲"[癸]未[卜囗貞旬]亡囚。[六日]己丑小𠬝[死]，八月"，皆不準確，前者釋文不全，後者中的"六"應爲"七"。又此版甲骨林宏明（2014）有加綴，可參看。

3. 蔡哲茂（1999）綴合《合》23574+（第98組）（《合》23711+，第353組，與之同文），綴合後與小𠬝相關的兩條卜辭分别爲："庚寅卜，大貞：作喪小𠬝，終，八月；辛卯卜，大貞：作孽小𠬝，亡榆。"可知李學勤（1957）將《合》23711上的這兩條同文卜辭的占卜時間補作"己丑"，有誤。這兩版甲骨劉影（2015）皆有加綴，可參看。

此文之後關於日名的更多研究，可參看《商王廟號新考》篇提要。

李先生揭示出卜辭中存在日名卜選的實際例證，其貢獻是顯而易見的。當然，由於商代人在選定日名時，存在一些原則的限制（參看裘錫圭2012：6），較爲複雜。所以，若想對日名制度有清晰的認識，進一步揭示日名選定時存在的這些制約條件，是十分必要的。這應該是今後日名研究需關注的重點。

（周忠兵　撰）

參考文獻

蔡哲茂 1999　甲骨綴合集，樂學書局。

曹定雲　劉一曼 2004　殷人卜葬與避"復日"——《庫方》985＋1106 辭義辯正，夏商周文明研究·六——2004 年安陽殷商文明國際學術研討會論文集，社會科學文獻出版社。

陳　劍 2010　釋"屮"，出土文獻與古文字研究，第 3 輯，復旦大學出版社。

陳夢家 1940　商王名號考，燕京學報，第 27 期。

陳夢家 1954　商王廟號考——甲骨斷代學乙篇，考古學報，第 8 册。

陳夢家 1956　殷虛卜辭綜述，科學出版社。

董作賓 1933　甲骨文斷代研究例，慶祝蔡元培先生六十五歲論文集，中央研究院歷史語言研究所集刊外編第一種。

董作賓 1951　論商人以十日爲名，大陸雜誌，第 2 卷第 3 期。

胡輝平 2003　殷卜辭中商王廟主問題研究，中國社會科學院研究生院碩士學位論文，指導教師：馮時。

吉德煒 1989　中國古代的吉日與廟號，殷墟博物苑苑刊（創刊號），中國社會科學出版社。

蔣玉斌 2009　《甲骨文合集》綴合拾遺（第七—十二組），中國社會科學院歷史研究所先秦史研究室網站，http://www.xianqin.org/blog/archives/1639.html，9 月 14 日。

李學勤 1957A　評陳夢家殷虛卜辭綜述，考古學報，第 3 期。

李學勤 1957B　論殷代親族制度·日名的意義，文史哲，第 11 期。

李學勤 1959　殷代地理簡論，科學出版社。

李學勤 1979　論美澳收藏的幾件商周文物·兩片肋骨刻辭，文物，第 12 期。

李學勤 1998　海外訪古續記·日名的卜選，四海尋珍，清華大學出版社。

李學勤 2008　李學勤早期文集，河北教育出版社。

李學勤　彭裕商 1996　殷墟甲骨分期研究，上海古籍出版社。

林宏明 2014　甲骨新綴第 484 例，中國社會科學院歷史研究所先秦史研究室網站，http://www.xianqin.org/blog/archives/3886.html，4 月 11 日。

劉　影 2015　甲骨新綴第 196—199 組，中國社會科學院歷史研究所先秦史研究室網站，http://www.xianqin.org/blog/archives/5212.html，5 月 16 日。

裘錫圭 2012　《醉古集》第 207 組綴合的歷組合祭卜辭補說，古文字研究，第 29 輯，中華書局。

屈萬里 1948　謚法濫觴於殷代論，中央研究院歷史語言研究所集刊，第 13 本。

許倬雲 1965　關於《商王廟號新考》一文的幾點意見，"中央研究院"民族學研究所集刊，第

19 期。

嚴一萍 1966　釋小㐱，中國文字，第 19 期。

楊希枚 1989　論商王廟號問題兼論同名和異名制及商周卜俗，殷墟博物苑苑刊（創刊號），中國社會科學出版社。

張富祥 2014　日名制・昭穆制・姓氏制度研究，上海古籍出版社。

張光直 1963　商王廟號新考，"中央研究院"民族學研究所集刊，第 15 期。

董作賓

甲骨實物之整理

原載《"中央研究院"歷史語言研究所集刊》第 29 本下，1957 年；收入《董作賓學術論著》下冊，臺北世界書局，1962、1967 年再版本；又收入《董作賓先生全集·甲編》第 3 冊，藝文印書館，1977 年；又收入劉夢溪主編：《中國現代學術經典·董作賓卷》，河北教育出版社，1996 年；又收入宋鎮豪、段志洪主編：《甲骨文獻集成》第 34 冊，四川大學出版社，2001 年。

董作賓《甲骨實物之整理》是早期從甲骨學的視角討論整理甲骨實物的一篇文章。文中指出整理甲骨要注重三個方面的問題，即甲骨形態、甲骨綴合以及甲骨著錄形式。

甲骨著錄主要以拓本爲主，有的也著錄照片或摹本。早期一般用傳統金石學的方法來著錄。從殷墟甲骨發掘就開始了甲骨學層面的研究，即從考古學、歷史學、語言文字學等多學科的角度去研究甲骨的相關問題。董作賓一直從事考古工作，最早從甲骨學的視角研究甲骨，提出照片、拓本、摹本三位一體的著錄形式。對於大多數學者來說，甲骨研究基於甲骨著錄，因此甲骨著錄問題的提出對於甲骨著錄以及甲骨的進一步研究都具有積極意義。

董文的第一部分實物之認識，在強調整版卜辭之間相互關係的基礎上引出了龜甲及牛肩胛骨的形態介紹。文中對龜甲形態的介紹承秉志文。進一步指出通過拓本呈現的齒縫、盾紋判定龜甲部位。把牛肩胛骨分爲骨臼、骨版兩個部分。指出據骨臼（或臼角）辨識胛骨左右的原則（臼角在左爲左胛骨，在右爲右胛骨），介紹了骨臼記事刻辭以及骨臼與骨面的形態。介紹了改治背甲，指出占卜有用其他動物的肩胛骨。還提及了肋骨。這一部分旨在甲骨的形態描寫，是後文論説甲骨復原的基礎。目前已經發展成爲甲骨形態學。參看本書"甲骨形態學提要"。

第二部分復原之重要，指出了甲骨綴合的重要性。這部分内容重點闡述了通過有無齒縫、盾紋辨識龜骨；通過拓本上的齒縫、盾紋形態辨識龜甲部位；通過"觀角查邊明卜兆"來辨識胛骨形態；據卜兆左右判斷胛骨左右。這部分内容旨在闡述在辨識甲骨形態的基礎上進行甲骨綴合。

第三部分復原之實例，以《殷曆譜》研究爲例説明了甲骨綴合的重要性，並介紹了《殷虛文字綴合》以及張秉權、嚴一萍的綴合。目前，甲骨綴合取得了豐碩的成果，參見本書"論甲骨綴合提要"。

第四部分爲流傳甲骨實物之方法，提出照、拓、摹三位一體法（最早見於董作賓1930），并進一步闡述三者利弊：拓本自然清晰者多，需技藝；照片可見甲骨形制，卜兆，鑽鑿，需財力；摹寫可補二者缺憾，需功力。指出先前拓本的三個問題：只拓有字部分，編排時減掉無字部分，字跡不清晰。指出摹本要摹出齒縫，卜兆。關於照片著錄張秉權指出：甲骨上的朱書、墨書以及攻治、鑽鑿痕跡，都需要甲骨照片展示；《甲編》、《乙編》編纂的遺憾之一是没有同時公佈正反兩面照片；摹本受摹寫者個人因素的影響很大（張秉權1988）。

第五部分今後之瞻望。提出甲骨學者要盡可能致力於甲骨流傳。甲骨論著文後最好附圖，方便檢驗查閲。關注到甲骨上卜兆朝向與"卜"字同向。

全文主要涉及甲骨形態、甲骨綴合以及甲骨著録三個方面的問題。這三個問題目前已經發展成爲甲骨學的三個分支領域。

甲骨流傳，即今天我們所説的甲骨著録。甲骨著録書的編纂，清晰度才是硬道理。當前的甲骨整理一般來説是要按照以下順序進行：一拍攝照片、二製作拓本、三編纂成書、四出版印刷。拍攝照片和製作拓本的順序，不可以改變。

隨著甲骨學不斷向更深入、更細緻的研究層面發展，多方位地展示甲骨信息已經是勢在必行。一塊甲骨的正面、反面、側面、臼面都會成爲研究者的研究對象或考慮問題的著眼點，這些都是照片才能呈現出的信息。今天看來，甲骨著録展示出六個或者十個面的照片是必要的。甲骨拍攝的原則有兩個：一是字跡清晰、鑽鑿符合實際視覺感覺，二是光綫柔和。一版好的甲骨照片，要做到光綫飽滿、均匀。甲骨著録照片的拍攝不適宜用高光和陰影。

製作拓本的要求主要有三點：第一要拓出清晰的甲骨外緣輪廓，第二要拓出清晰的字跡，第三要做到墨色均匀。這要求甲骨拓制者必須要在墨拓之前仔細地觀察所要拓制的甲骨，盡量不要遺漏兆序、文字某一個或半個筆畫。當然，也不要爲了製作清晰的拓本，用針等鋒利器具挑撥字口，拓本拓不出來的字，照片上都會得以清晰地體現。關於甲骨拓本的製作可以參看賈雙喜（2013）、何海慧（2013）。

著録書對每一版甲骨進行摹寫也是必要的。摹本核對準確無誤，之後使用時一目了然，且在論著中附以摹本，出版印刷時更清晰，便於讀者查驗。

新近的一些甲骨著録書中，《歷》是甲骨拍攝與著録書印刷的典範。《卡內基》首次公佈了每版甲骨十個面的照片，對每一版甲骨做了摹寫。同時從多個角度對甲骨做了詳盡的描寫與研究，包括以往著録信息、字體分類、釋文、甲骨說明（部位、色澤、長寬尺寸、骨面現存狀態描寫）、每版上各鑽鑿的形態灼燒方式，以及卜辭與鑽鑿的對應關係、釋文說明（對一些文字、詞彙做出了必要的釋讀，指出了同文情況以及以往釋文的得失）、拓本互校等。今天看來這些信息都是極其必要的，尤其是卜辭與鑽鑿的對應以及釋文說明。《復旦》公佈了每版甲骨六個面的照片，著録了所有舊拓及本次整理的新拓，同時對每一版甲骨做了多層次以及刀刻痕跡的精細的摹寫。該著録書對於甲骨材質、部位、釋文、同文、綴合、拓本互校等內容做了具體的介紹，每版甲骨所有可見拓本的著録，便於使用者直觀地進行拓本比較判斷。精細的摹寫體現了甲骨摹寫的新理念，即可以通過甲骨刻寫的情況確定刻手、探討刻寫習慣與組類分期的關係，將會成爲甲骨學研究的一個新領域。

隨著科技的進步、甲骨學的發展，甲骨著録也會以更加多元化的角度清晰地呈現出來。

（趙　鵬　撰）

• 參考文獻

董作賓 1930　甲骨文研究之擴大，安陽發掘報告，第 2 期。
何海慧 2013　甲骨傳拓技術小議，甲骨文與殷商史，新 3 輯，上海古籍出版社。
賈雙喜 2013　甲骨傳拓技法，甲骨文與殷商史，新 3 輯，上海古籍出版社。
張秉權 1988　甲骨文與甲骨學，"國立"編譯館。

張秉權

033 論成套卜辭

原載《"中央研究院"歷史語言研究所集刊外編》第 4 種上冊《慶祝董作賓先生六十五歲論文集》，1960 年；收入張秉權：《甲骨文與甲骨學》第九章，臺北"國立"編譯館，1988 年；又收入宋鎮豪、段志洪主編：《甲骨文獻集成》第 18 冊，四川大學出版社，2001 年。

張秉權先生所提出的"成套卜辭"在甲骨學史上影響深遠，對理解甲骨文例和卜法都有著極爲重要的參考價值。下面我們主要從以下幾方面對該文做一介紹。

一、《論成套卜辭》一文的形成過程和主要內容

"成套卜辭"是張秉權先生在研究甲骨卜辭序數的過程中發現的①，這一概念的提出最早是在張先生 1955 年發表的《卜龜腹甲的序數》一文中，該文在第六部分"序數對於卜辭研究的啟示"中提到：

> 序數字的研究，還有一項更重要的貢獻，因爲序數對於卜辭的研究上，有著一種啟示性的價值，它啟示我們將同一或幾塊腹甲上的卜辭，彙集在一起來研究，它是我們發現了成套的卜辭，和成套的腹甲，這樣，可以使我們對於卜辭的文法，及其所記載的史實，有了比較研究的資料，因而可以有一個更清楚更

---

① 張秉權《甲骨文與甲骨學》一書中對成套卜辭和成套甲骨的發現過程有著更爲具體的描述，讀者可參看（"國立"編譯館，1988 年，第 200—201 頁）。

徹底的認識，序數字正似一根綫索，它能將幾種零星的，散漫的卜辭，聯貫起來，成爲一宗更完整的，更有價值的研究資料，如果我們對於序數，不加深刻的研究，則這些資料，最高的價值，只能被視爲"同文"而已，還是不能發揮它們的功用，而去發現卜辭或龜甲的成套的關係。

文中列舉同版成套卜辭有《乙》3212（《合集》13505）、《乙》3389（《合集》18800）、《乙》6668（《合集》3979）三例，三組成套腹甲分別是《乙》3323（《合集》9520）、《乙》3152＋3733（《合集》9521）、《乙》2832＋3341（《合集》9522）、《乙》3274（《合集》9523）、《乙》1331＋7766＋7988＋8045（《合集》9524）、《乙》2109＋（《合集》6482）、《乙》1923＋（《合集》6483）、《乙》1907＋（《合集》6484）、《乙》745＋（《合集》6485）、《乙》838＋（《合集》6486）、《乙》727（《合集》3947）、《乙》6877（《合集》3946）、《續存下》388（《合集》3945），并對這類成套卜辭和成套腹甲研究所帶來的啟示和價值意義進行了分析。1957年，張秉權先生在《殷虛文字丙編·序》中亦對成套卜辭和成套甲骨進行了論述，並將這一觀念運用到丙編圖版的取材和編排方面。在這篇序言中，張先生對"成套卜辭"的形成原因進行了分析。張秉權先生1960年所發表的《論成套卜辭》一文，正是在綜合上述兩文内容基礎上形成的一篇專題之論。

《論成套卜辭》一文内容結構上分爲四個部分：一是何謂成套卜辭，二是成套卜辭的由來，三是成套卜辭的種類，四是成套卜辭的價值。該文首次對"成套卜辭"進行了界定：

> 成套卜辭是指甲骨上的那些可以結合數條而成爲一套的卜辭。換句話說，成套卜辭是由甲骨上的那些在同一天内占卜同一事件而連續契刻在若干卜兆之旁的若干條辭義相同而序數相連的正問或反問卜辭組合而成的。

這裏，張先生所說的成套卜辭是包括成套甲骨在内的。後來張先生在《甲骨文與甲骨學》一書中對"成套甲骨"也做了定義：

> 至於成套的甲骨，則是由若干塊大小相似的甲骨所組成，那些甲骨上所刻的卜辭，也都是互相成套的，換句話說，如果一套或若干套成套的卜辭，分別刻在若干塊不同甲骨的相同部位上，那末，這些甲骨，便是成套的甲骨了。

關於成套卜辭的由來，張先生認爲就是將"命龜之事重復地刻在每一卜兆之旁"而形成的，之所以要重復契刻，就是爲了明確每個卜兆屬於哪件事情。特別是對於一版占卜多事，而卜辭和卜兆對應情況又較爲複雜時，爲了便於"計其占之中否"，不得不在每一卜兆旁一一刻上卜辭，這樣便形成了成套卜辭。關於成套卜辭的種類，張先生在《論成套卜辭》一文中分別以甲骨和卜辭爲標準進行了分類，以甲骨爲標準分爲四類：1.一套卜辭同在一版，而該版卜辭均爲成套者；2.一套卜辭散在各版，而各版卜辭均爲成套者，這一類爲成套甲骨；3.一套卜辭同在一版，而該版並非均爲成套者；4.一套卜辭散在各版，而各版上所有的卜辭不盡成套者，爲另一形式的成套甲骨。以卜辭爲分類，分兩大類：1.同文的成套卜辭，即一套卜辭中的各條，所有文字全部相同，這裏面又分爲同文同版者和同文異版者；2.省文或異文的成套卜辭，分爲省文或異文同版者和省文或異文而異版者。不過，張先生在後來的《甲骨文與甲骨學》一書中對成套卜辭又重新進行了分類，分爲：一、成套的龜甲和獸骨，裏面分1.成套龜甲，2.成套牛胛骨及其卜辭；二、同一版上的成套卜辭，具體分爲1.一版上僅有一套或一套對貞（即二套）卜辭，2.同一版上有數套卜辭，3.成套與不成套卜辭同在一版；三、不同版上的成套卜辭。相較而言，後者的分類更易理解，所舉例證也更爲豐富。

對於成套卜辭的研究價值，張先生文中主要從六個方面進行了論述，具體包括：1.成套卜辭可以糾正以統計爲基礎而研究某些問題的技術性上的若干基本錯誤。2.成套卜辭可以校刊異文。3.成套卜辭可以分別章句，剖判混沌。4.成套卜辭可以由繁知簡，觀微於著。5.成套卜辭可以辨明缺筆。6.成套卜辭可以考察殷代占卜制度。這其中又以最後一項有關占卜制度的考察最爲重要，對此，我們將在下文提及。

二、"成套卜辭"與"同文卜辭"

在"成套卜辭"這一概念產生之前，學界多稱這類刻辭爲"同文卜辭"。1933年，郭沫若先生《殘辭互足二例》一文中實已注意到"同文"現象，只是未做概念界定。胡厚宣先生在1938年所撰寫的《卜辭同文例》（該文發表於1947年）一文中提到："殷代一事多卜，在同一甲骨者，普通皆刻一辭。其卜兆如距離較遠，則同一卜辭或於每一兆旁刻之（這其中即舉有成套卜辭《乙》6668）"，"一事多卜之例，又有在不同之甲骨上爲之者，則同一卜辭，常刻於每一甲骨。即今所謂卜辭同文之例也。卜辭中此例至多，而常爲諸家所忽略。余常綜合所有能見之卜辭而悉索之，兩版或兩版以上之甲骨，有一辭相同者，有二辭相同者，有三辭相同者，有四辭相同者，有五辭相同者，有六辭相同者，有八辭相同者，有多辭相同者，有辭同卜序亦同者，有同文異史者，有同文而爲一事之反正兩面者"。胡先生在關注卜辭內容相同的同時，也注意到了兆序相連的問題，其文中所舉的"兩卜"、"三卜"、"四卜"、"五卜"即後來所說的"成套卜辭"。對此，胡先生在作於1982年的《〈甲骨文合集〉序》中曾明確指出："殷人占卜，一件事，常常使用多塊甲骨進行，占卜之後，每塊甲骨，都刻上同樣的卜辭，這樣就出現了卜辭同文的例子。同文卜辭，如果遇到殘缺，這塊缺這幾個字，那塊缺那幾個字，湊在一道，殘缺的文字就可以相互補充。最早郭沫若同志曾寫過《殘辭互足二例》。這樣的例子，我過去曾叫它作'同文'，後來也有人稱它作'成套'。"

張秉權先生在提出"成套卜辭"這一概念後，就十分注重其與"同文卜辭"的區分，其在《丙編·序》中論述道："成套卜辭與同文卜辭的性質是不同的，'同文'的著眼點，在求卜辭的相同，不管序數的能否聯繫，而成套的關係，則完全建立在序數上。在一套中，有些卜辭，可以簡省到僅存一二個字，這是無法用同文的關係來加以解釋的，也不是同文的觀點，所能發現的，所以成套卜辭，未必同文，同文卜辭，也未必成套。"張先生的這一區分是十分精確的。"成套卜辭"與"同文卜辭"確是從不同角度出發所得出的結論，當然若從商代卜法和占卜制度研究這一層面考慮，"成套卜辭"這一概念確實更有價值和意義，故李達良先生在《龜版文例研究》一文中發出如此感慨："迨晚近張氏秉權著卜龜腹甲的序數一文，考明兆數與辭之關係，復因之而析出成套卜辭，別爲一類，卜辭之秘奧至是渙然冰釋，其種類乃可而別。論者謂序數值發明，對斯學貢獻之偉，不亞於貞人之發現，洵非虛語。是以張氏說出，而胡氏同文一說，遂如筌蹄之可忘，此近世言卜辭類別之大較也。"李氏這一評價在肯定張秉權先生"成套卜辭"之價值意義上自然無可非議，但認爲胡先生所提"同文卜辭"至此即可放棄不用，則有失偏頗。對於甲骨中那些兆序不清而內容相同的卜辭以及那些辭同序同的卜辭，"同文卜辭"仍然是一個非常合適的稱呼；且在不強調兆序時，將一些內容完全相同的成套卜辭稱之爲同文卜辭仍然是可行的，學界現今也依然遵循這一習慣。故"成套卜辭"與"同文卜辭"兩個術語完全可以並行不悖，各有所指，各有所用。

三、兆序相連的卜辭是否都可稱之爲"成套卜辭"

"成套卜辭"的發現離不開兆序的研究，其重要特點之一就在於"兆序相連"。那是否只要是兆序相連的卜辭都可稱之爲"成套卜辭"呢？上引胡厚宣先生《卜辭同文例》一文中曾舉有《甲》2870（《合集》23837）、《甲》2386（《合集》22884）、《粹》1326（《合集》24352）、《粹》1328、《甲》2803（《合集》26975）、《甲》2856（《合集》27674）等所謂的"一事多卜"之例，這類刻辭內容上主要爲"干支卜，王"或"干支卜，某"，兆序相連。此類刻辭，劉淵臨（1969）明確指出可看作成套卜辭，并認爲可歸入張秉權先生《論成套卜辭》一文所分的按甲骨爲標準的第一類"一套卜辭在同一版"和按卜辭分類的第二種第一類"省文而同版"者。但劉先生在行文中對這一類是否屬於"成套卜辭"似乎又有所懷疑，文中指出："按成套卜辭中，當由一條卜辭是全文，此一條全文之卜辭，即是成套卜辭中之第一條卜辭。其他卜辭即根據第一條卜辭逐次省減。而2870等所見全套卜辭，亦未詳其意，因爲其第一條卜辭亦未記述所占卜之事。……2870之辭式，粗看似與《殷代貞卜人物通考》所論'卜王'之說相合，但細細比較，則又出入甚大，或因所收資料，並非全是成套之辭。"劉先生認爲是成套卜辭，因爲這類刻辭內容相同，兆序相連，但存有疑慮是因刻辭內容省略，不知是否辭意完全相同。

我們認爲劉先生的這一疑慮是有道理的，這就涉及關於"成套卜辭"的理解問題了。上面張秉權先生"成套卜辭"的定義里有幾個核心關鍵詞："同一天"、"同一事件"、"辭義相同"、"序數相連"，按照張先生的理解，只有同時具備這四個特徵的卜辭才能稱之爲"成套卜辭"。但是，在甲骨文中有一類屬於從不同角度對同一件事進行占卜，且兆序又相連的刻辭，如彭裕商（1995）一文所舉《合集》24664、22605（出組），《合集》28011、26907、27146、30757（何組），《合集》35931、37311（黃組）等。彭先生文中從占卜方法角度將甲骨分爲早晚兩期，文中指出："早晚期卜法的主要區別是早期正反問、選擇問都各爲兆序，而晚期則合爲兆序，甚或只要是同一件事，正反問和選擇問也通爲兆序，極少有早期那種相同的反覆卜問。"上所列這類對貞或選貞合爲兆序的都是屬於晚期的，早期這類現象彭先生文中曾舉有屬於師肥筆類的《合集》19183（干支內容不同，但有關係）。另外，我們還可補充花東甲骨中的這類現象，如《花東》223、236、364等。對這類刻辭因其符合"同一天"、"同一事件"、"序數相連"的特點，一些學者也是將其當做"成套卜辭"看待的，如門藝（2008）、劉風華（2018）等。實際上，這類刻辭並不符合張秉權先生"成套卜辭"的定義和性質。"成套卜辭"的定義里除了"同一天"、"同一事件"、"序數相連"外，還要求"辭義相同（松按：這種辭義相同可理解爲同一個占卜焦點）"，上面這類刻辭中每一條卜辭在辭義上明顯不能説相同。況且，按照張秉權先生對"成套卜辭"性質的理解，"所謂成套卜辭，不管它一套之中，包涵多少條卜辭，而實際上只等於一條卜辭"，而上面這類刻辭可理解爲圍繞同一個事件而占卜，但不能理解爲只有一條卜辭。上引彭裕商先生一文未將這類刻辭理解爲"成套卜辭"，應是正確合理的。那對於這類刻辭中的兆序該如何理解呢？我們這裏提出一個初步看法：這裏的兆序代表的只是同一個事件的占卜順序，其作用主要是起到"序數"的作用，每條卜辭可能只占卜一次，最後一條卜辭的序數表示整個事件的占卜次數（關於兆序分爲"序數"和"卜數"，可參看前引劉淵臨先生文）。而成套卜辭或一般卜辭中的兆序既可表示灼卜的順序，又代表占卜的次數。假如某條刻辭的兆序是1—5，其中1—5既表示一種灼卜順序，也表示這一條卜辭共卜了五次，其中的每個數字都既表序數，又表卜數。

上所提出組的這類"卜王"卜辭，因其内容簡省，其占卜焦點是否爲同一個實不易判斷，若考慮到出組之後很少見到有同版成套卜辭的情況，這類刻辭不屬於"成套卜辭"的可能性更大。不過，有些整版的"卜王"卜辭兆序多達十多次，若每次都變換占卜焦點，則説明圍繞同一件的不同焦點能有十幾甚至二十多個，這也甚爲少見。

四、"成套卜辭"中的貞人和占辭問題

張秉權先生在論述"成套卜辭"在占卜制度方面的價值意義時，提到有以下三點：1.殷人有貞一事於成套甲骨的習慣，當時應有類似於《周禮·春官·宗伯》中所説"龜人"、"龜室"等設置。2.成套甲骨通常由五塊大小相似的甲骨組成，似乎未發現全版序數都是"六"或"六"以上數字的完整甲骨。3.殷代數人共貞一事可從成套卜辭中得到驗證，如《丙》76（《合集》6771）、78（《合集》

9472）與《前》7·4·3（《合集》7488）、《佚》22（《合集》7492）兩套卜辭，其中一版貞人爲爭，一版爲殼。張先生所提到的這三點，其中第一點應無異議，後面兩點則有可補充修正之處。關於成套甲骨的數量，彭裕商（1995）根據《屯南》4514（《合集》20578）上面的兆序數爲七，指出師組成套卜甲最多可達七版。不過，因目前僅見《屯南》4514一版，彭先生之說是否一定成立也還可再討論。總體來說，賓組成套龜腹甲確以五版爲主，這應與當時某種特定的卜法制度有關。至於成套肩胛骨，因目前十分完整的胛骨數量較少，難以判斷一版上兆序是否都一致，若從骨首刻辭的兆序看，成套胛骨最多可有九版，如《合集》6860—6863、《合集》6883—6886等。

　　張先生在上面第三點裏提出了一個值得注意的問題，那就是成套卜辭特別是成套甲骨，貞人可以不是同一個人嗎？換句話說，不是由同一個人占卜但内容相同的卜辭是否仍是成套卜辭？而這涉及成套卜辭與一辭多兆序卜辭的性質問題。張先生認爲成套卜辭的性質是等同於一辭多兆序卜辭的，其實質只相當於一條卜辭。對於一辭多兆序的卜辭，因刻辭只有一條，中間不存在換貞人問題；但成套甲骨若按照張先生的意見，中間是可以換貞人的。且按照張先生對成套甲骨中的占辭解釋看，成套甲骨中的每一卜都可以有占辭，如他在《甲骨文與甲骨學》中解釋《丙》17（《合集》6484反）和《丙》19（《合集》6485反）兩版成套甲骨上的占辭時說："丙編一七與一九版上的占辭，亦未完全相同。這也是很合情理的，每一貞之中的每一卜，卜兆未必都相同，卜兆既不相同，則占辭自必有異。"但一辭多兆序的這類卜辭往往只有一個占辭。也就是說，成套卜辭與一辭多兆序卜辭是存在區別的，如成套卜辭中間可以更換貞人，一辭多兆序卜辭不存在這一現象；成套卜辭可以有多個占辭，而一辭多兆序刻辭只有一個占辭。

　　對此，我們並不這麼認爲。首先，成套卜辭中的貞人應爲同一人，張先生上面所舉兩例並不可信，其中《前》7·4·3（《合集》7488）與《佚》22（《合集》7492）雖然一個兆序爲一、一個爲四，但兩版並非成套卜辭，而是同文卜辭，與《合集》7492成套的兆序爲一的應是《合集》7490。《丙》76（《合集》6771）與《丙》78（《丙》368、《合集》9472）雖然兆序相連，内容亦相同，但兩版上面有些内容並不相同，不排除分屬於兩套成套卜辭之可能性。其次，關於成套卜辭（含成套甲骨）上的多占辭問題，我們的意見更傾向於看作是同一個占辭的多次記録，也就是說，成套卜辭因其性質只相當於一條卜辭，故其和一辭多兆序卜辭一樣都只做一次占斷，只有一個占辭。目前成套甲骨中多版刻有占辭的除上所舉《丙》17（《合集》6484 反）和《丙》19（《合集》6485 反）外，還有《合集》3945—3947、《合集》11497—11498，同版成套卜辭中有多占辭的有《合集》1657，但若觀察這些占辭內容，可知內容要麼完全相同，要麼互補，完全可看作是同一個占辭內容的分別記錄，既然成套卜辭可以將命辭重複刻寫，其占辭自然也同樣可重復刻寫。

（方稚松　撰）

參考文獻

郭沫若 1933　殘辭互足二例，殷契餘論，文求堂（郭沫若全集·考古編，第 1 卷，科學出版社，1982 年）。
胡厚宣 1947　卜辭同文例，中央研究院歷史語言研究所集刊，第 9 本。
胡厚宣 1982　甲骨文合集·序，中華書局。
蔣玉斌 2006　殷墟子卜辭的整理與研究，吉林大學博士學位論文，指導教師：林澐。
李善貞 2001　甲骨文同文例研究，政治大學碩士學位論文，指導教師：蔡哲茂。
林宏明 2003　小屯南地甲骨研究，政治大學博士學位論文，指導教師：蔡哲茂。
劉風華 2018　一種成套卜辭的文例分析及應用，紀念中國古文字研究會成立四十週年國際學術研討會論文集，長春。
劉淵臨 1969　殷虛"骨簡"及其有關問題，"中央研究院"歷史語言研究所集刊，第 39 本上冊。
門　藝 2008　殷墟黃組甲骨刻辭的整理與研究，鄭州大學博士學位論文，指導教師：王蘊智。
彭裕商 1995　殷代卜法初探，夏商文明研究——91 年洛陽"夏商文化國際研討會"專集，中州古籍出版社。
孫亞冰 2014　殷墟花園莊東地甲骨文例研究，上海古籍出版社。
謝湘筠 2008　殷墟第十五次發掘所得甲骨研究，政治大學碩士學位論文，指導教師：蔡哲茂。
姚　萱 2006　殷墟花園莊東地甲骨卜辭的初步研究，綫裝書局。
張秉權 1956　卜龜腹甲的序數，"中央研究院"歷史語言研究所集刊，第 28 本《慶祝胡適先生六十五歲論文集》上冊。
張秉權 1957　殷虛文字丙編·序，"中央研究院"歷史語言研究所。
張秉權 1988　甲骨文與甲骨學，"國立"編譯館。

金祥恒

034 釋㠯

原載《中國文字》第 8 册，1962 年；收入《金祥恒先生全集》第 3 册，藝文印書館，1990 年；又收入宋鎮豪、段志洪主編：《甲骨文獻集成》第 12 册，四川大學出版社，2001 年。

金祥恒《釋㠯》從辭例排比的角度指出𠂤、㠯是一字，㠯是𠂤之省體。

李亞農（1939）把𠂤釋爲"以"，指出㠯爲𠂤字之省。李亞農（1951）把"𠂤"字形分析爲从人从厶。從辭例分析，認爲"以"是取或入一類的動詞，這是正確的，但對這個字在不同卜辭中的理解是有問題的。

金祥恒（1962/1990）認爲𠂤、㠯是一字，㠯是𠂤之省體，㠯即𠂤之分離訛變。文中從《粹》1178（《合集》31983）與《後》上 16·10（《合集》28）兩條卜辭中的"㝬以/㠯羌"同辭例，提出𠂤、㠯爲一字，㠯爲𠂤之省。金文列舉了"𠂤/㠯+羌、射、衆、某示、人"等動賓結構中兩字形並見的辭例，説明𠂤、㠯是一字，並進一步分析了𠂤、㠯非苢實之象形，非耜之象形，亦非"示"的分化字。認爲"以/㠯+人"、"以/㠯+牲"表"用"義，甲橋刻辭"某+以"表納貢義，祭祀辭"先以歲"，以歲爲先。"以+黍"、"以+田獵法"等，均爲"用"義。

金文從同辭例角度提出𠂤、㠯是一字，字形上㠯是𠂤的一部分，這是正確的。但是對於"以"字在具體卜辭中的含義的理解，並不恰切，不能準確地解決卜辭釋讀的問題。

裘錫圭（1992/2012）比較全面地解決了"𠂤、㠯"釋作以的問題。裘文分爲三個部分。第一部分揭示𠂤在"以衆"辭中表攜帶、帶領義，在"以牛"辭中表致送，即帶來或帶去義。在有些卜辭中不易分辨兩個義項。介紹了"以"字各家考釋觀點，認爲孫詒讓、郭沫若釋作"以"是正確的。第二部分指出兩字形的組類差異現象。首先贊同這兩個字形在辭例中用法全同。指出師組二形並用，賓、出組只用⺁形，歷、無名組只用ㄙ形，二者是同一個詞的不同書寫形式。明確指出商代語言文字中同時存在著兩個用法相同的常用詞，一部分人專用其中的一個字形，另一部分人則專用另一個字形。引島邦男（1975）的觀點即兩字形用法相同，"⺁"爲以，兩字形是通假關係。裘文指出島邦男所舉⺁爲賓組辭例，ㄙ爲歷組辭例，並類比賓組用"㞢"形，歷組用"又"形，同一詞在同一時期不同組類的卜辭中存在使用不同字形的現象。第三部分對以的形音義進行進一步的剖析。字形方面，指出孫詒讓（1927）認爲"ㄙ"即㠯字，丿爲人之省，是正確的，但釋爲"用"義不可取。指出"ㄙ"由"⺁"簡化而成，二形是繁簡體的關係，不是通假關係。"⺁"象人手提一物，是"以"的初文。⺁變爲㠯，可類比勹變爲印。金文一般用"㠯"，ㄙ不是耜的初文。字義方面，"⺁"象人手提一物，本義是提挈、攜帶，引申爲致送等義，而不是孫詒讓釋的"用"義。甲骨文兩個字形侇、㠯，用⺁、ㄙ作偏旁，應爲一字。字音方面，從甲骨"三司/㚸"、"靠司/㚸/侇"辭例讚同饒宗頤（1959）指出的司、㚸、詞、侇爲一字。從上古音㠯、台、司音近，作声旁可通用，從字形演變角度，"㚸"可變爲"辛"的角度進一步論證了余永梁把㚸釋作辝的觀點①，從而證明了⺁釋作氏、氐，古音不合，釋作以、㠯才合適。至此，該字在構形、詞義以及相關字的語音上都得到了很好的解釋。

裘文的意義在於考釋"以"字時，注意到了字形的組類差異現象。同時，從相關字的古音分析的角度明確了㠯、台、司的語音關係，對於古文字"以"和"司"的語音及相關文字的釋讀都具有積極意義。

（趙　鵬　撰）

• 參考文獻

島邦男 1958　殷墟卜辭研究，中國學研究會（又温天河、李壽林譯，鼎文書局，1975年）。
李亞農 1939　鐵云藏龜零拾考釋，中法文化出版委員會影印本。

---

①　余永梁：《殷虛文字考》，《國學論叢》第1卷第1期，1927年。

李亞農 1951　殷契雜釋・㣇字的補釋，中國考古學報，第 5 册第 1、2 分。

裘錫圭 1992　甲骨文字考釋（續）・説"以"，古文字論集，中華書局（收入裘錫圭學術文集・甲骨文卷，復旦大學出版社，2012 年）。

饒宗頤 1959　殷代貞卜人物通考，香港大學出版社。

孫詒讓 1927　契文舉例下，蟬隱廬印行。

余永梁 1927　殷虛文字考，清華研究院國學論叢，第 1 卷第 1 號。

朱芳圃

《殷周文字釋叢》選

節選自《殷周文字釋叢》，中華書局，1962年。

《殷周文字釋叢》（簡稱"《釋叢》"）一書凝聚了朱芳圃先生研究甲骨、金文十餘年的心血，共考釋古文字181個，新識甲骨文41個、金文18個，每多"糾正舊說，另創新解"。"吉"、"方"、"我"三則考釋皆選自《釋叢》，朱先生結合古文字形體與語音綫索對三字的造字本義提出新解，觀點雖仍有可商之處，但亦能啓發研究的繼續深入。

一、吉

關於"吉"的古文字形，吴其昌先生認爲"象一斧一碪之形"，于省吾先生認爲"象置勾兵於笎盧之中"。《釋叢》不同意吴、于二説，認爲"吉"字所從的 ⌂ 是"瘖"的初文，古音與"吉"接近，下部的口形是用於區別引申義或假借義而附加的形符，"⌂ 爲利器，故引申有善實堅固之義"。

裘錫圭（1988：13/2012：417—418）後來對"吉"字也有重要的論述，認爲：

> 于、朱二氏都認爲"吉"所從的 ⌂ 象兵器，"吉"有堅實之義，這兩點是可取的。至於 ⌂ 所象兵器的具體種類，當從于說定爲勾兵。勾兵是上古最常用的一種兵器。朱氏爲了遷就"吉"字之音，以 ⌂ 爲"瘖"之初文，恐不可信。……不能像朱氏那樣把"吉"字的善實堅固之義看作"瘖"的引申義，而只能認爲古人是在

具有質地堅實這一特點的勾兵的象形符號上加區別性意符"口",造成"吉"字來表示當堅實講的"吉"這個詞的。這種造字方法跟"古"字、"弓"字是一致的。由此可知"吉"的本義就是堅實。

近年有關"吉"的討論頗多,可參張玉金(2006:70—75),王蘊智(2006:76—79),王暉(2011:1—9),高玉平、陳丹(2015:91—94),朱鳳瀚(2015:137—138),裘錫圭(2019:1—2)等先生的研究。勞榦(1968)最先明確提出"吉"字上部象圭形,隨著研究的深入,已爲不少學者所接受。甲骨文"圭"(李學勤2004:2;蔡哲茂2005:308—315)寫作 ▲(《花東》490),即豎立的戈頭之形(陳劍2007),可比較"戈"的 ✦(《屯南》2194 + 3572)類寫法。後來"吉"字的上部或寫作"士"形,有學者認爲象斧鉞形(梁月娥2011:149—152;董蓮池、畢秀潔2010:4—10),非是,只是"吉"字演變過程中的一個環節,可參甲骨文"吉"字的形體演變(裘錫圭2019:2):

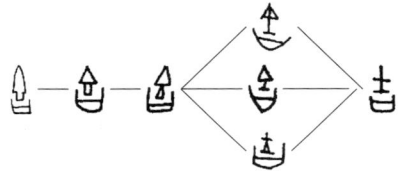

關於"吉"字,還可參李發(2015:104—115)、謝明文(2019:234—246)、黃錫全(2019:141—154)等先生的研究,對學者的討論也有集中的引述。

二、方

據"方"的古文字形體,《説文》謂"併船"顯然是有問題的。元代周伯琦《説文字原》即指出"方"字从刀,謂:"方,矩也。刀所以取方,故从刀會意,从乚象方形。"甲骨文"方"字寫作 ㄎ、ㄟ、ᵛ、ᚠ 等形體。葉玉森先生曾指出"象架上懸刀之形",僅就字形而言,缺少文字學上的證據。林義光先生在《文源》中據金文説"方"字"即丙之變體,方丙同音,本與丙同字"。《釋叢》認爲"方當爲枋若柄之初文。从刀,一指握持之處(變形作 H)。字之結構,與刃从刀、丶指刀瞖相同"。"方爲初文,指事。枋、柄皆後起字,形聲。"從字形出發,結合語音綫索考察字的構形及本義,這樣的研究思路是可取的。具體到此處的"方"字，認爲是"枋"、"柄"的初文，有一定的道理，但並非沒有疑問。最關鍵的一點是，所謂指事的"一"總是位於刀形的刃部，並不在柄部的位置。裘錫圭（2012：63）認爲"方"可能是由"芒"的表意字 ƥ、ƥ 分化出來，以表示"方圓"之"方"，"方"和"芒"古音接近。

朱、裘等先生是將"方"字的主體看作刀，另一種影響很大的觀點是徐中舒（1930：17—18）提出來的，他認爲：

> 象耒的形制，尤其完備，故方當訓爲"一番土謂之坺"之坺，初無方圓之意（古匚即方員字）。方之象耒，上短橫（如《番生敦》等），象柄首橫木，下長橫即足所蹈履處，旁兩短畫或即飾文，小篆力作厃，即其遺形。古者秉耒而耕，刺土曰推，起土曰方，方或借伐、發、墢等字爲之。

林小安（1999：19—20）又進一步推闡，指出"方"即"榜"的初文。

正如林澐（1989：198/1998：12）所説："文字符號對實際事物的形象已有不同程度的簡化，同一符號的形體就往往有不同解釋的可能性。"除以上幾種説法之外，高亨（1981：124）認爲"方"是古"榜"字，是船槳之象形；王元鹿（1986：150—154）認爲"方"字的本義可釋爲"以刀判物"。如此等等，分歧頗多，但無論何者似都還難以完全解釋得妥帖。

三、我

郭沫若先生指出"我字本即《詩·豳風》'既破我斧，又缺我錡'之錡"，"即今人之所謂鋸"。《釋叢》認爲"郭説近是，惜尚差一間"，又引陳喬樅説指出"我象長柄而有三齒之器，即錡之初文。原爲兵器，《破斧》三章以斨、錡、銶並言，是其證。自農業發達後，利用之以爲耕具，所謂鉏鋤，即鉏之緩音也"。

林澐（1989：202—205）結合字形與出土實物，對"我"字進行了細緻深入的分析和研究，認爲：

> 郭沫若説："我"就是《詩·破斧》中與斧連舉的"錡"，甚是。錡从奇聲，奇从可聲，我、可、奇古韻同爲歌部，且均屬舌根音。所以，《破斧》中的錡，既非毛傳所解釋的"鑿屬"，亦非韓詩所解釋的"枺屬"。不是鋸子，也不是三齒耙或鋤。而是刃部有齒的一種特殊的鉞形武器，故與斧連舉。

林説"我"是刀部有齒的鉞形武器,無疑是正確的,這從"我"比較象形的寫法 ƒ(《合集》18944)可以了然。

先民在給物取名時,具有相同特點的物類的名稱,往往出自同一語源。《説文》訓"錡"爲"鉏鋙",源自其鋸齒形的刃部這一特點。"鉏鋙"在文獻中或作"鉏牙"、"鋤鋙"、"鉏鋙"等,所表示的一個基本意義就是"鋸齒狀"。"我"或"錡"雖不能直接視爲鋸,但二者之間是有密切關係的。《漢書·刑法志》"中刑用刀鋸",顏師古引韋昭注:"鋸,刖刑也。"甲骨文"刖"字一般寫作 ƒ(《合集》861),即从刀鋸斷足,或寫作 ƒ(《合集》6010),所从的施刑工具即"我"。商金文有 ƒ,"又"所持即"我",上部即作刀鋸之形。可見"我"不僅具有鋸子的形體特點,還具有相同的功用。

(袁倫强 撰)

• 參考文獻

蔡哲茂 2005 説殷卜辭中的"圭"字,漢字研究,第1輯,學苑出版社。
陳 劍 2007 説殷墟甲骨文中的"玉戚","中央研究院"歷史語言研究所集刊,第78本第2分。
董蓮池 畢秀潔 2010 商周"圭"字的構形演變及相關問題研究,中國文字研究,第13輯,大象出版社。
高 亨 1981 文字形義學概論,齊魯書社。
高玉平 陳 丹 2015 "吉""圭"蠡測,古漢語研究,第4期。
黃錫全 2019 甲骨文"吉"字新探,紀念甲骨文發現120周年國際學術研討會論文集,河南安陽。
勞 榦 1968 古文字試釋,"中央研究院"歷史語言研究所集刊,第40本上册。
李 發 2015 説甲骨文中的"圭"及相關諸字,出土文獻綜合研究集刊,第2輯,巴蜀書社。
李學勤 2004 從兩條《花東》卜辭看殷禮,吉林師範大學學報(人文社會科學版),第3期。
梁月娥 2011 《古文字譜系疏證》初步研究,香港中文大學碩士學位論文,指導教師:沈培。
林小安 1999 殷契本義論稿,出土文獻研究,第5輯,科學出版社。
林 澐 1989 説戚、我,古文字研究,第17輯,中華書局(收入林澐學術文集,中國大百科全書出版社，1998 年）。

裘錫圭 1988　説字小記，北京師範學院學報，第 2 期（收入裘錫圭學術文集·金文及其他古文字卷，復旦大學出版社，2012 年）。

裘錫圭 2012　釋"無終"，裘錫圭學術文集·金文及其他古文字卷，復旦大學出版社。

裘錫圭 2019　談談編纂古漢語大型辭書時如何對待不同於傳統説法的新説，辭書研究，第 3 期。

王　暉 2011　卜辭 ⚒ 字與古戈頭名"戛"新考——兼論"⚒"字非"圭"説，殷都學刊，第 2 期。

王元鹿 1986　説"方"，辭書研究，第 2 期。

王藴智 2006　釋甲骨文 ⚒ 字，古文字研究，第 26 輯，中華書局。

謝明文 2019　試論"揚"的一種異體——兼説"圭"字，甲骨文與殷商史，新 9 輯，上海古籍出版社。

徐中舒 1930　耒耜考，中央研究院歷史語言研究所集刊，第 2 本第 1 分。

張玉金 2006　殷墟甲骨文"吉"字研究，古文字研究，第 26 輯，中華書局。

朱鳳瀚 2015　新見商金文考釋（二篇），出土文獻與古文字研究，第 6 輯，上海古籍出版社。

松丸道雄

殷墟卜辭中の田獵地について
——殷代國家構造研究のために
（關於殷墟卜辭中的田獵地——爲研究殷代的國家構造）（節選）

原載《東京大學東洋文化研究所紀要》第 31 册，1963 年；收入宋鎮豪、段志洪主編：《甲骨文獻集成》第 28 册，四川大學出版社，2001 年。

本文首發時間爲 1963 年，是作者在 1958 年提交的畢業論文基礎上修改而成的。作者松丸道雄爲東京大學東洋文化研究所教授、日本甲骨學會會長。長期從事基於甲骨、金文的商周考古歷史研究，著有《甲骨文字》(1959)、《東京大學東洋文化研究所藏甲骨文字》(1984)、《西周青銅器とその國家》(1980)、《甲骨文字字釋綜覽》(1994) 等書，在《甲骨學》、《古文字研究》、《東洋學報》等刊物上發表的單篇論文有 100 餘篇。

關於殷墟甲骨文所見田獵地名的考證及其地理分佈問題，王國維（1915）、林泰輔（1919）、郭沫若（1933）、董作賓（1945）、陳夢家（1956）、島邦男（1958）、李學勤（1959）、鍾柏生（1989）、馬保春（2013）等不少學者對其做過專題研究並提出過幾種不同的假設，如沁陽説、山東説、河内説等。這些假設所設想的商王田獵的地理範圍相當廣大，甚至跨越全華北地區，達到長江流域。可是，正如本文作者所指出，以往學者在重構地名時過於重視後代文獻中所見的古地名，而往往忽視從作爲同時代史料的甲骨卜辭本身中可歸納出的一手信息。作者松丸先生認爲，這是以往田獵地名研究方法上的一個重大缺陷。

本論文以這一認識爲出發點，首先全面搜集殷墟甲骨卜辭中的相關材料，對其進行了如下整理和分析：（1）在綴合、分類、分期等基礎整理工作的基礎上，將所有的田獵卜辭分爲"王田類"、"王徏類"等三種類型；（2）通過對田獵卜辭卜日間隔的系統整理，歸納出了田獵日期的規律性；（3）同時也根據幾何學邏輯歸納出了每一處田獵地之間的實際距離和地理分佈範圍，重新討論了地名考證問題；（4）最後，在以上討論的基礎上，從宏觀角度對商王田獵活動在當時社會中所擁有的實際意義及其與商代國家結構之間的關係進行了思考。

通過以上的整理和分析，作者歸納出如下的結論：（1）從第 2 期至第 5 期（按：大致相當於出類、何類、無名類、黃類）卜辭中所見的 95 個田獵地名必定是集中分佈於距離某一中心點（有可能是安陽殷墟）步行往返一天內的極爲狹窄的地理區域內（單程距離不會超過 20 公里）。就是說，當時商王的田獵絕大多數是當日往返的活動。（2）商王的田獵應該不是單純的遊樂活動，而是爲了維護國家統治秩序而進行的一種軍事行動。（3）因此，田獵地名的分佈範圍所代表的應是商王可以直接採取軍事行動的區域，也就是當時商王朝的直接統治範圍。（4）由此可知，至少就甲骨文第 2 期至第 5 期那一段時期而言，受到商王朝直接統治的政治區域實際上被控制在如此狹窄的地理範圍內。這一事實正好符合將商代國家結構視作"氏族邑的聯合體"的學術觀點。

遺憾的是，由於本文暫未被全面翻譯成中、英文的原因，再加上本論文結論的意外性，除了日本地區以外，如上的假設似乎未能得到相應的、正當的學術評價。但是，如果細讀本文的每一章節，讀者就會發現：本文從材料搜集、整理到文字考釋、數量統計、數理分析，再到對宏觀角度的社會、經濟、歷史問題的解釋，每一環節思路都非常清晰，邏輯貫徹，其推論和結論極具說服力。從微觀問題入手，在細微的現象中發現解決宏觀問題的綫索，同時從宏觀視野中定位那些微觀現象所具有的歷史意義，這就是松丸先生甲骨學研究最大的特色，也是最大的魅力所在。

此外，關於針對本論文的書評及其相關問題可參看池田末利（1964）、松丸道雄（1996）等。

（崎川隆 撰）

• 參考文獻

陳夢家 1956 殷虛卜辭綜述，科學出版社。

池田末利 1964　書評介紹；松丸道雄著：殷墟卜辭中の田獵地——殷代國家構造研究のために，東洋學報，第 46 卷第 4 號。

島邦男 1958　殷墟卜辭研究，中國學研究會。

董作賓 1945　殷曆譜，下編卷九，中央研究院歷史語言研究所。

郭沫若 1933　卜辭通纂，文求堂（收入郭沫若全集·考古編，第 2 卷，科學出版社，1983 年）。

李學勤 1959　殷代地理簡論，科學出版社。

林泰輔 1919　龜甲獸骨文に見えたる地名，斯文，第一編第三、四號。

馬保春　宋久成 2013　中國最早的歷史空間舞臺——甲骨文地名體系概述，學苑出版社。

松丸道雄　高嶋謙一 1994　甲骨文字字釋綜覽，東京大學出版會。

松丸道雄 1959　甲骨文字，奎星會出版部。

松丸道雄 1980　西周青銅器とその國家，東京大學出版會。

松丸道雄 1983　東京大學東洋文化研究所藏甲骨文字，東京大學出版會。

松丸道雄 1996　再論殷墟卜辭中的田獵地問題，盡心集：張政烺先生八十慶壽論文集，中國社會科學出版社。

王國維 1915　殷墟卜辭中所見地名考，雪堂叢刻。

鍾柏生 1989　殷商卜辭地理論叢，藝文印書館。

張光直

商王廟號新考

原載《"中央研究院"民族學研究所集刊》第 15 期，1963 年春季；收入《中國青銅時代》，聯經出版事業公司，1983 年；又生活·讀書·新知三聯書店，1983、1999 年二版。

張光直先生關於商代日名的研究刊出後，因其立論新穎，引發學界熱烈討論，以至於在《民族學研究所集刊》第 19 期同時刊登五篇評論文章，"以一篇論文而引起偌多注意，這是中國學術界罕見的現象"（許倬雲 1965），可見張先生此文影響之大。

張先生文章的主要觀點爲：

一、總結以往學者對此問題的意見，將它們歸納爲次序、卜選、生日、死日四說，認爲它們有一共同之點，即其對廟號的選擇乃偶然選擇的結果。它們皆不能很好地解釋商王世系中廟號出現的規則：1.作爲廟號的各天干在世系中出現的頻率不一，其中以甲乙丁庚辛這五干所佔比例最多，近六分之五。2.甲乙丁不但在商王廟號中占半數以上，且極有規律地出現在商王世系表中，作 A（甲乙）—B（丁）—A—B—A—B……式。3.同世兄弟諸王之間，A、B 類廟號不同時出現。4.先妣先王没有同廟號者，且其干名有一定的特點，如不以乙及丁爲其廟號；祀典中只記錄直系先王配偶的干名；先妣與先王日名的匹配有一定的傾向，如甲不配乙、癸只配丁等。

由此張先生提出：1.日名制的實質是商人借用天干對廟主進行分類的制度，王及其配偶死後歸入何廟受一定規律支配。2.廟主分類的原則是商王室的親屬制度和婚姻制度，以及王妣生前在此制度中的地位。3.從廟號顯示的商王室親屬婚姻制度，與王位的繼承及政治勢力的消沉密切相關。

二、據文獻與卜辭歸納的商代親屬制度：1.王位的繼承為父傳子或兄傳弟；卜辭中所稱父子不一定是親父子，兄弟不一定是同胞兄弟。2.商王都是子姓，來源於同一個祖先。3.天下的土地財富理論上皆為商王所有，故在子姓內沿男系繼承。4.商王室的子姓氏族實行氏族內通婚制。

先王廟號可分為：A組為甲乙戊己，稱"甲乙組"（直系皆甲乙），B組為丙丁壬癸，稱"丁組"（直系皆丁，僅一例外）。庚、辛分組暫不決定，稱"第三組"。在商王世系中，A、B兩組按A—B次序輪流出現，沒有例外。此廟號分組在親屬制上的意義：子姓氏族的王室本身包括兩個單系親群，互相通婚。通婚方式為父方的交表婚配。故商王世系中只有親祖孫關係，沒有親父子關係。十干為名的廟號，似乎就是對這些親群的分類。甲乙組和丁組為商王室勢力最大的兩支，隔代輪流執政。王位傳遞上的父傳子，實際上是舅傳甥。

三、在其廟號新解的視角下，張先生對商王繼承法、卜辭中的新舊派之分、昭穆制問題、古史帝王世系的一分為二現象等問題作了新的詮釋。

張光直（1973）撰文對其觀點進行補充，從分析王亥、伊尹等的祭日入手，認為上甲以前亦存在廟主分類制度。另據銅器銘文中的日名資料以及醫院出生日期的數據統計，對生日說、死日說再次進行否定。十日不僅是廟號，也是生人分類的稱呼，只是生時不用，死後才用。該文並進一步對商王王位繼承制、婚姻制度作了說明。

張先生此文最大的貢獻即揭示出十干在商代先王先妣日名廟號中分佈的規律性，日名的產生並不是隨機的，而是受條件限制，故生日、死日、次序說顯然不妥。卜選說看似與這種日名分佈規律矛盾，其實是可兼容的，正如裘錫圭先生指出："儘管存在種種限制與考慮，可以給予某王的日干總不會只是一個，究竟採用哪一個，就需要通過占卜來決定。其實即使適用的日干只有一個，在極端迷信占卜的時代，也需要走一下占卜的過場，在個別情況下，也可能由於某種特殊原因，通過占卜來改變常規。"（裘錫圭2012：6）

張先生的文章發表後，贊成或反對其說的學者皆有，贊成者或對其觀點進行修訂補充，如丁驌（1966）亦將十干分為兩組，只是兩組所包括的日干與張先生有差異。陳其南（1973）將十干分為四組，認為商王室實行是雙方交表制婚姻，等等。

反對者則說明反對理由，有的還提出新說，如許進雄（1965）對張先生設想的輪流執政制度提出質疑，認為："假設殷代有輪流執政制度及以交表婚來鞏固政權，則必須假定當時有一種超乎政治團體以上的組織、思想、宗教，如蒙古的宗親大會等，以維持並控制不依照制度施行的人，但是從卜辭我們就看不出有這種現象。"

朱鳳瀚（1990：74）按氏族統計銘文中的日名資料，揭示出來的現象不符合張先生擬定的兩組說，故認爲"將金文中的日名理解爲宗族成員之分類（或說分群）的標誌或宗族分支名號均是不妥當的，將奇數的日干與偶數的日干間的關係理解爲婚姻組的關係亦說不通"。提出商人日名奇偶之不同可能反映了嫡（偶）庶（奇）之不同，並認爲嫡庶之區別只能決定是奇數還是偶數，具體日名用哪個還有其他的原則（如優先選擇吉日乙、丁）並通過某種形式來確定，而此形式較有可能是占卜。

王暉（2003：25—26）認爲："按舅甥相承制且商王廟號與族號相同，則後嗣王的廟號應與母族尤其是其母廟號相同——特別是其子稱王必定祭祀其母應該是毫無疑問的，但據殷墟卜辭多不合這一條件……這也證明張氏所說商王位甥舅相承制且廟號與族號相同大概是不存在的。"

虞萬里（2006：161）據《庫》985＋1106（《卡》400）上的卜辭在日名卜選時列出丁、乙、辛三種選擇，認爲"既並問乙與丁，可見其於甲乙派與丁派均可。若以生前派系分之，則非此即彼，無容含混，何必卜問或丁或乙"。提出日名用卜葬、虞祭、祔廟禮來解釋才較合理。

至於其他新說如"冠禮所授之字說"（馬承源1987）、"吉日說"（吉德煒1989）、"葬日說"（井上聰1990）等，皆從不同角度對商代日名提出新的解釋，可參看。從上引反方學者所列相關證據看，張先生此文的推論確實存在有待證明的假設，故不易取信於人。

從上面所引諸多異說，可見商代日名研究的複雜性。但張先生文章引發的討論，無疑對此問題的研究起到了積極的推動作用。從卜辭材料看，日名的最後選定需經過占卜選擇，並受到一些原則的限定，這應該是沒有問題的。只是其具體受到哪些原則的限定，以及通過日名還能說明什麽問題，則有待進一步的研究。

（周忠兵 撰）

• 參考文獻

曹定雲 2005　論商人廟號及其相關問題，新世紀的中國考古學——王仲殊先生八十華誕紀念文集，科學出版社。

陳夢家 1954　商王廟號考——甲骨斷代學乙篇，考古學報，第 8 册。

陳夢家 1956　殷虛卜辭綜述，科學出版社。

陳其南 1973　中國古代之親屬制度——再論商王廟號的社會結構意義，"中央研究院"民族學研究所集刊，第 35 期。

丁　驌 1966　再論商王妣廟號的兩組說，"中央研究院"民族學研究所集刊，第 21 期。

董作賓 1933　甲骨文斷代研究例，慶祝蔡元培先生六十五歲論文集，中央研究院歷史語言研究所集刊外編第一種。

胡輝平 2003　殷卜辭中商王廟主問題研究，中國社會科學院研究生院碩士學位論文，指導教師：馮時。

黃銘崇 2007　商人日干爲生稱以及同干不婚的意義，"中央研究院"歷史語言研究所集刊，第 78 本第 4 分。

吉德煒 1989　中國古代的吉日與廟號，殷墟博物苑苑刊（創刊號），中國社會科學出版社。

井上聰 1990　商代廟號新論，中原文物，第 2 期。

李學勤 1957　評陳夢家殷虛卜辭綜述，考古學報，第 3 期。

馬承源 1987　關於商周貴族使用日干稱謂問題的探討，王國維學術研究論集（二），華東師範大學出版社。

潘　敏　孫全滿 1995　商王廟號及商代謚法的推測，河北學刊，第 1 期。

裘錫圭 2012　《醉古集》第 207 組綴合的歷組合祭卜辭補說，古文字研究，第 29 輯，中華書局。

王　暉 2003　殷商十干氏族研究，中國史研究，第 3 期。

魏鴻雁 2017　日名制的產生及商王尊號，殷都學刊，第 2 期。

許進雄 1965　對張光直先生的《商王廟號新考》的幾點意見，"中央研究院"民族學研究所集刊，第 19 期。

許倬雲 1965　關於《商王廟號新考》一文的幾點意見，"中央研究院"民族學研究所集刊，第 19 期。

楊希枚 1966　聯名制與卜辭商王廟號問題，"中央研究院"民族學研究所集刊，第 21 期。

楊希枚 1989　論商王廟號問題兼論同名和異名制及商周卜俗，殷墟博物苑苑刊（創刊號），中國社會科學出版社。

虞萬里 2006　商周稱謂與中國古代避諱起源，傳統中國研究集刊，第 1 輯，上海人民出版社。

張富祥 2005　商王名號與上古日名制研究，歷史研究，第 2 期。

張富祥 2014　日名制・昭穆制・姓氏制度研究，上海古籍出版社。

張光直 1973　談王亥與伊尹的祭日並再論殷商王制,"中央研究院"民族學研究所集刊,第35期。
張光直 1983　中國青銅時代,生活·讀書·新知三聯書店。
張桂光 2007　讀卜辭三剳·說廟號,華南師範大學學報(社會科學版),第2期。
朱鳳瀚 1990　金文日名統計與商代晚期商人日名制,中原文物,第3期。

038 | 李孝定
讀栔識小錄・説干

節選自李孝定：《讀栔識小錄》，《"中央研究院"歷史語言研究所集刊》第 35 本，1964 年。

李孝定先生《説干》一文（以下簡稱"李文"；又李孝定 1965 大同），在郭沫若（1932/1954）之説的基礎上，論定甲骨文 ᙇ 類字形（《甲骨文字編》820 頁、《新甲骨文編〔增訂本〕》128 頁）當釋爲干戈之"干"，其本義爲"盾"，其字象"方盾"而上有"兩出之裝飾"形。與後世"干"字形之演變關係爲：ᙇ 形上方筆畫簡化爲只作兩斜筆歧出；其中部"空廓形"（本係填實黑團形）或演變爲圓點，或變爲一短橫，即成後世之"干"形。

文中所舉甲骨文 ⊕、⊕ 類字形（《甲骨文字編》820 頁、《新甲骨文編〔增訂本〕》228 頁"盾"字），李文從舊説釋爲"毌"，此點非是。林澐（2000/2008）已經指出，"毌"字另有源流，係本象"穿兩貝之形"的"毌"字初文 ꙮ（《新金文編》909 頁）簡化省變而來，與"盾牌形"無關。但同時，除去誤與"毌"字牽連此點（另李文又將"干"形與"單"形牽連爲説，亦可不必），郭沫若（1932/1954）和李文皆以其字與 ᙇ 字爲一，郭沫若（1932/1954）且明謂甲骨、金文此類形皆"實古干字"，此説仍不可廢。林澐（2000/2008）力主釋"盾"之説，現似已爲大多數學者所接受，恐怕是不能成立的。我贊同何景成（2016）、蘇建洲（2017）等的意見，其字仍應從郭沫若説，看作"干"字異體。

（陳　劍　撰）

• 參考文獻

郭沫若 1932　釋干鹵，金文叢考·金文餘釋，文求堂（又人民出版社，1954 年）。

何景成 2016　試釋甲骨文的"盾"字——甲骨文所謂"昏"字新釋，甲骨文與殷商史，新 6 輯，上海古籍出版社。

林　澐 2000　說干、盾，古文字研究，第 22 輯，中華書局（收入林澐學術文集[二]，科學出版社，2008 年）。

蘇建洲 2017　西周金文"干"字再議，復旦大學出土文獻與古文字研究中心網站，http://www.gwz.fudan.edu.cn/Web/Show/2980，2 月 12 日。

許進雄

鑽鑿對卜辭斷代的重要性

原載《中國文字》第 37 期，1970 年；收入《許進雄古文字論集》，中華書局，2010 年。

甲骨學的研究在較長一段時間内學者只關注甲骨文字的研究，對甲骨鑽鑿的研究甚少，較早從事此項研究的是日本學者貝塚茂樹先生，他通過對甲骨鑽鑿形態的研究來證明其所說的王族卜辭屬於第一期（貝塚茂樹 1960：117—122）。其後就是許進雄先生了，他利用整理加拿大多倫多皇家博物館所藏甲骨實物的機會，對甲骨鑽鑿作了較爲細緻的研究，此文即其發表的第一篇有關鑽鑿的文章，文章主要内容爲：

1. 總結各期甲骨鑽鑿的特點：單獨的長鑿第一期總是兩肩筆直兩頭尖；其後變爲頭尖兩肩彎曲或兩頭平等形態。長鑿的長度若超過一期者，其時代晚於一期。不過，在第四期（尤其是文武丁的）與自組卜辭上的長鑿長度比一期的短些。一期之後，長鑿的兩肩常被挖寬，故其長寬比例比一期小。

長鑿旁的圓鑿形態主要有兩種形式：形式一 a 長鑿的長度約等於圓鑿的兩倍大，圓鑿常作半圓形；形式一 b 只有長鑿，沒有圓鑿。形式二 a 圓鑿包攝長鑿；形式二 b 只有圓鑽。一 a 形式被認爲是甲骨中最普遍的形式。二、三、四期卜骨上曾被認爲是此形式的鑽鑿，其中的圓鑿大都只是燒灼剝落造成的窪洞，而被誤認爲是圓鑿，所以第三、四期卜骨上没有一 a 形式的鑽鑿。圓鑿雖有利於兆紋的出現，但也會帶來貞人控制兆坼的弊端，故後期靠挖寬長鑿的兩肩，來使得骨面變薄。

2. 貝塚茂樹先生認爲鑽鑿技術的發展是直接燒灼——不正常型（二 a、

b）——長鑿伴圓鑿型（形式一a），並認為簡陋的技巧一定早，故將王族卜辭歸入第一期。許先生對此提出質疑，認為較簡陋的方法不一定是早期的，因為第三、四期卜骨即长凿旁直接烧灼，所以王族卜辭卜骨上直接燒灼形成的窪洞不必是第一期。

3. 認為貝塚茂樹所說的所有圓鑽和圓鑿大於並包含長鑿的卜骨是與第一期同時的王族卜辭的說法不成立。圓鑽也見於第一、四期，圓鑿大於並包含長鑿只見於第一期。王族卜辭若屬於第一期，則應有這樣的鑽鑿類型，可事實上並沒有。

4. 骨面施鑿的習慣也可證明自組（王族卜辭的一部分）屬於晚期，因為大量的第三、四期甲骨上有此特徵。另自組和文武丁卜辭還有一種很小的鑿洞，由這種特別的小鑿洞亦可證明自組屬第四期。

5. 貝塚茂樹所謂王族卜辭，據鑽鑿看可分為：無貞人可屬一期者、無貞人屬於四期者、有貞人屬於四期者。

據鑽鑿形體來判斷所謂王族卜辭的所屬時代，許進雄（1973）、（1979）兩專書中對此有更為細緻的分析。當然，因其有的論據有問題，故結論是可商榷的，如他強調骨面施鑿的時代性，我們曾對許先生此觀點進行辨析：

> 他認為這種施鑿方式除一例是第五期外，只見於第三期、第四期甲骨及王族卜辭，不曾見於第一期甲骨，並據此認定師組卜辭（按：師組卜辭屬於他所謂的王族卜辭中的一種）是屬於第四期的。可是我們發現在他認為的第一期的甲骨上亦有在正面骨扇部位施鑿的例子，如《合集》72（參看《國博》1照片）屬師賓間組，其正面有兩個長鑿。又如《合集》1032屬賓組一類，正面有一個長鑿（《合集》誤將正面當反面）；《合集》1318屬賓組，正面有三個長鑿；《合集》4209屬賓組一類，正面有兩個長鑿；《合集》5116屬典賓，正面有一個長鑿；《合集》11498屬典賓，正面有三個長鑿；《合集》12966屬典賓，正面有一個長鑿。另外出組甲骨（屬於第二期）上亦可見到有在正面骨扇部位施鑿的例子，如《合集》24670屬出組，正面有三個長鑿等。可見所謂"骨面中下施鑿"的現象並非只見於第三、四、五期，並且第一期的甲骨上"骨面中下施鑿"的例子也不只是一例，許進雄先生認為這種施鑿方式不見於第一期是不正確的。所以他將這種施鑿方式作為判定師組屬第四期的論據之一並不恰當。（周忠兵2013：148—149）

又如，因相信"'上吉'（按：即二告）是出現於第一期很頻繁而不在他期的'兆側刻辭'"，故對貝塚茂樹先生舉出的自組卜辭中有二告的兩個例子（《合集》20611、20185）提出質疑。此兩例師組卜辭上有"二告"兆辭應無可疑。許先生因篤信此類兆辭只出現在第一期甲骨上，所以當發現與之不合之例才會去懷疑其真實性。其實，"二告"兆辭不僅見於師組，還可見於出組、何組、歷組等，如《合集》26630（出組）、31316（何組）、33020（歷二）。這些字體類別的刻辭按傳統的分期觀點分別屬於第二、三、四期，由此可見這種兆辭並不是只見於第一期。

當然，許先生此文的正確觀點亦不少，如指出不少長鑿旁所謂圓鑿其中的圓鑿其實是燒灼剝落面；注意到長鑿的長度後期比前期更長；圓鑿大於並包含長鑿這種鑽鑿類型只見於第一期，等等。

許先生此文包括其後續有關鑽鑿的文章及專著，最大的貢獻即向學界不斷地強調甲骨鑽鑿對甲骨斷代的重要性，對此問題的研究起了積極的推動作用。目前學界對甲骨鑽鑿的研究亦越來越重視，體現爲：

1. 越來越多的學者在研究甲骨斷代問題時會自覺地從甲骨鑽鑿形態角度來考慮問題，如甲骨分類分期斷代研究代表性的兩本專著李學勤、彭裕商（1996）和黃天樹（1991、2007），皆在論述相關卜辭時代問題時，利用了甲骨鑽鑿形態的演變來説明問題。

2. 刊布資料方面，社科院考古所在刊布新的科學發掘甲骨材料時，已注意對刊布甲骨的鑽鑿作整理研究，皆附有甲骨鑽鑿形態研究的專文，並附有部分甲骨反面鑽鑿的拓片或照片，如《屯南》、《花東》、《村中南》。近來新刊布的一些甲骨著録，更是爲方便學者研究甲骨鑽鑿形態，通過拍攝甲骨反面、甲骨側面的照片來著録一版甲骨的鑽鑿信息，如《中歷藏》、《卡》等。

3. 鑽鑿研究的方法亦有所進步或拓展，如周忠兵（2013）、趙鵬（2017）分別從甲骨字體分類、鑽鑿佈局的角度來研究甲骨鑽鑿。

（周忠兵　撰）

• 參考文獻

貝塚茂樹 1960　京都大學人文科學研究所藏甲骨文字（本文篇），京都大學人文科學研究所。

黃天樹 1991　殷墟王卜辭的分類與斷代，文津出版社。

黃天樹 2007　殷墟王卜辭的分類與斷代，科學出版社。
李學勤　彭裕商 1996　殷墟甲骨分期研究，上海古籍出版社。
宋鎮豪　趙　鵬　馬季凡 2011　中國社會科學院歷史研究所藏甲骨集，上海古籍出版社。
許進雄 1972　略談貞人的在職年代，中國文字，第 44 期。
許進雄 1972　談貞人荷的年代，中國文字，第 43 期。
許進雄 1973　卜骨上的鑽鑿形態，藝文印書館。
許進雄 1973　從長鑿的配置試分第三與第四期的卜骨，中國文字，第 48 期。
許進雄 1977　明義士收藏甲骨釋文篇，加拿大皇家安大略博物館。
許進雄 1978　甲骨的長鑿形態示例，董作賓先生逝世十四周年紀念刊，藝文印書館。
許進雄 1978　鑽鑿研究略述，屈萬里先生七秩榮慶論文集，聯經出版事業公司。
許進雄 1979　懷特氏等收藏甲骨文集，皇家安大略博物館。
許進雄 1979　甲骨上鑽鑿形態的研究，藝文印書館。
許進雄 1984　區分第三期與第四期卜骨的嘗試，中國文字，新 9 期。
許進雄 1984　讀小屯南地甲骨的鑽鑿形態，中國語文研究，香港中文大學。
許進雄 1999　甲骨第三期兆側刻辭，臺大中文學報，第 11 期。
許進雄 2010　許進雄古文字論集，中華書局。
趙　鵬 2019　殷墟甲骨鑽鑿研究述評，甲骨文與殷商史，新 9 輯，上海古籍出版社。
中國社會科學院考古研究所 1983　小屯南地甲骨鑽鑿形態・卜骨上鑿之排列，小屯南地甲骨下冊第 3 分冊，中華書局。
中國社會科學院考古研究所 2003　殷墟花園莊東地甲骨鑽鑿形態研究・卜甲上鑽鑿排列型式，殷墟花園莊東地甲骨，雲南人民出版社。
中國社會科學院考古研究所 2012　殷墟小屯村中村南甲骨・小屯村中村南甲骨鑽鑿形態，雲南人民出版社。
周忠兵 2013　甲骨鑽鑿形態研究，考古學報，第 2 期。
周忠兵 2015　卡內基博物館所藏甲骨研究，上海人民出版社。

David N. Keightley(吉德煒)

SHIH CHENG 釋貞：A NEW HYPOTHESIS ABOUT THE NATURE OF SHANG DIVINATION（釋貞：商代占卜本質的新假設）（節選）

美國加利福尼亞蒙特雷太平洋沿岸亞洲研究學會會議論文（Asian Studies on the Pacific Coast Conference, Monterey, California, June），1972年。

作者吉德煒（David N. Keightley，1932—2017）爲美國著名漢學家，曾任加州大學柏克萊分校教授。主要研究方向爲甲骨文和殷商史，曾著有《商代史料》（1978）、《祖先的風景》（2000）、《爲王勞作》（2012）等專著，單篇論文有70多篇。其中的《商代史料》内容豐富，論述有序，是長期以來在西方學界最受歡迎的、最具影響力的一部甲骨學入門教材。此外，他在1975年創辦了一部英文漢學刊物 Early China，爲西方漢學家提供了很好的言論平臺，對西方甲骨學研究的發展做出了很大貢獻。

本論文是作者1972年6月在美國加州蒙特利召開的美國亞洲學會上發表的一篇長篇論文，文章主要討論了殷墟甲骨卜辭的語言性質問題。遺憾的是本論文後來也一直沒有公開出版，但由於作者在本文中提出的"卜辭是否疑問句"這一疑問會影響到幾乎所有甲骨卜辭資料的釋讀、解釋問題，會後不久就在學術界引起了很大反響和爭論。實際上，白川静（1948）、饒宗頤（1959）、司禮義（1974）等學者也曾經提出過"卜辭非疑問句"的看法，但更系統地、更全面地整理、討論並强調這一問題對卜辭研究的重要性的還是吉德煒。

本論文以如下四點爲切入點，重新思考殷墟卜辭的語言性質：

（1）甲骨卜辭中"貞"字字形的重新分析；

（2）《說文解字》對"貞"字的解釋（"貞：卜問也"）的重新思考；

（3）對古文獻中出現"貞"、"卜"、"命"等字的用法及其含義的討論；

（4）從語言學角度分析卜辭句式、語氣等問題。

通過以上的分析和討論，作者對將甲骨卜辭視爲"疑問句"的傳統看法表示懷疑，進而就卜辭的"語言性質"問題提出了如下三種假設性觀點：

（1）卜辭預言說。殷墟甲骨卜辭的本質有可能是爲得到神祇保佑、承諾而由占卜主體發出的意向聲明，也就是說一種對未來的預言或預測。這種"預言"和"預測"同時也可以代表商王或當時的統治階級對未來的願望。不過，這一假設只適用於相對少數的卜辭資料，無法說明絕大多數卜辭的語言本質。

（2）卜辭魔力說。這一觀點是吉德煒在白川靜（1948）"修祓、祝禱說"的基礎上提煉出來的。他認爲：甲骨文是以刀具刻在卜骨上的文字，其文本性質自然也與一般的毛筆書寫文字有所不同，應該具有魔術性或咒符性。所以，卜辭的文本性質可理解爲能夠控制現實或未來的咒文或一種"模仿性魔術"。若此，卜辭的語言形式當然也不可以視作"疑問句"。不過，這一假設很難回答爲什麼占卜者在正反對貞卜辭中敢於契刻他們並不期待的"反面意義"的命辭。

（3）卜辭二元性魔力說。這一假設是爲了解決如上"卜辭魔術說"所面臨的困境而提出的。作者指出，占卜者之所以在對貞形式卜辭中敢於寫出反面意義的言辭，有可能是因爲如下幾種原因：第一，他們受到了商人意識形態中"二元性"思維模式的影響；第二，爲了確保占卜行爲中決策過程的公平性、正當性以及作爲歷史記錄的客觀性。

在這三種假設中，前兩者實際上只是爲了引導出第三種假設而構想的工作假設而已，代表作者觀點的明顯是"二元性魔術說"。

本論文發表後不久，卜辭語言性質的研究就成爲甲骨文研究中的重要課題，不管是否同意本論文所提出的觀點，已有司禮義（1974）、倪德衛（1982）、夏含夷（1983）、裘錫圭（1988）、高嶋謙一（1989）、張玉金（1995）等不少學者相繼發表自己的看法，對這一問題展開了熱烈的討論。目前爲止，雖然學界未能達成共識，但至少就將所有的卜辭簡單地視爲疑問句的那種傳統看法而言，似乎已經變成少數意見了。無論如何，這是一個雖不易解決但也絕不能忽視的、一定要耐心繼續思考下去的重要問題。

此外，高嶋謙一（1989），張玉金（2001），趙誠、陳曦（2001），趙誠（2006），夏含夷（2018）等著作扼要介紹並總結了本論文的主要內容及其學術價值，均可參看。

（崎川隆　撰）

• 參考文獻

白川静 1948　卜辭の本質，立命館文學，第 26 號。

高嶋謙一 1989　殷代貞卜言語の本質，東京大學東洋文化研究所紀要第 110 册。

裘錫圭 1988　關於殷墟卜辭的命辭是否問句的考察，中國語文，第 1 期（收入裘錫圭學術文集·甲骨文卷，復旦大學出版社，2012 年）。

饒宗頤 1959　殷代貞卜人物通考，香港大學出版社。

司禮義（Paul L-M. Serruys）1974　STUDIES IN THE LANGUAGE OF THE SHANG ORACLE INSCRIPTIONS（商代甲骨文中的語言研究），*T'oung Pao*，LX，1-3（通報第 60 卷 1—3 期）.

夏含夷 1983　*The Composition of the Zhouyi*，Ph.D. dissertation，Stanford University.

夏含夷 2018　西觀漢記——西方漢學出土文獻研究概要，上海古籍出版社。

張玉金 1995　論殷墟卜辭命辭的語氣問題，古漢語研究，第 3 期。

張玉金 2001　殷墟卜辭命辭語言本質及其語氣研究評述，古籍整理研究學刊，第 1 期。

趙　誠　陳　曦 2001　殷墟卜辭命辭性質討論述要，古籍整理研究學刊，第 1 期。

趙　誠 2006　二十世紀甲骨文研究述要，書海出版社。

吉德煒（David N. Keightley）1978　*Sources of Shang History*（商代史料），University of California Press.

吉德煒（David N. Keightley）2000　*The Ancestral Landscape，Time，Space，and Community in Late Shang China*，Institute of East Asian Studies，University of California at Berkeley.

吉德煒（David N. Keightley）2012　*Working for His Majesty：Research Notes on Labor Mobilization in Late Shang China（ca.1200-1045B.C.），as Seen in the Oracle-Bone Inscriptions，with Particular attention to Handcraft，Industries，Agriculture，Warfare，Hunting，Construction，and the Shang's Legacies*（爲王勞作），University of California.

倪德衛（David S. Nivison）1982　The "Question" Question，美國檀香山商代文明國際討論會會議論文。

曾毅公

論甲骨綴合

原載《華學》第 4 輯，紫禁城出版社，2000 年。

　　曾毅公《論甲骨綴合》闡述了甲骨形態對於甲骨綴合的作用，討論了甲骨綴合與坑位的關係。

　　甲骨綴合一直是甲骨研究的一個分支領域。方法斂（1906）在《中國古代文字考》中發表了一組甲骨綴合。王國維（1917）把《戩》1·10 與《後》上 8·14 綴合，證實了《史記·殷本紀》中商王世系的可信性，並修正其誤，在甲骨學史上有著重要意義。郭沫若（1933）綴合甲骨 33 組，最早著錄甲骨遙綴。郭沫若與王國維的綴合，基本從傳統金石學的角度出發，所綴甲骨文字刻寫風格相同、辭例相因、殘辭互足。

　　董作賓（1929a）用推算法按既定比例求整龜大小，指出甲骨殘斷的兩個原因：沿齒縫斷裂和沿卜兆斷裂，提出用定位法研究甲骨文例，所論與甲骨綴合密切相關。董作賓（1929b）指出發掘整理甲骨要做"拼合"工作，並綴合了四版甲骨。這四版綴合的基本前提是同坑，主要依據是龜腹甲形態。董作賓（1933）依據《佚》966 =《佚》256 +《甲》2282 指出，施氏這批甲骨可與科學發掘品相綴合，從而判定其出土地在村北大連坑。這是第一次從綴合的角度判定甲骨出土坑位。董作賓從考古學視角，最早對甲骨進行考古學意義上的研究，所綴多從甲骨形態以及卜辭文例角度出發，並能通過綴合反思甲骨的出土地。董作賓（1933）綴合內容爲黄組王賓、王步及卜旬辭，所綴龜甲多以龜甲形態爲根據，胛骨多以同文例爲根據，並將遙綴標示到整版甲骨的相應部位。董作賓（1954）指出做甲骨綴合先依據十項標準分期，再按內容分類，辨識甲骨形態，並參考文例。

曾毅公（1939）收入甲骨綴合75組，涵蓋了腹甲、背甲和胛骨綴合，所綴多斷痕密合，殘字相連，殘辭互足。曾毅公（1950）注意到對貞卜辭在龜腹甲上左右對稱分佈並且據此綴合，如《綴合》9。郭若愚、曾毅公、李學勤（1955）是對《甲編》、《乙編》的綴合。李學勤對於《乙編》的綴合主要在師組、午組、劣體、圓體及部分賓組卜辭，其綴合基點是想解決非王卜辭的分期問題。屈萬里（1961）綴合殷墟第一至九次挖掘甲骨106組。張秉權（1957—1972）對YH127坑賓組龜腹甲綴合。這些綴合有考古記錄作爲參考，綴合多依據龜甲形態與卜辭文例，所綴多爲龜甲的齒斷和兆斷部位。張秉權（1956）指出依據卜兆方向及兆序數刻寫位置辨識左右，注意到了界劃綫，爲甲骨綴合提供了新的視角。

周鴻翔（1973）嘗試計算機綴合甲骨。童恩正、張陞楷、陳景春（1977）指出計算機綴合與人工綴合有著相同的前期儲備。

曾毅公《論甲骨綴合》寫於1973年，經過李學勤連綴整理。文中第一部分介紹了甲骨的性質，第二部分介紹了腹甲、背甲（依秉志文）與胛骨形態，第三部分闡述了同坑與綴合的關係，通過綴合指出《甲編》與明義士所藏的一些甲骨，1956年前後北京圖書館新收的一些甲骨與YH127甲骨的同源關係。曾文是曾毅公甲骨綴合經驗的總結。

嚴一萍（1975）收入各家及作者綴合684版並分析了《甲骨綴合編》中的誤綴。嚴一萍（1976）主要綴合對象爲《美國所藏甲骨錄》。白玉崢（1980）指出甲骨綴合的要點：熟悉甲骨形態、熟悉甲骨文例、熟悉甲骨斷代、了解出土坑位。甲骨綴合的五種方法爲：把同時期同材質的甲骨材料放在一起，根據甲骨形態、刻寫行款、同文例、字體特徵、兆辭等確定部位，找到綴合片在完整材質上的位置。1978—1983年郭沫若主編《甲骨文合集》，桂瓊英綴合千版有餘，對於甲骨形態、文例等都有著細膩的認知與思考。張秉權（1988）介紹了據甲骨實物綴合的經驗：甲骨薄厚一致、反面鑽鑿灼相合、正面文義相接、殘字相合、界劃綫相接、序數相連等。

蔡哲茂（1999）綴合甲骨361版，蔡哲茂（2004）綴合甲骨185版，綴合多依據同文例。蔡哲茂指導的一系列研究生論文從考古單位、材質等角度按內容進行分類研究，多有綴合成果。林宏明（2003）對於甲骨文例的探討有助於甲骨綴合。林宏明（2013）明確提出"縮小範圍"的綴合方法，即綴合前先假設殘缺的內容，再判斷各種著録書中該內容被編輯的位置，縮小尋找的範圍。林雅婷（2004）介紹了甲骨綴合的源流，總結了綴合方法，對甲骨綴合專書做了介紹與評價，論説了甲骨綴合的意義。文後附有大宗甲骨綴合表格。宋雅萍（2008），謝湘筠（2008），黄庭頎（2010），謝博霖、張惟捷（2013）等綴合多依據甲骨實物或可用實物加以驗證。宋雅萍（2014）又綴合了其他組類背甲。

字體分類爲甲骨綴合提供了新的契機。

蔣玉斌（2003、2006、2020）的綴合視角爲師組、非王卜辭以及特殊辭例、特殊字形、特殊人物、特殊現象等，著重歸納了綴合各階段的特點及發展趨勢，把綴合方法分爲徵候及依據、基本步驟、基本方式三個方面討論，强調了分類整理的重要性。周忠兵（2004、2009）的綴合視角爲歷組胛骨及卡内基藏出組甲骨。門藝（2008）對黄組甲骨按材質及内容分類進行綴合。張宇衛（2013）的綴合視角爲戰爭卜辭。2018—2019 年楊熠以兆序數爲視角綴合 YH127 坑賓組龜腹甲。

黄天樹的綴合視角爲王卜辭分類以及非王卜辭研究。黄天樹（2010、2011、2013、2016）指導的一系列研究生論文多有綴合成果。方稚松的綴合多依據同文例。劉影的綴合視角爲胛骨文例、對殘字的關注。莫伯峰（2013）的綴合視角爲歷組、無名組等胛骨的碴口綴合。王子楊、吴麗婉的綴合視角爲甲骨字形。何會的綴合視角爲賓組、出組龜腹甲。李延彦的綴合視角爲龜腹甲及骨臼形態。李愛輝不斷轉换綴合切入點：同文例、賓組的骨首形態、骨條刻辭、雙刀刻、塗朱、反面、黄組腹甲、師組腹甲、賓出腹甲、歷組、殘字、碴口、界劃綫、兆序兆辭位置、著録書整理等。李愛輝（2013、2016）以自身綴合經驗爲前提，闡述了甲骨著録清晰度對綴合的影響，分析了甲骨形態、字體分類、卜辭文例在綴合中的應用以及字體分類基礎上的内容事類、序辭等與甲骨綴合的關係。

每一版甲骨綴合都是有意義的，每一版甲骨綴合都是促進甲骨研究向前發展的助力。不斷地尋找新的切入點，會給甲骨綴合帶來更多的可能性。

（趙　鵬　撰）

• 參考文獻

白玉崢 1980　讀甲骨綴合新編暨補編略論甲骨綴合，中國文字，新 1 期。

蔡哲茂 1999　甲骨綴合集，樂學書局。

蔡哲茂 2004　甲骨綴合續集，文津出版社。

董作賓 1929a　商代龜卜之推測，安陽發掘報告，第 1 冊，中央研究院歷史語言研究所（收入中國現代學術經典・董作賓卷，河北教育出版社，1996 年）。

董作賓 1929b　新獲卜辭寫本，安陽發掘報告，第 1 冊，中央研究院歷史語言研究所。

董作賓 1933　殷契佚存・序，金陵大學中國文化研究所叢刊甲種。

董作賓 1945　殷曆譜，中央研究院歷史語言研究所專刊之 23，中央研究院歷史語言研究所（又藝文印書館，1977 年）。

董作賓 1954/1977/1996　殷曆譜的自我檢討，大陸雜誌，第 9 卷第 4 期；大陸雜誌・史學叢書，第 1 輯第 2 冊，先秦史研究論集（上）；董作賓先生全集・乙編，第 5 冊，藝文印書館；中國現代學術經典・董作賓卷，河北教育出版社。

Rev. Frank Herring Chalfant 1906　*Early Chinese Writing*. Memoirs of the Carnegie Museum，Pittsburg，Vol.iv No.1.

郭沫若 1933　卜辭通纂，文求堂（收入郭沫若全集・考古編，第 2 卷，科學出版社，1983 年）。

郭若愚　曾毅公　李學勤 1955　殷虛文字綴合，科學出版社。

黃天樹 2010　甲骨拼合集，學苑出版社。

黃天樹 2011　甲骨拼合續集，學苑出版社。

黃天樹 2013　甲骨拼合三集，學苑出版社。

黃天樹 2016　甲骨拼合四集，學苑出版社。

黃天樹 2019　甲骨拼合五集，學苑出版社。

黃庭頎 2010　《殷虛文字乙編》背甲刻辭內容研究，政治大學中國文學系碩士學位論文，指導教師：蔡哲茂。

蔣玉斌 2003　自組甲骨文獻的整理與研究，東北師範大學碩士學位論文，指導教師：董蓮池。

蔣玉斌 2006　殷墟子卜辭的整理與研究，吉林大學博士學位論文，指導教師：林澐。

蔣玉斌 2020　綴玉聯珠：甲骨綴合 120 年，出土文獻綜合研究集刊，第 12 輯，巴蜀書社。

李愛輝 2013　清晰拓本在甲骨綴合中的重要意義，政大中文學報，第 19 期。

李愛輝 2016　甲骨綴合方法研究，中國社會科學院歷史研究所博士後研究工作報告，合作導師：宋鎮豪。

林宏明 2003　小屯南地甲骨研究，政治大學博士學位論文，指導教師：蔡哲茂。

林宏明 2004　從一條新綴的卜辭看歷組卜辭的時代，古文字研究，第 25 輯，中華書局。

林宏明 2013　甲骨綴合的方法——推知殘辭限縮範圍的綴合，政大中文學報，第 19 期。

林宏明 2015　董作賓先生在甲骨綴合上的貢獻，古文字與古代史，第 4 輯，"中央研究院"歷史語言研究所。

林雅婷 2004　甲骨綴合研究，政治大學碩士學位論文，指導教師：蔡哲茂、林宏明。

門　藝 2008　殷墟黄組甲骨刻辭的整理與研究，鄭州大學博士學位論文，指導教師：王蘊智。

莫伯峰 2013　據甲骨碴口綴合及其驗證方式初探，政大中文學報，第 19 期。

屈萬里 1961　殷虚文字甲編考釋，"中央研究院"歷史語言研究所。

宋雅萍 2008　殷墟 YH127 坑背甲刻辭研究，政治大學中國文學系碩士學位論文，指導教師：蔡哲茂、林宏明。

宋雅萍 2014　商代背甲刻辭研究，政治大學中國文學系博士學位論文，指導教師：蔡哲茂。

童恩正　張陞楷　陳景春 1977　關於使用電子計算機綴合商代卜甲碎片的初步報告，考古，第 3 期。

王國維 1917　戩壽堂所藏殷虚文字考釋，上海倉聖明智大學。

謝湘筠 2008　殷墟第十五次發掘所得甲骨研究，政治大學中國文學系碩士學位論文，指導教師：蔡哲茂。

嚴一萍 1975　甲骨綴合新編，藝文印書館。

嚴一萍 1976　甲骨綴合新編補，藝文印書館。

曾毅公 1939　甲骨叕存，齊魯大學國學研究所。

曾毅公 1950　甲骨綴合編，修文堂書店。

張秉權 1957—1972　殷虚文字丙編，"中央研究院"歷史語言研究所。

張秉權 1956　卜龜腹甲的序數，"中央研究院"歷史語言研究所集刊，第 28 本上。

張秉權 1988　甲骨文與甲骨學，"國立"編譯館。

張惟捷 2013　殷墟 YH127 坑賓組甲骨新研，萬卷樓。

張宇衛 2013　甲骨卜辭戰争刻辭研究——以賓組、出組、歷組爲例，臺灣大學文學院中國文學研究所博士學位論文，指導教師：徐富昌。

周鴻翔（Hung-Hsiang Chou）1973　Computer Matching of Oracle Bone Fragments, Archaeology, Number 3. 陳仲玉譯，甲骨文破片的電腦拼兑法，大陸雜誌，第 47 卷第 3 分。

周忠兵 2004　《小屯南地甲骨·釋文》校訂，東北師範大學碩士學位論文，指導教師：張世超。

周忠兵 2009　卡内基博物館所藏甲骨的整理與研究，吉林大學博士學位論文，指導教師：林澐（又卡内基博物館所藏甲骨研究，上海人民出版社，2015 年）。

Paul L-M. Serruys（司禮義）

STUDIES IN THE LANGUAGE OF THE SHANG ORACLE INSCRIPTIONS

（商代甲骨文中的语言研究）

原載《通報》第 60 卷第 1—3 期（*T'oung Pao*，LX, 1-3），1974 年。

司禮義（Paul L-M. Serruys, 1912—1999）是比利時籍著名漢學家，1937 年到中國做傳教士並進修漢語，1949 年以後到加州大學伯克利分校做古代漢語研究，曾任喬治·華盛頓大學漢語教授。甲骨文論著除本文外，還有《有關商代甲骨卜辭隸定過程中的基本問題》（1982）、《關於商代卜辭的語法》（1985）等，其一生發表學術論文非常少，但他對古代漢語有非常精湛和敏銳的理解。

本文是對張聰東在 1970 年發表的《甲骨文所見商朝的祭祀：中國上古宗教之古文字學的研究》一書的書評，但基本是作者自己的研究。這篇文章至少有兩個新觀點：第一，提出貞卜命辭應該讀作陳述句，而不是問句；第二，注意到甲骨文"其"字的情態用法，發現在對貞卜辭裏"其"字都出現在占卜者不願意發生的那個句子裏。夏含夷（2014）評價這兩個看法對甲骨學是大突破，很可能是西方漢學家對甲骨文研究最重要的貢獻。

這篇文章可以分成五個部分：一、斷代和分期；二、卜辭的抄寫；三、甲骨文字的釋讀；四、甲骨文語法與句子構造；五、單字分析。

第一部分作者在對張聰東（1970）關於甲骨斷代和分期評述的基礎上，注意到人名的書寫，語言和字形特徵等因素因爲受不同祭祀系統影響，是複雜多變的，所以是否能作爲斷代依據被學者們所質疑，小的甲骨碎片不夠嚴謹的分期斷代是這些因素被質疑的主要原因。

第二部分作者對張文橫排從左到右抄寫卜辭內容的形式進行評述。注意到完整甲骨和得到綴合甲骨的重要性，"只有通過對完整甲骨片的研究才能使我們清楚卜辭應該按照什麼方向來讀，哪些句子是有聯繫的或者相應的，它們必須按照什麼順序來讀"，並以具體圖解的形式對卜辭閱讀方向和順序進行討論。最後指出了解同一字形不同變化形式的重要性。

第三部分作者指出理想的甲骨文字釋讀應該包括以下四個方面信息：（1）文字形體的含義；（2）這個字（所代表的詞）是名詞、動詞、形容詞還是副詞；（3）這個字在字形演變的歷史中處於什麼階段，後世文獻中是否還存在？是以基本不變的結構存在還是完全或部分地被新形體所代替；（4）它的讀音。據此揭示文字釋讀是張文的短板。

第四部分是文章的主體部分。張文致力於證明詞序具有一致性，但張文提出的理論出現很多反例。作者主要目的是通過如下兩方面來檢驗張文對語法的研究：（1）疑問詞隹和叀、其、乎和不；（2）否定詞不、弗、弜、勿和毋、非和未。

在疑問句部分，作者首先嘗試用甲骨文中"引導占卜程式"這一大多數用法來解釋貞，而不是用《說文》中"貞，卜問也"這一較少較晚的用法，認爲貞的詞義應爲"測試，實驗，校正，修正"，正與文獻中"正也，定也，善也，信也"常見的義項相符，從此出發來理解卜辭，指出卜辭並非問句。接下來分別討論隹和叀、其、乎和不。對於隹和叀，作者指出兩字的否定詞不同，隹的否定詞是"不隹"，叀的否定詞是"勿叀"，由此可知，"叀"有情態用法；對"其"字的討論，作者注意到"其"字的情態用法，提出在對貞卜辭裏"其"字總是出現在占卜者不願發生的句子裏；關於"乎"和"不"，作者認爲幾乎肯定不起句尾疑問虛詞的作用。

在否定詞部分，作者首先對張文"弜等於弗"的觀點進行反駁，強調"弜"在卜辭中相當於"勿"。隨後，分別對非、未、不、弗、弜、勿和毋進行討論。

認爲 炏 應釋爲"排"，不是否定詞；"未"不能表示否定完成時；"不"和"弗"字的用法不同："不"字是形容詞或者被動態動詞的否定詞，"弗"是及物動詞和行爲動詞的否定詞；"亡"與"有"相反；"弜"或"勿"表示禁止的；相比"勿"可以用於所有種類動詞包括被動和及物動詞，"毋"只在很少情況下表示禁止使用。

第五部分，作者例舉並討論了張文在文字釋讀方面有新觀點但沒有充分依據的 14 個例子。這些釋例僅僅分析了字形或上下文用法，或對讀音認識有誤，而没有考虑到它們的語法和句法功能。

　　本論文發表後，在甲骨學界引起了很大反響。關於命辭是否爲問句的問題引起了國内外學者大量討論，較重要的論文有倪德衛（1982）、高嶋謙一（1989）等；關於"其"字情態用法的進一步討論，有裘錫圭（1988）、高嶋謙一（1994）等。另外，夏含夷（2014、2018）對本論文做過很好的介紹和評論。

（崎川隆　撰）

• 參考文獻

高嶋謙一 1989　殷代貞卜言語の本質，東京大學東洋文化研究所紀要，第 110 册。

高嶋謙一 1994　商代漢語中表達情態的虛詞"其"，第一屆國際先秦漢語語法研討會論文。

倪德衛（David S. Nivison）1982　The "Question" Question，美國檀香山商代文明國際討論會會議論文。

裘錫圭 1988　關於殷墟卜辭的命辭是否問句的考察，中國語文，第 1 期。

司禮義（Paul L-M. Serruys）1982　Basic Probrems Underlying the Process of Identification of the Chinese Graphs of the Shang Oracular Inscriptions, *The Bulletine of the Institute of History and Philology*, Vol.LIII, Pt.3.

司禮義（Paul L-M. Serruys）1985　Notes on the Grammer of the Oracular Inscriptions of Shang, *Contribution to Sino-Tibetan Studies*, E.J.Brill.

夏含夷 2014　契於甲骨——西方漢學家商周甲骨文研究概要，甲骨文與殷商史，新 4 輯，上海古籍出版社。

夏含夷 2018　西觀漢記——西方漢學出土文獻研究概要，上海古籍出版社。

張聰東 1970　甲骨文所見商朝的祭祀：中國上古宗教之古文字學的研究，Otto Harrassowitz.

嚴一萍

殷虛書契前編的三種不同版本

原載《新加坡南洋大學文物彙刊》第 2 號,1976 年;收入《萍廬文集》第 1 輯,《嚴一萍先生全集·甲編》之十七,藝文印書館,1989 年。

20 世紀 80 年代以前,甲骨文的著録形式主要是拓本和摹本。由於著録理念和印刷技術的局限,以及甲骨自身碎裂等原因,同一版甲骨的圖像在不同著録書或同一著録書的不同版本中,甚至在同一版本的不同印本中,都可能存在差異。因此,在利用甲骨舊著録時,應當釐清版本關係、擇優選取圖像。

《殷虛書契前編》(或稱《殷虛書契》[①])是羅振玉編纂的第一部甲骨著録書,正式刊行的八卷本共收録拓本兩千兩百餘紙,絶大部分(或全部)拓自羅振玉自藏甲骨。[②]據《前編》八卷本自序,這批甲骨在羅振玉赴日途中"展轉運輸及税吏檢察損壞者十已五六",可見書中不少拓本具有唯一性,就保存甲骨資料而言尤爲珍貴。

《前編》的版本較爲複雜,主要有以下三種:

1. 二十卷本(實際僅刊出一至三卷),1911 年《國學叢刊》一、二、三册石印本

2. 八卷本初版,1913 年珂羅版雙宣紙本,四册(較薄)

3. 八卷本再版,1932 年珂羅版桑皮紙本,四册(較厚)

---

① 《殷虛書契前編》之名已見於二十卷本(彼時羅振玉擬以拓本爲《前編》、考釋爲《後編》),八卷本版心亦作"殷虛書契前編",唯封面書籤及卷首題名作"殷虛書契"。

② 關於《前編》所收甲骨的歸屬,存在不同説法。參看張秉權(1983:52)、陳夢家(1956:653—655)。

三者收片的多寡、編排的次序、拓本的完整度及清晰度均有所不同，給引用者帶來諸多不便。由於八卷本再版時做了不少改動，卻沒有增加任何説明文字，到了20世紀70年代，《前編》的版本問題還一度引起爭議。下面把相關論著按時間列出：

　　一、明義士（1933）：《表較新舊版殷虚書契前編並記所得之新材料》

　　二、嚴一萍（1970）：《重印殷虚書契前編序》

　　三、嚴一萍（1976）：《殷虚書契前編的三種不同版本》

　　四、雷焕章（1977/1979）：The Two Editions of the Quian-bian/《前編的兩種版本》（蔡哲茂譯）

　　五、嚴一萍（1980）：《甲骨是非偶記》之（二）

　　六、張秉權（1983）：《記先師董作賓先生手批殷虚書契前編——附論前編的幾種版本》

　　明義士（1933）發表於《前編》八卷本再版後不久，此文説明了再版在用紙、裝幀上的變化，指出其最大的優點——恢復了初版中許多拓本被剪去的邊緣，又對兩版編排上的差異做了詳細的羅列（包括再版對初版中倒置片、自重片的修正及丢失 2·36·6 一片等），還指出了八卷本將二十卷本 1·22·3 誤析爲二的情況。可以説，《前編》各版本間主要的差別，明義士（1933）基本都提到了。

　　20世紀70年代以後出現的爭議，主要是因嚴一萍主持重印《前編》並發表考訂文章而起。嚴先生雖然沒有注意到明義士文，但也發現了《前編》版本的差異。他先是在重印本《序》裏作了説明，後來又專門發表了一篇文章——《殷虚書契前編的三種不同版本》（嚴一萍1976）。①後者的内容可歸納爲以下幾點：

　　1.《前編》八卷本初版於民國元年壬子，即1912年，再版於1931年。

　　2. 可據序文"范恒齋"之"范"辨别【八卷本】初版或再版，初版誤作"茫"，再版作"范"。

　　3.【八卷本】再版多修剪拓本，失去了原物的邊緣。

　　4.【八卷本】再版拓本移易，使編號發生了39處變化。

　　5.《國學叢刊》共出兩册便停刊，故《前編》二十卷本只印了兩卷。

---

①　以上二文又整合爲嚴一萍《甲骨學》之一節，藝文印書館，1980年，第297—315頁。

6. 二十卷本一、二卷中有 7 片不見於八卷本，列出摹本並作考釋。

7. 二十卷本 2·26·3 不見於八卷本，而見於《後編》上 2·9。

8. 二十卷本拓本較完好，八卷本往往剪損，其中二十卷本 1·22·3 被誤析爲兩版。

遺憾的是，嚴先生顛倒了八卷本的初版與再版，又遺漏了二十卷本的第三卷，所述 1—7 點都有明顯的錯誤。嚴一萍（1976）發表後，很快就有雷煥章（1977）提出批評（蔡哲茂譯後又有所補充），嚴一萍（1980）做回應後，張秉權（1983）又詳加考訂，總結平議。下面便綜合以上諸文，對嚴一萍（1976）的各點內容分別做一補正。

4. 《前編》八卷本再版因删除初版重片、丟失 2·36·6 等原因，拓本編號發生了變化（共 49 處，明義士、嚴一萍所列均不全）。羅振玉《殷虛書契考釋》、葉玉森《殷虛書契前編集釋》作於《前編》再版之前，二書引用《前編》編號均應屬初版。對照可知，嚴一萍（1976）所謂再版（即"范字本"）實爲初版。

3. 八卷本再版較初版更多保存了拓本的邊緣（並非完全未修剪），是重新用原拓或拓本照片排印的（圖一）。對照兩版，可見拓本黏貼位置、清晰度均有所不同，並非源自同一底本。嚴一萍（1980：151）提出"初印時拓本沒有剪削，再版時將拓本加以剪削，這是最容易的事"，這一判斷依據對《前編》而言是不適用的。

關於《前編》中的日本聽冰閣藏甲骨，張秉權（1983：52）指出其早年可能爲羅振玉所藏，故未必如嚴一萍（1980：151）所說，再版時已無拓本可用。

2. 八卷本《序》"范恒齋"之"范"無誤者當爲初版，誤作"茫"者則爲再版（圖二），嚴一萍（1976）等因估人誤說而致顛倒。因"茫字本"拓本較完整，錯誤亦較少，1979 年臺北藝文印書館重印本、1993 年天津市古籍書店重印本、2015 年中華書局《殷虛書契五種》本等均以"茫字本"爲底本。利用時，應注意其中 1·41·7、1·52·4、2·36·6 等片存在的問題（參看張秉權 1983：51）。

1. 《前編》八卷本初版於 1913 年 2 月以後（其《序》作於"壬子十二月二十六日"，已是 1913 年 2 月 1 日），再版或在 1932 年夏秋之際，《甲骨年表》等有記載。嚴一萍（1976）均誤（參看張秉權 1983：48—49）。

5. 《國學叢刊》於 1911 年共出版三册，分别刊出《前編》二十卷本第一至三卷。嚴一萍（1976）等誤以爲僅出兩册。

6. 嚴一萍（1976）所謂見於二十卷本而不見於八卷本的 7 片中，有 2 片號碼錯誤（2・13・2 誤作 1・13・3、1・31・3 誤作 2・13・2），有 2 片實際見於八卷本（2・6・2 見八卷本 5・4・5、2・13・2 見八卷本 5・48・1）。此外，二十卷本第三卷另有兩片不見於八卷本，分別爲 3・1・2、3・3・1。

7. 二十卷本 2・26・3 見於《後編》上 2・8，而非 2・9。

如今看來，《前編》八卷本前後兩版的變化，可能正體現了 20 世紀前 30 年甲骨著錄理念的進步。早年的研究者較多關注文字，甲骨拓本也常有僅拓文字部分或剪去邊緣的現象。羅振玉首次刊印《前編》時，可能也沒有注意這類問題。隨著甲骨學研究的深入，尤其是王國維先生於 1917 年完成其第一組綴合後，學界顯然會認識到完整拓本的重要性。到了 1932 年重印《前編》時，恢復此前剪裁失去的邊緣及空白，正符合甲骨學史的演進邏輯。如果顛倒過來，初印時不剪而重印時剪，反倒令人難以理解了。

（葛　亮　撰）

• 參考文獻

陳夢家 1956　殷虛卜辭綜述，科學出版社。

雷煥章 1977/1979　The Two Editions of the Quian-bian, *Early China* 3（古代中國，第 3 卷）/前編的兩種版本（蔡哲茂中譯），大陸雜誌，第 58 卷第 1 期。

明義士 1933　表校新舊版《殷虛書契前編》並記所得之新材料，齊大季刊，第 2 期（收入甲骨文獻集成，第 19 册）。

嚴一萍 1970　重印殷虛書契前編序，殷虛書契前編重印本，臺北藝文印書館（又刊中國文字，第 37 册，臺灣大學中文系，1970 年；收入萍廬文集，第 3 輯，臺北藝文印書館，1989 年；又收入甲骨文獻集成，第 40 册）。

嚴一萍 1980　甲骨是非偶記，中國文字，新 1 期，香港藝文印書館（收入萍廬文集，第 2 輯，臺北藝文印書館，1989 年）。

張秉權 1983　記先師董作賓先生手批殷虛書契前編——附論前編的幾種版本，"中央研究院"歷史語言研究所集刊，第 54 本第 2 分（收入甲骨文獻集成，第 34 册）。

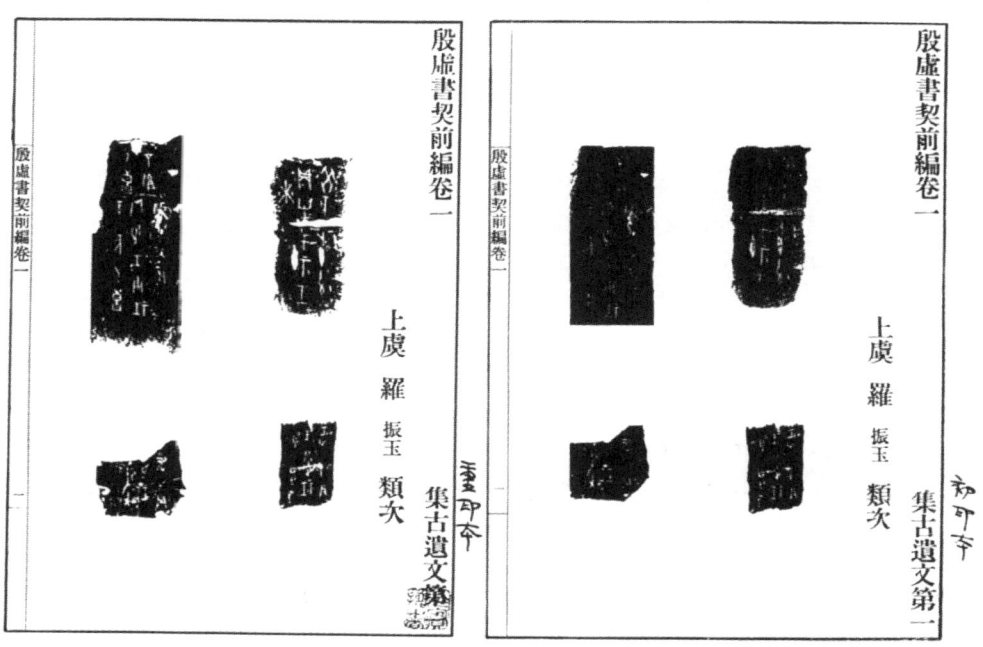

圖一 《前編》八卷本拓本對比(張秉權 1983:60)

考釋不尤急歟因遺山左及廠肆估人至中州猝吾力
以搆之一歲所獲殆逾萬意不自歉復命家弟子敬振常
婦弟茫恆齋兆昌至洹陽采掘之所得則又再倍焉
寒夜擁爐手加氈墨擬先編墨本爲殷虛書契前編考
釋爲後編並謀投刻去官買地洹陽終我天年以竟此
志乃逾年冬而國難作避地浮海將辛苦縈蓄之三千
年骨與甲者鄭重載入行笈而展轉運輸及稅吏檢察
損壞者十已五六幸其尤殊者墨本尚存乃以一歲之
力編爲前編八卷付工精印其未及施墨者異日當輯
爲續編而後編亦將次寫定嗚呼喪亂以來忽已匝歲
神州荒翳文獻蕩然天旣出神物於斯文垂喪之時而

殷虛書契前編序 二

重印本

考釋不尤急歟因遺山左及廠肆估人至中州猝吾力
以搆之一歲所獲殆逾萬意不自欿復命家弟子敬振常
婦弟范恆齋兆昌至洹陽采掘之所得則又再倍焉
寒夜擁爐手加氈墨擬先編墨本爲殷虛書契前編考
釋爲後編並謀投刻去官買地洹陽終我天年以竟此
志乃逾年冬而國難作避地浮海將辛苦縈蓄之三千
年骨與甲者鄭重載入行笈而展轉運輸及稅吏檢察
損壞者十已五六幸其尤殊者墨本尚存乃以一歲之
力編爲前編八卷付工精印其未及施墨者異日當輯
爲續編而後編亦將次寫定嗚呼喪亂以來忽已匝歲
神州荒翳文獻蕩然天旣出神物於斯文垂喪之時而

殷虛書契前編序 二

初印本

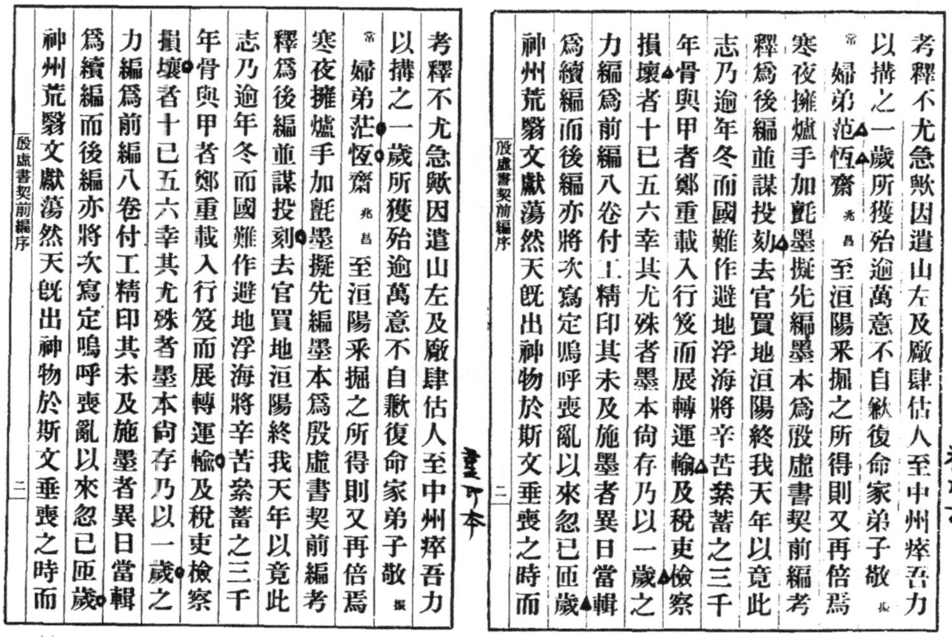

圖二 《前編》八卷本《序》“范”、“茫”等字之別(張秉權 1983:58)

于豪亮

説引字

原題《説"引"字》，載《考古》1977年第5期；收入《于豪亮學術文存》（篇題略去引號），中華書局，1985年；又收入《于豪亮學術論集》，上海古籍出版社，2015年。

甲骨金文中常見的作⟨、⟩等形之字（《甲骨文字編》951—952、1456—1457頁，《新甲骨文編[增訂本]》737—738頁，《新金文編》1778—1779頁），舊多釋爲"弘"。于豪亮先生《説"引"字》一文（以下簡稱"于文"），根據雲夢睡虎地秦簡和馬王堆帛書"引"字的寫法，如⟨（《秦律雜抄》8）、⟩（帛書《周易·萃》）、⟩（《經法》）、⟩（《導引圖》）等，將其改釋爲"引"。就字形而言，簡帛文字諸形與甲骨金文之形"寫法大體相同"而只是"稍有變化而已"。就用法而言，有關辭例釋爲"引"多極爲通順。尤其是殷墟卜辭常見的占辭"引吉"，如釋"弘吉"則與同樣多見的"大吉""含義完全相同"，難以理解二者的區别所在；改釋爲"引"訓爲"長"，則"長吉"與"大吉"義各有當，就很好理解了。而且，《周易》占辭同樣也是既有"引吉"又有"大吉"，但没有"弘吉"，與殷墟卜辭一脈相承，可謂若合符節。因此，此説迅速即被絶大多數學者視爲定論。

應該説，甲骨金文"引"字與秦漢文字"引"字，在形體上的聯繫還是很明顯的。前人未能正確釋讀，大概主要係因《説文》"引"字篆文作"从弓丨"之引形，在見到秦漢出土文字資料之前，不大容易想到它跟甲骨金文之形的聯繫①，反而容易覺得甲骨金文之形更近於《説文》作弘的"弘"形（同時，亦因當時真

---

① 如唐蘭先生甚至還曾據《説文》而釋甲骨、金文"弓"字異體⟩形爲"引"，謂其字"從弓從丨"。見《古文字學導論》，收入《唐蘭全集（五）》，上海古籍出版社，2015年，第189、207—208頁。

正的"弘"形古文字中又尚未出現[參後])。不過，宋人也已有正確釋出者。《考古圖釋文》已將樂引徒卣 ᠀ 和秦鐘 ᠀ 兩例收在上聲準部"引"字下了①，但長期不被研究者注意和重視（于文亦未引及）。

于文發表後，張忠松（1981）曾對釋"引"在字形上提出質疑，對此可參看李零（1983/2015）的補充說明（但其説又將"引"與"又"牽連爲説，此則恐不可信）。趙誠（2002/2011、2014）不斷堅持部分字形與"引"可區分、應釋"弘"之説（又參林宏佳 2008），恐無道理。有關字形的演變過程、諸家説的列舉分析等，可參看較晚出的鄭邦宏、喻遂生（2016）的詳細討論。字形上也有可於此略作補充説明者。姚孝遂（1996：2612）曾謂"《説文》訓'引'爲'開弓'。弓弦已弛，無從開弓，釋'引'似有未安"，又謂"'弓'作᠀者，象張弦形，其作᠀者，上象弓體，下象弦弛而下垂。弦之或弛或張均爲'弓'"。按此實有誤解。᠀類形即後世"弓"字形的直接來源，它並非"弛弓"之形而係"張弦之弓"即᠀類形的省體（省去弦形）。這類弓形，即研究者所謂"雙反曲弓"（區別於如"射"字異體 ᠀[《銘圖》3728 簋]等所從之所謂"長直弓"），它在未上弦之前或者説弛弦之後，應該是作᠀類形的（《録遺》707 殷代弓觚；按此類形釋"弓"亦未必是᠀；"弓柲"義之"柲"字的初文"弜"作᠀類形，即象弓柲包於"弛弦之弓"之外形，其形與᠀同，皆係無弦之弓形或者説弛弦之弓形的寫實。這兩類字形有嚴格區別，簡而言之，以᠀、᠀爲例，將弓弣/弝部位縱向連綫，᠀之主體部分在其左側，乃"弛弓"或"弓檠/柲"之象；᠀之主體部分則在其右側，已是將其"雙反曲"而上弦之"弓"之象（此類形如"弛弦"，則其弓體必"弨"而"反"矣）。由此又可以知道，"引"字之形 ᠀ 實應理解爲，其原始形本應作在"張弦之弓"᠀形的"弦"形中間加一筆以表示"引弓"即"拉開弓弦"之義，但由於"弓"字常形多省去"弦"形，這一筆遂變爲好像本位於弓體的"弣/弝"部位，故造成如趙誠（2002/2011、2014）那樣的理解上的種種糾葛。

于文對金文"引"字有些辭例的解釋，是有問題的。李零（1983/2015）認爲毛公鼎"引唯乃智（知）"、"引其唯王智（知）"兩例，"引"字應訓讀爲"矧"

---

① （宋）吕大臨、趙九成：《考古圖·續考古圖·考古圖釋文》，中華書局，1987年，第280頁。同時，該書正文卷四"樂司徒從卣"釋文仍作"弘"（第87頁），卷七"秦銘勳鐘"釋文則作"絃"（第134頁），可見其看法亦游移不定。另據容庚先生考證，《考古圖釋文》作於宋元祐中，作者不詳，但應非趙九成，見容庚：《考古圖釋文述評》，《考古圖·續考古圖·考古圖釋文》，第269—270頁。

的虛詞"矤"。裘錫圭（1988/2012）有進一步補充論述，認爲毛公旅鼎"引"字亦應讀爲"矤"；這些"矤"字意義近於"亦"或"又"。毛公旅鼎"其用友，亦矤唯孝"，"'亦矤'連言，使進一層説的語氣加强"，全句"意謂用所作之鼎行孝友之道"。毛公鼎兩例當分别斷讀爲"矤唯乃知余非，庸有聞"、"無唯正聞，矤其唯王知"，後者"'矤其唯王知'當是反詰句，意謂連正長都不知道，王還能知道嗎"，前者即"又唯/亦唯乃知余非，（余）庸有聞知"一類義。

于文末所謂金文釋爲"䩕"讀爲"弘"的"㠯"字，現在研究者多主張釋爲"韔"。①金文中真正的"弘"見於李零（1983/2015）所舉後出史牆盤（《集成》10175）的"宖（弘）"所從，"弓"旁右部是"圈形"，後演變爲"厶"形，與"引"確判然有别；又近年新發表的上海博物館藏伯弘父盨"弘"字作（蓋）、（器）②，亦其例。

（陳　劍　撰）

• 參考文獻

李　零　1983　爲《説"引"字》釋疑，古文字論集（一）·考古與文物叢刊第 2 號（收入待兔軒文存·説文卷，廣西師範大學出版社，2015 年）。

林宏佳　2008　爲"弘"字覆議，臺大中文學報，第 28 期。

裘錫圭　1988　説金文"引"字的虛詞用法，古漢語研究，第 1 期（收入裘錫圭學術文集·金文及其他古文字卷，復旦大學出版社，2012 年）。

姚孝遂　1996　于省吾主編，姚孝遂按語編撰，甲骨文字詁林，中華書局。

張忠松　1981　《説"引"字》質疑，考古，第 6 期。

趙　誠　2002　甲骨文的弘和引，古文字研究，第 23 輯，中華書局（收入探索集，中華書局，2011 年）。

趙　誠　2014　兩周金文中的"弘"和"引"，古文字研究，第 30 輯，中華書局。

鄭邦宏　喻遂生　2016　古文字中的形近字"引""弘"與古文獻校訂，古籍整理研究學刊，第 1 期。

---

① 諸家説比較詳細的引述，可參見蘇建洲：《〈葛陵楚簡〉甲三 324"函"字考釋》，復旦大學出土文獻與古文字研究中心編：《出土文獻與古文字研究》第四輯，上海古籍出版社，2011 年，第 189 頁。收入同作者《楚文字論集》，萬卷樓圖書股份有限公司，2011 年，第 266 頁。

② 胡嘉麟：《上海博物館藏伯弘父盨札記》，《中原文物》2016 年第 4 期。

David S. Nivison(倪德衛)

THE PRONOMINAL USE OF THE VERB YU (GIǓG: 止, 氵, 㞢, 有) IN EARLY ARCHAIC CHINESE(動詞"止、氵、㞢、有"在早期古漢語中的代詞性用法)

原載《古代中國》第 3 期,1977 年。

在夏含夷《西觀漢記——西方漢學出土文獻研究概要》中,其題名譯作《早期古漢語動詞"止"、"又"、"㞢"、"有"之代詞用法》。本提要採用的譯題出自《甲骨學一百年》第七章第四節"甲骨文文法與語法"中的論作列表。

美国著名漢學家倪德衛(David S. Nivison,1923—2014)擅長運用哲學的細密思考和對文獻的精細分析,深入研究中國古代思想史和西周系年等問題。他的研究範圍十分廣泛,包括甲骨方面:利用甲骨材料研究語言學,代表作有《回答高嶋謙一:有關商代漢語"其"字作爲代詞的新推測》(1996)、《動詞"止、又、有"在早期古漢語中的代詞性用法》(1977)等;利用甲骨材料研究思想史,代表作有《甲骨文的王"德"》(1978—1979)等。自 20 世紀 70 年代末始,他將重點轉向有關西周年代學、西周史以及《竹書紀年》真僞問題的研究,代表作有《1040 作爲武王伐紂之年》(1982)和《西周的年代》(1983)等,後連同其他一系列重要論文收入《〈竹書紀年〉解謎》(2009)一書。

本論文從先秦文獻所見"有"字的用法問題入手,結合甲骨、金文材料,對古漢語中出現的"止、又、㞢、有"等代詞展開深入討論。在先秦典籍中,"有"作及物動詞,常表示擁有、存在兩種基本義項。但學者對於"有"在"有＋N"(即"有"和專有名詞或普通名詞構成的短語)這一句法結構中的含義及語法功能的認識存在分歧：一種説法的代表人物有劉淇、詹姆斯・理雅各（James Legge）、高本漢（Bernhard Karlgren）和杜百勝（Harvey Dobson）等，他們將古國名、族名前的"有"當動詞解，如"有殷"、"有邦"、"有虞"，其中的"有"與"無"相對，表示擁有、統有之意。另一種説法的代表人物有王引之、裴學海、楊樹達，他們將"有"理解爲無意義的語助詞。

以往學者如貝塚茂樹、陳夢家、吴其昌、高嶋謙一、島邦男和嚴一萍等曾留意到"屮"（即"有"）在商代甲骨材料中作代詞的語法現象，並試圖分析、總結其特徵，但都無法作出統一的解釋。在此基礎上，作者對於商代甲骨材料和《尚書》等先秦文獻中"屮/又（有）+N"句式的語義環境和語法功能做了較深入的論析。

作者引用《殷虛文字丙編》182、183 中的 2 條腹甲刻辭：（1）"壬辰卜，㱿貞：呼子窐禦屮母于父乙"，（7）"乙巳卜，㱿貞：呼子窐屮于屮祖宰"，並根據卜辭中屮母、屮祖的親屬稱謂，初步判斷"屮"在卜辭中爲人稱代詞。後以 183（4）刻辭"王其屮用入㞢"和《尚書・多方》"我惟大降爾命"（38.3）和"乃有不用我降爾命，我乃其大罰殛之"（38.23）爲例，初步歸納習見於早期漢語語料中的三種句法結構，即 C1：V（b）+V（a）；C2：V+N；C3：V（c）+V（b）+V（a）和 V（c）+V（b）+N。由此分析甲骨刻辭和銅器銘文中"屮/又（有）+V"句式（如有求、有指）與 C1 句式相符，可作"有所+V"結構理解；"卭屮母"可依據 C2—3 理解，即卭（其）所屮之母。後作者分類列舉了"屮/又（有）+N"句式中的"屮/又（有）"作代詞所指稱的内容，通過全面考察該句式所處的語義環境，進而提出了"A+屮+B"的句式，並發現 A 和 B 的不同語義關係制約著"屮"的用法和意義。

最後，作者談及"屮/又（有）+N"句法結構的歷時演變，輔之以《尚書・皋陶謨》、《益稷》和《多方》中的用例，進一步驗證了他提出的假説，即"屮/又（有）+N"中的"屮/又（有）"爲表特指的指示代詞。

（崎川隆　撰）

• 參考文獻

高嶋謙一（Takashima, Ken-ichi） 1978　Decipherment of the Word Yu 屮，又，有 in the

Shang Oracle Bone Inscriptions and in Pre-Classical Chinese, *Early China 4*.

高嶋謙一（Takashima, Ken-ichi）1980　The Early Archaic Chinese Word yu 有 in the Shang Oracle-Bone Inscriptions: Word-Family, Etymology, Grammar, Semantics and Sacrifice, *Cahiers de linguistique Asie orientale 8*, pp.81-112.

黄奇逸 1981　古國、族名前的"有"字新解，中國語文，第 1 期。

倪德衛（David S. Nivison）1982　1040 as the Date of the Chou Conquest, *Early China*, Vol.8, pp.76-78.

倪德衛（David S. Nivison）1983　The Date of Western Chou, *Harvard Journal of Asiatic Studies*, 43.2, pp.481-580.

倪德衛（David S. Nivison）2009　*The Riddle of the Bamboo Annals*, Airiti Press；中譯版 2015《竹書紀年》解謎，上海古籍出版社。

夏含夷 2018　西觀漢記——西方漢學出土文獻研究概要，上海古籍出版社。

張玉金 1994　甲骨文虛詞詞典，中華書局。

中國社會科學院語言研究所古代漢語研究室 1999　古代漢語虛詞詞典，商務印書館。

李學勤

殷墟甲骨兩系說與歷組卜辭

原收入《李學勤集》,黑龍江教育出版社,1989年;又收入《當代學者自選文庫·李學勤卷》,安徽教育出版社,1999年。

如果要凝練李學勤先生在甲骨斷代方面的成就,"歷組卜辭提前説"和"殷墟甲骨兩系説"無疑是最爲重要的兩個方面。而本次選入的《殷墟甲骨兩系説與歷組卜辭》,將兩者全部包括進來,確實能夠代表李先生甲骨斷代上的成績。想來李先生本人對這樣的處理也會比較滿意。

大家知道,《殷墟甲骨兩系説與歷組卜辭》來源於兩篇各自獨立的論文,一篇是《殷墟甲骨分期的兩系説》,另一篇是《論小屯南地出土的一版特殊胛骨》。兩者都是李先生提交給1986年在山東長島召開的中國古文字研究會第六屆學術年會作爲會議論文的。前者本來是一篇摘要,後來經過增補改寫,發表在《古文字研究》第十八輯上(中華書局,1992年);後者則單獨發表在《上海博物館集刊》第四期(上海古籍出版社,1987年)。李先生有感於歷組卜辭時代的提前與殷墟甲骨兩系説的密切關係,將兩篇文章做了適當的删減,整合爲一處,題目也相應地改作《殷墟甲骨兩系説與歷組卜辭》。這篇論文先是收入1989年黑龍江教育出版社出版的《李學勤集》,後又收入1999年安徽教育出版社策劃的《當代學者自選文庫·李學勤卷》第83—89頁。前後兩次收入文集,也可以看出李先生對這篇文章的重視。

爲了眉目分明,下面就先簡單交代一下歷組卜辭的時代問題,然後再談李先生的殷墟甲骨兩系説。

(一)歷組卜辭時代提前的學術背景

自從董作賓把出土於YH127坑賓組以外的其他類型的甲骨歸入第四期後,

第四期武乙、文丁卜辭的種類就比較豐富了。一部分是不記貞人名、現在我們稱作歷組、無名組卜辭，另一部分是陳夢家定名爲師組、午組、子組以及附屬卜辭。關於後者，陳夢家（1956：145—167）已經正確地把時期斷在武丁時代，但舊説影響太大，並没有立即被學界接受。到了 60 年代，發生了兩件事情，使得李學勤先生對董氏第四期的内涵發生了懷疑，轉而支持陳夢家。一件事是姚孝遂先生在《吉林大學社會科學學報》上發表了一版奇怪的卜骨，上面刻寫的文字類型並不一致。上部文字屬於武丁時代的卜辭，下部則是屬於文武丁時代的子組干支表。這件卜骨説明，過去劃定爲文武丁時代的子組卜辭，其時代很可能也是武丁時期的。另一件事是 1964 年鄒衡先生在《北京大學學報》連載了《試論殷墟文化分期》一文（《北京大學學報》1964 年第 4、5 期）。該文從"有分期意義的陶器和銅器的形制類型入手，再結合部分單位的層位關係和器物共生關係，分别確定遺址和墓葬的初步分期；然後綜合各期遺跡和遺物的特徵，再對殷墟文化各期内涵作較全面地對比研究"。通過研究，鄒文指出，出土於 YH006、YH005、YM331 等坑的師組、子組等卜辭，以及跟賓組伴出的 YE16 中的師組卜辭，只能屬於殷墟文化二期，相當於武丁、祖庚、祖甲時期。前後兩件事提出的證據都指向同一個事實，即被董氏劃定在第四期的所謂文武丁卜辭，其時代應該提前至武丁時期，跟陳夢家先前研究的結論完全相同。這就促使李先生思考，既然第四期的師組、午組、子組以及附屬卜辭時代必須提前，那麽，同樣屬於第四期不記貞人名的"歷組卜辭"時代是否也應該提前呢？ 李先生想起 50 年代曾經在曾毅公住處抄寫過的明義士《殷虛卜辭後編·序》的中文翻譯稿。在那篇序言中，明義士也是把有父乙父丁稱謂、今天稱作"歷組"的甲骨排在早期的，對應的時代也是武丁、祖庚時期。李先生綜合這些事件，在那時已經覺察到"只有把歷組卜辭也上移到早期，才能解决'文武丁卜辭'的難題"[1]。然而接踵而至的"文化大革命"運動，使得李先生無暇顧及這些學術思考。

1976 年春，中國社會科學院考古研究所安陽工作隊在殷墟遺址的小屯西北發掘了五號墓，現在都稱作婦好墓。雖然墓葬規模不是很大，但未經盗擾，墓主和墓葬年代比較清楚，出土器物豐富，組合完整，"對於研究殷代的歷史，尤其是武丁時期的政治、經濟、手工業、文化藝術與方國或族的關係，以及殷代青銅器

---

[1] 參看李學勤：《我和殷墟甲骨分期》，張世林主編：《學林春秋》三編上册，朝華出版社，1999 年，第 234—240 頁。

斷代、殷墟佈局等問題都有重要價值"①。對如此重要的大墓進行斷代是考古工作者首先要做的工作。1977年7月中國社會科學院考古研究所和中國歷史博物館專門召開了婦好墓座談會，邀請當時國內頂尖的考古學家、歷史學家、古文字學家、文物修復和鑑定專家等數十人，就婦好墓的時代問題向諸位與會專家徵求意見。這些意見彙總成《安陽殷墟五號墓座談紀要》一文，刊登在《考古》1977年第5期。出席座談會的學者在五號墓的墓主問題上意見比較一致，都認定墓主就是甲骨文中赫赫有名的"婦好"，死後稱"司母辛"或"妣辛"。真正成問題的是，婦好生活在哪個時代。因爲按照董作賓首創的甲骨"五期説"，第一期和第四期都有叫婦好的人，分別是商王武丁、康丁的配偶。正是因爲這樣，學界在婦好墓的時代問題上產生了重大分歧。一部分學者從同出器物（主要是青銅器、陶器）的形制、花紋等特徵出發，跟具有相同或相似特徵的墓葬遺存比較，得出婦好墓遺存具有殷墟文化早期特徵的結論，自然以武丁的配偶當之，如此斷定婦好墓的時代當爲武丁時期。持這種觀點的學者以鄭振香、胡厚宣、唐蘭、王宇信、李學勤、杜廼松、王世民等先生爲代表。另一部分學者以同出古文字資料爲著眼點，並輔以甲骨卜辭作內證，認爲這個婦好也可能是康丁的配偶，從而推定墓葬年代爲武乙時期。此説以裘錫圭先生等爲代表（裘先生後來放棄此説），後來李伯謙先生還從婦好墓所出青銅禮器具有殷墟晚期特徵這個維度，撰寫專文呼應裘説。

婦好墓年代的爭論，已經超出了考古學的範疇，實質乃甲骨分期上的分歧，即第四期卜辭（現在叫"歷組卜辭"）本身的時代問題。假如五號墓（婦好墓）出土的青銅器上沒有"婦好"、"司母辛"等銘文，那麼，五號墓的時代就只能以考古學的方法來確定。鄭振香、陳志達兩位先生早就根據五號墓出土遺物的特徵跟其他殷墟遺存作了很好的比較，指出五號墓應該屬於殷墟第一、二期，約略相當於武丁前後。再假如第四期卜辭中不見婦好這個人，也就不存在上面的爭論。這也就是説，解決婦好墓的年代問題，必須同時把第四期甲骨卜辭的時代問題解決好，使得婦好墓反映出來的殷墟早期特徵跟第四期甲骨卜辭本身的時代相協調。這在當時確實是一個非常棘手的問題。

在這樣的學術背景下，李先生重新整理60年代對歷組卜辭時代思考的結果，以本次婦好墓時代討論爲契機，撰寫《論"婦好"墓的年代及有關問題》這

---

① 中國社會科學院考古研究所編著：《殷墟婦好墓》，文物出版社，1980年，第3頁。

篇名文，發表在 1977 年的《考古》雜誌上。① 此文的最大貢獻不在於解決了婦好墓的絕對年代問題，而是把歷組卜辭時代提前，提出歷組卜辭是武丁晚年到祖庚時期的卜辭的著名論斷。在這篇論文中，李先生從字體、卜辭文例、人名、占卜事項、稱謂五個方面舉出不少歷組卜辭時代當爲早期的證據。之後，李先生本人先後又撰寫了不少論文，陸續又舉出不少歷組卜辭時代提前的絶好證據。比如 1981 年發表《小屯南地甲骨與甲骨分期》一文，舉出三個方面的强證。第一個是《屯南》4015"自祖乙告，祖丁、小乙、父丁"。這是典型的"父丁類"歷組卜辭，李先生説："祖丁、小乙和武丁是相連續的三世，父丁是誰，尤爲明顯。"第二個證據是《屯南》2342，其辭曰："□丑貞：王祝伊尹，取白魚伐，告于父丁、小乙、祖丁、羌甲、祖辛。"跟這條卜辭可以合觀的是《粹編》250："己丑卜，大貞：于五示告：丁、祖乙、祖丁、羌甲、祖辛。"兩相對比，後者"祖乙"、"丁"就是前者的"小乙"、"父丁"，而後者是出組卜辭，時代屬於祖庚、祖甲時期，那麽，跟它屬於同時所卜的《屯南》2342 的"父丁"當然就是武丁無疑了。第三個證據是《屯南》2384。上部是出組特有的"卜王卜辭"，下部是歷組卜辭，這是一版"出組、歷組同時並存的例證"②。李先生舉出的這三個證據都比較有力。1987 年，李先生又在《論小屯南地出土的一版特殊胛骨》中舉出八例不同類型的卜辭共見一版的情況，其中包括歷組卜辭跟師歷間類、賓組共版的例子，這都是"歷組卜辭應提早到武丁晚年至祖庚時的有力證據"③。 1999 年，李先生發表《〈合集〉32921 和甲骨分期》，又舉出一例歷組卜辭跟出組卜辭共版的例證。④ 可見李先生一直都在關注歷組卜辭的時代問題，不斷豐富自己論斷的證據。

（二）歷組卜辭時代提前的學界反響

李先生提出歷組卜辭時代提前不久，裘錫圭先生就發表長篇論文《論"歷組卜辭"的時代》，支持並且發展了李説。該文從文例、字體、用字習慣、坑位、考古學地層五個方面對"歷組卜辭爲武乙、文丁時期説"予以反駁，然後從親屬稱

---

① 後來這篇論文收入論文集《新出青銅器研究》，文物出版社，1990 年，第 18—25 頁。
② 李學勤：《小屯南地甲骨與甲骨分期》，《文物》1981 年第 5 期，第 29 頁。
③ 李學勤：《論小屯南地出土的一版特殊胛骨》，《上海博物館集刊》第四期，上海古籍出版社，1987 年。
④ 李學勤：《〈合集〉32921 和甲骨分期》，《殷都學刊》1999 年第 1 期，第 9—10 頁。

謂、人名和占卜事項三個方面舉出大量證據詳加論證，最後得出跟李先生相同的結論，裘先生説：

> 從前面討論過的各方面的情况來看，完全可以肯定歷組卜辭跟賓組和出組早期卜辭是同時代的。也就是説，歷組卜辭應該屬於武丁、祖庚時期。這種卜辭裏的父乙是武丁對小乙的稱呼，父丁是祖庚對武丁的稱呼。①

由於《論"歷組卜辭"的時代》所舉例証豐富，論証嚴密，所以得到多數學者的認同。李先登（1982），彭裕商（1983），林澐（1984），黄天樹（1991），李學勤、彭裕商（1996），林澐（2013）等都陸續撰文，或從新的角度印證李説，或舉出新的證據，對李説進行補正。當然，也有少數學者反對將歷組卜辭提前，其中當以"肖楠"（這是小屯發掘、整理者劉一曼、温明榮、曹定雲、郭振禄四位先生的筆名）最有代表性。肖楠先後發表《論武乙、文丁卜辭》（1980）、《再論武乙、文丁卜辭》（1984）對李説提出質疑。同期以及稍後的張永山、羅琨（1980），謝濟（1982），陳煒湛（1985），方述鑫（1992），林小安（2000）等學者也維護歷組卜辭晚期説。最近劉一曼、曹定雲又發表《三論武乙、文丁卜辭》（2011，以下簡稱"《三論》"）、《四論武乙、文丁卜辭——無名組與歷組卜辭早晚關係》（2019），提供了一些地層證據，仍然堅持晚期説。看來，關於歷組卜辭時代的討論，似乎還没有達成完全一致的意見，這對歷組卜辭材料的整理和使用都是極爲不利的。有鑒於此，林澐（2013）發表了《評〈三論武乙、文丁卜辭〉》一文，從各個角度論證把歷組卜辭放在武乙、文丁時期是不合適的，尤其從《三論》立論的主要根據——地層關係方面，詳細剖析他們使用的地層證據本身是有問題的，甚至研究方法都不科學。林文主要指出如下四點：

第一，既然《三論》作者同意把"自歷間組"改定在第一期，也認爲"無名黃間二類"屬於第五期的帝乙卜辭，則"無名組—歷組"的發展序列不合邏輯。

第二，《三論》作者堅持把歷組二類字體中所見的"小乙、父丁"相連受祭，理解爲相隔四王的小乙和康丁，即使把"三祖"説成是祖己、祖庚、祖甲，仍然無法解釋缺失武丁的疑團。

第三，《三論》堅持的地層證據不足爲據。

第四，《三論》未認識到類型學方法的核心不是分類，而是排隊。類型學並非

---

① 裘錫圭：《論"歷組卜辭"的時代》，《古文字研究》第六輯，中華書局，1981年，第290—291頁。後收入《裘錫圭學術文集·甲骨文卷》，復旦大學出版社，2012年，第92—139頁。

建立在地層學之上的方法，而是一種獨立的研究相對年代的方法。檢驗各種字體類型所排成的隊是否正確，並不是非靠地層學不可。

林文剖析深刻，切中要害，可以視爲一篇對歷組卜辭的時代做徹底總結清算的文章。我想那些反對歷組卜辭提前的諸位先生，如果不抱任何成見，仔細閱讀林文，或許會贊成歷組卜辭時代提前的看法。即便還是有不同意見也沒有關係，因爲關於歷組卜辭時代提前的證據已經足夠，歷組卜辭時代的討論可以休矣。

（三）殷墟甲骨"兩系説"

如果歷組卜辭時代提前的論斷可以成立，就要對過去的殷墟甲骨分期做比較大的調整，同時，也要對全部甲骨卜辭的分類與斷代體系做出重新的建構和解釋。這又是一個擺在甲骨學者面前的難題。

"同一王世不見得只有一類卜辭，同一類卜辭也不見得屬於一個王世。"①這是李先生在 50 年代提出來的看法。在這種想法的指引下，李先生經過反復思考，率先提出"殷墟甲骨兩系説"。李先生説："將殷墟甲骨看成一系，按王世來分期，出現了'復古'等現象。克服這類困難，必須徹底採取類型學的方法，並充分運用考古發掘提供坑位和層位的依據，其結果勢必放棄一系説。"②兩系説最早在 1979 年第一屆古文字學術年會提出，林澐（1984）評價其"在甲骨斷代研究史上開創了一個新的時期"。兩系説的完整的闡述則在 1981 年。李先生在《西周甲骨的幾點研究》一文中説：

　　殷墟甲骨至少有兩大系統：
　　第一系統：賓組、出組、何組、黄組。
　　第二系統：𠂤組、歷組、無名組。
　　前一系統龜骨並用，後一系統由並用發展到專用胛骨，是最顯著的區別。③

1983 年，李先生又在爲王宇信《西周甲骨探論》所作的序言中重提"兩系説"，且做了稍微詳盡的解説："如果從實物的考察出發，不難看出，殷墟甲骨可以分劃成兩大系統：一個系統，用我們的分組説法，是由賓組發展到出組、何組、黄組；另一個系統，是由𠂤組發展到歷組、無名組。兩個系統間有一定的互

---

① 李學勤：《評陳夢家殷虛卜辭綜述》，《考古學報》1957 年第 3 期，第 124 頁。
② 李學勤：《殷墟甲骨兩系説與歷組卜辭》，《當代學者自選文庫・李學勤卷》，安徽教育出版社，1999 年，第 83 頁。
③ 李學勤：《西周甲骨的幾點研究》，《文物》1981 年第 9 期，第 10 頁。

相關係，但又有清楚的區別，在出土地點、甲骨質料、修治方法、鑽鑿形式、卜辭格式以至文字的風格上，都有差異。"①

由於上面兩次談及殷墟甲骨"兩系説"，都不是專門探討殷墟甲骨卜辭時代的專文，語言文字十分簡略，並没有詳細論證，因此，當時接受的學者也不是很多。1986 年，李先生有感於"兩系説"對殷墟甲骨分期的重要性，專門撰寫論文《殷墟甲骨分期的兩系説》，集中探討這個問題。在這篇論文裏，李先生詳細交代了把殷墟甲骨卜辭劃分爲兩系的理由，概括起來，大致有如下四個方面：

首先，歷組、無名組卜辭幾乎全部出土於小屯村中、村南。之前的舊著録如此，比如明義士收購張學獻菜園中的整坑甲骨，出土於村中；新的考古發現也如此，1973 年出土的小屯南地甲骨絶大多數甲骨屬於歷組、無名組卜辭，則出土於小屯村南。與此相反，小屯村北則極少出土歷組、無名組甲骨，皆出土賓組、何組、黄組卜辭。兩者涇渭分明，坑位區分十分顯著。

其次，歷組、無名組卜辭專用胛骨，而村北系的賓組、出組、何組、黄組等則龜、骨並用。當然，除此以外，村南系、村北系還有其他諸如文例、燒灼形式等方面的區別，但甲骨質料方面的區分是最爲明顯的。

再次，村南、村北兩系時代相同或相近的卜辭之間，存在占卜事類一一對應的關係。具體説來，即歷組與賓組、出組卜辭的占卜事類關係密切，甚至存在不少同卜一事的例證；無名組與何組卜辭，同樣可以舉出不少占卜事類相近之例證。這樣的現象，以兩系説理論來解釋，是比較合理的。

最後，從字體演進上看，兩系内部的各個類組卜辭之間存在著明顯的連續性。也就是説，對於村南系而言，無名組卜辭的字體可以在歷組卜辭那裏找到演進的來源；同理，村北系的出組卜辭，從字體上看，也顯然由賓組卜辭演進而來。

綜合上述事實，李先生説："兩系甲骨各自表現出類型學的連續性，怎樣安排也難於并成一系。"看來，只有把出土地點涇渭分明、甲骨質料區分顯著而又各自演進具有連續性的村南、村北甲骨看成各自獨立發展的兩系，才能解釋全部甲骨表現出來的種種紛繁複雜的現象。也唯有在兩系説的框架下，才能把見於同一王世的不同類型的甲骨進行科學合理的安置，使之從横向看，邊界分明而又彼此照應；從縱向看，秩序井然而又源流分明。雖然李先生謙稱"兩系説不過是針

---

① 參看王宇信：《西周甲骨探論·序》，中國社會科學出版社，1984 年，第 4 頁。

對現存的矛盾和綫索提出的假說",但從各種現實情況看,兩系說是甲骨分期斷代進入科學系統研究階段後的一種合理選擇,舍此無他。

林澐(1981)、彭裕商(1983)在兩系說的框架下進行了更爲深入的研究,提出師組可能是兩系的共同起源,黃組可能是兩系的共同歸宿,這無疑對李先生的兩系說進行了重大的補正和完善。尤其是林澐先生的精審研究,運用類型學的理論,確定了各類甲骨卜辭在縱向演進關係中的位置,並最終形成了全部王卜辭的分類和時代框架。

後來,黃天樹(1991),李學勤、彭裕商(1996)在這個體系的基礎上,進行了更爲細緻的分類與斷代工作,有興趣的讀者可以參看《殷墟王卜辭的分類與斷代》、《殷墟甲骨分期研究》二書。雖然兩系說還存在一些問題需要解決和澄清,其理論框架也並不是不能修改,但大致框架還是很有解釋力的,已經得到了絕大多數甲骨學學者的認可。

值得一提的是,李先生一直沒有停止對兩系說的思考。在 2008 年發表的《帝辛征夷方卜辭的擴大》一文中,把無名組中的"敦夷方"相關卜辭排入黃組征夷方卜辭之中,認爲這是同一次征伐夷方的記錄。如果這個看法可信,這就意味著有一部分無名組卜辭的時代可能下延到帝辛時期。因此李先生説了下面一句話:"其實,從所謂的'自歷間組'到歷組,再到無名組和無名組晚期,構成了小屯村中、南甲骨的一貫系列,與村北的系列平行並存。"①這可以看作是李先生晚年對自己提出的兩系説的最後修訂。李先生認爲,黃組卜辭不是兩系最後的共同歸宿,村南系發展到商末帝乙、帝辛時期,字體仍然是無名組,只是應該叫"無名組晚期",與村北的黃組卜辭並存對立。李先生的意見可以圖示如下:

村北系:自組——自賓間組——賓組——出組——何組——黃組
村南系:自組——自歷間組——歷組——無名組——無名組晚期

李先生新的兩系説應引起學界注意。是否如此仍然需要更多的甲骨材料去證實。

(四) 歷組卜辭提前和兩系説的學術評價

歷組卜辭的數量龐大,大概有 6 000 餘片,主要集中在《甲骨文合集》第十册後半、第十一册。內容涉及商代的政治、軍事、農業生產、漁牧交通、天文曆

---

① 李學勤:《帝辛征夷方卜辭的擴大》,《中國史研究》2008 年第 1 期。 後收入《通嚮文明之路》,商務印書館,2010 年,第 77 頁。

法、氣象、疾病生育等方方面面，是研究商代歷史十分珍貴的材料，而對其進行正確斷代是恰當使用這批材料的前提。過去，按照五期斷代理論，把歷組卜辭視爲武乙、文丁時期的遺物，當然也就把歷組卜辭錯誤地當作武乙、文丁時代的史料加以使用。因此，長期以來，這批重要的史料没有發揮它應有的價值，這是非常遺憾的事情。雖然明義士（1928）、張聰東（2018）都先於李先生把歷組卜辭時代斷在武丁、祖庚時期，但國内學者並没有機會閱讀國外文獻，真正使學者認識到歷組卜辭時代提前，還是在李先生發表《論"婦好"墓的年代及有關問題》一文之後。從此，這批珍貴的史料才得到正確的使用。從這個層面看，李先生提出的歷組卜辭時代提前説實在功莫大焉。

另一方面，李先生提出的歷組卜辭時代提前，引發了歷組卜辭大討論，把殷墟甲骨卜辭分類與斷代研究引向深入，並最終構建出新的甲骨卜辭分類與斷代體系。

歷組卜辭時代提前跟李先生後來提出的"兩系説"，是構建新的分類斷代體系的兩塊基石，没有當初的歷組卜辭大討論，形成當下的甲骨分類斷代體系是不可想象的。而"兩系説"又是主要解决賓組、出組跟歷組卜辭時代相同的矛盾而産生的理論，是歷組卜辭時代提前之後的進一步理論思考，開創了甲骨分類斷代研究的新階段。

（王子楊　撰）

• 參考文獻

曹定雲　劉一曼 2019　四論武乙、文丁卜辭——無名組與歷組卜辭早晚關係，考古學報，第 2 期。
陳夢家 1956　殷虚卜辭綜述，科學出版社。
陳煒湛 1985　"歷組卜辭"的討論與甲骨文斷代研究，出土文獻研究，第 1 輯，文物出版社。
方述鑫 1992　殷墟卜辭斷代研究，文津出版社。
黄天樹 1991　殷墟王卜辭的分類與斷代，文津出版社。
李先登 1982　關於小屯南地甲骨分期的一點意見，中原文物，第 2 期。
李學勤 2008　帝辛征夷方卜辭的擴大，中國史研究，第 1 期。
李學勤　彭裕商 1996　殷墟甲骨分期研究，上海古籍出版社。

林小安 2000　再論"歷組卜辭"的年代，故宫博物院院刊，第 1 期。

林　澐 1984　小屯南地發掘與殷墟甲骨斷代，古文字研究，第 9 輯，中華書局。

劉一曼　曹定雲 2011　三論武乙、文丁卜辭，考古學報，第 4 期。

明義士 1928/2016　殷虚卜辭後編序，曾毅公編著《殷虚卜辭後編考釋》，文物出版社。

彭裕商 1983　也論歷組卜辭的時代，四川大學學報（哲學社會科學版），第 1 期。

肖　楠 1980　論武乙、文丁卜辭，古文字研究，第 3 輯，中華書局。

肖　楠 1984　再論武乙、文丁卜辭，古文字研究，第 9 輯，中華書局。

謝　濟 1982　試論歷組卜辭的分期，胡厚宣等編，甲骨探史錄，生活·讀書·新知三聯書店。

張聰東 2018　李成純譯《李學勤先生讀書筆記摘選》，出土文獻，第 13 輯，中西書局。

張永山　羅　琨 1980　論歷組卜辭的年代，古文字研究，第 3 輯，中華書局。

白玉崢

殷墟第十五次發掘成組卜甲

原載《董作賓先生逝世十四周年紀念刊》,藝文印書館,1978年;收入白玉崢:《楓林讀契集》,藝文印書館,1989年。

白玉崢(1922—2013)在甲骨材料整理研究方面用功甚勤,有校釋甲骨著録及綴合甲骨的論著多篇,成書者則有《甲骨文録研究》(藝文印書館,1989年)、《殷契佚存校釋》(文史哲出版社,1999年)、《殷虛第十五次發掘所得甲骨校釋》(藝文印書館,1990年)等。白氏對甲骨材料的整理研究有一定貢獻,《殷墟第十五次發掘成組卜甲》可以算是其中一個代表。

本文是一篇系統整理甲骨文材料的研究成果,研究對象來源於史語所1936年殷墟第十五次發掘。是次發掘共得字龜549片,字骨50片。龜甲中,多有完整或比較完整者。在大小相若的數版卜甲上,常契刻成套的卜辭,是爲白氏所説的"成組卜甲"。這些成組卜甲集中出土於YH251、330兩坑,刻辭的字體、稱謂和内容都很有特色,是一種子卜辭,學者稱作"婦女卜辭"、"非王無名組"或"甲種子卜辭"。由於這些成組卜甲刻辭存在較高的内在一致性,反映了該類在占卜方法上的獨特性,將其彙集整理、繫聯比勘,是很有意義的。本文即開了此項研究之先河。

白文共舉出成組卜甲10組,以及較有意義之綴合五版。每組中先簡述該組材料來源、整理情況,再大致説明一些重要現象,尤其是組内各甲上的序數。接下來列出釋文,然後就一些重要字詞加以考釋。

白氏在整理成組卜甲時,注意綴合殘片,使用較完整的材料。其作此文時,所依據的只有在此20多年前《乙編》中發表的原始資料,《甲骨文合集》尚未出版，主要靠他自己的整理。僅從成果發表年代看，白氏是最早的大規模綴合這批甲骨的學者，其整理研究具有開創性。

　　當然，任何一位嚴謹的學者研究一批材料，都要先下一番基礎整理的功夫。細心研究這批卜辭的學者，無一未做過系統的整理綴聯工作。40 年後回看白文，還是可以指出不少可修正訂補之處。

　　白氏之後，學者陸續整理歸納，揭舉成組卜甲更多、更準確，如持井康孝列 12 組、彭裕商列 16 組、常耀華列 13 組、黃天樹列 16 組、蔣玉斌列 19 組附 1 組（以上參看蔣玉斌 2006）、謝湘筠（2008）列 18 組等。謝文對前人的研究做了總結，孫亞冰（2014）選擇其中比較完整的做了細緻討論。

　　白氏的材料基礎是《乙編》，後來不僅有《乙補》出版，史語所"考古資料數位典藏資料庫"還公佈了一些前未著錄的碎片。甲骨綴合成果層出不窮，學者使用的材料越來越完整。像白文第一組第一甲係由 10 片碎片綴成，現在則由包括《乙編》、《乙補》及前未著錄之碎片在內的 23 片拼成更完整的一大版。

　　白氏釋文中問題很多。例如把"肩"字誤釋爲"囨"，把可能是"豚"的字釋爲"啄"，把"邕"誤釋爲"禽"，把"囟"誤隸釋爲"圉"，未釋出"束"、"尿"字，等等。第十組已提到並傾向於釋"後"初文的正確意見，惜未貫徹全文。這當然是受制於彼時學界的考釋水平。有些字辨認得也不對，例如附錄二（圖八）中，白文摹出一個很特別的字形，實際上本係"不"字（所在卜辭蔣玉斌還加綴了 R37046，全辭似爲"甲子卜，貞：婦周有疾，不延"。當然白文已說明"茲以拓印不清，姑如上作"）。今天的讀者，如不是做學術史方面的考察，對白氏釋文似不必過多措意。白氏的考釋意見也有一些經不起推敲。如第二組解說"亞"字，引《說文》"𧨾，宮中道，从口，象宮垣道上之形"，而疑"亞"爲"宮中道"也。實際上"𧨾"字是一個內形外聲的形聲字，內中形旁爲"行"，不能分析爲"亞"，亦無由說解"亞"形。①

　　白文對這批卜辭的定位也不準確。1956 年，陳夢家《殷虛卜辭綜述・斷代上》已提到該類卜辭，認爲"內容多述婦人之事，可能是嬪妃所作"（167 頁），雖有偏頗，但注意到該類的特殊性；1958 年，李學勤《帝乙時代的非王卜辭》將該類定爲"非王卜辭"。白氏不舉這些說法，大概與當時臺灣甲骨學界完全信從董作賓先生的斷代學說有關。經過多年的研究，當今學者基本上都認同該類爲非

---

① 另外，白文或將島邦男先生名字省爲"島邦"，按：島邦男實爲島姓。附識於此，以免引起讀者的困惑。

王卜辭；因爲其占卜主體爲"子"，林澐先生更是確切地稱爲"子卜辭"。至於其時代，一般認爲在商王武丁時期，這主要是根據該類與其他武丁期卜辭的同版、同坑關係以及人物、事件的橫向聯繫（參看林澐1979）。白文第一組談到該批卜辭的斷代時，所使用的"妣庚"、"妣辛"稱謂，均不足以確定時代。更何況該類卜辭屬於子卜辭，其稱謂與王卜辭多有不合，拿商王室譜系來對照，本來就有問題。白文斷其時代爲第四期文武丁時，是不可信的。

　　總體來看，白文主要側重材料整理。所做成組卜甲的繫聯，已涉及卜法問題，文中也注意到組内序數的分佈情況，具有啓發意義；但未加深入考察。後來關於卜法的研究可看彭裕商（1995）等。

　　立足現今的研究回看白文，可以説從材料到觀點都已被完全刷新，此爲學術發展之必然。我們仍然重視並選入這樣的著作，就是要彰揚其在當時的開創意義；而學術研究也是在已有基礎上，一步一步前進的。

（蔣玉斌　撰）

參考文獻

蔣玉斌 2006　殷墟子卜辭的整理與研究・第一章，吉林大學博士學位論文，指導教師：林澐。

林　澐 1979　從武丁時代的幾種"子卜辭"試論商代的家族形態，古文字研究，第1輯，中華書局（收入林澐學術文集，中國大百科全書出版社，1998年；又收入林澐文集・古史卷，上海古籍出版社，2019年）。

彭裕商 1995　殷代卜法新探，夏商文明研究——91年洛陽"夏商文化國際研討會"專集，中州古籍出版社（收入述古集，巴蜀書社，2016年）。

孫亞冰 2014　殷墟花園莊東地甲骨文例研究・第三章第二節"一、異版成套卜辭的特點"，上海古籍出版社。

謝湘筠 2008　殷墟第十五次發掘所得甲骨研究，政治大學碩士學位論文，指導教授：蔡哲茂。

趙　鵬 2019　論同貞卜辭，待刊稿。

于省吾

釋具有部分表音的獨體象形字
釋古文字中附劃因聲指事字的一例

原收入《甲骨文字釋林》，中華書局，1979年；又2007年（作爲《于省吾著作集》之一種）；又商務印書館，2010、2017年。

于省吾先生的《釋具有部分表音的獨體象形字》和《釋古文字中附劃因聲指事字的一例》兩文，分別屬於于省吾先生所著《甲骨文字釋林》下卷和附錄中的一節。

于省吾先生在考釋古文字，尤其在考釋甲骨文方面造詣精深，貢獻巨大。他由考釋甲骨文的實踐出發，對古文字的造字理據進行了深入思考，思維縝密，觀察細微，注重古文字構形的實際，因此能突破六書的藩籬，對古文字演變條例（于省吾先生稱爲"通例"）和構形規律提出新見，得出古文字構形學的新認識。《甲骨文字釋林》初版於1979年，這兩個新觀點的提出，在當時具有一定的影響，打破了以往很多人對古文字構形的僵化認識，具有相當的啟示作用。

《釋具有部分表音的獨體象形字》一文指出："就造字來説，形聲字是以形符和聲符相配合而成，似乎容易創造。但是，它之所以最後出現，還是有著發生發展的過程……形聲字的起源，是從某些獨體象形字已發展到具有部分表音的獨體象形字，然後才逐漸分化爲形符和聲符相配合的形聲字。"于省吾先生舉出的具有部分表音的獨體字有八個例子，分別是"羌"、"姜"、"乑（秫）"、"免"、"麋"、"天"、"須"、"舞"。

于省吾先生認爲"羌"字爲獨體象形字，上部作 ⋀ 形，既象人戴羊角形，同時也表示羌字以羊省聲爲音讀；"姜"字上部從 ⋀，既象女人戴羊角冠，同時也表示姜字以羊省聲爲音符；"乘（秾）"字下部作來字的省體，也表示了乘字的音讀；"免"字頭部作 ᵁ，也表示免字的音讀；"天"字甲骨文作 ⼈ 形，用人之顛頂以表示至上之義，但天字上部以丁爲頂，也表示天字的音讀；"須"字爲獨體象形字，但其所連接的三斜劃，也表示須字的音讀；"舞"字爲獨體象形字，其上部既象左右執舞器，同時也表示舞字的音讀。

毋庸諱言，在今天看來，于省吾先生提出的這一構形規律能否成立還很難説，因爲其所指出的例子大都存在問題。"羌"和"姜"有爲一字異體之可能，"姜"即女性之"羌"；"羌"和"姜"所從之上部是否一定是"羊"，即能否排除其他一切可能，似乎也不能肯定。即使是从"羊"，大概也不會是會意，因爲所謂羌人戴"羊角"或"羊角冠"的解釋完全出於想象，沒有任何考古學、民族學或典籍的證明。"羌"和"姜"从"羊"省，完全可以解釋爲从"羊省聲"，不必迂曲地從會意角度加以解釋。所謂"乘（秾）"字其實是"黍"字的異體，與"秾"字沒有關係，這個例子不能成立。① "免"字也不排除是"眉"字異體的可能，很可能是用法有異的"眉"字的一種繁寫，因此這個例子也不合適。"天"字上部寫成類似从"丁"的形體，還應是象人的頭部，有時寫成圓形，有時寫成方形，寫成方形是因爲甲骨不便契刻，變圓爲方使然，難以肯定一定从"丁"得聲。"須"字本爲獨體象形字，而文中所舉字形"𢍰"、"𢍱"乃"䩙"字②，與"須"字無關，不存在所謂簡省的"須"字，因此這個例子也不成立。"無"和"舞"本爲一字，古文字从"人"形的字，常常有後加"舛"形的習慣，如"桀"、"乘"等字即是，所以"無"和"舞"只是繁簡體的問題，不應該視爲有部分表音的獨體象形字。于省吾先生所舉例子中只有麋字作"𦝾"、"𦝿"，似乎符合其標準。"麋"从"眉"無義可説，只能從聲音上考慮。早期典籍中也有"麋"通"眉"的例證。可是如果僅有這樣一個例子，過於特殊，是很難將其視作通例的。另外，于省吾先生認爲"從某些獨體象形字已發展到具有部分表音的獨體象形字，然後才逐漸分化爲形符和聲符相配合的形聲字"，這一結論也不可信。

《釋古文字中附劃因聲指事字的一例》也是于省吾先生探索漢字構形理據的

---

① 裘錫圭：《甲骨文中所見的商代農業》，《裘錫圭學術文集·甲骨文卷》，復旦大學出版社，2012年，第234—236頁。
② 林澐：《新版〈金文編〉正文部分釋字商榷》，中國古文字研究會第八屆年會論文，1990年，江蘇太倉。

一篇重要論述。于省吾先生認爲指事字可以分爲兩類：一類是連一個獨立偏旁都不具備，只是由極簡的點劃所構成，這是原始的指事字，如一至九的記數字；還有一類是有一個獨立的偏旁，附之以並非正式偏旁的極簡的點劃以發揮其作用，這是後起的指示字。所謂"附劃因聲指事字"是指在某個獨體字上附加一種極簡單的點劃作爲標誌，賦予它以新的含意，但仍因原來的獨體字以爲音符，而其音讀又略有轉變。于省吾先生所舉的"附劃因聲指事字"的例子有"史—吏"、"朿—東"、"東—重"、"月—夕"、"白—百"、"人—千"、"又—尤"、"弓—弘"、"矢—寅"、"用—甬"、"口—甘"、"母—每"、"母—毋"、"亼—今"、"小—少"、"从—并"、"高—喬"、"大—太"、"言—音"、"言—音"、"氏—氐"、"止—世"等。

　　于省吾先生的這篇論述非常重要，揭示出了古文字構形中很重要的一個現象，即文字分化的一種方式。可是于省吾先生這篇論述從對這一現象的定名，到其所舉的具體例子，都存在不少問題，因此在某種程度上削弱了其影響力。首先，于省吾先生對"指示"概念的理解，似乎過於寬泛。從古文字的實際看，指示字有兩類：一類是指虛的事，如上、下；一類是指實的事，如亦、刃、面、厷等。無論如何，總是有"事"可指。而于省吾先生所舉的例子，如一至九的數目字中，五、六、七就似乎只是硬性約定符號，其他例子中附加在獨體字上的點劃，也只是區別符號，並没有"事"可指，但卻用"指示"來命名，這與我們從古文字實際得出的對"指示"的認識和《説文》對"指示"的解釋都不相符，因此這個命名並不合適。其次，其所舉例子中，如"又—尤"、"弓—弘"兩例中，"尤"字應該是"拇"字，在卜辭中讀爲"吝"①，"弘"應該是"引"字②。這兩例先應剔除。"氏—氐"真可能是一字之分化，但其説解引的甲骨文字形卻是"以"字，也不合適。"止—世"之例中"世"應該是"葉"字的截除性分化，與"止"字無關。③"東—重"之例中"重"是從"東"聲的一個字，與東是不同的兩個字。"亼—今"之例中"亼"應是《説文》根據較晚的形體編造出的一個偏旁，跟"今（含字本字）"没有關係。"从—并"之例"从"和"并"也完全是不同的兩個字，不存在因聲分化的關係。"口—甘"之間似乎也不存在什麽關係。

---

① 陳劍：《甲骨金文舊釋"尤"之字及相关諸字新釋》，《北京大學中國古文獻研究中心集刊》第4輯，北京大學出版社，2004年，第74—94頁。
② 于豪亮：《説引字》，《于豪亮學術文存》，中華書局，1985年，第74—76頁。
③ 劉釗：《古文字構形學》，福建人民出版社，2006年，第121頁。

"白—百"、"母—每"、"高—喬"、"言—啻"之間的關係到底該如何解釋，似乎並無定於一尊的答案，尚需探索。其他如"史—吏"、"朿—東"、"月—夕"、"矢—寅"、"用—甬"、"小—少"、"大—太"、"言—音"、"母—毋"都應該本爲一字的異體，在一定時期是可以互換通用的，後來利用異體加以分化，用來承擔記錄不同的詞義。這是漢字分化孳乳的一個重要途徑。這一構形方式，當然最好還是從分化的角度講最爲合理。

　　按于省吾先生對附劃因聲指事字的定義，似乎只有"人—千"一個例子大體符合標準。

（劉　釗　撰）

郭若愚

釋䖵

原載《上海師範學院學報》1979年第2期,有副題"向郭沫若先生學習殷契文字習作之一";收入宋鎮豪、段志洪主編:《甲骨文獻集成》第13册,四川大學出版社,2001年;又省略副標題收入郭若愚:《智龕金石書畫論集》,上海古籍出版社,2007年。①

本文篇題之"䖵"指甲骨文𧕱字(以下依慣例隸定作"䖵")。此字所象之物舊有蟬、䘍、蟋蟀、蛤蟆、泥鰍等説(參看松丸道雄、高嶋謙一1994:362—363),均與字形不合。郭若愚《釋䖵》一文作於1947年,最先提出了"䖵"字象蝗蟲之形、當釋爲"螽"的意見。

關於本文成文的經過及副篇題的由來,郭若愚先生在《憶念郭沫若先生》(2003)一文中有詳細記述:

(1947年6月至11月間)在郭(沫若)先生的啓發下,我寫了幾篇甲骨文字的習作。當我將這些東西請郭先生過目時,他對我那些證據不足的"大膽"解釋,感到不妥,一再教導我要鄭重、要謹慎,但對一些能夠成立的釋解,他還是支持的,爲我查對原書,改正錯誤,並提出修改意見。我的《釋䖵》便是經過郭先生一再修改過的……

郭先生説:"你釋䖵爲蝗,只能打五分;我釋秋,也只打五分,大家誰也説服不了誰。"這是郭先生對此文的正確評價,也可見郭先生治學態度的謙虛。

《釋䖵》從𧕱字的字形分析出發,認爲此字"象一隻蝗蟲,有觸角、身翼、肢

---

① 本文原以簡體字發表,《智龕金石書畫論集》所收繁體字版存在若干轉換錯誤,如"于"誤作"於"、"丰"誤作"豐"、"係"誤作"繫"等。

足，一個蝗蟲的各部分都具備了"，並舉出《鐵》153·2（《合集》11542）&形爲證，認爲其"特別刻劃出蝗的口器"。因《説文》"螽"、"蝗"互訓，而《春秋》、《詩經》等先秦文獻用"螽"，故作者釋"䖵"爲"螽"，繼而以蝗災義解釋"䖵"字所在辭例，認爲"都能讀通"。

《釋䖵》提出甲骨文"䖵"象蝗蟲，與字形較合；卜辭中又確有以"䖵"表示某種災禍的用例；先秦古書習稱蝗蟲爲"螽"，也是明確無疑的。因此，釋"䖵"爲"螽"有可能是正確的（關於釋"螽"在語音上的解釋，參看黃天樹 2014：88—89）。不過，作者以"螽"代入"䖵"字辭例，看似一通百通，實則問題不少。下面先將文中所引卜辭按序編號，並列出對應《合集》號。

1. 《甲骨文錄》687（《合集》24225）
2. 《鄴二集》下 35·1（《合集》未收）
3. 《甲骨文字》①卷 2·15·8（當爲 2·15·9，綴入《合集》18792）
4. 《殷契卜辭》592（《合集》14773）
5. 《前編》6·51·3（《合集》11539）
6. 《前編》4·5·5（辭 6、18 自重，與辭 7 綴合爲《合集》14158）
7. 《甲骨文字》2·18·3（見前）
8. 《甲骨文字》2·26·13（《合集》13737）
9. 《粹編》2（《合集》33227）
10. 《粹編》4（《合集》28207）
11. 《粹編》14（《合集》33228）
12. 《粹編》88（《合集》28206）
13. 《甲骨文字》2·18·2（《合集》9631）
14. 《後編》下 12·14（《合集》7343）
15. 《粹編》1511（《合集》29715）
16. 《粹編》946（《合集》32863）
17. 《粹編》878（《合集》9615）
18. 《甲骨文字》2·18·4（與辭 6 自重）
19. 《粹編》12（《合集》34148）

作者以辭 1、9—13、19 中的"䖵"表示某種災禍，除了以"螽"代入"都能讀通"外，仍需補充論證。如辭 1 正貞曰"今歲䖵不至兹商"，反貞曰"䖵其至"。根據"司禮義'其'的規則"，在一組正反對貞的卜辭裏，如果其中一條用"其"而另一條不用，用"其"的那條所説的事，一般都是占卜者所不願意看到的（司禮義 1974，已收入本書）。可見占卜者希望看到的是"䖵不至"。

辭 9—12 曰"告䖵于先祖"，彭邦炯（1983：311）認爲可與"告某方于先祖"之辭對照，後者均因方國侵擾而告，"因爲蝗蟲飛來像敵人入侵一般，因而求告於神靈"。辭 13 "告䖵□由令"當改釋"告䖵于西母"，同樣是告"䖵"於神靈

---

① "《甲骨文字》"指林泰輔《龜甲獸骨文字》（一卷一册，東京西東書房，1918 年；二卷二册，日本商周遺文會，1921 年）。此書一般簡稱《龜》或《林》。

之例。

辭19"龞大隻于帝五丯臣血□"中的"血□"當改釋"寧"。李學勤（1998：27）舉出同文例《屯南》930，並指出"卜辭常有'寧風'、'寧雨'，此所謂'龞'當亦是一種自然災害"。

辭8、14、15、17"今龞"之"龞"應表示時稱，而非蝗災。此類"龞"與"龏"通用，兩者均表示季節"秋"（"龞"、"龏"的關係與類組分佈，參看王子楊2013：162—163）。辭15"叀今龏。叀今龞。于春"正是"龞"、"龏"通用且與"春"連言之例。辭16"叀春令㫃田。叀龞令㫃"，也是"春"、"龞"選貞之例（同文例見《屯南》1087）。作者未釋出以上二例中的"春"字，因而忽視了"龞"這一時稱用法。

《釋龞》發表後不久，彭邦炯（1983）也提出釋"龞"爲"螽"的意見，並正確地將其辭例分爲三類：1.作人名、地名或國族名，2.指時節"秋"，3.指蝗蟲。不過，彭文強行將"龞"與𠃊（終）的字形相聯繫，認爲𠃊由𧕅的頭部變形而來，則不可信。

《釋龞》所引辭6（＝辭18）與辭7綴合後，可釋出如下一辭："庚戌卜，貞：有庶龞，告［于］丁。"（見《合集》14158，同文例見《合集》14157）李學勤（1998：28）認爲"'庶'當爲'众'字繁文，在此讀爲'螺'，即'螽'字……'螽龞'足證'龞'是蝗蟲"，即以"庶"而非"龞"爲"螽"。由於"庶"字僅此二見，究竟應讀"螽"，讀"衆"，或其他什麼詞，還難以確證。

關於"龞"字所象之物，後來還有"虬"（夏渌1985、何琳儀1999）、"天牛（蠰）"（郭小武2001、王恩田2015）等説。從象形程度較高的族名金文看，此字上部作彎而長的觸角形，頭部較圓，翅的上端有突出的折角，確與天牛等鞘翅目昆蟲相似，而與蝗蟲有別。

亞龞爵(《集成》7814)   亞龞舟爵(《集成》8782)

因此，"龞"字本義究竟爲何，除"秋"外，在甲骨卜辭中還記錄什麼詞，仍值得探討。

（葛　亮　撰）

參考文獻

郭若愚 2003　落英繽紛——郭若愚師友憶念録，上海書畫出版社。

郭小武 2001　古文字考釋五題，殷都學刊，第 3 期。

何琳儀 1999　説"秋"，江蘇紀念甲骨文發現 100 周年甲骨文與商代文明國際學術研討會論文選集（收入安徽大學漢語言文字研究叢書·何琳儀卷，安徽大學出版社，2013 年）。

黄天樹 2014　黄天樹甲骨金文論集，學苑出版社。

李學勤 1998　癸酉日食説，中國文化研究，秋之卷，總第 2 期。

彭邦炯 1983　商人卜螽説——兼説甲骨文的秋字，農業考古，第 2 期。

司禮義（Paul L-M. Serruys）1974　STUDIES IN THE LANGUAGE OF THE SHANG ORACLE INSCRIPTIONS（商代甲骨文中的語言研究），*T'oung Pao* LX 1-3（通報第 60 卷 1—3 期）．

松丸道雄　高嶋謙一 1994　甲骨文字字釋綜覽，東京大學出版會。

王恩田 2015　釋秋，復旦大學出土文獻與古文字研究中心網站，http://www.gwz.fudan.edu.cn/Web/Show/2578，8 月 25 日。

王子楊 2013　甲骨文字形類組差異現象研究，中華書局。

夏　淥 1985　釋甲骨文春夏秋冬——商代必知四季説，武漢大學學報（社會科學版），第 5 期。

林 澐

從武丁時代的幾種"子卜辭"試論商代的家族形態

原載《古文字研究》第 1 輯,中華書局,1979 年;收入《林澐學術文集》,中國大百科全書出版社,1998 年;又收入《林澐文集·古史卷》,上海古籍出版社,2019 年。

甲骨文的主人是誰? 學者對甲骨文屬性的認識,有一個發展過程。劉鶚根據甲骨文"祖乙、祖辛、母庚,以天干爲名"的現象,判斷其屬殷人;羅振玉探得甲骨出於殷墟,又"於刻辭中得殷帝王名謚十餘,乃恍然悟此卜辭者,實爲殷室王朝之遺物"。在很長一段時間内,甲骨文都被看作商王、商王室的遺物。1931 年殷墟後岡出土字骨一片,董作賓曾以爲"爲民間所用";1936 年他又注意到卜辭中有稱"子卜"或"子卜貞"的,推定"子"是"王子某"。但直到 1938 年,貝塚茂樹才最先區分出"子卜貞卜辭",指明其主人不是王。此後陳夢家先生劃出了"子組"、"午組"等"非正統派"的卜辭和"内容多述婦人之事"的卜辭,李學勤(1957、1958)則明確提出並闡釋了"非王卜辭"的概念(參看蔣玉斌 2006:1—7)。 這就使人們意識到,在大量的商王卜辭外,還有一部分非商王的卜辭。

"非王卜辭"主要是董作賓分期體系中的"文武丁卜辭"。林澐先生 1964 年在吉林大學攻讀研究生時,由於對"文武丁卜辭"發生全盤性的懷疑,就各種"非王卜辭"專門下了功夫,分類全部摹錄了一遍,並作了深入研究。這就是本文的寫作背景。文章初稿在 1965 年 9 月完成,但直到 1978 年冬才在首屆中國古文字研討會上發表,次年正式刊於《古文字研究》第一輯(林澐 1998、2018)。

本文標題"從武丁時代的幾種'子卜辭'試論商代的家族形態",正是文章的文眼，鮮明表達了文中三方面觀點：

1. 通盤考察了主要的三種"非王卜辭"，改稱甲種、乙種和丙種（包括丙種附屬）子卜辭，通過同版、同坑和地層現象三方面，把這些卜辭的時代考定爲武丁之世。

陳夢家（1956）將"子組"、"午組"定爲武丁卜辭，後來李學勤（1957、1958）提出反駁，認爲屬於"晚殷"、"帝乙時代"。經過林文的討論，三種子卜辭屬於武丁時代已成爲定論。

林文在確定子卜辭時代時，主要根據子卜辭與王卜辭、子卜辭之間的同版、同坑關係，以及地層關係和伴出器物。①後來，黃天樹（2006）、趙鵬（2007）等還揭示了一些子卜辭與王卜辭之間人物事件的橫向聯繫，也有助於説明三種子卜辭屬於武丁時代。

2. 判定上述三種卜辭的占卜主體是"子"。對於"子"的性質，林文注意到：

① 在武丁時代的非王卜辭和文丁以後的銅器銘文中都有"子"這一稱謂，這些屬於不同種類的卜辭當屬於不同徽號的氏族；

② 丙種非王卜辭中的"子"把自己和子商、子害、子□並卜；

③ 銅器銘文中"子"又被稱爲"君"。

據此推斷，"子"在商代是對子商那樣的父系家族首腦的通用的尊稱。1991年花東卜辭出土，占卜主體亦稱"子"，完全證實了林文對這類卜辭性質的判斷。

學者早先認識到有些卜辭的占卜主體"非王"，是判定甲骨文屬性的一大進步，但"非王"的主體究爲何種人，尚未明確。林文指出就是"子"，又將人們的認識推進了一大步。林先生自己説，之所以命名爲甲、乙、丙三種子卜辭，就是"要把'子卜辭'和'王卜辭'對立起來，明確這是以'子'爲占卜主體的卜辭，而不是泛泛的'非王卜辭'"。但是學者未能體察其中要義，仍習慣稱爲"非王卜辭"，讓人"感到相當的無奈"（林澐 2018：58）。

3. 分析了各種子卜辭的具體內容，從構成家族的諸成員、家族組織的經濟基礎、族長的權力等方面，進一步勾勒出商代貴族家族的內部情況。文章進而研究了這些父權家族和商王室的關係，以及他們互相之間的關係，得出"多子"與

---

① 林文使用的個別資料需要修訂，"因當時發掘水準低，地層坑位本不甚可靠"，但對基本結論没有多少影響。可參看蔣玉斌（2006）有關章節。

"多生"是商王統治的支柱的論斷。這就"將對商人家族的研究提到一個新的高度"①，也反映了作者利用甲骨文研究古史的宏大視野和格局。

林澐先生2016年在史語所作了"商史三題"的講座，其第二講爲"商王國的社會結構"。主要就利用幾種子卜辭（包含後來出土的花東子卜辭），並結合考古發現和商周古書加以論證（林澐2018：47—94），很值得結合本文深入閱讀。

（蔣玉斌 撰）

• 參考文獻

陳夢家 1956　殷虛卜辭綜述，科學出版社。
黃天樹 1998　非王"劣體類"卜辭，徐中舒先生百年誕辰紀念文集，巴蜀書社（收入黃天樹古文字論集，學苑出版社，2006年）。
黃天樹 1999　非王卜辭中"圓體類"卜辭的研究，出土文獻研究，第5集，科學出版社（收入黃天樹古文字論集，學苑出版社，2006年）。
黃天樹 1999　午組卜辭研究，甲骨文發現一百周年學術研討會論文集，文史哲出版社（收入黃天樹古文字論集，學苑出版社，2006年）。
黃天樹 1999　婦女卜辭，中國古文字研究，第1輯，吉林大學出版社（收入黃天樹古文字論集，學苑出版社，2006年）。
黃天樹 2000　子組卜辭研究，中國文字，新26期，藝文印書館（收入黃天樹古文字論集，學苑出版社，2006年）。
黃天樹 2020　談談"非王卜辭"研究中的一些問題，古文字研究，第33輯，中華書局。
蔣玉斌 2006　殷墟子卜辭的整理與研究，吉林大學博士學位論文，指導教師：林澐。
李學勤 1957　評陳夢家殷虛卜辭綜述，考古學報，第3期。
李學勤 1958　帝乙時代的非王卜辭，考古學報，第1期。
林　澐 1998　我的學術道路，林澐學術文集，中國大百科全書出版社。
林　澐 2018　商史三題，"中央研究院"歷史語言研究所。
趙　鵬 2007　殷墟甲骨文人名與斷代的初步研究，綫裝書局。

---

① 朱鳳瀚：《近百年來的殷墟甲骨文研究》，《歷史研究》1997年第1期。

姚孝遂

商代的俘虜

原載《古文字研究》第 1 輯，中華書局，1979 年；收入《姚孝遂古文字論集》，中華書局，2010 年。

姚孝遂先生該文搜集了大量與俘虜有關的甲骨卜辭，並進行了科學的分類、精確的統計，使商代俘虜的總體情況，比較清晰地呈現於讀者的面前，爲進一步的研究提供了大量可靠的資料，其功不可没。姚文對商代俘虜的研究，最後落腳於對商代晚期奴隸數量的判斷，而奴隸數量直接關係到商代晚期的社會性質，所以該文的意義自不待言。

姚文首先根據恩格斯的《反杜林論》，馬克思、恩格斯的《馬克思恩格斯文選》，摩爾根的《古代社會》等經典論著中關於古代俘虜的論斷，指出古代俘虜的命運有三種，最初是被殺吃掉，後來是被殺來用作祭祀的犧牲，最後是被活著保留下來做奴隸，而這三種命運是隨著社會的發展進步而逐漸呈現的。

在對古代俘虜的情況有了一個大概的交代之後，姚文利用甲骨卜辭，對商代的俘虜進行了細緻的研究。首先分析了俘虜的名稱。將俘虜的名稱分爲六大類，分別是以方域爲名、以俘獲或處理之方法爲名、敵方之首領、女性的俘虜、通稱、其他。然後又歸納了俘虜的來源。將俘虜的來源分爲三大類，分別是戰爭、貢納、田獵或芻牧。還總結了俘虜的用途。將俘虜的用途分爲兩大類，分別是用作祭祀時的犧牲、用作奴隸。

上文是將卜辭視爲一個整體而做的研究，姚文又繼續對甲骨卜辭中的俘虜進行分期研究。將卜辭分爲早、中、晚三個時期，並將三個時期各自使用俘虜做人牲的情況進行了對比，所做對比主要集中在以下幾個方面：使用人牲的人次、單次使用人牲的數量、記錄使用人牲的甲骨總片數。通過以上對比，可以看出，商代殺戮俘虜以作爲祭祀的犧牲，是隨著時代的推移而急劇地減少的，殺戮俘虜作爲祭祀時的犧牲，以武丁時期最爲突出，到了晚期，也即帝乙、帝辛時期，這種使用人牲的制度，雖然仍然存在，但近乎是一種殘餘的迹象。

最後，姚文根據卜辭所反映的早、中、晚期用人爲牲現象的變化，認爲早期只有很少的俘虜變爲奴隸，而晚期多數俘虜已淪爲奴隸。

姚文所引用的卜辭，以現在的學術眼光來看，其中某些文字的釋讀是不准確的，而且有一些文字的釋讀問題會影響到對整條卜辭的理解，進而影響到卜辭作爲該文論據的可靠性。如在討論俘虜的名稱時，提及的所謂俘虜名"而"，據李圃（1989：168）、林澐（1990：9）研究，其實是"馘"字，表示戰爭中所獲的敵人首級或剝取的頭皮；所謂俘虜名"印"，其實是句末疑問語氣詞（李學勤1980：39—42，裘錫圭2012：309—337）。又如在討論俘虜的用途時，提及的所謂用牲法"䜅"，據陳劍（2007：177—233）研究，其實是範圍副詞，表示"皆"這個詞。

姚文對商代晚期奴隸數量的判斷，主要依據是使用人牲的數量，因爲姚先生認爲奴隸的主要來源就是俘虜，而人牲的主要來源也是俘虜，使用人牲的數量與奴隸的數量是此消彼長的關係。當然，姚先生根據使用人牲的數量來判斷奴隸的數量，也是不得已的辦法，因爲卜辭中關於役使奴隸勞動的記錄十分少見。

姚文對奴隸數量的論證，有一個前提，就是人牲主要來源於俘虜。但這一前提學界有爭論。1950年，郭沫若先生在《光明日報》發表了《讀了〈記殷周殉人之史實〉》一文，提出殷商墓葬的大批人牲是奴隸的說法，並據此認爲商代是奴隸社會。但郭寶鈞（1950）《記殷周殉人之史實》一文卻對殷商墓葬中大批人牲的來源持存疑態度，"所殉之人，是否皆奴隸，是否皆從事生產之奴隸，作者未敢進一步推斷"。郭沫若文發表之後月餘，楊紹萱（1950）亦在《光明日報》發表《關於"殷周殉人"的問題》一文，反對郭說。之後又有李亞農（1978：481—503）支持郭說。在姚文發表之後，學界對人牲的主要來源是俘虜還是奴隸，意見仍然沒有統一。顧德融（1982：112—123）、羅琨（1982：112—191）、黃展岳（1987：159—168）等認爲人牲主要來源於俘虜，楊升南（1982：58—69、1988：134—146）力主人牲主要來源於奴隸。

殷墟墓葬中大批的人牲究竟是俘虜還是奴隸，這是一個牽一髮而動全身的問題，事關重大，但學者之間的意見頗有分歧，現在還沒有定論，相信這一問題也還將繼續討論下去。

（劉　雲　撰）

● 參考文獻

陳　劍 2007　甲骨文舊釋"𦥑"和"𧮫"的兩個字及金文"䢅"字新釋，甲骨金文考釋論集，綫裝書局。
顧德融 1982　中國古代人殉、人牲者的身份探析，中國史研究，第 2 期。
郭寶鈞 1950　記殷周殉人之史實，光明日報，3 月 19 日。
郭沫若 1950　讀了《記殷周殉人之史實》，光明日報，3 月 21 日。
黃展岳 1987　中國古代的人牲人殉問題，考古，第 2 期。
李　圃 1989　甲骨文選注，上海古籍出版社。
李學勤 1980　關於自組卜辭的一些問題，古文字研究，第 3 輯，中華書局。
李亞農 1978　殷代社會生活，李亞農史論集，上海人民出版社。
林　澐 1990　新版《金文編》正文部分釋字商榷，中國古文字研究會第八屆年會論文。
羅　琨 1982　商代人祭及相關問題，甲骨探史錄，生活·讀書·新知三聯書店。
裘錫圭 2012　關於殷墟卜辭的命辭是否問句的考察，裘錫圭學術文集·甲骨文卷，復旦大學出版社，2012 年。
楊紹萱 1950　關於"殷周殉人"的問題，光明日報，4 月 26 日。
楊升南 1982　對商代人祭身分的考察，先秦史論文集，人文雜志（增刊）。
楊升南 1988　商代人牲身份的再考察，歷史研究，第 1 期。
楊升南 1992　論郭沫若解放以來有關中國奴隸社會的研究，郭沫若史學研究學術討論會論文集。

王宇信

商代的馬和養馬業

原載《中國史研究》1980 年第 1 期；收入宋鎮豪、段志洪主編：《甲骨文獻集成》第 26 冊，四川大學出版社，2001 年；又收入《中國甲骨學》，上海人民出版社，2009 年。

"商代的馬，不僅用途多樣，而且名目繁多。"《商代的馬和養馬業》（以下簡稱"《馬》文"）一文利用甲骨文中的相關材料結合文獻記載與考古發掘，探討了商代的馬和養馬業發展的情況，是一次比較全面而細緻的梳理和研究，讀者通過這篇文章可以大致了解商代馬的面貌。

《馬》文主體分爲三部分：

（一）商代的馬和"相馬"：介紹了甲骨文中馬的名目，有按毛色區分的：騽、白馬、赤馬、騢、驈、駁；有按特點命名的：騛、騽；有命以專名的：騽、玛、驖、驤、犅、騆、鴻、騱、駵、騼、鴖，共計 19 種，勾勒出一幅商代的"名馬圖"。不同的馬名反映出商人對馬的不同特性具有一定認識，商王反復卜問以選用合適的馬，這些都是商代"相馬"術的側面體現。

（二）商代的養馬業和"馬政"：介紹了卜辭中記載的馬匹數量、馬匹貢納的情況，商人已有專門蓄養馬的馬廄，並且掌握了"執駒"、"攻特"等技術，以及養馬所面臨的自然威脅，由此指出商代的養馬業已經很發達了。還介紹了專門管理馬匹的官吏"馬小臣"，是爲商代"馬政"的反映。

（三）商代馬匹的使用：商代的馬匹主要用於祭祀、戰爭和狩獵。介紹了卜辭與考古發掘中馬作爲祭祀的犧牲的情況；在戰爭中，馬主要用於駕車；狩獵時用馬駕車去追逐野獸。結合考古發掘與卜辭記載，商代的馬車主要是駕兩匹馬的。

爲便於讀者參看，現將《馬》文論及的馬名的字形列於下表中：

鎷	秮	𩢡	駁	麤	獁	𩣓	瑪	獮
(字形)	(字形)	(字形)	(字形)	(字形)	(字形)	(字形)	(字形)	(字形)

獮	牭	䴺	䴢	糀	碼	䮽	焉	
(字形)	(字形)	(字形)	(字形)	(字形)	(字形)	(字形)	(字形)	

《馬》文發表至今已有近四十年時間，在這期間又有不少新材料刊佈和新研究成果出現。現在重新來看這個題目，材料方面可以更加豐富，相關問題也有了更準確的認識。此處結合《馬》文與刊佈的新材料及學界的研究進展，對有關問題稍作一些補充。

《馬》文隸定作"麤"之字，唐蘭先生在《殷虛文字記》中即釋爲"驪"。後來又陸續刊佈了與之寫法基本相同的西周甲骨文 (字形)（FQ5④），與寫作 (字形)（《輯佚》576）、(字形)（H11：123）的"麗"字，可證釋"驪"是正確的。所以《馬》文從羅振玉將"秮"讀爲"驪"，指深黑色的馬，恐亦不確。

《馬》文隸定作"𩣓"與"秮"之字，謝明文（2012：680—682）通過對比字形、辭例與刻寫位置，認爲二者表示的是同一種馬名，皆可釋爲"驁"，前者是在後者的基礎上加注了"高"聲。

《馬》文隸定作"瑪"之字，蔣玉斌（2015：140）細緻辨析字形後，認爲"其左下方從'丄（牡）'，表示馬爲雄性。餘下的 (字形) 形中，馬首上方和左側兩筆極有可能也是'鉤'的形象。此形亦可釋爲'駒'，(字形) 爲牡駒之專字"。

《馬》文隸定作"牭"之字，張新俊（2005：3—5）據語音綫索，"牢"和"留"古音接近，認爲"牭"可以讀作"騮"，即《說文》"騮，赤馬黑毛尾也"。

《馬》文隸定作"䴢"之字，于省吾（1979：154）釋爲"駸"字，認爲是馬名。裘錫圭（2012：80）亦釋爲"駸"字，指出"'戍其遲毋歸于之'與'戍其歸呼駸'這兩句話的意思是相對的。後一句的意思很可能就是讓'戍（擔任防戍等工作的一種人）迅速馳歸'"。

《馬》文隸定作"焉"之字，蔣玉斌（2015：139）釋爲"駒"，指出"此字顯係馬名，其寫法是在馬首上加一斜筆。頗疑該斜筆本象繫在馬嘴上起翼護作用的'鉤/钩'形。……(字形) 大概本是鉤膺之'鉤'的初文。……該字用作馬名，則可理解爲'馬'旁再用一次，是一個從'馬'、'鉤'聲的形聲字，亦即後世'駒'字"。

除了《馬》文已經論及的這些馬，還可以補充以下一些材料：

(1) 辛未卜，貞：犬㠯告麕兕，翌日壬王其比，用雝。惠⿱馬眔⿱馬㸅（驚）用，無災。在八[月]。　　　　　　　　　　　　　（《合集》36985+36988+37467，蔣玉斌先生綴合）

(2) 丁酉卜，貞：翌日壬寅王其雝兕，其唯⿱馬夾⿱馬，疚，王弗悔。
　　　　　　　　　　　　　　　　　　　　　　　　　（《合集》37387）

(3) 丁酉卜，貞：[翌]日己亥王其射曠麓麕麋，其以⿱馬，王弗悔。
　　　　　　　　　　　　　　　　　　　（《合集》35965=《中歷藏》1697）

(4) □□卜□⿱馬子白。　　　　　　　　　　　　　　　　　（《屯》2650）

(5) ⿱馬毓，白。　　　　　　　　　　　　　　　　　　（《合集》18271）

（1）辭的"驚"顯然是馬的名稱，卜辭講商王進行田獵，用⿱馬和驚兩種馬來駕車。（2）辭的⿱馬、⿱馬也是馬的名稱，或視爲某馬之合文，蔣玉斌（2015）認爲這是條反映匹配駕馬的卜辭，是問商王駕車圍獵兕，用⿱馬夾輔⿱馬馬好不好。（3）辭的⿱馬與⿱馬或是一字，也是馬名。（4）辭的⿱馬與（5）辭的⿱馬（即"騽"）也應是馬名，占卜是否產白馬。關於甲骨文中的"白馬"，可參裘錫圭（2012：305—308）的研究。此外，《合集》36990有一字作⿱馬，因辭例太殘，不知是否也是馬名。

《花東》刊佈的材料中有許多涉及馬的卜辭：

(6) 癸酉：其右⿱馬（騽）于貫視。　　　　　　（《花東》81，《花東》168同文）

(7) 庚戌卜：其勾禾馬貫。
　　庚戌卜：弜勾禾馬。
　　庚戌卜：其勾禾馬貫。　　　　　　　　　　　　　　　（《花東》146）

(8) 丙午卜：其⿱馬，勾貫冑。
　　丁未卜：惠㚔呼勾貫冑。
　　惠麃呼勾貫冑。
　　弜勾黑馬用。　　　　　　　　　　　　　　　　　　　（《花東》179）

(9) ☑于小冑。　　　　　　（《花東》386+559+358，蔣玉斌先生綴合）

(10) 戊卜，其日用⿱馬（騽），不㞢。
　　　騽其㞢。
　　　騽不㞢。　　　　　　　　　　　　　　　　　　　　（《花東》191）

(11) 丙子卜：或⿱馬（駛）于貫視。　　　　　　　　　　　　（《花東》81）

(12) 戊卜，在⿱馬：駛有有⿱馬，曰□。　　　　　　　　　　　（《花東》375）

(13) 丁未卜：新⿱馬（駞）其于貫視右，用。
　　　丁未卜：新駞于貫視右，不用。　　　　　　　　　　　（《花東》7）

上揭卜辭中的"鶪"、"禾馬"、"䮽"、"䮭"、"駓"、"駐"都應是馬的名稱。"禾馬"、"䮽"可參王子楊（2016：76—77）的研究，"駓"係姚萱（2006：254）所釋，"駐"還見於《花東》46、367、391、394，學者大都直接釋爲"馬"，蔣玉斌（2015：138）、陳年福（2016：60）均釋爲"駐"。《馬》文所舉有"白馬"、"赤馬"，（8）辭中又出現了"黑馬"。劉一曼、曹定雲（2004：6—13）對花東卜辭有關馬的材料也有很好的研究，可參。

西周甲骨文有䮽、䮷（H11：41），學者或隸定作"駓"、"鶪"，也可能是馬名，可參許子瀟（2017：126）所匯釋的諸家意見。邢臺南小汪 H75 卜骨上有"騩"字，也是馬名。

《馬》文的第二部分談到"攻特"，指出"甲骨文中不見用'上'表示的牡馬（即特馬）"。實際上甲骨文已有加"上"表示特馬的䮭（《花東》98），其所在卜辭爲：

(14) 其買惠右駐。

惠右駓。

"駐"與"駓"對貞，正是關於馬匹的公母的卜問。《馬》文還認爲䮽"表示用繩（或皮條）爲套，將馬勢去掉"，"可能是表示馬匹去勢之專字"。此字還見於《合集》3412，裘錫圭（2012：307）已指出是一種馬名。歷拓 5475（《合集》11051）可與《合集》3410 綴合（即《拼四》986），綴合后辭例完整：

丁亥卜，王：䮽子白。癸酉毓，不白。

卜辭卜問䮽是否生白馬，詳細還可參王紅（2015：36—40）的論述。字形當分析爲從馬𢆶聲，姚萱（2012：112）認爲可讀爲"騅"。所以，《馬》文有關䮽"表示馬匹去勢"的説法不可取。據周忠兵（2006：141—143）研究，甲骨文中的"㓤"、"犂"（見於《合集》28195＋28196、29418、24506 等）才是表示騸馬。

還有一條卜辭：

甲午卜：王馬尋䶂（駁），其禦于父甲亞。　　　　　　　　（《合集》30297）

周忠兵（2006：142）指出是"因馬尋（表'重'之意）駁而對父甲進行禦祭，駁亦是一種不好的意思"，"駁字與歹字相比增加了'馬'字，應是一個表'馬''歹'的專字"。這也反映出商人對馬匹的重視。

《馬》文第三部分談到馬匹在祭祀、戰爭、田獵活動中的使用情況，後來劉一曼、曹定雲（2004：6—13）結合考古發掘資料對祭祀、殉葬及駕車用馬做了一些補充，蔣玉斌（2015：137—140）從字詞考釋的角度對商王出行駕車、匹配駕馬等方面的資料進行了研究，都非常細緻深入。與馬有關的軍事活動，作者在《甲骨文"馬"、"射"的再考察——兼駁馬、射與戰車相配置説》一文中有進一步研究，可參。

（袁倫强　撰）

• 參考文獻

陳年福 2016　從甲骨文論早期形聲字的聲符形化現象，浙江師範大學學報（社會科學版），第 2 期。

蔣玉斌 2015　釋甲骨文中有關車馬的幾個字詞，中國書法，第 20 期。

劉一曼　曹定雲 2004　殷墟花東 H3 卜辭中的馬——兼論商代馬匹的使用，殷都學刊，第 1 期。

裘錫圭 2012　從殷墟甲骨卜辭看殷人對白馬的重視，裘錫圭學術文集·甲骨文卷，復旦大學出版社。

裘錫圭 2012　甲骨文字考釋（八篇），裘錫圭學術文集·甲骨文卷，復旦大學出版社。

王　紅 2015　殷人重視白馬補證——以一則重要綴合爲例，首都師範大學學報（社會科學版），第 1 期。

王宇信 1999　甲骨文"馬"、"射"的再考察——兼駁馬、射與戰車相配置説，出土文獻研究，第 5 集，科學出版社。

王宇信 2009　中國甲骨學，上海人民出版社。

王子楊 2016　釋花東甲骨卜辭中的"禾"，古文字研究，第 31 輯，中華書局。

謝明文 2012　商代金文的整理與研究，復旦大學博士學位論文，指導教師：裘錫圭。

許子瀟 2017　西周甲骨材料整理及相關問題研究，吉林大學碩士學位論文，指導教師：馮勝君。

姚　萱 2006　殷墟花園莊東地甲骨卜辭的初步研究，綫裝書局。

姚　萱 2012　非王卜辭的"瘳"補説，河北大學學報（哲學社會科學版），第 4 期。

于省吾 1979　釋㐬、徲，甲骨文字釋林，中華書局。

張新俊 2005　釋殷墟甲骨文中的"騽"，古籍整理研究學刊，第 3 期。

周忠兵 2006　甲骨文中幾個从"丄（牡）"字的考辨，中國文字研究，第 7 輯，廣西教育出版社。

張亞初

甲骨金文零釋·釋祇(附 ㄓ、㕻、娰、㰳)

原載《古文字研究》第 6 輯，中華書局，1981 年；收入宋鎮豪、段志洪主編：《甲骨文獻集成》第 13 冊，四川大學出版社，2001 年。

金文中的 ㄓ 表示杜國之姓，據古書記載，杜國爲祁姓，郭沫若（1954：205—210）據此將該字釋爲"祁"。該字的聲旁與召伯簋中的 ㄓ、石鼓文中的 ㄓ、三體石經中的"祇"字古文 ㄓ，十分相似，郭沫若先生將它們進行認同。"祁"與"祇"語音相近，可見郭先生的這一意見不僅有形體依據，還有語音支撐。而且相關辭例據"祁"、"祇"的語音也都能很好地解釋。在後來發現的古文字資料中這類形體不斷出現，且用法明確，充分印證了郭先生的說法。

張文在郭先生意見的基礎上，將甲骨文中的 ㄓ、ㄓ、ㄓ 等字，與上揭形體進行認同，並把這類字的演變過程圖示如下：

ㄓ——ㄓ、ㄓ——ㄓ——ㄓ

認爲其中的 ㄓ 是最原始的形體，象樹木枝葉茂盛、舒展狀，是文獻中表示盛、多、大和舒徐的"祁"的本字。需要指出的是，張文認爲"祇"與"祇"古本同字，所以張文題目中用"祇"字。

張文將上揭文字認同，有比較可靠的形體上的根據，現已被學界普遍接受（參于省吾 1996：1481，劉釗 2014：7，李宗焜 2012：536）。這類字與"祁"、"祇"語音相近，語音的大體範圍是可以知道的。所以該文將 ㄓ 釋爲"祁"的本字，在語音上也不是沒有根據。該文找到 ㄓ、ㄓ 等字在甲骨文中的形體，是其最大的貢獻。這一發現，使我們知道這類字並不是像郭沫若（1954：221，1956：

2）所説的，象兩"䏧"（缶）相抵，而是象植物之形。

不過張文將❉釋爲"祁"的本字，雖然在語音上沒有問題，但在形體上是有疑問的。比如説，如果該字真的象樹木枝葉茂盛、舒展狀，爲何著重突出樹木向下垂的枝葉，而向上伸展的枝葉僅有一重，且不作舒展狀？而且該字還有諸多異體，有的形體並不象樹木枝葉茂盛、舒展狀，如❉。這些都是無法合理解釋的。馬薇廎（1971：1333）將❉釋作"旌"，認爲字形象旌節形。陳漢平（1989：106、114—116）將❉釋爲"弓"、"束"，將❉釋爲"甹"。皆難以令人信服。該字究爲何字，還需進一步研究。

張文還順帶考釋了甲骨、金文中的幾個字，分別是甲骨文中的❉，金文中的❉、❉、❉、❉等字。該文認爲❉是甲骨文中的"祁"字之省，爲國族名，讀如"祁"，❉是祁國族氏的女子。該文認爲❉的左旁是甲骨文中"祁"字的析書，右旁"斤"是後加的聲旁，該字是"祈"字的異體。對於❉、❉、❉、❉等字，該文同意柯昌濟、郭沫若的釋"靳"之説，並認爲其基本聲符是❉和"斤"。

陳劍（2007：189—201）將甲骨文中的❉（《合集》22074）、❉（《合集》22129）等形體隸定爲"兂"，認爲這類字从二"几"，同時亦以"几"爲聲。張文所説的甲骨文中的❉，與"兂"用法不同，但兩者形體上的聯繫是很明顯的，所以學者抑或將它們認同（劉釗 2014：779），這應該是正確的。"兂"的某些形體和所謂"祁"字的某些形體的確有些相似，而且"兂"从"几"聲，而"几"與"祁"古音相近，所以將"兂"與所謂"祁"字中間的形體聯繫起來有一定道理，陳劍（2007：191—192）即持這種意見。不過，"兂"的構字能力比較強，又明顯从二"几"形，恐不是所謂"祁"字的省體，而是有其獨立的來源。所謂"祁"字中間的形體與"兂"相似，理解爲變形聲化似更好一些。

❉與❉、❉等字所从的上部形體十分相似，差異僅是左上角或从"木"，或从"朿"，或从"東"，所以❉所从的"木"很有可能是"朿"或"東"的簡省，也就是説❉的左上角其實並不从"木"，孫詒讓（1988：60）即持這種意見。這樣理解的話，❉與所謂的"祁"字恐怕就沒有關係了。

❉、❉、❉、❉等字，近來謝明文（2018：26—36）有專文討論，力主這類字應釋爲"報"，大家可以參看。

（劉　雲　撰）

• 參考文獻

陳漢平 1989　屠龍絶緒，黑龍江教育出版社。
陳　劍 2007　甲骨文舊釋"智"和"蠿"的兩個字及金文"翾"字新釋，甲骨金文考釋論集，綫裝書局。
郭沫若 1954　金文餘釋之餘·釋嬬，金文叢考，人民出版社。
郭沫若 1956　由壽縣蔡器論到蔡墓的年代，考古學報，第1期。
李宗焜 2012　甲骨文字編，中華書局。
劉釗主編 2014　新甲骨文編（增訂本），福建人民出版社。
馬薇廎 1971　薇廎甲骨文原，藝文印書館。
孫詒讓 1988　古籀餘論，華東師範大學出版社。
謝明文 2018　西周金文車器"鞎"補釋——兼論《詩經》"鞹鞃"，漢字漢語研究，第4期。

沈建華

甲骨文釋文二則・釋雹

原載《古文字研究》第 6 輯,中華書局,1981 年;收入宋鎮豪、段志洪主編:《甲骨文獻集成》第 13 册,四川大學出版社,2001 年;又收入沈建華:《初學集:沈建華甲骨學論文選》,文物出版社,2008 年。

甲骨文中的⚬字,舊或釋爲"霽",或釋爲"需"(于省吾 1996:1155—1156)。沈建華先生該文認爲該字的下部形體與"齊"字不類,該字絶非"霽"字,而是"雹"字初文,象下雹子之形。

沈文用相關卜辭辭例來驗證了釋"雹"的意見。指出《殷虚文字丙編》61(《合》11423)中有兩條對貞卜辭,卜問的是⚬是否會引起災咎,據這兩條卜辭,該字顯然不能釋爲表示雨止的"霽",而釋爲"雹"字就文從字順了。沈文還系統梳理了"雹"字的演變脈絡,指出"雹"字由甲骨文中的⚬演變爲《説文》"雹"字古文𩃙,再演變爲楚帛書"伏羲"之"伏"𩇓,而𩇓下部所從之人形偏旁,就是"雹"的聲旁"包"之所從,所以最後又演變爲《説文》中從"雨"、"包"聲的"雹"。

沈文對"雹"字的考釋,有比較堅實的形體上的根據,驗諸辭例也很允洽,所以學界大都接受了這一觀點。卜辭中"雹"字的釋出,將我國對冰雹的記載提前至商朝,爲我國古代氣象史添加了重要資料。沈文對𩇓的分析較爲簡略,金祥恒(1968:1—9)有較爲詳細的分析,大家可以參看。不過,李學勤(2000:30—32)有不同意見,李先生認爲該字是"雨"字異體。但李先生此説罕有贊同者。

甲骨文中還有一字作ooo,胡厚宣(1980:13—15)將該字也釋爲"雹"。該字出現於《合》21777中,其辭例爲:"辛巳雨,以ooo。"將ooo釋爲"雹"

可以比較好地疏通辭例，而且將◻◻◻視爲◻的省體也是可以理解的，所以學界普遍接受這一觀點（參劉釗 2014：654，李宗焜 2012：429）。不過，近來李春桃（2019：5—14）對◻◻◻的釋讀提出了不同的意見，李先生認爲該字是"星"字的異體，在卜辭中讀爲"眚"，義爲災眚。李先生的説法是以否叔諸器銘文中形似之字的釋讀爲支撐的，不過吳鎮烽（2020）對否叔諸器銘文中的相關之字有不同意見，且很有可能是正確的。這樣看來，李先生對甲骨文中◻◻◻的釋讀恐需斟酌。

（劉　雲　撰）

• 參考文獻

胡厚宣 1980　殷代的冰雹，史學月刊，第 3 期。
金祥恒 1968　楚繒書"鼀慮"解，中國文字，第 28 册，藝文印書館。
李春桃 2019　否叔諸器銘文釋讀——兼釋甲骨文中的"眚"字，文史，第 1 輯。
李圃主編 2004　古文字詁林，第 9 册，上海教育出版社。
李學勤 2000　甲骨文同辭同字異構例，江漢考古，第 1 期。
李宗焜 2012　甲骨文字編，中華書局。
劉釗主編 2014　新甲骨文編（增訂本），福建人民出版社。
吳鎮烽 2020　釋讀山西黎城出土的季姒盤銘文——兼論否叔器，復旦大學出土文獻與古文字研究中心網站，http://www.gwz.fudan.edu.cn/Web/Show/4671，10 月 19 日。
于省吾主編 1996　甲骨文字詁林，中華書局。

黄錫全

甲骨文"㞢"字試探

原載《古文字研究》第 6 輯，中華書局，1981 年；收入黄錫全：《古文字論叢》，藝文印書館，1999 年；又收入宋鎮豪、段志洪主編：《甲骨文獻集成》第 13 册，四川大學出版社，2001 年。

1953 年，在鄭州市貨棧街二里崗期遺存中發現了兩片刻字牛骨，其中一片爲牛肱骨，在骨臼位置刻有一字：

《殷虚卜辭綜述》圖版拾肆

一般認爲此字即殷墟卜辭中常見的"㞢"字。裴明相（1985：253）指出這兩片刻辭牛骨出自經過擾動的商代二里崗期的灰層中，所屬時代爲商代早期。這是目前所見"㞢"字最早的材料。

殷墟甲骨文中"㞢"字習見，其用法基本上是明確的，"在卜辭文例中確與有無之'有'同義，而又可以假借爲又、侑、佑"。但是，字形該如何分析及造字本義是什麽，相當於後世的哪個字，"是一個懸而未決的疑難問題"。從"㞢"字在卜辭中的使用情況看，大概在武乙、文丁之後就不見蹤跡，已經從文字系統中徹底淘汰，爲後世所不傳，所以無法對應上後世某個字。《甲骨文"㞢"字試探》（以下簡稱"《㞢》文"）所做的工作是對"㞢"字的形體進行分析，探索其造字本義。

《㞢》文材料豐富，邏輯清晰，觀點新穎，並且理據充分。曾憲通先生在給《古文字論叢》作序時，對《㞢》文的内容有精煉的概括，還談及點滴文章的寫作背景，頗爲生動。此處不妨摘錄如下：

很多學者都知道甲骨文的"㞢"字在句中的意義和用法相當於"有"和"又"，但對其構形卻一直不得其解，現行的幾種說法都不大可信，成爲甲骨文考釋中的一大難題。據說當年于省吾先生就曾鼓勵他的研究生們對此不妨一試，並半開玩笑地說，"誰解決這個問題，就馬上授予誰的博士學位！"《論叢》中開章第一篇《甲骨文"㞢"字試探》，可能就是在這一背景下產生的。作者在仔細分析比較這個字不同構形的基礎上，根據大量少數民族誌中所反映的有牛即表示富有，又以牛首懸掛家中表示代表財富的材料，首次提出"㞢"字可能就是牛首的形象，其本義應是表示有無之"有"，但爲了區別於"牛"而在形體上稍加變化。這一見解雖不能說就徹底解決了所有的問題，但卻有理有據，顯然比舊說爲優。據說于老閱讀該文即表示"可備一說"，並稱贊其勇於探索和鑽研的精神。現在，錫全君的這一見解已基本上得到學術界的認同了。

《㞢》文認爲"'㞢'字的原始含義，應當來源於社會生活實際，而又爲當時人們所熟知的很普遍的概念"，進而"從文字形體偏旁分析出發，並與有關聯的文字相互比較，再鉤稽古籍記載，參考或利用少數原始民族所保留的生產或生活上的某些風俗習慣"對"㞢"字形義問題進行考察。結論是"㞢"是牛頭的象形字，本義爲有無的"有"。

于省吾先生在《甲骨文字釋林序》中説：

> 古文字是客觀存在的，有形可識，有音可讀，有義可尋。其形、音、義之間是相互聯系的。而且，任何古文字都不是孤立存在的。我們研究古文字，既應注意每一字本身的形、音、義三方面的相互關係，又應注意每一個字和同時代其他字的橫的關係，以及它們在不同時代的發生、發展和變化的縱的關係。

《㞢》文就是基於這樣的理論指導寫成的。文章運用綜合論證的方法去探求字的本義，從形、音、義三個方面考查了"㞢"字。

（一）字形

"'㞢'字的基本形體就是人們熟知的牛頭象形字"，可與商代牛首鼎文、牛頭形飾相比較。"㞢"字上部的"凵"形爲牛角，中間的"工／⊥"形表示牛頭的上下端。"㞢"和"牛"字有的寫法相同，在同一組卜辭中二者的寫法往往有區別，而"告"字從牛從㞢無別，這幾點説明"'㞢'與'牛'既有區別，又有不可分割的聯繫"。最後指出"㞢"與"牛"本來是同屬一個形體的字，"爲了表明兩種意思，便在形體上稍加區別"。

（二）讀音

"㞢"、"又"在卜辭中可以通用互作，則"㞢"、"又"、"有"三字音同字通。"又"、"有"屬喻母三等字，"牛"屬疑母字，古韻同屬之部，聲韻可通。

（三）意義

"㞢"是有無的"有"的正字，後假借"又"、"有"來表示。文中列舉了這幾方面的綫索來印證這一說法：以"牛"表示"有"或"富有"在文獻中有所反映；結合考古發掘可以看出殷人是重視和利用牛的；一些少數民族以牛象徵富有；甲骨卜辭中"㞢"的基本含義就是有無的"有"。

《㞢》文說"㞢"是牛頭的象形字，我們還可補充一條比較有利的證據。《合集》21028＋21144（《綴彙》217）有：

壬寅卜，㞢□卜□抑？
壬寅卜，㞢□今夕抑？

雖然卜辭的內容不太清楚，但是"㞢"字十分清晰，兩個字形的寫法一致，可見不是刻寫失誤。此二形中豎向下延伸，與"牛"字的一般寫法非常接近，這可以很好地溝通"㞢"和"牛"在字形上的聯繫。

《㞢》文主要考證了"㞢"的字形和本義，雖然"㞢"是否一定為牛頭的象形仍難以定論，但目前來看確是說解最完備之一說。關於"㞢"在卜辭中的用法以及與"又"的複雜關係，唐鈺明（1992：401—407/2002：68—76）和武亞帥（2017）都有很好研究。唐鈺明先生考查了卜辭中"㞢"和"又"的用例及分佈頻率，揭示了"又"逐步吞沒"㞢"的歷史過程。武亞帥先生全面考查了"㞢"和"又"在卜辭中的使用情況，十分詳細。據其研究，"㞢"和"又"在不同組類的使用情況大致如下：

	有	侑	又	祐	右
師肥筆	㞢	㞢/又		又	
師小字	㞢/又	又/㞢	㞢/又	又	又
師賓間	㞢	㞢	㞢	又	

賓組	屮	屮	屮/又	又	又
午組	屮/又	屮/又	又	又	
婦女類	又/屮	又/屮			又
子組	又	又	又		
圓體類	又	又		又	
出一	屮	屮	屮		又
出二	又	又/屮	又		又
何組	又	又/屮		又	
師歷間	又	又	又	又	
歷組	又	又	又	又	
歷無間	又	又	又	又	
無名組	又	又	又	又	
黃組	又	又	又	又	又
花東	又	又	又		又

(袁倫强　撰)

參考文獻

裴明相 1985　略談鄭州商代前期的骨刻文字，全國商史學術討論會論文集，《殷都學刊》編輯部。

唐鈺明 1992　屮、又考辨，古文字研究，第 19 輯，中華書局（收入著名中年語言學家自選集·唐鈺明卷，安徽教育出版社，2002 年）。

武亞帥 2017　甲骨刻辭"屮/又"字句研究，西南大學碩士學位論文，指導教師：李發。

陳煒湛

甲骨文異字同形例

原載《古文字研究》第 6 輯，中華書局，1981 年；收入中山大學中文系主編：《古文字學與語言學論集》，中山大學出版社，1986 年；又收入宋鎮豪、段志洪主編：《甲骨文獻集成》第 18 册，四川大學出版社，2001 年；又收入陳煒湛：《甲骨文論集》，上海古籍出版社，2003 年；又收入陳煒湛：《三鑒齋甲骨文論集》，上海古籍出版社，2013 年。

所謂異字同形，是指語言中幾個不同的詞用相同的字形符號來記録，學界又稱之爲同形字或同形詞。它與異體字和假借字不同：異體字是幾個不同的字形記録同一個詞，這和同形字恰相反；假借字若從形式上看，其與同形字都是用同一個字形表示不同的詞，但假借所依據的是讀音相同或相近，屬於有意而爲之，同形字則與讀音無關，純粹是字形上的偶合。陳煒湛先生《甲骨文異字同形例》一文是對甲骨文中的異字同形現象首次做專題論述，這不僅有助於甲骨文字的考訂，推動甲骨卜辭的正確釋讀；而且也有助於加深學界對同形字現象的認識，促進文字學理論的研究。陳先生可以説是甲骨同形字研究方面的開創者和引領者。在此之後，也不斷地有學者關注甲骨文中的同形字現象，目前已有多篇學位論文專門研究甲骨文中的同形字，如楊郁彥（2004）、章霜（2013）、吴新華（2013）等。他們在陳先生一文的基礎上，又進一步對甲骨文中的同形字進行了分類整理。關於甲骨文同形字的相關研究過程，讀者可參看上述學位論文，在此不多贅述。下面我們主要就陳先生一文做一介紹。

陳先生一文重點對十三組同形字進行了論證，分別是下與入、女與母、正與足、山與火、臣與目、妙與多母、壬與工與示、甲與七、㐆與刞、子與巳、从與比、月與夕、左與又。其中有些例子前人曾指出過，大家較爲熟悉，如月夕、子巳、甲七等；也有些是陳先生在閱讀材料中發現的，爲陳先生所首提，如下入、妙與多母、犹與剢等，其中將"彡"釋爲"下乙"，陳復澄（1984）後亦持同樣觀點。總體來說，陳先生所舉這十三組例子大多是可信的，如文中對山與火的區別，所引相關卜辭釋讀都較爲可信；對妙與多母的區別也較爲精彩，不過，其中所舉《乙》8817（《合集》22259）應與《乙》8877（《合集》22245）等例子一樣，當理解爲妙，並非多母；在犹與剢之別中，陳先生指出剢之辭義與災異不吉之事有關，這也是非常正確的；臣目一節中對一些卜辭的釋讀意見也都頗具參考價值；對於月夕、左右兩組例子陳先生都另撰有專文論述，見陳煒湛（1980）。

在對甲骨文中的異字同形現象進行舉例論述後，陳先生又對這一現象的形成原因進行了分析，文中共歸納有四個原因：一是字形省簡所致；二是異體字的存在使得一些字的異形與其他字同形；三是由於意義的聯繫而致二字同形；四是文字演變所導致的二字同形。最後一段作者又對異字同形這一現象談了談自己的認識，陳先生指出異字同形現象雖是漢字發展過程中的一個特點，但它是支流，與文字的性質是矛盾的，隨著時間的遷移，這一現象亦逐漸減少、消失。上述分析和認識都十分客觀公允，反映出作者深厚的文字學理論素養。

當然，隨著甲骨文字研究的不斷深入，陳先生文章中也存在一些需要補充修正的地方。

如"正足"一例，文中所舉所謂"雨足"的"足"字，後經劉釗（2001）、季旭昇（2002）、張玉金（2004）等先生考釋，仍爲"正"字，故此例當刪除。"从比"一節中，陳先生所說的"王从某人伐某方"，現學界多從林澐（1981）意見，讀爲"王比某人伐"，林先生文中從類組角度對"从比"做了很好的區分。關於釋"彡"爲"下乙"，後陳復澄（1984）亦持同樣觀點。學界也有一部分學者信從此說，如趙誠（1988：28）、崔恒昇（2001：32—33）、李旼姈（2005）等，但黃天樹（1999）、蔣玉斌（2006）、林宏明（2011）等學者仍主張釋爲"入乙"，我們亦認爲將彡與ㄋ等同是缺乏證據的。如陳先生文中所舉既然"ㄋ"、"彡"在《乙》4549（《合集》22088）和《京津》701（《合集》222176）同處一版，且處於對貞，那正說明兩者是有區別的，應是兩位不同祖先；且若比照"外丙"、"外壬"之祖先稱呼，將"彡"讀爲入（内）乙完全是說得通的，其只見於午組卜辭，可能是一位未曾繼王位的祖先名號。文中所舉《殷綴》149（《合集》22055）中的"合"，當釋爲"入（内）己"。至於所舉《佚》76（《合集》34086）中的"彡"，陳先生糾正舊釋"六旬"的意見應是對的，但是否一定讀爲

"下旬"目前也還難以論定。

　　另外，文中個別辭例的釋讀也不太準確。"女母"一節中所舉《乙》7426，正確釋文應爲"婦姘來"，陳先生所釋"來"後的"女"實爲"姘"的偏旁；"臣目"一節中所舉《乙》7845、7909 中的"子目"實際應爲"子眉"，所舉《京津》7839 中的字形也不是"目"而是"丘"；"壬工示"一節裏有些例子的釋讀也值得商榷，如所舉《粹》1271（《合集》32981）、《京都》60（《合集》16406）中的字形恐都不一定是"工"字；《寧滬》2·52（《合集》27083）中的字形爲"祕"，參裘錫圭（1980）；《契》640（《合集》16609）所謂"示壬"的"Ⅱ"恐是 凸 之殘；《甲》2381（《合集》22379）中的"示癸"實爲天干"壬癸"；《甲》2764（《合集》27382）中的 , 是否一定讀爲"示辛"也存疑，孫亞冰（2014：16）即認爲是"辛向壬"之合文。

（方稚松　撰）

● 參考文獻

陳復澄 1984　殷墟卜辭中的 ，考古與文物，第 2 期。

陳煒湛 1980　甲骨文字辨析（兩篇），中山大學學報（社會科學版），第 1 期（收入甲骨文論集，上海古籍出版社，2003 年；又收入三鑒齋甲骨文論集，上海古籍出版社，2013 年）。

陳煒湛 2003　甲骨文論集，上海古籍出版社。

陳煒湛 2013　三鑒齋甲骨文論集，上海古籍出版社。

崔恒昇 2001　簡明甲骨文詞典（增訂本），安徽教育出版社。

黃天樹 1999　午組卜辭研究，甲骨文發現一百周年學術研討會論文集，文史哲出版社（收入黃天樹古文字論集，學苑出版社，2006 年）。

季旭昇 2002　《雨無正》解題，古籍整理研究學刊，第 3 期。

蔣玉斌 2006　殷墟子卜辭的整理與研究，吉林大學博士學位論文，指導教師：林澐。

李旼姈 2005　甲骨文字構形研究，政治大學博士學位論文，指導教師：蔡哲茂。

林宏明 2011　醉古集——甲骨的綴合與研究，萬卷樓。

林　澐 1981　甲骨文中的商代方國聯盟，古文字研究，第 6 輯（收入林澐學術文集，中國大百科全書出版社，1998 年）。

劉　釗 2001　卜辭"雨不正"考釋——兼《詩·雨無正》篇題新證，殷都學刊，第 4 期（收入古文字考釋叢稿，岳麓書社，2005 年）。

裘錫圭 1980　釋"柲",古文字研究,第 3 輯,中華書局(收入裘錫圭學術文集·甲骨文卷,復旦大學出版社,2012 年)。

施順生 2002　甲骨文異字同形之探討,第十三屆全國暨海峽兩岸中國文字學學術研討會論文集。

孫亞冰 2014　殷墟花園莊東地甲骨文例研究,上海古籍出版社。

吳新華 2013　甲骨文字形同形現象研究,河北大學碩士學位論文,指導教師:陳雙新。

楊郁彥 2004　甲骨文同形字疏要,臺灣輔仁大學博士學位論文,指導教師:季旭昇。

章　霜 2013　甲骨文形同形近現象例說,福建師範大學碩士學位論文,指導教師:林志強。

張玉金 2004　殷墟甲骨文"正"字釋義,語言科學,第 4 期。

趙　誠 1988　甲骨文簡明詞典——卜辭分類讀本,中華書局。

裘錫圭

論"歷組卜辭"的時代

原載《古文字研究》第 6 輯，中華書局，1981 年；收入裘錫圭：《古文字論集》，中華書局，1992 年；又收入《裘錫圭學術文集·甲骨文卷》，復旦大學出版社，2012 年。

裘錫圭先生是較早進行殷墟甲骨分期斷代研究的主要學者之一，發表的相關論文雖然不多，只有《論"歷組卜辭"的時代》這一篇（以下簡稱"《時代》"），但解決的實際問題卻不少，被黃天樹先生稱作是"甲骨斷代領域裏一篇里程碑式的重要論文，具有很高的學術史地位"[1]。這並非是溢美之詞。[2]趙平安、王子楊（2013），黃天樹（2015）先後對《時代》一文進行過評述，尤其是黃天樹（2015）對《時代》一文產生的學術背景和學術地位進行了非常詳盡的介紹和評議，本身就是對《時代》一文的精彩導讀，值得讀者仔細閱讀，定會有很大的收穫。

關於《時代》的寫作背景、組織架構和學術史地位，沒有必要再次重複，請參上引黃天樹（2015）。下面只就黃文沒有來得及言說或者認爲沒有必要言說的問題進行簡單的介紹，供對甲骨分期斷代感興趣的初學者參考。

《時代》一文在討論歷組父乙類卜辭時代時，連帶研究了過去多附屬於自組的一類特殊卜辭，這類卜辭的字體、稱謂系統跟歷組父乙類關係密切，對證明歷

---

[1] 黃天樹：《〈論"歷組卜辭"的時代〉導讀》，《中西學術名篇精讀·裘錫圭卷》，中西書局，2015 年，第 66 頁。
[2] 最早認識到歷組卜辭的父丁是武丁、父乙是小乙的學者是加拿大學者明義士，李學勤先生接受這一觀點，並正式提出歷組卜辭是"武丁晚年到祖庚時期的卜辭"。李説參看《安陽殷墟五號墓座談紀要》，《考古》1977 年第 4 期，第 345 頁；又《論"婦好"墓的年代及有關問題》，《文物》1977 年第 11 期，第 32—37 頁。

組父乙類卜辭的時代很有幫助，因此裘先生對它進行了詳細的研究。裘先生指出，這類卜辭除了字體具有鮮明的特點之外，占卜內容上有兩個地方引人注意：第一，比較喜歡卜問"易日"、"不易日"；第二，比較喜歡把先人稱謂中的日名放在前面，稱作"乙大"、"丁祖"等。裘先生稱這類卜辭爲"歷、自間組"（後來從林澐 1984 的意見，改作"自歷間組"）。裘先生詳細論證後指出"歷、自間組"卜辭當然應該改定爲武丁卜辭，"這種卜辭不會晚到祖庚時期，可以從以下兩方面得到證明。首先，從字體等方面看，歷組父乙類明顯地接近於'歷、自間組'，歷組父丁類跟'歷、自間組'的關係則比較疏遠。……其次，從親屬稱謂上看，這組卜辭也顯然屬於武丁時期。……歷組父乙類比歷組父丁類更接近於'歷、自間組'這一點，還透露出'歷、自間組'的時代可能略早於歷組父乙類。也就是說，這些卜辭有可能是沿着'歷、自間組——歷組父乙類——歷組父丁類'這樣的途徑而逐漸演變的"。同時又認爲，"歷、自間組"卜辭和賓組卜辭都是由自組卜辭發展出來的。把裘先生這些意見用圖表表示出來，如下：

自組 ┬── 歷、自間組 ──歷組父乙類（歷一）── 歷組父丁類（歷二）
　　 └── 賓組 ── 出組

從時代上來說，既然劃分出來的"歷、自間組"在字體上介於師組和歷組之間，這就從類型學上證明了歷組父乙類不會晚到武乙、文丁時期，從根本上否定了歷組卜辭晚期說。同時，上述圖表比較清楚地運用"兩系說"勾勒出不同類組卜辭的先後演變關係，爲後來的學者進行分類斷代工作打下堅實的基礎。①趙誠（2003）評價說："嚴格講來，後來定型時的兩系說的格局，實際上首先是由裘氏提出。"所言是公允的。提出"歷、自間組"卜辭的概念，並排定由自組到歷、自間組，再到歷組父乙類，最後到歷組父丁類，此爲一系；又排定自組到賓組，再到出組，此爲另一系。這個甲骨分期框架的構建，應該是裘先生在甲骨分期領域裏最大的學術貢獻，比論定歷組卜辭的時代還要重要，而甲骨學者卻往往忽略這一點。

《時代》還比較早地提出真正的文丁卜辭的問題，引發了學界的廣泛討論。《時代》認爲"可能文丁卜辭的重要蘊藏地不在殷墟已發掘的範圍之內，也可能已發現的甲骨文裏本來有不少文丁卜辭，但是被我們誤認爲其他時期的卜辭

---

① 黄天樹：《殷墟王卜辭的分類與斷代》，文津出版社，1991 年；彭裕商：《殷墟甲骨斷代》，中國社會科學出版社，1994 年；李學勤、彭裕商：《殷墟甲骨分期研究》，上海古籍出版社，1996 年。

了"。裘先生在頁下注舉出兩類這樣的卜辭：一類是字體接近於黃組而内容與三、四期田獵卜辭相同，現在我們稱爲"無名黃間類"卜辭；一類是《合集》32658 有"三祖辛"稱謂，郭沫若認爲這是文丁對祖父廩辛的稱呼。這可以看作是裘先生對真正文武丁卜辭的探索。文丁卜辭問題引起其他學者的注意，後來李學勤（1981）、林澐（1984）都曾詳加討論。李先生説："按照文化遺産演變的一般原則，武乙、文丁時甲骨應當是介於廩辛、康丁與帝乙時期之間，也就是何組、無名組與黃組之間的類型。真正的武乙、文丁時卜辭，只能求之於此。"李先生在這樣的認識之下，討論了一些甲骨卜辭，得出可能是武乙、文丁卜辭的約略有如下幾種：第一，時代下延至武乙時代的部分無名組卜辭；第二，字體介於無名組和黃組的一部分卜辭（也就是現在稱作"無名黃間類"卜辭），這一認識跟裘先生相同；第三，《屯南》3564、《屯南》61、《屯南》附録小屯西地出土的卜骨；第四，一部分時代可以上提的黃組卜辭。林澐（1984）認爲無名組晚期卜辭才是真正的文丁卜辭，這跟上面提到李先生的第一、第二類内涵是相同的。李學勤（1981）、常玉芝（1986、1987）又指出，黃組卜辭有一部分屬於文丁之世。

《時代》一文還提出第一、二期的界綫劃在何處的問題。董作賓（1933）先是把盤庚至武丁劃定第一期，祖庚、祖甲劃定爲第二期，之間的界綫是比較清楚的。後來董氏根據新的材料，不斷修訂自己的分期理論。董作賓（1950）傾向於把祖庚也劃定到第一期中去。他説："祖庚屬於舊派，一切制度仍武丁之舊而祖甲卻改革了許多。因而祖庚卜辭又往往和武丁時不易分別，不似祖甲時顯然有異。所以我們寧可以説第一期包括祖庚，不能只限於武丁。"這應該是董氏關於甲骨分期最後的意見。裘先生認爲，董氏這樣處理是合適的。裘先生説："賓組晚期和出組早期卜辭在各方面都很接近，如果没有卜人名或各組特有的親屬稱謂，往往難以區別。賓組晚期卜辭裏既有武丁卜辭，也有祖庚卜辭。因此那些有卜人名的賓組晚期卜辭，如果没有可據以斷代的稱謂，通常仍然不能斷定究竟屬於武丁還是屬於祖庚。至於出組早期卜辭，一般把它們全都看作祖庚卜辭。由於出組上延到武丁晚期的可能性並不是完全不存在，這樣做也並不是絲毫没有危險性。還有一件事更增加了劃分武丁晚期卜辭和祖庚卜辭的困難性。那就是在賓組晚期和出組早期卜辭裏，能據以斷代的親屬稱謂特別少。因爲在這些卜辭裏，'父某'一類稱呼很少見，最常見的親屬稱謂乃是'丁'。這既可以是武丁對祖丁的稱呼，也可以是祖庚對武丁的稱呼。在甲骨斷代上，爲了避免上述困難，只能把祖庚時期包括在第一期裏。"裘先生對董氏把祖庚卜辭劃入第一期，進行了詳細的解説，增加了可信性。

不過，裘先生並没有滿足單把祖庚劃定爲第一期，還主張應該把祖甲早期卜辭也歸入第一期。裘先生説："甲骨斷代應以甲骨卜辭本身顯示出來的特點爲根據，既不能完全依靠卜人斷代，也不能要求一定把界綫劃在兩王交替的時候。過去爲什麽把兩個王甚至更多的王的甲骨劃爲一期呢？ 主要是由於他們的甲骨不好分。既然祖甲初期的甲骨與祖庚以及武丁晚期的甲骨不好分，爲什麽不能合爲一期呢？ 從上面所舉的兩片祖甲初期甲骨來看，在我們過去定爲祖庚時期甚至武丁時期的甲骨裏，肯定已經有祖甲初期甲骨混雜在裏面了。明確提出第一期包括祖甲初期，只不過是'正名'而已。"這應該視作裘先生對董氏五期分法的進一步修正，具有重大的理論和應用價值。

除此以外，《時代》還提出不少有價值的看法，可以作爲我們今後進行甲骨相關研究的指導。比如裘先生指出歷組卜辭跟賓組、出組卜辭同時，但文例、字體卻與賓組、出組卜辭有比較大的差異，這跟時代因素無關，很可能是因爲分屬不同的占卜官署。又説："歷組卜辭出現晚期的字形，在早期並不是不存在，只不過賓組卜辭不用它們罷了。"這些意見現在看來，都是很有啟發性的，在解釋卜辭所呈現出來的方方面面的"類組差異"仍具指導意義。

（王子楊　撰）

• 參考文獻

常玉芝 1986　祊祭卜辭時代的再辨析，甲骨文與殷商史，第 2 輯，上海古籍出版社。
常玉芝 1987　商代周祭制度，中國社會科學出版社。
黄天樹 2015　《論"歷組卜辭"的時代》導讀，中西學術名篇精讀·裘錫圭卷，中西書局。
李學勤 1981　小屯南地甲骨與甲骨分期，文物，第 5 期。
林　澐 1984　小屯南地發掘與殷墟甲骨斷代，古文字研究，第 9 輯，中華書局。
趙　誠 2003　斷代和歷組卜辭討論，古籍整理研究學刊，第 6 期。
趙平安　王子楊 2013　甲骨學研究的豐碩成果——《裘錫圭學術文集·甲骨文卷》評述，中國典籍與文化，第 4 期。

林 澐

甲骨文中的商代方國聯盟

原載《古文字研究》第 6 輯，中華書局，1981 年；收入《林澐學術文集》，中國大百科全書出版社，1998 年；又收入《林澐文集·古史卷》，上海古籍出版社，2019 年。

林澐先生的《甲骨文中的商代方國聯盟》一文爲我們勾勒出商代國家組織形式的藍圖，是利用甲骨文研究商史的一篇經典之作。文章最初寫於 1963 年，題爲《商代方國軍事聯盟》（林澐 1998：序 5），後在 1980 年 9 月成都召開的中國古文字研究會第 3 屆年會上正式發表（林澐 1981：67—92）。

文章主要内容爲：一、甲骨文中常見商王親自"比"某征伐某方或商王令其下屬"比"某征伐某方的記載，但其中的"比"常被誤釋爲"从"，所以林先生首先對甲骨文中的"比"（匕）、"从"（人）作了辨析，指出不同時代、不同類别的甲骨文中，它們的寫法雖有變化，但區別明顯。以往學者認爲"比"、"从"無别，是由於"不少甲骨學者對甲骨分期和分類在文字研究上的重要性認識還不夠，一方面未能就同期、同類卜辭的人、匕寫法細加區別……另一方面又把不同期不同類的卜辭中寫法相近的人和匕混淆起來……這正是'比'、'从'兩字至今仍被許多研究者視爲一字的癥結所在"。"比"乃親密聯合之義，比者雙方地位對等。這類卜辭證明商王在軍事活動中與其他方國存在聯盟關係。

二、確定聯盟方國的八類標準：被比者明確稱某方、某伯、某侯者；被比者據它辭可知爲某方、某伯；被比者只稱侯某，但據它辭可知是某侯；被比者據它辭可定爲任；被比者雖未見明確的身份，但據它辭可推定其爲聯盟的方國。這些與戰争有關的比方國卜辭，很好地說明了商代存在方國間的軍事聯盟。且據卜辭可知並非只有商王有方國聯盟，與之對立的方國亦有方國聯盟，此類方國聯盟在商代一直存在。

三、方國聯盟的形成是互相鬥爭的結果，方國間的同盟關係會隨著形勢的發展也發生變化。"方國聯盟只是一種在某段時間內保持相對穩定的共同體。"在武丁後期，隨著商方國聯盟的發展，在商本土周圍，均有聯盟方國爲其屏障，"所謂天子'守在諸侯'的歷史真實背景，就是方國聯盟的盟主以盟國爲軍事屏障"。甲骨文"王"字象斧鉞之形，商代"王"的實際意義爲方國聯盟中的最高軍事統帥。商王作爲聯盟的盟主，對同盟國有以下權力：徵取貢物、入境狩獵、仲裁和懲罰。

四、從甲骨文看，商代並不存在五等爵制，甲骨文中的"伯"、"子"等均爲尊號而非封爵。周初金文三種諸侯稱號"侯"、"田"、"男（任）"在甲骨文中皆有反映，諸侯制應源自方國聯盟制。這種制度在較晚的文獻中以"服"的名義來描述。且據文獻記載，周初的諸侯侯、男、田有等級差別，由此上推，在商代方國聯盟中首領的地位也可能形成了差別。商代的"田"是一個較晚形成的稱號，其來源可能是從商本土有邑落和領土的人物發展而來。諸侯起源途徑有二：一從平等的方國聯盟成員中逐步變爲盟主（"王"）的諸侯；一從母方國分化出獨立的子方國，成爲母方國（"王"）的諸侯。雖然天子和諸侯是實際存在的概念，但若按傳統觀點把先秦時代的國家看作是龐大的專制國家，則離歷史真相太遠。

五、商代諸方國並不一定都是進入階級社會的國家，但從甲骨文看商方國顯然已進入階級社會。以商本土爲核心的方國聯盟，實質是城邦國家聯盟而非部落聯盟。商代的一個方國可能包括多個"邑"，且各方國領土的大小有差異。商作爲方國，其本土不會太大。商在歷史上被稱作王朝，"實際上不過是一個方國的王朝，至多是一個較強大的方國聯盟的王朝"。周代替商，不過是盟主的地位轉入周，只有"發展到兼併其他方國的領土和建立郡縣制度的時候，方國聯盟這種國家組織形式才逐漸被更大的統一國家所取代，結束了我國中原歷史上的城邦國家時代"。

甲骨文比字從二匕，從字從二人，兩字的區別屈萬里先生雖早已指出（屈萬里1948），但其結論並未獲得公認。林先生此文從甲骨文字分期分類角度對此問題進行研究，首先對比了賓組匕及從匕之字的寫法，確定比字從二匕。再分析了匕（比）、人（從）幾字在不同時期不同組類甲骨文中字形的差異，指出同一組類字體下它們的區別很明顯，只是在不同組類中匕、人兩字有的字形較接近，故若無字體分類概念，而將之混在一起考慮，易造成對比、從兩字的誤判。因爲運用了此類科學的考釋方法，林先生此文對比、从兩字的考釋結果獲得學界公認，是文章的一大貢獻。從分期分類角度考釋甲骨文字的科學方法現已被越來越多的學者重視，陳劍（2007）、王子楊（2013）皆對此有深入的探討，可參看。

林先生此文另一大貢獻是在于省吾（1957）研究基礎上，提出了商代方國聯盟的觀點。文章對方國聯盟如何形成、聯盟諸方的關係、方國聯盟與諸侯制的關係、方國聯盟的實質等一系列問題作了精彩的闡釋。

在此文之後，林先生繼續對相關問題保持持續關注，發表了系列高水平的研究文章，如林澐（1986）提出的中國古代國家起源於"都鄙群"的觀點，即是對此文"城邦國家聯盟"觀點的修正等。林澐（2018）更是從"商代的國家形式"、"商王國的社會結構"、"商王的權力"三方面對商代史相關問題進行系統闡釋，體現了林先生的最新研究成果，可參看。這些研究體現了林先生對中國早期國家起源、國家形式等問題的深入思考，對推進此類重大問題的研究貢獻了自己的力量。

當然，由於早期國家起源、組織形式等問題可依據的史料貧乏，一種理論的提出，必然會出現不同的觀點，如王震中（2013：14—17）認爲商王朝是一種複合制的國家形態，由內服之地的王國與外服之地的侯伯等屬邦組成。這與林澐（1986）一文中討論的方國聯盟爲商王國（內服）與諸侯國（外服）之間的聯盟是接近的，只是此類國家的一些具體的特點還有不同，如外服諸侯是否到內服任職等，但在商是複合式國家這點上已達成共識。

具體到"比"的詞義，也有學者提出不同的觀點，如楊升南（1983：151）認爲應訓爲"輔"，相關卜辭體現出"商王是這些軍事行動的主導者……諸侯是協助商王而不是相反"。李宗焜（2007：128—133）亦贊同訓爲"輔"，但認爲戰爭的主力是被比者。劉源（2008：111—116）認爲比有會同、協力之義，卜辭中被比者主要是商王國的外服諸侯和商人的強族首領，因而不能充分體現商代存在方國聯盟。

"比"的字形爲並列的兩匕形，因而很容易引申出並列、偕同、聯合這樣的義項，故作爲動詞的比在一般的卜辭中被看作同、與這樣的詞義很合適。而在戰爭卜辭中可將與、同這類詞義具體理解爲聯合。林先生之所以認爲"王（或王的屬臣）比某某"類戰爭卜辭中的被比者乃商的同盟方國，最主要的應是注意到商本國的婦好、子商等人物從來不出現在被比者的位置，所以從商的角度來看這些被比者顯然是屬於別國，而比的詞義可解釋爲聯合，故此類戰爭卜辭反映了商和同盟方國的軍事聯盟關係。上述三説對林先生强調的此類卜辭的這一特點並未提出好的反駁意見，故它們的結論並不足以推翻林先生以此類卜辭爲出發點提出的方國聯盟説。

（周忠兵　撰）

• 參考文獻

陳　劍 2007　甲骨金文考釋論集，綫裝書局。
李宗焜 2007　卜辭中的"望乘"——兼釋"比"的辭意，古文字與古代史，第 1 輯，"中央研究院"歷史語言研究所。
林　澐 1979　從武丁時代的幾種"子卜辭"試論商代的家族形態，古文字研究，第 1 輯，中華書局。
林　澐 1986　關於中國早期國家形式的幾個問題，吉林大學社會科學學報，第 6 期。
林　澐 1990　商代兵制管窺，吉林大學社會科學學報，第 1 期。
林　澐 1998　林澐學術文集，中國大百科全書出版社。
林　澐 2005　"百姓"古義新解——兼論中國早期國家的社會基礎，吉林大學社會科學學報，第 4 期。
林　澐 2012　再論殷墟卜辭中的"多子"與"多生"，古文字與古代史，第 3 輯，"中央研究院"歷史語言研究所。
林　澐 2016　中國考古學中"古國""方國""王國"的理論與方法問題，中原文化研究，第 2 期。
林　澐 2018　商史三題，"中央研究院"歷史語言研究所。
劉　莉　陳星燦 2002　中國早期國家的形成——從二里頭和二里崗時期的中心和邊緣之間的關係談起，古代文明，第 1 卷，文物出版社。
劉　源 2008　殷墟"比某"卜辭補説，古文字研究，第 27 輯，中華書局。
裘錫圭 1983　關於商代的宗族組織與貴族和平民兩個階級的初步研究，文史，第 17 輯，中華書局（收入裘錫圭學術文集·古代歷史、思想、民俗卷，復旦大學出版社，2012 年）。
裘錫圭 1983　甲骨卜辭中所見的"田""牧""衛"等職官的研究——兼論"侯""甸""男""衛"等幾種諸侯的起源，文史，第 19 輯，中華書局（收入裘錫圭學術文集·古代歷史、思想、民俗卷，復旦大學出版社，2012 年）。
屈萬里 1948　甲骨文从比二字辨，中央研究院歷史語言研究所集刊，第 13 本，商務印書館。

王震中 2013 中國古代國家起源、發展與王權形成論綱，中原文化研究，第 6 期。
王子楊 2013 甲骨文字形類組差異現象研究，中西書局。
楊升南 1983 卜辭所見諸侯對商王室的臣屬關係，甲骨文與殷商史，上海古籍出版社。
于省吾 1957 從甲骨文看商代社會性質，東北人民大學人文科學學報，第 2—3 期。

常正光

"辰爲商星"解
—— 釋"辰、辳、䢈"

原載《古文字研究論文集》(《四川大學學報叢刊》第 10 輯),1982 年 5 月;收入宋鎮豪、段志洪主編:《甲骨文獻集成》第 32 册,四川大學出版社,2001 年。

《"辰爲商星"解——釋"辰、辳、䢈"》(以下簡稱"《辰》文")的主要觀點在先前發表的《殷曆考辨》一文中就已經提出過,此文詳細地進行了論述。

《左傳》昭公元年載:

> 昔高辛氏有二子,伯曰閼伯,季曰實沈,居於曠林,不相能也,日尋干戈,以相征討。后帝不臧,遷閼伯于商丘,主辰。商人是因,故<u>辰爲商星</u>。遷實沈于大夏,主參,唐人是因,以服事夏、商。

這是一段子產講給叔向的神話故事,《辰》文即試圖解讀何謂"辰爲商星"。文章脈絡清晰,層次分明,主要圍繞三個議題展開:

1. "辰"字的本義

蛤蚌是商族居住區的一項特產,早在原始農業生産中,商族就已經使用蚌製農具。"辰"既是蛤蚌,又指用蚌殼製作的農具。"辰"即蚌鐮的象形字,得名由"䘃"而來。後世幾種主要的農具,如銚、鎒、銍、鐮等,都是在"辰"的基礎上發展來的。

2. 商族人對"大辰星"的認識

在判知農時方面,商族是以"大辰星"爲依據的,而"大辰星"的得名由來是地上辰農具在天上的比擬。

3. 甲骨文中的"晨"字

通過辭例對照，甲骨文中舊釋爲"農"的"蓐"應釋爲"晨"。"莀"也是"晨"。"蓐、莀"與"朝"、"暮"的表意手段相同，即用大辰星在草木叢中，以表示天色將曉的天象。根據甲骨文中"蓐、莀"二字的考釋，一方面說明商族人將大辰星與日月同等看待，另一方面說明商族熟知大辰星的運行規律。

當然，這三個問題的討論都服務於"辰爲商星"的解讀。商族的原始農業是辰農業，包括辰爲農具，辰爲農時。"大辰星"是商族判知農時的依據，意義重大，故被尊爲商族的代表，因而有"辰爲商星"的神話流傳。

"辰爲商星"本身源於神話傳說，其源頭和依據都難以追溯，《辰》文的說解有一定道理。而《辰》文在甲骨學上的貢獻更在於，指出了甲骨文中的"蓐"表示的是"晨"，這可謂一個重要的發明。

甲骨文"辰"字的寫法大同小異，可作 ![]、![]、![]、![] 等形體，《說文》據小篆字形說解，沒有解釋清楚"辰"的字形本義。郭沫若先生的意見影響很大，他認爲"辰"是耕器，作貝殼形者是蜃器，作磬折形者爲石器，是個象形字。徐中舒先生認爲"辰"象套在手指上的蚌鐮或石鐮。裘錫圭（2012：246）認爲"辰"是用來清除草木的一種農具，形制與斤、钁相類，象刃的部分跟"石"的初文形同，很可能是辰這種農具本爲石器的反映，字形象把石質辰頭捆在木柄上。據甲骨文"辰"的字形及相關的字而言，裘先生的說法更合理。

《辰》文所釋甲骨文"晨"字，从辰从林，寫作：

![]《合集》22610　![]《合集》23419　![]《合集》23475

與《說文》"農"字下所收的一個古文"蓐"形同，以往學者都據《說文》釋爲"農"。《辰》文考查卜辭中的實際用例，指出不从手的"蓐、莀"並不具有"農"的含義。再通過對照類似辭例，指出"暮酒"、"暮歲"、"朝歲"與"蓐酒"、"蓐歲"、"今晨歲"屬於同一類型，而"朝"、"暮"都是紀時之詞，進而將"蓐"釋爲"晨"。這個意見得到了學者的廣泛認可，無疑是可信的。

"蓐"常用於"惠蓐酒"（《合集》23153、23161）、"惠今蓐酒"（《合集》23150、25157），學者指出與無名組"惠某酒"的文例是一致的。無名組"惠某酒"之間的字往往是時稱或干支，由此可以推知"蓐"也應是時稱（常玉芝1998：166）。卜辭還有：

(1) 壬申卜，㱿貞：兄壬歲惠䢅。
　　　貞：其昏。　　　　　　　　　　　　　　　　（《合集》23520，出二）
(2) 貞：中丁歲惠䢅。
　　　貞：于既日。二月。　　　　　　　　　　　　（《合集》22859，出二）

（1）辭中"䢅"和"昏"對貞，說明"䢅"確實是個時間詞。陳夢家（1988：227）指出，"卜辭近稱的紀時之前加虛字'叀'，遠稱者加虛字'于'"。（2）辭中"惠䢅"和"于既日"對貞，"既日"指日出之後，說明"䢅"所指時間在日出之前。所以，從用法上看，將"䢅"釋爲"晨"是很合適的。

但是，釋"晨"還存在許多疑問。一是《辰》文對"䢅"字的構形分析，難以讓人信服。二是"農"字可以不從又，如史墻盤銘文中"農穡"的"農"即寫作"䢅"。三是《說文》訓"早昧爽"的"晨"從臼從辰，而甲骨文就有這樣一個字形：

　　　　　　𦥑《合集》9477（《前》4·10·3）

(3) □□卜，賓[貞]：令多晨□岀□岀。

雖然卜辭中並不用以紀時，但與《說文》"晨"的形體相合。四是，釋"晨"也不好解釋"䢅"的動詞用法。總之，只能說卜辭中"䢅"可以用來記錄"晨"這個詞，但具體應該釋爲哪個字還需要再研究。

"䢅"表示時間詞"晨"，只見於出組卜辭中，其他組類偶見"䢅"字，但用法不同。用法比較明確者有：

(4) □□卜，爭[貞]：令得䢅。十二月。
　　　　　　　　　　　　　　　　（《合集》9495＝《上博》2426·1005，賓三）
(5) 貞：惠得令䢅。　　（《合集》9496＝《合集》21486＝《甲釋》218，賓出）

這兩條卜辭所卜之事相同，"䢅"字在此處應該是個動詞，即命令得（人名）從事䢅這項工作。釋"晨"不好解釋這兩條卜辭中"䢅"的含義。

甲骨文中還有從艸從辰的"莀"字：

　　　　𦫳《合集》10474　　𦫳《合集》9492

《辰》文也釋爲"晨"。"莀"字出現的組類和用法與表示"晨"的"䢅"字都不同。據古文字通例，作爲表意偏旁的"林"和"艸"可通，"䢅"和"莀"看作是一字異體是可能的。《玉篇・艸部》："莀，古文農。"西周金文也有寫作從艸的"農"字，如田農鼎、農簋。據此將甲骨文"莀"釋爲"農"的異體未嘗不可。"莀"字在卜辭中僅數見，辭例大都殘，僅有一條卜辭完整：

(6) 丁未☐蓍呼☐

甲寅卜，王：叀莀示琮。五月。　　　　　　　　　　　（《合集》10474，師賓間）

"莀"應該是人名。"蓍"與"莀"見於同版，但可惜前一辭殘，辭意難詳。如果"蓍呼"可連讀，"蓍"也可能是人名，説"蓍"與"莀"是同一人也是可能的。《合集》9492僅殘存三個字，學者一般看作一辭連讀：

(7) ☐其弗莀。　　　　　　　　　　　　　　　　　　　　（《合集》9492，賓出）

如果這樣讀無誤，"莀"就應該是一個動詞，用虛詞"弗"，説明是一種可掌控的行爲。這似乎可以與（3）、（4）辭的"蓍"相聯繫，結合字形判斷，有可能就是指清除草木一類工作。

甲骨文有從林或艸從辰從又的"農"字：

[字形]《合集》583反　　[字形]《屯》2061　　[字形]《合集》20624

擇其辭例較完整者：

(8) 于遠亡災，擒。

于農擒。

于遠擒。　　　　　　　　　　　　　　　　　　　　（《屯》2061，無名組）

(9) 乙丑，王：[字形]鬱方。

乙丑，王：農鬱方。　　　　　　　　　　　　　　　　　（《合集》20624，師肥筆）

可知，"農"在卜辭中用爲地名。字形"象以手持辰除去草木之形"（裘錫圭2012：245），學者一般都贊同釋爲"農"字。金文"農"寫作：

[字形]《集成》3575・1　　[字形]《集成》5424・1　　[字形]《集成》2174

[字形]《集成》5484　　[字形]《集成》2803　　[字形]《集成》187・1

或增加意符"田"，後世"農"字所從囟旁，即"田"之訛變。《上博》五・三15"務農"之"農"寫作[字形]，與甲骨文同形。甲骨文中從又與否，多爲一字之繁簡體，金文"農"字从又與否，也不構成區別特徵。由此來看，甲骨文"蓐"與"蔑"很可能還是一字，是"農"字的不同寫法。

從現有材料來看，綫索多指向"蓐、䢉"可能就是"農"，與"蔑、薎"是異體關係。在卜辭中，後者主要用作地名，前者用作動詞，指清除草木，出組卜辭用"蓐"來表示"晨"。

"晨"字从臼从辰，顯然不是表昧爽義的"晨"的本字，這就與用"蓐"表示"晨"的情況類似。楊樹達（1983：51）認爲，"農民兩手持蓐往田，爲時甚早，故以兩手持辰表示昧爽之義"。這僅屬於合理的推測，没有什麽可靠的證據。"蓐"和"晨"用來表示"晨"，也可能就是一種假借的用法。那麽，"蓐"就可能有"農"、"晨"兩個讀音。

總之，《辰》文指出"蓐"表示"晨"應該是正確的，但其中的道理，還需要進一步研究。

（袁倫强　撰）

• 參考文獻

常玉芝 1998　殷商曆法研究，吉林文史出版社。
常正光 1981　殷曆考辨，古文字研究，第 6 輯，中華書局。
陳夢家 1988　殷虛卜辭綜述，中華書局。
裘錫圭 2012　甲骨文中所見的商代農業，裘錫圭學術文集・甲骨文卷，復旦大學出版社。
楊樹達 1983　積微居小學述林，中華書局。

曹錦炎

釋甲骨文北方名

《釋甲骨文北方名》，原載《中華文史論叢》第 3 輯，上海古籍出版社，1982 年；收入宋鎮豪、段志洪主編：《甲骨文獻集成》第 13 册，四川大學出版社，2001 年。《讀甲骨文劄記（二則）》"釋北方名"，原載《上海博物館集刊》第 4 期，上海古籍出版社，1987 年。

曹錦炎先生關於甲骨文北方名的文章，最早以《讀甲骨文劄記（二則）》（其中第一則爲"釋北方名"）爲題於 1981 年在中國古文字研究會第四届年會上發表（參看裘錫圭 1992：51 注①），後來與北方名相關的第一則以《釋甲骨文北方名》爲題單獨發表（曹錦炎 1982）。後來又以古文字年會文章《讀甲骨文劄記（二則）》原貌刊出（曹錦炎 1987）。據後者附記"本文曾以補白形式刊載於《中華文史論叢》1982 年第 3 輯，删削過半，幾不成文，今一仍其舊"（第 196 頁），可知後者更完整，更能代表作者觀點，故本書據後者收入。

甲骨文北方名其原篆作㔾（《合》14294）、㔾（《合》14295），文獻與之對應的字作宛或奧。在曹先生的文章發表之前，對此字的釋讀意見爲：

1. "甲骨文北方曰某之字適殘，然由其右半觀之，字亦從宀，或即宛"（胡厚宣 1944：3）。楊樹達（1945：81）讚同其觀點。此後胡先生將之隸定爲㔾，其爲勹省，而勹爲免字，宛之重文作冤，即免字，所以㔾即宛字重文（胡厚宣 1956：57）。

2. 分别將《合》14294、14295 上的此字釋爲"宛"、"元"（陳夢家 1956：586、590）。

3. "宛字左半微泐，或釋宛非是，本不從宀"（于省吾 1956：序）。于省吾（1979：124）認爲此字釋爲"宛"已得到解决。"蓋爲古文宛之殘字。卜辭有㿱字，于省吾氏釋智。其智字所從之㿱，與㿱殘字相近。胡氏以爲從宀，非也。……夗爲宛之初文"（陳邦懷 1959：4）。 陳先生後又直接將之摹作 ⁊，釋爲"夗"（陳邦懷 1989：4）。

4. "⁊ 字頗難決定其爲宛字之殘，或是奧字之泐。……⁊ 確飲字形泐"（丁山 1961：89—91）。

可見，學者爲將之與文獻用字聯繫，多將此字釋爲夗或讀音與夗接近的字（丁山將之釋爲"飲"，顯不可信）。曹先生指出釋讀爲"夗（宛）"的意見並不可信，而將之準確地釋爲"伏"，其主要觀點如下：

1. 將北方名用字隸定作勹，此字原篆分別作 ⁊（《合》14294）、⁊（《合》14295），島邦男《殷墟卜辭綜類》將之分別摹作 ⁊、⁊，皆誤。甲骨文智所從夗其字形可作 ⁊、⁊、⁊，與北方名字形區別明顯，所以 勹 皆非夗（宛）字。

2. 甲骨文竹、骨等字所從勹，其字形作 ⁊、⁊、⁊ 等，它們與北方名用字字形相同，後者于省吾先生指出"象人側面俯伏之形，即伏字初文"，所以北方名實爲"伏"。

3. "北方曰伏"見於典籍，如《尸子》曰："北方者，伏方也。"在傳世文獻中，北方是與冬季聯繫在一起的，"冬季寒風凜冽，萬物皆藏伏"，故稱北方爲"伏"。

4. 在《山海經》中北方名爲鳧，其異體作鵜，可讀爲"宛"。宛有屈伏之義。又宛與鬱字音義可通，鬱字甲骨文、金文作 ⁊、⁊，其造字本義與"伏"有關。所以，《山海經》北方名"鳧"與甲骨文之"伏"，來源是一致的。

曹文最大的貢獻在於他能跳出將北方名的甲骨文用字與文獻用字對讀的思維定勢，從字形實際出發，指出此字應釋爲"伏"。甲骨文四方名其較清晰字形作 ⁊（北圖 12789）、⁊（北圖 5396）（採自胡輝平 2012：102），作俯身之形①，與甲骨文中的夗差別明顯（兩者更多字形參看李宗焜 2012：186—187 智，從夗；504 鬱、505 苞、624 鳧，從伏），可知釋爲"伏"可信（此字裘錫圭 1980：161 懷疑是"俯"，伏、俯音義接近）。

曹先生此文發表後，學界或贊同其說，如李學勤（1985：100）對北方爲何稱伏方作了進一步論證："'伏'的意思是伏藏，而《堯典》'隩'或作'奧'，也訓

---

① 14294 上的伏字學者多摹作 ⁊，從拓片看象手的部分似乎也有這樣一斜筆，但 14295 上此字異體作 ⁊，且甲骨文中從伏的字，其字形亦只作 ⁊ 形，皆無斜筆，所以 14294 拓片所顯示的斜筆可能是泐痕（從拓片看此斜筆較細，與其他筆劃有異），此字宜作 ⁊。當然退一步說，此字中的斜筆非泐痕，其構形也是可以解釋的（參看李家浩 2012：32）。曹錦炎先生對 14295 上的"伏"字摹寫有誤。

爲藏。至於《大荒經》作'夒'，前人已指出讀爲'宛'……'宛'義爲蘊，蘊也有藏的含義。由三者異文，可知北方名必須訓爲藏，這當然是和從事農業生産的古代人民行事直接有關的。"（肖春林 1995：48 與之同。另，前文引用曹先生的觀點，其實也是從意義方面來溝通甲骨文用字與文獻用字的關係，只是説得不太清晰）蔡哲茂（1989）亦進行了補充，認爲："鬱從伏聲……宛通鬱……夒當然可讀成'伏'。"①

或仍堅持釋爲夗或宛，如李學勤（2003：161—165）、王暉（2004）、蔡哲茂（2013a：183）釋爲"丸（宛）"。王暉（2004：324）雖從夗（宛）立說，但對甲骨文稱北方爲夗方，它與文獻又稱北方爲伏方是怎樣一種關係進行了解釋："甲骨文及《大荒東經》爲北方神名爲'夗'或'鵷'，義爲蘊藏、積蓄，這與文獻稱北方爲'伏方'義同。"

或作其他解釋，如鄭慧生（1984：11）釋爲"氐"，認爲："隩爲水中之土，爲根基；氐爲根本，二者在内容上是一致的。所以北方方名，卜辭爲氐，《堯典》爲隩。"馮時（1994：145—147）釋爲"九"，認爲："《説文》：'九，鳥之短羽飛九九也。象形。讀若殊。'……卜辭九字象人屈身之形，意有長短之寓。……鬱爲匣紐物部字，與宛雙聲疊韻，古音相同。鬱本從九（凡）得聲，……九與夗、宛古音相近，義亦相通。"

以上諸説，另立説法的兩説立論基礎皆有問題，如 ᚠ 顯非氐，而所謂九乃《説文》割裂殳而成的一個字（參看李家浩 2012：32），據《説文》所記音義來立論，結論自然值得懷疑。所以，這兩説對此問題的解決起到的推動作用不大。

而贊同"伏"説或"夗"説的學者，都對如何合理溝通甲骨文用字與文獻用字的不同進行了新的探索，提出了一些合理的説法，如李學勤（1985）從伏、隩、夒三者皆有蘊藏義來説明甲骨文稱"伏"與文獻稱"隩（夒）"表達的意思是一致的。而支持釋"夗"的學者，也注意到文獻還有稱北方爲伏方的説法，亦從它們皆有蘊藏義這一角度對此不同進行了解釋。

問題至此，可以看出學者對北方名義與蘊藏義有關還是比較一致，但對甲骨文北方名用字到底是釋爲伏還是夗仍有不同，特别是李學勤（2003）、蔡哲茂（2013a）又改從"夗"字説（稍晚的蔡哲茂 2013b 仍維持"伏"説），可見學者對此字的釋讀還是不確定的。究其原因，大概還是覺得將之釋爲"夗"，與文獻

---

① 不過，蔡先生認爲"鬱"從伏聲，是建立在不可靠的基石之上，他認爲 ᚠᚠ（6946）字爲鬱字異體，進而推論鬱中的伏乃聲符。可所謂 ᚠᚠ 其實是 ᚠᚠ 字的誤摹，與鬱無關。

對讀更爲直接。

前文說過，曹文最大的貢獻是準確地辨識了甲骨文此字應釋爲"伏"，但是否如他所說北方應改稱爲伏方呢？李家浩（2012：34）指出這種說法其實是有問題的，因爲文獻所謂伏方乃是用聲訓方式解釋四方得名之由，相似的如稱東方者何，動方也。但古人顯然不把東方稱爲動方，所以北方亦不應稱爲伏方。

另外，李先生還指出甲骨文四方名用字與文獻用字的關係，要麼是同一個字，要麼是讀音相同的字，故"勹（伏）"應該與夒（隩）的讀音一致，所以李先生在文中用了大量的例子來說明勹（伏）具有宛一類的讀音。如此一來，記錄北方名的甲骨文用字雖作勹（伏），但要讀宛這類音，甲骨文用字與文獻文字的不同得到了合理的解釋，此問題得到了圓滿的解決。

（周忠兵　撰）

• 參考文獻

蔡哲茂 1989　甲骨文四方風名再探，金祥恒教授逝世周年紀念論文集。
蔡哲茂 2013a　甲骨文四方風名再探，甲骨文與殷商史，新 3 輯，上海古籍出版社。
蔡哲茂 2013b　説甲骨文北方風名，東華漢學，第 18 期。
曹錦炎 1982　釋甲骨文北方名，中華文史論叢，第 3 輯。
曹錦炎 1987　讀甲骨文劄記（二則），上海博物館集刊，第 4 期，上海古籍出版社。
陳邦懷 1959　殷代社會史料徵存·四方風名，天津人民出版社。
陳邦懷 1989　一得集，齊魯書社。
丁　山 1961　中國古代宗教與神話考·四方之神與風神，龍門聯合書局。
馮　時 1994　殷卜辭四方風研究，考古學報，第 2 期。
胡厚宣 1944　甲骨文四方風名考證，甲骨學商史論叢初集，齊魯大學國學研究所。
胡厚宣 1956　釋殷代求年於四方和四方風的祭祀，復旦學報（人文科學），第 1 期。
胡輝平 2012　國家圖書館藏"四方風"與大龜四版，中國書法，第 6 期。
李家浩 2012　甲骨文北方神名"勹"與戰國文字從"勹"之字，文史，第 3 輯。
李學勤 1985　商代的四風與四時，中州學刊，第 5 期。
李學勤 2003　申論四方風名卜甲，華學，第 6 輯，紫禁城出版社。
李宗焜 2012　甲骨文字編，中華書局。
裘錫圭 1980　甲骨文字考釋（八篇）·釋"夒"，古文字研究，第 4 輯，中華書局。

裘錫圭 1992　釋南方名，古文字論集，中華書局。

王　暉 2004　論殷墟卜辭中方位神和風神的蘊義，2004 年安陽殷商文明國際學術研討會論文集，社會科學文獻出版社。

肖春林 1995　殷代的四方崇拜及相關問題，考古與文物，第 1 期。

楊樹達 1945　甲骨文中之四方風名與神名，積微居甲文說・卜辭瑣記，中國科學院（1954）。

于省吾 1956　商周金文錄遺・序言，科學出版社（1957）。

于省吾 1979　釋四方和四方風的兩個問題，甲骨文字釋林，中華書局。

鄭慧生 1984　商代卜辭四方神名、風名與後世春夏秋冬四時之關係，史學月刊，第 6 期。

鄭傑祥 1994　商代四方神名和風名新證，中原文物，第 3 期。

裘錫圭

061

釋 "𧍙"

原載《古文字學論集初編》，香港中文大學中國文化研究所吳多泰中國語文研究中心，1983年；收入《古文字論集》，中華書局，1992年；又收入《裘錫圭自選集》，河南教育出版社，1994年；又收入《裘錫圭學術文集·甲骨文卷》，復旦大學出版社，2012年。

殷墟甲骨文中寫作、等形之字（《甲骨文字編》668—674頁、《新甲骨文編[增訂本]》352頁），舊多隸定作"𧍙"，現在還有人沿用，其實是兩個偏旁都没有認準確。據"𧍙"而讀爲"它"之説，於古書亦無據。此字極爲常見，關涉一大批卜辭的正確理解，但誤説卻長期佔據統治地位。

裘錫圭先生《釋"𧍙"》一文（以下簡稱"裘文"），將此字改釋爲"𡇯"，解釋爲"傷害之'害'的本字"，卜辭中正多用其本義。此説早已成爲定論。

在字形分析方面，裘文首先辨明，此字下所從係"虫"而非"它"（上爲"橫止"形"𠃍"而非"止"此點，自可不必多説）；再根據見於"萬"、"禼"、"𧴪"等字的同類演變現象，論證了"虫"旁可演變爲"禸"形①，那麽全字即可能係後世"禼"字的初文，就是很自然的了。"禼"字見於戰國秦漢出土文字資料，多用爲"害"，也可變作"𢝊"形；從宋本《說文》看，"𡇯"字小篆形的原貌，其上部即作"禼"，全字"𡇯"形即係揉合"禼"、"𢝊"而成。由此可以推導出由"𧍙"到"禼、𢝊"再到"𡇯（𡇯）"的字形演變關係，從而可以論定"𧍙"即"𡇯"字之前身。

---

① 同類的字形演變現象還見於"禹"等字，即研究者論之已詳的所謂"'內'式飾筆"之來源。參看劉釗：《古文字構形學（增訂本）》，福建人民出版社，2011年，第23—24頁。

关于"虫"字的结构及其造字本义，裘文解释谓，"其字形象人的足趾爲蟲虺之類所咬嚙，也與傷害之義相合，應該就是傷害之'害'的本字"，说解甚爲简明直接。再從有關字際關係看，"𢆶（韋）"常用爲从"害"聲之"轄"、"鍩"；从"𢆶"聲之字，或"讀若害"；出土秦漢文字資料中，"萬"抑或有異文作"害"，或用爲"害"。由此，"虫"與傷害之"害"相聯繫最爲自然直接，説爲"害之本字"具有"必然性"與"排他性"。

從卜辭用例看，研究者本已公認，其意義應與"求（咎）"、"囚（憂）"等字相類。讀爲"傷害"之"害"，與此正合。卜辭"有虫"、"亡虫"即"有害"、"亡害"，而"有害"、"亡害"也正是古代成語，見於《詩》、《書》。① "害"字另有造字本義，用爲傷害之"害"係出於假借，那麽殷墟甲骨文本用表意字"虫"爲"害"，就可謂再自然不過了。後刊楚簡中也有很多"萬"及从"萬"聲之字用爲"害"之例，可見這一用字習慣在六國文字起碼是楚系文字中還一直沿用了下來。

裘文發表後，其説即迅速獲得了公認。後出資料中，關沮周家臺秦簡 333 "取車𢆶（轄）"之"𢆶（轄）"字作 ，北大漢簡《蒼頡篇》簡 19 "鍩（鍩）鍵"之"鍩（鍩）"作 ，皆可爲文中所謂"'韋'似是揉合（'萬'和'憂'）這兩種寫法而成的"這一推論的確證。前述後刊楚簡中"萬"及从"萬"聲之字的用例，也一再證明此説的確不可易。

《釋"虫"》是甲骨文字考釋史上達到"完全考釋"的經典之作。我們所謂"完全考釋"，是古文字考釋最理想的情況，即所考釋之字與後世已識字的源流演變關係清楚、文字結構及其造字本義明白、所有用例意義也都清楚（且最好能與傳世古書相印證）。裘文在以上各方面皆密合無間，證據充分直接，可謂完美無瑕。類似的殷墟甲骨文字考釋之例，以後恐難再現了。

在裘文揭示出有關疑難問題的答案之後，我們也不妨再從多種角度試回想。例如，當初認識的障礙、導致舊誤釋的原因在哪？一則，"虫"在後世的字形演變、跟"𢆶"字形體的聯繫，確實較爲隱蔽。二則，以"虫"表"{害}"與以

---

① 裘文中此段，是在文成後特意補充的，"爲會議發言時所增入"，由此亦可見爲裘錫圭先生所反覆強調的考釋古文字、通讀辭例要充分重視傳世古書的證據。另，文中所説《金縢》'罔害'顯然就是卜辭的'亡虫（害）'"，亦可參裘先生曾説過的："卜辭裏當没有講的'亡'一般讀爲'無'，其實很可能應該讀爲'罔'。"見《卜辭"異"字和詩、書裏的"式"字》，《裘錫圭學術文集·甲骨文卷》，復旦大學出版社，2012 年，第 212 頁腳注 2。

"害"表"{害}"，有時代與地域的區別；大家習慣於由秦漢文字而來的傳世古書以"害"表"{害}"的用字習慣（這一習慣是何時出現的，現在還没有確證），遂不大容易想到早期古文字另有以"害"之表意本字表"{害}"的情况。從另一個角度來講，就考釋的"聯繫點"、所謂"觸發性機緣"而言，我們也可以猜測，裘先生最初大概也不是直接就將甲骨文"䖝"形跟《説文》"𦥑"字聯繫上的，而更可能係由見到馬王堆帛書、睡虎地秦簡"萬"與"害"之關係而"生發聯繫"開來，即由將"萬"認作"𦥑"①，再聯繫上甲骨文的"䖝"云云。凡此種種，都是值得我們可以從各個角度去仔細"簡練以爲揣摩"（《戰國策·秦策一》），在古文字尤其是甲骨文字考釋實踐中去體會學習的。

（陳　劍　撰）

---

① 當然，此點也並非可"一望而知"的。如裘文所引睡虎地秦簡的"萬"字，整理者原即誤釋爲"蹁"。見睡虎地秦墓竹簡整理小組：《睡虎地秦墓竹簡》，文物出版社，1990年，第186頁注〔一七〕。該書"後記"中已改從裘説，謂："萬即《説文》𦥑（𦥑）字，《日書》乙種省作𢟚。"

姚孝遂

牢宰考辨

原載《古文字研究》第 9 輯，中華書局，1984 年；收入宋鎮豪、段志洪主編：《甲骨文獻集成》第 13 册，四川大學出版社，2001 年；又收入《姚孝遂古文字論集》，中華書局，2010 年。

　　姚孝遂先生《牢宰考辨》一文發表於《古文字研究》第 9 輯，出版於 1984 年 1 月。但從文章《後記》可知，該文實際寫於 1976 年，只是在《小屯南地甲骨》一書出版後，增補了一些《小屯南地甲骨》的新資料而成。文章對甲骨文的"牢"、"宰"二字的構形和實際含義進行了考辨，分析細密，考證深入，結論頗爲可信。
　　文章通過比較學術界諸家對"牢"字字形的解析，肯定了林義光的"牢"字"象牛在牢中形"的觀點，同時對學術界以往"牲二爲牢"、"太牢、少牢"、"牝牡爲牢"等幾種解釋"牢"、"宰"兩字含義的主要觀點進行了辨正，並通過列舉衆多甲骨辭例，指出"牢"在甲骨文中的實際含義應該就是鄭玄早就指出的"繫養者曰牢"，並援引陳夢家在《殷虚卜辭綜述》中認定的"牢"、"宰""乃指一種豢養的牛羊"之説，指出甲骨文中的"牢"、"宰"正是分別指繫於牢閑、經過圈養的牛和羊而言，其中的大者稱爲"大牢"或"大宰"，其小者稱爲"小牢"或"小宰"。
　　姚孝遂先生該文寫於 1976 年，正處於"文革"末期，查找資料頗爲不易。今天從學術史的角度回顧看，對"牢"字字形的正確分析，即"牢"字外框像"牢閑"之形的説法，前輩學者如柯昌濟（《韡華閣集古録跋尾》）、王襄（《古文流變臆説》）、高田忠周（《古籀篇》八十九）、楊樹達（《文字形義學》）和馬敘倫（《説文解字六書疏證》）等皆已指出，姚孝遂先生的文中没有提及，是個疏漏。

（劉　釗　撰）

參考文獻

胡厚宣 1939　釋牢,中央研究院歷史語言研究所集刊,第8本第2分。
張秉權 1968　祭祀卜辭中的犧牲,"中央研究院"歷史語言研究所集刊,第38本。
張世超 1986　古文字"義近形旁通用"問題,東北師範大學學報(哲學社會科學版),第2期。
張世超 2002　殷墟甲骨字跡研究——自組卜辭篇,東北師範大學出版社。

林 澐

小屯南地發掘與殷墟甲骨斷代

原載《古文字研究》第 9 輯,中華書局,1984 年;收入《林澐學術文集》,中國大百科全書出版社,1998 年;又收入《林澐文集·文字卷》,上海古籍出版社,2019 年。

林澐先生的《小屯南地發掘與殷墟甲骨斷代》1981 年 6 月定稿,同年 9 月提交給中國古文字研究會第三届年會(山西·太原),後來正式發表在《古文字研究》第 9 輯上(中華書局,1984 年)。

這篇論文先交代寫作緣起,然後以"𠂤組和賓組的時代孰早"、"真正的文丁卜辭爲何"兩個問題作爲小標題,開展主體討論,最後以"甲骨斷代研究的方法問題"作爲總結,邏輯十分清晰。在"𠂤組和賓組的時代孰早"這個標題下,林先生並没有急於回答這個問題,而是從賓組卜辭中劃分出一類字體跟𠂤組比較接近的卜辭,把它命名爲"𠂤賓間組",作爲賓組範圍内的一個特殊亞類。然後利用考古類型學的研究方法,從鑽鑿形式、卜辭行款、前辭形式、兆側刻辭、"某入"之記事刻辭、王親卜六個方面進行考察排比,最終推定了"𠂤組大字——𠂤組小字——𠂤賓間組——典型賓組——賓組晚期"這個演變序列。由於學界公認賓組晚期與出組早期卜辭緊密相接,"實在不容再有𠂤組介於其中",因此,這個序列的時期一定是先從𠂤組大字開始。這也就直接回答了𠂤組和賓組卜辭哪個時代較早的問題,不容懷疑。

在"真正的文丁卜辭爲何"這個標題下,林先生從肖楠先生劃定的四類文丁卜辭入手,首先按照字體進行精細地分類,指出前兩類所謂的文丁卜辭,裘錫圭(1981)把它們單獨劃分出來是正確的,只是名字改成"𠂤歷間組"比較好;第三、四類所謂的文丁卜辭字體相近,關係密切,但根據特徵字形的組合關係完全可以區分爲兩類，並命名作"歷組一類"和"歷組二類"，最後根據類型學的方法將它們的演進序列排定作"自組——自歷間組——歷組一類——歷組二類"，當然歷組二類下面可以接續"無名組——無名組晚期——黃組"。由於最晚的歷組二類卜辭主要是祖庚時代的，這樣看來，肖楠提出的四類所謂文丁卜辭都是武丁到祖庚時代的遺物，根本不是文丁卜辭。既然文丁時代的卜辭被抽空，那什麽才是真正的文丁卜辭？ 林先生認爲無名組晚期卜辭才是真正的文丁卜辭。

表面上看，林先生在回答兩個有爭議的學術問題，實際上，林先生在這兩個小標題下分別用類型學的方法推定了村北、村南兩系甲骨卜辭的演進序列，最終完成了的殷墟王室甲骨的分類斷代框架。構思極其高妙，論證十分充分，結論令人信服。論文最後，林先生總結了甲骨分類斷代的經驗和教訓，提出了科學有效的甲骨斷代研究的方法問題。

筆者認爲，林先生這篇論文以考古類型學爲理論指導，依據精細的甲骨字體分類，對全部類型的甲骨卜辭之間的關係進行了精審的推定，在兩系説的框架内，初步構建了比較成熟的甲骨分類斷代體系，對甲骨斷代研究無疑起到了巨大的推動作用。具體説來，至少有如下學術貢獻：

第一，在李學勤"兩系説"的基礎上，提出王室卜辭是由自組卜辭而分化爲兩個各有特點的演進序列的，黃組卜辭則是兩系合流後的終點。完善和發展了殷墟甲骨兩系説。

第二，將自組卜辭進一步劃分作自組大字和自組小字，又從賓組卜辭中劃分出"自賓間組"，並應用類型學的方法推定"自組大字——自組小字——自賓間組——典型賓組"這樣依次銜接的演進序列，從而徹底證實自組卜辭的時代早於賓組卜辭。實際上，林先生早在1965年發表的《甲骨文斷代中一個重要問題的再研究》一文中，已經提出自組卜辭的時代當爲武丁時期，並且早於賓組卜辭。這個觀點得到小屯南地甲骨發掘的證實，現在已經被學界廣爲接受。

第三，根據字體特徵把歷組卜辭劃分爲歷組一類和歷組二類，從無名組中劃分出無名黃間類卜辭，採用類型學的方法把村南系卜辭的演進序列修正作"自組——自歷間組——歷組一類——歷組二類——無名組——無名黃間組——黃組"。在這些討論的基礎上，最終形成了新的甲骨分類斷代體系：

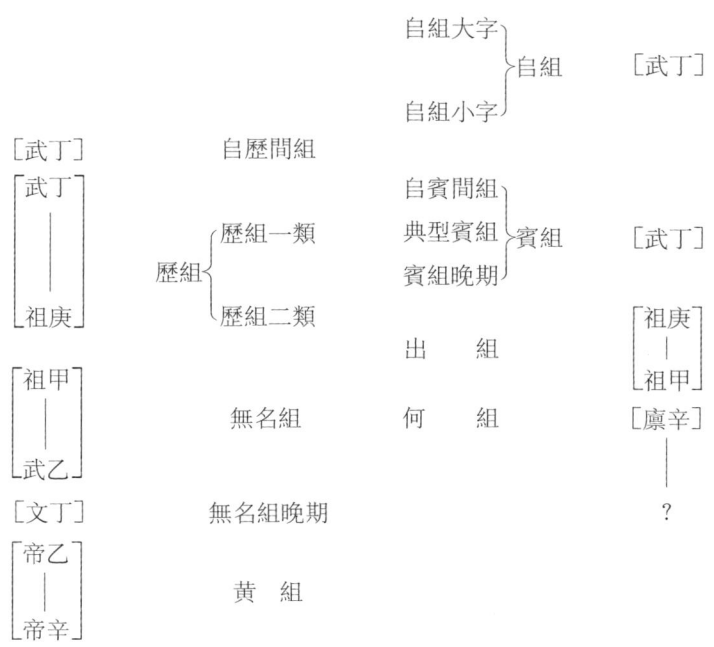

這已經是比較成熟的分類斷代框架。後來黃天樹（1991），李學勤、彭裕商（1996）等學者都是在這個框架下進行進一步研究的。

第四，把甲骨分類上升到學科高度，提出"甲骨分類學"的概念，並系統闡述甲骨分類學的分類標準、應該注意的問題等，進一步完善了甲骨分期斷代理論。林先生先提出總的斷代方法，即"只有把零散的甲骨先進行分類，對每類甲骨中所見的全部稱謂加以總結，並統計各種稱謂的數量比例以明確其主次，由這種'稱謂系統'與商王世系進行對比，才能較可靠地確定每類甲骨的存在年代"。這是學界現在一般的做法，但是在具體進行分類斷代的實踐中，由於學者學科背景和側重點的不同，往往會出現不同的斷代結論，這是被以往的斷代經驗反復證明了的，大家熟知的歷組卜辭的大討論就是如此。林先生認爲，出現這種情況的根本原因是分類標準不統一以及分類方法不得當，因此適時提出"甲骨分類學"這個概念，指出"甲骨分類學實爲甲骨斷代研究之基礎"。林先生首先強調，"字體"是甲骨分類第一標準。他説："從歷史經驗來看，在對署卜人名的卜辭進行分類時，卜人及其同版關係，是正確分類的基本依據。但同一卜人集團所卜諸片要進一步分成細類、卜人組之間互現交錯過渡現象的區劃界限，以及不見卜人諸片的歸類，字體（即書體風格、字形特徵和用字習慣三個方面）是起很重要的作用的。至於對習慣上不署卜人名的一大批卜辭，堪稱分類第一標準的，只是字體而已。"後來林澐（1986）又在《無名組卜辭中父丁稱謂研究》中將這個意見表述爲"科學分類的唯一標準是字體"。這就確定了甲骨分類學的核心問題，這是非常重要的理論建樹，使得甲骨分類斷代工作真正走向科學的道路。過去甲骨斷代出現的種種問題，就是因爲沒有把字體作爲唯一標準來進行研究。確定分類標準還不夠，不是每一個學者執行了這個分類標準就能得出科學的結論的。因此，還需要指出分類應該注意的各種理論問題。林先生結合自己的經驗，總共提出以下幾個方面：（1）字體是隨著時代而演變的，它既有連續過渡的性質，又呈現一定的階段性。因此，要多多從"類型學"角度思考問題，確定各類卜辭在縱向上的接續關係。（2）字體包括書體風格、字形特徵和用字習慣三個方面，不要過分相信書體風格，還要重視字形和用字習慣的具體分析。（3）根據字體分類，應該在書體一致的前提下，著重總結每類卜辭在特徵字形和用字習慣上的特有組合關係，不能偏執於個別字的具體寫法。（4）分類繫聯時，執行標準應該嚴格，切勿將分類過於泛化而導致分類沒有邊界。以上這些論述，對於甲骨分類斷代工作極有指導意義，可以視作林先生構建甲骨分類學的理論闡釋。

除此以外，林先生還提出不少極有理論價值的意見。比如前後接續的不同類組卜辭的字體往往也具有連續性，對於這種現象的成因學界多有討論。林先生指出："當時卜人雖很多，但在甲骨上刻字這一種專門技術工作，恐怕不是很多卜人同時進行的，否則就不能解釋同一時期多人所卜的諸辭，在書法和刀法上何以如此一致而看不出各自的特點。所以，甲骨刻辭之字體的連續過渡性的演變，很可能只是同一刻手早晚期書法和刀法的變化；演變又呈現的階段性，則多半是因爲新手在刻意模仿其業師的字跡時，又不能不表現出自己的風格和特點。"這段話不但對於甲骨存在不少過渡性字體的現象有很強的解釋力，而且對於我們深入了解"類組差異"現象、探索殷代占卜流程也很有啟發意義。又如在討論真正的文丁卜辭時，林先生說到了無名組卜辭的時代問題，他認爲："整個無名組存在的年代，歷祖甲、廪辛、康丁、武乙、文丁五王，其中所見之父丁，當既有祖甲之稱武丁，又有武乙之稱康丁。據周初之《無逸》記載，商代祖甲以下諸王在位年數都較短，無名組卜辭共歷五王是不足爲怪的。尤其是無名組字體本身是有差異的，除了無名組晚期之外，還可以分出其他亞類，將另文作專門討論。"林先生所說的"另文"就是指後來發表的《無名組卜辭中父丁稱謂研究》（《古文字研究》第 13 輯，中華書局，1986 年）。在這篇論文裏，林先生把無名組中字體窄長整飭、接近歷組二類、有父丁稱謂的那一類卜辭稱作"歷無名間組"，並定其時代爲祖甲時期（有可能延至廪辛）。又把典型的無名組卜辭按照卜兆出枝方向分爲"左支卜"和"右支卜"兩類，定其時代是"上起康丁時代而下延至武乙時代"。再加上先前劃分出來的無名組晚期卜辭（現在稱作"無名黃間"），無名組一共有四類卜辭，跨越時代確實比較長。李學勤（2008）又指出，黃組卜辭可能不是兩系共同的歸宿，村南系的無名組晚期卜辭時代可以下延至帝辛時代，與同時代的黃組卜辭並存而對立。如果李先生的這個新論可信，則無名組卜辭的存在時間還要漫長。

（王子楊　撰）

• 參考文獻

黃天樹 1991　殷墟王卜辭的分類與斷代，文津出版社。
李學勤 2008　帝辛征夷方卜辭的擴大，中國史研究，第 1 期。
李學勤　彭裕商 1996　殷墟甲骨分期研究，上海古籍出版社。
林　澐 1986　無名組卜辭中父丁稱謂研究，古文字研究，第 13 輯，中華書局。
裘錫圭 1981　論"歷組卜辭"的時代，古文字研究，第 6 輯，中華書局。

胡厚宣

八十五年來甲骨文材料之再統計

原載《史學月刊》1984年第5期；又《古籍整理出版情況簡報》第129期，1984年10月；收入宋鎮豪、段志洪主編：《甲骨文獻集成》第34册，四川大學出版社，2001年。

掌握出土、存世刻辭甲骨的數量及其收藏、著錄情況，是全面整理甲骨文材料的基礎。一百二十年來，對此問題關注最久、用力最深的，當屬胡厚宣先生。自1937年起，每隔若干年，胡先生便會對已知的甲骨文材料作一階段性的總結，先後發表了以下五篇文章：

1. 《甲骨文材料之統計》（1937）
2. 《甲骨文發現之歷史及其材料之統計》（1944）第六章"材料之統計"
3. 《五十年甲骨文發現的總結》（1951）第八章"五十年甲骨文出土的總計"
4. 《八十五年來甲骨文材料之再統計》（1984，以下簡稱"《八十五年》"）
5. 《大陸現藏之甲骨文字》（1996，遺稿，以下簡稱"《大陸現藏》"）

其中《八十五年》基本完整地列舉了當時海內外各機構及私人的收藏情況，其統計結果最爲全面、準確。

甲骨文發現的第八十五年是1984年，前一年6月，《甲骨文合集》13册出齊，這在甲骨學史上是一個重要的時間點。在主持編纂《合集》的過程中，胡先生帶領團隊，對國內各省市的甲骨收藏機構及私人藏家"作了近乎普查的工作"，也瞭解了不少海外收藏的情況。因此，在《合集》編成之際，全面統計存世甲骨文材料的條件已比較成熟，《八十五年》便是這一階段調查工作的重要總結。作者以收藏地爲序，詳細列出了海內外274個機構或個人所藏甲骨的數量。其統計結果爲：

國內及港臺收藏甲骨 127 904 片,加上國外十二個國家收藏甲骨 26 700 片,國內外總共收藏甲骨 154 604 片。舉成數而言,我們可以説,八十五年來殷墟出土的甲骨文材料,總共約有 15 萬片左右。

"15 萬片左右"也成了此後被引用最多的"殷墟出土甲骨文總數"。

到了甲骨文發現一百週年之際,孫亞冰女士就 1984—2005 年新發表的材料,對《八十五年》的統計結果作了修訂和補充,續作《百年來甲骨文材料統計》(2006,以下簡稱"《百年》")。《百年》詳細列出了 268 個機構或個人所藏甲骨的數量,其統計結果爲:

　　國內(大陸＞80 901 片、臺灣＞30 343 片、香港 90 片)共藏＞111 334 片;國外……計 14 個國家共藏約 21 758 片,國內外總共藏＞133 092 片。除此之外,去向不明的還有 2 萬多片……國內外所藏殷墟出土刻辭甲骨總數,取整數而言即 13 萬片。

此外,作者還補充了殷墟以外地點所出甲骨 362 片。

《百年》的"13 萬片"較《八十五年》的"15 萬片"減少了 2 萬片,主要是因爲當時有幾批甲骨"去向不明"。其中,"故宫博物院不能確認的 1 萬 7 千多片"後已查明,確在故宫(參看王素 2016)。"據説係近年來在殷墟周圍撿拾所得近 500 片"已收入《拾遺》。剩餘的"雲南省文物商店 96 片"、"天津市文物商店 6 片"(據胡厚宣 1988 則爲 16 片)、中國臺灣 30 片、日本近 4 000 片,共計約 4 100 片。將以上各項與"13 萬片"相加,所得總數仍應在 15 萬片以上。

下面把《八十五年》和《百年》的統計數據對照列出,從中可見海內外甲骨收藏的基本格局。因存世甲骨多已歸公,這一格局至今未發生大的變化。

收藏地	《八十五年》				《百年》				
	收藏機構	機構藏品	私人藏家	私人藏品	收藏機構	機構藏品	私人藏家	私人藏品	去向不明
中國大陸	98 家	95 880 片①	47 家	1 731 片	93 家	＞79 381 片	36 家	1 520 片	1 萬 7 千多片
中國臺灣	5 家	30 191 片	3 家	13 片	5 家	＞30 326 片	4 家	17 片	30 片
中國香港	4 家	89 片			4 家	90 片			
日本	31 家	7 667 片	31 家	4 776 片	23 家	約 7 419 片	28 家	約 580 片	近 4 000 片

---

① 《大陸現藏》統計爲 96 225 片。

續表

收藏地	《八十五年》				《百年》				
	收藏機構	機構藏品	私人藏家	私人藏品	收藏機構	機構藏品	私人藏家	私人藏品	去向不明
加拿大	1家	7 802片			2家	7 407片			
英國	7家	3 329片	2家	26片	8家	3 067片	3家	74片	
美國	21家	1 779片	9家	103片	23家	1 832片	8家	28片	
德國	2家	712片	1家	3片	2家	851片			
俄羅斯	1家	199片			1家	199片			
瑞典	1家	100片			1家	111片			
瑞士	1家	70片	1家	29片	1家	69片			
法國	4家	54片	1家	10片	4家	57片	2家	2片	
新加坡	1家	28片			1家	28片			
比利時	1家	7片			2家	7片			
韓國	1家	6片			2家	7片			
荷蘭					1家	10片			
新西蘭					1家	10片			
以上總計	179家	147 913片	95家	6 691片	174家	>130 871片	81家	约2 221片	约2万片
殷墟以外						362片			

從"百年"到"一百二十年",隨著整理工作的持續開展、著録書的不斷更新,已知甲骨文出土、收藏情況又發生了不少變化。下面便按《八十五年》的次序作一補充説明,《八十五年》未收者列於最後。所列數字一般指剔除僞刻後的有字片數,多以某批材料最近一次發表或統計的情況爲準,不減去其後綴合、辨僞的片數。

(一)中國大陸機構收藏("《八十五年》條目片數"→收藏地現稱修訂後片數)

1. "北京圖書館 34 512"→中國國家圖書館 35 651(增加 1 139)

整理中,待出版。修訂後片數據胡輝平(2005),其中或包括無字片及僞刻,參看趙愛學(2017)。

2. "故宫博物院 22 463"→故宫博物院＞22 463

整理中，待出版。目前北京故宫所掌握的數字仍是《八十五年》的 22 463 片，其中 4 740 片有文物號，17 723 片屬於資料，無文物號，另有無字片 60 片。22 463 這一數字在整理完畢後還可能有所增加，參看王素（2017）。

《百年》歸入"去向不明"的 17 000 多片，當即無文物號的 17 723 片。不過，據胡厚宣（1985）記載，1974 年在從國家文物局故宫倉庫中清出的甲骨共有 19 494 片。這應當就是後來調撥給故宫而未編文物號的一批，其確切數字是否爲 17 723 片，尚待故宫公佈最終整理結果。

3. "山東省博物館 5 468"→山東博物館約 8 800（約增加 3 330）

整理中，待出版，參看于芹、張媛（2017）。宋鎮豪（2017）等作 10 588 片，實指藏品總數，包括僞刻及無字片。

據胡厚宣（1985），山東博物館所藏甲骨中有明義士舊藏 8 080 片，其中有字者僅 3 668 片。而據山東博物館近年清點的結果，明義士舊藏共 8 562 片，其中僞刻 105 片，無字骨 1 400 餘片（參看任平生 2017）。如此則其中有字片約 7 000 片，較胡厚宣（1985）的統計增加約 3 300 片。因此，山東博物館藏甲骨總數暫計 8 800 片。

4. "上海博物館 5 275"→上海博物館 4 968（減少 307）

《上博》（2009）已整理出版，共收錄 5 001 片，含正式藏品 4 643 片，"文革"後退還而留有拓本的 90 片、"上海所見"（代管品）268 片。去除非甲骨及無字片共 50 片，計 4 951 片。

在退還品中，陳器成 55 片（《上博》收 8 片拓本）後入藏浙江省博物館，故減去 8 片。有退還記錄而《上博》未收拓本，且未見其他著錄者，暫計入上博項，增加 25 片。以上總計 4 968 片。

此外，《上博》之"上海所見"268 片原藏家不明，與《八十五年》所列十餘家上海私人藏品或有重合。

5. "中國社會科學院考古研究所 5 064"、"中國社會科學院考古研究所殷墟陳列室 79"→中國社會科學院考古研究所＞5 920（增加 777 以上）

《百年》合併《八十五年》兩項，並增補後出資料，作"＞6 665"片，其所據多爲正式發表前未經綴合的片數，因而總數偏大。今以劉一曼（1997）之《50 年代以來殷墟考古出土甲骨統計表》（見本書第 85 篇）及彼處提要新附之《1995 年以來殷墟考古出土甲骨統計表》重新統計，得 6 514 片，減去《屯南》、《花東》、

《村中南》發表時已綴合各片（較劉表可分别減去 525、48、11 片）、《屯南》中調撥至國家博物館的 4 片（《國博》97、113、157、201）、調撥至安陽博物館的 6 片（安陽博館藏號 A05187—A05192），計 5 920 片。其中包括 20 世紀 50 年代以來殷墟考古發掘出土且已公佈的刻辭甲骨，以及複查 1973 年小屯南地所獲陶片時發現的周人數字卦卜甲 1 片、洹北商城出土的刻辭骨器 1 件。

另據《大陸現藏》附表三，社科院考古所還有部分羅振玉舊藏甲骨（或指羅繼祖捐獻給中國社科院，現歸中國國家博物館的 2 片《菁華》大骨）。其總數未詳，暫不計入。

6. "北京大學歷史系 3 001"→北京大學賽克勒考古與藝術博物館 2 982(減少 19)

《北大》（2008）已整理出版，其正編收錄 2 929 片，另有 "遺失" 者 53 片（見於舊著錄而實物未見）、僞刻 51 片，前兩項合計 2 982 片。

7. "旅順博物館 2 925"→旅順博物館 2 211(減少 714)

《旅》（2014）已整理出版，其正編收錄 2 211 片，另有僞刻及無字片共 6 片。

8. "南京博物院 2 921"→南京博物院 2 870(減少 51)

據宋鎮豪（2017）統計數字修訂。

9. "中國社會科學院歷史所 1 987"→中國社會科學院古代史研究所①1 961(減少 26)

《歷》（2011）已整理出版，其正編收錄 1 920 片，另有碎骨 41 片、無字片 33 片、僞刻 30 片，前兩項合計 1 961 片。其中包括 "考文夫人贈甲骨 4 片"（第 42 盒），即《英藏》所收 "柯文" 藏 4 片。

另據《大陸現藏》各附表，《八十五年》所列私人收藏部分的 "康生舊藏 59"、"臧勝遠舊藏 10"、"易忠籙舊藏 30" 或可併入此項。

10. "天津市歷史博物館 1 847"、"天津市藝術博物館 25"→天津博物館 1 769(減少 103)

整理中，待出版，據宋鎮豪（2017）統計數字修訂，參看房曄（2015）。

減少部分包括孟廣慧（李鶴年）舊藏 20 片。李先登（1983：75）曰："文化大革命以後，（孟廣慧舊藏）其中二十八片歸天津市歷史博物館，另二片下落不明。" 據李鶴年（1996），其舊藏甲骨共 32 片，包括孟定生（孟廣慧）舊藏 30 片，王漢章贈送 2 片，"文革" 後共退還 20 片。此 20 片於 2004 年被拍賣。

---

① 中國社會科學院歷史研究所於 2019 年更名爲中國社會科學院古代史研究所（中國歷史研究院古代史研究所）。

11. "清華大學圖書館 1 694(大陸現藏作 1 691)"→清華大學圖書館 1 754(增加 60)

整理中，待出版，參看《再現清華神奇甲骨之風采——訪國家社科基金重大委託項目子課題"清華大學藏甲骨的綜合整理與研究"負責人趙平安》(《中國社會科學報》，2017 年 11 月 28 日)。關於清華大學藏甲骨的來源，參看任會斌(2013)，馬季凡、徐義華(2017)。

12. "中國歷史博物館 862"→中國國家博物館 307(減少 555)

《中歷博》(1994)收錄館藏甲骨 230 片，《國博》(2007)則收錄 264 片，又無字片 4 片。後者"已幾乎盡該館收藏之全部了"(宋鎮豪 2007)。蔡哲茂(2010)指出，《中歷博》所收者有 43 片不見於《國博》。今暫以《中歷博》、《國博》合計 307 片。關於國博藏品數較《八十五年》之"862 片"減少的部分，參看宋鎮豪(2007)。

13. "河南省博物館 839"(《大陸現藏》作 872)→河南博物院 329

《河南省志·文物志》(河南省地方史志編纂委員會 1993：603)作 329 片，經與河南博物館保管部核實，其現藏甲骨數量確爲 329 片。減少的 543 片去向不明，因未見他處著錄，仍暫計此處。①

14. "新鄉市博物館 480"(《大陸現藏》作 500)→新鄉市博物館 232(減少 248)

新鄉市博物館實際收藏 300 餘片，其中有字者 232 片，參看朱旗(2015)。

15. "浙江省博物館 339"、"陳器成舊藏 4"、"張鳳舊藏 14"→浙江省博物館 408(增加 51)

據曹錦炎(1990)，浙江省博物館於 1985 年入藏陳器成舊藏甲骨 54 片（即上博退還者，曹文正文作 53 片，圖版收錄 54 片），於 1966 年入藏張鳳舊藏甲骨 15 片。其中張鳳 15 片或已計入《八十五年》之 339 片，《百年》以 54 片與 339 片合計 408 片，暫依百年數字。

《八十五年》之"張鳳舊藏 14"、"陳器成舊藏 4"當併入此項。又據《德瑞荷比》185 頁記載，黃賓虹所藏甲骨已贈予浙博。《八十五年》之"黃賓虹舊藏 5"或可併入此項。

16. "復旦大學歷史系 335"→復旦大學博物館 317(減少 18)

《復旦》(2019)已整理出版，其正編收錄 320 片（含僞刻 1 片），又無字片

---

① 2018 年度國家語委甲骨文等古文字研究與應用專項科研項目有"河南所藏甲骨集成"（負責人：張新俊），相關單位藏品情況或將進一步得到確認。

2 片、非甲骨 1 片。出版時已指明分別編號而可綴合者 2 組，故計 317 片。

17. "河北大學歷史系 209"→河北大學歷史系 174（減少 35）

參看河北大學歷史系（1998）。

18. "安陽市博物館 195"→安陽博物館 432（增加 237）

安陽博物館所藏甲骨在《八十五年》統計後有多次增加。2014 年全國可移動文物普查前，館藏刻辭甲骨計 319 片，另有未鑒定品 267 件，普查後正式藏品數定爲 446 件。參看党寧（2018）。

《安博》（2019）已整理出版，收錄全部 446 片藏品，含無字片 5 片、僞刻 9 片，計 432 片（含中國社會科學院考古研究所調撥《屯南》6 片）。參看苗利娟（2019）。

19. "重慶市博物館 192"→重慶三峽博物館 178（減少 14）

《三峽》（2016）已整理出版，其正編收錄 178 片，又無字片 18 片、僞刻 12 片。

20. "山西省文物工作委員會 185"→山西博物院 231（增加 46）

參看《百年》。

21. "華東師範大學歷史系 101"→華東師範大學博物館 112（增加 11）

華東師大藏甲骨均爲謝伯殳舊藏，將與故宮博物院之謝伯殳舊藏甲骨一同整理出版。現據故宮甲骨項目組統計數字修訂爲 112 片，參看李延彥（2017）。

22. "雲南省文物商店 96"→雲南省文物商店 96

去向不明，暫歸此處，參看胡厚宣（1988）。

23. "東北師範大學歷史系 77"→東北師範大學歷史系 69（減少 8）

參看宮長爲（2003）。

24. "陝西師範大學歷史系 72"→陝西師範大學博物館 65（減少 7）

據郭妍利（2018）統計，陝西師範大學藏甲骨共 73 片，其來源多爲 20 世紀 50 年代購自北京琉璃廠或 60 年代購自段紹嘉。73 片中含僞刻 3 片、無字片 5 片，郭妍利（2018）發表其餘 65 片的拓片及照片。

而據《大陸現藏》，陝西師範大學所藏爲原党晴梵藏（端方舊藏），與郭妍利（2018）所述來源不知是何關係。《八十五年》又有"党晴梵 15"一條，或可併入此項。

25. "青島市博物館 44"→青島市博物館 43（減少 1）

參看胡厚宣（1986）。

26. "北京市文管處 40"、"鄧拓舊藏 16"→56

《百年》沿用《八十五年》數字。原"北京市文物管理處"所藏甲骨係查抄品，不知退還與否。據《大陸現藏》附表一，鄧拓舊藏歸北京市文管處。暫以《八十五年》"北京市文管處 40"、"鄧拓舊藏 16"兩項合計 56 片。

27. "哈爾濱師範大學歷史系 24"、"游壽 14"、"周瑛 4"→哈爾濱師範大學 24（減少 18）

《百年》據《大陸現藏》將游壽、周瑛藏品歸哈爾濱師範大學。

28. "西南師範學院 10"→西南大學 9（減少 1）

鄒芙都、卞兆明（2011）指出西南大學藏甲骨 9 真 1 偽，並發表其中 7 片彩照。

29. "山東大學歷史系 8"→山東大學博物館 3（減少 5）

參看胡厚宣（1986）。

30. "西北大學歷史系 8"→西北大學歷史博物館 8

西北大學文博學院（2002）發表 8 版彩照。

31. "北京市文物商店 4"→北京市文物商店 4

曾歸韻古齋，參看胡厚宣（1988）。現去向不明，暫歸此處。

（二）中國大陸私人收藏

32. "孫鼎舊藏 76"→0（減少 76）

孫鼎舊藏甲骨已分別歸羅伯昭（後歸國家圖書館）、天津博物館、復旦大學、上海博物館收藏，參看《復旦》前言。

33. "羅伯昭舊藏 40"→0（減少 40）

羅伯昭舊藏甲骨已歸國圖收藏，參看趙愛學（2017）。

（三）中國臺灣機構收藏

34. "'中央研究院'歷史語言研究所 25 700"→"中央研究院"歷史語言研究所 25 958（增加 258）

史語所藏發掘品總數暫依《八十五年》等作 24 918 片；①購自王伯沆者已有《冬飲廬》（1967）整理發表，共 660 片；其他歷年購買、撿拾者已有《史購》（2009）整理發表，有字者共 380 片。三者合計 25 958 片。

---

① 2019 年度國家社科基金冷門"絕學"和國別史等研究專項有"史語所藏殷墟一至十五次挖掘甲骨目驗整理與研究"（負責人：張惟捷），此部分藏品數或將有所調整。

35. "歷史博物館 3 656"、"'中央圖書館'744"→歷史博物館 4 378(減少 22)

中國臺灣"中央圖書館"所藏甲骨已歸歷史博物館，其數量當爲 722 片，參看郭祐麟（1997）。歷史博物館藏甲骨正在整理中，待出版，參看李宗焜（2015）。

36. "'中央博物院'79"→臺北故宮博物院 79?

原"中央博物院籌備處"文物已交臺北故宮博物院保管使用，甲骨亦當在其中。臺北故宮方面目前可確認的甲骨藏品共 20 片，已全部收入其"典藏資料庫系統"（antiquities.npm.gov.tw）。其"文物統一編號"爲"中雜"4-23，可見爲"中央博物院籌備處"舊藏。《外編》（1956）有"歷史博物館藏"20 片，即現藏臺北故宮者。《八十五年》之"'中央博物院'79"或爲"19"之譌。此部分暫計 79 片。

37. "臺灣大學考古人類學系 12"→臺灣大學考古人類學系 11(減少 1)

參看《百年》。又參董作賓（1953），董作賓、金祥恒（1961）。

（四）中國香港機構收藏

38. "中文大學聯合書院圖書館 56"→中文大學聯合書院圖書館 44(減少 12)

《港中大》（2017）已整理出版，此部分計 44 片。

39. "中文大學中國文化研究所 26"→中文大學中國文化研究所 27(增加 1)

《港中大》（2017）已整理出版，此部分計 27 片。

（五）日本機構收藏

40. "東京大學東洋文化研究所 1 641"→東京大學東洋文化研究所 1 356(減少 285)

《東文研》（1983）整理後得 1 315 片，加補遺 41 片，合計 1 356 片。

41. "天理大學天理參考館 809"→天理大學天理參考館 953(增加 144)

伊藤道治（1987）統計了七批藏品，共 950 片，其中遺失 3 片、僞刻 4 片。《天理》共發表 692 片。

陳逸文、青木智史（2019a）經實地調查得 970 多片（含僞刻），並補充發表 50 片。據其描述，《天理》出版後館內又發現 28 片，其中真品 7 片。故與伊藤道治統計之 946 片（含遺失 3 片）合計 953 片。參看陳逸文、青木智史（2019b）。

42. "慶應義塾大學文學部考古學研究室 22"→慶應義塾大學文學部考古學研究室 69(增加 47)

松丸道雄（1981/1988）作 22 片，又無字片 1 片。陳曲（2018）據崎川隆實地調查得 69 片，又無字片 1 片，並發表全部圖像。

（六）日本私人收藏

43. "中島玉振舊藏 200" → 山崎忠 200

現歸山崎忠所有，破損爲 229 片，仍計 200 片，參看《百年》。

44. "小林斗盦 33" → 2015 年紐約蘇富比拍賣 33

小林斗盦舊藏甲骨後歸松丸道雄，2015 年於紐約蘇富比春拍上拍，共 35 片，其中 1 片疑偽、1 片非甲骨，仍計 33 片。參看楊蒙生（2017）。此外，香港嘉德 2008 年秋拍有"小屯南地出甲骨文十七品"，亦稱小林斗盦舊藏，暫不計入。

45. "內藤虎次郎舊藏 25" → 關西大學圖書館內藤文庫 16（減少 9）

內藤虎次郎（內藤湖南）舊藏甲骨中，2 片歸京都大學文學院考古學研究室，《八十五年》已計入彼處。松丸道雄（1981/1988）又曰："據說在令嗣內藤乾吉氏屬下有 20 多片，但沒有證實。董作賓以爲是 25 片。"後一部分甲骨已歸關西大學圖書館內藤文庫收藏，共 16 片，另有偽刻 4 片。參看蔣玉斌（2019）。

（七）加拿大機構收藏

46. "安大略博物館 7 802" → 皇家安大略博物館 7 702（減少 100）

《八十五年》所統計之 7 802 片中含明義士舊藏 5 100 片，作"4 700 片加 400 片"，注曰"據許進雄先生稱'絕大多數爲明義士舊物'"。

方輝（2000：191）據皇家安大略博物館檔案卡片統計，其明義士舊藏甲骨爲 5 170 片，含有字甲骨 5 000。故該批明義士舊藏暫 5 000 片，館藏甲骨總數較《八十五年》減少 100 片。

（八）英國機構收藏

47. "蘇格蘭博物館 1 777" → 皇家蘇格蘭博物館 1 448（減少 329）

《英藏》整理後實收 1 448 片，參看《英藏》表五（《百年》用《英藏》前言所記整理前數字 1 777）。

48. "劍橋大學圖書館 850" → 劍橋大學圖書館 608（減少 242）

《英藏》整理後實收 608 片，參看《英藏》表六（《百年》用《英藏》前言所記整理前數字 622）。

49. "英國倫敦圖書館 490"→不列顛圖書館 444（減少 46）

《英藏》整理後實收 444 片，參看《英藏》表二《庫》1506—1988 條（《百年》用《英藏》前言所記整理前數字 488）。

50. "英國倫敦博物館 150"→不列顛博物館 98（減少 52）

《英藏》整理後實收 98 片，參看《英藏》表七（《百年》用《英藏》前言所記整理前數字 114）。

51. "倫敦大學 7"→倫敦大學亞非學院珀西沃·大衛中國藝術基金會 11（增加 4）

《英藏》整理後實收 11 片，參看《英藏》表九。

（九）英國私人收藏

52. "雷德哈斯特 22"→0（減少 22）

《英藏》未收，因《英藏》"收録英國收藏的全部殷墟甲骨"，故刪去此條。

53. "倫敦某氏 4"→0（減少 4）

《英藏》未收，因《英藏》"收録英國收藏的全部殷墟甲骨"，故刪去此條。

（十）美國機構收藏

54. "哈佛大學皮巴地博物館 960"、"哈佛大學福格美術博物館 14"→哈佛大學皮巴地博物館 828（減少 146）

據宋鎮豪（2017），哈佛大學福格藝術博物館 24 片已歸皮巴地博物館。皮巴地博物館藏甲骨共 847 片，其中有字者 828 片。《八十五年》之"哈佛大學福格美術博物館 14"可併入此項。

55. "卡内基博物館 440"→卡内基博物館 402（減少 38）

《卡》（2015）已整理出版，共收 404 片（由《庫》440 號綴合），除去僞刻 2 片，計 402 片。

56. "哥倫比亞大學東亞圖書館 73 又補遺 36"→哥倫比亞大學東亞圖書館 99（減少 10）

朱曉雪（2017）曾作梳理，但未給出明確數字。暫從《百年》作 99 片。

57. "自然歷史博物館 24"→飛爾德博物館 3（減少 21）

《美藏》之"Natural History Museum"（自然歷史博物館），指位於芝加哥的 Field Museum of Natural History，今稱 Field Museum。

其所藏甲骨，《八十五年》、《百年》均作 24 片，此數字當包括較多僞刻。《美藏》著録真品 4 片，李學勤（1995）實地調查見其中 3 片，其餘皆僞。這 3 片現在飛爾德博物館"唐仲英中國館"展出，策展人告曰館藏甲骨真品僅此 3 片。

（十一）美國私人收藏

58. "顧立雅 50"→芝加哥大學司馬特畫廊 39（減少 11）

參看《百年》。

59. "星格 25"→賽克勒美術館 24（減少 1）

齊文心（1993）發表摹本，計 24 片。參看《百年》。

60. "福斯特 5"→福斯特 4（減少 1）

據《蘇德美日》，福斯特藏甲骨中有僞刻 1 片。

（十二）德國機構收藏

61. "西柏林民俗博物院 711"→柏林國家博物館·民族學博物館 711?

《德瑞荷比》譯作"柏林人種學博物館"。據《蘇德美日》（1988），其甲骨藏品已不全，現存 400 多片。減少者下落待考，暫以原數字計 711 片。

2006 年，柏林國家博物館·民族學博物館的部分收藏與亞洲藝術博物館合併爲亞洲博物館（現閉館中），其甲骨藏品或已歸亞洲博物館所有。

62. "法蘭克福中國學院 1"→法蘭克福中國學院 0（減少 1）

《德瑞荷比》（1997：241）認爲此片甲骨已毀。

63. "私人收藏家某氏 3"→斯圖加特林登博物館 3?

徐錫臺（1980）介紹張光裕先生提供的甲骨圖片 30 餘幅，並選作摹本，其中 1—3 號"藏於西德"。劉秀惠（2018）指出其中第 1 號（《合》40125）現藏斯圖加特林登博物館，見於展廳。暫將"藏於西德"之 3 版歸於此處。

（十三）俄羅斯機構收藏

64. "國立愛米塔什博物館 199"→國立愛米塔什博物館 201（增加 2）

《愛米塔什》（2013）已整理出版，其正編收錄 197 片，另有帶筆畫碎片 3 片、《蘇德美日》有摹本而實物未見者 1 片、無字片 2 片。以前三項計 201 片。

（十四）瑞典機構收藏

65. "遠東古物博物館 100"→遠東古物博物館 111（增加 11）

《瑞斯》（1999）統計作 111 片，發表 108 片，3 片因於展廳陳列而未收。王澤文（2012）又補充發表 3 片照片及摹本。

（十五）瑞士機構收藏

66. "巴塞爾人種志博物館 70"→巴塞爾文化博物館 69（減少 1）

《德瑞荷比》（1997）整理後實收 69 片。此機構現稱巴塞爾文化博物館。

（十六）法國機構收藏

67. "法京國家圖書館 28"→法國國家圖書館 26（減少 2）
68. "歸默博物院 13"→吉美博物館 8（減少 5）
69. "策努斯奇博物院 9"→賽努奇博物館 10（增加 1）
70. "巴黎大學中國學院 4"→巴黎大學中國學術研究院 13（增加 9）

數字均據《法藏》（1985）調整。

（十七）新加坡機構收藏

71. "南洋大學李光前文物館 28"→新加坡國立大學博物館 24（減少 4）

李孝定（1976）發表原南洋大學李光前文物館藏甲骨 27 片，其中偽刻 1 片、無字片 2 片，實爲 24 片。南洋大學已於 1980 年停辦，李光前文物館藏品與原新加坡大學藏品合併，現歸新加坡國立大學博物館收藏。

（十八）比利時機構收藏

72. "比利時皇家藝術博物院 7"→比利時皇家藝術博物院 2（減少 5）

《德瑞荷比》整理後實收 2 片。

（十九）韓國機構收藏

73. "漢城大學博物館 6"→漢城大學博物館 1（減少 5）

《百年》據王宇信調查結果認爲僅 1 片真品。其照片發表於《韓中日》（2017）。

以上 70 餘條，是《八十五年》已列出條目而片數可作修訂或著録有所更新者。《八十五年》未列出，或 1984 年以後新增的甲骨收藏機構、個人還有以下一些：

（一）中國大陸機構收藏

74. 上海自然博物館 194

原上海亞洲文會博物館藏甲骨收入《七 S》、《吉》、《掇一》等書。《掇一》據郭若愚先生 1948 年所作拓本收録，共 176 片。《八十五年》無此項，《大陸現藏》正文將其歸入上海自然博物館藏，附表五則以之先歸上海自然博物館，後歸上海博物館，《百年》即用此説。實則上海博物館並未收藏此批甲骨。

近年上海自然博物館遷建新館，清點庫房時未見亞洲文會舊藏甲骨，但發現《合》5110、32892 兩版，均見《鐵零》，爲吳振平舊藏，《甲骨文合集材料來源表》以其收藏地爲浙江省文物管理委員會。① 暫以兩項合併計 178 片。

此外，《吉》182、183 兩片亦屬上海亞洲文會舊藏，因拓本貼入《殷虚文字綴合》第 57、58 組（著録號誤作《吉》282、283），而未收入《掇一》。《七 S》181—194 共 14 片，在 1934 年以前遺失。暫以四項合計 194 片。

75. 西泠印社 18

據曹錦炎（2005），楊魯安贈予西泠印社 17 片，自留 1 片，一併計於此處。

（二）中國大陸私人收藏

76. 河南安陽傅林明（洹寶齋）304

《洹寶齋》（2006）發表 302 片，又存疑 4 片。《符凱棟》（2018）發表洹寶齋藏甲骨 2 片。合計 304 片。

77. 河南安陽散見私人收藏 1 098

《輯佚》（2008）正編發表 1 008 片，又附録 94 片，共 1 102 片。其中 1 片收入《奥否齋》、1 片收入《符凱棟》、2 片收入路東之《夢齋藏甲骨文》，分別計入各處。

78. 河南安陽張世放 384

《張世放》（2009）發表 384 片。

79. 河南安陽鄧泓（奥缶齋）107

《奥缶齋》（2012）發表 109 片，其中習刻 1 片、他人藏品 1 片（即《拾遺》647 牛距骨），計 107 片。

80. 河南安陽散見私人收藏 592

《拾遺》（2015）發表 647 片。其中 47 片收入《奥缶齋》（第 93 片與《奥缶齋》部分重）、7 片收入《輯佚》、1 片收入《符凱棟》，分別計入各處。

---

① 浙江省文物管理委員會所藏甲骨已劃撥浙江省博物館。

81. 山西晉城符凱棟 116

《符凱棟》（2018）發表116片，又無字片3片。

以上六條參看展翔（2019）。

82. 浙江杭州某人 10

曹錦炎（2013）發表10片。

83. 上海某人 2

周佳（2018）發表2片。

21世紀以來，拍賣所見甲骨共十餘宗。其中較重要的，除前揭小林斗盦舊藏外尚有四宗，計入私人收藏：

84. 2004年上海崇源春拍，孟廣慧藏甲骨 20

屬天津博物館退還者。

85. 2005年北京嘉德秋拍，路東之夢齋藏甲骨 98

參看李學勤（2004）。

86. 2015年西泠印社秋拍，柳詒徵舊藏甲骨 60(73)

屬劉鶚舊藏。董作賓、胡厚宣（1937：18—19）曰："（1925年）丹徒柳詒徵翼謀得劉家所藏甲骨文字三百版。"拍賣時尚存60片，另有《劬堂藏甲》一册，收錄摹本73片。現以73片計。

87. 2018年廣東崇正秋拍，端木蕻良舊藏甲骨 19

以上均參看各拍賣公司圖錄及網站。

（三）澳門私人收藏

88. 蕭春源（珍秦齋）24

《珍秦齋》（2015）發表24片。

（四）日本機構收藏

89. 姬街道資料館 1

《合》6091，見《上博》圖版15。

（五）日本私人收藏

90. 宇野公容 1

參看松丸道雄（2003）。

（六）加拿大機構收藏

91. 大維多利亞區美術館 18?

大維多利亞區美術館（Art Gallery of Greater Victoria）又譯維多利亞博物館等，所藏甲骨係明義士子女捐贈。該館1989年舉辦的"明義士家族收藏中國藝術展"編有圖錄 Chinese Art from the Rev. Dr. James M. Menzies Family Collection，收錄甲骨5片（圖錄號22—25）。朱彥民（2001）、蔡哲茂（2018）有介紹。

據美術館網站（aggv.ca）公佈的文物信息，其館藏甲骨除1989年展覽圖錄發表的5片外[①]，還有編號爲"SC1388"的1片、"2002.002.012-016"5片（1片僅反面照片，未知是否有字）、"2003.029.089 a-c"僞刻1片（碎成3片）[②]、"2003.029.101"甲骨項鏈1條（嵌有刻辭甲骨8片，甲骨似不僞）、"2014.025.004 a-c"3片（無圖）、"2016.012.001"甲骨項鏈1條（無圖）。除去僞刻及未見圖片者，總數暫計18片。

（七）英國機構收藏

92. 劍橋大學考古與古人類學博物館 2

《英藏》收錄，參看《英藏》表九。

（八）英國私人收藏

93. 孟克廉夫婦 68

《英藏》收錄68片，參看《英藏》表十二（《百年》用《英藏》前言所記整理前數字69）。

94. 庫克 1

《英藏》收錄1片，參看《英藏》表十二。

（九）美國私人收藏

95. 麥克福森 1

《百年》已據《蘇德美日》增補。

[①] 圖錄22號未見於網站，圖錄24號網站標注來源爲"Gift of Mr. Gordon Newcombe and Mrs. Patricia Butler"，而非明義士子女捐贈，似誤。

[②] 以上各片的考釋參看蔡哲茂：《加拿大維多利亞博物館藏甲骨舊釋補正》，《紀念甲骨文發現120週年國際學術研討會論文集》，安陽，2019年。

（十）德國機構收藏

96. 科隆東亞藝術博物館 140

《德瑞荷比》（1997）收錄"庫恩東亞藝術博物館"藏甲骨140片。"庫恩"今譯"科隆"。

（十一）法國私人收藏

97. 雅克博 1
98. 戴迪野 1

均據《法藏》增補。

（十二）比利時機構收藏

99. 瑪麗蒙皇家博物館 5

《百年》已據《德瑞荷比》增補。

（十三）荷蘭機構收藏

100. 萊頓國立民族學博物館 10

《百年》已據《德瑞荷比》增補（譯作來登國立人種學博物院）。

（十四）新西蘭私人收藏

101. 路易·愛理 10

《百年》增補，"宋鎮豪先生據徐錫臺先生的親身調查筆記"。

（十五）韓國機構收藏

102. 淑明女子大學圖書館 7

《百年》據王宇信調查情況增補，作6片。2017年，韓國國立韓古爾博物館"韓中日書體特別展"展出7片，《韓中日》（2017）收錄7片。

103. 韓國國立中央博物館 40?

韓國國立中央博物館藏甲骨40餘片，來源待考。2017年，韓國國立韓古爾博物館"韓中日書體特別展"展出39片。《韓中日》（2017）收錄18片，個別未見展出。總數暫計40片。

除殷墟所出者，《百年》較《八十五年》還增加了殷墟以外出土刻辭甲骨的統計，截止 2004 年，共 362 片。在其基礎上還可增補以下數宗：

104. "周公廟遺址 99"→周公廟遺址約 791（增加約 692）

周公廟出土甲骨尚未整理完成，據种建榮（2018），出土刻辭甲骨的單位共有 9 個，其中 2004 年廟王西 H1 出土刻辭卜甲 99 片、2008 年祝家巷北 G2 出土刻辭卜甲 685 片，其餘單位都是零星出土。如將"零星出土"者分別按 1 片計，則總數爲 791 片（綴合後將有所減少）。其中已包含 2003 年北京大學考古文博學院師生在周公廟馬尾溝西（祝家巷北）採集到的一版，參看周原考古隊（2006）。

105. 洛陽東郊出土西周刻辭卜骨 1

詳見蔡運章（2008）。

106. 山東高青陳莊遺址出土西周刻辭卜甲 1

詳見《山東高青陳莊西周遺址考古發掘獲重大成果》，《中國文物報》，2010 年 2 月 5 日。

107. 寧夏彭陽姚河塬遺址出土西周刻辭卜骨 1

詳見《寧夏彭陽姚河塬商周遺址出土甲骨文》，《光明日報》2018 年 1 月 15 日。

以上修訂共百餘項，增刪相抵後，所得總片數仍可較《八十五年》增加 6 900 片以上，收藏甲骨的機構或個人增加 30 餘个。

如忽略約數，將《八十五年》統計所得的 154 604 片與此次增補的 6 900 片相加，則有 16 萬 1 千餘片。舉成數而言，我們可以説：

甲骨文發現一百二十週年之際，已知出土商周刻辭甲骨的總數，約爲 16 萬片。

其中，已發表者經綴合、辨僞，數量會有所減少；未著錄者繼續發表，會有所增加；尚在整理中的，可能有小幅變化；曾經著錄而現藏不明者，也會逐漸落實。以上這些，都可以在"16 萬片"這一數字上再作增删修訂。

（葛　亮　撰）

• 參考文獻

蔡運章 2008　洛陽新獲西周卜骨文字略論，文物，第 11 期。

蔡哲茂 2010 讀《中國國家博物館館藏文物研究叢書·甲骨卷》，中國文化研究所學報，第50期。

蔡哲茂 2018 加拿大維多利亞博物館藏五片甲骨介紹，甲骨文與殷商史，新8輯，上海古籍出版社。

曹錦炎 1990 浙江省博物館新藏甲骨文字，文物，第5期。

曹錦炎 2005 西泠印社新收藏的甲骨文，書法叢刊，第5期。

曹錦炎 2013 記杭州藏友收藏的甲骨文，甲骨文與殷商史，新3輯，上海古籍出版社。

陳 曲 2018 日本慶應義塾大學所藏殷墟甲骨的整理與研究，吉林大學碩士學位論文，指導教師：崎川隆。

陳逸文 青木智史 2019a 天理參考館所藏未著録甲骨選録，第三十屆中國文字學國際學術研討會論文集，成功大學。

陳逸文 青木智史 2019b 《天理大學附屬參考館藏甲骨文字》補釋，紀念甲骨文發現120周年國際學術研討會論文集，安陽。

種建榮 2018 試論西周甲骨的埋藏方式——以周公廟刻辭甲骨的出土爲例，文博，第3期。

党 寧 2018 方寸之間猶可得——安陽博物館藏商代"貞侑于祖辛"牛胛骨卜辭賞析，文物天地，第5期。

董作賓 胡厚宣 1937 甲骨年表，商務印書館。

董作賓 金祥恒 1961 本系所藏甲骨文字——臺灣大學所藏甲骨文字之二，臺灣大學考古人類學刊，第17、18期（收入董作賓先生全集甲編，第2冊，臺北藝文印書館，1977年）。

董作賓 1953 臺灣大學所藏甲骨文字附考釋，臺灣大學考古人類學刊，第1期（收入董作賓先生全集甲編，第2冊，臺北藝文印書館，1977年）。

方 輝 2000 明義士和他的藏品，山東大學出版社。

房 曄 2015 殷契匯津門——館藏甲骨概述，文物天地，第6期。

宮長爲 2003 東北師大所藏甲骨選釋，紀念殷墟甲骨文發現一百周年國際學術研討會論文集，社會科學文獻出版社。

郭妍利 2018 陝西師範大學博物館藏甲骨文釋讀與研究，考古與文物，第3期。

郭祐麟 1997 館藏殷墟甲骨刻辭之曙光乍現，（歷史博物館）歷史文物，第2期。

河北大學歷史系 1998 河北大學文物室所藏甲骨，胡厚宣先生紀念文集，科學出版社。

河南省地方史志編纂委員會 1993 河南省志·文物志，河南人民出版社。

胡厚宣 1937 甲骨文材料之統計，益世報·人文周刊，第13期，4月2日/月報第1卷第5期，開明書店。

胡厚宣 1944 甲骨文發現之歷史及其材料之統計，甲骨學商史論叢初集，成都齊魯大學國學研究所。

胡厚宣 1951　五十年甲骨文發現的總結，商務印書館。

胡厚宣 1985　關於劉體智、羅振玉、明義士三家舊藏甲骨現狀的說明，殷都學刊，第 1 期。

胡厚宣 1986　甲骨入藏山東補記，文物天地，第 3 期。

胡厚宣 1988　國内四個文物商店所見甲骨，殷都學刊，第 3 期。

胡厚宣 1996　大陸現藏之甲骨文字，"中央研究院"歷史語言研究所集刊，第 67 本第 4 分。

胡輝平 2005　國家圖書館藏甲骨整理札記，文獻，第 4 期。

蔣玉斌 2019　内藤湖南舊藏甲骨整理札記五種，甲骨文與殷商史，新 9 輯，上海古籍出版社。

李鶴年 1996　"請求補退被抄部分甲骨"函，大唐西市 2018 夏季藝術品拍賣會。

李先登 1983　孟廣慧舊藏甲骨選介，古文字研究，第 8 輯，中華書局。

李孝定 1976　李光前文物館所藏甲骨文字簡釋，文物彙刊，第 2 號，新加坡南洋大學李光前文物館。

李學勤 1995　記美國飛爾德博物院所藏甲骨，收藏家，第 1 期。

李學勤 2004　路東之《夢齋藏甲骨文》序，清路集：李學勤學術序跋評論集，團結出版社。

李延彦 2017　項目組赴上海整理謝伯殳散佚甲骨紀實，故宫博物院藏殷墟甲骨文整理與研究工作簡報，第 7 期。

李宗焜 2015　何日章挖掘甲骨，甲骨文與殷商史，新 5 輯，上海古籍出版社。

劉秀惠 2018　《甲骨文合集》40125 收藏地新探，中國社會科學院歷史研究所先秦史研究室網站，http://www.xianqin.org/blog/archives/10833.html，8 月 1 日。

劉一曼 1997　安陽殷墟甲骨出土地及其相關問題，考古，第 5 期。

馬季凡　徐義華 2017　清華大學藏"滂喜堂"甲骨的來源與朱檉之其人，南方文物，第 4 期。

苗利娟 2019　安陽博物館館藏殷墟甲骨的初步整理與新收穫，黄河·黄土·黄種人，第 8 期（中）。

齊文心 1993　記美國辛格博士所藏甲骨，文物，第 5 期。

任會斌 2013　清華藏戰時安陽所出一坑甲骨述要，甲骨文與殷商史，新 3 輯，上海古籍出版社。

任平生 2017　"2015 全國首屆甲骨文整理與研究學術討論會"紀要，甲骨文與殷商史，新 7 輯，上海古籍出版社。

松丸道雄 1981/1988　日本蒐儲の殷墟出土甲骨について，東洋文化研究所紀要，第 86 册/日本收藏的殷墟出土甲骨（宋鎮豪中譯），人文雜志，第 4 期。

松丸道雄 2003　介紹一片四方風名刻辭骨——兼論習字骨與"典型法刻"的關係，紀念殷墟甲骨文發現一百週年國際學術研討會論文集，社會科學文獻出版社。

宋鎮豪 2007　記國博所藏甲骨及其與 YH127 坑有關的大龜六版，中國國家博物館館藏文物研究叢書·甲骨卷，上海古籍出版社。

宋鎮豪 2017　甲骨文材料的全面整理與研究，甲骨文與殷商史，新 7 輯，上海古籍出版社。

孫亞冰 2006　百年來甲骨文材料統計，故宫博物院院刊，第 1 期。

王　素 2016　故宫博物院藏殷墟甲骨文整理與研究項目緣起，故宫博物院院刊，第 3 期。

王　素 2017　故宫博物院藏殷墟甲骨文的整理與出版，甲骨文與殷商史，新 7 輯，上海古籍出版社。

王澤文 2012　對《瑞典斯德哥爾摩遠東古物博物館藏甲骨文字》的補充及相關著錄的調查，古文字研究，第 29 輯，中華書局。

西北大學文博學院考古專業 2002　百年學府聚珍——西北大學歷史博物館藏品選，文物出版社。

肖　楠 1989　安陽殷墟發現《易卦》卜甲，考古，第 1 期。

徐錫臺 1980　西德、瑞士藏我國殷墟出土的甲骨文，人文雜志，第 5 期。

楊蒙生 2017　紐約蘇富比 2015 春季拍賣會所見部分中國古文字資料簡編，甲骨文與殷商史，新 7 輯，上海古籍出版社。

伊藤道治 1987　天理參考館所藏の甲骨について，天理教道友社。

于　芹　張　媛 2017　山東博物館藏甲骨述要，甲骨文與殷商史，新 7 輯，上海古籍出版社。

展　翔 2019　"安陽民間系"甲骨著錄文獻校理，甲骨文與殷商史，新 9 輯，上海古籍出版社。

趙愛學 2017　國家圖書館的甲骨收藏與整理發布，甲骨文與殷商史，新 7 輯，上海古籍出版社。

周　嘉 2018　上海新發現兩版甲骨文考釋，練祁研古：上海練祁古文字研究中心集刊，第 1 輯，中西書局。

周原考古隊 2006　2003 年陝西岐山周公廟遺址調查報告，古代文明，第 5 卷，文物出版社。

朱　旗 2015　新鄉市博物館館藏甲骨，華夏考古，第 3 期。

朱曉雪 2017　美國哥倫比亞大學所藏甲骨梳理，華僑大學學報（哲學社會科學版），第 4 期。

朱彥民 2001　《明義士家藏中國文物展》中兩片甲骨考釋，文史哲，第 4 期。

鄒芙都　卞兆明 2011　西南大學藏甲骨文考釋七則，文獻，第 3 期。

張政烺

殷墟甲骨文中所見的一種筮卦

原載《文史》第 24 輯,中華書局,1985 年;收入《張政烺文史論集》,中華書局,2004 年;又收入《張政烺論易叢稿》,中華書局,2010 年;又收入《張政烺文集·論易叢稿》,中華書局,2012 年。

甲骨、青銅器和戰國竹簡上有一些由數目字組成的"奇字",舊被看作族徽或已經遺失的古文字等,張政烺先生在 1978 年的中國古文字學術討論會上判之爲筮數、易卦(學者後來多稱"數字卦")。這是張先生最重要的學術發明之一,在古文字學、易學研究等多個領域產生了深刻的影響。

在張政烺先生之前,似乎只有李學勤(1956)在討論張家坡西周甲骨上"紀數的辭"時,聯想到《周易》的九六之數,但是李說沒有引起學界的重視。張先生從 1974 年整理長沙馬王堆出土的帛書《周易》,常和一些研究《周易》的書接觸,1977 年又見到了岐山周原出土的卜龜。由於有深厚的學養,又有前述鋪墊,張先生在中國古文字學術討論會上聽徐錫臺先生講到周原甲骨的"奇字"後,第二天臨時作了《古代筮法與文王演周易》的講話,提出了這類"奇字"就是易卦的突破性學說。具體情況本文第一部分已有簡略介紹。①他先後發表了與此有關的四篇文章,包括《試釋周初青銅器銘文中的易卦》、《帛書〈六十四卦〉跋》、《易辨——近幾年根據考古材料探討〈周易〉問題的綜述》和本文即《殷墟甲骨文中所見的一種筮卦》等。

這組文章主要包含兩方面內容,一是廣泛搜羅"數字卦"材料,二是設法解

---

① 較詳細的介紹可看張政烺:《我與古文字》,《張政烺文集·苑峰雜著》,中華書局,2012 年,第 25—27 頁。

釋"數字卦"的各種現象，並加以解讀。主要的方法是，按"奇數變爲陽爻，偶數變爲陰爻"的原則，將"數字卦"轉寫爲用陽爻、陰爻表達的《周易》卦象。例如中方鼎上的"七八六六六六"即䷖，坤下艮上，剝卦；"八七六六六六"即䷇，坤下坎上，比卦，遇比之剝。

"數字卦"材料的匯總，早在張說提出前，唐蘭（1957）就搜集了 13 例，只是唐先生把它們看作西北方民族使用過的一種古老文字。張政烺（1980）增至 32 例（補記又列出 25 例），此後張亞初與劉雨、饒宗頤、李零、季旭昇、蔡運章、濮茅左、宋華强、李紅薇續有匯總整理，王化平、周燕（2015）列出商周"數字卦"284 例。材料不僅大量增多，一些有問題的釋讀也得到糾正。如本文所舉《屯南》4352 一例，張先生釋爲"八七六五"。曹定雲（1994）指出，所謂"八"實是骨紋，"七"當改釋"十"。覆核《屯南》拓本，該"數字卦"確應從曹説釋爲"十六五"。又本文補記提到歸默博物館所藏《巴黎》24 甲骨，釋其背面刻辭爲"弋"及"六一一六"，乃據饒宗頤先生摹本。饒氏後已撰文説明，原辭實爲"戈入二百"。①《張政烺文集·論易叢稿》的"整理者附記"引風儀誠先生"提供的準確照片和摹本"，指出"右文應釋'戈入二百'"（張政烺 1984：58）。按照片、摹本即《法藏》14②，所謂數字卦本爲甲橋刻辭。從照片看，饒文改釋、雷焕章神父摹釋亦不完全準確，當爲"戋入二百"。不管怎樣，這例"數字卦"是本不存在的。

張政烺先生善於觀察其中使用數目字頻次上的規律，也注意到"數字卦"形式上的複雜性。本文就是在較常見的"三個數目字一組、六個數目字一組的易卦"之外，特別討論"四個數目字的卦"。由於對其複雜性有充分的認識，他雖然主要是按《周易》體系來解讀"數字卦"，但也考慮到其與《連山》、《歸藏》可能存在的聯繫（如張政烺 1980：13—15 等）。他在本文中説："應當聲明一下，我不是説這二骨一鼎的銘刻必須這樣講……這只是個人一時的意見，並不排斥其它的説法。""我並不固執，不妨大家各擬一套筮法，最後比較一番，看哪一種有接近真實的可能性。"他總是强調，"這裏談的，只是對現有材料的試行探析，希望將來能有新的發現，可以進一步證明或否定這些假説"（張政烺 1980：15；3）。隨著新材料（尤其是鼎卦戈、清華簡《筮法》等）的持續增加和研討的不斷深入，學者已經提出不少與張氏不同的意見。例如，李學勤、李零、李宗焜等均

---

① 饒宗頤：《法京吉美博物館甲背（708 號）釋文正誤》，《文史》第 29 輯，中華書局，1988 年。
② 《法藏》中收藏單位名"季梅"，即前述"歸默"、"吉美"的不同譯法。

強調，將"數字卦"全都歸入《周易》範疇存在局限性，研究思路還要拓廣；吳勇、梁韋弦、宋華強等指出，"數字卦"和陰陽爻卦是功用不同的兩種符號，前者用來記錄實際筮占所得之卦，而後者是對筮數的抽象提煉，是"筮占工具書"中的專用符號，等等。這些研討的情況，晚近發表的宋華強（2010），賈連翔（2014），王化平、周燕（2015），丁四新（2018）均有述評，可以參看。

總之，張政烺先生對"數字卦"的發明意義重大，"從學術史的角度看，有關數字卦問題，雖然在張先生之前，李學勤先生曾有過一句話的猜測；在張先生之後，又有一些學者作了更細緻的觀察和討論，但要論最大的原創性貢獻，當然還得屬張先生"（吳振武 2012）。

（蔣玉斌 撰）

• 參考文獻

曹定雲 1994　新發現的殷周"易卦"及其意義，考古與文物，第 1 期。
丁四新 2018　數字卦研究的階段、貢獻及其終結，周易研究，第 5 期。
賈連翔 2014　出土數字卦材料研究綜述，中國史研究動態，第 4 期。
賈連翔 2021　出土數字卦文獻輯釋，中西書局。
李紅薇 2017　商周金文數字卦輯證，古籍研究，第 2 期。
李學勤 1956　談安陽小屯以外出土的有字甲骨，文物參考資料，第 11 期。
宋華強 2010　新蔡葛陵楚簡初探，武漢大學出版社。
王化平　周　燕 2015　萬物皆有數：數字卦與先秦易筮研究，人民出版社。
吳振武 2012　"不是專家"的張政烺先生，中華讀書報，5 月 9 日 7 版。
張政烺 1980　試釋周初青銅器銘文中的易卦，考古學報，第 4 期。
張政烺 1984　帛書《六十四卦》跋，文物，第 3 期。
張政烺 1988　易辨——近幾年根據考古材料探討《周易》問題的綜述，中國哲學，第 14 輯，人民出版社（該文寫於 1984 年）。

姚孝遂　趙　誠

小屯南地甲骨考釋·今來翌

節選自《小屯南地甲骨考釋》，中華書局，1985年。

　　《小屯南地甲骨考釋》（中華書局，1985年）是姚孝遂、肖丁（趙誠）兩位先生合作撰寫的一部甲骨文字詞分類考釋的專著。書中利用小屯南地發掘出土的甲骨新材料，對不少甲骨字詞問題進行了深入的研究，得出了一些令人信服的結論。本書選錄的"今來翌"條就是一個顯著的例子。

　　這個詞條不足千字，卻列舉了豐富的卜辭辭例，向我們揭示了如下兩個重要問題：第一，殷人對時間觀念的區分十分細緻，"在大多數的情況下，就'干支'來說，當日稱今，次日以後的十日之内稱'翌'，十日以外的'干支'日稱'來'"。第二，卜辭"今來干支"、"今來歲"中的"今來"非如陳夢家先生認為的表示"最近的將來"，而是表示"現在"和"將來"兩個時間觀念的集合，具體說就是"今來乙卯"應該是兩個"乙卯"，一是距離占卜之日較近的"乙卯"，一個是距離占卜之日較遠的下一個"乙卯"；"今來歲"指"今歲"和"來歲"兩個收穫年度。上述這些意見是從卜辭實際中歸納出來的，因而具有較強的解釋力。

　　平心而論，書中對"今"、"翌"、"來"三者所表示的時間概念的區分，並不新奇，已有不少學者進行了比較充分的論述。早在1927年的《增訂殷虛書契考釋》中，羅振玉就指出："卜辭凡稱次日或再次日為'昱'，數日以後為'來'，數日以前為'昔'。"吳其昌（1934/1959）更加細緻地指出："'來'的意義為今之後的數日，與'翌'意義略相當，只是距離'今'較遠。在商代的習俗，'來'最早為第二日，最遠者可距離'今'二十七日。'翌'的意義基本上是'明日'，雖有時也有與'今'間隔數日的，但限於第十日為止。"後來仍有不少學者進行了更爲微觀地考察，請集中參看苗麗娟（2012）、鄧飛（2013）等，不必詳論。

"今來翌"條最大的貢獻是提出卜辭中的"今來干支"、"今來歲"中的"今來"表示兩個時間觀念的集合。提出同樣看法的還有劉桓先生。他在《殷契新釋》中指出："'今來日'乃'今日'與'來日'合指時之省稱"，"'今來乙酉'無疑是指這個六十甲子中的乙酉日與下一個六十甲子中的乙酉日"（參看劉桓1989）。劉桓先生應該是在没有注意到姚孝遂、肖丁兩位先生的説法的情形下提出己説的，正所謂"閉門造車，出則合轍"。然而，這種合理的看法似乎並没有得到學界的普遍認可，把"今來干支（或歲、秋）"中的"今"理解爲"最近的將來"，還是得到一些學者擁護的，甚至還有一些學者提出另外新的解釋。之所以存在這樣那樣的分歧，最根本的原因就是没有正確理解時間詞"今"的含義。因此，沈培（2006）專門撰寫《關於殷墟甲骨文"今"的特殊用法》一文，詳細深入討論各種情況下"今"的含義，同時也較好地解決了"今來干支（歲、秋）"之"今來"何以必須理解爲"今干支（歲、秋）"和"來干支（歲、秋）"兩個時間集合的問題。沈先生指出："卜日與'今干支'的時間距離不會超過十天，十天之內都可以説'今'，十天之後則要説'來'。由此可以看出'今'與'來'的對立是以十天爲'單位'的。"也就是説，"商人在擇日時經常把以'今'統率的十天作爲一個單位來跟以'來'統率的十天的另一個單位作對比"。在這種情形下，"今來干支"自然是指占卜之日這一旬内的某干支跟臨近本旬的同一干支了。"今來歲"也就只能指本收穫年度跟下一個收穫年度的集合。當然沈先生還指出，"今干支"在與"翌干支"對舉時，"今"則是"今日"之意，這時候是以"日"爲單位來比較的，跟上述"今"的含義不同。關於"今"、"翌"、"來"的各家説法以及詳細説解，沈文都有深入的討論和辨析，讀者可以集中參看。

沈文發表後，陸續有學者撰文討論"今來干支（歲）"的句式，影響比較大的有苗利娟（2012）、鄧飛（2014）兩位先生。苗利娟贊同常玉芝先生的看法，認爲"今來翌（歲）"格式中的"翌"、"歲"都是地名。鄧飛則維護陳夢家先生的説法，認爲"今來干支（歲）"如果表示兩個時間的集合，存在跟卜辭時間表達系統不和諧、占問事件時間不明確和無法解釋具體卜辭三方面的問題，但鄧先生同時也承認，"今來干支（歲）"兼有"近指"和"遠指"兩方面的語義特徵，正是由於這種語義特徵的對立，限制了這種表達的能產性，因而數量比較少。需要指出的是，二文似乎都没有注意到沈培（2006）的文章，當然不能就沈先生的論點提出有力的反駁。事實上，沈文已經對後出的苗文、鄧文主要支持的常玉芝、陳夢家兩位先生的論點進行了有理有據的批評。我們這樣説，也不意味著沈文提出的解釋就一定正確，只是在目前所見到的諸家説解中沈文更有解釋力。隨著相關研究的深入開展，"今來翌"問題還會再次引起學界的討論。

（王子楊　撰）

• 參考文獻

常玉芝 1998　殷商曆法研究，吉林文史出版社。
鄧　飛 2013　商代甲金文時間範疇研究，人民出版社。
鄧　飛 2014　殷商甲骨卜辭"今來"補論，考古與文物，第 1 期。
劉　桓 1989　殷契新釋，河北教育出版社。
苗利娟 2012　略論甲骨卜辭中"翌"與"來"的時間差異，中國語文，第 3 期。
沈　培 2006　關於殷墟甲骨文"今"的特殊用法，古文字研究，第 26 輯，中華書局。
吳其昌 1934　殷虛書契解詁，文哲季刊，第三卷第 2、3、4 期手書連載（又藝文印書館，1959 年）。

詹鄞鑫

甲骨文字考釋二則·釋憂

原爲《甲骨文字考釋二則》之一,《語言研究》1986 年第 2 期;後改爲《釋甲骨文"揩"和"舫"》第一則,收入《華夏考——詹鄞鑫文字訓詁論集》,中華書局,2006 年。

《甲骨文字考釋二則》的第一則《釋憂》短小精悍,雖然論證還存在一定的不足,但是將 𣢟 釋爲"揩"字初文則可信,已爲學界所普遍接受。

現簡要梳理《釋憂》的内容:

首先,根據字形和用法上的區别,將寫作 𣢟 的形體從"次"字中剥離出來。

然後,從以 𣢟 爲部件的合體字中尋找釋字的綫索。所依據的字形材料有:

旖:

𩨄:

輾:

䎽(聞):

指出"旖"的聲符 𣢟、𣢟 即"昏"的古文"憂",與甲骨文 𣢟 的寫法基本相同。至此,實際已經釋出 𣢟 即"憂"字。又據"䎽(聞)"、"輾"所从聲符與 𣢟 相近或相同,作進一步論證。甲骨文"聞"寫作从耳憂聲,確證 𣢟 即"憂"字。

根據《説文》"憂"是古文"昏"字,是籀文"婚",讀若閔,進而確定甲骨文"憂"的讀音與"昏"或"閔"同。讀音既定,結合字形象人張口噴沫以手揩抹之形,便對應上表示扢拭義的"揩"字。甲骨文 𣢟 即"揩"字初文。

最後,考察"憂"在卜辭中的具體用法。用法有兩種,一爲紀時詞,讀爲"昏",另"憂示"義不明。

《釋戛》在形、音、義三方面的考證都做得很好，證據也足以支持釋"㨁"的結論。但是，也有一個問題，是對"戛"的認識不正確。"戛"應是古"聞"字，其形體演變脈絡十分清晰：

雖然部件的位置、形態稍有變化，但各部分都能一一對應。《釋戛》分析金文"𦔮"、"𦕋"所從聲符："其形於頭上或加三點，乃是口旁三點上移所致，後來訛變爲'尒'形。又在人之足下或加'夂'，與不加者無別。"這是符合實際情況的。楚文字寫作 （或省作 、 ），加注聲符"昏"，擠掉了原來的人形，再省掉上部"尒"形，即《說文》古文"𦖫"，"聞"則是戰國時期再造的一個形聲字。《說文》謂"戛"是"昏"的古文，"婚"字籀文，實際應是其假借字。

所以，"戛"並不是"㨁"，《釋戛》考釋的結論應表述爲：甲骨文 象以手揩抹口液之形，讀音與"昏"同，是表示扻拭義的"㨁"的初文。 在後世的文字系統中不再獨立成字，但作爲構字部件還保留在"戛（聞）"、"𦕋"等字當中。

回過頭再看這則考釋，事實上沒有直接的證據能把 對應上某個字，釋"㨁"是通過形、音、義的關係來推定的。表意字的字形大都一目了然， 也是如此。于省吾（1979：384）就曾指出此字"象以手拂液形"，對字形的認識已經很到位，但由於缺少讀音的限定，而與"次"混爲一談。反過來說，釋"㨁"的成功之處就在於確定了 的讀音。

考釋古文字，是憑藉已知的信息來考查未知的。要確定 的讀音，要麼有文例對照，要麼藉助從它得聲的形聲字。《釋戛》認同孫詒讓所釋"𣂼"字，而以爲从下所從即"戛"字，據《說文》的記載來確定讀音。但是，論證的路徑有瑕疵。"𣂼"所從 、 固然可以和 認同，卻並不是"昏"的古文"戛"，故"昏"聲則無從由來。 作爲一個未識字，讀音只有在正確認識到"戛"從它得聲才能確定。文中提及的"𦕋"字可以爲 的讀音提供綫索。番生簋"𦕋"字从 ，說明 本身就有"戛"音，"戛"從它得聲。 即甲骨文 ，進而證明 讀音也與"戛"相同。唐蘭先生把甲骨文 釋爲"聞"的本字，爲學者所公認，但大都作爲會意字來分析。《釋戛》指出應從耳戛（指"㨁"初文）聲，是正確的。《合集》30715 的 字，《釋戛》釋爲"㨁"是不正確的，應是"聞"字，字形右上角有耳形，只是"耳"的寫法略簡，可參《合集》30286 的 （宧）、《合集》27632 的 （聲）。此"聞"字在卜辭中用作祭名，與《合補》6934 的"㨁"表示的應是同一個詞。由此也可證明 與"聞"的讀音應相同。

關於甲骨文"聞"字的構形及演變，黃天樹（2006：287—288）有較詳細的論述：

> 上引第一條"聞"字（袁按：即《合集》9100 的 ⌇）的字形在"卩"上加"耳"以表示"人跽而以耳諦聽"之意，我們認爲是"無聲符"的獨體象形字。第二條"聞"字（袁按：即《合集》1075 正的 ⌇）有意改造爲"有聲符"的獨體象形字，下部跪坐人形"卩"改造爲形近又能表示"聞"字的讀音"⌇"（抯）字……"抯"與"聞"古音同屬明紐文部，聲韻全同，故"有聲符"的獨體象形字"⌇"（聞）中的"⌇"（抯）是起表聲作用的……第三和第四條中的"聞"字（袁按：即《花東》38 的 ⌇ 與《合補》7237 的 ⌇）已經"形、聲裂變"，分化爲一個形符"耳"和一個聲符"抯"相配合的形聲字。綜上可知，"聞"字"形、聲裂變"的過程是：⌇→⌇→⌇。

雖然 ⌇（還見於《合集》10936）類形體是否是"聞"字還無法從辭例上得到落實，但寫作 ⌇ 的"聞"係从耳从抯初文得聲的形聲字，已是公論。

再談談"抯"字在卜辭中的用法。《釋夒》直接論及的甲骨文字形有：

⌇《屯》751　　⌇《合集》9375（《明》733）

⌇《合補》6574（《合集》19945［《庫》1093］+ 19807）

⌇《合集》30715（《摭續》88、《上博》2426・137）

還可以補充以下材料：

⌇《合集》20119　　⌇《合集》19946　　⌇《合集》15273（《合集》40532、《旅藏》283）　⌇《合補》6934（《綴集》242）　⌇《合集》33127（《京人》2984）

所在卜辭爲：

(1) 乙酉卜：又伐自上甲抯示。
　　乙酉卜：又伐自上甲抯示，惠乙巳。
　　乙酉卜：又伐自上甲抯示，惠乙未。　　　　　　　　（《屯》751，歷一）

(2) 抯王入。　　　　　　　　　　　　　　　　　　　　（《合集》9375，師賓間）

(3) ［甲戌卜，扶］：惠翌丁［丑］抯父乙。　　　　　　　（《合補》6574，師肥）

(4) 惠七牛抯用，王受佑。　　　　　　　　　　　　　　（《合集》30715，無名組）

(5) □抯□　　　　　　　　　　　　　　　　　　　　　（《合集》20119，師小字）

(6) 甲戌［卜］，扶：惠翌丁酉抯父乙。　　　　　　　　（《合集》19946，師肥）

(7) 抯王入。　　　　　　　　　　　　　　　　　　　　（《合集》15273，師賓間）

(8) 丙午：捪用三羊。　　　　　　　　　　　　（《合補》6934，午組）

(9) 乙☐大☐自上甲捪示☐。　　　　　　　　　（《合集》33127，師歷間）

除（5）辭僅存一字，用法不能確定外，其餘大致可分爲三類。（1）、（9）辭爲一類，"捪示"指某些特定的祖先；（2）、（7）辭是一類，爲尾甲記事刻辭，"捪王"是人名；（3）、（4）、（6）、（8）辭是一類，"捪"、"聞"爲祭名。另外，《合集》7002 的 ☒ 也可能是"捪"字，寫出兩隻手臂，而省表示口液的小點，卜辭中用爲人名。

第一類用法中，（9）辭殘，拓本也不夠清晰，可能與（1）辭的用法相同。于省吾（1979：386）釋"次"字，讀爲"延示"，"延示乃延及廿示的省語"。姚孝遂先生在《詁林》第 0341 號的按語中說："'次示'當即'它示'，指旁系祖先而言。"因爲釋"次"不正確，所以基於此說爲"延示"或"它示"，都不可信。詹先生懷疑是指"衆示"，由於缺乏文獻用例而不能確定。祭祀卜辭習見"自上甲某示"類卜辭，有"大示"、"小示"、"下示"、"六示"等，都是特指某些祖先，"捪示"所指大概也是某些特定的祖先。結合同版相關卜辭，在乙酉日之後祭祀了大乙、祖乙、大甲幾位祖先，又在乙巳日占卜"皆伐"。"捪示"或指包括大乙、祖乙、大甲在內的一些直系先王。

第二類用法，用於尾甲記事刻辭，爲人名。趙誠（1989：325）在釋"次"的基礎上，認爲此處爲迎接之義，自然不正確。

第三類用法，詹先生認爲應讀爲昏暮之"昏"，不可信。（3）、（6）兩辭是就同一事的占卜，（3）辭可據（6）辭補全，是爲確定對父乙進行捪祭的日期進行的不同貞問。（4）辭同版還有"四牛"、"五牛"、"六牛"，是進行祭祀選用幾頭牛作爲犧牲的占卜。（8）辭是占卜舉行捪祭用三隻羊。

（袁倫強　撰）

• 參考文獻

黃天樹 2006　殷墟甲骨文"有聲字"的構造，黃天樹古文字論集，學苑出版社。
于省吾 1979　釋次、盜，甲骨文字釋林，中華書局。
趙　誠 1989　甲骨文行爲動詞探索（一），古文字研究，第 17 輯，中華書局。
朱芳圃 1962　殷周文字釋叢，中華書局。

常玉芝

晚期龜腹甲卜旬卜辭的契刻規律及意義

原載《考古》1987年第10期；收入宋鎮豪、段志洪主編：《甲骨文獻集成》第17冊，四川大學出版社，2001年。

在甲骨文例研究史上，常玉芝先生《晚期龜腹甲卜旬卜辭的契刻規律及意義》一文是一篇具有重要意義和影響力的著作。文中正確揭示出黃組龜腹甲上卜旬刻辭之間的一個重要契刻規律：先右後左，先內後外，先下後上。即"在中縫右半部刻一旬卜辭之後，下一旬卜辭即刻於中縫的左半部，再下一旬又回刻到中縫的右半部，如此循環往復。這樣，對每半部分來說，各相鄰的兩旬都不是連續的兩旬，而是都間隔了一旬；其次，每半部分都是先從內部的中縫處刻起的，以後依次外移；再者，每半部分都是先從下部刻起的，以後依次上移"。這一規律的發現離不開作者對材料的細心整理和觀察，將之驗於目前所見黃組這類材料，幾無不合①，故觀點自提出以來，已得到學界公認。

常先生一文除了正確指出契刻規律外，文中還根據這一規律對甲骨進行了綴合。其中一組是《珠》214（《合集》39171）+《安明》3069（《合集》39175），常先生根據辭例內容糾正了《安明》3069中最下面一片的擺放位置，並將其與《珠》214的兩版實綴在一起，這一組綴合後收入《合補》12741中。另一組是《安明》3072（《合集》39035）+《珠》215（《合集》39174），這一綴合後收入《合補》12718。在此之前，持井康孝對這兩組亦有相同綴合，持井先生對前一組還綴有《合集》39020和《安明》3071，綴合圖版收入《合補》12894，但

---

① 門藝（2008）提到目前僅發現一例不合，即《合集》39174，不知是否由誤刻或其他原因造成。

其中《安明》3069中下面一塊擺放錯誤；後一組加綴有《合集》39019＋39025＋39061＋39238＋《京人》2759＋《珠》228，圖版見《合補》12869。不過，持井先生的文章發表於日本，中國大陸難以見到，故常先生的綴合成果完全是其獨立研究成果。另外，常先生文中利用這一契刻規律在卜辭釋讀和糾正誤刻方面所做的論證亦十分精彩，所得結論令人信服。特別是其在周祭制度研究方面所具有的重要價值和作用，通過常先生的論證，體現得極爲明顯。

關於黃組龜腹甲上的契刻文例，其後學者在常先生研究基礎上又進一步指出，黃組龜腹甲上不僅卜旬刻辭具有這一特點，卜夕、田行、王賓等刻辭也都具有這一規律。只有祊祭卜辭是按照"先右後左，先外後內，先下後上"的次序。至於其他組類卜旬辭在龜腹甲上的順序，董作賓先生《大龜四版考釋》一文中曾對《合集》11546有過分析，認爲大體是"先右後左，先外後內，先下後上，先中部後四隅"。此版爲賓三類字體，上面刻辭雖有一定順序，但相對比較雜亂，還沒有形成特定規律。到了出組二類以後，規律就比較明顯了，出組二類龜腹甲上卜旬刻辭的順序基本遵循"先右後左，先外後內，先下後上"，與黃組祊祭卜辭順序一樣，與黃組卜旬辭只有"內外"之別。關於龜腹甲不同組類上的刻辭文例，可參何會（2014）。這裏附帶説一下，出組二類中常見的"卜王"刻辭在龜腹甲上也是按照"先右後左，先外後內，先下後上"的順序，雖然這類刻辭干支相同，無法通過干支確定順序，但通過兆序可判定順序，如《合集》24053即左右相連，其他如《合集》24060、24014、23983，《合補》7226等，雖只有半邊，但若仔細排列兆序即可得知這一規律。利用這一規律可知《拼三》754的這組綴合有誤：

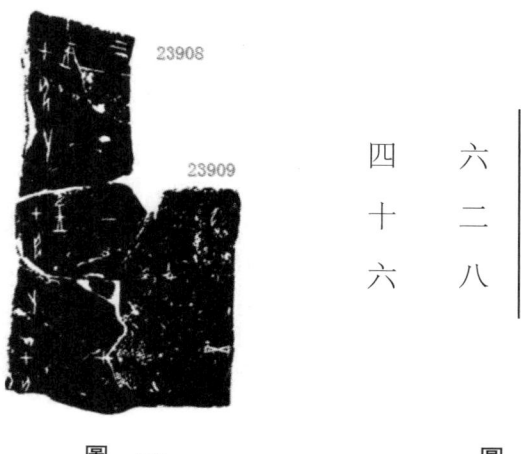

四	六	五	三
十	二	一	九
六	八	七	五

圖　一　　　　　　　　　　圖　二

圖一的這兩版卜辭都爲右腹甲，其中《合集》23909中最下邊從外向內的兆序是七和五，上面的兆序是九和一。根據我們所説規律，與其對應的左邊下邊由外向內應是六和八，上面是十和二。按照"由外向內"的順序，上面的"三"應是在右邊這塊的外面，近千里路位置兆序應爲"五"，如上圖二。但目前綴合的《合集》23908近千里路，其兆序卻爲"三"，明顯與此規律不合。

（方稚松　撰）

• 參考文獻

董作賓 1931　大龜四版考釋，安陽發掘報告，第3期。
何　會 2014　殷墟王卜辭龜腹甲文例研究，首都師範大學博士學位論文，指導教師：黃天樹。
門　藝 2008　殷墟黃組甲骨刻辭的整理與研究，鄭州大學博士學位論文，指導教師：王蘊智。

黃德寬

卜辭所見"中"字本義試說

原載《文物研究》總第3期，黄山書社，1988年；收入黃德寬：《開啟中華文明的管籥——漢字的釋讀與探索》，北京師範大學出版社，2011年。

甲骨文中的"中"主要有這幾種字形"中"、"𣅀"、"𣅀"、"𣅀"，經唐蘭（1934/1981：48—54）論證，這幾種字形作爲"中"字異體已得到學界公認①。只是在使用方面存有異體分工之現象，對此可參孫俊（2005：8—10）。不過，關於"中"字的構形含義，一直以來都衆説紛紜，未有定論。對帶有㫃的"𣅀"字形，其含義以旌旗之説影響最大。

黃德寬先生《卜辭所見"中"字本義試說》一文則跳出舊説之藩籬，認爲其字形乃爲古代測風之工具。其主要依據就是甲骨文中的"立中"常與"亡風"同時出現，有時後面還有"易日"，故"立中"一語應是與氣象觀測活動有關，而非過去所説的建旗。黃先生認爲"中"既不是會意字，也不是指事字，而是象形字。字形上所附之物，不是旗之㫃，而是用於測定風之有無和方向的"綖"，是用帛條或羽毛編織而成；"中"字中的直畫乃象長標桿，上下對稱地繫以"綖"以測風；中間的方框是代表四方的坐標。由此出發，文中對古代典籍中有關測風器的相關記載進行了梳理，以期能與甲骨文"中"字構形相對應。文章最後黃先生從詞義引申角度對"中"字如何由"測風器"之意引申出"中心"、"中間"之意進行了解釋。

---

① 對於"中"這一字形究竟理解爲是帶有㫃的"𣅀"之簡化，還是後者是前者之繁化，似還可再討論。下引裘錫圭先生文認爲"中"這一字形乃是一般的指事字，是在一根直綫中部加一個指示符號表示"中間"之意，這一字形的出現應早於"𣅀"、"𣅀"之類字形。

黃先生文中從卜辭文意出發，以字形爲依據，所得觀點無論在字形還是辭例上都比舊有的"立旗致衆"說更爲合理。這一說法後亦得到裘錫圭（2019）的認同。不過，對於卜辭中的"立中"，除了黃先生提出的測風之說外，學界還有一個觀點值得注意，這就是"立表測影"之說。這一觀點最早由姜亮夫先生提出，姜先生在 20 世紀 30 年代所撰寫的《文字樸識》中有《釋中》一節，文中認爲𠂹中的𠂆爲斿旗，中間的○爲日影，爲斿柄在日中時所投之正影，古以斿旗定日時。①對於姜先生"中"字的這一解釋，溫少峰、袁庭棟（1983：14—16）深表讚同，並認爲卜辭中的"立中"就是測日影定時刻定節氣，這一觀點與蕭良瓊先生不謀而合。1983 年，蕭良瓊先生發表有《卜辭中的"立中"與商代的圭表測景》一文，文中對有關"立中"卜辭進行了仔細梳理，文中亦否定了舊有的"立旗"之說，並對將"立中"與卜風相聯繫提出質疑："如果是卜風，爲什麼卜問的又恰恰是'亡風''允亡風'，即一定沒有風呢？"蕭先生認爲"立中"表示的是將一根帶有斿的垂直竿子立在方形或圓形地面的中心，"中"是一種最原始最簡單的天文測量儀器，可以測時間、定方向和定出子午綫，以進行星辰的南中觀測。胡厚宣先生亦有大致同樣的觀點，認爲"立中"爲"立旗爲表，以度日晷"，參胡厚宣（1986）。②

對於立桿測影的桿子上爲何要有斿，蕭良瓊先生文中認爲是爲了幫助判斷桿子是否垂直，並引《周禮》"置槷以縣，眡以景"一句的賈公彥疏來說明："置槷者，槷亦謂柱也。以縣者，欲取柱之景，先須柱正，欲須柱正，當以繩縣而垂之于柱之四角四中，以八繩縣之，其繩皆附柱，則其柱正矣。然後眡柱之景，故云眡以景也。"其實，桿子上的斿若要垂於桿，則說明肯定無風，故按照這一理解，桿子上的斿確有測風之作用。這與黃德寬先生所說的"測風"說也還是有相通之處，只是黃先生更強調其測風向之作用。不過，卜辭中的"立中"確實與"易日"搭配更爲緊密，從這點來說，蕭先生文中所提到的"'亡風''易日'"乃是"'立中'時必備條件"這一意見更爲合理。

總之，黃德寬先生所提出的"測風向"和蕭良瓊等先生提出的"測日影"之

---

① 後又以《"中"字形體及其語音演變之研究》爲題發表於《杭州大學學報》1984 年增刊上。此處據收入《姜亮夫全集》第 18 册中的《文字樸識》。
② 胡先生曾在 1955 年出版的《甲骨續存·序》中曾指出"立中，爲軍隊駐扎，武裝墾殖，或者是原始氏族社會立旗圈地，開闢疆土的孑遺"之觀點，但從《記香港大會堂美術博物館所藏一片牛胛骨卜辭》一文看，胡先生似乎已放棄之前觀點，認同"立表測影"之說。

説都頗有道理，甲骨文的"立中"就是"立表"，可能既具有測風之作用，又有計時定位等其他作用。至於"㆗"字字形含義，中間一豎表桿形，各家多無爭議，上下之斿形大家意見也相近，主要爭議在於中間的圈形符號含義。黃先生將其理解爲四方坐標，蕭先生理解爲方形或圓形地面，這些意見都有一定道理，但也很難論定，不少學者還是更傾向於理解爲指示性符號，表示旗桿之中間。近年來，王暉（2017）對"中"字構形含義亦有所討論，認爲"中"之初義就是春秋以來古文獻中系有銘旌的宗廟祭祀旗桿之"重"，字形中部的"○"或"□"是放置祭品的斗形器具。

（方稚松　撰）

• 參考文獻

胡厚宣 1986　記香港大會堂美術博物館所藏一片牛胛骨卜辭，中原文物，第 1 期。
姜亮夫 2002　姜亮夫全集·十八·古漢語論文集，雲南人民出版社。
裘錫圭 2019　説《盤庚》篇的"設中"——兼論甲骨、金文"中"的字形，出土文獻與傳世典籍的詮釋，中西書局。
孫　俊 2005　殷墟甲骨文賓組卜辭用字情況的初步考察，北京大學碩士學位論文，指導教師：沈培。
唐　蘭 1981　殷虛文字記，中華書局。
王　暉 2017　甲骨金文"中"字初義與商周宗廟旗桿銘旌制度研究，陝西師範大學學報（哲學社會科學版），第 2 期（收入古文字與中國早期文化論集，科學出版社，2017 年）。
温少峰　袁庭棟 1983　殷墟卜辭研究——科學技術篇，四川省社會科學院出版社。
蕭良瓊 1983　卜辭中的"立中"與商代的圭表測景，科技史文集，第 10 輯，上海科學技術出版社。

裘錫圭

關於殷墟卜辭的命辭是否問句的考察

《關於殷墟卜辭的命辭是否問句的考察》，原載《中國語文》1988 年第 1 期；又由 Edward L. Shaughnessy（夏含夷）譯出提要，載《古代中國》第 14 卷（*Early China*, 14），1989 年；收入裘錫圭：《古文字論集》，中華書局，1992 年；又收入《裘錫圭學術文集·甲骨文卷》，復旦大學出版社，2012 年；又收入《中西學術名篇精讀·裘錫圭卷》，中西書局，2015 年。

《答覆》英譯文由 Edward L. Shaughnessy（夏含夷）譯，載《古代中國》第 14 卷（*Early China*, 14），1989 年；收入《裘錫圭學術文集·甲骨文卷》，復旦大學出版社，2012 年。

殷墟卜辭命辭究竟是不是問句，涉及對所有卜辭的理解，無論對甲骨學還是對古漢語語法的研究來說，都是一個很重要的問題。古人說"卜以決疑"，長期以來，甲骨學者把殷墟卜辭的命辭一律看作問句。饒宗頤《殷代貞卜人物通考》中曾有"舊說於貞字下每施問號，多不可通"的意見，在徵引卜辭時常不加問號①，但沒有引起學者的重視。20 世紀 70 年代以來，吉德煒、司禮義、倪德衛、夏含夷、雷煥章、高嶋謙一等國外學者提出了命辭基本上都不是問句的新看法。國內學者如李學勤先生也對傳統看法提出質疑。《關於殷墟卜辞的命辞是问句的考察》(简称"《考察》")就是在这样的学术背景下写作的。

《考察》是 1987 年提交給在安陽召開的中國殷商文化國際討論會的論文，修改後發表於《中國語文》1988 年第 1 期。次年，*Early China*（《古代中國》）第

---

① 此點係裘錫圭先生在《對〈關於殷墟卜辭的命辭是否問句的考察〉一文的評論的答覆》一文中的補充。

14 期發表了由夏含夷翻譯的本文英譯稿，並組織了一次討論，發表意見的學者有范毓周、饒宗頤、吉德煒、雷焕章、李學勤、倪德衞、夏含夷、王宇信等。裘錫圭先生作了回應與答覆（也由夏含夷譯爲英文）。前文收入《古文字論集》、《裘錫圭學術文集》時，基本按原稿收入，還加了若干條"編按"。後文則據中文底稿收入《裘錫圭學術文集》（簡稱"《答覆》"）。本書皆據《裘錫圭學術文集》收錄。

《考察》原分四部分。"一"是檢討學者曾提出的句末有"抑"和"執"、"乎"、"哉"、"不"的卜辭，核查它們究竟是不是問句。結論是句末有"抑"和"執"的命辭是疑問句；"乎"字結尾的命辭多是句式比較一致的卜祭之辭，是否問句尚待研究；有所謂"哉"的卜辭舊讀有問題，而且古漢語"哉"需要靠疑問代詞或反詰副詞幫助，才能表示反詰，讀"哉"難以成立；卜辭末尾的否定詞"不"實際上並不屬於命辭，而是簡化的驗辭或用辭。

"二"是檢討被看作反復問句的"V不/弗V"（"雨不雨"、"擒弗擒"）、"V不"（"雨不"）、"有V無V"（"有來無來"）式卜辭，指出它們實際上是由命辭和驗辭兩部分組成的，"不V"、"不"和"無V"是驗辭。

以上兩部分是對學者曾舉出的問句的全面核查與檢討。"三"則是檢討學者已經提出的非問句命辭，指出這些均不能說一定爲非問句。那麼，究竟有沒有可以確證爲非問句的命辭呢？ 裘先生舉出"今早王勿比望乘伐下危*，弗其受有祐"、"壬勿田，其雨"等例加以分析，指出這些複句式命辭從語義上看不可能是問句。

總結以上考察，目前能夠確定是問句的命辭，主要是早期卜辭中那些帶句末語氣詞"抑"和"執"的選擇問句式命辭以及帶"抑"的是非問句式命辭；目前能夠確定不是問句的命辭，主要是如前舉的一部分複句式命辭。能確定爲問句或非問句的命辭只佔殷墟卜辭全部命辭的一小部分。

《答覆》除了糾正《考察》原稿中的個別錯誤，補充當時未注意到的研究成果外，主要是針對學者的討論，就四個問題發表意見。

《考察》及《答覆》對卜辭命辭性質的研究起到了極大的推動作用。這至少表現在：

第一，逐一檢討關於命辭是否問句的各種意見的舉證，認定了當前能夠確定爲問句的命辭，以及能夠確定不是問句的命辭。這一結論可以作爲以後進一步研討的基礎。

裘先生在檢討各種例證時，嚴謹認真而又實事求是。比如《考察》據《合》41228摹本釋寫其辭爲"（127）癸酉卜，出貞：旬有亡囧（憂）在入（内）"。命辭的意思是一旬之中有没有内憂。照此，"這肯定是一個問句"。同時也很謹慎地説，"但是（127）所據的是摹本，而且這種疊用'有''亡'的句式在已著録的卜辭中是一個孤例，所以此辭可能有誤刻或誤摹之處"。《答覆》中也再次指出，"其可靠性的確是有懷疑餘地的"。2012年的"編按"則利用新出版的《上博》、《殷拾》資料，指出《合》41228所摹"囧"字乃"其"字之誤摹，"其"上一字不清，但斷非"亡"字，"故卜辭確無'有亡×'的文例"。通過對（127）例證的持續關注，廓清了"有亡×"文例是否存在的問題。2019年12月12日，本書課題組赴上海博物館調研，筆者特意調閱該片甲骨實物，確定刻辭爲"癸酉卜，出貞：旬虫（有）求（咎），其才（在）入（内）"，證實本版確不存在"有亡×"的文例。

《合》41228（《南誠》78）、《合》23620、《上博》17647・403、
《殷拾》15・5及摹本（右下角尚未殘）、實物照片

第二，從觀念上破除"卜以決疑"説明命辭必爲問句的成見。

占卜當然要起決疑的作用，但不能因此就斷定命辭是問句。《答覆》引倪德衛的意見説，研究者應該把占卜者説什麽和做什麽這兩件事區分開。"在語言表

達中，提出疑問並非一定要用疑問句來表達。"（沈培 2015：196）

第三，強調占卜跟册祝的區別。

有的學者將占卜與册祝混爲一談，通過古書中的祝禱之辭來論證甲骨卜辭的命辭不是問句。《考察》結合《金縢》指出："册祝跟占卜是兩回事。册祝之後還要占卜，……這正好説明占卜僅僅是決疑的手段。"《答覆》中又説："從中國上古文獻來看，謀求鬼神祐助一般用祭祀、祝告等方法，占卜則是人們瞭解鬼神意志的一種手段。"

第四，爲進一步的研究指示方向。

《考察》、《答覆》爲討論卜辭命辭是否問句這一複雜問題樹立了榜樣。今後我們可以按照其中的方法、標準檢討包括裘先生在内的學者的舉證，或分析論證新提出的例證。這是一個研究方向。

《考察》還指示了另一方向。該文結語部分總結説："在殷墟卜辭的全部命辭裏，我們現在能夠確定是問句或非問句的命辭只佔一小部分。"大部分的命辭如何看待？"在承認問句可以不帶句末疑問語氣詞的前提下，大部分命辭可以看作陳述句，也可以看作是非問句。説不定有些命辭在當時就有不同的讀法，既有人讀成陳述句，也有人依靠語調讀成問句。"最後一句話看似推測，實際上是對一種思路的暗示。沈培（2015：196—197）就此説：

> 裘先生這些話，其實可以給我們帶來一個方法論方面的啓示。大家都認識到，討論命辭是否問句這個問題的本質，實際上是討論命辭到底是一種什麽語氣的句子。……
>
> 在語言表達中，提出疑問並非一定要用疑問句來表達。最明顯的就是各種語言中都有測度句。……測度句本身也有一個"疑"與"信"的域，趨向於"疑"，就可能跟問句没有太大的區別，趨向於"信"，則可能跟陳述句没有太大的區別。
>
> 僅就疑問句來講，也存在著疑問度高低的區別。……疑問句的疑信程度可以分級計算。以此來看命辭，即使將其看作疑問句，大概也要承認不同的命辭存在著疑問程度高低的區別。這樣，有的命辭可能是真性問，有的命辭可能是假性問，前者可謂真正的疑問句，後者則與陳述句關係密切。也許，今後我們應當把重點放在探明不同的命辭所顯示的疑信程度方面。
>
> 因此，當我們研究殷墟卜辭命辭是否問句的問題時，在對一些肯定是問句或陳述句的命辭加以確認的前提下，我們可能不必執著於爭論哪些是疑問句，

哪些是陳述句。更重要的是，要把跟這個問題相關的各種問題認真研究清楚。

這些話在《考察》基礎上進一步生發，講得非常深刻，值得在進一步的研究中參考、領悟。

2015年中西書局出版的《中西學術名篇精讀·裘錫圭卷》，選入《考察》和其他3篇名作。沈培（2015）即爲《考察》的導讀，上文曾多次引述。該導讀既包含對《考察》詳細的介紹、分析和評議，對《考察》發表後學術界研究情況的述評，也是一篇專門的論文。雖然限於導讀的體例，有些問題不便展開，但總體上反映了沈先生在此問題上的意見。該文是學習研討裘先生《考察》及《答覆》時不可不看的配套讀物。

（蔣玉斌　撰）

• 參考文獻

沈　培 2015　《關於殷墟卜辭的命辭是否問句的考察》導讀，中西學術名篇精讀·裘錫圭卷，中西書局。（該文所列相關參考文獻較全，此處不另羅列）

蔡哲茂

釋"󰀀""󰀁"

原載《故宫學術季刊》第 5 卷第 3 期,1988 年;收入宋鎮豪、段志洪主編:《甲骨文獻集成》第 13 册,四川大學出版社,2001 年。

甲骨文作󰀀、󰀁等形之字(《甲骨文字編》1023—1024 頁、《新甲骨文編[增訂本]》456—457 頁),蔡哲茂先生《釋"󰀀""󰀁"》(以下簡稱"蔡文")釋爲"罙",已獲公認。此外,裘錫圭(1986/2012)曾引《乙編》2948(《合集》6480),亦已將其中此字󰀁直接釋讀爲"罙(探)",解釋"罙(探)伐"爲"深入進擊";裘錫圭(1987/2012)引《合集》40833,亦已釋其中人名字󰀀爲"罙"。

甲骨文有關字形,如不計小點/水點之有無,可大略分爲󰀀、󰀁、󰀂、󰀃四類。應該説,對於後兩類字形之應釋爲"罙",前人是已經有所認識的。如蔡文所引,金文中有與󰀃形可認同之󰀄字,吴大澂已釋爲"罙";李裕民(1981)釋󰀃類形爲"罙",應是最早釋出甲骨文部分"罙"字者,但其説謂字从"穴"云云則不確。這在很大程度上是因爲,《説文》"突(罙)"字篆形󰀅,以及之前已見於出土文獻者,如蔡文中所舉中山王器與石鼓文"深"字所从"突(罙)"旁,皆爲上从"穴",由此限制了大家對"罙"字原始形的正確認識。

蔡文通過辭例聯繫對比與文字學的正確分析,論證了這四類字形爲一字,則其字皆應釋爲"罙",自然也就是順理成章的了。① 󰀀、󰀁和󰀂都可以作地名或人名,應即同一地、同一人;󰀁與󰀃皆多用於"～伐"類辭例,󰀂亦有個别用於"～伐"者,應即表同詞。從文字學關係來講,甲骨文中作偏旁的"皿"形,有

---

① 但文中所引(5)(乙 7064 =《合集》14468 反)、(6)(乙 6901 =《合集》14468 正)兩辭,其中所謂"罙"實係"盄(卤)"字。

時也可以省去下面的圈足，故 🔣 也可作 🔣；"卜辭上不管獨體或合體的字，倒書但意義仍然相同"①，故 🔣 可變作 🔣，🔣 可變作 🔣；"冖"形變爲"穴"形，亦古文字演變之常例。由此，🔣 類形中本係"省去圈足的倒皿形"變爲"冖"再變爲"穴"，就成爲後世的"突（罙）"形了。不過，"全字倒書"之形被後世繼承下來而成爲正體，其例確實亦少見；所以説，即使研究者已經由"突（罙）"形追溯到了 🔣 形再聯繫上 🔣 形，亦難以想到其中"倒皿"形竟然本係由一般之"皿"形變來者，故造成釋讀上的種種障礙。

就字形解釋而言，蔡文謂甲骨文"罙字的取義是用手在水中探其深淺，而水是裝在器皿之中"，其形應爲"探湯之形"，"罙探同源，但字形解釋當以探爲本義"，甚爲直接順適。就卜辭解釋而論，"罙"讀爲"深"關係很直接；古書用於軍事、戰爭之"深"字多見，即"深入"之意，卜辭"深伐"可與之相印證。總之，甲骨文"罙"字之釋於字形源流、用例解釋、本義與結構説解，皆可謂圓通無礙。

（陳　劍　撰）

• 參考文獻

李裕民 1981　侯馬盟書疑難字考，古文字研究，第 5 輯，中華書局。
裘錫圭 1986　中國大百科全書（中國文學卷）"甲骨卜辭"條，中國大百科全書出版社（收入裘錫圭學術文集・雜著卷，復旦大學出版社，2012 年）。
裘錫圭 1987　關於殷墟卜辭的命辭是否問句的考察，中國殷商文化國際討論會，安陽（收入裘錫圭學術文集・甲骨文卷，復旦大學出版社，2012 年）。

---

①　更多此類例子可參看劉釗：《古文字構形學（增訂本）》"第二章　甲骨文中的'倒書'"之"一、全字倒書"，福建人民出版社，2011 年，第 11—14 頁。

張玉金

卜辭中表示兩事時間關係的詞的意義和用法

《甲骨卜辭語法研究兩篇》之一，北京大學中文系古典文獻博士學位論文，1988年；正式發表於《文物研究》第7、8、9輯，黄山書社，1992—1994年；收入張玉金：《甲骨卜辭語法研究》，廣東高等教育出版社，2002年；又收入張玉金：《20世紀甲骨語言學》，學林出版社，2003年。

張玉金先生此文爲其博士論文的一部分，連載於《文物研究》第7、9輯，又收入其相關論著（張玉金2002：116—185，2003：323—401）。相關内容的單篇論文還有《論卜辭中表示一事爲另一事時間背景的虛詞》（張玉金1990：78—86）、《論甲骨文中表示兩事先後關係的虛詞》（張玉金1998：32—37）。

張文專門對卜辭中表示兩事時間關係的詞作了全面系統的整理研究，其主要觀點爲：

1. 文章將此類詞分爲兩大類：A類詞用來表示或事實上表示一事爲另一事的時間背景（同時也可以表示出兩件事情有先後或共時關係）。此類詞又可分爲兩類：Aa類詞出現在□+VT+VP或VP+□+VT中的□位置上，用來表示一事爲另一事時間背景。此類又可分爲三小類：

Aa1類用來表示一事在（或當、正當）某一時間進行，此類詞有惠、即，前者的例證如"惠又茲日遘又升，王受又"（《合》26992），後者如"父甲□歲，即祖丁歲祊"（《屯南》2294）。

Aa2類詞用來表示一事到（等到、臨近）或趕在某一時間進行，這類詞有于、卯（必）、戠₁，它們的例證分别爲"貞：王于晉酒于報甲入"（《合》1210），"兄辛歲，惠卯各于日敗"（《合》27625），"己丑[卜]，古貞：戠侑酒"

（《合》15761）。

　　Aa3類詞用來表示一事從某一時間起進行，此類詞有由，其例證如"戊子卜，殻貞：王勿由酋往出"（《合》16108）。若把時間詞、代詞（指代時間）及專有名詞（用來表示時間）介紹給VP，文章稱之爲Aa'類詞，Aa類詞多數同時作Aa'類詞用，如惠、即、于、哉、由諸詞，此外還有一般不作Aa類詞者，如唯、在、及、至（至于）、自、終、湄等。

　　Ab類詞出現在NP1+□+NP2+VP中□的位置上，事實上用來表示一事爲另一事時間背景。此類詞有眔、攣、哉$_2$、先$_1$、後$_1$，它們的例證分別爲"庸鼓其眔喜鼓尊"（《合》31017），"弜先、攣王步"（《屯南》29），"毓祖丁哉大乙酒"（《合》27145），"示其先羌入"（《合》32029），"後王射兕，其斃"（《屯南》2358）。

　　2. B類詞只用來表示兩事有先後或共時的關係，此類詞又可分爲兩類：Ba類詞用來表示兩事時間的先後，此類詞有先$_2$、既、咸、後$_2$、廼（乃）、延，它們的例子分別爲"乙亥卜：先叙，廼又祖辛"（《合》32712），"既禱，王其田咏"（《合》29382），"貞：王咸酒登，勿賓翌日"（《合》9520），"岳寮，後酒"（《屯南》4397），"辛酉卜，王：祝于妣己，廼取祖丁"（《合》19890），"丁丑王卜貞：其振旅，延迄于盂，往來亡災"（《合》36426）。

　　Bb類詞用來表示兩事同時進行，此類詞有並，其例證如"貞：妣庚歲，並酒"（《合》23326）。

　　3. 文章最後考察了卜辭中表示兩事關係的詞哪些到春秋戰國文獻中不見了，哪些仍繼續使用。如惠、即作Aa1類詞、Aa'類詞用的例子已看不到，于作Aa1類詞仍常用等。

　　文章所揭示的這些表兩事先後關係的詞，對我們準確理解卜辭顯然是很重要的，用張先生自己的話來說此文是"第一次全面系統地探討了卜辭中表示兩事時間關係的詞。但是，有些詞，例如Ab類辭：眔、攣、哉、先、後，是否是表示時間關係的，尚待商榷。另外，'惠'跟'即'合在一起，認爲都是表示一事在某一時間進行的，這也不妥"（張玉金2003：194）。

　　當然，除去張先生上面談到的，文章中有的觀點似還可商榷，如B類辭中的"先"，張先生在討論其表示先後關係的例證中，舉了不少選貞卜辭中含有"先"的例子，如：

　　　　（7A）丙申卜，即貞：翌丁酉惠中丁歲先。

(7B) 貞：叀父丁。 (《合》22860)

解釋這兩條卜辭表達的意思是："（7A）中的'中丁歲'是'先'的受事，因其前出現'叀'而前置於'先'。（7B）的'父丁'後，明顯是承前省説了'歲先'。（7）中的'先'，是把……放在先的意思。這對卜辭卜問，丁酉那天是把中丁的'歲'祭放在先好，還是把父丁的'歲'祭放在先好。（7A）中的'先'實際上表示出了'歲中丁'一事在'歲父丁'一事之先，這種'先'事實上是表示兩件事的時間關係的詞。"又舉了下面幾例選貞卜辭，認爲其中的"先"與上引（7A）中的"先"相同。

(8A) 先庚歲酒。
(8B) 先祖乙歲酒。 (《合》32532)
(11A) 壬申貞：王又禦于祖乙，叀先。
(11B) 壬申貞：王又禦祖丁，叀先。 (《屯南》4583)
(27A) 叀母先酒。
(27B) 叀兄先酒。
(27C) 叀父先酒。 (《合》27489)

我們認爲這些選貞卜辭中的"先"並不能説明相關的幾條卜辭記録的事情一定有先後的關係，因爲這些選貞卜辭並不是這記載事情實際發生情況，而只是記録了一種可能性選擇，如《合》27489所記録的三條卜辭，表示的是當時占卜者想從母、兄、父三位受祭對象中選擇一位先進行酒祭，並不一定説這三個祭祀對象都要酒祭，而占卜哪位爲先。如同卜辭中常見的選擇用牲的例子，"一牢"、"二牢"、"三牢"，占卜者的目的是通過占卜去選擇到底用幾牢來祭祀，而不是説用完一牢再用二牢、三牢，"一牢"、"二牢"、"三牢"並無先後關係。所以，上述加"先"的選貞卜辭，似不足以説明相關卜辭具有先後關係。

（周忠兵　撰）

• 參考文獻

沈　培　1992　殷墟甲骨卜辭語序研究，文津出版社。
沈　培　1994　讀《甲骨文虚詞詞典》，書品，第3期。

張玉金 1990　論卜辭中表示一事爲另一事時間背景的虛詞，古漢語研究，第 1 期。
張玉金 1994　甲骨文虛詞詞典，中華書局。
張玉金 1998　論甲骨文中表示兩事先後關係的虛詞，古漢語研究，第 3 期。
張玉金 2001　甲骨文語法學，學林出版社。
張玉金 2002　甲骨卜辭語法研究，廣東高等教育出版社。
張玉金 2003　20 世紀甲骨語言學，學林出版社。

高嶋謙一

殷代貞卜言語の本質（殷代貞卜語言的本質）

原載《東京大學東洋文化研究所紀要》第 110 册，1989 年；收入宋鎮豪、段志洪主編：《甲骨文獻集成》第 18 册，四川大學出版社，2001 年。

作者高嶋謙一是長期以來在北美地區從事殷墟甲骨文語法研究的日籍學者。早年師從著名漢學家司禮儀（Paul L-M. Serruys）學習甲骨語言學，著有《殷虛文字丙編通檢》（高嶋 1985）、《甲骨文字字釋綜覽》（與松丸道雄合編，松丸、高嶋 1994），《殷虛文字丙編研究》（與司禮義合著，Serruys、高嶋 2010）等專書。曾任不列顛哥倫比亞大學亞洲學系教授、東京大學東洋文化研究所教授、安徽大學中文系教授等。

本論文是作者在東京大學訪學期間用日語發表的一篇長篇論文，文章重點在於討論構成殷墟卜辭主體部分的"命辭"到底能否視爲"疑問句"這一問題上。文中扼要介紹了學界對殷墟甲骨卜辭命辭語言性質問題研究的歷史和現狀，通過對每一學說的特色、得失的分析，提出了新的解決模式，爲相關研究領域提供了借鑒。

由於絶大多數殷墟甲骨文是在卜骨、卜甲上刻寫的"卜辭"，也就是一種"卜問"之辭，因此，以往多數學者認爲卜辭的語言性質、語氣基本上可以理解爲"疑問句"（卜辭疑問、質問説）。但從 20 世紀 70 年代開始，隨著甲骨卜辭語法、句式研究的不斷深化，有一群學者對這一傳統説法提出質疑，認爲所有的殷墟甲骨卜辭不一定全都是"疑問句"。其中具有代表性的觀點可以歸納爲以下五種：

1. 卜辭命龜説：這是董作賓在 1932 年發表的《大龜四版考釋》（董 1932）

中，討論"左右對貞"式卜辭的語言性質時所提出來的觀點。他認爲：至少就正反對貞形式的卜辭而言，其語言性質不應該是"疑問句"，而是一種"命令句"。此説後來經白川靜（白川 1948）等學者重新提煉，命名爲"卜辭命驅説"。

2. 卜辭修祓、祝禱説：提出這一觀點的是日本學者白川靜（白川 1948）。他將商代的甲骨占卜理解爲一種古代薩滿教的巫術活動，强調了商王作爲巫師或魔術師的角色，認爲卜辭的語言的本質既不是"疑問句"，也不是"命令句"，而是具有"修祓（除凶、驅邪）"或"祝禱"意義的一種咒語。如下介紹的"卜辭魔力説"和"卜辭二元論性魔力説"也是在此觀點的基礎上發展而來的。

3. 卜辭預言説：這是 20 世紀 70 年代美國學者吉德煒在《釋貞——商代貞卜本質的新假設》（吉德煒 1972）一文中提出來的觀點，是目前在海外甲骨學界最有影響力的學説之一。他主要根據對"貞"、"卜"兩字的字形、字義以及卜辭句式的仔細分析，認爲：卜辭的語言本質可以理解爲一種"預言"，有可能是爲了得到神明保佑、承諾而由占卜主體發出的一種意向聲明或宣言。

4. 卜辭魔力説：這一觀點是吉德煒在白川靜"修祓、祝禱説"的基礎上提煉出來的（吉德煒 1972）。他認爲：甲骨文是以刀具刻在卜骨上的文字，其文本性質自然也與一般的毛筆書寫文字有所不同，應該具有魔術性或咒符性的性質。所以，卜辭的文本性質可理解爲能够控制現實或未來的咒文或一種"模仿性魔術"。若此，卜辭的語言形式當然也不可以視作"疑問句"。不過，這一假設很難對如下問題提出合理答案：在正反對貞卜辭中，占卜者爲何敢於契刻他們並不期待的"反面意義"的命辭？

5. 卜辭二元論性魔力説：爲了解決如上"卜辭魔術説"所面臨的困境，吉德煒在同一篇文章裏提出了這一假説（吉德煒 1972）。他認爲：占卜者之所以在對貞形式卜辭中敢於寫出反面意義的言辭，有可能是因爲如下幾種原因：第一，他們受到了商人意識形態中"二元論性"思維模式的影響；第二，爲了確保占卜行爲中決策過程的公平性、正當性以及作爲歷史記録的客觀性。

高嶋先生在對如上五種觀點整理的基礎上，對卜辭命辭的語言性質進行了綜合評論並提出了自己的修改意見，並對李學勤（1980）、裘錫圭（1987）等學者提出來的卜辭中作爲否定副詞出現的"其"字以及句末語氣詞"執"、"抑"等字的性質問題展開了深入討論，對殷墟卜辭語言本質提出了如下看法：殷墟甲骨文的命辭應該不是疑問句而是敘述句，其更精確的語言性質則可在如上五種假設的基礎上做進一步探討。

本論文發表後，在國內學界也引起了很大反響，曾經有些學者就本論文及其所討論的問題做過很好的介紹和評論，可參西江清高（1990），張玉金（1995、2001），趙誠、陳曦（2001），趙誠（2005）等。

（崎川隆　撰）

• 參考文獻

白川静 1948　卜辭の本質，立命館文學，第 26 號。

高嶋謙一 1985　殷虚文字丙編通檢，"中央研究院"歷史語言研究所。

吉德煒（David N. Keightley）1972　SHIH CHENG 釋貞：A NEW HYPOTHESIS ABOUT THE NATURE OF SHANG DIVINATION（釋貞：商代貞卜本質的新假設），Proceedings for Asian Studies on the Pacific Coast Conference, Monterey, California（太平洋沿海亞洲研究學會會議論文）。

李學勤 1980　關於自組卜辭的一些問題，古文字研究，第 3 輯，中華書局。

裘錫圭 1988　關於殷墟卜辭的命辭是否問句的考察，中國語文，第 1 期。

司禮義（Paul L-M. Serruys）　高嶋謙一 2010　殷虚文字丙編研究，"中央研究院"歷史語言研究所。

松丸道雄　高嶋謙一 1994　甲骨文字字釋綜覽，東京大學出版會。

西江清高 1990　1989 年の歷史學界回顧と展望（東アジア、中國、殷・周・春秋），史學雜誌，第 5 期。

張玉金 1995　論殷墟卜辭命辭的語氣問題，古漢語研究，第 3 期。

張玉金 2001　殷墟卜辭命辭語言本質及其語氣研究評述，古籍整理研究學刊，第 1 期。

趙　誠 2006　二十世紀甲骨文研究述要，書海出版社。

趙　誠　陳　曦 2001　殷墟卜辭命辭性質討論述要，古籍整理研究學刊，第 1 期。

夏含夷

試論周原卜辭㘝字
—— 兼論周代貞卜之性質

原載《古文字研究》第 17 輯，中華書局，1989 年；收入夏含夷：《古史異觀》，上海古籍出版社，2005 年。

甲骨文中"囟"字的理解涉及卜辭性質的判斷，是學者討論的熱點之一。學者較早關注的，是周原甲骨卜辭中的"囟"。夏含夷先生此文即從周原卜辭談起。其觀點早見於他的 Zhouyuan Oracle-Bone Inscription: Entering the Research Stage? 一文①，其中把"囟"譯爲"desire"，並且補足"囟"所在句子的主語是"we"。由於本文是中文稿，所以引起了學界更多的關注。

夏文强調㘝字就應該釋爲"囟"，或釋爲"叀"或"迺"都是不對的。文章首先列出周原卜辭相關辭例，如"……囟又正"、"……囟亡咎"、"……囟克事"、"……囟亡咎"等。"囟"的早期研究者李學勤和王宇信先生讀"囟"爲"思"或"斯"，認爲與"惟"同意。夏氏也贊同釋"囟"讀"思"，但主張，在周原卜辭裏"囟"字的用法很規律，常謂"囟又正"、"囟亡咎"、"囟克事"，均表示積極的意思。"又正"、"亡咎"、"克事"似是卜人向鬼神之祈求，因此，"囟"（思）"應該爲動辭，即'願'之意思"，並引"願，思也"等故訓及《詩》句"思皇多士"、"思無邪"等加以佐證。

夏先生按照這種理解，歸納出"完整的周原卜辭一律都含有祝辭式的尾語"。進而推論，周代的貞卜恐怕就不能完全像傳統上"貞，卜問也"、"卜以決

---

① 《古代中國》（*Early China*）第 11—12 卷，1985—1987 年。

疑"那樣看待,其目的應該是"祈求鬼神的贊同和幫助"。他還聯繫古書"尚大克之"和天星觀楚簡裏卜筮命辭中的尾句"尚……",認爲"囟"與"尚"有同樣的意義和用法,"周原卜辭的性質就像東周貞卜之性質一般,是卜人向鬼神表示'心所希望'";貞卜"命辭"的意思是"用以發命令的辭",而不是"用以問問題的辭"。

作者眼光敏鋭,本文具有一定的解釋力,得到一些學者的支持。但觀察更多的"囟"的辭例,學者也提出一些夏説難以解釋的情況。陳斯鵬(2003)指出,周原卜辭"卟曰:並囟克事"(即夏文文首所舉第三例),當從裘錫圭先生等的説法,看作占辭。而"占辭是觀察兆象或筮象之後作出的判斷或預測,不可能是表示祈願"。夏含夷(2012)反駁説,裘錫圭先生"對周原卜辭'卟'字的解釋似乎實在有見地,然而其他的'卟曰'例子都作很短的句子,如'卟曰:巳'或者'卟曰:毋'。H11:6 此辭的'卟曰:并由克事'與這些占辭完全不相類,然而和其他周原卜辭的命辭都相類,恐怕仍然應該讀作命辭才妥當"。是不是占辭,恐怕形式上的標記("卟曰")比句子的長短更重要,所以陳斯鵬先生舉的這一反例還是要引起重視。

沈培(2005A)進一步指出,有的命辭當中的"囟"也不能解釋爲"願"。他舉當時媒體報導的陝西岐山周公廟甲骨上的"戎斯弗克××師"(後來該材料發表,原辭作"戎囟弗克保自"、"戎囟弗克系自"),指出"戎囟弗克××師"當指"入侵之敵不會戰勝什麽地方"的意思,認爲"如果'囟'表示'願'的意思,此句似乎應當説成'囟戎弗克師'才合理"。①夏含夷(2012:73)強調,他雖説過"囟"是動詞,但並認爲是"主要動詞",實際上認爲"囟"起著語氣副詞的作用,而"動詞與副詞往往不易分別"。

夏文在研究周原卜辭的"囟"時,已注意聯繫戰國楚墓出土的竹簡資料。隨著這些資料的增多和研究的深入,學者注意到很多"囟"或"思"讀爲"使"的用例。例如上博簡《鄭子家喪》"天後(厚)楚邦,囟爲者(諸)侯正"、《容成氏》"視盂炭其下,加圜木其上,思民道(蹈)之",其中的"囟/思"皆當讀爲

---

① 沈文還舉了山西洪洞坊堆出土卜骨卜辭,按李學勤先生釋讀,其中有"囟又(有)疾","'有疾'是不好的事情,當然不是占卜者所希望的"。但該片没有好的照片或拓本發表,根據摹本似不能讀出"囟又疾"三字。參看許子瀟:《西周甲骨材料整理及相關問題研究》(吉林大學碩士學位論文,導師:馮勝君教授,2017 年),第 356—357 頁。夏含夷(2012:72)也指出此例"不好作爲證據"。

"使"。陳斯鵬（2003）認爲，簡帛和周原甲骨中的"囟"和一些"思"也應讀爲"使"，有使令的意義。他還進一步討論了卜辭命辭的性質，認爲命辭仍是問句，把"囟亡咎"理解爲"使不出麻煩吧？""使不出問題吧？"

沈培（2005A）比較全面地討論了周原甲骨文的"囟"、楚墓竹簡的"囟"或"思"以及古書中"思"讀爲"使"的用例，認爲周原甲骨文裏的"囟"是語氣副詞，義爲"應、當"，跟《詩》、《書》裏的虛詞"式"用法相同。楚墓竹簡裏的"囟"或"思"有的跟周原甲骨文裏的"囟"用法一樣，有的讀爲"使"。因爲沈文對"囟/思"的意義及用法的觀察比較細緻，考慮更爲周全，其説法的解釋力也很強。

對"囟"如何理解，直接影響到卜辭命辭性質的看法。包含夏文、陳文在内的諸多研究成果均已注意到，並提出不同看法。裘錫圭先生原來也是認爲卜辭命辭爲問句的，後來才有重新思考並改變認識，對此起到直接影響的，可能就包括夏文（沈培 2015：161）。關於這一問題，請參看裘錫圭（1988）（已收入本書）、沈培（2005A、B，2015）等。

（蔣玉斌　撰）

• 參考文獻

陳斯鵬 2003/2006　論周原甲骨和楚系簡帛中的"囟"與"思"——兼論卜辭命辭的性質，第四屆國際中國古文字學研討會論文集，香港中文大學中國語言文學系；文史，第 1 輯。

裘錫圭 1983　卜辭"異"字和詩、書裏的"式"字，中國語言學報，第 1 期（收入裘錫圭學術文集·甲骨文卷，復旦大學出版社，2012 年）。

裘錫圭 1988　關於殷墟卜辭的命辭是否問句的考察，中國語文，第 1 期（收入裘錫圭學術文集·甲骨文卷，復旦大學出版社，2012 年）。

裘錫圭 1997　釋西周甲骨文的"㘡"字，香港中文大學中文系編集，第三屆國際中國古文字學研討會論文集（收入裘錫圭學術文集·甲骨文卷，復旦大學出版社，2012 年）。

沈　培 2005A　周原甲骨文裏的"囟"和楚墓竹簡裏的"囟"或"思"，中國文字學會、河北大學漢字研究中心編，漢字研究，第 1 輯，學苑出版社。

沈　培 2005B　殷墟卜辭正反對貞的語用學考察，漢語史研究：紀念李方桂先生百年冥誕論文集，"中央研究院"語言學研究所。

沈　培 2015　《關於殷墟卜辭的命辭是否問句的考察》導讀，中西學術名篇精讀·裘錫圭卷，中西書局。

夏含夷 2012 再論周原卜辭由字與周代卜筮性質諸問題，興與象：中國古代文化史論集，上海古籍出版社。

張玉金 2000 周原甲骨文"囟"字釋義，殷都學刊，第1期。

| 劉桓

釋 戜

原收入劉桓:《殷契新釋》,河北教育出版社,1989年。

甲骨文中有如下之字: 。該字形體奇特,又爲殷人祭祀的對象,地位還不低,所以學者對此字關注頗多,意見也頗爲紛繁。羅振玉釋爲"伐"。葉玉森釋爲"頗"或"鉏"。徐協貞釋爲"夔"。郭沫若指出該字"像一人倒執斧鉞之形","此乃人名,乃殷之先公"。唐蘭釋爲"顧",讀爲"咸劉厥敵"之"咸"。于省吾釋爲"戛",認爲即殷之先公名或神名,動詞用法的訓爲擊,或讀爲"割"。高鴻縉釋爲"襲"。高田忠周、劉釗認爲从"戈"从"夔",爲"擾"字。魯實先認爲是"夔"之繁文,爲"擾"之古文(參于省吾1996:1499—1503;李圃2002:676—677;高田忠周1905:1400;高鴻縉1969:306)。

雖然該字的釋讀並無定論,但該字像一人倒執斧鉞之形,名詞用爲殷之先公,動詞爲擊伐之義,這是大多數學者都認同的。不過劉桓(1989:66注4)該文的觀點與大多數學者的不太一樣,劉文認爲這類字中用爲名詞的和用爲動詞的是兩個不同的字,也即認爲與上揭其他類似形體爲兩字,至於這兩個字混用無別的形體,劉文認爲是刻寫之誤。這一觀點恐怕是有問題的。

劉文將該字隸定爲"戜"(一般隸定爲"戜"),並根據該字的形體與作人名的用法,認爲該字是古書中蓐收的形象。《國語·晉語二》中有對蓐收形象的描述:"虢公夢在廟有神,人面白毛,虎爪執鉞,立於西阿。公……覺,召史嚚占之。對曰:'如君之言,則蓐收也,天之刑神也,天事官成。'"該文據此描述,認爲甲骨文中"戜"的形體與蓐收的形象吻合,"戜"表示的就是蓐收。蓐收還見於《山海經·海外西經》及同書《西山經》,又見於《左傳》昭公二十九年。

據《左傳》和《國語》韋昭注，可以知道蓐收是少皞該的官職，爲金正之官。

劉文指出"鼓"在卜辭中是祈雨、祈年等的對象，或與岳、帝臣同祭，或與目、光、河、洹河同祭，或與河對貞行祭，這些受祭對象，或是早商的傳説人物，或是先公高祖，或是自然神祇，而"鼓"與之同祭，説明"鼓"的性質與之相近。又卜辭或言"鼓宗"，劉文據此認爲"鼓"有宗廟，當爲人鬼，非自然神祇。又因卜辭對"鼓"的祭祀隆重，推知"鼓"在殷人心目中的地位非同一般。

卜辭中既有"右宗鼓"，又有"右宗夒"，劉文認爲兩處之"右宗"爲一個宗廟，也即"鼓"與殷人高祖"夒"共用一個宗廟。古人以右爲尊，稱"右宗"説明該宗廟的尊貴，而"鼓"與"夒"都受祭於"右宗"，説明兩者都對商族産生過重大的影響。不過，劉文該觀點的論據，即"鼓"與"夒"宗廟相同，可以有不同的闡釋，裘錫圭（2012：498）即據此認爲"鼓"與"夒"爲同一人。郭沫若認爲，古人以右爲西，"右宗"即"西宗"。劉文同意這一觀點，並據此認爲"鼓"處於"西宗"，與蓐收立於廟之西阿的方位暗合。

另外，劉文還從民族、地域和考古年代等幾個方面，進一步申説"鼓"就是少皞該。劉文根據《山海經·大荒東經》、《左傳》昭公十七年及《國語·楚語》的記載，指出少皞在歷史上確實存在過，並推測可能少皞的一支與早期商族融合，而少皞該是少皞族中的傑出人物，因而少皞該得以與商人高祖並列受祭。劉文指出少皞的大本營在山東，但有西移的一支。《左傳》昭公元年有關於金天氏裔子昧活動於今山西一帶的記載，杜預注和《尸子》都認爲金天氏就是少皞。劉文據此認爲少皞的活動範圍未出於商族的活動範圍，兩者融合是可能的。唐蘭認爲大汶口文化就是少皞文化。據夏鼐研究，大汶口文化處於公元前4500—前2300年。劉文據此認爲少皞文化的下限約在公元前2300年。又推測先商時代大約開始於公元前21世紀，這一時代與少皞文化的下限相距不遠，隨著少皞的衰落而融合於商族，於情理可通。劉文還舉《世本》"少皞名契"的記載，認爲這暗示著少皞與商的融合情況。

劉文對"鼓"在卜辭中的不同用法，進行了細緻的考察，爲學者進一步瞭解該字提供了很多方便。將"鼓"與蓐收聯繫起來，也頗具啓發性。不過，劉文也有一定的問題，比如其最重要的證據，就是《國語》對蓐收形象的描述與"鼓"的形體的聯繫，但其實兩者之間的關係似乎沒有那麼密切。《國語》所描述的蓐收"人面白毛，虎爪執鉞"的形象，與"鼓"的形體除了"人面"、"執鉞"多少有點關係外，其他的"白毛"、"虎爪"就無從談起了，而且"馘"的形體著重要表現的應該是人倒持斧鉞這一形象，與《國語》對蓐收的描述似乎重點不同。

劉文發表之後，先後有連劭名（1992：69—74）、曹定雲（2007：87—94）、裘錫圭（2012：496—503）、蔡哲茂（2009：335—352）、鄔可晶（2019：22—45）等討論"馘"字。其中連劭名、裘錫圭、鄔可晶等都將"馘"釋爲"䕫"，並指出"䕫"是"蓐收"的合音。曹定雲釋爲"武"。蔡哲茂同意于省吾將該字釋爲"戛"的意見，並將用爲先祖名的該字讀爲"契"。

蔡哲茂和鄔可晶對"馘"進行的討論，都很深入，涉及不少前人未曾注意到的細節問題。兩位學者對"馘"的考釋，所依據的材料大體相同，但結論卻頗爲不同，其中最爲明顯的是，蔡先生明確將"馘"與"䕫"區別開來，而鄔先生力主"馘"與"䕫"爲一字。不過有意思的是，這兩位學者都認爲"馘"在卜辭中表示的是商之先祖"禼（契）"。綜觀"馘"字的考釋史，我們可以發現，早期學者一般不將該字與"䕫"認同，而後來的學者多將該字與"䕫"聯繫起來。這兩位學者相對立的意見，也正是"馘"字考釋史的一個縮影。

看來"馘"的考釋，不僅僅是相關文字材料的問題，我們還需要一些新的視角來理解這些材料。總之，對"馘"的考釋還沒有到下定論之時，還需要大家不停的努力。

（劉　雲　撰）

• 參考文獻

蔡哲茂 2009　説殷人的始祖——"馘"（契），高明教授百歲冥誕紀念學術研討會，政治大學中文系。
曹定雲 2007　殷墟卜辭"馘"爲"武"字考——兼論商湯名"馘"及其相關問題，考古，第4期。
高鴻縉 1969　中國字例，三民書局。
高田忠周 1905　古籀篇，大通書局。
李圃主編 2002　古文字詁林，第5册，上海教育出版社。
連劭名 1992　甲骨刻辭叢考，古文字研究，第18輯，中華書局。
裘錫圭 2012　釋《子羔》篇"䚄"字並論商得金德之説，裘錫圭學術文集·簡牘帛書卷，復旦大學出版社。
鄔可晶 2019 "夒"及有關諸字綜理，商周金文與先秦史研究論叢，科學出版社。
于省吾主編 1996 甲骨文字詁林，中華書局。

馮 時

殷曆歲首研究

原載《考古學報》1990 年第 1 期；收入馮時：《古文字與古史新論》，臺灣書房出版有限公司，2007 年；又收入馮時：《尚樸堂文存》，中國社會科學出版社，2021 年。

　　研究殷商歷史文化，甲骨文是第一手材料。深入挖掘甲骨文的價值，必須先作年代學的推定，而曆法正是年代學的重要內容。因此，馮時先生此文的研究兼具探索殷曆與發掘甲骨文史料價值的雙重意義。

　　歷史上有殷正建丑（即以夏曆十二月爲歲首）之說，但殷曆實際情況如何，只能通過甲骨文這種真正史料去探討。作者開篇即說明此點，並指出研究殷正有兩種方法，第一種是"利用卜辭記録的殷代氣象和農事材料，同後世的氣象及農事情況衡量比較，以求得二者相互符合的理想時段"。這方面工作學者做得很多，但結論差異很大（參看常玉芝 2010：809—814）。

　　研究殷正的第二種方法，是"根據卜辭記録的殷代天文現象做天文學分析"。該方法也被用於殷商年代的推定。這是因爲，日月食、重要星宿的運行等天文現象是客觀的，其規律已爲今人掌握，現代天文計算亦較精密，因而，在確定甲骨文記録就是特定天文現象後，可拿天文學的標尺衡量出甲骨材料的時間意義及年代學價值。這一方法是利用文獻（包含甲骨、金文及傳世古書）本身考據年代的有益補充；假如研究得當，還可能起到決定性的作用。設若有關卜辭的絕對年代已經確定，而卜辭中又附記了月份，也就可以直接推得當時曆法的歲首。本文就是從這一角度切入，可以說是非常有益的嘗試。

　　無論是用於獲取卜辭的絕對年代，還是推求殷曆歲首，這一方法的研究成效取決於以下幾個方面：

1. 天文學標尺是準確的。天文推算、換算精準無誤。

2. 所舉出的甲骨文天文記錄準確而有效。首先，能準確釋讀甲骨文記錄，保證其反映的就是特定天文現象，並且此現象相關參數的讀取都是合理的。像"三焰食日"屬於誤讀，用於天文計算就是徒勞。其次，甲骨文記錄應該信息豐富，效度較高，可供計算。如《合》11480 一條殘辭，一般也讀作"貞：日有食"，似與日食有關，但該辭無干支，亦無法説明"日有食"是確已發生的事實。因此，這種情況也無法用於天文計算。

3. 在將天文學標尺與甲骨文記錄匹配時，其匹配關係是比較固定（最好是唯一）而不是多變的，否則就不具備確定年代的作用。

天文定年的比較理想的卜辭資料，是賓組驗辭中的五次月食記錄。但由於學者對以上幾項的把握互有參差，研究結論也存在很大分歧。本文也對五次月食記錄作了系統深入的研究，排序、釋文及推定年代爲：

殷曆干支	殷曆月	卜辭釋文	日期（儒略曆）
乙酉	八月	乙酉夕，月有食，聞（昏）	−1226.5.31
庚申	一月	己未夕斷，庚申月有食	−1217.11.15
癸未		（癸未）之夕，月有食	−1200.7.11
甲午	一月	［甲］午，月有食	−1197.11.4
壬申		壬申夕，月有食	−1188.10.25

作者在具體年代基礎上，又利用卜辭附記的（個別爲推定的）月份來討論殷曆歲首。認爲殷曆正月相當於夏曆的九至十月，否定了殷正建丑的傳統觀點；並通過古文獻記載論定，殷人以大火星的朝覿作爲確定歲首的標志，偕日法應該是殷人觀測恒星的主要方法。文章又認爲有些卜辭反映殷人祭祀、司掌大火星和以大火星紀時，以之作爲前述各項推論的印證。

本文發表於 30 年前，甲骨文釋讀、卜辭排序上的一些意見與後來有所不同。前引表格中所謂"斷"字，根據裘錫圭（1993），當釋讀爲"皿（向）"。所列第二條，應讀爲"己未向庚申月有食"，殷人所記月食發生的時間是己未日向庚申日過渡的時段。在"夏商周斷代工程"中，賓組月食年代的證認是重要的一個專題，工程期間，李學勤、裘錫圭、黃天樹、彭裕商分別獨立研究了五次月食卜辭的分類排序，位序完全一致（張培瑜 1999）。而天文計算表明，在公元前 1500—前 1000 年間只有一組年代既符合卜辭干支，又符合月食順序：

賓組月食記錄	黃天樹分類	日　期
癸未夕月食	賓一偏晚	前 1201.7.12
甲午夕月食	典賓偏早	前 1198.11.4
己未夕向庚申月食	典賓	前 1192.12.27
壬申夕月食	典賓	前 1189.10.25
乙酉夕月食	賓三	前 1181.11.25

從兩個表格可以看出，兩次天文定年的差別還是比較大的。可見，卜辭材料的擇取、釋讀、定位對最終結論具有關鍵作用。

總之，本文是將甲骨天文記錄與天文計算結合研究的代表之一，有助於了解天文定年的方法，也是殷曆研究的重要參考。馮時先生在商周年代學、天文考古學方面還有很多重要論著，如《百年來甲骨文天文曆法研究》、《中國天文考古學》、《中國古代的天文與人文》等，感興趣的讀者可以參看。

（蔣玉斌　撰）

• 參考文獻

常玉芝 1998　殷商曆法研究，吉林文史出版社。

常玉芝 2010　商代的天文與曆法，見宋鎮豪主編，商代史　第六卷　商代經濟與科技，第十一章，中國社會科學出版社。

馮　時 2001/2007/2010　中國天文考古學，社會科學文獻出版社；中國社會科學出版社；中國社會科學出版社。

馮　時 2006/2009　中國古代的天文與人文，中國社會科學出版社。

馮　時 2011　百年來甲骨文天文曆法研究，中國社會科學出版社。

李學勤 1999　夏商周年代學札記，遼寧大學出版社。

裘錫圭 1993　釋殷虛卜辭中的"𠂤""𠂤"等字，第二屆國際中國古文字學研討會論文集，香港中文大學中國語言及文學系（收入裘錫圭學術文集·甲骨文卷，復旦大學出版社，2012 年）。

夏商周斷代工程專家組 2000　夏商周斷代工程 1996—2000 年階段成果報告·簡本，世界圖書出版公司北京公司。

張培瑜 1999　甲骨文日月食與商王武丁的年代，文物，第 3 期；日月食卜辭的證認與殷商年代，中國社會科學，第 5 期。

劉 釗

釋甲骨文耤、羲、蟺、敔、𢦔諸字

原載《吉林大學社會科學學報》1990年第 2 期；收入劉釗：《古文字考釋叢稿》，岳麓書社，2005 年。

劉釗先生關於這幾個字的考釋，最早以《考釋十個甲骨文字》爲題，在"殷墟甲骨文發現九十周年國際討論會"上宣讀（1989 年 9 月 10—14 日，安陽。參劉釗 1990：13 附記），後以《釋甲骨文耤、羲、蟺、敔、𢦔諸字》爲題正式發表（劉釗 1990：8—13）。相關內容又見於其博士論文（劉釗 2006：241—252，其中𢦔字一則對黽的形體特點的討論更爲詳盡）。

劉先生此文對甲骨文中五個未識字作了準確釋讀，指出它們可分別釋作耤、羲、蟺、敔、𢦔，文章主要內容如下：

1. 釋耤，據"古文字凡從人形表示某種動作的字，常常可以省去人形大部而只保留手形"的構形規律，將 ⿰ 看作耤的簡體，金文 ⿰ 類字也應從高縉鴻釋爲"耤"。此外，甲骨文中還有一種耤的異體，作 ⿰、⿰、⿰，前者從耤從巛（災），耤的繁體發展到金文即加注"昔"聲，而昔從巛聲，故 ⿰ 即在 ⿰ 字加注巛聲的耤。後兩者上方字形雖作耒①，但因下方有加注的巛聲（⿱ 爲加口繁飾的巛），仍是耤的異體。

2. 釋羲，據"甲骨文一些下部作一彎筆的字，常常同時存在寫成兩筆的異體"這一構形規律，認爲 ⿰ 乃兮字異體，⿰ 字從我從兮，《說文》羲從兮義聲，

---

① ⿰字上方形體，劉釗先生的認識有變化，最初將之隸定作叔（劉釗 1990：9），後直接將之摹作 ⿰（劉釗 2005：3），應是對其字形中是否有"又"產生了懷疑，其實此字形就是"耒"字。

而義从我聲，故 𗀉 即"羲"字。另金文羲作 𗀉，从義兮省，其字形可與甲骨文 𗀉 互證。

3. 釋䣊，金文 𗀉 所从𧇛字將虫寫在靣的左側，甲骨文 𗀉 與之構形類似，只是虫與靣採用了借筆，故 𗀉 亦可釋爲𧇛，乃䣊之古文。䣊字最初即从靣虫，後增加"旦"聲，後世从𧇛的字，在殷商文字中皆从𧇛，皆爲其證。另甲骨文中還有 𗀉，可釋爲"檀"。

4. 釋敖，據甲骨文字有增飾筆的特點，將 𗀉 的不同異體如 𗀉、𗀉、𗀉 等視爲同一字異體。辨析它們與先、羌等字的區別，繫聯金文"敖"字如 𗀉、𗀉，指出甲骨文 𗀉 等形體與金文敖所从一致，應爲敖字初文。甲骨文還有 𗀉，辭例爲"𗀉侯"，即它辭中的敖侯，故 𗀉 亦可讀爲敖。

5. 釋𢦏，首先肯定甲骨文 𗀉 釋爲"黽"可信，在此基礎上辨識出甲骨文加注"朿"聲的"黽"字，如 𗀉（《合》36417）。甲骨文此類从朿聲的黽字，在金文中作 𗀉，只是將聲符朿換爲朱。釋讀出加注朿聲的黽，𗀉 類从黽（有聲符朿）从戈的字可隸定作𢦏，在金文中，黽在作爲偏旁時可省作朱，故𢦏即後世之"𢦏"字。甲骨文 𗀉 還可作 𗀉，這是"𗀉、𗀉 一字，𗀉 即𢦏字的最好證明"。𢦏爲"誅殺"之"誅"之本字，在卜辭即用其本義。

可以看出劉先生能成功地考釋這五個甲骨文字，運用科學的方法是關鍵，最爲突出的特點爲：1.熟練而合理地運用古文字構形尤其是甲骨文字構形的規律，這一特點在上文總結文章内容時已可看出。正是合理運用了這些構形規律，劉先生在分析字形、合併異體時皆能做到字形解説有理有據，得出的結論自然能讓人信服。2.細緻精準地辨析字形，如由於注意到"甲骨文有些字因爲上下結構的原因寫得很長，有時占了兩個字的位置"這樣一種現象，準確地將以往學者誤分爲兩字的 𗀉、𗀉 看作是一字。

當然，劉先生文章的個别觀點似還可進一步探討，如從于省吾先生觀點認爲 𗀉 是兮字異體，並從"甲骨文一些下部作一彎筆的字，常常同時存在寫成兩筆的異體"，以及"古文字由於每個字的使用頻率不同，其發展演變的速度也就不同。一些字在其單獨存在與其作爲偏旁時的發展速度是有差異的。一個字作爲偏旁與不同的字組合成新的複合形體後，因受與其組合的形體的制約，其發展演變也呈現出不同的狀態"兩種字形演變規律來解釋"兮"字在"羲"字中的寫法與單獨的"兮"字爲何形體有別。劉先生所說的這兩種字形演變規律在甲骨文字中確實存在，劉先生在文章已舉出這樣的例子。但具體到"兮"字，這種規律並不合適。因爲：1.兮字在甲骨文中其下方的豎筆是直筆（字形參看李宗焜 2012：

1355），並不像方、亥等字是向一側彎曲的曲筆。故第一條字形演變規律不適合"兮"字。2.在甲骨文中從兮的字其寫法與單獨的兮差別不大，並未出現下方豎筆作刀形兩筆者。其下方豎筆若有變化，可作勾廓寫法，與甲骨文直筆的此類變化相同，如弩字作⿱、⿱等形（對比于與丄）。所以，第二條字形演變規律亦不適合"兮"字。3.甲骨文兮字上方兩短豎筆皆與橫畫連在一起，而于字不論是單獨出現還是作爲偏旁出現，其上方的兩點皆與橫畫斷開，這也是兩者字形上的明顯區別，說明它們應該是來源不同的字。4.文章舉出《懷》1379"于北方于南鄉"，《屯南》173"其豐在下兮（丫）北鄉，兹用"，《屯南》2294"其豐……下兮（丫）北鄉"，認爲它們所卜爲一類事，故其中的于與兮（丫）爲一字異體。《屯南》這兩例中的"下兮"應爲地名，與《懷》1379中的于有別。于＋方位類似的辭例如《合》14672"于于東寮"，可知于乃于的異體，其與兮字寫法顯然不同，于還可作⿱（《合》24945）形，更爲兮字所無。所以，小篆中"義"從兮大概只是一種訛變後的字形，不能據此推論甲骨文義字所從的于爲兮。

有的可略作補充，如本文考釋的耤字用法，據嚴一萍（1975，第279組）先生綴合的《合》8725＋8726（＝《合補》2319＝《旅博》277），出現了"其㞢耤"與"亡耤"對貞的辭例，根據司禮義先生的"其"字法則，"㞢耤"應該是占卜者不希望看到的。所以簡體的⿱（耤）在卜辭中的用法大概與繁體的⿱（耤）有別，是表示一種不好的意思。

（周忠兵　撰）

• 參考文獻

李宗焜　2012　甲骨文字編，中華書局。
劉　釗　2005　古文字考釋叢稿，岳麓書社。
劉　釗　2006　古文字構形學，福建人民出版社。
嚴一萍　1975　甲骨綴合新編，藝文印書館。

彭裕商

賓組卜辭的時代分析

原載四川大學歷史系編：《徐中舒先生九十壽辰紀念文集》，巴蜀書社，1990年；收入彭裕商：《述古集》，巴蜀書社，2016年。

殷墟甲骨文分類分期的新説主要由李學勤、裘錫圭、林澐先生倡導、推進，經過學者的反覆論辯，而不斷修正、豐富。到20世紀80年代中期，"同一王世不見得只有一類卜辭，同一類卜辭也不見得屬於一個王世"的觀念、"先分類，後斷代"的思路、殷墟甲骨以師組起源並按兩系演進的模式、歷組卜辭時代提前的學説等，已漸入人心；新説已形成比較合理、明晰的分類斷代框架。詳情可參看本書對李學勤《殷墟甲骨兩系説與歷組卜辭》一文的提要。

新説的形成、發展，以好幾篇經典論文作爲基石；而系統描寫新説框架，主要是由同時期的兩篇博士學位論文實現的，即均於1985年攻讀博士學位的黄天樹先生和彭裕商先生同在1988年完成的《殷墟王卜辭的分類與斷代》（北京大學，指導教師：裘錫圭先生）與《殷墟甲骨斷代》（四川大學，指導教師：徐中舒先生）。前者於1991年出版，2007年又出版了簡體增訂本；後者於1994年出版，又與李學勤先生合作，擴充爲《殷墟甲骨分期研究》，於1996年出版。兩書已成爲瞭解殷墟甲骨分類斷代的必讀書，是該領域里程碑式的專著。

彭裕商先生很早就關注甲骨斷代的重要問題。他於1983年發表《也論歷組卜辭的時代》一文，參加歷組卜辭時代討論，討論各類間的銜接關係和發展序列，舉例論證支持歷組卜辭提前説。後又陸續發表《"非王卜辭"研究》（1986）、《殷墟甲骨斷代與殷墟考古》（1989）等文，深入研究了有關類組的分類斷代及甲骨斷代的理論方法。選入本書的《賓組卜辭的時代分析》一文於1990年發表，其內容經修訂調整，收入《殷墟甲骨斷代》和《殷墟甲骨分期研究》。因此，該文亦可看作前述分類斷代專書的代表。

賓組卜辭的大致時代在武丁時期，這是董作賓先生的斷代體系中已經明確了的。後來學者將師組卜辭時代提前，又知道賓組卜辭還不是武丁時期最早的，其時代總體上晚於師組。但其具體年代的上下限尚不清楚。彭文按照"先分類，後斷代"的思路，對賓組卜辭做了比較系統的考察。

一、在分類方面，彭文將賓組卜辭分爲三大類四小類，即賓組①類、②A類和②B類、③類，1994、1996年出版的兩書稱師賓間組、賓組一A類和一B類、賓組二類，大體相當於黃天樹（1991）所稱的師賓間類（又細分A、B兩小類）、賓一類和典賓類（賓二類）、賓組賓出類（賓三類）。

在描述各類時，彭文一般先說明本類概況，然後舉出標準片，列表顯示特徵字形，歸納前辭形式及出現的卜人，指出記事刻辭、兆側刻辭或占卜術語的特點，考察鑽鑿形態，提示人物、方國等內容上的重要特徵。考慮比較周全。

接下來，彭文又討論了各類間的內部聯繫，主要是根據異類同版現象確定各類間的銜接關係。這種方法，在確定卜辭類組關係時屢屢起到關鍵作用，已被證明是行之有效的。彭文據此確定各類序列爲：

①類→②A類→②B類→③類

在此基礎上，文章進而考察了整個賓組卜辭中特殊現象的演變情況，如卜人、記事刻辭、兆辭刻辭和占卜術語、人物與敵國等。既能輔證上述序列，也凸顯了確定序列對認識卜辭內容和甲骨現象的重要作用。

二、關於賓組卜辭的時代上限與下限。

作者充分利用各種考古材料，詳細地考察疊壓與打破關係、伴出器物等，以便確定甲骨的相對早晚與絕對年代。彭文（包括後來的彭書）善於運用考古材料，這在甲骨斷代論著中顯得十分突出。正如彭先生自己評述的，"其特色是將甲骨的年代學研究與殷墟考古緊密結合，廣泛運用了目前所能獲得的一切考古材料，來對賓組卜辭的年代進行研究"（彭裕商2016：1）。

彭文由此得出結論，"賓組卜辭的上限應在殷墟第一期，下限不晚於殷墟第二期初，絕對年代從武丁中期到武丁晚期"，大大推進了賓組卜辭的斷代研究。

在這篇提要的最後，談一談賓組卜辭分類的新進展。

彭文的分類結果，總體上與黃天樹（1991）沒有很大的差異（所分類型名稱的對照參上文）。兩位的賓組分類，代表著當時的最高水平。在後來的研究中，具體的分類手段或方法當然更加細密，由此也造成分類面貌的一些變化。關於此點，可看崎川隆（2011）的有關評判、論述，及其"各家賓組分類框架以及類型稱呼對照表"，這裏就不一一介紹了。我們重點談對甲骨文研究影響較大的一項分類成果。

在大家心目中，賓組卜辭最典型的代表就是 YH127 卜辭中最多的部分，以及《菁華》大版刻辭。這些卜辭在彭文中被歸入"②B類"，彭先生後來的書中稱"一B類"；黃天樹（1991）歸入"賓二類"，因其係最典型的賓組卜辭，也稱作"典賓類"。事實上，YH127 賓組卜辭主體部分和《菁華》大版刻辭爲代表的賓組卜辭數量衆多，而且無論在形式、內容還是字體上都存在很多對立，仍需細分。黃天樹（1991）已注意兩類的差異，多次用"典賓早期"來稱說前者；崎川隆（2011）則明確將兩者分爲"過渡②類"和"典型典賓類"；我在"漢達文庫"新甲骨文庫中，基於大家慣用而接受度高的"典賓類"名稱，將兩個亞類分別命名爲"典賓A類"和"典賓B類"。最近，鍾舒婷（2018）也比較全面地論述了這種分類，在彭先生所稱"一B類"的基礎上，分別稱"一B甲類"和"一B乙類"。

上述細分，尤其是崎川隆（2011）所做最早的明確分類，是彭文以來賓組卜辭分類的新突破，由於涉及卜辭數量多，內容豐富，必將在很大程度上增進學者對典賓類卜辭的認識。

（蔣玉斌　撰）

• 參考文獻

黃天樹 1991　殷墟王卜辭的分類與斷代，文津出版社（又科學出版社，2007年）。
李學勤　彭裕商 1996　殷墟甲骨分期研究，上海古籍出版社。
彭裕商 1983　也論歷組卜辭的時代，四川大學學報（哲學社會科學版），第1期。
彭裕商 1994　殷墟甲骨斷代，中國社會科學出版社。
彭裕商 2016　述古集·前言，巴蜀書社。
崎川隆 2011　賓組甲骨文分類研究，上海人民出版社。
鍾舒婷 2018　典型賓組甲骨文分類新探，甲骨文與殷商史，新8輯，上海古籍出版社。

Jean A. Lefeuvre（雷煥章）

RHINOCEROS AND WILD BUFFALOES NORTH OF THE YELLOW RIVER AT THE END OF THE SHANG DYNASTY:

Some Remarks on the Graph 兕 and the Character 兕

（晚商黃河北部的犀牛和野水牛——談談兕形與兕字）

原載《華裔學志》第 39 卷（*Monumenta Serica*, 39），1990—1991 年；葛人譯，《商代晚期黃河以北地區的犀牛和水牛——從甲骨文中的兕和兕字談起》，《南方文物》2007 年第 4 期。

法國耶穌會傳教士雷煥章（Jean A. Lefeuvre, 1912—2010）在 20 世紀 70—90 年代曾編著《法國所藏甲骨錄》和《德瑞荷比所藏一些甲骨錄》。發表甲骨學史類論文《商代甲骨卜辭：其發現和初步研究的歷史學和書目學調查》一篇，以及考釋類論文若干，如《香港歷史博物館所藏的一片甲骨，兼論商代中心的標準》、《甲骨卜辭裏的"賓"字及其在銅器銘文中的演變》等。本文最初提交於 1982 年 9 月 7—11 日由夏威夷大學東西方研究中心舉辦的"商文明國際會議"，後載於《華裔學志》第 39 卷（華裔學志研究所，1990—1991 年）。

兕究竟爲何種動物？作者在郭沫若（1933）、董作賓（1930）、胡厚宣（1945）、丁驌（1966）等以往研究的基礎上，匯集古文字學、語言學、考古學、古生物學、文獻學等多方面的研究材料，對這一問題進行重新思考。

在古文字學方面，立足於商代田獵卜辭中關於捕兕的記載，作者首先對《甲編》3939 骨即大獸頭骨刻辭進行釋讀。他認爲該頭骨並非用於占卜，屬帝辛時期之物，其上記載了商王在攻打盂方伯的遠征中獵得一頭白兕以獻祭的事件。《佚存》518刻辭載有"獲商戠兕"一事，因爲"戠"修飾的動物多爲牛，作者據此初步判斷兕應屬於牛科。胡厚宣（1945）曾談到在田獵卜辭中捕兕所用的動詞不同的現象，作者受此啓發並對不同動詞出現的頻次進行統計，發現以弓箭射殺兕的事件達13次。與此同時，通過分析獵兕的數量可知，商人在一次狩獵活動中獵殺兕的數量可達12或11頭，甚至多達40頭，見《佚存》338、《丙編》102·1、《明》20和《續編》3·44·8等。考慮到動物習性及當時的技術條件，雖然野生水牛易怒且危險，但與之相較，犀牛不成群活動且無法以弓箭射殺。因此，在一次狩獵活動中射殺40頭野生水牛似乎較爲合理。此外，在祭祀卜辭中也有幾次將兕作爲珍貴犧牲獻祭給祖先的記載。立足於文字形體結構，作者考察第一至五期的"兕"字及其異體字形，總結其特徵如下：一、區別於豎直狀角的犀牛，該獸的大角向腦後以弧形外延，且角上多刻有粗壯的紋理；二、字形頂端多有一個大而方的口型，口部偶有張開狀；三、有別於尾端無毛的犀牛，此獸的尾端常標有一撮毛髮。綜上所述，可以排除兕爲犀牛的可能性。

在語言學方面，作者從音韻學的角度分析牛、犀和兕在古漢語中的讀音。兕與牛無語音聯繫，但與犀發音相近。作者認爲僅依靠語音分析，無法確切地判斷兕的種屬，並推測這可能與古人根據生活經驗對動物進行分類有關。

在考古學方面，作者發現西北崗1004號墓出土的牛方鼎內底鑄刻的牛形符號和小屯5號墓中出土的小石牛，二者的牛角曲綫、紋理和大而突出的口鼻形象與水牛的體貌特徵，甚至與甲骨文"🐂"的某些異體字形都十分契合。

在古生物學方面，作者經過實地觀察和測繪，根據此獸的骨頭、牙齒及兩角基的位置和間距的特徵，證實了裴文中（1934）、楊鍾健（1936）認爲大獸頭骨屬於牛的重要觀點，並進一步得出該大獸頭骨屬於野生聖水牛的鑒定結論。據此分析，《甲編》3939刻辭記載的商王捕獲的白兕實爲一頭野生白化水牛。

在文獻學方面，作者仔細查閱從先秦到東晉的傳世文獻中有關兕的記載，總結其特徵如下：兕是一種有別於犀牛的野生動物，其膚色爲青灰色；其易怒危險，主要用角攻擊；其角長而彎曲，中空，可用作酒器且容量極大；用弓箭射殺後，可烹製爲佳餚招待貴客，也可用於製作鎧甲。儘管在諸多文獻中，只有《山海經》記載兕爲獨角獸，並對少數學者產生了影響，但其史料不可據。綜上可知，兕爲野生水牛應是最符合所有文獻的假設。

本文將出土文獻和傳世文獻相結合，資料翔實、辨析入微，豐富了我們對於甲骨刻辭中蘊涵的商族戎祀、田獵等文化的理解。但全篇在選用材料、分析材料以及考釋方法上存在不足之處：如缺乏精確的研究材料作爲考證依據；對個別字形的分期斷代有誤；對於文字形體結構的分析和部分假設比較主觀。

（崎川隆　撰）

• 參考文獻

德日進　楊鍾健 1936　安陽殷墟之哺乳動物群，中國古生物誌，C-Vol.XII-1。
丁　驌 1966　契文獸類及獸形字釋，中國文字，第 21 期。
董作賓 1930　"獲白麟"解，安陽發掘報告，第 2 期，中央研究院歷史語言研究所。
郭沫若 1933　卜辭通纂，文求堂（收入郭沫若全集·考古編，第 2 卷，科學出版社，1983 年）。
胡厚宣 1945　卜辭中所見之殷代農業，甲骨學商史論叢二集，齊魯大學國學研究所。
林巳奈夫 1958　安陽殷虛哺乳動物について，甲骨學，第 6 號。
劉一曼 1989　殷墟獸骨刻辭初探，殷墟博物苑苑刊，創刊號，中國社會科學出版社。
裴文中 1934　跋董作賓"獲白麟解"（一、二），北平世界日報自然科學周刊，3 月 18、25 日。

冀小軍

説甲骨金文中表祈求義的𢆶字
—— 兼談𢆶字在金文車飾名稱中的用法

原載《湖北大學學報（哲學社會科學版）》1991 年第 1 期。

甲骨金文中寫作 ※、𣎵、𢆶 等形之字極爲多見（《甲骨文字編》533—535 頁、《新甲骨文編［增訂本］》608—610 頁、《新金文編》1464—1467 頁），一般釋爲"𢆶"。嚴格説來，※類形應隸定作"㚔"或"𡴭"，金文中其中部增從"艸"之 𢆶 類形，才與《説文》之"𢆶"形對應（參看孟蓬生 2004，陶安、陳劍 2011）。不過，這兩類形的用法並無區別，研究者多從寬皆釋寫作"𢆶"。下文如無必要區分，亦以"𢆶"統指。

"𢆶"在甲骨、金文中多用作"祈求"義，同時也是一種祭祀的名稱，對此研究者是有共識的。但其具體釋讀，舊有很多不同意見。冀小軍先生《説甲骨金文中表祈求義的𢆶字——兼談𢆶字在金文車飾名稱中的用法》（以下簡稱"冀文"）指出，舊釋爲"求"之説，從字形看不可信；釋讀爲"祓"的意見，於意義不合。冀文主張，"祈求"義的"𢆶"應釋讀爲祈禱之"禱"；金文車飾名稱中的"𢆶"，則應讀爲"飾畫"義之"雕"。

冀文認爲，"《説文》對𢆶字的形體分析不可信"，《説文·㚔部》説"𢆶，疾也。从㚔，卉聲。捧从此"，是搞錯了形聲。根據西周、春秋金文中郑國"曹"姓的本字寫作從"𢆶"得聲的"𡣆"，結合"𢆶"字字形的演變情況，冀文在孫詒讓"疑古自有𡴭字，……（𡣆等）蓋从㚔得聲"説的基礎上，斷定"𢆶"字篆形中的"㚔"（"讀若滔"）才是聲符。"㚔"與"禱"讀音相近，故"𢆶"在甲骨、金文中可以表示"禱"這個詞。按冀文正式發表之前（冀文本係其碩士學位論文，北京大學，1986年），陳漢平（1989：52—56）亦提出讀爲"禱"。但其說否認釋"奉"而逕釋其字爲"夲"，此點非是。

陳劍（2001/2007）在冀文的基礎上認爲，西周金文多見的从"辵"从"✳"聲之字，可隸釋作"遼"，當釋讀爲仇匹之"仇"（字或作"逑"）；✳是從"夲（奉）"分化出的一個字（參看裘錫圭2002/2012）。按近年新出曾伯克父甘婁鼎銘有"用伐我遼（仇）敵（敵）"句，"遼"字作✳，沒有問題係用爲"仇讎"之"仇"，可爲金文有關諸字釋讀的確證。近年新刊佈的戰國文字尤其是楚簡中，"栽/戠"類字形用爲"仇/逑"及"仇讎"之"仇"的材料越來越多，研究者對其釋讀以及跟金文"遼"字關係的看法已趨一致，分歧集中在✳與"奉"是否有關上。不同意陳劍（2001/2007）所設想之"分化"關係者，即另考慮✳形之來源，同時一般之"奉"及从"奉"之字的釋讀，即不以此"逑/仇"爲"定點"。如陳斯鵬等（2012：56—57）、張宇衛（2017）追溯其源至甲骨、金文的✳、✳等形；或多與"棘"字相聯繫認同，詳下。

對"祈求"義之"奉"及相關諸字，在冀文和陳劍（2001/2007）之後，研究者仍有諸多異說。有關討論，詳見"參考文獻"所舉諸文。我對"奉（禱）"和"遼（仇）"的基本看法，現在仍未改變，故對此不再一一詳細討論。下面簡述幾點對冀文及陳劍（2001/2007）可有補正之處。

冀文對"奉"从"夲"聲云云的論述，略嫌把問題簡單化了，容易引起疑問。如孟蓬生（2004：269）謂："夲字晚出（應是奉分裂出來的部件），讀奉爲夲（滔），就跟讀奉爲忽一樣不足爲據。"董蓮池（2008：118）强調指出：

> 我們可以論定在《說文》小篆以前，漢字構形系統中並不存在"夲"這種構件。遍檢先秦典籍，亦不見"夲"字有被使用者，由此還可論定所謂"夲"字，其實是許慎作《說文》時從"奉"、"暴"、"糳"、"奏"、"皋"五字篆文形體中析出以統五篆，如果沒有"奉"、"暴"、"糳"、"奏"、"皋"五個篆文形體，當不會有"夲"字，也就是說在《說文》小篆以前的古漢字義符系統中，並不存在"夲"這個意符。認爲✳、✳、✳、✳、✳从"夲"（音滔），是天方夜譚。

按此說不無道理，但並不能構成推論"奉"有與"讀若滔"之"夲"相近同之讀音的致命反證。季旭昇（2002：下册126，2014：776）早已指出："從古文字來看，夲應該是個無中生有的字，是由奉、奏、暴、皋等字的小篆字形人爲地剝離出來的部件，讀音則似繼承'奉（音禱）'。"亦即，"夲"雖然確實更有可能本非獨立成字，係漢代小學家自"莽"字或"岦/夲"中拆分出者，但其"讀若滔"之音仍應正即來自、源出"莽"或"岦/夲"字（但《説文》對此已不明，故分析"莽"字聲符有誤）——同類情況《説文》中多有之，如"彡"即音"穆"，"穆"從之得聲；"丫"讀若乖，"乖"從之得聲；"殳"從《几部》所謂"鳥之短羽，飛几几也"之"几"得聲，等等，其例甚多。總之，皆係某形本非獨立成字，出於分析需要從獨體字中拆分出、同時又被賦予其母字讀音的情況。由此，仍可推斷"莽"與"夲"讀音近同；再結合"嫴"之爲"曹"，得出"莽"有"讀若滔"之音的結論，仍應無大問題。

研究者或將邾國曹姓字"嫴"的有些字形（如陳劍2001/2007所論𡞅）右半所從，乃至整個"莽"字，跟"棗"字相聯繫認同。冀文所論之外，如陳劍（2001/2007）及其所引黃德寬與徐在國、顏世鉉説，又後來孟蓬生（2004）、董蓮池（2008）、董蓮池（2010）、單育辰（2013/2017）所論等。陳劍（2001/2007）且謂，"我們有理由推測'棗'其實也應該是由'莽'分化出的一個字"，此説現在看來恐不確。研究者多認爲，"棗"字象"木多針刺"之形，本即爲酸棗樹之"棗"而造；劉釗（2009/2013）在此基礎上進一步指出，"從'棗'和'棘'的義訓和字形來看，兩者最初很可能就是使用同一個形體的……在甲骨文中，'𣐻''𣐽'很可能既是'棗'字，也是'棘'字，屬於早期古文字表意字的"一形多用"現象。此説於"棗"字各方面（造字本義、字形演變）更爲直接，勝於陳劍（2001/2007）所謂"棗"自"莽"分化之説（戰國秦漢文字中確定的"棗"形頭部皆作一直筆，與"莽"多"屈頭"的特徵確亦明顯有別）。"莽"與"棗"應並無關係。

又不少研究者指出，"祈求"義的"莽"字如讀爲"禱"，跟傳世古書"禱"字用法頗有不合。即古書"禱"字一般用爲自動詞，不帶通常意義上的賓語（參看李零2002/2007、孟蓬生2004、董蓮池2008等）。按"禱"的詞義特點在"有所祈求"，即《説文》所謂"告事求福也"；《清華簡（壹）·皇門》簡11"少（小）民用昌（禱）亡（無/罔）用祀"（今本《逸周書·皇門》作"小民率穡保用無用壽，亡以嗣"），以臨時"有所求"之"禱"與日常之"祀"相對舉爲言，亦可見其詞義特點。因此，"禱"本可帶所求對象爲直接賓語，從語言角度看並不奇怪。傳世先秦兩漢古書罕見此類辭例，並不足以否定其詞之爲"禱"。冀文已經舉出甲骨、金文"大莽（禱）"與傳世古書"大禱"相合之例。此外，又如《逸周書·嘗麥》："維四年孟夏，王初祈禱于宗廟，乃嘗麥于大祖。""維四年孟夏"句《玉燭寶典》引作"維四月"，無"孟夏"，與西周金文常例相合。① "初祈禱"可與西周早期金文盂爵（《集成》9104）之"隹（唯）王初桒（禱）于成周"之"初桒（禱）"相印證。冀文已舉之金文伯梡簋（《集成》4073）"蘮（祈）桒（禱）"例，兩字義近連用，其例又如近年新刊西周金文莽父簋"用旂（祈）籩（禱）釁（眉）壽永命"（《全集》10·261）；② 另《上博簡（二）·子羔》簡12"（后稷之母）頡（履）㠯（以）悠（祈）禱（禱），曰：……"，亦可相印證。

最後，冀文和陳劍（2001/2007）皆未討論金文亦從"桒"作之"捧（拜）"、"饒（饋、餕）"一系字，嫌不夠周全，亦致研究者對讀"禱"之説容易產生疑問，或是另生別解。按金文中單獨的"桒"也有用作"捧（拜）"的，如老簋"拜"作🖾即"桒"字（《銘圖》5178）；單獨的"𡴆／本"或"桒"用作"饋"之例亦頗有之，如伯幾父簋"桒（饋🖾）殷（簋）"（《集成》3765、3766）、秦簋"桒（饋🖾）殷（簋）"（《銘圖續》0407）、工尹坡盞"桒（饋🖾）盞（盞）"（《銘圖》6060；"艸"形變作"廾"形）。這類"桒"字，不能以"讀若滔"之音理解。由此可見，"桒"字的傳統讀音，即曉母物部之"呼骨切"之音，應該也是可靠的，"捧（拜）"字、"饒（饋、餕）"字即從之得聲（諸字讀音不出曉母或唇音物、文部的範圍）。面對這種情況，我們只能承認，除了"禱"類讀音，"桒"字確有另一類截然不同的讀音。至於"桒"爲何會有此兩類讀音，以及其字之構形解釋或者説造字意圖爲何，此則皆尚待研究。

冀文論述金文車器"較"前的修飾語"桒"，認爲應讀爲"雕"（另文中所謂金文"曰[輒]"字，現研究者多主張釋爲"韗"。參看本書《説引字》篇提要），但何以其用字與金文中多見的所謂"飾畫"義的"戈琱（雕）威"之類"琱（雕）"截然不同，恐難以圓滿解釋。結合上述"饒（饋、餕）"從"桒"聲等情況考慮，此類"桒"字仍難以排除讀唇音文部字之可能，冀文所引郭沫若讀爲"賁"之説，仍難完全否定。金文賞賜物中，服飾有"桒朱黃（衡）"（害簋，《集成》4258—4260）、"桒朱亢（衡）"（師道簋，《銘圖》5328）、"朱黃（衡）桒親"（王臣簋，《集成》4268），研究者亦多讀"桒"爲"賁"，車飾類"桒"字用法的解釋，與之正可統一。

（陳　劍　撰）

---

① 參看李學勤：《〈嘗麥〉篇研究》，收入其著《古文獻叢論》，上海遠東出版社，1996年。
② 李伯謙主編：《中國出土青銅器全集》，第10册，科學出版社、龍門書局，2018年，第251頁。

• 參考文獻

陳　劍 2001　據郭店簡釋讀西周金文之一例，北京大學中國古文獻研究中心集刊 2，北京燕山出版社（收入甲骨金文考釋論集，綫裝書局，2007 年）。

陳漢平 1989　釋夲、檮、擣、禱，屠龍絕緒，黑龍江教育出版社。

陳斯鵬等 2012　新見金文字編，福建人民出版社。

董蓮池 2008　"夲"字釋禱說的幾點疑惑，古文字研究，第 27 輯，中華書局。

董蓮池 2010　西周金文幾個疑難字的再研究，古文字研究，第 28 輯，中華書局。

何樹環 2005　夲字再探與兼釋𢆉，中山人文學術論叢，第 6 輯，澳門出版社。

黃庭頎 2015　論金文"𩛩"及"𩛩＋器名"，東華漢學，第 21 期。

季旭昇 2002　說文新證，藝文印書館，初版（藝文印書館，2014 年第二版）。

來國龍 2014　釋"逨"與"述"——兼談古文字中的"拼音字"，饒宗頤國學院院刊，創刊號（又見武漢大學"簡帛"網站，http://www.bsm.org.cn/show_article.php?id=2175，2015 年 3 月 13 日）。

李　零 2002　郭店楚簡校讀記（增訂本）（《緇衣》部分"餘論"），北京大學出版社（又中國人民大學出版社，2007 年）。

劉　桓 2002　釋夲，甲骨徵史，黑龍江教育出版社。

劉　釗 2009　釋甲骨文中的"秉棘"，故宮博物院院刊，第 2 期（收入書馨集，上海古籍出版社，2013 年）。

孟蓬生 2004　釋"夲"，古文字研究，第 25 輯，中華書局。

裘錫圭 2002　夔公盨銘文考釋，中國歷史文物，第 6 期（收入裘錫圭學術文集・金文及其他古文字卷，復旦大學出版社，2012 年）。

單育辰 2013　釋"𩛩"，復旦大學出土文獻與古文字研究中心網站，http://www.gwz.fudan.edu.cn/Web/Show/2004，1 月 23 日（又載考古與文物，2017 年第 5 期）

陶　安　陳　劍 2011　《奏讞書》校讀札記，出土文獻與古文字研究，第 4 輯，上海古籍出版社。

張宇衛 2017　說"述"字及其相關問題，臺大文史哲學報，第 87 期。

張振林 2014　釋"朱𣎵（本）、𢆉𢆉（拔）"之我見，古文字研究，第 30 輯，中華書局。

陳漢平

081 | 古文字釋叢・釋因

原載《甲骨文與殷商史》第 3 輯，上海古籍出版社，1991 年。

　　陳漢平先生關於"因"字的考釋最早見於他 1974 年寫的《由四方與四方風名所見商人對四時之認識》一文，此文未刊出（陳漢平 1989：96，裘錫圭 2012 一：179 編按）。其觀點正式發表於以下幾種論著：《西周册命制度研究》（陳漢平 1986：244—246）、《屠龍絶緒》（陳漢平 1989：103—105、120、219—220）、《釋因》（陳漢平 1991：58—63），其中以《釋因》論證最爲詳盡，故我們提要據此文。

　　甲骨文南方名以往的釋讀意見如下：1. 釋爲"夾"，"字象二人相向夾一人之形，有夾輔之義。……'襄，因也'，而襄亦實有助義，故因、夾可通"（胡厚宣 1944：2）。胡厚宣（1956：56）與之同。2. 認爲此字"从儿从夾，疑即莢之初字也。……因與莢義不相附，疑緣因與莢字並从大，傳寫致訛"（楊樹達 1945：80）。3. "爲夷之繁寫"（嚴一萍 1957）。4. "此蓋炎之異文也"（陳邦懷 1959：2）。5. 認爲此字"其音讀必與因字相近，决非夾字。……殆即招燐本字。……粦、因兩字同在真部，故《堯典》音誤爲'厥名因'"（丁山 1961：83—85）。

　　這些説法，從字形看顯然不可信，所以陳漢平先生對此作了新的研究，正確地將之釋爲"因"，其主要觀點如下：

　　1. 此字从大，考釋此字須自从大之字去考慮。又此字記録的是南方名，故可結合文獻所記録的南方名來考慮。

　　2. 因、𡘾兩字都从大，又因（或从因）字在古文、古文字中的形體如下：三體石經古文作𡇥，蟎鼎銘文作𡇩，江陵楚簡作𡇌，信陽楚簡作𢂴（裀），所以𡘾當釋爲因。

3. 〇字从大，象正面人形，所从之〇有兩種解釋：A.从〇或即从衣。甲骨文"製"作〇，所从衣與之相似。B.从〇或即〇之省。〇即三體石經等因所从之〇、〇（提要按：陳文原筆誤爲〇）、〇，乃"裀"字。由此可知因的造字本義爲正人形與衣或裀相因。

4. 因與依音義相關，人著衣爲依，著裀（或衣）爲因。甲骨文"依"作〇形，與甲骨文"因"的造字方法類似。

5. 三體石經因字的造字結構"乃於象形成份之外，以綫作等距離框廓。此爲古代漢字造字之一種表意方法"，此類文字如：〇（于）、〇（柬）、〇（鞣）。因字簡捷寫法从口，甲骨文、金文此類因字如〇、〇。

6. 伯晨鼎銘中的〇，从衣从立，从大與从立意略同，金文中有立與大混用者，如白公父簠銘"白立師小字"，乃"白大（太）師小字"。故伯晨鼎銘中的〇可看作从衣从大，當釋爲因或裀，讀爲茵、鞇。

7. 甲骨文中與因、裀造字方法相似的字還有如下一些字可考釋：〇（祛或袂）、〇、〇（褒）、〇（蠅或蛔）。

陳先生此文的貢獻在於通過繫聯三體石經古文、金文等其他古文字中"因"的寫法，準確地將甲骨文南方名釋爲"因"，並揭示出"因"的構字方法在其他古文字中也能見到，指出這是"古代漢字造字之一種表意方法"。利用此類構字方法所造之字除去上面列舉者，陳漢平（1986：245）還舉出〇（齊侯盤）、〇（史頌鼎），皆甚是。而所舉的〇，有異體作〇（文公之母弟鐘，夏商周540，此字陳劍先生指出乃柬字異體，參看鄔可晶2011：59），象木外圍有包束物，包束之物圍繞木形作完整曲綫形。而此完整曲綫在〇字中又可作斷開的曲綫。與〇可省略作〇恰好可對應，説明將〇釋爲"因"是無可懷疑的。

將南方名釋爲"因"，除陳漢平先生之外，還有鄭慧生（1984）、裘錫圭（1992）如此釋讀，看發表時間似乎是鄭慧生先生最早，但裘先生的文章是1982年即已交稿，而陳漢平先生據前文可知其在1974年一篇未刊稿中已正確釋讀，所以將甲骨文南方名釋爲"因"，首創之功還是應歸陳漢平先生。

另鄭慧生先生雖將〇釋爲"因"，其字形分析爲"大骨之南方字，正是一個大字四個人字（下面兩個是正反對稱的兩個人字，上面兩個是正反對稱的人字之省）合起來就是四個人圍著一個大字，與'能大者衆圍就之'吻合。《六書通》載《古孝經》因字，《演説文》因字都是衆人圍大人之意，與大骨的四人圍一人如出一轍。因此，大骨所寫，仍是因字"（鄭慧生 1984：9），這顯然是有問題的，應該說並未真正考釋出🅰字。

陳先生、裘先生關於"因"字觀點發表之後，學界基本採用此說，只有少數學者還不認同，如鄭傑祥（1994：8—9）仍讚同"夾"字說，認爲"此字正象一人兩掖下各置一人之形，它可能就是夾字初文"。"夾"字甲骨文作🅱，"不但'大'形頭部兩側並無兩道曲筆，就是兩側人形的寫法，跟這個字'大'形身體部分兩側的筆畫也顯然是不同的"（裘錫圭 1992：50）。所以此說不可信。

又如常玉芝（2006：286）對"因"字說提出質疑，認爲裘先生所釋甲骨文、西周金文中的因字寫法"與'🅰'字的寫法實際上相差較遠，一作'🅲'形（金文），一作'🅳'形（甲骨文），裘先生把它們都釋作'因'，並説'🅰'字與上述兩個字相同，只是它的寫法不完整而已。我們認爲從字形上將'🅰'字釋成'因'字實屬牽強"。金文🅲字到甲骨文🅰字的字形變化，若常玉芝先生對陳漢平先生揭示出的那種造字方法若有所了解，大概就不會有此疑問了。

至於常先生提及的🅳字（據《續》5·26·11 =《合集》5651 拓片可摹作🅳），裘先生之所以將之釋爲"因"，是基於他對因字構形的理解，即認爲因字"象人在衣中"，而此字"象大在衣中"，故亦可釋爲"因"（裘錫圭 1992：51）。前引陳漢平先生亦懷疑🅳（按，摹寫不準確）爲🅰之異構，這是因爲他對"因"字構形的解釋，與裘錫圭先生類似，如他認爲🅰所从🅴可能爲：A."衣"，舉其所釋製字🅵所从衣類比。所舉🅵字據拓片可摹作🅶（《續》5·26·3 =《合集》18742），乃从遲从山之字，所謂衣乃行與山之誤摹。B."衱"，認爲🅴或即🅷之省，而🅷乃"衱"字。但🅷字據拓片可摹作🅸（《前》6·65·2 = 13522），還从刀，釋爲衱並無什麼證據。所以他認爲"因的造字本義爲正人形與衣或衱相因"，立論基礎並不可信。而裘先生據🅳字認爲因象人在衣中，似乎也沒有更多其他證據。當然，裘、陳兩位先生皆據甲骨文所謂"依"（🅹）字來說明因爲何从衣，但🅹字裘先生後來將之準確地釋讀爲"庀"（裘錫圭 1990：9—10），故此字字形不宜與因類比。"因"之本義是否與衣有關似還難論定，張世超等（1996：1543）即認爲因字"象煙氣氤氲於人體，爲'煙'若'煙熅'之象形初文"，故🅳釋爲"因"是值得懷疑的。

由此，陳先生此文將金文🅲釋爲"因"，也是可疑的。此外，陳文將甲骨文🅺誤釋爲因，此字裘錫圭（1992：50）已指出乃🅱之異體。陳文還將與"因"構字方法相似的🅻（據《後》下 25·6 =《合集》12359 拓片可摹作🅼），🅽（據

《録》791＝《合集》18491 拓片可摹作🔣）、🔣（《京人》2513＝《合集》32943 摹作🔣，此字新例🔣《花東》480），🔣（據《合集》13751 正拓片摹作🔣）分别釋爲祛或袂，裦（陳漢平 1989 又將之釋爲囡或宏），蠅或蝈，皆證據不充分，特别是🔣下部大概不是"因"字。

　　陳漢平（1989：103—104）認爲甲骨文南方名因可能讀爲"氤、絪、烟、煙"，"南方炎熱，夏季酷熱，如火氣熏烝，故南方曰因、氤、烟"。這與一般認爲四方名得名與農業有關不同，可進一步研究。

（周忠兵　撰）

•參考文獻

常玉芝 2006　商人的四方神崇拜，考古學研究（六），科學出版社。
陳邦懷 1959　殷代社會史料徵存·四方風名，天津人民出版社。
陳漢平 1986　西周册命制度研究，學林出版社。
陳漢平 1989　屠龍絶緒，黑龍江教育出版社。
陳佩芬 2004　夏商周青銅器研究，上海古籍出版社。
丁　山 1961　中國古代宗教與神話考·四方之神與風神，龍門聯合書局。
胡厚宣 1944　甲骨文四方風名考證，甲骨學商史論叢初集，齊魯大學國學研究所。
裘錫圭 1990　釋殷墟卜辭中的"卒"和"裈"，中原文物，第 3 期。
裘錫圭 1992　釋南方名，古文字論集，中華書局。
裘錫圭 2012　裘錫圭學術文集·甲骨文卷，復旦大學出版社。
鄔可晶 2011　文公之母弟鐘銘補釋，中國文字，新 36 期。
嚴一萍 1957　卜辭四方風新義，大陸雜誌，第 15 卷第 1 期。
楊樹達 1945　甲骨文中之四方風名與神名，積微居甲文説·卜辭瑣記，中國科學院（1954）。
張世超等 1996　　金文形義通解，（京都）中文出版社。
鄭慧生 1984　商代卜辭四方神名、風名與後世春夏秋冬四時之關係，史學月刊，第 6 期。
鄭傑祥 1994　商代四方神名和風名新證，中原文物，第 3 期。

沈之瑜　濮茅左

卜辭的辭式與辭序

原載《古文字研究》第 18 輯，中華書局，1992 年；收入宋鎮豪、段志洪主編：《甲骨文獻集成》第 18 册，四川大學出版社，2001 年；又收入陳秋輝編：《沈之瑜文博論集》，上海古籍出版社，2003 年。

沈之瑜、濮茅左先生《卜辭的辭式與辭序》一文最初發表在《古文字研究》第 18 輯上，又收入陳秋輝先生編《沈之瑜文博論集》，相同内容又見沈之瑜先生《甲骨文講疏》、《甲骨學基礎講義》中。

關於卜辭辭式的分類，董作賓（1931）《大龜四版考釋》"卜法考"一節已有初步嘗試，文中分爲兩貞法和三貞四貞一貞法。董先生一文中所分的一二三四貞主要是和同一事件的卜辭辭條數有關，和兆序關係不大；"一貞"即相當於後來所説的"單貞"；"兩貞"裏面所舉例子既包括董先生所發現的"對貞"，也包括現所説的"選貞"；"三貞四貞"裏面更是糅合了各種現象。1972 年，李達良先生《龜版文例研究》中亦有專門分類，文中分爲：1.單貞，2.對貞，3.同卜一事刻數辭所問不限於正負之辭，4.成套卜辭，5.同事多卜，刻二辭以上，體例與成套卜辭同，而序數不相連之辭。李先生所分的第二類"對貞"裏既包括正常的對貞，也包括了所謂"二辭皆正（負）"的兩條兆序不相連的同文卜辭；而後者並不符合對貞定義。至於李文的第三類，實際也就是我們現在所説的"選貞"。第五種裏面從所舉例證看内涵也較爲豐富，既包括有兩組同文的對貞卜辭，也有成套或對貞卜辭與成套或對貞卜辭中某一條同文的卜辭，還有成套卜辭及其對貞卜辭。

相較於董、李二文，沈、濮《卜辭的辭式與辭序》一文對辭式的分類更爲系統全面，概念界定清晰明確，類型劃分井然有序，無太多雜糅現象。文中將卜辭的辭式分爲：單貞卜辭，重貞卜辭，對貞卜辭和重複對貞卜辭，選貞卜辭和重複選貞卜辭，對選卜辭，三聯卜辭，定型卜辭和五祖型卜辭八大類。單貞卜辭是只貞卜一次的卜辭，即只有一個鑽鑿一個卜兆；重貞卜辭是指在同一天就同一内容進行二次或二次以上的占卜，燒灼的鑽鑿數在二個以上。對貞卜辭是對某件事以肯定和否定的語意各占卜一次所形成的兩條卜辭；重複對貞卜辭是卜問兩次以上的一組對貞卜辭。文中對對貞卜辭與重複對貞卜辭的區别是：對貞卜辭只有兩條卜辭，一條反卜，一條正卜，正卜和反卜序數相連續；而單列重複對貞卜辭則是兆序數在二以上的兩條對貞卜辭，多列重複對貞卜辭是由若干列相同内容的單列重複對貞卜辭組成。選貞是選擇兩個或兩個以上並列内容分别進行一次占卜，這樣形成的卜辭爲"選貞卜辭"。重複選貞卜辭是兆序在二以上的選貞卜辭或者兩組以上同文的選貞卜辭。對選卜辭是由幾組内容並列的對貞卜辭組成。三聯卜辭是重貞、對貞、選貞卜辭的結合體。定型卜辭主要指"亡囚亡尤型卜辭"和"賓叙型卜辭"，前者首辭爲"干支卜某貞王××亡囚"，序數一，次辭模式爲"貞亡尤"，序數二，主要見於出組；後者由"干支卜某貞王賓先王名（協、歲）亡尤"和"干支卜某貞王賓叙亡尤"二辭組成，見於出組和黄組。五祖型卜辭是對武丁、祖甲、康祖丁、武乙、文武丁五位直系近祖先進行祊祭，首辭模式爲"干支卜貞王名（宗、必）祊其牢"，序數一，次辭模式爲"其牢又一牛"，序數爲二。上述類型中，單貞與重貞是從同一件事情的占卜次數角度所做的分類，對貞和選貞是從同一件事的貞卜方式（正反還是選擇）角度所做的分類，對選和三聯則是從數條卜辭的關係角度所做的分類，定型和五祖型卜辭則是屬於特定内容的特定占卜方式。

《卜辭的辭式與辭序》一文除了分類細緻外，其在辭式的命名方面亦頗具影響力。其中"重貞"這一名稱屬該文首創，它是相較於"單貞"而言的，屬於前人所說的"一事多卜"，不過這裏面情況較爲複雜，既包括一辭多兆序卜辭，也包括成套卜辭，還包括兆序重頭開始不相連的同文卜辭，前兩種即是文中所說的單列重貞，後一種即文中所說的多列重貞。我們認爲"重貞"這一術語的使用還是很有意義的，按照張秉權先生的意見，成套卜辭的性質等同於一辭多兆序卜辭，是同一個貞卜的多次重複，故將這兩種稱之爲"重貞"是有道理的。不過，對於多列重貞這一現象，因是兆序不相連的同文卜辭，相當於是同一件事情的多次貞卜，現有學者建議可稱之爲"同貞"[①]，以區别於前面的"重貞"。至於"選

---

① 趙鵬：《論同貞卜辭》，未刊稿。

貞"，前人雖早已注意到這一現象，但一直未有明確命名，較早使用"選貞"這一術語的正是濮茅左和沈之瑜先生。濮茅左（1983）在《卜辭釋序分析二例》中即使用"選貞"一語，沈之瑜先生在20世紀80年代所完成的《甲骨文講疏》（又名《甲骨學基礎講義》）中亦對"選貞"這一術語做有明確定義。該文所創製的這些術語，後多爲學者所沿用，劉新民（2008）和章念（2010）都沿用了"重貞"、"選貞"、"對選"等術語，不僅如此，他們文章中還增加了"補貞"、"遞貞"、"對補"、"連對"、"補對"等術語。

　　該文在研究上還有一個特點是重視兆序和辭序，文章一開頭即將兆序列爲卜辭的組成部分，這是十分值得肯定的①。文中正是通過對序數的觀察，認識到選貞卜辭中在排序方面的一些規律："在用牲數量方面或遞增或遞減，決無忽大忽小漫無規則之現象；在時間方面或自遠日至近日，或由近至遠，絶無混亂跳躍式選卜；在選擇祭祀對象時，祭祀對象按一定次序排序。"這一内容亦見於上引濮茅左先生《卜辭釋序分析二例》一文中。這些現象的發現不僅有助於我們釋寫同版卜辭時確定卜辭的順序，也有助於我們對字詞含義的理解，如文中對"成即大乙"這一觀點的肯定。另外，該文也是比較早揭示出卜辭中"兆序相連"現象的論著，所指出的五祖型刻辭中"首辭均刻於右腹甲，序數均爲一；次辭全見於左腹甲，序數均爲二"這一規律也正確可從。

　　文中對不同辭式中兆序的作用也有所區分，認爲在單列重貞卜辭、選貞卜辭、對貞卜辭、定型卜辭中序數表示占卜的次數；在多列重貞卜辭、重複選貞卜辭、重複對貞卜辭、對選卜辭、三聯卜辭中，序數不是代表占卜次數，而是表示占卜的組類。劉淵臨（1969）曾指出甲骨上的兆序有序數和卜數之别。"序數是占卜先後的順序"，"卜數是一件事占卜次數的多寡"。對於成套甲骨中同版上皆同一數字的兆序，表示的是占卜的次數，並非是同版卜兆的順序。我們贊成兆序有表次數和序數之别，不過在理解方面與劉先生有别：兆序代表的只是一條刻辭卜兆的先後順序，並非是一版卜辭卜兆的順序（除非全版只有一條刻辭）；對於同一條卜辭的多個兆序，不論是刻在同版還是異版，每一個數字既代表序數，也表示次數。即使是同版皆寫有相同兆序的甲骨，其中的每一個兆序都能代表該條卜辭的占卜順序和次數，和該版其他卜辭的先後順序無關。只有那種兆序相連的對貞或選貞卜辭，其兆序只表順序不表次數（參本書張秉權

---

① 文中認爲兆序數以十爲終的觀點，我們不認同，我們同意胡厚宣先生《卜辭同文例》一文對"十"以上兆序數認識的觀點。

先生《論成套卜辭》提要）。至於沈、濮文所説的"序數不是代表占卜次數，而是表示占卜的組類"，我們以其文中所舉多列重貞卜辭《丙》347（《合集》14022）一例來説明：

疒𡆥	一
疒𡆥	一
（辭省畧）	二
（辭省畧）	二
（辭省畧）	三
（辭省畧）	三
（辭省畧）	四
（辭省畧）	四

該件事按照上表所列是分爲四組共占卜八次，故上所列每組後面的"一"、"二"表示的只是組類數，不是占卜次數。但我們認爲這一理解是將兆序與事件相掛鉤，而不是與卜辭相聯繫。雖然這裏是同一件事，但是兩條卜辭，若按照下列方式排列：

疒𡆥	一二三三
疒𡆥	一二三三

則每條卜辭後面的一二三四，仍然既表示該辭的順序，也表示次數。後面所舉多列重複對貞卜辭也是如此，都是將不同卜辭分組處理，故而得出這類刻辭中"兆序表組數不表次數"的結論。對選卜辭中所舉的《丙》59（《合集》11483）中第二組卜辭的兆序很可能是"一"、"二"，其中"一"處於殘斷處，從干支看，其順序可能應在第一組前。

另外，文中所説"對貞卜辭的兆序是前後相連"這一觀點不夠全面，其文中所舉《丙》109（實際爲《丙》117，109爲圖版號）中第二條卜辭的兆序是否爲"二"需存疑，其是否一定和第一條卜辭對貞也不太確定。其實，兆序相連的對貞卜辭主要見於出組以後，早期的對貞卜辭多是各自爲序的，對此，可參看彭裕商（1995）。至於文中提到的"對貞卜辭一般是反卜在前，正卜在後"的觀點也與學界一般認識不同，文中在涉及正反對貞時，都將反貞放在前面也並不合適，其所舉《丙》338（《合集》1657）、《丙》59（《合集》11483）、《遺》678（《合集》34010）等辭例還是以正貞在前更好。關於正反對貞的順序，可參看沈培

（2005，已收入本書）。

（方稚松　撰）

• 參考文獻

陳秋輝編 2003　沈之瑜文博論集，上海古籍出版社。
董作賓 1931　大龜四版考釋，安陽發掘報告，第 3 期。
李達良 1972　龜版文例研究，香港中文大學聯合書院中國文學系（收入甲骨文獻集成，第 17 册，四川大學出版社，2001 年）。
劉新民 2008　殷墟甲骨第一期卜辭文例研究，西南大學碩士學位論文，指導教師：喻遂生。
劉淵臨 1969　殷虚"骨簡"及其有關問題，"中央研究院"歷史語言研究所集刊，第 39 本上册。
彭裕商 1995　殷代卜法初探，夏商文明研究——91 年洛陽"夏商文化國際研討會"專集，中州古籍出版社（收入甲骨文獻集成，第 17 册，四川大學出版社，2001 年）。
濮茅左 1983　卜辭釋序分析二例，中原文物，第 3 期。
沈　培 2005　殷墟卜辭正反對貞的語用學考察，漢語史研究：紀念李方桂先生百年冥誕論文集，"中央研究院"語言學研究所、美國華盛頓大學。
沈之瑜 2002　甲骨文講疏，上海書店出版社。
沈之瑜 2011　甲骨學基礎講義，上海古籍出版社。
章　念 2010　殷墟甲骨第二至五期卜辭文例研究，西南大學碩士學位論文，指導教師：喻遂生。

孫常敘

083 | 雚雀一字形變説

原載《古文字研究》第 19 輯，中華書局，1992 年；收入《孫常敘古文字學論集》，東北師範大學出版社，1998 年；上海古籍出版社，2016 年。

孫常敘先生强調文字研究"既要統覽全篇，又要剖析細節，是非常細緻的工作"。在《孫常敘古文字學論集·後記》中説：

> 語言是第一性的，文字是第二性的。這就決定了"字形"是依存於語言的。在所謂"字音""字義"不過是"詞"的音和義。可知形、音、義三者實爲兩類：音和義這個形式與内容的對立統一是詞，而詞和字又是一個對立統一，詞是字寫的内容，而字是詞的書寫形式。

這也是貫穿《雚雀一字形變説》（以下稱"《雚雀》文"）的理論指導。《雚雀》文材料豐富，論證翔實，説"雚"、"雀"一字，已成爲學界的共識。

《雚雀》文圍繞甲骨文中如下兩類字形展開討論：

此前，學者幾乎都是把"雚"和"雀"視爲不同的兩個字①，《雚雀》文最主要的貢獻就在於指出二者是一字，"都是陰天的'陰'這個詞的書寫形式"。

---

① 在孫文正式發表之前，裘錫圭先生在一篇文章中提及施謝捷先生也認爲"雚"和"雀"是一字異體。參裘錫圭：《説字小記》，《北京師範學院學報》1988 年第 2 期；收入《裘錫圭學術文集·金文及其他古文字卷》，復旦大學出版社，2012 年。

（一）辨析舊說

于省吾先生將"雚"分析爲從隹今聲，釋爲"雂"字，讀爲陰晴之"陰"。這是《雚雀》文所讚同的，也是分析論證的重要基點。"雚"舊或釋爲"鳳"、"風"，或釋爲"雀"讀爲"霿"。郭沫若先生將其看作會意字，釋爲"豕"，卜辭假爲"霧"。于省吾先生將郭說加以推闡，認爲"雚與霧是古今字"，"雚是以隹爲形符，以卪爲聲符的形聲字"。釋"鳳"、"風"固不可信，釋"雀"無證，字形亦不合，難以取信。釋"霧"之說，經于先生論證，幾成定論。

《雚雀》文不讚同把"雚"釋爲"豕"，讀爲"霧"，認爲這種看法存在許多難點。一方面，通過分類排比"雚"、"雀"在卜辭中的使用情況，指出第一期卜辭只用"雚"，第一期附甲卜辭二者並見，但"雚"較少。如果將"雚"釋爲"霧"，那麼卜辭所反映的天氣狀況就會是，霧天遠多於陰天，且武丁時期只見下霧不見陰天，直到武丁晚期才出現陰天。這既不符合霧少陰多的一般情況，又與安陽霧少的客觀事實相違背。"雚"還和"風"、"大驟風"同見一版，這與最常見的輻射霧所需要的條件也相矛盾。另一方面，"從字形上說，豕和隹是兩種不同的物類"，說"雚"是"豕"的古文沒有理據。

（二）確定釋讀

這部分論證了以下三個觀點：一是，"雚"和"雀"是一個字；二是，"雀"由"雚"形變而來；三是，"雚"也是陰天的"陰"這個詞的書寫形式。

說它們是一個字的理由在於，自組卜辭中用"雚"、"雀"來記錄同一個詞。

"雀"所在自組卜辭爲武丁晚期，較"雚"所在的第一期卜辭晚，所以存在前者到後者的演變關係。又以甲金文"食"、"禽"等爲旁證，說古文字所從倒尖口，多是從倒口變來的。另外，第一期卜辭中的"雂"①與"雚"各寫一詞，而只用"雚"記陰天之"陰"，說明"雀"是從"雚"變來。第四期卜辭中的"雀"是從尖口的，則反映出字形演變的去向。

利用卜辭的系統性，藉助與有關氣象的轉變關係，推定"雚"所記錄的天氣即陰天。首先，"雚"是一種變化了的天氣；其次，"雚"和雨有關，可互相轉

---

① 《合集》18347之 [字形]，孫先生認爲從隹（鳥）今聲，釋爲"雂"。此字還見於《合集》6090正，字不從今，而是從月（肉），學者或隸定作"䏿"、"䐁"。

换,但它是"不雨"的;再次,"瞿"處在"雨"與"啟"之間,必然是陰而不雨的天氣。所以,"瞿"所寫的詞就是陰天的"陰"。

(三) 分析形體

根據"陰"在字書及訓詁材料中常訓爲覆蔽,而將"瞿"所從倒口形看作意符,即《說文》訓"重覆"之"冃"。又以詞的語音與字形,而認爲"瞿"下部所從隹本是膺,爲聲符,"瞿"當分析爲從冃膺聲。由於簡化,膺隹混同,變而爲"瞿",失去標音作用,遂將扁口改作尖口,變成從隹今聲之"雀"。

《瞿雀》文將"瞿"、"雀"的認識往前推進了關鍵的一步,論證"瞿"、"雀"一字,確定"瞿"在卜辭中記錄的是陰天的"陰"這個詞,已經爲學者所普遍接受。略感遺憾的是,對"瞿"的字形分析似還有可商榷之處。

分析"瞿"的字形,核心問題就在於對上部倒口形的認識。孫先生認爲是"冃",事實上沒有突破郭、于之舊說。裘錫圭(1988:15/2012:420)說:

> 這種倒"口"形的"今",不見得是倒"曰"形的"今"字的省寫,而很可能是比較原始的寫法。把倒"口"改爲倒"曰",可能是爲了增加字形的明確性,以避免與他字相混。

以裘先生的觀點,倒口形寫作倒尖口形僅是書寫者求便,將"瞿"所從倒口形看作"今"字"比較原始的寫法",則"瞿"、"雀"就僅是書寫層面的異體字,不必看作複雜的形變,這樣解釋更爲直接。甲骨文也有直接或間接的材料可以證明,倒口形就是"今"字的古寫。《俄藏》7 有一條卜辭說"今日圍",其中"今"字就寫作 ᒐ,扁口橫書,這是最直接的證據。還有甲骨文"念"(裘錫圭 2012:420)、"金"(黃天樹 2006:447—453)所從的聲符"今"都可寫作倒口形。還可參陳劍(2007:449—451)的舉證和分析。

其實《瞿雀》文已經指出,寫成倒尖口形"是書契作字的趨簡求便",但還未認識到倒口形就是"今"的原始寫法,所以只能在構形上另求他解。

任何時候的研究都受當時整體研究水平的制約。《瞿雀》文通過卜辭時代的先後來確定"瞿"、"雀"的形變關係,一定程度上受到了當時斷代水平的局限。隨著甲骨文分類斷代水平的進步,這個問題可以得到更好的解釋。根據目前的分類標準,文中列舉的"第一期"卜辭包括自賓間、賓一、典賓幾類,"第一期附甲"卜辭屬於自組小字類。黃天樹(2007:127/167)認爲:

  𠂤組卜辭很可能自𠂤組小字類開始，一部分沿著"𠂤組小字類—𠂤賓間類—典賓類—賓出類"的途徑逐漸演變下去；一部分𠂤組小字類繼續存在，並一直延伸到武丁晚期，與𠂤賓間類、典賓類、賓出類同時並存。

  𠂤組小字類的時代是從武丁較早的時期開始，一直延伸到武丁晚期，與𠂤賓間類、典賓類（賓出類）同時並存。

所以，"𥄎"到"雀"不存在歷時形變關係，所反映的僅是不同類組之間的用字差異。表示陰天的"陰"這個詞，𠂤組卜辭"𥄎"、"雀"並用，而師賓間類、賓組卜辭就只用"𥄎"。

  《𥄎雀》文雖然沒能完全解決"𥄎"字的問題，但是從分期分類的角度來考察用字情況，這一研究方法卻是非常值得稱道的。隨著分類工作的深入和細化，從分期分類的角度研究問題，在實踐中取得了很好的效果（參陳劍 2007：317—457；王子楊 2013），已成爲考釋甲骨文的重要方法。

  𠂤組和賓組習慣用"𥄎"、"雀"表示陰天，此二字不見於時代更晚的其他組類。無名組卜辭有：

  （1）翌日戊王其田，不遘雨。

    ☐田，翌日戊𩇯（霒）。吉。   （《合集》28537，無名組）

  沈建華（2002：115/2008：88）指出，"霒"字从酓从云，表示陰天。其説可信。卜辭内容是占卜商王田獵是否有雨，占卜結果是陰天，故曰吉。"霒"字从云酓，應該就是爲陰天之"陰"所造的本字，𠂤組、賓組是假借同音的"𥄎"、"雀"來表示。

（袁倫強 撰）

• 參考文獻

陳 劍 2007 殷墟卜辭的分期分類對甲骨文字考釋的重要性，甲骨金文考釋論集，綫裝書局。

黃天樹 2005 花園莊東地甲骨中所見的若干新資料，陝西師範大學學報（哲學社會科學版），第 2 期（收入黃天樹古文字論集，學苑出版社，2006 年）。

黃天樹 2007 殷墟王卜辭的分類與斷代，科學出版社。

裘錫圭 1988 説字小記，北京師範學院學報，第 2 期（收入裘錫圭學術文集·金文及其他古文字卷,復旦大學出版社,2012年)。

沈建華 2002　釋卜辭中方位稱謂"陰"字,古文字研究,第24輯,中華書局(收入初學集:沈建華甲骨學論文選,文物出版社,2008年)。

王子楊 2013　甲骨文字形類組差異現象研究,中西書局。

蕭良瓊

卜辭文例與卜辭的整理和研究

原載《甲骨文與殷商史》第 2 輯，上海古籍出版社，1986 年；收入宋鎮豪、段志洪主編：《甲骨文獻集成》第 18 册，四川大學出版社，2001 年。

蕭良瓊先生《卜辭文例與卜辭的整理和研究》一文主要結合賓組肩胛骨刻辭上的一些文例特徵，對相關一系列甲骨刻辭進行了整理研究。論文在章節上分爲六個部分：一、從已知文例，使碎片復原，並推知新文例。所謂的"已知文例"是指胡厚宣先生提出的"相間刻辭"，作者及同事在編輯《合集》過程中，根據"相間刻辭"的文例曾將舊著録中的幾塊甲骨綴合在一起，形成了兩版内容相同的卜辭，即《合集》7859、7860，與之同文的還有《合集》7854、2778，其中《合集》7859 與 7854 同爲左胛骨，《合集》2778 與《合集》7860 同爲右胛骨。①這兩版左右胛骨内容完全相同，刻辭對稱契刻，骨邊爲相間刻辭，與骨面刻辭一致，類似的還有《合集》10405、10406。文中提到的"新文例"既包括李學勤先生《關於甲骨的基礎知識》（1959）曾注意到的"邊面對應"，也包括作者後文所提出的"同對卜辭"現象。二、從卜辭文例通讀全版卜辭，弄清同文、同對卜辭和骨臼刻辭關係。這一部分作者主要根據"邊面對應"、"相間刻辭"之文例特徵，對《金璋》699（《合集》39781 =《英藏》353）和《殷虚古器圖録》第 2—13 頁著録的甲骨卜辭（《合補》1084）進行了釋讀。三、從文例補足殘辭。文中這一部分主要通過繫聯相關同文卜辭對《合集》137 正反上面的刻辭内容進行了梳理。四、從文例補殘，糾誤、釋字、解辭。該部分的主要内容是對《合集》

---

① 蕭先生文中關於左右胛骨的判斷採用的是胡厚宣先生的觀點，是從甲骨學角度分左右而非生物學角度分左右，相關問題討論可參黃天樹（2009/2014）。

584＋《合集》9498 上刻辭的整理，重點對田獵過程中發生車禍的那條卜辭進行了疏通和考釋。五、從文例找出同文各版間聯繫，編大事記。這一部分是對《合集》13362、10405、10406 的繫聯排譜，編成大事記。六、大事記所反映的商代社會。這部分是根據前面所編大事記上的刻辭内容對其反映出的商代社會生活進行了分析。

文中首次提出"同對卜辭"的概念，這對我們深入理解甲骨刻辭上的文例特點具有重要的參考價值。所謂"同對卜辭"，是指全版同文但相互對稱的左右一對胛骨，但因目前所出土甲骨中完整的肩胛骨數量較少，所以在判斷"同對刻辭"時往往根據的只是殘斷的骨條、骨扇或骨首上的刻辭，如文中所舉《合集》7859＋《合集》14097 與《合集》7860＋2658，《合集》16111 與《英藏》353（據骨條刻辭），《合集》10405 與 10406（據骨扇刻辭），《合集》6855 與 6856（據骨首刻辭）。劉影（2016）根據骨扇刻辭辭序補充屬於"同對刻辭"的有《合集》6172＋7299、《合集》6173＋《合補》562 與 6174，《合集》6543 與 6542，《合集》7369、7371 與《英藏》680，《合集》13357，《合集》562＋《合集》7715 與《合集》559，《合集》3707＋《英藏》724 與《合集》3708 等（文中所舉《合補》1851 與《合集》6249＋《合補》4507 排序相同，非同對）。我們將平時閱讀所見"同對卜辭"整理爲附表，供大家參考。

蕭先生文中對"同對卜辭"與"同文卜辭"及"成套卜辭"亦進行了比較：共同點是都有内容相同的卜辭；但不同之處在於"同文卜辭"有時僅一條卜辭内容相同，"成套卜辭"片數較多，不限於一對，可以包括好幾對，並往往有零數，"同對卜辭"由牛的左右兩塊胛骨構成，它們的内容和版式完全相同，契刻和占卜順序則左右兩胛骨相互對稱。關於"同對卜辭"與"骨臼刻辭"、"同套卜辭"的關係，文中亦進行了分析，不過，需注意的是，蕭先生所說的"同套卜辭"指的是和骨臼刻辭所記載數量相符的幾版内容相同的成套胛骨。若骨臼刻辭不一樣，骨面刻辭即使同文，也不是一套，如文中所舉《合集》7380（兆序二）和 7381（兆序三）。這與張秉權先生所提出的"成套卜辭"不同，像《合集》7380 和 7381 這種情況我們一般是看作成套的。成套刻辭中既有骨臼刻辭内容一樣的同批貢納物，也有非同一批貢納物的。另文中所舉《合集》7488、《合集》7490 與《合集》7492、7493 這幾版卜辭，蕭先生認爲後三版爲一套，《合集》7488 並非與其一套。這一觀點正確，但並非是蕭先生所說《合集》7488 上面的月份與他三版有別，實際上，《合集》7488 上的月份也是"九月"，它與其他三版並非一套的原因是内容上不完全相同，且《合集》7488與《合集》7490兆序都是一，故不可能是同一套。蕭先生這裏之所以強調"同套"，大概是因爲"同對卜辭"是屬於同套卜辭中的。不過，由於很多肩胛骨上面並没有骨臼刻辭，蕭先生所説的這種"同套卜辭"實很難判斷，故我們不贊成使用"同套卜辭"的概念，用"成套卜辭"應更合適。目前根據我們對有兆序的"同對卜辭"觀察，"同對卜辭"都是屬於成套卜辭中的。李愛輝（2010）在其碩士論文中亦指出，"同對卜辭是由成套卜辭衍生而出的一個子概念"，"同對胛骨應是包涵在成套胛骨中的，屬於異版同文卜辭"。在一些成套胛骨卜辭中，因同時使用有多塊肩胛骨，其中有些正好是一對左右肩胛骨，故形成了"同對刻辭"的現象。成套胛骨可以使用成對胛骨，也可以不使用，即使使用，成對的數量也並非一定兩兩相對，如《合集》7408、《合集》7409、《合集》7410與《合集》7411、7412這一組成套胛骨中，前三版爲左胛骨，後兩版爲右胛骨，前三版上面的兆序分别爲二、三、五，後兩版兆序爲六、八。有些成對的胛骨可能也確實屬於骨臼刻辭上所記載的同批貢納物，如《合集》4620+3300與《合集》6130，《合集》1961+《合集》14835與《合集》8398等左右成對，骨臼刻辭相同。關於"同文卜辭"、"同對卜辭"、"成套卜辭"的關係，我們用一句話可簡單概括爲：同文不一定成套，成套不一定同文；但同對一定既同文，又成套。

　　蕭先生一文除了提出"同對卜辭"外，文中對"邊面對應"、"相間刻辭"的討論也大大加深了學界對這類現象的認識。其中"相間刻辭"由胡厚宣先生在《卜辭雜例》中首提，文中第二十五所列爲"獸骨相間刻辭例"，"沿牛胛骨兩邊所刻之卜辭，除普通自下而上，或自上而下，接連刻辭者之外，又有先疏散後填補，成相間之形式者。此例於武丁時卜辭中最常見，廩辛康丁及武乙文丁時亦間或有之"。"邊面對應"最早是李學勤先生《關於甲骨的基礎知識》一文中提到的："胛骨邊上面積狹小，所以在武丁時常只刻幾個字，而詳細的卜辭則抄在骨扇上，骨扇和骨邊互相對照。"所舉例子爲《金璋》699（《英藏》353）。蕭先生她們在整理甲骨過程中也注意到了這一現象（通過文中敘述可知，蕭先生在寫作此文前並不知道李先生的這一觀點，寫作過程中才蒙李先生相告），並補充了《殷虚古器物圖録》中所著録一版甲骨例證（《合補》1804）。李學勤先生後來即在蕭先生討論基礎上又專門撰寫了《賓組卜骨的一種文例》來討論"邊面對應"現象[①]。劉影

[①] 李先生文中對《英藏》353和《合補》1804的釋讀順序與蕭先生有所不同，李先生的釋讀更爲合理。

先生的《殷墟胛骨文例》第四章中對此也有專門討論，讀者可參看。

除了文例的探討外，蕭先生文章中對典賓類版大字卜骨同文卜辭的繫聯以及殘辭互補工作也十分有助於我們釋讀相關卜辭。作者利用同文例綴合了《合集》137＋《合集》7990＋《合集》16890 和《合集》584＋《合集》9498，《合集》584 反甲乙由原來遙綴變爲實綴①。文中對《合集》137 和《合集》584 等片上内容的擬補和辭意理解也都非常有參考價值，特別是對"王狩敓"等相关刻辭的討論多有新意。其中所提到的一些意見在學界頗具影響力，如指出 "🚗"、"🚗"、"🚗" 等字形是表示車輈斷了，🚗表示車轅斷裂，這些字並不能釋爲 "車"。雖然郭沫若先生早在 1944 年的《商周古文字類纂》裏已指出這些字形表示車敗之義，"殆折輗折軸也"。但郭先生的這一著作在其去世後才由家人交給文物出版社於 1991 年出版，故上面蕭先生所説完全是她獨立研究的成果。這一意見現已得到學界公認，蕭先生文中將這類字形釋爲 "輟" 字的意見也值得重視。另外，蕭先生對 "🚶" 字含義的理解也有可取之處，她指出該字形人體上半身作傾斜狀，兩腿一長一短，主張釋爲《説文》中的 "𧿮"，表跌倒之意。將該字含義理解爲摔倒之意應是正確的，不過究竟該釋讀爲何字還需進一步研究。陳劍（2016：35—41）認爲該字當讀爲 "仆"，表向前仆倒之意。但過去大家多將這類刻辭中 "🚶在車" 的主語對象理解爲是人，我們指出該句的主語應是馬，參黃天樹（2018：30—35）。我們之所以認爲主語爲 "馬"，就是在對《合集》7139、《合集》11446、《合集》584 這幾版同文卜辭的殘缺文字進行擬補時，根據位置、字體大小、對應關係等，感覺那幾版的 "馬" 和下面的 "亦" 字中間只能容一個字的位置，而過去大家在擬補時多認爲缺兩個字，釋文多作 "馬□□亦🚶在車"。蕭先生文中在前面寫此段卜辭釋文時是擬補兩個空格（見原文 40 頁），但後面在説解時引到這一句補一個空格（見原文 42 頁）。其實，補一個空格是對的，可惜的是蕭先生文中雖糾正了過去認爲是 "𢦏🚶在車" 的錯誤，但仍認爲該句主語是人。與此類似的《合集》10405 等辭中的 "小臣由🚗，馬硪，弜王車" 也是説完車出問題後，接下來説馬怎麽樣，"弜王車" 的主語也是 "馬"，對此，黃天樹先生文中已有所論證。不過，我們與黃先生一文觀點有所不同的是："𢦏🚗，馬

---

① 該版後劉影、李愛輝又不斷有加綴，見《甲骨拼合集》110、290、295 組；又《甲骨綴合彙編》585 組。正：《合集》584 正甲＋《合集》7143 正＋《合集》9498 正＋《合補》5597＋《合補》6523（《東文研》B0571b）；反：《合集》584 反甲乙＋《合集》7143 反＋《合集》9498 反＋《東文研》B0571a。

口,亦❦在車"這一句中的"車"是指敔的車,這裏的馬應是歪倒在自己拉的車上面,若是倒在"畢"車上,應該說"❦在畢車",過去學者將❦之主語理解爲人時,也認爲是倒在敔車上的。這裏大概因車轅折斷,車身前衝,車手使勁拉韁繩導致馬向後傾倒。若劉影先生將"馬"後殘字補爲"立"可信,則馬後倒之可能性就更大了。因此,陳劍先生將❦字釋讀爲"付"是否正確,也還可再討論①。猜想當田獵時,敔車和畢車的先後順序應該是敔車在前,畢車在後,後面畢的車因追尾撞到敔的車而導致畢車前面的馬也受傷,若按黃先生的理解是敔車的馬撞到畢的車上,後面按理應該是說畢車上的人會如何而不是說畢車的馬如何。

隨著甲骨研究的不斷深入,現在來看,蕭先生文中存在的不足之處主要在一些釋讀斷句方面,如文中將《金璋》699(《英藏》353)左邊骨條倒數第三、第四兩辭連讀處理並不合適,兩者中間有界劃,應分爲兩條;將《合集》137中的"單丁人"之"丁人"誤釋爲"邑";將《合集》584中"我示巚田"理解爲"巡視所達之邊境"也不可信,"我示巚"與《合補》1760等片中的"甾示易"結構相同,"巚"、"易"是地名,"我示"、"甾示"是"巚"、"易"的修飾限定成分,具體可參方稚松(2009)。另外,將《合集》583、584等片中"气至"與後面的干支連讀斷入到驗辭中去,這點亦不確,對此,可參看沈培(1994/2002);蕭先生對《合集》583、584兩版中的"有僕在曼宰"斷讀也不妥,"在曼宰"當連讀,宰乃是場所名,很可能就是表宰割的場所,"在曼宰"表示的是在曼地的一個場所,與金文戍嗣鼎(《集成》2708)中的"在闈俞"結構相同。

附:同對卜辭一覽表

1	《合集》1+《合補》657、《合集》5	《合集》2	
2	《合集》67	《合集》68+《合集》80、《合集》5212+輯佚35	
3	《合集》163	《合集》338+京人971+京人1065	
4	《合集》562+《合集》7715與	《合集》559	

---

① 袁倫強、李發(2017)從舊說釋爲"扶",亦認爲此處是某人仆倒、倒下之意,文中將其讀爲"匍"。但"匍"也是往前倒,故這一釋讀是否可信亦存疑。

續表一

5	《合集》614、《合集》615	《合集》617、《英藏》461	
6	《合集》1136	《合集》1137 +《合集》15674	
7	《合集》1276 +《合集》8571 +《合集》6244	《合集》1277 +《合集》39859	
8	《合集》1961 +《合集》14835	《合集》8398	
9	《合集》2194 +《合集》14339	《合集》14338 +《合集》15125	
10	《合集》2340	《合集》2341 +《合集》14095	
11	《合集》2988 +《合集》6189	《合集》6190 +《美藏》52	
12	《合集》3223	《合集》3529 +《合集》1281、《合集》12814	據骨扇刻辭
13	《合集》3297	《合集》3296 + 3299	
14	《合集》3468 +《合集》15320	《合集》39723 +《英藏》1187	
15	《合集》3469 +《東文研》390	《合集》12627	
16	《合集》3707 +《英藏》724	《合集》3708	
17	《合集》3713	《合集》11519	
18	《合集》3723 +《合補》3029 +《英藏》1186	《合集》3523	
19	《合集》4274 +《合補》1961	《合集》7704	
20	《合集》4722 +《合集》5316	《合集》4723	
21	《合集》5536 +《合集》6079	《合集》6078	
22	《合集》5540 +《合集》7474	《合集》5539 +《合集》7454	
23	《合集》6172 + 7299、《合集》6173 +《合補》562	《合集》6174	
24	《合集》6543	《合集》6542	
25	《合集》7369、7371	《英藏》680、《合集》13357	
26	《合集》7859 +《合集》14097	《合集》7860 + 2658	
27	《合集》8993	《英藏》162	

續表二

28	《合集》10405	《合集》10406	
29	《合集》16111	《英藏》353	
30	《合補》33	《合集》39478	
31	《英藏》578	《英藏》579	
32	《合集》586＋《合集》5454＋《合集》4240、《合集》5455	《合集》4241＋《東文庫》290＋《蘇德·德》133、《合集》5456、5457	骨扇骨條兼而有之
33	《合集》40	《合集》41、《英藏》607	
34	《合集》177、《合集》14526	《合集》4055	
35	《合集》369、《合集》15724	《合集》370＋山本39	
36	《合集》547	《合集》548＋《合集》9539	
37	《合集》2954	《合集》2955	
38	《合集》4100＋《合集》5093、《合集》11612	《合集》6295	
39	《合集》4620＋3300	《合集》6130	
40	《合集》5807	《合集》16937	
41	《合集》6129	《合集》6128	
42	《合集》6344	《合集》6345	
43	《合集》6855	《合集》6856	
44	《合集》7408、7409、7410	《合集》7411、7412	
45	《合集》7490正＋《合補》1534、《合集》7492、《合集》4002	《合集》4001正＋《合集》7493	據骨首刻辭
46	《合集》8884	《合補》2491	
47	《合集》11170、11171、11172	《合集》7950	
48	《合集》14585	《合集》14586、14587	
49	《合集》19107	《合集》19106＋《合集》5044＋《合集》5045＋《英藏》436＋《合集》11584＋《合補》1322、《英藏》410、《合集》39811	
50	《合集》7862＋《合補》769＋《合集》6524正	《合集》5129＋《合集》7861＋《合集》6525正	據骨首和骨條

續表三

| 51 | 《合集》333 | 《合集》334＋《合集》16182、《合集》348＋《合補》3434 | 骨面記事刻辭 |

（方稚松　撰）

• 參考文獻

陳　劍 2016　釋殷墟甲骨文的"付"字，古文字研究，第 31 輯，中華書局。

方稚松 2009　殷墟甲骨文五種記事刻辭研究，綫裝書局。

郭沫若 1991　商周古文字類纂，文物出版社（又郭沫若全集·考古編，第 4 卷，科學出版社，2002 年）。

黃天樹 2009　關於卜骨的左右問題，紀念王懿榮發現甲骨文 110 週年國際學術研討會論文集，社會科學文獻出版社（收入黃天樹甲骨金文論集，學苑出版社，2014 年）。

黃天樹 2018　卜辭"畢馬亦有傷"補説，古文字研究，第 32 輯，中華書局。

李愛輝 2010　同文卜辭的初步整理與研究，首都師範大學碩士學位論文，指導教師：黃天樹。

李學勤 1959　關於甲骨的基礎知識，歷史教學，第 7 期（收入李學勤早期文集，河北教育出版社，2008 年）。

李學勤 1997　賓組卜骨的一種文例，南開大學歷史系建系七十五週年紀念文集，南開大學出版社。

劉　影 2016　殷墟胛骨文例，首都師範大學出版社。

沈　培 1994　讀《甲骨文虛詞詞典》，書品，第 3 期。

沈　培 2002　申論殷墟甲骨文"气"字的虛詞用法，北京大學中國古文獻研究中心集刊，第 3 輯，北京大學出版社。

沈　培 2002　説殷墟甲骨文"气"字的虛詞用法，古文字研究，第 24 輯，中華書局。

袁倫强　李　發 2017　釋"扶"，第六屆中國文字發展論壇論文集，中州古籍出版社。

劉一曼

安陽殷墟甲骨出土地及其相關問題

原載《考古》1997 年第 5 期。

早在甲骨文發現之初，殷墟甲骨的形制及其背後的卜法問題，便已引起了研究者的關注。已知的第一篇甲骨學文獻——羅振玉《鐵雲藏龜序》（作於癸卯［1903］八月）——即以出土甲骨的材質、鑽鑿、灼痕等，對古書中的相關記載作了補正。

不過，20 世紀 50 年代之前，甲骨的出土地點主要集中在小屯及附近，"殷墟甲骨"往往被當作一個整體來看待，研究者所關注的多是其歷時的變化，而非共時的區別。

20 世紀 50 年代以後，隨著殷墟科學考古範圍的擴大，出土甲骨的地點不斷增多，對殷墟不同地點所出甲骨開展比較研究已初具條件。劉一曼《安陽殷墟甲骨出土地及其相關問題》便是這方面的代表作。

劉文首先全面總結了 1950—1991 年間殷墟範圍內出土甲骨的地點、數量，並以此為基礎，就不同地點所出甲骨的形制區別及其反映出的占卜習俗進行比較，共分六個方面：

一、殷墟甲骨的出土地點（及數量、材質）。小屯出土甲骨最多，花園莊東地、侯家莊南地次之，其他地點很少出土。小屯、花東所出者以卜甲為主，其他地點卜骨較多。

二、甲骨的大小及選材。小屯、花東、侯南多出大甲、大骨，其他地點則出小甲、碎骨。各地點均有龜腹甲及背甲出土，卜骨均以牛胛骨為主。

三、甲骨的整治。小屯、花東、侯南整治方式近同，苗圃北地、花園莊南地所出多與小屯之常例不合。

四、甲骨上鑿、鑽、灼的分布。（一）卜甲。小屯、花東、侯南所見鑽（灼）鑿均指向中縫或中脊。苗北、花南則不同，多見部分鑽（灼）鑿與中縫或中脊相背的現象。（二）卜骨。小屯卜骨以二行鑿爲主，其他各地點三行鑿相對多見。小屯鑽（灼）鑿同向者常見，相向者少見，苗北、花南等地相向者較常見。

五、甲骨上鑿的形態。小屯甲骨上鑿的形態可以五期法分別描寫，小屯以外所出者則顯特別。

六、占卜後甲骨的處理。一般遺址：如同垃圾一樣遺棄；小屯、花東：雖有隨時遺棄的現象，但經常是保存一段時間後集中埋藏在窖穴之中。

基於以上六方面的異同，作者提出了"兩點認識"：（一）卜甲的大小體現了占卜主體身份及龜甲來源的不同。"殷墟殷代遺址所出的大卜龜，大概與青銅禮器一樣，也是等級、權力、地位的一種標示物。"（二）商王與大貴族所用甲骨的整治、鑽鑿等較爲精緻、規範，尤其是鑽灼方向，極有規律，"表明殷王及少數王室貴官、地位高的大貴族有專門的占卜機構"。"在殷都一般族的聚居區內的中、小貴族及平民也進行占卜活動，但没有專門的占卜機構。"

劉文確立了從共時層面研究殷墟甲骨形制及卜法的基本框架，其比對結果及"兩點認識"均較可信。作者後來又發表了《論殷墟甲骨的埋藏狀況及相關問題》（2002）、《論殷墟甲骨整治與占卜的幾個問題》（2005）二文，補充了後出資料，對相關問題進行了更爲深入的探討，其基本結論仍未變。①

對於劉文所作論述，有以下幾點可稍作補充：

1. 與存世甲骨總量相比，20世紀50年代以後的出土品畢竟有限，以之得出的統計結果未必全面。有些問題，還應結合20世紀50年代之前考古、非考古出土的甲骨共同分析。

如劉文認爲"小屯等三處遺址的卜甲（腹甲）鑿旁之鑽、灼均對著中縫"。實際上，小屯所出龜腹甲上也有部分鑽灼背對中縫的例子，見於考古出土品的就有《甲》3575（《合》21477）、《甲》3576（《合》22274）、《甲》3914（《合》27146）、張秉權《甲骨文與甲骨學》圖版16—17（田野登記號14：1041，無字）、《乙》865—866（《合集》203）、《乙》9035（《合》20870）、《屯南》2777等。可見出土地點與鑽灼方向的對應關係並不絕對。

2. 有些甲骨形制的差異，往往既反映了出土地點或占卜主體的不同，也反映了年代的先後，兩方面因素似應一併考慮。

---

① 相關內容在收入作者《殷墟考古與甲骨學研究》（2019）一書時又有所增補。

如劉文就甲骨整治方式、鑽鑿方向所舉的，異於小屯等地的例子，主要出於苗圃北地和花園莊南地。這兩個地點出土甲骨的單位基本屬於殷墟一期①，時代都比較早，所出甲骨的形制可能仍帶有部分中商特徵（參看朴載福 2008：43—44）。前面所舉的《甲》3575 等出於小屯而部分鑽鑿相背的龜腹甲，年代大多也偏早（文字多屬師組）。這些都可以看作早期作風在殷墟的延續。②

又如劉文引曹定雲（1989）就《安明》、《屯南》得出的統計結果，認爲殷墟所出刻辭卜骨中，鑽灼相向者的"時代是康丁"。③這些卜骨多出於小屯村中村南，除了時代，出土地也是其特徵之一。

3. "小屯甲骨"內部尚可細分，如村北與村中村南所出龜骨比例不同，鑽鑿形態及佈局各具特徵（參看周忠兵 2013），可分別統計。

劉文表一《50 年代以來殷墟考古出土甲骨統計表》詳列各批甲骨的出土地點、時間、龜骨數量及資料出處，頗便查對。現根據各批材料的發表情況作一修訂，並仿之續作《1995 年以來殷墟考古出土甲骨統計表》附後。

《50 年代以來殷墟考古出土甲骨統計表》修訂

地　點	出土時間	無字卜骨	字　骨	無字卜甲	字　甲	公佈甲骨總數	資料出處及修訂説明
小屯南地	1973	約 5 000	4 741		69	約 9 809	有字片數據《屯南》等實收情況調整。劉表作字骨 5 260、字甲 75，調整後數字包含以下三部分： 1.《屯南》1—4589（正反計 2 號，實爲 4 511 片）。 2.《屯南》下册二：補 1—16（實爲 10 片）。 3.《1973 年小屯南地發掘報告》（《考古學集刊》9）1—294（正反計 2 號，實爲 292 片，又 3 片綴入《屯南》，計 289 片）。

---

① 參看中國社會科學院考古所安陽隊：《1982—1984 年安陽苗圃北地殷代遺址的發掘》，《考古學報》1991 年第 1 期；中國社會科學院考古研究所安陽工作隊：《1991 年安陽花園莊東地、南地發掘簡報》，《考古》1993 年第 6 期。
② 劉一曼（2005）又補充了殷墟多個地點的鑽灼方向數據，但相關考古報告尚未正式發表，其確切年代尚不得而知。
③ 曹定雲（1989）所引鑽灼相向者有《安明》6 片：1720（《合》30624）、1745（《合》30916）、1871、2389（《合》30765）、2045（《合》29361）、2808（《合》28193），《屯南》5 片：657、2307、2542、2611、4352，字體均屬無名組。

续表

地点	出土时间	無字卜骨	字骨	無字卜甲	字甲	公佈甲骨總數	資料出處及修訂說明
小屯村一帶	1973				1	1	安陽殷墟發現《易卦》卜甲（《考古》89.1）。
	1975—1977		10		3	13	《屯南》附 11—23。
小屯村北	1976—1985	6				6	《安陽小屯》（世界圖書出版公司，2004）圖七二—七四。劉表作"小屯西北地"、"考古所安陽隊資料"。
	1985				2	2	《村中南》附錄一 11—12。劉表同上。
小屯村中	1986		8			8	《村中南》1—8。劉表作"考古所安陽隊資料"。
	1989		282		1	283	《村中南》9—293（共 285 號，正反計 2 號，實爲 283 片）。劉表字骨數作 294，無字甲。
殷墟西區	1969—1977	1	1			2	"字骨 1"指嵌綠松石刻"霸"字骨柶，見《1969—1977 年殷墟西區墓葬發掘報告》圖版拾玖，3。
花園莊東地	1991	20	5	984	524	1 533	有字片數據《花東》實收情況調整。劉表作字骨 5、字甲 574。《花東》前言統計爲 689 片，實際編 561 號，正反計 2 號，共 531 片。其中又有兩片重出，發表片數實爲 529 片（參看姚萱 2006：9）。

1995 年以來殷墟考古出土甲骨統計表
（已公佈者）

地点	出土時間	無字卜骨	字骨	無字卜甲	字甲	公佈甲骨總數	資料出處
小屯村南	2002	312 含無字卜甲	118	見前	87	517	有字片見《村中南》294—512，共 219 號，正反計 2 號，實爲 205 片。字骨、字甲數與其《前言》所記略有區別。無字片數僅包括《村中南》公佈的 H4、H6（上）、H9、H55、H57 五個單元。
	2004		1			1	《村中南》513—514，正反計 2 號。
小屯村北	2005				10	10	《村中南》附錄一 1—10。

續表一

地點	出土時間	無字卜骨	字骨	無字卜甲	字甲	公佈甲骨總數	資料出處
花園莊東地	2001	1	2		1	4	有字3：《村中南》附錄二 1—3。無字1：河南安陽殷墟花園莊東地60號墓（《考古》6.1）。
苗圃北地	2002				1	1	《村中南》附錄三。
大司空村	2004	227	2	28		257	《安陽大司空——2004年發掘報告》（文物出版社，2014）第57、202—207、441—442頁。T0806H141：2干支表又見《村中南》附錄四。
大司空村	2010		2			2	其中一版見《河南安陽市殷墟大司空村出土刻辭牛骨》（《考古》18.3）。
大司空村	2011	1		1		2	《河南安陽市殷墟豫北紗廠地點2011—2014年發掘簡報》（《考古》19.3）。
大司空村	2016	有		有	7	14	劉一曼（2019：20）；《安陽殷墟大司空村東南地2015—2016年發掘報告》（《考古學報》19.4）。
大司空村	2017	有					《安陽殷墟大司空村東南地發掘取得重要收穫》（《中國文物報》18.5.4）。
大司空村	2018	有		有		165	《河南安陽大司空東地發掘取得重要收穫》（《中國文物報》18.8.24）。
孝民屯	2003	190		1		191	劉一曼（2019：87、101）。
孝民屯東南地	2001	有				1	《2000—2001年安陽孝民屯東南地殷代鑄銅遺址發掘報告》（《考古學報》6.3）。
孝民屯南	2003			2		2	劉一曼（2019：87）。
王裕口南地	1997			1		1	《河南安陽市王裕口南地殷代遺址的發掘》（《考古》4.5）。
王裕口南地	2009	2				2	《河南安陽市殷墟王裕口村南地2009年發掘簡報》（《考古》12.12）。
王裕口南地	2010	12	3			15	劉一曼（2019：20、101）。
白家墳	1997		3			3	劉一曼（2019：19）。
白家墳	1999		2		1	3	劉一曼（2019：19）。
劉家莊	1995—1996	2	1			3	《1995—1996年安陽劉家莊殷代遺址發掘報告》（《華夏考古》97.2）。

續表二

地點	出土時間	無字卜骨	字骨	無字卜甲	字甲	公佈甲骨總數	資料出處
劉家莊北地	2008			成堆			《河南安陽市殷墟劉家莊北地2008年發掘簡報》(《考古》9.7)。
	2010—2011	2	3			5	《河南安陽市殷墟劉家莊北地2010—2011年發掘簡報》(《考古》12.12)報道無字卜骨2片。劉一曼(2019:20)介紹字骨3片。
安陽鋼鐵公司	2005		1			1	嵌綠松石刻辭骨片,見《2005中國重要考古發現》(文物出版社,2006年)。
洹北花園莊	1999	107		43		150	另有一"戈亞"銘骨匕,見《1998年—1999年安陽洹北商城花園莊東地發掘報告》(《考古學集刊》15)。
總計	1995—2017		138		107	1 350	

(葛 亮 撰)

• 參考文獻

曹定雲 1989　殷墟四盤磨"易卦"卜骨研究,考古,第7期。

劉一曼 2002　論殷墟甲骨的埋藏狀況及相關問題,揖芬集——張政烺先生九十華誕紀念文集,中國社會科學文獻出版社(又收入三代考古[一],科學出版社,2004年)。

劉一曼 2005　論殷墟甲骨整治與占卜的幾個問題,古文字與古代史,第4輯,"中央研究院"歷史語言研究所。

劉一曼 2019　殷墟考古與甲骨學研究,雲南人民出版社。

朴載福 2011　先秦卜法研究,上海古籍出版社。

姚　萱 2006　殷墟花園莊東地甲骨卜辭的初步研究,綫裝書局。

周忠兵 2013　甲骨鑽鑿形态研究,考古學報,第2期。

吳振武

"𢦏"字的形音義

原載臺灣師範大學國文系、"中央研究院"歷史語言研究所編：《甲骨文發現一百周年學術研討會論文集》，1998年，後由文史哲出版社正式出版發行，1999年；收入王宇信、宋鎮豪主編：《夏商周文明研究（四）·紀念殷墟甲骨文發現一百周年國際學術研討會論文集》，社會科學文獻出版社，2003年。

甲骨文中極爲多見的所謂"𢦏"字，可大別爲 ᙇ、ᡰ 兩類寫法（《甲骨文字編》902—905頁、《新甲骨文編[增訂本]》234—235頁），前一類形亦見於西周金文（《新金文編》371頁）。諸形用法大致相同，多是"克"、"戰勝"之類義。其釋讀衆說紛紜，吳振武先生《"𢦏"字的形音義》一文（以下簡稱"吳文"；有關意見，亦可另參吳振武2000），首先以比較流行的"戈"、"捷"、"截"三種釋法爲例，認爲古文字中真正的"戈"、"捷（古文寫法）"、"截"在寫法上都無法與"𢦏"相聯繫，故這三種釋法皆有問題。通過形、音、義三方面的研究，吳文得出的基本結論是，有關諸字當釋讀爲"殺"、訓爲"克"。

吳文將 ᡰ 類寫法改隸定作"𢦏"，認爲它與作 ᙇ 類形的"𢦏"應當是不同的兩個字，但存在通用關係。通過細緻分析"𢦏"跟"𢦏"在字形上存在的三點顯著區別，聯繫它們在殷墟卜辭中所出現的類組也有明顯不同，根據"不同組卜辭在用字習慣上，既有正體和異體之不同，也有通用字和假借字之不同"的情況，得出 ᙇ 形跟 ᡰ 形應非同一字但可通用的結論，有關論述是極具說服力的。在吳文發表之前，研究者雖對此字有多種釋法，但大多視爲一字異體。吳文將其區分爲兩字，並對"𢦏"形作出了正確解釋（見下），是舊所謂"𢦏"字研究的一大重要進展。

吳文解釋"𢦏"形謂象"戈"之"內"部系有下垂之纓飾形，其字即西周金文多見的賞賜"戈"而言"彤沙"（系在戈內上的紅色纓絡）之"沙"的象形初文。謝明文（2012）補充指出，在族名金文中，不管是獨體還是作偏旁的"𢦏"，都可以作"戈"字用，這類"𢦏"字應理解爲"戈"字繁體；它又可以用表"沙"之初文，係早期古文字表意字"一形兩用"的現象。其説可從。吳振武（2005/2006）又提出，戰國中山器中多見的用法與"也"相當的 字，其所從" "應即彤沙之"沙"的象形寫法，係由截取自作" "等的"𢦏"字中之" "形演變而成； 字以"沙"之象形初文爲聲符，銘中讀爲"也"。此説後來得到不少新材料的證實，如劉剛（2014）、李守奎（2014A/2015）指出《清華簡（肆）·筮法》簡11、14的 、 ，李守奎（2014B/2015）指出攻吾王光劍用於人名之後的 ，蘇建洲（2016）指出侯馬與溫縣盟書中亦用於人名之後的 、 ，皆應據吳説釋讀爲"施（也）"（何家興2012亦引吳説以釋末兩形，但連其上人名字皆説爲"參盟者"不確）。總結以上所述可見，吳文對甲骨文"𢦏"類形的分析釋讀是完全正確的。

吳文認爲，"𢦏（沙）"應讀爲音近的"殺"，"𢦏（ ）"則在字形上就可解釋爲"殺"字初文。二者的用例，皆可以古書訓"克"之"殺"的相類辭例來印證。" （𢦏）"象"以戈斷人首"，其位於戈援上部的 類形，"象人頭髮形"，代表人首；跟先秦古文字中真正的"殺"字形比較， 與後世"殺"字所從 、 等在形體上有關係，後者象人"披頭散髮"之狀，即"散"之初文，在"殺"字構形中兼有表音功能。字音上，可以戰國璽印"歲"字及"歲"旁"變形音化"爲從"𢦏"聲爲證。

吳文對 類形的分析釋讀，後來研究者尚多有不同看法。例如，陳劍（2004/2007）贊同吳文對兩類字形的區分，但以"沙"爲"定點"，認爲有關諸字"釋讀爲古書中常訓爲'滅'的'翦'、'踐'和'殘'等字似更好"，"' '形就可以直接解釋爲翦除草木之'翦'的表意初文"；同時，又認爲" "形與"捷"字古文、"芟"、"㪅（散）"（皆與芟除、刈殺草木有關）和"殺"字形、音、義關係皆密切。另外，關於"殺"字本身，陳劍（2012）又認爲，殷墟甲骨文另有"殺"字，可與後世"殺"字形相聯繫認同。

應該説，有關" "類字形的準確認識，目前仍未定論。大部分研究者還是認爲，" "以及西周金文中以之爲聲符之字（《新金文編》1612—1613頁），與所謂"古文捷"不能截然分開，仍應聯繫爲説；甲骨、金文不少用例，應解釋爲

"捷獲"義。有關後出材料、論著均頗多，詳情請參看參考文獻所舉。

（陳　劍　撰）

• 參考文獻

陳　劍 2004　甲骨金文"戠"字補釋，古文字研究，第 25 輯，中華書局（收入甲骨金文考釋論集，綫裝書局，2007 年）。

陳　劍 2012　試說甲骨文的"殺"字，古文字研究，第 29 輯，中華書局。

陳　劍 2013　簡談《繫年》的"截"和楚簡部分"晉"字當釋讀爲"捷"，安徽大學學報（哲學社會科學版），第 6 期。

何家興 2012　《中原文化大典》溫縣盟書考釋（十一則）之"八、釋'旆'"，中國國家博物館館刊，第 5 期。

李守奎 2014A　清華簡《筮法》文字與文本特點略說，深圳大學學報（人文社會科學版），第 1 期（收入古文字與古史考——清華簡整理研究，中西書局，2015 年）。

李守奎 2014B　清華簡《繫年》"也"字用法與攻吾王光劍、戀書缶的釋讀，古文字研究，第 30 輯，中華書局（收入古文字與古史考——清華簡整理研究，中西書局，2015 年）。

李學勤 2009　再談甲骨金文中的"戠"，湖南省博物館館刊，第 6 輯，岳麓書社（收入三代文明研究，商務印書館，2011 年）。

劉　剛 2014　讀《清華簡四》札記，復旦大學出土文獻與古文字研究中心網站，http://www.gwz.fudan.edu.cn/Web/Show/2209，1 月 8 日。

劉洪濤 2016　甲骨金文"截"字補釋——兼釋《詩經》中的"截"字，出土文獻，第 9 輯，中西書局。

彭裕商 2016　關於"戠"字釋讀的一點淺見，古文字研究，第 31 輯，中華書局。

商艷濤 2007　再論金文中的"戜"字，語言學論叢，第 36 輯，商務印書館。

商艷濤 2008　金文"戜"字補議，古漢語研究，第 2 期。

蘇建洲 2016　釋與"沙"有關的幾個古文字，出土文獻，第 9 輯，中西書局。

吳振武 2000　《合》33208 號卜辭的文字學解釋，史學集刊，第 1 期。

吳振武 2005　試說平山戰國中山王墓銅器銘文中的"旆"字，語言文字學研究，中國社會科學出版社（又載中國文字學報，第 1 輯，商務印書館，2006 年）。

謝明文 2012　旃一形兩用試析，商代金文的整理與研究（下編九），復旦大學博士學位論文，指導教師：裘錫圭。

謝明文 2015　霸伯盤銘文補釋，中國文字，新 41 期，藝文印書館（收入商周文字論集，上海古籍出版社，2017年）。

顏世鉉 2015　説"䣂"字的構形及其用法，戰國文字研究的回顧與展望國際學術研討會論文集，復旦大學出土文獻與古文字研究中心。

張宇衛 2012　再探甲骨、金文"✼"字及其相關字形，臺大中文學報，第 37 期。

張宇衛 2016　楚簡"捷"字再探，經學文獻研究集刊，第 16 輯，上海書店出版社。

饒宗頤

《甲骨文通檢》田獵篇前言（節選）

  原載饒宗頤主編、沈建華編輯：《甲骨文通檢》第 5 冊《田獵》，香港中文大學出版社，1998 年①；更名爲《論殷代田獵及夷方地理》後收入《饒宗頤二十世紀學術文集·卷二甲骨（下）》，新文豐出版股份有限公司，2003 年；中國人民大學出版社，2009 年。

  20 世紀 80 年代，《甲骨文合集》、《小屯南地甲骨》、《英國所藏甲骨集》等大型著錄書相繼問世，改變了此前甲骨圖版紛繁散亂、難以使用的局面。"而有了完備的資料之後，如何使這些資料得到充分的利用，這一問題就自然而然地提到日程上來了。"（姚孝遂 1989：1）

  1982 年，饒宗頤先生決定以《合集》等書爲基礎，編寫一部類似島邦男《殷墟卜辭綜類》的大型工具書。在香港共同參與策劃的姚孝遂、趙誠兩位先生後來回到內地，組織編纂了《殷墟甲骨刻辭摹釋總集》（1988）、《殷墟甲骨刻辭類纂》（1989）二書，後者便是基本可以替代《綜類》的字詞索引。②饒先生則與沈建華女士等合作，編撰了以甲骨片號爲主體的分類索引——《甲骨文通檢》。

  自 1989 至 1998 年，《通檢》共出版了五冊，分別是：一、先公先王·先妣·貞人，二、地名，三、天文氣象，四、職官人物，五、田獵。饒先生分別爲每冊《通檢》撰寫了長篇前言，"對相關專題作縝密的梳理和考證，且每一篇有上萬字，極爲少見。這些論述既是對商代甲骨卜辭的系統研究和學術積累，也可從中看出他對商代社會一個整體的史學觀，這都給後人研究留下很多啓發和思考"（沈建華 2017：8，關於《通檢》的成書經過，亦參看此文）。

---

① 此書版權頁中文信息作"1999"，英文信息作"1998"，當以後者爲準。
② 《類纂》仍有不及《綜類》之處，兩者需參照使用，參看裘錫圭（1990）。

在五篇前言中，饒先生每論一事或一字，除充分列舉卜辭辭例外，還特別重視甲骨文與傳世文獻（尤其是禮類文獻）及其他出土文獻的對讀、互證，這正是饒先生在甲骨學研究方面的一大特點。在最晚發表的《〈甲骨文通檢〉田獵篇前言》中，這一特點表現得尤爲明顯。

《〈甲骨文通檢〉田獵篇前言》正文分兩章①，第一章是田獵卜辭與古書所見四時（或三時）畋獵説的對照研究。作者指出殷代以春秋兩季爲主，其田獵名稱與古書所謂"春畋、夏獀、秋獮、冬狩"等内涵不同。如卜辭之"田"、"狩"同爲田獵之通稱，而非特指"春田"、"冬狩"而言。

關於"蒐/獀"，作者認爲卜辭作"夋"（指 ），另有 、 、 形，皆宜釋"夋"，" 字正狀持火燒艸木之事，自非獀田莫屬"。所舉辭例中，《合》7372 反之"……自夋……立中"可與《周禮·大司馬》鄭注之"立旌……遂蒐田"對照；《合》29242"叀又西䒦"可與《左傳》定公四年"以會王之東蒐"對照；《乙》210"大…… "即古書之"大蒐"，《寧》2·145 字"象射麋於亯"，可與《穀梁傳》僖公二十七年所載大蒐情形之"置旃以爲轅門"相聯繫。

關於"獮"，作者認爲卜辭作"獣"，省體作"犾"、"犾"。《禮記》鄭注以"省"爲"獮"之假，《集韻》"獮"下有"省"，兩者相通。卜辭"省田"之"省"雖與"獮"不同，但應與田獵活動有關。

此外，作者認爲卜辭"兑比"、"比禽"可與《周禮·夏官·田僕》之"及獻，比禽"相對照，"兑"當讀爲"閲"。卜辭及《左傳》、《國語》、《周禮》多載"振旅"事，《周禮》"大閲"與"振旅"並提，可知"田亦即習兵之禮"。

饒文第二章是對田獵卜辭中一些特殊字詞的考釋，如認爲"往于田"之"田"並非地名；"田辿均爲田獵義"；釋"叀"爲"埔"（與"墉"音義近），指以土設防；將"區"與《周易》"王用三驅"相聯繫；認爲"亞"、"壺"、"夏"爲一字異體，以"更"爲聲，可釋爲"埂/哽"。其論述同樣具有廣泛參證古書的特點。正如劉釗（1996：7）所説，"饒宗頤教授熟諳典籍，對傳統小學有很深的功底，對於清人的考據方法亦能熟練胸中，將這些運用到甲骨文字的訓釋上，常常能獨具慧眼，妙解紛披"。

當然，以今天的眼光看，饒文的觀點也有一些值得補正之處，主要有以下幾點：

---

① 《饒宗頤二十世紀學術文集》所收者排脱第一章章節號，而誤以第二章爲"一"、誤以附論爲"二"。

1. 作者釋"夋（蒐）"之字有▯、▯、▯、▯，實則四者並非一字。其中▯一般釋"夋"，但多用作人名或地名，▯則表示用以求雨的某種祭祀，兩者均與田獵無關。▯、▯的確表示田獵行爲，但從辭例與類組分佈看，二形均應釋"焚"，亦非"夋"字（參看陳劍2007：378—381，395—402）。作者所舉《合》7372反（已綴入《合補》1907反）之"自夋"實屬甲橋刻辭"自夋乞"。《乙》210（《合》21962）之"大……▯"實作"大采▯"，並非"大蒐"。《寧》2·145（《合》39460）或爲習刻，上方之字一般釋"豪"，似與"轅門"無涉。

《合》39460

2. 作者釋"獮"之字有"獸"、"狋"、"犾"，實則三者既非一字異體，又不表示田獵行爲。從卜辭辭例看，"獸"一般用作地名，"狋"則表示遠邇之"邇"（參看裘錫圭1985）。第三字爲《合》32958之▯，對照《合》32959之▯、《合》32960之▯看，其右側並非"犬"形，亦與"獸"、"狋"無關。

所以，甲骨卜辭中實際並未發現表示田獵的"蒐"、"獮"二字。

3.《周禮·夏官·田僕》的"比禽"爲動賓結構，指獻禽時"排列清點所得獵物"。而甲骨卜辭中的"比"、"禽（擒）"表示前後兩個動作，如作者所引《合》27915（已綴入《合補》9048）"叀虎師比禽"，實應釋作"叀犬自比，擒"，同版還有"叀戍犬比，擒"，所卜的是王與"犬"（管理田獵事務的職官）共同出獵，能否擒獲。兩種文獻中的"比禽"看似同構，實則無關。

此外，饒文第二章對"迲"、"區"、"亞/窐/叓"等字的分析均有可商之處。所謂"迲"當指某種出行活動，但並不以捕獲獵物爲目的，與"田"不同；甲骨卜辭中表示驅趕之"驅"的字似應是"敫"，而非"區"；甲骨文"亞/窐"表示某種田獵結果，或應讀爲"逢"，"叓"則用作人名，並非"亞"字異體，亦非"更"字（以上分別參看葛亮2013：35，43—46，100—106，81—89）。

（葛　亮　撰）

參考文獻

陳　劍 2007　殷墟卜辭的分期分類對甲骨文字考釋的重要性，甲骨金文考釋論集，綫裝書局。

葛　亮 2013　甲骨文田獵動詞研究，出土文獻與古文字研究，第 5 輯，上海古籍出版社。

劉　釗 1996　談饒宗頤教授在甲骨學研究上的貢獻，華學，第 2 輯（收入古文字考釋叢稿，岳麓書社，2005 年）。

裘錫圭 1985　釋殷墟甲骨文裏的"遠""狘"（邇）及有關諸字，古文字研究，第 12 輯，中華書局（收入裘錫圭學術文集·甲骨文卷，復旦大學出版社，2012 年）。

裘錫圭 1990　評《殷墟甲骨刻辭類纂》，書品，第 1、2 期（收入裘錫圭學術文集·雜著卷，復旦大學出版社，2012 年）。

沈建華 2017　《饒宗頤甲骨書札》編者序，中西書局。

姚孝遂 1989　《殷墟甲骨刻辭類纂》序，中華書局（收入姚孝遂古文字論集，中華書局，2010 年）。

魏慈德

[子組"又史"卜辭的意義]

節選自《殷墟YH127坑甲骨卜辭研究》，臺灣政治大學博士學位論文，2001年；花木蘭文化出版社，2011年。

魏慈德先生《殷墟YH127坑甲骨卜辭研究》是較早的全面系統研究YH127坑甲骨卜辭的著作之一，原係作者的博士學位論文，完成於2001年；經改訂後，2011年由花木蘭文化出版社正式出版。本文即爲魏書節選，討論的是子組卜辭"又史（有事）"的意義。

舊以"子組"冠名的一批卜辭，在幾種殷商子卜辭中最早被注意到。貝塚茂樹依據字體等特徵，從董作賓所說的"文武丁卜辭"中區分出"子卜貞卜辭"①，主要就是該類。陳夢家在《殷虛卜辭綜述·斷代》中，根據該類常見卜人"子"等，將該類稱作"子組"，學界一般沿用這種稱呼，林澐先生稱作"丙種子卜辭"。

科學發掘所獲的"子組"卜辭，主要就見於YH127坑。其數量爲150餘片，佔到所有"子組"卜辭的三分之一（蔣玉斌 2006：96—97）。《殷墟YH127坑甲骨卜辭研究》專設一章來研究該批材料。

"又（有）史（事）"卜辭在"子組"尤其是YH127坑"子組"卜辭中多見，顯然是該類卜辭的主人比較關心的事項。但"又（有）史（事）"具體指什麼，過去有好幾種理解。陳劍（2010：15）曾總結道，"這類貞卜既非有研究者以爲的'戰事'、'祭祀之事'，也非'意外之事'，亦非如近來有研究者所說的'又史'

---

① 貝塚茂樹：《論殷代金文中所見圖像文字🅈》，《東方學報》（京都）第9冊，1938年。

'指"有所使令"、'"子又史"是問'子'會不會爲上級使令"。彭裕商（1986：75）曾簡明地指出，爲王室服各種勞役，"在王室卜辭叫'叶王事'"，"在非王卜辭叫'有事'"。這對於認識貴族家族與商王室的關係殊爲重要，但學者以前利用子卜辭研究商代社會時，卻很少關注這類卜問。

魏文全面整理了YH127坑"子組"卜辭中的"有事"內容，更明確地指出（惜乎魏文沒有揭出彭裕商1986的觀點）："王卜辭從不問是否'山又史'，只問'某人是否山王（朕）史'或是'弗其山王史'，表示站在商王的立場而言，……何時派誰去征戰祭祀或從事勞動，都是商王可以作決定的，因此並不需要卜問是否'又史'，而子組卜辭就不是這樣，……子這個群體肯定是要分擔'山王史'的任務，所以子組卜辭的'又史'，當就是'有事'的意思，所謂的'有事'也就是去'山王事'"，"而王事的內容則主要包括了征戰、力役、農作、祭祀之事等"。

"山王事"的"山"，過去有釋"由"、"古"、"叶"、"甾"、"贊"等多種考釋意見。陳劍先生認爲，"山"可分析爲從"口"從"丨"（"針/鍼"字象形初文）得聲，是"由"字的異體；在"由王事"的辭例中應讀爲"堪"，即"勝任"的意思（陳劍2010）。王卜辭常問命令某人（去做某事），某人能不能勝任王事。子卜辭則多見貞問是否"有事"的內容，"不難體會出諸子小心準備隨時恭承王事的氣息"（陳劍2010：15）。相比而言，"子組"卜辭"是幾種子卜辭中最勤勞王事的了"（林澐2018：84）。

魏文還特別關注《合》21586上一連串從占問何時"又史"（有事）到"史人"（使人）過程，指出其說明"當占卜主體在得知'有事'後，便需派人入商，派人在子組卜辭中作'史人'，而史人之時通常也會問入商的時機"。這一觀察也很細緻。該版有一條辭，魏文記爲（h²），陳劍（2010：16）釋作"乙未子卜，貞：叀（惠）丁事戠（待）"。陳文特別指出："'丁'指當時的商王武丁，是非王卜辭中對商王的稱呼。'丁事'正即'王事'。同版'又（有）事'之貞多見，皆就是否有王事而言。此辭貞卜等待'王事'，也反映出'子'是隨時準備'行王事'的。"通過這些分析，更能深刻體會"有事"卜辭的韻味。

（蔣玉斌　撰）

• 參考文獻

陳　劍　2010　釋"山"，出土文獻與古文字研究，第3輯，復旦大學出版社。

陳夢家 1956　殷虛卜辭綜述，科學出版社。
蔣玉斌 2006　殷墟子卜辭的整理與研究，吉林大學博士學位論文，指導教師：林澐。
林　澐 2018　商史三題，"中央研究院"歷史語言研究所。
彭裕商 1986　非王卜辭研究，古文字研究，第 13 輯，中華書局。

王蘊智

出土文獻中所見的"龏"和"龍"

原收入王蘊智：《字學論集》，河南美術出版社，2004年。

《出土資料中所見的"龏"和"龍"》（以下簡稱"《龏》文"）是在《"龏"、"龍"考辨》（2000）和《龏字探源》（2002）兩文的基礎上修訂而成。這篇文章的內容涉及甲骨文中一個很重要的字的考釋，有其重要的價值。

《龏》文綜合了語言、文字、考古、文化等各方面的材料，一個主要的目的還是在於考查"龏"字的來源及其形、音、義。在古文字中"龍"和"龏"都很常見，"龍"字源流清晰，而"龏"的構形所本及其演變關係就顯得不夠貫通、變化較大，所以其釋讀一直存在很多分歧。將甲骨文⌇類字形釋爲"龏"字，最早是由陳世輝、湯余惠先生提出，《龏》文從古文字字形出發，結合大量出的土實物，對"龍"、"龏"進行了詳細的考辨，從多個方面進行論證，使甲骨文"龏"字成爲一個信而有徵的意見，同時還丰富和加深了人們對"龍"、"龏"的認識。

關於"龏"字的考釋，經歷了比較漫長的過程，才逐漸被學者揭示出來。在這個過程中，有這樣關鍵的幾步：一是，早期學者將其與"龍"相混，唐蘭先生辨明了二者在形體上的區別，認爲"龍"的結體蚘曲而尾向外，"龏"則蟠結且尾向內，乃螭之形象；二是，陳世輝、湯余惠先生最早明確釋爲"龏"字，不過認爲是指病情加重，還沒正確理解其含義；三是，姚孝遂先生指出"龏"的含義是"病情好轉"；四是，王蘊智先生從多方面對"龏"進行論證。

目前，有關甲骨文⌇字的釋讀，學界也還沒有完全達成共識，有學者仍持有異議。比較有影響的意見有，陳邦懷（1959：19—20）釋爲"肙"之初文，義爲棄、除；蔡哲茂、吳匡（1999：15—36）也釋爲"肙（蜎）"，認爲字形爲蚊子幼蟲的形象，讀作表示疾愈的"蠲"；夏淥（1980：148—151）釋爲"虯"，讀爲"瘳"，表示病愈，劉桓（2008：176—184）亦從此說；朱鳳瀚（2000：15—17）釋"螾"，在卜辭中訓爲延。

于省吾先生在《甲骨文字釋林序》中說：

> 留存至今的某些古文字的音與義或一時不可確知，然其字形則爲確切不移的客觀存在。因而字形是我們實事求是地進行研究的唯一基礎。

從各家的考釋來看，釋"羸"在字形上的依據和解釋是最可靠的。

《羸》文對"羸"的考查和論證，大概有以下幾端：

一、"羸"和"龍"都是先民創造出來的神異之物，其造型和神性都不相同。以這兩種物象爲基礎而產生的"羸"和"龍"字，也各具不同的形義功能。

二、甲骨文 𝄞、𝄞、𝄞、𝄞 是一字的不同寫法，象蟠螭之形，其身軀部分或雙鉤，或綫化簡省，或在脊背處勾勒出鬣狀筆畫。𝄞、𝄞 類字形正是後世"羸"字的來源。西周金文"羸"、"羸"寫作 𝄞（伯衛父盉）、𝄞（庚羸卣），所從的"羸"旁的寫法即來源於甲骨文 𝄞。

三、從大量的考古實物看，"羸"這種形象淵源深長，是一種祥瑞的靈物，使人逢凶化吉。"羸"是個成熟很早，富有傳統文化特色的字，"主要是作爲一種使人避凶趨吉的用語"。

四、甲骨文中"羸"字除用爲族地名，或先王"羸甲"之名，其餘皆"用來表示占卜者主觀所要達到的某一良好祈願"，或指"化解疾苦、使病情好轉"，或者泛指"其他能得以逢凶化吉和有所期待的意思"。

五、"羸"的造型特徵是盤踡成圓轉狀，其音、義可能來自上古或原始漢語裏的[kʷalʷa]這一語根。

六、"羸"乃後世蟠螭之本形，"螭"與"羸"字古音接近，"螭"可能是"羸"的一個後起字。

卜辭中"羸"的含義是清楚的，即指"病情好轉"。這點從卜辭的含義，以及利用"司禮義的'其'字規則"考查，都可以得到驗證。雖然還有學者對"羸"字的釋讀持謹慎態度，但是經過《羸》文全面的考證，釋"羸"在字形、語源、用法上都有很強的依據，尤其關鍵的是字形。

從其他幾家的考釋意見來看，產生分歧的重要原因在於對 𝄞、𝄞、𝄞、𝄞 幾種寫法的認同上。比如，朱鳳瀚（2000：15）說："此字（袁按：即指𝄞）與𝄞字形相差甚大，也沒有字體可互代之辭例，故似不宜歸併爲一字。"這是學者不贊同釋"贏"的癥結所在。蔡哲茂、朱鳳瀚、劉桓等先生都認爲🐉與金文"贏"、"贏"等所從"贏"是一字，這一點與《贏》文的觀點一致。所以，還需證明這幾種字形的確是一字，《贏》文未詳細論證這點，此處可稍作補充。

《贏》文認爲🐉、🐉是🐉的"綫化簡省形式"，這是沒有問題的，最直接的證據是卜辭中的"🐉/🐉甲"也可寫作"🐉甲"（《合集》21805、21096）。🐉類字形所在的卜辭如下：

(1) ☐卜，貞：🐉其昏，王受又。　　　　　　　　　　　　　　（《合集》31084）
(2) ☐由🐉☐　　　　　　　　　　　　　　　　　　　　　　（《合集》35255）
(3) ☐🐉其祝，王受又。　　　　　　　　　　　　　　　　　　　（《法藏》27）
(4) ☐惠卯☐🐉☐　　　　　　　　　　　　　　　　　　　　　（《屯》2733）

幾條卜辭皆較殘，但仍可找到與之用法相似的其他辭例。如（1）、（3）辭可與《合集》30464"其祝🐉"、《屯》1065"祝🐉才口"相對照；陳劍（2010：18）指出，上揭（2）辭可能是《合集》5470"豕其由王事，🐉"類卜辭的省略說法。從字形上看，金文"贏"又可寫作：

🐉（贏盤）　🐉（季贏霝德盤）　🐉（鑄弔作贏氏匜）

所從"贏"即甲骨文🐉類形體。故《贏》文將幾種甲骨文字形認同釋爲"贏"應是正確的。而且，"贏"與"和"乃一聲之轉，卜辭中的先王之名"贏甲"也可以得到落實。"贏甲"即"和甲"，也即"陽甲"。

就字形而言，釋"贏"可信，但是《贏》文還沒有找到與之對應的一個詞來讀通卜辭，王子楊（2013：251）認爲"似可讀爲當病愈講的'差'或'瘥'"。出組卜辭中還有一個恒語"贏不既作"，《贏》文尚未論及，王子楊（2012：92—98）有很好的研究，認爲是指"病情沒有好轉"，可參。《贏》文所論相關問題，還可參孫機（2001）、林澐（2006：242—249）、李零（2017）、單育辰（2017：147—150）等先生的研究。

（袁倫強　撰）

• 參考文獻

蔡哲茂　吳　匡　1999　釋肙（蜎），古文字學論文集，"國立"編譯館。

陳邦懷 1959　殷代社會史料徵存，天津人民出版社。

陳　劍 2010　釋"屮"，出土文獻與古文字研究，第 3 輯，復旦大學出版社。

李　零 2017　說龍，兼及饕餮紋，中國國家博物館館刊，第 3 期。

林　澐 2006　所謂"玉豬龍"並不是龍，二十一世紀的中國考古學——慶祝佟柱臣先生八十五華誕學術文集，文物出版社（收入林澐學術文集［二］，科學出版社，2009 年）。

劉　桓 2008　虺字補釋，甲骨集史，中華書局。

劉　桓 2008　釋甲骨文虺字，甲骨集史，中華書局。

單育辰 2017　甲骨文兩種昆蟲字形考述，第六屆中國文字發展論壇論文集，中州古籍出版社。

孫　機 2001　蜷體玉龍，文物，第 3 期。

王蘊智 2000　"贏"、"龍"考辨，殷商文明暨紀念三星堆遺址發現 70 週年國際學術研討會論文。

王蘊智 2002　贏字探源，追尋中華古代文明的蹤跡——李學勤先生學術活動五十年紀念文集，復旦大學出版社（收入漢字漢語研究論集，中華書局，2004 年）。

王子楊 2012　卜辭"贏不既作"試解，出土文獻，第 3 輯，中西書局。

王子楊 2013　甲骨文字形類組差異現象研究，中西書局。

夏　淥 1980　學習古文字散記，古文字研究，第 4 輯，中華書局。

朱鳳瀚 2000　說殷墟甲骨文中的"龍"字及相關諸字，故宮博物院院刊，第 6 期。

趙平安

戰國文字的"遴"與甲骨文"夲"爲一字說

原載《古文字研究》第 22 輯,中華書局,2000 年;收入趙平安:《新出簡帛與古文字古文獻研究》,商務印書館,2009 年;又收入《文字·文獻·古史——趙平安自選集》,中西書局,2017 年。

趙平安先生《戰國文字的"遴"與甲骨文"夲"爲一字說》是趙平安先生考釋甲骨文的文章中最成功的一篇。

文章將甲骨文中寫作"𤘽"、"𤘾"、"𤙈"形,即上從"止"、下從"夲"的字與見於包山楚簡、長沙楚帛書和郭店楚簡中用爲"失"的"䢔"、"䢖"、"遴"字相對照,指出"䢔"字所從的"角"形即從甲骨文的"𤘽"形變來。同時指出夲從止從夲,而止在夲外,本義當爲逃逸。又謂夲累增爲遴,省減爲達,都不見於傳世文獻,可能是逸的本字。對於逸和失的關係,他指出逸和失韻部相同,聲母同爲舌音,古音相近,常相通用。夲、遴作爲逸的古字,也可以讀爲失。還指出甲骨文中的"𤙙"、"𤙛"形應該是夲的類增字。

這一考釋從字形看是成立的,其讀法按之辭例也是可以信從的。不過對於甲骨文的"𤘽"、"𤘾"、"𤙈"形在什麽情況上應該讀爲"失",什麽情況下應該讀爲"逸",趙平安先生似乎沒有給出明確的答案,其對個別辭例的理解可能也有問題。沈培先生在《卜辭"雉衆"補釋》一文中指出:

> 甲骨文中的"夲"什麽時候讀爲"失",什麽時候讀爲"逸",要看具體的環境。"失"和"逸"本是同源詞,在一個"主語+夲+指人賓語"的句子裏,對"主語"而言是"失",對"指人賓語"而言就是"逸"。

這是一個很好的解釋,從詞彙的相反相成和語法位置的角度妥善地給出了答案。

其後王子楊先生在《說甲骨文中的"逸"字》一文中，又指出甲骨文中舊釋爲"往"或認爲是"⿰"字之省的"⿰"、"⿰"、"⿰"字，結構應該是從"止"從"埶"省聲，也應該釋爲"逸"。這一說法很可能也是正確的。

隨著戰國秦漢古文字資料越出越多，有很多利用戰國秦漢文字資料越過西周金文，直接上溯甲骨文，並成功考釋出甲骨文字的例子。這一學術發展方向需進一步引起學術界的重視。

（劉　釗　撰）

• 參考文獻

沈　培 2002　卜辭"雉衆"補釋，語言學論叢，第 26 輯，商務印書館。
王子楊 2011　說甲骨文中的"逸"字，故宮博物院院刊，第 1 期。

常玉芝

黃組周祭分屬三王的再論證

原載《文史哲》2001年第3期。

常玉芝先生對商代周祭制度的研究由來已久，取得了一系列重要的研究成果。1987年常先生出版了《商代周祭制度》一書（以下簡稱"《制度》"），詳細考證了周祭中先王、先妣的祭祀次序、五種祀典的祭祀週期，還復原出了商末三王的全部周祭祀譜，對甲骨文和商代歷史的研究，有著重要的參考價值。①

《制度》第五章第五節利用研究得出的周祭規律，廣泛收集證據，主要論證黃組周祭中除了存在帝乙、帝辛系統以外，還有第三種祭祀系統——文丁系統——的存在，這樣正式提出黃組周祭包含有文丁、帝乙、帝辛三王的卜辭。這個結論進一步證實了嚴一萍（1975）、李學勤（1981）等先生的意見。後來，常玉芝（1988）利用新公佈的宰椃方鼎資料和其他甲骨卜辭材料，繫聯出商王二十祀存在三個不同的周祭祀譜，進一步證實黃組周祭卜辭確實屬於文丁、帝乙、帝辛三王。這篇《黃組周祭分屬三王的新證據與相關問題》後來收入《古文字研究》第21輯之中。

常玉芝（1993）成功綴合一版龜背甲（即《合集》35427＋《合集》37837），復原出"唯王二祀"五月甲辰之日彡祭上甲及其以後的諸位先王的記錄。這條記錄跟《合集》37836以及《合集》36835辭例非常近似，時間都是"唯王二祀"，祀典都是"彡"祀，祭祀對象也都是上甲及其以後的諸位先王。唯有具體月份不同，後者分別是四月和十二月。根據以往的研究，黃組周祭中，以翌、祭、壹、

---

① 常玉芝：《商代周祭制度（增訂本）》"內容簡介"，綫裝書局，2009年。

肜、彡五種祀典對自上甲以來的先王輪番祭祀，祭祀周期需要三十六旬或三十七旬的時間，即周祭的周期與一年的日數相當。這就意味著，以一種祀典祭祀同一位先王一般在一年中只會舉行一次。因此，上引同在商王二祀內的五月、四月和十二月舉行彡祭是不符合周祭規律的，不能容納在一個或兩個王世中，它們只能分屬於三個王世，即文丁、帝乙和帝辛。

　　本次選入的《黄組周祭分屬三王的再論證》，是在《商代周祭制度》的基礎上，增添了常玉芝（1993）等內容，並進行了必要的刪減、整合，使得行文更加簡潔，邏輯更爲清晰。這篇論文先是舉出不少黄組卜辭"康祖丁"、"康祖丁奭妣辛"、"武乙"等稱謂，認爲稱"康丁"爲"康祖丁"，稱"康丁"之配皆爲"妣"，稱"武乙"不稱"武祖乙"，則必是"文丁"時代的卜辭。這也就是說，過去認爲黄組都是帝乙帝辛時代的卜辭，是不妥當的，應該把"文丁"也包括進去。這跟考察黄組周祭卜辭中的"二祀"、"二十祀"、"六祀"祀譜是完全對應的。爲了增加說服力，常先生把先前論證過的三組材料，即王二祀組、王六祀組和王二十祀組，依次羅列，並簡單說明每一組材料按照周祭規律都是不能彼此相容在一個或兩個王世中，只能分屬三個王世。而黄組周祭卜辭有一部分當屬於文丁時期，那麼，這三個王世就只能是文丁、帝乙和帝辛。

　　如果我們承認商代存在周祭系統，那麼，周祭卜辭分屬三王的結論是沒有辦法否定的。

（王子楊　撰）

參考文獻

常玉芝 1987　商代周祭制度，中國社會科學出版社。
常玉芝 1993　黄組周祭分屬三王的又一證據，文博，第 2 期。
李學勤 1981　小屯南地甲骨與甲骨分期，文物，第 5 期。
嚴一萍 1975　文武丁祀譜，"中央研究院"歷史語言研究所集刊，第 46 本第 2 分。

李宗焜

從甲骨文看商代的疾病與醫療

原載《"中央研究院"歷史語言研究所集刊》第 72 本第 2 分，2001 年。

《從甲骨文看商代的疾病與醫療》(以下簡稱"《疾病與醫療》")是一篇利用甲骨文材料研究商代疾病與醫療的專題論文。甲骨文中有不少有關疾病的占卜材料，這一直是學者關注的一個重要課題，《疾病與醫療》之前已有相當豐富的研究成果，不僅有專文，還有專書。但是，"這些論著的有關內容詳略有別，而且各家説解出入很大，良窳互見"，普遍存在"材料不夠完備"和"誤釋和誤説甚多"的缺點。《疾病與醫療》"充分利用甲骨和其他考古材料，補充前人之所未備，並補正諸多誤説"，較之前人論著，材料更完備，説解更精審，是對這個課題的階段性總結。

《疾病與醫療》分為五個部分：

一、前言
二、研究歷史的回顧
三、甲骨文中所見的疾病
四、殷人心目中致病的原因和疾病的治療
五、結論

其中，三、四部分是文章的主體，尤其第三部分涉及疾病的種類，是學者討論的焦點，聚訟紛紜。

《疾病與醫療》將卜辭中提到的疾病分為：疾首、疾目、疾耳、疾自、疾口、疾舌、疾言、疾齒、疾肱/疾肘、疾足/疾脛/疾膝、疾止、疾人、從亻諸疾、疾

☉、腹不安、疾伇、疾䖒、☉/☉、疾☉、疾☉、疾肩、疾☉、其他，共 23 項，實際揭示的病例將近 50 種。絕大多數材料前人已有論述，也有新揭知的疾病，如疾人、疾☉、疾肩等。還剔除了前人誤作疾病之例，如臀疾、尿病、奶執等。

殷人認爲致病的原因是鬼神降禍，《疾病與醫療》概括爲天帝神祇降禍、祖先降疾、鬼神示警。關於商人治療疾病的辦法，在商代墓葬中有醫療器具和藥物的發現，但是在卜辭中卻還難以找到直接的反映。根據卜辭記載，商人治療疾病的主要辦法是向鬼神祭祀、禱告以求病愈，學者據甲骨文字形提出殷代已有針刺、灸療、按摩等治病方法，可信度不高。

《疾病與醫療》之後，宋鎮豪先生的《商代的疾患醫療與衛生保健》又進行了整理和研究，揭知甲骨中的疾患種類達 55 種（有少數不成立），每多新解，還談到了巫醫交合及商人的醫療衛生等問題，引述大量文獻及考古資料，甚爲詳細，可以參看。

2003 年刊布的花東甲骨中有許多與疾病相關的卜辭，李宗焜先生又撰《花東卜辭的病與死》進行專門的研究，揭示的疾病類型有耳鳴、疾骨（肩）、齒疾、口疾、腹疾、☉、☉、疾首、心愳、心疾、目疾等，可以視爲《疾病與醫療》的補充。

結合學界研究的新進展，下面對《疾病與醫療》論及的相關內容稍作補充。

（一）疾首

庚辰，王：弗疾朕天。　　　　　　　　　　　　　　　　　　（《合集》20975）

《説文》"天，顛也"，段注："顛者人之頂也。"此辭乃卜問商王頭頂之疾病。

（三）疾耳

《合補》6246（《安明》908）有從耳從虫的☉，構形與"齲"相類，本義可能也與耳部疾病有關。

《合集》21099（《國博》11）有一字作☉，卜辭中此字用法尚不明確，據字形當釋爲"聾"。《説文》："聾，無聞也。從耳龍聲。"

（四）疾自

《合集》13633 之☉字，施謝捷（1995：94—95）曾釋爲"膿"字初文，字從自從肉，像鼻中有息肉並滴血之形，説可參。

《疾病與醫療》疑[字]等字"像鼻涕不止之形",此字見於《合集》3449、2354 臼、20086、2737 臼（偏旁）、《輯佚》994 等,學者一般從李伯謙、鄭傑祥（1981：33—46）釋爲"息",劉洪濤（2018：141—149）最近釋爲"四"。

（五）疾口

關於卜辭中的"亡口"、"亡至口",李學勤（2009：1—3）將其與《尚書·盤庚》中"逸口"一語相聯繫,認爲"亡口"即"亡至口"之省,"口"訓爲"言","至口"讀爲"逸口",指說錯話。

（八）疾齒

《合集》6664 正之[字]、[字]字,《疾病與醫療》認爲跟牙齒疾病有關,是個會意字,像拔牙之形。趙平安（2014：286—289/2018：23—28）釋爲"噬"的本字,卜辭中讀爲"孽"。認爲"噬字大約最初用齒形來表示,爲了與記錄名詞的齒區別,又在象形齒上加'又（手）'來彰顯齧噬的意思。把手放在口裏,是幼兒常見的動作,表示齧噬很貼切"。準此,則此字當與齒疾無關。

還可補兩條記錄"疾齒"的卜辭：

　　□疾[齒]□災。　　　　　　　　　　　　　　　（《合集》13659）
　　貞：有疾[齒]（齒）,唯[有]害。　　　　　　　（《合集》13645 正）

這兩條卜辭,特別之處在於"齒"字的寫法。

（十一）疾止

《合集》13691 的[字]字,施謝捷（1995：93—94）認爲是一個从疒尸聲的字,釋爲"痍"字初文。"痍趾"當指腳趾受傷,與"疾趾"文例相同。

（十三）從彳諸疾

3. 疾身

《疾病與醫療》認爲《合集》13431 的[字]可能是"疾身"的異文,《合集》3249 的[字]可能是"疾"的異文,這是不正確的。此二形本作[字]、[字]（據《旅藏》213 摹寫）,顯然是一字,當釋爲何字待考。

《合集》6032 反之字,似當摹寫作[字],據文例似也應理解爲"疾某"之合文，唯人形下面的部分尚難以辨明。

（十四）疾🔲

《合集》709 正之🔲字，韓江蘇（2018：1—3）亦釋爲"胸"，並無確證。

（十六）疾役

《合集》13658 正所謂的"役"字，拓本不甚清晰，二者寫法似有區別，似當摹寫爲🔲、🔲，學者據🔲認爲是"背疾"，非是。《花東》181 有一辭：

　　己卜：子其🔲，弜往學。

其中🔲字除去"卜"與小點部分的寫法與🔲相同，李宗焜（2012：22）認爲是指腹部有疾，似也不可信。

（十七）疾🔲

《合集》13675 之🔲、🔲字，劉桓（2008：241—242）認爲此字從夕，"夕"爲聲符，作爲疾病名，應釋爲"寫"或"瀉"，"疾寫（瀉）"指的是腹內難受，急性胃腸炎一類疾病；馮時（2012：57—60）認爲此字"從'口'以明人體器官而置諸腹中，或即'胃'字初文"。亦均非確說。

（十八）🔲、🔲

《合集》5370、16997 之🔲、🔲，《疾病與醫療》視爲一字，應是。但字形並非從二卣，前者下部略殘，後者又著錄爲《合補》4983、《中歷藏》578，字形清晰。

（十九）疾🔲

《合集》6649 反甲之字，殘泐不清，似當摹寫作🔲、🔲，應是個從口作的字，疑"言"字之異體。

（二十）疾🔲

宋華強（2011：338—351）認爲🔲可能是"骨體"之"體"的表意初文，整體是肩胛骨之形，小點像骨體上的血，此說可參。

(二二) 疾🀆

《合集》34072、34073 之🀆、🀆字，當从欠。陳劍（2007：96—98）認爲此字是咳嗽的"嗽"的本字，"疾嗽"是指因咳嗽而致病。馮時（2012：52—57）認爲"字从'重'在口中，'重'亦聲"，"讀爲'嚨'，或即喉嚨之'嚨'的本字"。"'疒嚨'乃言喉嚨疾病，其獨取'重'以明音讀，或因'重'又可讀爲'腫'，故得兼明病狀，如此則病嚨之卜似爲喉嚨發炎紅腫之症。"陳說更爲多數學者所接受。

四、殷人心目中致病的原因和疾病的治療

（二）疾病之治療

《疾病與醫療》指出"從甲骨文材料上，的確找不出除了祭祀祈禱以外的直接材料，可以證明殷商人治療疾病的其他方法"，這是符合事實的。但還有如下卜辭：

  壬戌卜，在□刊：子耳鳴，唯有絢，亡至艱。
  癸亥：子往于㞢，肇子丹一、盜龜二。　　　　　　　　　　（《花東》450）

黃天樹（2015：14—15）指出，"第一條卜辭說'壬戌'日，子患'耳鳴'。第二條卜辭說次日'癸亥'，子往'㞢'地，商王是否會贈送丹砂和盜地之龜"，認爲"'丹一、盜龜二'可能是治療'耳鳴'的藥物"。

除《疾病與醫療》論及的這些疾病，還可補：

（1）有疾🀆，惟害。
   有疾🀆，不惟有害。　　　　　　　　　　　　　　　　　（《醉》86）
（2）己巳，貞：婦嫀🀆無憂。　　　　　　　　　（《合集》22259、22261）
（3）戊午卜：石陟疾🀆，不刍。　　　　　　　　　　　　（《合集》22099）
（4）□疾🀆□　　　　　　　　　　　　　　　　　　　　　（《合補》3993）

這幾條卜辭中的🀆、🀆、🀆、🀆也可能都是指人體的某個部位而言。🀆字所從的🀆，周忠兵（2011：14—32）釋爲"笮"。🀆字从允（象手反剪之人形），左上處的短筆或爲指事符號，指人的背部，具體釋何字待考。🀆字，趙平安（2008：20/

2009：102）認爲"是在股所在部位劃個圈，表示股是腿上的一段，不分前後。是構造很精妙的指事字。'疾股'就是大腿有毛病"。

馮勝君（2010：76—77）將甲骨文用作人名的 ⚱（《合集》190）、⚱（《合集》5460 反）釋爲"癭"字的表意初文。《説文》："癭，頸瘤也。"甲骨文字形正像女子頸部長有腫瘤的樣子。此字也應該作爲研究商代疾病的重要材料。

（袁倫强　撰）

• 參考文獻

馮勝君 2010 試説東周文字中部分"嬰"及从"嬰"之字的聲符——兼釋甲骨文中的"癭"和"頸"，出土文獻與傳世典籍的詮釋：紀念譚樸森先生逝世兩周年國際學術研討會論文集，上海古籍出版社。

馮　時 2012 殷人疾病考佚，古文字研究，第 29 輯，中華書局。

韓江蘇 2018 甲骨文"胸"字考，殷都學刊，第 3 期。

黄天樹 2015 契文瑣記，出土文獻與古文字研究，第 6 輯，上海古籍出版社。

李伯謙　鄭傑祥 1981 後李商代墓葬族屬試析，中原文物，第 4 期。

李學勤 2009 甲骨卜辭與《尚書・盤庚》，甲骨文與殷商史，新 1 輯，綫裝書局。

李宗焜 2012 花東卜辭的病與死，從醫療看中國史，中華書局。

劉洪濤 2018 釋"四"，漢語言文字研究，第 2 輯，上海古籍出版社。

劉　桓 2008 釋甲骨文⚱字，甲骨集史，中華書局。

施謝捷 1995 甲骨文考釋三篇，南京師大學報（社會科學版），第 4 期。

宋華强 2011 釋甲骨文的"戾"和"體"，語言學論叢，第 43 輯，商務印書館。

宋鎮豪 2004 商代的疾患醫療與衛生保健，歷史研究，第 2 期。

趙平安 2008 關於"乃"的形義來源，中國文字學報，第 2 輯，商務印書館（收入新出簡帛與古文字古文獻研究，商務印書館，2009 年）。

趙平安 2014 戰國文字"噬"的來源及其結構分析，古文字研究，第 30 輯，中華書局（收入新出簡帛與古文字古文獻研究續集，商務印書館，2018 年）。

周忠兵 2011 從甲骨金文材料看商周時的墨刑，出土文獻與古文字研究，第 4 輯，上海古籍出版社。

張世超

賓組大字骨版刻辭研究

原載《古籍整理研究學刊》2001 年第 4 期；收入張世超：《殷墟甲骨字跡研究——自組卜辭篇》，附錄四，東北師範大學出版社，2002 年。

殷墟出土"大字骨版"刻辭是賓組卜辭中一種比較特殊的卜辭，這種卜辭多刻在牛胛骨的骨版上，書體雄偉，行款整齊，辭例完整，內容詳細，字口往往塗朱，顯得清晰美觀，長期以來被學術界視為殷墟甲骨卜辭的代表作品。尤其是它的卜辭內容，作為一個把商代曾經發生過的歷史事件具體記錄下來的歷史證據，曾受到衆多歷史學家的關注。

文章通過對《合》137、13362、10405、10406、559、562、6057、6059 等片賓組大字骨版刻辭字跡、佈局、內容、契刻順序的研究，指出這類刻辭多數並不是實用占卜記錄，而是從他處占卜實例中抄刻來的成功占例，供當時祭禱儀式使用，進而提出對這些刻辭材料的使用方法應有所改變。文章的主要依據是：①刻辭一氣呵成，佈局合理，字體、行款、刀痕都看不出占辭、驗辭有二次補刻的痕跡。②刻辭均勻地分佈於整片胛骨面上，其中大部分處於較薄的部位，不與卜兆相應。③刻字次序不符合干支次序。認為《合》137 中、右二辭雖然記日干支相同，字跡相當一致，為同時所刻，但所記內容不同且一辭記占辭另一辭不記，始有驗徵日期也不同，二辭是兩次時間間隔較遠的占卜記錄。④重視占辭與驗辭的記錄，多是成功占例。⑤現有的甲骨中可以找到與據之刻寫的原始材料類似的材料，如《合》5807。⑥可以找到與之完全相同的刻辭，如《合》13362 正有一辭與《合》137 正左辭是同一次占卜記錄。《合》13362 反有一殘辭與《合》137 正、右部及同版反面連續刻寫者為同一次占卜記錄。又《合》1045 正與《合》1046 正屬同一人字跡，二版上三辭完全對應相同，而且同一卜辭都處於這兩塊胛骨上相對應的位置，應是一版照另一版抄刻，或者二版照同一底本抄刻的結果。且按契刻字跡的規律去考察，《合》10405 正是先刻了"癸未"、"癸巳"二辭，後刻"癸酉"一辭，而 10406 正則先刻了"癸酉"、"癸巳"二辭，後刻的"癸未"一辭。此外，《合》559 正、反與 562 正、反，3296 正、反與 3297 正、反，6057 正、反與 6060 正、反也各都是這樣性質的一對肩胛骨。⑦6059 片上殘辭是 6057 正"癸巳"辭的一部分，當是另外一對這樣性質的肩胛骨殘片。由此可知，當時一些典型的占例卜辭是被反復地用在這種供祭禱儀式使用的骨版上的。

文章最後又通過對《合》6057 正、反刻辭次序的還原指出，有些大字骨版刻辭是實用的卜骨在使用過程中改變了它的性質的。

關於對賓組"大字骨版"刻辭史料性質的研究，又有松丸道雄（2000）認爲："這些大字骨版刻辭多數並非當年在該骨版上占卜的記錄，而是從他處占卜實例中抄刻來的。"其主要依據是"大字刻辭多刻在骨扇上，而刻辭附近沒有卜兆或者占卜過的痕跡"。崎川隆（2008）從"大字骨版"的史料性質出發，注意到"總綱性卜辭"的特點和《合》10405 辭"刮字重刻"的現象，通過對《合》10405 辭刻辭順序進行重新還原，認爲"大字骨版刻辭的歷史史料性質既不是法刻，也不是抄寫，而是將實際占卜活動中所取得的占卜結果按干支次序刻下來的一種卜辭"，並將這種刻辭稱作"特殊總綱性卜辭"或者"大字總綱性卜辭"。

（崎川隆　撰）

• 參考文獻

崎川隆 2008　殷墟出土大字骨版刻辭的史料性質考辨，東方考古，第 4 集。
松丸道雄 2000　殷代の學書について，書學書道史研究，第 10 集。

季旭昇

《雨無正》解題

原載《古籍整理研究學刊》2002 年第 3 期。

季旭昇先生的這篇文章發表在《古籍整理研究學刊》（以下簡稱"季文"）2002 年第 3 期。

有關《詩經·雨無正》篇題與甲骨文"雨不正"的關係，筆者早在 1990 年至 1991 年寫成的博士論文《古文字構形研究》中已經言及。2000 年，筆者寫成《卜辭"雨不正"考釋——兼〈詩·雨無正〉篇題新證》一文投《殷都學刊》，後發表在《殷都學刊》2001 年第 4 期（以下簡稱"劉文"）。2001 年 8 月，筆者參加在長沙召開的"長沙三國吳簡暨百年來簡帛發現與研究國際學術研討會"，其間見到沈培先生，承蒙沈培先生垂詢新作，筆者即以此文匯報。沈培先生說他也寫了一篇談同樣主題的文章，結論與我大體相似，既然我已寫了，他就準備把他的文章作廢。後果然未見沈培先生再有文章發表，於此可見其嚴謹的態度。拙作發表後，又相繼出現了季旭昇先生的文章和張玉金先生的名爲《殷墟甲骨文"正"字釋義》（以下簡稱"張文"）的文章。前後三篇文章結論大體相似，在一些細節上可以互補，因此可以對照參看。

季旭昇先生文章發表後，學界曾有傳聞，認爲是抄襲筆者之說，對此我很不認同。我認爲寫文章漏引學術界已有之說的現象，在學術積累日漸增多，學術信息海量擴張的環境下，應該視作是一種常態。如果把漏引學術界已有之說看得過重並以此來苛刻地要求衡量學者，那麼學術界恐怕沒有一個人能夠符合要求。不要輕易地判定學者抄襲或剽竊，要長時段地看一個學者的成果，綜合考量一個學者的學術實力。在這一點上，筆者是主張"無罪推定"的。

下面按發表時間順序簡單介紹一下三篇文章的主要觀點。

劉文指出甲骨文"雨正"、"雨正年"、"有正雨"、"雨不正辰"中的"正"以往大都釋爲"足"，讀"雨正"、"雨正年"、"有正雨"、"雨不正辰"爲"雨足"、"雨足年"、"有足雨"、"雨不足辰"。有的學者認爲甲骨文"正"、"足"兩字同形。劉文通過"正"、"足"兩字字形的比較，認爲甲骨文和金文兩個階段中"正"與"足"一直是兩個系列，區別嚴格，決不相混。認爲"正"、"足"兩字同形的説法，顯然是受了甲骨文"正"與金文"足"比較接近這一跨階段比較的迷惑。接下來通過訓詁學的分析，指出"正"可訓"中"、"直"、"當"，引申有"正當"、"適當"、"適合"的意思。甲骨文"帝其令雨正"即"上帝命令雨下得適當"之意；"帝令雨正年"即"上帝命令雨下得適於豐收"之意；"有正雨"就是"有適當的雨水"之意；"雨不正辰"猶言"雨不當"，即"雨下得不是時候"之意。接下來文章還對甲骨文中其他的"有正"、"有不正"和西周甲骨中的"囟（斯）正"、"囟（斯）又（有）正"中的"正"進行了分析，認爲這些"正"也是適當的意思。文章最後對《詩經·小雅·雨無正》篇題進行了新的訓釋，認爲"雨無正"就是卜辭"雨不正辰"中的"雨不正"，"雨無正"就是"雨無當"，就是"雨下得不合適"的意思。《詩·雨無正》篇題是用"雨下得不適當"來比喻統治者政令邪慝，賞罰不中，故以"雨無正"名篇。

季文分析了卜辭中"正雨"的含義，認爲甲骨文中的"正雨"是卜問雨下得適切與否，《詩經·小雅·雨無正》題名保留的即是這種語彙，意思是"老天爺"下雨下得不適切，傷害了我們的農作物，表面上是罵老天爺雨下得不合適，實際上是暗諷君王施政不當。《韓詩》由於押韻的關係，把"雨無正"改成"雨無極"。季文所引以往學術界關於《詩經·小雅·雨無正》篇題的解釋和關於卜辭"有正雨"的"正"的訓釋的資料比較全面。

張文是在劉文和季文基礎上的進一步分析，尤其在卜辭文句的解釋上更爲細密，並有從語法角度的闡釋。對於卜辭中的"正"字，文章分爲"卜雨卜辭中'正'的意義"、"祭祀卜辭中'正'的意義"和"其他卜辭中'正'的意義"三部分，收集的卜辭中有關"正"的例子更爲完備。其結論是卜辭中的"正"有如下五個義項：1.征伐；2.第一個（月）；3.適宜、合適；4.對……適宜，對……合適，適合；5.官職。其中將"正"字的"適宜"、"合適"的用法分爲形容詞用法和形容詞的對動用法，是作者的新見。

以上三篇文章否定了甲骨文"正"、"足"同字或"正"、"足"混用等錯誤説法，對甲骨文中的"正"字，尤其是"雨正"、"雨正年"、"有正雨"、"雨不正辰"中的"正"字提出了一個新的訓釋，這一訓釋目前看已得到學術界的認可，應該是可以成立的。

劉文提出的字形比較時不能受跨階段形近的迷惑這一點值得研究古文字的學者重視。

三篇文章利用甲骨文考證《詩經》篇題的做法，體現了學術界"兩重證據法"籠罩下的"新證派"的發展取向。

（劉　釗　撰）

• 參考文獻

劉　釗 2001　卜辭"雨不正"考釋——兼《詩·雨無正》篇題新證，殷都學刊，第 4 期。
劉　釗 2006　古文字構形學，福建人民出版社。
張玉金 2004　殷墟甲骨文"正"字釋義，語言科學，第 4 期。

喻遂生

甲骨文雙賓語句研究

原收入喻遂生:《甲金語言文字研究論集》,巴蜀書社,2002 年。

喻遂生先生的甲骨文研究十分重視語法這部分,在《甲金語言文字研究論集·後記》中説:

在研究甲骨文字的過程中,我感到如不能透徹地瞭解甲骨文的詞義、語法,真正地讀懂卜辭,就很容易望文生義,隨意解字,於是轉而研究甲骨文詞彙、語法,並發願要寫一本比較深入的《甲骨語法研究》和《甲骨詞彙研究》。

此文是喻先生有代表性的甲骨文語法研究成果。誠如文中所説,"甲骨文雙賓語句是漢語雙賓語句的源頭,其研究對於理清漢語雙賓語句發展脈絡有重要意義"。此文條理清楚,材料豐富,清晰而且較全面地揭示了甲骨文雙賓語句的面貌。文中對雙賓語句的界定、祭祀動詞雙賓語句發展失衡的原因以及甲骨文雙賓語句對後世的影響等問題都做了細緻深入的分析和討論,對深入了解甲骨文雙賓語句有很重要的價值。

論文分爲四個部分:

一、甲骨文雙賓語句的界定

這部分主要討論了在界定雙賓語句時需要注意的問題。一是,意義和語法不能完全等同,動詞加介賓結構不宜看作動賓關係,如"御于河羌三十人"用介詞結構充當間接賓語，就不宜看作雙賓語句。二是，甲骨文動詞賓語的前置有嚴格的條件和形式上的標誌，如"河燎三牛"中的"河"意念上仍是動詞涉及的對象，但前置以後即成爲主語，故不是雙賓語句。三是，雙賓語句中的兩個賓語之間不存在結構關係，如"帝害我年"中的"我年"是偏正結構，故不能視爲雙賓語句。

二、非祭祀動詞雙賓語句

這部分討論了甲骨文非祭祀動詞雙賓語句，分爲"給予"與"取得"兩類。給予類雙賓語動詞有"受（授）、降、作、肇、易（賜）、昇、來、氏（致）、稟、㣇（頒）"；甲骨文是否存在取得類雙賓語句還需要研究，有可能成爲這類雙賓語動詞的有"取、乞、丐、得"。還討論了非祭祀動詞雙賓語句的語序問題，指出"此類雙賓語句一般是直接賓語在後，間接賓語在前"，"但也有少數是直接賓語在前的"，在否定式雙賓語句中的代詞賓語須前置。

三、祭祀動詞雙賓語句

這部分從甲骨文祭祀動詞三賓語句談起，指出"三個賓語如果只出現兩個，加上直接賓語和間接賓語換位"，則有六種祭祀動詞雙賓語句。這六種雙賓語句的發展不平衡，進而又探究了其發展失衡的原因。

四、餘　論

這部分討論了甲骨文雙賓語句對後世的影響及其流變，主要有四點：祭祀動詞雙賓語句消失，非祭祀動詞句成爲雙賓語句的主體；非祭祀動詞雙賓語句仍以給予類爲主，取得類處於劣勢；否定式雙賓語句代詞賓語由前置改爲後置；"動詞+直接賓語+間接賓語"式流傳至今。最後還提出了一些關於甲骨文雙賓語句可以繼續研究的問題。

喻先生對甲骨文動賓關係的問題有長期的關注和積累，此文是一個系列研究論文中的一篇。我曾就相關問題向喻先生請教，他在回復我的郵件中附有《關於甲骨文動賓關係研究的一些思考及寫作過程》一文，此處不妨摘錄如下，以便讀者更深入瞭解：

1. 動詞是語言中最複雜的詞類，動詞語法是語法研究的核心。漢語中與動詞發生結構關係的有主語、賓語、狀語、補語，有時候有定語（如"帝國的崩潰"），其中最常見、最重要的是動賓關係。

2. 動詞與相關成分的組合形式即動詞的句型。因爲相關成分的有無、多少、語序不同，會產生許多不同的句型。句型研究簡單羅列意義不大，最好能抓住句型的脈絡，展示句型衍生的過程，便於理解記憶，並可預測未知（如門捷列夫元素週期表），這就是系統論的思想。

3. 有鑒於此，我1997年寫了《甲骨文單個祭祀動詞句的轉換和衍生》，限定"單個祭祀動詞"，是因爲祭祀動詞用法比一般動詞複雜，而多祭祀動詞句難點又太多。該文分無賓句、單賓句（及變式）、雙賓句（及變式）、三賓句（及變式），累計共53種句型。單賓句、雙賓句還列有表格，空格表示理論上可以有，但還未發現。事實上我後來又添補了16種。

4. 《單祭》實際上是我研究甲骨文動詞語法的一個總綱（當然，全面研究動詞語法還應補充，如多動詞句、連動句、兼語句等），後來寫雙賓句、三賓句都是在此基礎上生發開來的。此文從無賓句寫起，是爲便於讀者理解和文章展開，是寫文章的角度。若從發現問題、思考問題的角度，三賓語句應是關鍵或總綱。

5. 三賓句後世沒有，若只出現一個賓語，如：禦王（15149）/禦妣己（32739）/燎白豕（34463）一般會認爲都是動賓關係，有什麽區別？但在"禦婦鼠妣己 二牝牡（19987）"中，你不能說"婦鼠 妣己 二牝牡"是一個賓語（單賓句），因爲這三個詞之間沒有結構關係（不構成一個片語，猶如雙賓句"送他書"中的"他書"），這時三個賓語的差異就顯示出來了（從格語法的角度說，三者是不同的語義格）。由三賓句減項，就是我們熟悉的雙賓句，等等，這樣思考問題，就很順了。

6. 三賓句是高嶋先生的學生周國正發現的，只是他後來轉行了，大家較少提到他，所以我在《甲骨文三賓語句研究》開頭，特別提了一下。三賓句中的爲動賓語，一般都稱作"原因賓語"，我稱作"人事賓語"，不是爲了標新立異，而是出於以下考慮：首先，這個賓語是動詞的爲動對象，"邧夏禦齊侯"（《左傳》成公二年），是爲齊侯駕車，解釋成因爲齊侯而駕車，很迂曲，也不准確。因爲對爲動賓語注意不夠，很多大家都有失誤，所以我寫了《甲骨文動詞和介詞的爲動用法》。其次，原因一般都用謂詞性詞語（動詞形容詞）來表示，一說"原因"，有的人就誤認爲是補語，容易誤導讀者。見我《甲骨文三賓語句研究·補記》。

  7. 動詞後有三個賓語，若換序，就構成不同的句型。減成兩個賓語，減不同的項，會有 3 種情況。再加變序，會有 6 種情況。這些都是可以用數學排列組合計算出來的。列出了這些理論上可能出現的格式，可以使我們頭腦清醒，按圖索驥去尋找。這都是系統論的思想。

  甲骨文中的雙賓語句，除文中已經提到的管、沈、劉幾家，楊逢彬（1998）、張玉金（2001）、時兵（2007）、鄭繼娥（2007）、齊航福（2015）等先生也有很好的研究，可以參看。尤其隨著研究的進展，以及新材料的刊布，又可以補充許多用例，這方面可參後出的齊先生的研究，材料收集更加豐富。

（袁倫强　撰）

• 參考文獻

齊航福 2015　殷墟甲骨文賓語語序研究，中西書局。
時　兵 2007　上古漢語雙及物結構研究，安徽大學出版社。
楊逢彬 1998　殷墟甲骨刻辭動詞研究，武漢大學博士學位論文，指導教師：郭錫良。
喻遂生 2007　語法研究與卜辭訓釋，綿陽師範學院學報，第 4 期。
張玉金 2001　甲骨文語法學，學林出版社。
鄭繼娥 2007　甲骨文祭祀卜辭語言研究，巴蜀書社。

沈 培

殷墟卜辭正反對貞的語用學考察

原載《漢語史研究：紀念李方桂先生百年冥誕論文集》（《語言暨語言學》專刊外編之二），"中央研究院"語言學研究所，2005年。

注重從語言學的角度來揭示甲骨卜辭表達的深層意義，是沈培先生甲骨文研究的一大特點，本文即充分體現了他的這一研究特點，文章的主要觀點爲：

1. 首先介紹了司禮義（Paul L-M. Serruys）教授的"其"字規則：在正反對貞的兩條卜辭中，加"其"者往往是占卜者不希望看到的。雖然這規則有例外，如"祖乙孽王"與"祖乙弗其孽王"對貞，"弗孽王"應是占卜者希望的，卻加了"其"字，但不可否認"其"字規則在很多例子中適用。爲什麽加上"其"能反映占卜者的意願，這一問題現在並無一致的看法。因"其"字法則適用於正反對貞，故文章先對正反對貞卜辭作了深入分析。

2. 在吸收以往學者合理研究成果的基礎上，提出龜腹甲左右對貞的卜辭，其刻寫是先右後左，即位於右邊的一般先卜問。正面卜辭一般在右，且往往是占卜者所希望的，反面卜辭一般在左，當然兩者皆有相反的例子。既然正面卜辭和反面卜辭皆可先刻，當時是如何確定它們的刻寫先後次序？如何解釋刻在右邊的正貞卜辭並非占卜者所願的例子？

3. 對卜辭中"左正右反"的對貞例子逐個分析。按占卜主體對所卜之事的行爲動作或狀態變化能否控制把這些例子分爲兩類。對於占卜主體可控的行爲，往往是先提出肯定的一面，但是經過多次占卜之後，多數的卜兆顯示的答案傾向於反貞的內容，若再占卜，貞人先卜反貞再卜正貞，就不奇怪。因爲這時占卜主體的先設已發生變化了。也就是說"先卜反貞、後卜正貞"總是有條件的。以此爲基礎，可知那些"左正右反"的例子多數是由於某種原因而使得占卜主體的先設發生變化造成的。

對於占卜主體不可控制的行為，文章按內容分為亡憂/有憂、亡來艱/有來艱等七類，前六類可歸納為"占卜好的一面"與"占卜不好的一面"，基於語用原則的"樂觀原則"，卜問先傾向好的一面即"亡憂"等是合理的。若先占卜不好的一面，則是有不好的事情發生了，或占卜者預感有不好的事情。

4. 通過上面的討論，可得出這樣的結論：在正反對貞中，先卜問的代表占卜主體當時的先設，一般情況下總是傾向好的一面，若真處於不好的境地，貞人把不好的一面先提出貞問亦屬正常。這時先卜問的自然並非是占卜主體所希望的。但它是當時貞人的真實先設。先設乃據實際情況而定，可有好有壞。一般來說，好的情況比壞的情況多，所以先卜問者往往反映的是好的情況。

5. 據以上結論，再來看雨、不雨的問題。從理論上說，雨和不雨都有可能是當時占卜者所希望的，故先卜問哪個都可以。根據實際例子分析，先正面卜問"雨"或"不雨"，表示的是占卜者希望下雨或不下雨，它們皆不加"其"字。而"其雨"則不同，即使它先被卜問，也是占卜者不希望的。同樣都是正面且先卜問，為什麼"雨"是占卜者希望的，而"其雨"則非，這應該與"其"的出現有關。

6. "其"字本身應該沒有不好的意思，"其"所在卜辭所說之事是占卜者不希望看到的，乃是由於"其"表示的是"很可能"。它的出現是對占卜者意願的一種凸顯，說明占卜者對所卜之事的不確定態度。"其"表示"很可能"，其實"就暗含著'也有一點兒不可能'的意思"。對於我們想做之事，自然是希望沒問題能做成，而不是可能做成，即便這種可能性很高。所以，加"其"者便成為占卜者不希望看到的。

沈先生此文從語用學的角度對"其"字規則的一些例外以及為何在對貞卜辭中加"其"者屬於占卜者不希望看到的原因作了很好地研究，其結論合情合理。這種藉助現代語言學理論來研究甲骨文的方法值得我們學習借鑒。此外，沈先生從語言學角度研究甲骨文的精彩成果還有不少，可參看參考文獻中的相關文章。

文章有的例子與相關觀點似相衝突，如文章提及"當占卜者提出可以控制的行為動作時，在先卜問的正面卜辭中，表示實施這種行為動作所需要的條件或結果的後續小句不會用'其'"，但《合》23215上的對貞卜辭為："丙戌卜，行貞：翌丁亥父丁歲，其勿牛。/貞：弜勿。"祭祀父丁用何種犧牲應該是占卜主體可控制的，但正面貞問的卜辭中使用了"其"。

此外，有的卜辭的理解可能有問題，如《合》9560 上的對貞卜辭："甲子卜，賓貞：🈳酒在疾，不从王古。/貞：其从王古。"卜辭的理解文章採用于省吾（1979：318—319）的解釋，"這段甲骨文正反對貞，是貞問🈳因爲飲酒而患疾病，能否隨王從事某項工作"，並進一步解釋"因爲'飲酒而患疾病'，因而不能隨從王從事某項工作，這本是一般的合乎情理的事情，因此，先卜這種反貞也應當看成是自然的"。

此辭中所謂"酒"字原篆作"🈳"，陳劍（2013）認爲此字"當釋讀爲'沉溺於酒'義之'沈酉（酒）'；此義之'沈'字與古書中'酖、耽、湛、憛、媅、妉'等諸字音義皆極近。'沈酉（酒）'兩詞寫作🈳這樣特殊的合文形式，即裘錫圭先生曾論述過的殷墟甲骨文既有比較原始的一面、同時'也有超前發展的一面'之例"。陳劍先生認爲此字爲"沉酒"的合文形式，字形分析顯然比以往將此字釋爲"酒"精準，不過辭例"沈酒在疾"從語法語義角度看似乎還不太好理解。其實此字應該就是"沈酒"之"沈"的專字，與焚巫之焚作"🈳"（此字考釋參看裘錫圭 1983：21—32）構形相似。"🈳沈在疾"即"🈳病很久了"，文獻中類似説法如"憂病是沈，在疾不省"（《文選》卷五十六）、"久在疾"（《建炎以來繫年要録》）。故《合》9560 上的對貞卜辭的含義是"🈳久病在床，不會給王帶來憂患"，"會給王帶來憂患"，其中"古"字的含義爲一種不好的詞義（似可讀爲"蠱"），此對貞類型與占卜有憂、亡憂一般先説亡憂相同。

（周忠兵　撰）

• 參考文獻

曹兆蘭 1998　龜甲占卜的某些具體步驟及幾個相關問題，容庚先生百年誕辰紀念文集，廣東人民出版社。
陳　劍 2013　甲骨文釋字四則（摘要），中國文字學會第七屆學術年會會議論文集，長春。
何疾足 1998　就《殷墟甲骨刻辭摹釋總集》淺議甲骨文的釋文諸問題，胡厚宣先生紀念文集，科學出版社。
沈　培 1992　殷墟甲骨卜辭語序研究，文津出版社。
沈　培 2002　卜辭"雉衆"補釋，語言學論叢，第 26 輯，商務印書館。
沈　培 2009　商代占卜中命辭的表述方式與人我關係的體現，古文字與古代史，第 2 輯，

"中央研究院"歷史語言研究所。

司禮義（Paul L-M. Serruys）1974　STUDIES IN THE LANGUAGE OF THE SHANG ORA-
CLE INSCRIPTIONS，*T'oung Pao*，LX，1-3（通報第60卷1—3期）.

司禮義（Paul L-M. Serruys）1981　Towards a Grammar of the Language of the Shang Bone In-
scriptions，"中央研究院"國際漢學會議論文集語言文字組。

于省吾 1979　甲骨文字釋林，中華書局。

周鴻翔 1969　卜辭對貞述例，香港萬有圖書公司。

黄天樹

重論關於非王卜辭的一些問題

原載《甲骨學國際學術研討會論文集》，東海大學中文系，2005年；收入《黄天樹古文字論集》，學苑出版社，2006年；又收入《古文字研究——黄天樹學術論文集》，人民出版社，2018年。

　　黄天樹先生《關於非王卜辭的一些問題》、《重論關於非王卜辭的一些問題》（下簡稱"《重論》"）兩文，先後就殷墟非王卜辭研究一些重要的、根本性的問題加以討論，既是黄先生本人推進該項研究的成果，也反映了學界認知非王卜辭逐漸明晰、準確的過程。本書選收後出的《重論》，但因兩者關係密切，也一併介紹前文。

　　《關於非王卜辭的一些問題》首先簡述非王卜辭的研究史，之後著重提出三個問題加以商討：

　　一是殷墟卜辭的主人如何稱呼。指出使用"占卜主體"比使用"問疑者"更加明確，貞人可以是問疑者，但不一定是占卜主體。有些卜辭是以貞人的口吻寫出來的，從問疑者的角度來看似乎屬於貞人自己，但由於這些貞人仍是爲其主人服務的，其占卜主體仍然是其主人。

　　二是辭中出現"王"的非王卜辭如何解釋。"非王卜辭"的概念提出後，有學者以其中也存在有關"王"的內容，對這種學說提出批評。因此，解釋清楚非王卜辭出現"王"的現象，是十分重要的。黄先生列出八條提到"王"的非王卜辭，其中六條是命辭中提到"王"，"可以解釋爲商人諸宗族和商王時有往來，説明他們之間的關係非常密切"。又特别討論了前辭出現"王"的非王卜辭，即

"辛囧（向）壬午王貞（下略）"（《合》21374，"子組"）、"丁未卜王貞（下略）"（《合》20676，原文看作圓體類）①兩辭，認爲前者"很可能是商王在宗族居住地巡視並進行占卜活動時，由宗族占卜機構所契之物"；兩例"實屬罕見，所以不能因爲這個別的例子而混淆了王卜辭與非王卜辭的界限"。

三是用"王室卜辭"來稱呼"王卜辭"是否妥當。認爲"王室卜辭/非王室卜辭"的提法與卜辭實際不符，因爲非王卜辭中有些類別（例如"子組"卜辭）的占卜主體很有可能就是王室成員。占卜主體是商王的卜辭是王卜辭，其餘的殷墟卜辭均可歸入非王卜辭。

該文抓住卜辭所屬這一根本性問題，區別了"占卜主體"與"問疑者"、"王室卜辭"與"王卜辭"等概念，糾正了一些含混不清的認識，對非王卜辭的理論研究大有裨益。其主要結論，《重論》一文也有節引，可以參看。

1991年，殷墟花園莊東地甲骨出土。2003年，山東濟南大辛莊刻字甲骨出土。同年，《花東》一書出版。非王卜辭新類型、新材料的發現，"對於非王卜辭的研究產生很大的影響，改變了我們對非王卜辭研究中的一些舊的看法"，在此背景下，黃天樹先生在2005年又發表了《重論》一文。

《重論》開篇亦回顧了非王卜辭的研究歷史，但較前文詳細。接著談了加上花東卜辭後的非王卜辭數量問題。由於花東甲骨中整龜很多，如果換算成常見的較小的碎片，"非王卜辭約占全部殷墟卜辭總片數'十五萬片'的將近10/100"，因而"花東H3所出甲骨卜辭的文字數量和品質其實是很大的"。

《重論》的重點第三節，主要討論"非王卜辭中經常記載有殷王活動的內容"，以修正前文第二條結論。該節分爲兩部分：

1. 對非王卜辭有"王"（或一人）的例子重加選擇、增補，共列出七例。這七例都是可靠並且非常典型的。具體的解釋與前文相同。

2. 全面清理非王卜辭記載"丁"活動的內容。

花東子卜辭屢見當時還活著的、地位很高的人物"丁"，也見於舊有的"子組"卜辭，陳劍（2004）指出就是時王武丁。李學勤（2004）認爲其字當釋"璧"讀"辟"。裘錫圭（2005）主張"丁"讀爲"帝"，是"嫡庶"之"嫡"的親屬詞，"應該是強調直系繼承的宗族長地位之崇高的一種尊稱"。儘管具體看法有別，但學者多已認同這個人物就是商王武丁。

---

① 按：該辭字體上接近師小字類而與圓體類差別較大，不應看作非王卜辭。《重論》沒有再列此例。

《重論》全面勾稽"子組"卜辭和花東子卜辭（詞句較完整者）涉及這種"丁"的內容，並加以詮釋。這些材料非常豐富。黄先生因此指出，舊説非王卜辭"辭中極少提到王"，這種看法是不正確的，應該修正爲"命辭中經常提到王"。這"反映出商王與大貴族之間的關係是非常密切的"。

　　通過以上兩文，黄先生總結了已有研究中的合理學説，並作了進一步的考察研究，總結出關於非王卜辭可以明確的一些要點，見於《重論》結語部分。這些要點已成爲非王卜辭研究的共識，爲後續研究奠定了堅實的基礎。大致包括：

　　1. 甲骨卜辭從占卜主體看，既有王卜辭，也有非王卜辭。"王卜辭"就是王的卜辭，舊或稱爲"王室卜辭"是不正確的；"非王卜辭"是一些與商王有密切血緣關係的大族長"子"的卜辭（林澐1979明確稱爲"子卜辭"）。

　　2. 在判定某一類（組）卜辭是王卜辭還是非王卜辭時，主要依據占卜主體（即卜辭的主人）而不是依據問疑者。王卜辭中存在極少量主人爲"子"（族長）等的非王卜辭；非王卜辭的字體中也存在極少量主人爲"王"的王卜辭。在此基礎上，蔣玉斌（2006）進而概括爲，應將"分類"（從字體特徵、刻寫習慣等方面確定類别）和"定性"（從卜辭内容如占卜主體、稱謂系統等確定其屬性）兩個層面分開來看。

　　3. 商王與大貴族之間的關係非常密切，王卜辭中有關於"子"的内容，非王卜辭中也常有關於王的内容。内容上涉及王或"子"，並不能直接決定卜辭的屬性；是王卜辭還是非王卜辭（實即"子卜辭"），仍然取決於占卜主體是誰。

　　從非王卜辭學説萌芽、提出、發展的歷程看，其最核心、最本質的問題就是卜辭主人（占卜主體）問題。《重論》已從理論上説明，占卜主體與問疑者是不同的概念。但在具體操作中如何確定占卜主體，並不都是容易的事情，往往需要周密的、多角度的觀察、思考、論辯。

　　《重論》講"王卜辭的字體中也存在少量占卜主體爲'非王'的非王卜辭"，舉出以下三例：

　　（8）王不往田，雨？　　　　　　　　　　　　　　　　　　　　　　　［無名］
　　（9）戊寅卜貞：王不往于田？　　　　　　　　　　　　　　　　　　　［黄組］
　　（10）□□卜貞：王不往于田？　　　　　　　　　　　　　　　　　　　［黄組］

　　黄先生認爲，三辭中否定詞用"不"而不是"弜"等，"表明'往于田'這個動作是占卜主體（即卜辭的主人）所不能控制的。也就是説這個占卜主體不是王或王的代言人。這個占卜主體很可能是'子'之類的人物"。蔣玉斌（2006：14—15）曾贊同這種解釋。

沈培（2009：97）一方面肯定"黃先生其實揭示了一個重要現象，即不同的占卜機關在述及對方的占卜主體的活動時所用的表達方式是不同一般的"，另一方面也提出了理解上述卜辭的其他幾種方式（或可能性）。

一種理解方式是，"同一占卜主體在表達自己的行動時，在有些情況下是可以選擇'不'或'弗'這樣的否定詞的"。"可能辭中所説的'王不往田'是已決定之事，此次占卜就是看看這樣決定是否有災。一般來説，卜辭占卜'王田'之事，一般在辭末會綴以'往來無災'的話，但例（2）和例（3）（引者按：即上揭9、10）後面並没有'往来無災'。"（沈培2009：104、106）他並舉出：

庚戌卜：辛亥王出狩。
不出。   《合》33381［歷一］

分析説："'不出'一條大概表示的就是'已经决定不出狩'的意思。我們顯然也不能把這版卜辭看作非王卜辭。"（沈培2009：106）

另一種理解方式是，"即便可以認定屬於命辭，也完全有可能是説這條命辭的人没有站在占卜主體即'王'的立場説話，而是站在自己的立場或者第三者的立場説話。這就是説，即便像這種提及'王'的行動的命辭，也有可能不是代王而言"（沈培2009：110）。

沈説極具啟發意義。以上三辭仍然應看作王卜辭。① 沈先生還提出，"無論命辭是以哪一種身份的人的口氣説出來的，恐怕都難以據此斷定它跟'王卜辭'或'非王卜辭'有必然的聯繫"（沈培2009：113）。可見，單純依靠説者的口吻是不能判斷卜辭屬性的；占卜主體的確定，需要將多方面因素綜合起來考慮。

（蔣玉斌　撰）

---

① 《合》5494有一條師賓間類卜辭，陳劍先生釋作："癸亥卜：𢀧（有）王事（旋?）。三（四）月。"認爲"王卜辭中出現'有王事'很奇怪"，"不知《合集》5494此辭是不是可以算作一個可靠的王卜辭的字體中存在占卜主體爲'非王'的例子"（《釋𢀧》，《出土文獻與古文字研究》第三輯，復旦大學出版社，2010年，第16頁）。按：該片上舊所謂"事"字照片作▨（"中央研究院"歷史語言研究所"考古數位典藏資料庫"R38803, http://ndweb.iis.sinica.edu.tw/archaeo2_public），可辨出實爲"中"字，本版不存在"有王事"的辭例。

• 參考文獻

陳　劍 2004　說花園莊東地甲骨卜辭的"丁"——附：釋"速"，故宮博物院院刊，第 4 期。
黃天樹 1995　關於非王卜辭的一些問題，陝西師範大學學報（哲學社會科學版），第 4 期（收入黃天樹古文字論集，學苑出版社，2006 年）。
蔣玉斌 2006　殷墟子卜辭的整理與研究，吉林大學博士學位論文，指導教師：林澐。
李學勤 2004　關於花園莊東地卜辭所謂"丁"的一點看法，故宮博物院院刊，第 5 期。
林　澐 1979　從武丁時代的幾種"子卜辭"試論商代的家族形態，古文字研究，第 1 輯，中華書局（收入林澐學術文集，中國大百科全書出版社，1998 年；又收入林澐文集·古史卷，上海古籍出版社，2019 年）。
裘錫圭 2005　"花東子卜辭"和"子組卜辭"中指稱武丁的"丁"可能應該讀爲"帝"，黃盛璋先生八秩華誕紀念文集，中國教育文化出版社（收入裘錫圭學術文集·甲骨文卷，復旦大學出版社，2012 年）。
沈　培 2009　商代占卜中命辭的表述方式與人我關係的體現，古文字與古代史，第 2 輯，"中央研究院"歷史語言研究所。

宋鎮豪

從新出甲骨金文考述晚商射禮

原載《中國歷史文物》2006 年第 1 期。

　　古人認爲射禮起源於堯、舜、禹、湯時代，但並無確鑿證據，能夠具體展開來談的，大致屬於西周以後的射禮。宋鎮豪先生該文有鑒於此，利用新出的甲骨文和晚商金文，結合傳世古書及西周金文，探討了晚商的射禮情況，大致勾勒了晚商射禮的輪廓，這一研究可補史書之不備，亦可使人明瞭射禮之源流。

　　宋文根據《花東》2"子其射"、"子勿射"，《花東》124"子入二弓"，《花東》149"用丙吉弓射"，《花東》288"子其入三弓"等記載，認爲這些卜辭都與射禮密切相關。指出這些卜辭涉及獻納射器（入弓）、射禮成績（獲，不靐）、射獲獵物（獲三鹿）等内容。宋文還指出《花東》467、7、37、63、195 等卜辭，内容相關，且都與射有關，認爲它們是同事異日習卜，是晚商王室貴族子弟習射禮的史料。並據這些卜辭的記載，指出射禮儀程持續了二十餘天，先後在三個地點舉行射禮。據表示射禮舉行地的字从"水"旁，推測射禮在水澤邊舉行。這些卜辭中還涉及"丙弓"、"遲弓"、"疾弓"，宋文認爲可能指常規射、慢射、快射三種不同的射儀，或三種不同弓的習射競技。這些卜辭中的"更三人"，宋文認爲謂三人競射得中。還指出《花東》37 末三辭"癸丑卜，歲食牝于祖甲用"、"乙卯卜，更白豕祖乙不用"、"乙卯歲祖乙羖叙鬯一"，與《花東》63、195 組成同套卜辭，同事三龜相襲，異日習卜，涉及射後三日舉行的祭祖食儀。

　　宋文還舉出了著名的殷商銅黿（作册般黿），繼續討論晚商射禮的相關内容。指出銅黿銘文中的"王迍于洹"、"王一射"、"狃射三"、"奏于庸"，與甲骨文射於水澤處，三弓用射，射禮的行儀構成要素等有一些共同點，可互爲補苴。

西周康王時的柞伯簋記載的，是周王秋八月在周地舉行的大射禮。此銘文中有"無廢矢"一語，上文所説銅黿銘文中亦有"無廢矢"之語，兩者都是射禮場合班贊品論競射優勝的評語，宋文指出兩者可以比照。

　　宋文分析了晚商甲骨、金文中的射禮內容之後，又將古書中有關射禮的內容摘録出來，與晚商甲骨、金文中的射禮內容進行比較。根據《周禮·天官·司裘》及《周禮·夏官·射人》記載，指出周代的射禮形式可分兩種：一種是實射獵物，即"射牲"；一種是張獸皮做箭靶競射，即"射侯"。據上文所論，認爲晚商的射禮，以實射獵物爲主要形式，但也有張獸皮做箭靶的競射形式，如甲骨文"遲彝弓"之"彝"像雙手捧雞之形，蓋著意於慢射動物皮製成的箭靶。《周禮·夏官·射人》云："若王大射則以狸步，張三侯。"宋文認爲"張三侯"謂張獸皮箭靶舉行三番射。這種三番射與甲骨文中的"丙弓"、"遲弓"、"疾弓"三番射的競技規則可以類比。《周禮·天官·司裘》"王大射"，鄭玄注："大射者，爲祭祀射，王將有郊廟之事，以射擇諸侯及群臣與邦國所貢之士可以與祭者。"宋文指出甲骨文"叀三人"、銅黿銘文"妞射三，率，無廢矢"，與鄭玄所説的"射以擇人"同旨。甲骨文"歲食牝于祖甲"、"叀白豕祖乙"，與古書中的"將祀其先祖，亦與群臣射以擇之"、"中多者得與於祭"，也可以相對照領會。宋文認爲《禮記》所記載的"選士於澤"，即謂習射於水澤處，與甲骨、金文所記載的在水澤處的習射禮頗爲相似。西周金文靜簋中有"射于大池"的記載，也是類似的射禮。

　　《合》39460中有一描繪在一屋外兩獸被矢射之圖。宋文認爲此屋是"射宫"、"射盧"一類射禮舉行場所的建築設施。甲骨文中有稱作"竆"、"小竆"的建築設施，宋文認爲竆似指與祭祀相關的行射禮之宫。

　　總之，宋文認爲晚商射禮的參與者爲商王及各方貴族，通常連續多天習射於水澤原野，澤畔建有與習射相關的建築設施，射禮有具體的競技規則，以實射獵物爲主要形式，視射獲獵物無廢矢品論優勝，進行頒賜，射後有享祭先祖之禮，是周代射禮的濫觴。

　　宋文將甲骨文、晚商金文、西周金文、傳世古書中與射禮相關的内容，仔細比對研究，將零散的晚商射禮資料，用一根主綫串聯起來，將晚商射禮的大體情况勾勒了出來，爲殷商史的研究提供了很大的便利，同時也爲研究不同時期射禮的嬗變情况提供了豐富的資料。宋文是利用二重證據法研究禮制源流的實踐之作。

甲骨文文辭簡略，又多不成體系，想要通過這些零散的卜辭資料來確知射禮的細節，有相當大的難度。所以宋文在某些細節方面也難免會有些遺憾。"丙弓"，學者有不同的意見，姚萱（2006：168—173）認爲"丙"即"丙"字，爲地名，"丙弓"即來自丙地之弓。宋文認爲甲骨文"遲彝弓"之"彝"像雙手捧雞之形，並據此認爲"蓋著意於慢射動物皮製成的箭靶"，恐怕證據不足。甲骨文中是否存在張獸皮做箭靶的競射形式，還需更多證據來判定。該文所說的《合》39460中描繪在一屋外兩獸被矢射之圖，一般認爲是三個字，這三個字分別是"豪"、"射"、"馬"，具體含義不明。

　　關於金文中的射禮，陳劍先生也有很好的研究。柞伯簋中有一個怪字ㄋ，陳劍（2007a：1—7）將這個字讀爲"賢"，並指出柞伯簋中的"ㄋ（賢）獲"，與古書中所記載的射禮中的"賢獲"有著比較密切的關係。陳劍（2007b：20—38）對義盉蓋中"眔于王仇"、長由盉中"仇次井伯"的釋讀，也可以與古書中記載的射禮相印證。

（劉　雲　撰）

• 參考文獻

陳　劍 2007a　柞伯簋銘補釋，甲骨金文考釋論集，綫裝書局。
陳　劍 2007b　據郭店簡釋讀西周金文一例，甲骨金文考釋論集，綫裝書局。
李　凱 2007　試論作冊般黿與晚商射禮，中原文物，第3期。
楊　華　要二峰 2015　商周射禮研究及其相關問題——兼評袁俊傑著《兩周射禮研究》，史學月刊，第12期。
姚　萱 2006　殷墟花園莊東地甲骨卜辭的初步研究，綫裝書局。
袁俊傑 2013　兩周射禮研究，科學出版社。

董 珊

試論周公廟龜甲卜辭及其相關問題

原載《古代文明》第 5 卷,文物出版社,2006 年。

20 世紀 50 年代之前,甲骨文的出土地僅有安陽殷墟一處,甲骨學的研究對象也局限於殷墟出土的、商代晚期的商人甲骨文。50 年代以來,考古工作者陸續在殷墟以外地區發現了刻辭甲骨,至今已達 1 000 片以上,其中絕大部分屬於周人甲骨。

已知周人甲骨文的年代,從先周延續至西周;周人甲骨文的出土地,遍及陝西、河南、河北、北京、山東、湖北等省市(參看許子瀟 2017:1—8),近來在寧夏彭陽姚河塬遺址又有發現。①甲骨學研究對象的時代、地域、族屬都有了很大拓展。

周人甲骨文的重大發現主要有兩次,分別位於周原、周公廟兩地。1977 及 1979 年,周原鳳雛建築遺址 H11、H31 先後出土甲骨 17 000 餘片②,其中刻辭甲骨 293 片,現整理爲 208 片。③

2003 年以來,周公廟遺址的五處地點(九個單位)先後出土了刻辭甲骨近 800 片。其中 2004 年廟王西 H1 出土甲骨 750 餘片,含刻辭卜甲 99 片;2008 年祝家巷北 G2 出土甲骨 8 600 餘片,含刻辭卜甲 685 片(參看種建榮 2018)。以上兩批甲骨尚在整理中,目前研究者討論較多的,是 2003 年北京大學考古文博學

---

① 《寧夏彭陽姚河塬商周遺址出土甲骨文》,《光明日報》2018 年 1 月 15 日第 1 版。
② 各家記述多誤作 1977 年同時出土,其具體情形參看徐錫臺(1991:7—9)。
③ 原統計之 293 片中,58 片非人爲刻劃、16 片非文字、10 片綴入它片,餘 209 片,其中 6 片已粉化不存(參看曹瑋 2002:前言 10—11)。劉影(2016)又綴合兩片,現爲 208 片。

院師生在周公廟馬尾溝西（祝家巷北）採集到的一版龜背甲（分爲03C10④：1、03C10④：2兩片，可遙綴。所在單位後經發掘，編號爲04QZH45），上有刻辭近40字。

此版龜背甲發表於周原考古隊《2003年陝西岐山周公廟遺址調查報告》（《古代文明》第5卷，2006年）。與《調查報告》同時刊發的，還有一系列研究論文，就卜辭作具體討論的有：

一、李學勤：《周公廟遺址祝家巷卜甲試釋》
二、葛英會：《談岐山周公廟甲骨》
三、李　零：《讀周原新獲甲骨》
四、馮　時：《陝西岐山周公廟出土甲骨文的初步研究》
五、董　珊：《試論周公廟龜甲卜辭及其相關問題》

其中董珊《試論周公廟龜甲卜辭及其相關問題》一文分析卜辭最爲詳細，下面按董文次序列出各家釋文（統一寬嚴，並對專名加下劃綫），以作比對。

一、2-1卜辭

【李學勤】［惟］五月氈（哉）死霸壬午，彶（行）取□（旅？）繇（繁），吏（使）缶（鞄？）者來。巳（厥）至，王由（思）克道于宵（鄁）。

【葛英會】五月氈（哉）死霸壬午，永、祭、□、繇、吏、缶者（諸）□來，巳（厥）至，王由克，退于俞。

【李　零】五月氈（哉）死霸壬午，衍祭□繁。吏（使）占者［□］來，巳（厥）至，王由（思）克逯（邀）于宵。

【馮　時】五月氈（哉）死霸壬午，永祭□繁事，占者來，巳（厥）至，王囟（思）克退于宵（廟）？

【董　珊】……五月氈（哉）死霸壬午，衍（延）祭巤（僕）、繁事（使）。缶（繇）：者（諸）……來。巳（厥）至，王囟（使）克逸（肆）于宵（廟）。

二、2-2卜辭

【李學勤】覍（親—録？）馬衕（賦）于馬自（師），勿乎（呼）人于逆見冬

（終），由（思）亡（無）处（咎）。

【葛英會】覞馬　于馬自，勿乎（呼）人于逆虫、㠯，由亡（無）咎。

【李　零】覞（視？）馬，衏（賦）于馬自（師），勿乎（呼）人于逆。見冬（終），凶（思）亡（無）夗（宛？）。

【馮　時】覞（覯）馬述于馬自（次），勿乎（呼）人于逆見以，凶（思）亡（無）处（咎）？

【董　珊】……視馬，迩（邇）于馬自（師），勿乎（呼）人（？）于逆它，終凶（使）亡（無）咎。

三、1-1 卜辭

【李學勤】曰：異（翼）乎（呼）舦衛戛乎（呼）三……

【葛英會】曰：異，乎（呼）舦衛茂，乎（呼）□。

【李　零】曰：異。乎（呼）胧（歲？）衛夏，乎（呼）□……

【馮　時】……異乎（呼）舦衛，夒乎（呼）……

【董　珊】曰：異（式）乎（呼）舦衛夒，乎（呼）乞（？）……

四、1-2 卜辭

【李學勤】曰：□□妹克□□于宵（鄗）。

【葛英會】曰：母（晦）妹克乘于𤇾。（與 1-1 連讀）

【李　零】曰：母（毋？）［□□］［□□□］□妹，克𨰻于𤇾。

【馮　時】……曰□□妹（昧）克□于宵（廟）？（與 1-1 連讀）

【董　珊】曰：彝（？）……凶妹克□□于宵（廟）。

董文的釋讀與其餘各家存在較大差異者，主要有以下幾點：

1. 釋出辭 2-1 "祭" 下 "巖" 字，將 "衍" 讀爲 "延"，將 "延祭巖、繁事" 理解爲延請 "祭僕"（見《周禮·夏官·司馬》）及繁國使者。

2. 認爲辭 2-1 ㄓ字左上部有一斜筆未摹出，當釋 "缶"，讀爲 "繇辭" 之 "繇"，其下 "者……來" 屬繇辭。

3. 釋出辭 2-1 "逸" 字，讀爲 "肆" 或 "俏"，將 "宵" 讀爲 "廟"，將 "王囚克逸于廟"理解爲"周王使他們（祭僕和繁使）能列隊於廟加以朝見"。

4. 認爲辭 2-2 ⟨字⟩ 字並非从"卜"，而是在普通"視"字上增加"手杖"形，由"長""疑"等字類化而來，仍爲"視"字。"視馬"與"逨（毖）于馬自（師）"連言，説明兩者是相關的行爲。

5. 釋辭 2-2 ⟨字⟩ 字爲"它"，認爲是"逆"的賓語，其所指也是"……視馬，毖于馬師"的主語。

6. 釋出辭 1-2 "囟"字，以"妹"爲否定詞（用李宗焜説），將"囟妹克……"理解爲"使不能……"。

其中"巆"、"逸"、"囟"等字的釋出及相關語句的疏通，爲理解全辭確立了重要的定點。此外，董文還就三個問題作了專門討論：

1. 關於周人卜辭所見之"囟"。作者指出"囟"是使動句式的標識，前後常常省略主語和兼語，辭 2-1 "王囟克逸于廟"、辭 1-2 "終囟無咎"、辭 1-1 "囟妹克……于廟"均應以"囟"下省略兼語來理解。此類"囟"字句多屬於格式省略的占辭或説辭。

2. 關於周公廟遺址。作者推測其爲周公封邑（周城），即"王季宅程之前之所都，也是文王自程宅酆之前所曾用的岐下舊都"。周公廟墓地則可能是周公家族墓地。

3. 關於周公廟卜甲的年代和月相，作者認爲其中的"王"最有可能是周武王。據漢唐舊説，首見之月相"哉死霸"可能指初一或初三日。

2006 年以後，討論此版卜辭的主要有武家璧（2013）、新亭（2014）二文。前者認爲辭 1-2 與 2-1 屬正反對貞，但其改釋"衍"爲"彤"、"巆"爲"獻"、"逸"爲"邁"等均不可信。後者重新摹寫了辭 1-2 "克"下之字，釋爲"旋（奔）逸"，將辭 1-2 "囟妹克奔逸于廟"與辭 2-1 "王囟克逸于廟"對讀，認爲其中的"廟"當指岐周的宗廟，"奔逸于廟"則指"在廟中殷勤祭祀、虔敬事神"，與《詩經·周頌·清廟》"奔走在廟"同義。

新亭（2014）所摹"旋"、"逸"二字

關於《試論周公廟龜甲卜辭及其相關問題》一文，尚有以下幾點可稍作補充：

1. 從微距照片看，辭 2-1 ㄓ字左側"斜筆"較其他筆畫細且淺，似不能排除此字爲"占"的可能。

2 號卜甲"缶"或"占"字照片

2. 蔣玉斌（2014）釋辭 2-2 之 𧴪 爲"罒"（"蜀"字所从），於字形分析較釋"視"爲優。

3. 辭 1-1 "𢦏"字當從李學勤先生釋"𢦏"（參看謝明文 2016）。

4. 除"哉死霸"外，"哉生霸"後來也見於出土文獻（《銘圖》12447、12448 復丰壺）。經由出土及傳世文獻互補，與"魄"相關的月相名稱已有較明確而整齊的六組，列表如下：

月　　相	哉生魄/霸	旁生魄/霸	既生魄/霸	哉死魄/霸	旁死魄/霸	既死魄/霸
傳世文獻	✓	✓	✓	（未見）	✓	✓
出土文獻	目前僅見復丰壺	（未見）	✓	目前僅見周公廟甲骨	目前僅見晉侯蘇鐘	✓

由於文字殘損、缺乏可對讀辭例、年代不夠明確等原因，研究者對 2003 年周公廟所出甲骨的釋讀，及對相關問題的理解，還有不少推測的成分。相信隨著剩餘數百片周公廟甲骨文的整理發表，其中許多疑問必將迎刃而解。

（葛　亮　撰）

• 參考文獻

曹　瑋　2002　周原甲骨文，世界圖書出版公司。
種建榮　2018　試論西周甲骨的埋藏方式——以周公廟刻辭甲骨的出土爲例，文博，第 3 期。
蔣玉斌　2014　釋甲骨文中的"獨"字初文，古文字研究，第 30 輯，中華書局。
劉　影　2016　周原甲骨新綴及相關問題分析，出土文獻，第 9 輯，中西書局。
武家璧　2013　周公廟"彤祭"卜辭及其天象與年代，殷都學刊，第 2 期。
謝明文　2016　"𢦏"字補説，出土文獻研究，第 15 輯，中西書局。

新　亭 2014　岐山周公廟卜甲"王斯妹克奔逸于廟"的觀察和思考，復旦大學出土文獻與古文字研究中心網站，http://www.gwz.fudan.edu.cn/Web/Show/2254，4月26日。

許子瀟 2017　西周甲骨材料整理及相關問題研究，吉林大學碩士學位論文，指導教師：馮勝君。

徐錫臺 1987　周原甲骨文綜述，三秦出版社。

陳　劍

釋"造"

原載《出土文獻與古文字研究》第 1 輯，復旦大學出版社，2006 年；收入陳劍：《甲骨金文考釋論集》，綫裝書局，2007 年。

　　《釋"造"》是陳劍先生衆多成功的考釋案例中的一個，是古文字科學化、精密化考釋的代表和典範。
　　陳文共分八個部分。在"八"也即結語部分，已經歸納了文章主要結論。在具體論證中，陳文辨明，西周金文中的"造"字徣、䧹等所从的"＊告"聲，與"告"字（⿰、吿）不同，戰國文字中還有兩者相別的證據。甲骨文中"△"字主要形體有 A⿰、B⿰、C⿰、D⿰四類，D⿰一類後來就演變爲"＊告（造）"形。由此考釋甲骨文从"⿰"聲的⿰、⿰，指出它就是遭遇之"遭"的古字；而"△"用爲時段名"早"。根據"△"跟"造"和"遭""早"等字的密切關係，結合字形來看，"⿰、⿰"應該就是"艸/草"字的象形初文。西周文字中主要見於金文的"徣"（徣）和"䧹"（䧹）均从"＊告（造）"，它們最初當是"造"字異體，後來與"造"字分化並被淘汰；毳簋"䧹"字當釋爲意爲"到……去"的動詞"造"；其他"徣"和"䧹"字有一部分可能當釋讀爲虛詞"肇"，表示對其後所接動詞的肯定和強調；有一部分"用於兩事之間"，所表示的詞尚待進一步研究。
　　這篇文章考釋的"草（早）"、"遭"、"造"等，都是古文字中的常用字（詞）。其正確釋讀，有助於我們更準確地把握有關文句的意思，進而開展更深入的研究。文章所辨明的形體"＊告（造）"，是爲學者忽視或不太注意的形體。以前雖有學者稍加措意，但直到陳文才把它講清楚，爲古文字形體源流研究帶來了新知。陳文的這些貢獻，都源於科學化、精密化的考釋研究。以下試舉幾個方面來説明。

注重對字形的精細辨析。陳文敏鋭地觀察到"*告（造）""告"之間的細微差别，指出西周金文𧧿、𩫪等所從的"*告"與"告"字（🖎、🖎）的區别主要在"中豎是否屈頭"和"中豎上所從是小點還是横畫"這兩個特徵上。在戰國文字中，還有一些"*告（造）"寫成🖎、🖎，有的已與"告"混同；但真正的"告"字卻從没有寫作"*告（造）"形的。這充分説明提出"*告（造）""告"之别的重要性。"*告（造）"形得到精確的認識，也就爲甲金文相關諸字的考釋奠定了牢靠的支點。

論證科學嚴謹。陳文每提出一個意見，幾乎都有多方面的多種證據作爲支撐。例如講甲骨 D 🖎 一類形體跟"*告（造）"的形體演變關係，首先舉了一組平行演變的例子：🖎→🖎、🖎。🖎→🖎、🖎 的變化，除了增加飾筆小點之外，跟"屮"字演變完全平行。接下來又舉了"賣"所從的"𠈹"旁來加以印證。"賣"字所從的"𠈹"旁實从甲骨文 B 🖎 類形體得聲。🖎→🖎、🖎、🖎 所從，也跟上揭演變關係相類。這些平行演變的例子，貼合而有力，説明從甲骨 🖎 形到後世"*告（造）"的聯繫，是符合古文字形體演變規律的。

考釋方案能照顧到文字的各個方面，做到"完全的釋字"。文章指出 🖎、🖎 應當分析爲從"△"聲——相當於"*告（造）"聲——而讀爲"遭"。這一釋讀，在辭例上通讀無礙，曉暢明白；構形上可類比同意的"夆/逢"字；讀音上極爲接近，而通用關係上"造"跟"遭""實在是太密切了"。形、音、義、用無不切合，釋讀堪稱完美。對"△"的考釋也是如此。文章先將其形與後世文字連通，同時也就確立了其音讀，然後從辭例用法推出其可以表示的詞（"早"），最後採納裘錫圭先生"簡明直接"（陳劍 2015：259）的意見，指出"🖎、🖎"應該就是"艸/草"字的象形初文。這樣，待考字中 A 🖎、B 🖎 類的造字本義、原初構形都得以順利解決。而"古文字中增'口'形爲繁飾的現象屢見不鮮"，加"口"的 C、D 兩形可分析爲從"口""草"聲，陳文第一部分已經説明了。

材料全面，辨析細密，研究基礎扎實。這當然是古文字考釋甚至任何方面的學術研究中最起碼的要求，但陳文在這方面可以説做到了極致。例（47）引《鄴中片羽初集》三二·四（《京津》3117）的資料，其中"草（早）"字作🖎，是該字重要的異寫，該片《合集》《合補》就没有收録。陳文對若干相關材料的考辨都很見功力。大家讀過陳先生的考釋文章後都有同樣的感覺，就是談到一個字或一個形體時，往往會把密切相關的字詞或形體放在一起討論，甚至將其中的問題一併加以解決。他的一篇文章，可能相當於若干篇小文章；甚至小注中的一些意見，可能就是一個值得進一步研究的課題。這種例子在《釋"造"》中比比皆是，就不煩舉證了。

研究中秉持實事求是的態度。"徣"和"徥"字的情況非常複雜，是古文字學中的老大難問題。有些問題一時弄不清楚，陳文也如實加以說明。例如陳氏懷疑"用於兩事之間"的那類"徣（造）"字，跟"攸"可能有關係，既舉列證據提出一種思路，也表示"由於掌握的證據還過於薄弱，我們不準備就此作過多的發揮了"。這種態度值得稱讚。

2015年中西書局出版了《中西學術名篇精讀·裘錫圭卷》，其中《釋殷墟甲骨文裏的"遠""𢓊"（邇）及有關諸字》一文的導讀爲陳劍先生撰寫。導讀雖爲《遠邇》文而寫，實際上也是關於古文字考釋方法及應注意問題的綱領性論述。其中既包含了對前人考釋方法的品鑒，對裘先生考釋理念的領悟，同時也是陳先生本人考釋經驗的歸納，是金針度人之作。導讀除了總論考釋方法，在字形、辭例（文字用法）方面分別列出若干條考釋時應重視的事項。拿這些條目去看《釋"造"》，幾乎是條條都可以落實。因此，《釋"造"》不僅解決了古文字考釋中的具體問題，也是古文字考釋方法上的成功示範，值得細細品讀。

（蔣玉斌　撰）

• 參考文獻

陳　劍 2015　《釋殷墟甲骨文裏的"遠""𢓊"（邇）及有關諸字》導讀，中西學術名篇精讀·裘錫圭卷，中西書局。

宋華强 2002/2005　釋"𧾷、𣥂、𣥈、𣥉"字及其用法，甲骨文疑難語辭例釋，鄭州大學碩士學位論文，指導教師：王蘊智；釋甲骨文中的"今朝"和"來朝"，漢字研究，第1輯，學苑出版社。

方稚松

釋殷墟花園莊東地甲骨中的瓉、祼及相關諸字

原載《中原文物》2007年第1期。

　　方稚松先生的《釋殷墟花園莊東地甲骨中的🆎、🆎及相關諸字》一文先是對花園莊東地甲骨卜辭中的"🆎"和以之爲偏旁的"🆎"進行了釋讀。對於前者，方先生把它跟金文中的"🆎"相聯繫，認爲"🆎"上部的"π"與金文"🆎"字上面所從一樣，應爲同一種物件；金文"🆎"下面的"🆎"應由甲骨文"🆎"和"🆎"訛變而來。既然金文"🆎"釋作"瓉"，則甲骨文"🆎"也應該釋作"瓉"，象一種玉器物件置於"同"中，過去認爲置於鬲中是不對的。

　　對於後者，方文舉出金文中釋作"祼"之形體"🆎"，指出左部偏旁顯然是由甲骨文"🆎"演變而來的，甲骨文"🆎"就是"🆎"，當釋作"祼"，表示祼饗時以口飲酒之意。

　　方先生對上述花東甲骨文"瓉"、"祼"的釋讀是非常正確的。《花東》493命辭説"向癸巳夢丁🆎，子用🆎，亡至艱。"可見把"🆎"釋"祼"、把"🆎"釋"瓉"是比較合適的。這是占問壬辰到癸巳的時候子夢見武丁舉行祼祭，花東"子"用瓉助祭，（夢）是否會有"至艱"。《屯南》2621一次使用"舊瓉"五十，可見"瓉"是祼祭中必不可少的用具。《甲骨拼合四集》第875則復原出"🆎"、"🆎"之字，與金文瓉字"🆎"、"🆎"、"🆎"形體更爲接近，毫無問題也是"瓉"字。可能有的學者有這樣的疑慮：花東甲骨卜辭中"祼"字習見，皆作"🆎"、"🆎"之形，方文把"🆎"釋作"祼"，不符合花東子組卜辭的用字習慣。我們知道，不同類組的卜辭用字往往不同，即使是同一類組內部，由於刻手的不同，使用的字形往往也有差異。就拿"祼"來說,無名組卜辭常常使用"㊗"表示{祼},但有時也用"㊗"形表示,不足爲奇。

除此以外,方先生還討論了無名類甲骨卜辭中跟"㊗"有關聯的一些字的釋讀。《英藏》2274"㊗",方先生認爲左部所從"像雙手持一玉器,字形似取以酒灌玉之狀,可釋作祼。"《屯南》2196之"㊗"、《屯南》2232之"㊗",方先生認爲亦該釋作"祼"。《屯南》2621之"㊗",方先生從辭例出發,認爲此字該釋作"瓚","用舊瓚五十",比較通順。《合集》27628、《合集》29693的"㊗"、"㊗",方先生亦釋作"祼"。這些釋讀都比較合理。

方先生在這篇論文中,對花東子組和無名組卜辭中的不少疑難字作出了十分精彩的釋讀,解決了一批甲骨卜辭的通讀問題,對研究商周祼禮有不小的推動作用。同時,也豐富了我們對甲骨文"瓚"、"祼"形體的認識。另外值得一提的是,方先生對甲骨文"㊗"字結構進行了精確的分析,指出"瓚"字形體象玉器置於"同"中,還指出這種玉器很可能就是屢次出土於商周墓葬中的所謂"柄形器"。這些看法後來得到了考古實物的驗證,實爲卓識。洛陽北窑西周墓地出土一件柄形器,"下端部由七個長條形玉片等距圍繞。間距內填以四片橢圓形綠松石小片,它們粘附在端部。在玉片粘附物下面,托以長梯形蚌飾,中有圓穿孔,孔內向下插一柱形玉飾。再下有一漆器痕,漆器痕呈喇叭形,上部已殘下部保存較好"①。這個所謂的漆器,就是我們熟悉的觚形器,内史亳同自名爲"同",所

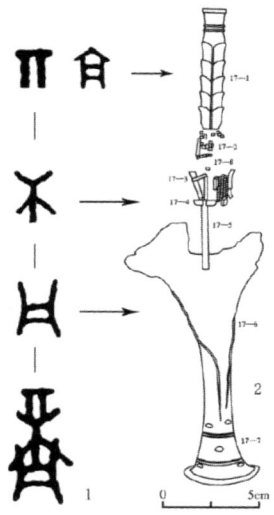

圖一(採自李小燕、井中偉 2012:42)

---

① 洛陽市文物工作隊編:《洛陽北窑西周墓》,文物出版社,1999年,第51—52頁。

以這個漆器也就是"同"。把北窰西周墓地這件柄形器跟甲骨文"🔲"字相比較，可謂十分密合。上部的"π"是柄形器象形（當然用以行祼禮的玉器不限於柄形玉器），中間的"不"是漏斗狀的飾品和柱形玉器，下面的"∀"就是漆器"同"（請參圖一）。不少學者根據小臣玉柄形器自名，把這種柄形器命名作"瓚"，是非常合理的。這也可以證明，方先生把甲骨文中的"🔲"釋作"瓚"是正確的。目前，關於行祼禮的器物組合的研究，請參看李小燕、井中偉（2012），何景成（2013），鞠煥文（2014），李春桃（2018）等先生的論述。

（王子楊 撰）

• 參考文獻

何景成 2013 試論祼禮的用玉制度，華夏考古，第 2 期。
鞠煥文 2014 殷周之際青銅觓形器之功用及相關諸字，中國文字研究，第 1 期。
李春桃 2018 從斗形爵的稱謂談到三足爵的命名，"中央研究院"歷史語言研究所集刊，第 89 本第 1 分。
李小燕　井中偉 2012 玉柄形器名"瓚"說——輔證內史亳同與《尚書·顧命》"同瑁"問題，考古與文物，第 3 期。

李學勤

汐翁《龜甲文》與甲骨文的發現

原載《殷都學刊》2007年第3期；收入李學勤：《通嚮文明之路》，商務印書館，2010年。①

目前學界公認，甲骨文的發現時間是1899年，發現者（或發現者之一）是當時的國子監祭酒、金石學家王懿榮。王懿榮本人没有留下任何關於甲骨的文字記載，他發現甲骨文的經過，最早見於劉鶚《壬寅日記》（1902）及《〈鐵雲藏龜〉自序》（1903）。根據劉鶚"訪龜板原委"所瞭解的情况，王懿榮是因爲范姓古董商"挾百餘片走京師"而初見甲骨（参看本書《〈鐵雲藏龜〉自序》篇提要）。不過，後來在社會上普遍流行的，卻是另一種説法——王懿榮因患瘧疾服藥，偶然在藥材"龍骨"上發現了甲骨文。

檢視中國學者早年的記述，如羅振玉《〈殷商貞卜文字考〉自序》（1910）、王國維《〈戩壽堂所藏殷虚文字〉序》（1917），以及王懿榮之子王漢章在《古董録》（1933）中的回憶，可知其中均有古董商主動售賣甲骨之説，而無王懿榮患病服"龍骨"的情節。②最早提及"龍骨"的，是羅振常寫於1911年的《洹洛訪古遊記》，其中也只説到鄉民以甲骨充當藥材"龍骨"出售而已。③

---

① 《殷都學刊》刊發的版本存在較多排印錯誤，絶大部分注釋都有錯位及文字缺漏問題，今以《通嚮文明之路》所收者爲準。
② 以上三文中的相關内容，可看吕偉達主編：《王懿榮集》附録，齊魯書社，1999年，第532—535頁。
③ 羅振常：《洹洛訪古遊記》，蟬隱廬，1936年。又點校本，河南人民出版社，1987年。

王懿榮患病服"龍骨"之說最早見於明義士《〈殷虛卜辭〉序》（1917）①，後來也寫入其《甲骨研究》（1933）②。但前者以英文發表，後者是授課講義，流傳都不太廣。影響更大的，實際是署名汐翁的一篇短文——《龜甲文》。這篇文章本來只是用筆名發表在報紙副刊上的，演義性質的通俗小文，但在被《甲骨年表》（1937）引用後③，進入了學術語境。其中小說式的情節後來爲社會各界所熟知，幾乎成了甲骨文發現的"定說"。實際上，《龜甲文》的內容大多經不起推敲，這篇文章至少不應作爲學術史寫作的依據。

李學勤先生在見到《龜甲文》原文後，"考慮到文章長時期造成的影響"，特將全文介紹給讀者，並逐一辨析其中存在的問題，作了一番正本清源的工作。

讀《汐翁〈龜甲文〉與甲骨文的發現》一文，可知《龜甲文》的作者對早期甲骨文研究史缺乏基本的認識，行文多"信筆由之"，可謂滿目皆非。正如李先生所言，"王懿榮買龍骨之事尚有可疑"，"汐翁《龜甲文》的敘述就更爲離奇了"。那麼，既知《龜甲文》所述時間、人物、事跡大多錯亂，而獨獨採用其中"王懿榮患病服龍骨"之說，就更沒有必要了。

關於《汐翁〈龜甲文〉與甲骨文的發現》一文，有以下幾點可稍作補充：

1. 明義士《甲骨研究》（1933）並非"關於王懿榮從藥材龍骨中發現甲骨文的說法最早的一例"，其《〈殷虛卜辭〉序》（1917）早有此說，但係以英文發表。1928年，《東方雜誌》第25卷第3號刊出明義士《殷虛龜甲文字發掘的經過》一文，即《〈殷虛卜辭〉序》中譯本（陳柱譯）。汐翁《龜甲文》（1931）中的買藥情節，可能是據此譯本鋪陳敷衍而成的。

2. 劉鶚不但沒有首先發現、收購甲骨文，他對甲骨文發現過程的了解，甚至要晚到1902年收購王懿榮遺物之後。《殷虛卜辭綜述》對劉鶚收藏始末的記述，則因其所引《抱殘守缺齋日記》年份的錯誤，而存在偏差（參看本書《〈鐵雲藏龜〉自序》篇提要）。

3. 劉鶚流放新疆的時間，不在1910年，而在1908年。劉鶚的卒年，許多論著也以爲在1910年（如《甲骨年表》、《殷虛卜辭綜述》等），實際應爲1909年（參看劉蕙蓀 1982：143—149）。

---

① 明義士：《殷虛卜辭》（*Oracle Records from the Waste of Yin*），上海別發洋行（Kelly & Walsh Limited），1917年。
② 明義士：《甲骨研究》，齊魯大學，1933年。又影印本，齊魯書社，1996年。
③ 董作賓、胡厚宣：《甲骨年表》，商務印書館，1937年，第1頁。

關於甲骨文最初的發現者，除最早出現的王懿榮說外，後來又有王襄、孟定生、劉鶚、端方，乃至陳介祺（卒於 1894 年）、潘祖蔭（卒於 1890 年）發現之說，學者也做了不少考訂辨誤工作（參看胡厚宣 1997，朱彥民 2008，馬季凡、徐義華 2017，任光宇 2018 等）。目前看來，這些說法都存在或多或少的問題，尚不能替代王懿榮發現之說。

從學術史的角度看，相比"誰發現"、"如何發現"，更重要的其實是"何謂發現"和"為何發現"。李濟先生在《安陽》一書的開篇有如下精彩論述：

> 證據表明，當隋朝人在此（指安陽）埋葬死者時，他們常發現埋藏在地下的刻字甲骨。如果那時的一些學者像十九世紀的古文字學家一樣有教養，發現了這埋藏的珍品，那麼中國學者可能早在 13 個世紀前就認識甲骨文了……在智力的發展中，都有其特定的，遵循著某種次序前後相接的階段。十九世紀末甲骨文被認為是一個重大發現，這個發現與其說是偶然的，不如說是學者們不斷努力的結果。1899 年發生的事是有長期的思想準備的。認識清朝的學術思想史是重要的，因為它提供了條件促使學者們得以達到瞭解和承認甲骨文重要性的成熟階段。[①]

可見，所謂"甲骨文的發現"，其實應該分為兩個層面：物質層面和學術層面。物質層面的發現，可能有很多偶然，也可能早已有之；學術層面的發現，則是清代金石學、文字學研究水平達到相當程度之後的，一種必然。

（葛　亮　撰）

• 參考文獻

胡厚宣 1997　再論甲骨文發現問題，中國文化，第 15、16 期。

劉蕙蓀 1982　鐵雲先生年譜長編，齊魯書社。

馬季凡　徐義華 2017　清華大學藏"滂喜堂"甲骨的來源與朱樨之其人，南方文物，第 4 期。

任光宇 2018　"王劉聯合發現說"和甲骨文發現研究新論，廣西師範大學學報（哲學社會科

[①] 李濟：《安陽》（Anyang），華盛頓大學，1977 年。引文見中譯本，收入《李濟文集》卷二，上海人民出版社，2006 年，第 324 頁。

學版），第 6 期。

沈　培 1999　從兩個"百年"紀念會談甲骨文的發現，中華讀書報，9 月 22 日。

朱彥民 2008　近代學術史上的一大公案——關於甲骨文發現研究諸說的概括與評議，邯鄲學院學報，第 2 期。

朱鳳瀚

再讀殷墟卜辭中的"衆"

原載李宗焜主編:《古文字與古代史》第 2 輯,"中央研究院"歷史語言研究所,2009 年。

甲骨卜辭中的"衆"(或作"衆人")頻繁出現,"衆"可以從事農耕,還可以參加戰争,作用頗爲重要,其身份地位爲何,是研究殷商史不能迴避的。所以,很多學者參與到對"衆"的研究中來。

學者對"衆"的研究主要集中在對"衆"的身份的考證上。關於"衆"的身份,早期多遵從郭沫若(1984:14—252)的説法,認爲卜辭中的"衆"是奴隸。20 世紀 80 年代以後,學者對"衆"進行了更深入的探討,意見漸趨一致,普遍認爲"衆"不是奴隸(參朱鳳瀚 1981:57—74;楊寶成、楊錫璋 1983:30—34;裘錫圭 2012:121—152)。雖然大家普遍認爲"衆"不是奴隸,但"衆"的社會身份到底是什麽,依然是有争議的。

朱鳳瀚先生(1981:57—74)對卜辭中"衆"的研究持續了很多年。1981 年即發表論文主張"衆"是生活於族組織中的商人族衆,屬平民階級,是商王國的主要軍事力量。我們這裏要談的朱文,是朱先生進一步討論"衆"的身份的文章,與之前的文章相比,論證更爲細密,結論也更有説服力。朱文的重要意義,是指出將"衆"統一視爲單一等級或階層是不合理的,進一步證明了商人宗族是商王國主要的兵力與從事農業生産的勞動力來源。

朱文主要討論了有關"衆"的兩個問題:一是卜辭中的"衆"所指稱的社會成員的範圍;一是由"衆"與王朝軍旅的關係看商王朝軍事組織的變化。

在討論"衆"所指稱的社會成員的範圍時,朱文首先肯定了裘錫圭(2012:

121—152）提出的"衆"有廣義、狹義兩種用法的意見，不過對裘先生所説的"衆"的廣義、狹義兩種用法的具體含義有不同意見。

朱文指出，卜辭中"衆"常與一些大的商人宗族相聯繫，這一點在兩類有關戰事的卜辭中表現得尤爲明顯：一類是卜問這些宗族族長"以衆"，即率領"衆"去征伐敵方，一類是卜問這些宗族"喪衆"，即在戰爭中折損"衆"。爲了説明上述觀點，朱文列舉了大量卜辭。在這些卜辭中，常見的"某（氏名）以衆"結構，有時又可以變作"某（氏名）衆"結構，省掉了"以"，而"某（氏名）喪衆"結構，有時也可以變作"某（氏名）衆喪"結構。既然"某（氏名）衆"可以連讀，則"衆"可以冠以這些宗族的名號，自然反映了"衆"與宗族本身之間的密切關係。朱文傾向於認爲"衆"即是這些宗族的族人，而不是附屬於這些宗族的群體。

朱文據考古發掘指出，晚商各族氏採用族墓地制度，具有不同等級身份的宗族成員的墓葬以一定的分佈形式共葬於同一塊墓地中，中型或小型墓之較大者，當墓主人是男性時，基本上皆隨葬有青銅兵器，而小型墓之較小者，不隨葬青銅兵器。這説明，父權的商人宗族同時也具有軍事武裝的性質，而且能夠作武士也是族人身份地位的象徵。能隨葬兵器的兩類族人，朱文推測應屬於中等貴族和平民中的上層。認爲王卜辭中最常卜問的、參戰各宗族内的"衆"指的就是這些有兵器隨葬的族人。

朱文還指出，商人宗族武裝中可能還會有一小部分異族人。這部分異族人可能是被征服的異族成員，也可能是受王或上級貴族賞賜的異族人。

在對相關卜辭分析的基礎上，朱文總結了對"衆"的範圍的認識：廣義的"衆"泛指作爲王之下屬的商人諸宗族成員（及其附庸）。此時"衆"所包括的階層，既有宗族内的貴族，也有平民族人。在農事卜辭中，"衆"以平民爲主體。在戰事卜辭中，"衆"以貴族下層與平民上層爲主體。狹義的"衆"，主要指出現於戰事卜辭中，卜問是否要某一族氏的族長"以衆"，或某一族氏"喪衆"時所説的"衆"，僅指該族氏的族人（及其附庸），而以貴族下層與平民上層爲主體。根據《合》31993中爲"衆"舉行對祖丁、妣癸的御祭的卜辭，朱文指出該卜辭中"衆"爲祈求祖先佑護的對象，應是該宗族的族人。還將《尚書·盤庚》及《孟子·滕文公》中論及商湯時出現的"衆"，與卜辭中的"衆"進行對比，指出它們之間的相似性，以此進一步論證其對卜辭中"衆"的理解是合適的。

卜辭中有"⇕衆"之語。朱文認爲⇕的上部形體與金文"害"字的上部形體相同，所以該字當與"害"語音相近，並據此語音綫索將該字讀爲"會"，訓爲會面、會合、會迎等，認爲"會衆"即會見衆人。不過，據沈培（2017）研究，⇕的上部形體與"害"字並非一字，雖然兩者有一階段形體混同，但兩者來源不同，應加以區分。沈先生認爲⇕是後世表示"迎"義的"迓"、"訝"、"御"的早期表意字，字形用以"止"向張開的帳幕行進來表示"迎"義，"⇕衆"即迎接衆人。

卜辭中還有"敄衆"之語。"敄"在卜辭中有兩種意思，一種是捕獲之義，一種是氏名。朱文認爲，如果"敄"是動詞，"敄衆"就是"衆敄"的倒文；如果"敄"是氏名，"敄衆"就是"敄氏之衆"的意思。"敄"，現一般釋爲"敢"，爲手持捕獸網迎頭兜捕的一種田獵方式（陳絜 2006：16—28；宋雅萍 2011：193—212）。

朱文還探討了"衆"與商王朝軍事組織的關係。

朱文指出，武丁、祖庚時期，商王朝有戰事時多是直接徵調諸宗族武裝，即"衆"。還據相關卜辭進一步指出，這一戰事制度直到殷代中期約康丁時期依然存在。但大約在康丁時期，這種從商人宗族中徵調來作戰的武裝，開始有了軍隊的名稱"戍"。其重要證據就是屬於無名組二類的《合》26879＋26880＋26885＋28035 中的一組卜辭。這組卜辭先總言"五族戍弗堆王衆"，又分五次言"戍某弗堆王衆"，最後又言"五族其堆王衆"。朱文同意姚孝遂等先生提出的"戍某"之"某"爲族名的意見，認爲"戍某"是指由此族氏之衆組成的"戍"。此五族中的族名或見於卜辭與商金文。"五族"所"堆"之"衆"是"王衆"，則此"五族"與商王當有特殊關係，也即該"五族"當爲王直轄區域內的五支商人族氏。

康丁時期的無名組二類卜辭中的"戍"，或單言"戍"，朱文認爲是"戍某（氏名）"之通稱，説明此時"戍"已成爲可獨立使用的軍事組織名稱；或言"戍射"、"戍馬"，朱文認爲這説明原作爲商王朝常備軍的"多射"、"多馬"此時有可能已統編入"戍"中，成爲"戍"的構成部分；或前言"戍"，後言"不雉衆"或"不喪衆"，朱文據此推知"戍"仍是來自商人宗族武裝。在無名組三類卜辭中或言"左戍"、"中戍"、"右戍"，朱文據此認爲，在武乙時期"戍"已經過統編，構成左、中、右三部。還據黃組卜辭推知，文丁、帝乙時期"戍"依然使用分爲左、中、右三部的編制。

在無名組三類卜辭中，還有稱作"旅"的軍事組織。在卜問與"旅"相關的戰事時，也卜問是否"雉衆"，朱文認爲，這説明"旅"也是由宗族武裝編制而成。因"旅"在卜辭中可以稱爲"左旅"、"右旅"，所以朱文認爲"旅"可能是

"戍"在編成"左"、"中"、"右"之後的另一種稱呼。

朱文根據以上研究指出,殷代中期晚葉約武乙時期以後,商王朝對諸宗族武裝有了進一步的控制力,"戍"具有了近於王朝常備軍的性質。

(劉　雲　撰)

• 參考文獻

陳　絜 2006　說"敢",史海偵迹——慶祝孟世凱先生七十歲文集,香港新世紀出版社。
郭沫若 1984　奴隸制時代,郭沫若全集·歷史編,第3卷,人民出版社。
裘錫圭 2012　關於商代的宗族組織與貴族和平民兩個階級的初步研究,裘錫圭學術文集·古代歷史、思想、民俗卷,復旦大學出版社。
沈　培 2017　釋甲金文中的"迓"——兼論上古音魚月通轉的證據問題,"上古音與古文字研究的整合"國際研討會論文集,澳門大學中國語言文學系、香港浸會大學饒宗頤國學院主辦。
宋雅萍 2011　說甲骨文、金文的"敢"字,出土文獻研究視野與方法,第2輯。
楊寶成　楊錫璋 1983　從殷墟小型墓葬看殷代社會的平民,中原文物,第1期。
張政烺 2012　古代中國的十進制氏族組織,張政烺文集·甲骨金文與商周史研究,中華書局。
趙錫元 1956　試論殷代的主要生產者"衆"和"衆人"的社會身分,東北人民大學人文科學學報,第4期。
朱鳳瀚 1981　殷墟卜辭中"衆"的身份問題,南開學報(哲學社會科學版),第2期。

黄天樹

甲骨形態學

原收入黄天樹主編：《甲骨拼合集》，學苑出版社，2010年；又收入《黄天樹甲骨金文論集》，學苑出版社，2014年；又收入《古文字研究——黄天樹學術論文集》，人民出版社，2018年。

黄天樹《甲骨形態學》一文明確提出了建立甲骨形態學這一甲骨分支領域的思想，列出了其研究内容。該文首次使用了"龜縫片"這一概念，侧重説明龜腹甲各部位的位置及其上盾紋的形態，龜背甲各部位的位置關係、邊緣及其上盾紋形態，胛骨的左右判定等内容。

從殷墟考古發掘開始，甲骨形態，就被當時的學者所關注，關注的目的在於通過甲骨形態辨識甲骨部位，以便進行甲骨綴合。董作賓（1929）把龜腹甲按齒縫分九個部分，即：首甲、前甲、後甲、尾甲各兩塊，中甲一塊。把甲骨邊緣及其上天然紋理命名爲縫、兆、緣、理，即我們今天所謂的齒縫、兆邊、緣邊、盾溝。秉志（1931）對安陽考古發掘的一個整龜殼進行研究並且從生物學的角度進行了分析。把背甲構造分爲頸甲、脊甲、上尻甲、尻甲、肋甲、邊甲，把腹甲構造分爲上、内、舌、下、劍腹甲。描述了各部位的外形輪廓、長寬比例等。秉志研究的龜背甲是一個完整的龜背甲，而不是殷墟占卜常用的對剖經修治的半個龜背甲。張秉權（1956）最早使用"齒縫"一辭，指出龜甲的腠帶和齒縫是分辨龜甲部位的天然標準，對龜甲的正反、左右、内外、上下做了規定。這種規定是必要的，便於研究者在分析龜甲形態時明確具體所指。

董作賓（1957）最早使用"盾紋"一詞，指出齒縫盾紋形態的最大作用是幫助判斷甲骨殘片的部位。葉祥奎（1990）與葉祥奎、劉一曼（2001）對龜甲中典型的花龜和烏龜的背腹甲進行了研究。描述了背甲外層的頸盾、椎盾、肋盾、緣盾，內層的頸板、椎板、上臀板、臀板、肋板、緣板的數目、外形輪廓，腹甲上齒縫盾溝的相對位置及形狀。宋雅萍（2008）專門研究YH127坑出土的龜背甲形態並將之運用於甲骨綴合、研究龜背甲上的卜辭文例、内容等。該文採用秉志的称名系統。描述了占卜常用的半個背甲内層各骨片的數目、外形輪廓、其上盾紋形態、邊緣情況。發現迴紋溝，便於判斷背甲部位。

黃天樹（2010）在龜腹甲部分，描述了各道齒縫與九塊骨板的位置關係，各道盾紋在龜縫片上的位置以及呈現的形態。討論了甲橋問題，圖示了甲橋上齒縫、盾紋的分佈與形態。在龜背甲部分，基本採用秉志的称名系統，介紹了完整背甲的構造及其上齒縫、盾紋的形態。描述了背甲内層按齒縫分出的各部位的位置關係、外形輪廓、其上盾紋形態、邊緣情況等。在肩胛骨部分介紹了胛骨各部位名稱，討論了肩胛骨左右的問題，以"橫枝内向"爲標準，認爲骨臼在右的爲左胛骨，骨臼在左的爲右胛骨。

李延彦（2017）對龜甲形態研究更爲全面細緻，對於依據龜甲形態辨識部位，進行及驗證綴合都有一定創獲。該文新增了一些盾紋及骨縫的名稱，結合綫圖詳細地描述了龜甲以齒縫爲界各部分的位置、外形輪廓、邊緣情況、其上盾紋形態、鑽鑿分佈、殘片形態、殘斷原因、斷邊情況以及組合構成等。

張旭（2018）對於龜背甲形態問題有一些深入的思考。該文採用了葉祥奎的称名系統。行文中能夠將龜種與背甲形態研究相結合。詳述背甲各縫片的相對位置、其上盾紋的分佈、異變情況等。對各部位的描述更加詳盡，舉出了典型片片號並做了必要拓本配圖，對部位明確和不完全明確的龜背甲殘片進行了列表，方便研習閱讀。

劉影（2012）比較詳細地介紹了胛骨的形態及各部位名稱，提出了判斷胛骨左右的臼角位置、骨邊弧度、原邊、文例、骨脊部位、鑽鑿、骨面署辭等七種方法。

隨著甲骨形態學研究的發展，應該有以下幾個問題需要討論：第一，龜甲形態称名系統問題。建議統一使用葉祥奎文的生物學称名系統。第二，甲橋的範圍問題。甲橋應該還是以齒縫爲界，指橋腹縫以外的區域。商代的占卜機構對於甲橋部位是有著明確的範圍認知的，這主要體現在鑽鑿佈局方面。施加鑽鑿的龜腹甲，把橋腹縫以內，按舌腹甲和下腹甲分在上下兩個鑽鑿區域。橋腹縫以外則作爲一個獨立的鑽鑿區域。這個區域在占卜時，有時會獨立使用。依據齒縫分區，符合各龜縫片的鑽鑿佈局，符合占卜機構對甲橋部位的理解與處理。第三，胛骨左右判定的問題。我們贊同骨臼在左即是左胛骨，骨臼在右即是右胛骨。黃組卜旬辭"干支王卜貞：旬亡憂"，這種王親自卜旬的卜辭基本使用右胛骨來占卜；"干支卜貞：王旬亡憂"，這種其他貞人爲商王卜旬的卜辭基本使用左胛骨和龜腹甲來占卜。這説明占卜集團對於胛骨的左右是有著占卜層面的認知和考量的。在胛骨左右問題尚存爭議時，可以採用林宏明使用的"骨臼（或臼角）在左"或"骨臼（或臼角）在右"來表述這一問題。

（趙　鵬　撰）

• 參考文獻

秉　志 1931　河南安陽之龜殼，安陽發掘報告，第 3 期。

董作賓 1929　商代龜卜之推測，安陽發掘報告，第 1 册，中央研究院歷史語言研究所。

董作賓 1957　甲骨實物之整理，"中央研究院"歷史語言研究所集刊，第 29 本下册（收入董作賓先生全集，甲編第三册，藝文印書館，1977 年）。

黃天樹 2009　殷墟龜腹甲形態研究，北方論叢，第 3 期。

李延彦 2011　殷墟龜腹甲形态的初步研究，首都師範大學碩士學位論文，指導教師：黃天樹。

李延彦 2015　殷墟卜甲形態的初步研究，首都師範大學博士學位論文，指導教師：黃天樹。

李延彦 2017　殷墟卜甲形態研究，故宫博物院博士後出站報告，合作導師：王素。

林宏明 2011　醉古集——甲骨的綴合與研究，萬卷樓。

劉　影 2012　殷墟胛骨文例，首都師範大學博士學位論文，指導教師：黃天樹（首都師範大學出版社，2016 年）。

宋雅萍 2008　殷墟 YH127 坑背甲刻辭研究，政治大學中國文學系碩士學位論文，指導教師：蔡哲茂、林宏明。

葉祥奎　劉一曼 2001　河南安陽殷墟花園莊東地出土的龜甲研究，考古，第 8 期。

葉祥奎 1990　陝西長安灃西西周墓地出土的龜甲，考古，第 6 期。

張秉權 1956　卜龜腹甲的序數，"中央研究院"歷史語言研究所集刊，第 28 本上册。

張　旭 2018　背甲形態的整理與研究，首都師範大學碩士學位論文，指導教師：黃天樹。

郭永秉

談古文字中的"要"字和从"要"之字

原載《古文字研究》第 28 輯,中華書局,2010 年;收入郭永秉:《古文字與古文獻論集》,上海古籍出版社,2011 年。

甲骨文中的 ![],西周金文中的 ![],以及戰國文字中的 ![]、![]、![],很多學者都傾向於將它們聯繫起來(郭永秉 2010:113 注⑤)。學者對這些字的意見,集中在對郭店簡《忠信之道》![] 的釋讀上,分別有釋"蠅""要""遇""夏""堣""螟"等意見(郭永秉 2010:114)。郭永秉先生該文贊同釋"要"的意見,並認爲上述文字皆爲"要(腰)"或从"要(腰)"之字。

將這一系列字與"要"聯繫起來之後,郭文又疏通了相關辭例。

郭店簡《忠信之道》簡 5:"不兑(説)而足養者,地也;不期而可 ![] 者,天也。"其中的 ![],裘錫圭釋爲"要",但有很多學者並不信從。郭文贊同裘先生的説法,並有所申論。認爲"不期而可要者,天也"的意思是:不用期以時日而可與約結不欺的,是天。同時還提出另外一種可能的解釋:不用與之期約而可向其求取(如四時寒暑等)的,是天。

甲骨文中的 ![],裘錫圭指出"當指植物有病"。據此意見,郭文將該字讀爲"夭"。西周金文中的 ![],學者多認爲指車上的某種旂。據此意見,郭文將該字釋讀爲《説文》訓爲"旗屬"的"旞"。戰國文字中這類"要"字,除了上文所説的兩例,其他的或用爲人名,可不論,或辭例不明晰,如上博簡《采風曲目》的"不 ![] 之婬"。"不 ![] 之婬"雖然辭例的限定性不强,但郭文也嘗試給出了相對合理的解釋,將其讀爲"不要之婬",將"要"理解爲遏止。

上博簡《昭王與龔之脽》簡 6—7:"脽介(?)趣君王,不獲 ![] 頸之罪君王,至於定冬而被裯衣。"郭文將其中的"🔣頸之罪"讀爲"要頸之罪",認爲與古書中的"要領之罪""要領之誅"意思相近。

郭文還對所論"要"字的形體進行了解釋,認爲這些字象人以手叉腰的形狀,表示腰部的意思,甲骨文形體還在腰部添加指事符號,其中字形上部的"目"旁代表人首。

東漢祀三公山碑"要"字作🔣,《漢書·地理志下》古"要"字作"嫠",《説文》"要"字正篆作🔣,這三個形體具有明顯的形體聯繫。郭文將上述甲骨、金文及戰國文字中的"要"字與這類"要"字聯繫起來,認爲它們具有演變關係。

《説文》"要"字古文🔣與秦簡中的"要"字🔣爲一系,郭文認爲它們與上文所論"要"字不是一字。學者或將商末周初金文中的🔣與《説文》"要"字古文聯繫起來,也釋爲"要"。郭文贊同這一意見,指出🔣是這類字的源頭,並據此形體對這類字的構形理據進行了推測,認爲這類字象一人頭部被人用手臼持不能動彈,取其約束、制約之義。

上揭甲骨、金文及戰國東方文字中的三類相關形體,比較相似,將它們認同很有道理。這一系列字形的確象人以手叉腰的形狀,用它們來記録表示腰部的"要"也很合適。而且清華簡(玖)《成人》簡12中用爲"要"的字作🔣,與郭店簡中的🔣形體比較相似,證明郭文將🔣與🔣認同是合理的。將這類字釋爲"要",驗諸辭例也大體能講通。所以,郭文將這類字釋爲表示腰部的"要"是有道理的。

郭文所引"要"字的辭例中,最有説服力的莫過於上博簡《昭王與龔之脽》中的"🔣頸之罪",將其中的🔣釋爲"要"之後,文意十分順暢。其他辭例大都限定性不强,雖然郭文也作出了相對合理的解釋,但大都無法貿言,當然這些辭例也不構成反證。不過郭文發表之後陸續發表的清華簡、上博簡及安大簡等出土文字資料中,有郭文所釋之"要"字及從"要"之字出現,這些用例辭例大都明確,證明郭文所釋之字與"要"語音相近。

甲骨、金文及戰國文字中郭文所釋的"要"字,與以小篆"要"字爲代表的一類"要"字,形體有些相似,將它們進行認同,有一定道理。但兩者的區別也是比較明顯的,據現有證據來看,它們能否認同,似還難以斷言。有學者(于省吾 1996:3367,時兵 2005:57)將甲骨文中的🔣、🔣與小篆"要"字聯繫起來。兩者形體比較相似,主要區別是雙手的方向不同,但這種差異在古文字中往往不具區別意義。而且甲骨文中的這類字或从"卤"聲（參姚萱 2012：108—113），而"卤"與"要"語音關係密切。所以這一説法有一定道理。如果這一説法成立的話，小篆"要"字的本義就不是腰了，而應和甲骨文中的 ⍋、⍋ 一樣是糾、絞之類的意思（參姚萱 2012：108—113）。

另外，郭文所説的"要"字皆从"目"，這多少有些奇怪。古文字中的"夭"字，陳劍（謝明文 2017：215）認爲是"要（腰）"的指事字初文。這一説法很有道理。參照"夭"字的寫法，也能體會出郭文所説的"要"字从"目"有些不合常情。陳劍（謝明文 2017：216 注①）認爲這類字除去上部"目"旁剩下的部分，是"要（腰）"字的初文，而加上"目"旁之後的形體可能另有本義。這是很有可能的。

《説文》"要"字古文 ⍋ 與秦簡中的"要"字 ⍋ 爲一系字，這是大家的共識，但這類字的形體該怎麽理解卻頗費琢磨，郭文提出的解釋可備一説。

（劉　雲　撰）

• 參考文獻

陳　劍 2008　釋《忠信之道》的"配"字，文後網友評論，復旦大學出土文獻與古文字研究中心網站，http://www.gwz.fudan.edu.cn/Web/Show/343，2 月 20 日（原載國際簡帛研究通訊，第 2 卷第 6 期，2002 年）。
東山鐸（侯乃峰）2008　《忠信之道》"禺"字補釋，復旦大學出土文獻與古文字研究中心網站，http://www.gwz.fudan.edu.cn/Web/Show/368，3 月 7 日。
黃德寬　徐在國主編 2019　安徽大學藏戰國竹簡（一），中西書局。
季旭昇 2006　説"婁"、"要"，古文字研究，第 26 輯，中華書局。
荆門市博物館 1998　郭店楚墓竹簡，文物出版社。
李　零 2002　郭店楚簡校讀記（增訂本），北京大學出版社。
李學勤主編 2011　清華大學藏戰國竹簡（貳），中西書局。
李學勤主編 2018　清華大學藏戰國竹簡（捌），中西書局。
李學勤主編 2019　清華大學藏戰國竹簡（玖），中西書局。
劉信芳 2003　包山楚簡解詁，藝文印書館。
馬承源主編 2004　上海博物館藏戰國楚竹書（四），上海古籍出版社。
馬承源主編 2012　上海博物館藏戰國楚竹書（九），上海古籍出版社。

時　兵 2005　花園莊東地甲骨卜辭考釋三則，東南文化，第 2 期。

謝明文 2013　釋金文中的"鋚"字，中國文字，新 39 期，藝文印書館（收入商周文字論集，上海古籍出版社，2017 年）。

禤健聰 2008　楚簡釋讀瑣記（五則），古文字研究，第 27 輯，中華書局。

姚　萱 2012　非王卜辭的"瘳"補說，河北大學學報（哲學社會科學版），第 4 期。

于省吾主編 1996　甲骨文字詁林，中華書局。

崎川隆

"字排特徵"的觀察對殷墟甲骨文字體分類研究的重要性

原載《古文字研究》第 28 輯,中華書局,2010 年;收入崎川隆:《賓組甲骨文分類研究》,上海人民出版社,2011 年。

崎川隆《"字排特徵"的觀察對殷墟甲骨文字體分類研究的重要性》一文以字體分類研究爲前提,以賓組胛骨字排爲視角,總結出了賓組甲骨小類所呈現出的字排特徵并將之應用于賓組甲骨分類。"字排"概念的提出、類別特徵的梳理,爲甲骨學的研究提供了新的視角。

崎川隆研究的關注點主要有:賓組甲骨的分類、有重合部位的甲骨綴合、甲骨文字考釋(如釋"長"等)以及金文青銅器等。

"字排特徵"是一個新的概念,之前未被學者關注。全文分爲三個部分。第一部分闡述了"字排特徵"的現象、概念並且圖示了賓組胛骨上的五種字排特徵:全部文字按直綫排列;以三四個字爲一個單元、文字的寬度和傾斜角度相當一致;全部文字按照一定的角度傾斜;各文字在水準方向上有出入;每一個字的傾斜角度都不相同。第二部分"字排特徵和字體特徵之間的對應關係"通過圖表的方式統計出了賓組胛骨各小類別主要字排特徵,即:典賓類基本爲Ⅰ型,賓一類大多爲Ⅲ型,師賓間類多爲Ⅲ型和Ⅴ型。賓三類出現Ⅰ、Ⅲ、Ⅴ型。第三部分分析了"產生不同字排特徵的原因"。從"缺筆"的角度進行研究,發現典賓類中多連續兩個,甚至五六字的連續缺筆,其他賓組類型皆爲單字缺筆。由此推論典賓類的刻手在契刻文字時以五六個字爲一單元先只刻豎筆,然後將骨版轉 90°後再刻橫筆;而典賓類以外的類型,卻是一個一個文字順次刻上去的。從而進一步論證典賓類絶大多數的Ⅰ型整齊直綫字排，先只刻全部文字的豎筆。其他賓組刻手一個一個順次刻字，很少出現兩個字以上連續缺筆的情況，因此容易形成Ⅲ、Ⅳ、Ⅴ型字排特徵。提出典賓類刻法是爲了整齊行款而開發出來的一種契刻技法並爲後世刻手所繼承。

  崎川文的創新點在於提出的"字排"爲甲骨研究的新視角，在論證產生字排特徵原因時，巧妙地從"缺筆"的角度，即刻手刻寫文字時個數設定的角度，分析缺筆的原因，從而得出"字排"特徵因刻字字數設定而形成，使所論證的問題水到渠成。

（趙　鵬　撰）

劉一曼　曹定雲

107 | 三論武乙、文丁卜辭

原載《考古學報》2011年第4期。

《三論武乙、文丁卜辭》（以下簡稱"《三論》"），是劉一曼、曹定雲兩位先生繼1980年發表《論武乙、文丁卜辭》（《古文字研究》第3輯，中華書局）、1984年發表《再論武乙、文丁卜辭》（《古文字研究》第9輯，中華書局）之後第三篇學術論文。前兩篇發表時，用了筆名"肖楠"（小屯南地發掘者），猜想也多是出自劉、曹兩位先生之手。這篇論文一如既往地主張歷組卜辭的時代屬於武乙、文丁時期，認爲過去董作賓把它置於第四期是正確的。

《三論》主要是對過去歷組卜辭時代討論的回應，因此，涉及時代部分屬於武乙、文丁時期的無名組卜辭的文字並不多。從《論武乙、文丁卜辭》到《三論》，除了把原先定作武乙、文丁時期的"上甲廿示"那一類甲骨（《合集》34122、34121、34120，《屯南》2173、2628、3568、3598、3911、4242、4305、4566、4573、4566，《屯南》412＋《合集》20170等），也就是後來稱作師歷間類卜辭改作第一期以外，其他觀點並未改變。因此，《三論》完全能夠代表劉一曼、曹定雲兩位先生對歷組卜辭時代的一貫看法，甚至基本可以代表那些主張歷組卜辭晚期説的學者的意見。

《三論》作者都是受過嚴格考古學訓練的著名學者，又都參加了1973年小屯南地甲骨和1986—2004年小屯村中、村南甲骨的發掘工作，對歷組、無名組卜辭出土的地層情況十分熟悉。因此，《三論》説："無名組與歷組父丁類卜辭，除出土晚期坑層外，見於中期四段與三段的灰坑，而歷組父乙類卜辭除出晚期坑層外，則只出於中期四段，不見中期三段坑。故我們認爲，歷組父乙類晚於父丁類及無名組卜辭是有考古學依據的。"又説："1986—2004年小屯村中、村南的發掘，歷組卜辭的出土情況與1973年屯南發掘基本相似，即歷組卜辭只出於殷墟文化三、四期的坑層中。稍有不同的是村中南的三期灰坑與地層，從出土陶片考察，屬三期偏晚階段，較小屯南地中期三段略早。"①從表述上看，這些地層證據應該是《三論》作者一直主張歷組卜辭時代不能提前的主要根據和出發點。由於力主歷組卜辭時代提前的絶大數學者，都沒有考古學的背景，也無緣參加這些甲骨的發掘工作，因而，對肖楠發表的這三篇系列論文所提出的層位證據都沒有提出有力的反對意見，這也使得一些學者對歷組卜辭時代提前的意見半信半疑，自然也就導致《三論》"在學術界產生了較大影響"②。

2013年，林澐先生在第四屆國際漢學會議上發表《評〈三論武乙、文丁卜辭〉》一文，對《三論》所提出的各方面論據都做了詳細的剖析和商榷，尤其是對《三論》提出的層位證據，從理論到方法，皆進行了深入淺出的評論。林先生説："考古學上研究遺存相對年代的方法有兩種，一個是層位學（或稱地層學），一個是類型學（或稱體制學、型式學），它們都是獨立的手段。層位學的優點是它本身就可以決定遺存孰早孰晚，但由於早期遺存可以出在晚期堆積中，所以不免會把出現在晚期堆積中的早期遺存誤認爲是晚期的遺存，因而還應該研究遺存本身的形態，從而在晚期堆積中排除早期形態的遺存，這就有賴于類型學。類型學的優點是它主要研究遺存形態的演化序列，可以把演變的階段性劃得很細，甚至比地層能區別的更細緻。可是如果不靠其他證據，便不能確定這種演化序列哪頭早、哪頭晚。所以如果兩者結合，可以相得益彰。"又説："在甲骨斷代研究中使用類型學方法，要點在於把靠字體等方法來劃分的各類卜辭，排列成合理的隊。這種隊是否合理，應該從除了字體以外是否還有其他客觀特徵（如鑽鑿）也能排成與之平行的發展序列。如果這種序列排得令人信服，其實只要在層位上能證明哪一頭早或是哪一頭晚，也就可以了。不必每一環節都一定要找到地層學根據的。因爲，每類卜辭的稱謂系統和文獻所載世系的對照研究本來就有斷代意義，象自組卜辭陳夢家等人在不知道地層依據時就提早到武丁時代，就是一個證明。所以，現在把各類卜辭按南北兩系排成的序列，不但有字體和其他特徵的平行演變作爲依據，而且還有很多證據可以證明兩系之間的同時關係，加之以從稱謂系統和世系對照上一點都挑不出毛病，爲什麼還總是抱著並不可靠的地層證

---

① 劉一曼、曹定雲：《三論武乙、文丁卜辭》，《考古學報》2011年第4期，第475—477頁。
② 曹定雲、劉一曼：《四論武乙、文丁卜辭》，《考古學報》2019年第2期，第193頁。

據，不肯把歷組卜辭時代提前呢！"①林先生對《三論》提出的地層證據所作的分析很有道理。除此以外，林先生還對《三論》舉出的對斷代有重要意義的稱謂進行了辨析，都很有說服力，請讀者參看，此不贅。

2019年，曹定雲、劉一曼兩位先生又撰寫了《四論武乙、文丁卜辭》一文（以下簡稱"《四論》"），發表在《考古學報》第2期上。這篇論文應該是針對林先生前面《評〈三論武乙、文丁卜辭〉》一文所作的正面回應。《四論》仍然堅持原來的觀點，但這篇文章的重心則放在論證無名組與歷組卜辭時代早晚關係上，以此反駁林說，並且再次提出"三祖"對判斷歷組卜辭時代的重要性問題。先說"三祖"問題。所謂"三祖"是在《三論》中首次提出的。劉、曹兩位先生把《合集》32617跟《合集》32690進行系聯，在卜辭內容上進行了如下推演：根據《合集》32617版"甲辰貞：[又]歲于小乙。○弜又。○二牢。○三牢。○弜至于三祖"之辭指出"三祖"明顯排在"小乙"之後；又根據《合集》32690"弜至三祖。○丙子貞：父丁彡"指出，"三祖"排在"父丁"之前；最後根據這個排列順序，得出"致祭"順序是：小乙——三祖——父丁。《三論》進一步指出，根據致祭順序，三祖只能是祖己、祖庚和祖甲，父丁就是康丁，因而這是歷組卜辭屬於武乙時期最重要的證據。這次在《四論》一文中再次提出，可見作者對這條證據是非常看重的。林澐先生在上引《評〈三論武乙、文丁卜辭〉》中反對這個意見，認為三祖指武丁的三位叔父"陽甲"、"盤庚"和"小辛"，就是賓組卜辭常見的"三父"。這本來是很好的意見。可是《四論》並不接受，認為林說不妥，理由就是"三祖"是在小乙之後、父丁之前，他們只能是孝己、祖庚和祖甲，這三祖與無名組中的"三父"相配。另一個理由是，三祖位於"小乙"和"父丁"之間，不符合祭祀順序。這兩個理由都是基於《三論》推導出來的致祭順序"小乙——三祖——父丁"。實際上，這個順序並不存在。第一，《合集》32617小乙跟三祖共版，不能推出"三祖"在世系上晚於小乙的結論。第二，《合集》32617和《合集》32690可以合觀，但不能進行實際系聯。因此，《三論》、《四論》據以立論的"小乙——三祖——父丁"這個順序不能成立，完全是作者構想出來的。實際上，這兩版的"至"沒有必要理解為"致"，按照本來意義理解就可以，就是"至於"之"至"。《合集》32617先是卜問是否對小乙進行"又歲"之祭，然後

---

① 林澐：《評〈三論武乙、文丁卜辭〉》，李宗焜主編：《出土材料與新視野》，"中央研究院"，2013年，第1—26頁。

進一步卜問用牲數量，最後卜問這樣的"又歲"之祭是否也延至三祖。跟小乙對立的三祖顯然理解爲"陽甲"、"盤庚"和"小辛"比較合適。《合集》32690可以類推。屬於歷無名間類的《合集》27179有辭曰："庚子卜：其又歲于三祖。茲用。歲……"三祖仍然是指"陽甲"、"盤庚"和"小辛"。綜上，"三祖"並不能證實歷組卜辭的時代屬於武乙，反而有利於早期說。

再看《四論》著力討論的無名組與歷組卜辭年代早晚關係的問題。《四論》首先按照字體標準把無名組分作Ａ、Ｂ、Ｃ、Ｄ、Ｅ五類，然後根據每類出現的稱謂系統來斷定其絕對年代。最終目的是，把五類無名組卜辭的時代進行匯總，與歷組卜辭進行比較，從而確定無名組和歷組卜辭時代孰早孰晚。總體而言，《四論》對無名組卜辭的分類和斷代都是比較成功的，結論基本可信。但真正的問題是，《四論》並沒有改變對歷組卜辭時代的看法，這樣，把本無重大分歧的無名組卜辭的時代跟並無改變的歷組卜辭時代相比較，其結果可想而知。也就是說，只要作者沒有改變對歷組卜辭時代的看法，《四論》對無名組卜辭無論作出什麽樣的分類和斷代，其最後結果都是一樣的，不會達到作者"澄清甲骨分期上的是非"的效果。

歷組卜辭時代的討論前後數十年。無論是主張提前說，還是堅持晚期說，雙方能夠舉出的證據基本上都已經擺出來了，不可謂不充足，論證不可謂不充分，然而還是不能達成一致意見。這確實是一個值得思考的問題。從學術史的角度看，劉一曼、曹定雲兩位先生撰寫的討論"武乙、文丁"卜辭時代的系列論文，促進了學界對歷組卜辭時代的深入思考，在甲骨學史上具有重要地位。

（王子楊　撰）

• 參考文獻

曹定雲　劉一曼　2019　四論武乙、文丁卜辭，考古學報，第2期。
林　澐　2013　評《三論武乙、文丁卜辭》，李宗焜主編，出土材料與新視野，"中央研究院"歷史語言研究所。
劉一曼　曹定雲　2011　三論武乙、文丁卜辭，考古學報，第4期。
肖　楠　1980　論武乙、文丁卜辭，古文字研究，第3輯，中華書局。
肖　楠　1984　再論武乙、文丁卜辭，古文字研究，第9輯，中華書局。

周忠兵

從甲骨金文材料看商周時的墨刑

原載《出土文獻與古文字研究》第 4 輯，上海古籍出版社，2011 年。

《從甲骨金文材料看商周時的墨刑》（以下簡稱"《墨刑》"）眉目清晰，引證豐富，論證詳實，結論可信，是一篇高水平的學術論文。文章分爲三部分：

一、以往學者相關研究的辨析
二、甲骨、金文中表示墨刑的字及墨刑工具"笮"
三、甲骨、金文中其他與"笮"有關的字

文末對文章的内容有精練的總結：

> 本文主要討論了甲骨、金文中所見的墨刑材料。通過辨析，我們認爲"𢆶"即甲骨文中用爲墨刑的本字，可釋爲"笮"。在商周時期，施以墨刑的工具是一種帶齒狀刃部的外形像小箝子的工具，其名稱爲"笮"。另外，我們還附帶討論了甲骨、金文中其他從"笮"的文字，但它們多不識。

《尚書·吕刑》云："苗民弗用靈，制以刑，惟作五虐之刑曰法。殺戮無辜，爰始淫爲劓、刵、椓、黥，越茲麗刑，並制罔差有辭。"其中的"黥"即指墨刑，屬於古代五刑之一。關於商代的墨刑，已有學者做過探討。郭沫若先生認爲"丂"、"䇂"、"辛"是施以墨刑的刑具剞劂，"童"、"妾"、"僕"等字從辛，乃會墨刑之意；詹鄞鑫先生認爲甲骨文"妾"、"童"、"竟"等字所從的"䇂"或"辛"是青銅鑿的象形，而黥刑的工具就是鑿具，"童"、"妾"即表示黥刑，而"竟"是"黥"的初文；宋鎮豪先生認爲《屯南》857 的𢆶，才是最直接的商代墨刑材料。

舊說的影響很大，《墨刑》用大量的篇幅從字形、文獻、辭例等方面，非常詳細地辨析了郭、詹、宋三家對甲骨文中墨刑材料的研究中存在的問題，認爲他們所舉出的證據皆不可信。針對郭說，《墨刑》指出："丂"、"䇂"、"辛"三者不是一字，其來源不同，"丂"爲刀類工具，"䇂"、"辛"字形所象並不很清楚，皆不是剞劂；從文獻用例看，"剞劂"應是一種木工工具，不見作爲墨刑刑具的用例；"童"、"妾"及所謂"僕"頭上所從應看作頭飾。詹氏提出的鑿具說亦不可信，《墨刑》認爲鑿是一種木工工具，不會用於刺青。宋氏據辭例 ᔕ 與"刖"對貞，推論前者指墨刑也不成立，對字形的分析也不準確。

宋鎮豪（2016：49—53）後來對學者提出的質疑作了簡要的回應，仍堅持之前的觀點。宋先生謂墨刑之字，單育辰（2012：56—58）釋爲"梟"，張惟捷（2013）釋爲"縣"，讀爲"梟"，頗有道理。

《墨刑》在辨析舊說的過程中，還提出了許多很有價值的意見，對以後的相關研究都有啟發和幫助。比如，指出"丂"、"䇂"、"辛"是來源不同的幾個字；"璧"所從的"䇂"形有"璧"音。這些意見都頗具卓識。

文章的第二部分是闡述作者有關甲骨文墨刑材料的新成果，是此文最重要的部分。以往學者都是利用間接的材料來討論甲骨文中的墨刑，《墨刑》找到了甲骨文中表示墨刑的字，這是文章最有價值的發明。

《墨刑》認爲甲骨文中的 ᔕ 字是表示墨刑的本字。金文中有確切無疑表示墨刑的 ᔕ 字，《墨刑》認爲應該分析爲從"黳"、"产（幄或屋）"聲，而"'黳'本身又是一個會意字，象手持帶齒的工具對人的面部或額頭擊刺，它應該就是表墨刑的會意字"，可以看作墨刑"笮"字表墨刑義時的初文。以此爲定點往前追溯，《墨刑》認爲"黳"即來源於甲骨文 ᔕ。比較兩種字形，金文只是加上手形，又將"人"換作"黑"以更好地表現墨刑的形象。從字形上的聯繫來看，將 ᔕ 與 ᔕ 認同是很合理的。可以證明 ᔕ 是表示墨刑之字，但是還需要材料來證明釋"笮"的理據。《墨刑》利用古文字中保留的形體，結合實物及文獻記載，認爲施以墨刑的工具是帶齒狀刃部的外形象小笓子工具，名爲"笮"。並通過考查秦公大墓石磬上"殹虎"的語言，尋找 ᔕ 的語音綫索。

《墨刑》第三部分考查了甲骨、金文中與"笮"相關的字，它們大都不識。這也是可以繼續研究的一個方向。文中提到金文有關字形：

ᔕ《集成》9776（《金文總集》5537）　　ᔕ《集成》8154　　ᔕ《集成》7216

還可以補充：

[字形]《集成》9197　[字形]《集成》8179　[字形]《集成》7067　[字形]《銘圖續》69

《墨刑》認爲金文[字形]也是施以墨刑的工具"笮"。孫常敍（1998：374）認爲[字形]是"一種刀鋸連體的兩用工具"，《墨刑》認爲所謂刀形部分是粗柄，或工具的形制在商周之際發生了變化而反映在字形上。

甲骨文中還有如下字形：

[字形]《合集》21626(《乙》1437)

[字形]《合集》21572(《乙》1432)

[字形]《合集》21681（北圖 3308）

除去"又"形所剩的[字形]應即金文[字形]。《墨刑》將金文[字形]與甲骨文[字形]認同，也應該是正確的。

（袁倫强　撰）

• 參考文獻

單育辰 2012　甲骨文考釋兩則，中國國家博物館館刊，第 5 期。
宋鎮豪 2016　甲骨文釋義方法論的幾點反思，甲骨文與殷商史，新 6 輯，上海古籍出版社。
孫常敍 1998　"毁虎"考釋，孫常敍古文字學論集，東北師範大學出版社。
張惟捷 2013　説殷卜辭中的"縣"（梟）字，復旦大學出土文獻與古文字研究中心網站，http://www.gwz.fudan.edu.cn/Web/Show/2051，5 月 16 日。

常耀華

甲骨文田獵刻辭性質芻議

原載《中國國家博物館館刊》2012年第5期。

甲骨文田獵刻辭十分豐富，如何理解這些田獵刻辭的性質，是不容迴避的一個問題。常耀華先生該文就是針對甲骨文田獵刻辭性質所作的研究。

常文首先對相關學術史作了一個回顧。據《尚書·無逸》記載，商王多逸樂無度，所以早期甲骨學者大都認爲卜辭中所記載的商王田獵，與商王追求逸樂有莫大關係。而姚孝遂（1981：34—66）對上述觀點提出質疑。姚先生從卜辭用例出發，根據卜辭中經常可以看到商王於出征途中，或者是凱旋歸來時，舉行田獵的記載，認爲田獵的性質，應該與軍事行動有關。姚先生同時還結合《周禮》《逸周書》等古書中的相關記載，來印證自己對田獵卜辭性質的判斷。對於田獵的娛樂意義，姚先生持否定態度，他甚至認爲《尚書·無逸》所說的"生則逸"、"惟耽樂之從"未必是指田獵而言。孟世凱（1983：204—222）對田獵卜辭性質的認識，與姚先生相似，但又不同。孟先生認爲殷人的田獵更主要的是一種生產活動，是農業和畜牧業的一種補充，同時還有軍事演習的性質。對於田獵的娛樂意義，孟先生沒有著力論述，但言辭間可以看出他也沒有否認田獵的娛樂意義。

常文在梳理了各家的意見之後，提出了自己的觀點。認爲田獵活動包含多重目的，既有娛樂目的，又有軍事目的等等，不必爲了強調其中的一種而排斥其他。鑒於上文所論姚、孟等先生的觀點有一定影響力，而早期甲骨學者在提出殷人田獵的娛樂性時，沒有多少有力的論證，說服力有限，常文在承認田獵具有演武習兵等目的的同時，著重探討了田獵活動的娛樂特性。

根據古書中大量關於田獵具有娛樂性的記載，以及甲骨、金文中的相關辭例，常文論證了娛樂是田獵的一個重要目的。

常文引用《道德經》"馳騁畋獵，令人心發狂"的說法，說明田獵活動驚險刺激，令人心狂。引用晉侯對盨銘文"田狩湛樂于原隰"，說明田獵的娛樂性質。引用《左傳》、《楚辭》、《史記》、《帝王世紀》等古書中關於周昭王嗜遊成性以致隕其身的記載，來說明田獵有很強的娛樂性，令人欲罷不能，令人心狂。周昭王之子周穆王，同樣是個喜好巡狩取樂的君主。常文根據《國語》中周穆王征犬戎的記載，指出征犬戎表面上是軍事行動，其實是穆王爲了滿足自己狩獵逸樂的心。《穆天子傳》中有關於周穆王出遊之情狀的記載，常文據之指出，穆王所到之處，或飲酒取樂，或收受珍奇之貢品，完全是逸豫其心的表現。常文還根據《漢書》、《風俗通義》的記載，指出漢文帝、漢武帝都喜好以田獵取樂，根據《左傳》記載指出，古代的王公貴族有攜女眷田獵者，也可以證明田獵的主要目的是爲了取樂。

在大量徵引古書中關於田獵具有娛樂性的記載之後，常文回歸甲骨卜辭，進一步討論卜辭中田獵的娛樂性。常文列舉了與田獵密切相關的《合》27459 中的卜辭。該版卜辭中有樂器豐和庸出現，所以常文認爲這説明商王田獵時還要奏樂，是追求逸樂的表現。又引《合》18804 中的卜辭："今日冎，庸。十一月。才甫。魚。"說明殷人漁獵也奏庸。又引《左傳》所載魯隱公如棠觀魚之事，來證明商王狩獵奏庸是爲了娛樂。還列舉了大量涉及"舞"、"万"的田獵卜辭，因"万"是上古的職業舞者，所以這些卜辭又說明商王田獵不僅有樂，還有舞，其娛樂性是顯然的。

田獵刻辭是甲骨卜辭的一個重要組成部分，對其性質的判定會直接影響到對某些問題的理解，所以常文的探討是很有意義的。常文將古書記載與卜辭記錄結合起來進行研究，兩者可以互相發明，結論比較有説服力。根據常文所引用的古書及常理來說，田獵的確有很強的娛樂性，這一點是很難否認的。常文將田獵的娛樂性著重突顯出來，讓大家充分意識到這個問題，其意義自不待言。

不過，根據常文所列舉的田獵卜辭來看，有些卜辭能不能很好地證明田獵具有娛樂性，還有疑問。《合》27459 中出現的"豐"、"庸"等樂器，據裘錫圭（2012：40）研究，當是用來祭祀祖先的，而不是用來娛樂商王的。《合》18804 中的"魚"，據葛亮（2013：125—126）研究，非指漁獵，而是與其前面的"甫"組成"甫魚"，表示地名。

（劉　雲　撰）

• 參考文獻

陳夢家 1988　殷虛卜辭綜述，中華書局。
董作賓 1996　中國現代學術經典·董作賓卷，河北教育出版社。
葛　亮 2013　甲骨文田獵動詞研究，出土文獻與古文字研究，第 5 輯，上海古籍出版社。
郭沫若 1965　殷契粹編，科學出版社。
孟世凱 1983　商代田獵性質初探，甲骨文與殷商史，上海古籍出版社。
裘錫圭 2012　甲骨文中的幾種樂器名稱——釋"庸""豐""韶"，裘錫圭學術文集·甲骨文卷，復旦大學出版社。
姚孝遂 1981　甲骨刻辭狩獵考，古文字研究，第 6 輯，中華書局。

何毓靈

論殷墟新發現的兩座"甲骨貞人"墓

原載《甲骨文與殷商史》新 3 輯,上海古籍出版社,2013 年。

1931 年,董作賓先生"鑿破鴻蒙"(語出郭沫若 1933:5),發現了甲骨卜辭中的貞人,在很大程度上改變了甲骨學研究的面貌。如今,研究者辨識出的貞人已達一百數十位之多①,其中的殻、古、丙、㺇、行、何、寧、弔、豈等也見於商代族名金文,帶有這些族名的青銅器很可能就和甲骨貞人或其家族有關。遺憾的是,這些青銅器中鮮有科學發掘品,其所在墓葬及同出器物的信息多已無從查考。

2009 年,殷墟王裕口村南地商代遺址出土了多件帶有丩字銘文的青銅禮器,分别見於一組家族墓中的 M107 及 M94。M107 還發現了一枚丩字印章,是第一枚殷墟考古出土的文字印②,而丩正是數見於甲骨文的貞人名(參看何毓靈、岳占偉 2012)。綜合多方面證據,發掘者認爲這是"在殷墟第一次印證了甲骨占卜貞人的墓地,對於分析研究殷墟時期貞人的社會地位、來源等是不可多得的珍貴資料"(中國社會科學院考古研究所安陽工作隊 2012)。

對於認定 M107、M94 墓主爲貞人的理由,發掘領隊何毓靈先生在《論殷墟新發現的兩座"甲骨貞人"墓》一文中作了具體論述,並根據兩座墓葬表現出的不同特徵,推測了貞人丩家族及整個貞人集團社會地位的變化。何文共分四部分:

一、簡介兩座墓葬及出土文物情況,並推定 M103 的年代屬殷墟二期、M94 的年代屬殷墟三期。

二、考釋出土青銅器銘文,將其中出現頻率最高的丩字與甲骨貞人丩相聯

---

① 已知貞人列表見孟世凱(2009:687—689),見於《花束》者參看韓江蘇(2007:244)。
② 已知非考古出土的商代文字印共兩枚,見《鄴初》34(倒)、《鄴二》42,又見《雙古》下 11、12。

繫，認爲 M107、M94 的墓主"極有可能是當時 ㅂ 姓家族的成員"。

三、分析兩座墓中可能與卜骨整治、文字契刻及筮卦有關的隨葬品及其他旁證，進一步認定"墓主的身份是當時的貞人"。作者從刻刀、磨石、彩色小石子等多方面作了綜合考量，尤其是根據近年所見殷墟製骨工匠墓出土磨石的現象，推測 M107、M94 所出磨石可能是打磨甲骨的工具，這是其他研究者難以注意到的。

四、分析年代不同的兩座"貞人墓"在形制、規模、隨葬品、殉人殉牲等方面的差異，並結合甲骨卜辭中貞人出現頻次的變化，推斷其成因：1. "整個貞人集團地位隨著時代的不同而有所下降"，2. "ㅂ 貞人家族勢力日漸衰微"。

關於何文所引古文字資料，尚有以下幾點需要注意：

1. 圖三印面綫圖經水平翻轉，且略有失真，其實際形態當以何毓靈、岳占偉（2012）所載照片及 X 光片爲準。①

綫圖　　　　　　照片　　　　　　X 光片

2. 關於 ㅂ，作者引用了饒宗頤先生以 ㅂ、ㅂ 爲一字之説。從 ㅂ、ㅂ 同版的現象看（見《合集》11546 等），此説未必是。也有學者認爲 ㅂ、ㅂ 是一字異體，但所記錄的未必是同一人（參看李發 2020）。

3. 關於 ᔕ，作者認爲"上從手、下從火，可隸定爲灰字"，主要是就 M94：54 弓形器銘文而言，而從 M94：78 鼎銘及何文未引之 M103：5 爵銘看，此字"爪"下之形與"火"尚有一定差距。

M94:78 鼎銘　　**M103:5 爵銘**

---

① 中國社會科學院考古研究所安陽工作隊（2012）及何毓靈、岳占偉（2012）使用同一綫圖，均有失真、翻轉問題。前者圖版五·7 印面照片又誤作逆時針 90°旋轉。

受何文启发，劉一曼先生作《試論殷墟商代貞人墓》（2018）一文，認爲在已發表的殷墟商代墓葬中還有兩座與王裕口村南地 M103、M94 的性質相同，分別是大司空村 M663、郭家莊 M53。前者有銅刀、磨石出土，編鐃銘文凵與師組貞人名相同；後者有銅刀、磨石及彩色小石子出土，但未見貞人銘文。由於劉文舉出的兩座墓葬還缺乏明確的墓主人族氏信息，是否同爲"甲骨貞人墓"，尚可討論。

（葛　亮　撰）

• 參考文獻

郭沫若 1933　《卜辭通纂》序，文求堂。
韓江蘇 2007　殷墟花東 H3 卜辭主人"子"研究，綫裝書局。
何毓靈　岳占偉 2012　論殷墟出土的三枚青銅印章及相關問題，考古，第 12 期。
李　發 2020　説"凹"與"吕"，甲骨文與殷商史，新 10 輯，上海古籍出版社。
劉一曼 2018　試論殷墟商代貞人墓，考古，第 3 期。
孟世凱 2009　甲骨學辭典，上海人民出版社。
中國社會科學院考古研究所安陽工作隊 2012　河南安陽市殷墟王裕口村南地 2009 年發掘簡報，考古，第 12 期。

王子楊

甲骨文舊釋"凡"之字絕大多數當釋爲"同"
——兼談"凡"、"同"之别

原載《出土文獻與古文字研究》第 5 輯,上海古籍出版社,2013 年;收入王子楊:《甲骨文字形類組差異現象研究》,中西書局,2013 年。

王子楊先生的《甲骨文舊釋"凡"之字絕大多數當釋爲"同"——兼談"凡"、"同"之别》正式發表於《出土文獻與古文字研究》第 5 輯上,後在收入《甲骨文字形類組差異現象研究》一書中時,作者在個别地方有所修改增補。本提要的撰寫主要依據後者。

關於甲骨文中的"凡"、"同",過去學界大多對兩字之間的區别模糊不清,特别是對"同"字的字形特徵認識不夠,多混同爲"凡"。王子楊先生的論文非常明確地指出了甲骨文中"同"字的書寫特徵:

> 兩個豎筆筆勢對稱,如果豎筆筆直,則兩側豎筆都筆直;如果豎筆作微向外側屈曲,則兩側豎筆都作如此彎曲,幾乎沒有例外。而"凡"的字形一般是左側豎筆直而短,象盤底圈足之形;右側豎筆向外彎曲,象盅盤口沿之形,兩側豎筆不對稱是"凡"與"同"最顯著的區别。

關於兩者之間的這種細微區别,雖然之前已有學者注意到,但因缺乏對甲骨文中的相關辭例全面梳理,故還未能引起大家足夠重視。王子楊先生首次全面系統地探討了甲骨文中有關"同"字辭例,並對各類辭例中"同"的用法含義進行了詳細闡釋,糾正了過去在甲骨釋讀上的很多誤認。可以説,該篇論文才真正釐清甲骨文中的"凡"、"同"之别,徹底將"同"字從舊釋"凡"字中剥離出來,有力推動了學界對這兩個字的認識。

論文結構上分爲四大部分：首先從"肩同有疾"之辭例談起，這類卜辭中的"同"舊多釋爲"凡"，經倪德偉、蔡哲茂、裘錫圭等先生論證，該字形當看作是"興"字之省，讀爲"興"，訓爲起。王先生根據這一已得學界公認的觀點，觀察歸納出"同"字的字形特徵。其次，作者將"肩同有疾"類刻辭中"同"字的這一用字特徵擴展到其他甲骨刻辭内容中，發現絕大多數"同"字之辭例其用法都同"興"，可看作是"興"之省。這一部分作者收集整理了甲骨文中含有"同"字的諸多辭例，對於人名和祭祀卜辭中的"同"，作者主要通過文例比對，證明"同"與"興"當表同一詞；對於軍事卜辭和個別其他類卜辭中的"同"，作者主要從文意出發，認爲將其讀爲興，訓爲起。文章第三部分重點論證了舊釋"凡"之字爲何當改釋爲"同"。文中先從卜辭辭例出發，指出一些甲骨卜辭中的"同"當理解爲會同、會合之意，若釋讀爲"凡"則難以疏通卜辭；其後作者又結合學界對含有"同"字偏旁的一些文字考釋意見補充論證了釋爲"同"的合理性。論文最後一部分分析了"凡"、"同"字形上的差別，文中對"凡"字的字形特徵及其演變進行了梳理，指出其在各個時期與"同"字區別都較爲明顯；根據這兩個字的書寫特徵，作者又對金文中一些字形進行考察，釐清了過去的一些誤識。

整篇論文層次清晰，材料翔實，論證充分，體現出作者扎實的甲骨學功底。論文對甲骨材料引證準確，相關卜辭的釋讀也都較爲可信，極具參考價值。如文中將跟祭祀相關的卜辭中的"同"釋讀爲"興"，這一觀點十分可信。將例 17—20 中用於犧牲前的"同"讀爲"興"，也較爲合理。不過，例 17（《合集》7773）當斷句爲"同牛束、羊束、豕束"，文中例 19（《合集》19717）後因林宏明（2018）綴合後，辭例也是"同羊束"，《合集》22392 中"羊束"與"小牢"對舉。頗疑這種用於祭牲之前的"興"含有登、升之意。至於戰爭卜辭中的"同"，作者解釋爲"興"也十分順暢，文中曾引有謝明文先生之意見，贊成釋爲"興"，不過，謝明文（2014）後來觀點有所改變，認爲這類戰爭刻辭中的"同"應讀爲本字，表聚集之義。

關於"同"字之字形來源及含義，王子楊先生文中未做分析，這裏簡單談談我們的看法。從甲骨文中含有"同"字偏旁的字形來看，其來源具有多樣性，如"興"字的"同"字形應來自於抬物所用的肩興之類物品，這從興字作 𦥑（《合集》19907）、𦥑（《合集》20236）、𦥑（《合集》339）、𦥑（《集成》9466）的這類寫法中，體現得較爲明顯；而"瓚"字中的"同"應就是來自於"舟瓦"的桶狀器物之形，參吳鎮烽（2010）、王占奎（2010）。關於這兩種不同來源的"H"，裘錫圭先生在收入《裘錫圭學術文集》中《説"口凡有疾"》一文的附錄裏已有類似意見。正因來源不同，甲骨文中單獨的"同"實際代表兩個不同的詞，其中來自於桶狀物的H讀爲定母東部的{同}（同、用音近，用也是一種桶），甲骨文中的桐、庸等字是以同爲音符，瓚字以同爲意符；而來自於肩輿形的H因其代表的是"興"字之省，故仍讀爲曉母蒸部的{興}（或許單獨的H即有"興"之讀音）。據我們觀察，甲骨文中兩邊豎筆垂直作直筒形的H基本都是讀爲{興}的，這與其來自於肩輿之類東西有關；而讀爲{同}的"同"兩邊筆畫多做曲綫形，這也與其來源有關。當然，因這種筆勢上的區別過於細微，在刻寫時很難嚴格區分，故這並未能成爲兩種不同來源之"同"的絶對區別特徵，很多時候兩者基本是混同的。甲骨文中單獨的"同"何時讀爲{興}，何時讀爲{同}只能根據辭例和文意來區分了，在字形上則已難以區分。文中所舉戰爭卜辭中的"同"，例 24、26、27、28 中其字形多作H，確應讀爲興；例 25 讀爲"同"的可能性更大，例 21、22、23 我們也傾向於讀爲"興"。至於作者所舉例 33—40 中的"同"，有些例子適合用"會同"義解釋，有些不排除可理解爲"興"，表登、升之意，如例 36 等。

（方稚松　撰）

參考文獻

林宏明 2018　甲骨新綴第 768—775 例，中國社會科學院歷史研究所先秦史研究室網站，http://www.xianqin.org/blog/archives/9686.html，1 月 3 日。

裘錫圭 2000　説"口凡有疾"，故宫博物院院刊，第 1 期（收入裘錫圭學術文集·甲骨文卷，復旦大學出版社，2012 年）。

王占奎 2010　讀金隨札——内史亳同，考古與文物，第 2 期。

吳鎮烽 2010　内史亳豐同的初步研究，考古與文物，第 2 期。

謝明文 2014　臣諫簋銘文補釋，中國國家博物館館刊，第 3 期。

何景成

試釋甲骨文中讀爲"廟"的"勺"字

原載《文史》2015 年第 1 輯。

何景成先生《試釋甲骨文中讀爲"廟"的"勺"字》一文主要討論了甲骨文中表建築名稱的 ▯、▯ 這兩個字的釋讀問題。何先生認爲舊將其釋爲"祼"不確,該字和"祼"字在同一條卜辭和同類組卜辭中均有出現,用法不同,意義有別,字形上各有發展脈絡,兩者應區別開來。文中認爲該字形與春秋戰國時期的 ▯、▯、▯ 存在演變關係,後一字形从少或毛得聲,故甲骨文中該字讀音應與"少"或"毛"相近,將此讀音與表宗廟類建築含義相結合,何先生認爲該字可讀爲"廟",而因其字形象斗勺形器,文字上應釋爲"勺"。

論文在結構上由五部分組成:前兩部分分別對甲骨文中 ▯、▯ 這兩個字的辭例進行了仔細梳理。關於這兩個字形辭例及前人考釋意見,王子楊(2013:335—351)曾做過梳理,何先生同意王子楊先生所提出的觀點,即兩字屬於不同組類的用字不同,應表同一詞,其含義爲一種宗廟類建築;但不讚成王先生將其釋爲"祼"。第三部分則重點對甲骨文中的廩(▯、▯、▯)字含義進行了分析。作者之所以要分析廩的用法含義,就是因爲大家一般認爲 ▯、▯ 與廩是記錄同一個詞的,而後者字形明確从"祼",這也是學界將 ▯、▯ 釋讀爲祼的一個重要原因。因此,何先生若要否定舊說,必須對 ▯、▯ 與廩之間的關係解釋清楚。作者認爲舊將甲骨文中的廩看作建築名稱並不可靠,其應視爲"祼"字異體,屬於祭祀動詞,與 ▯、▯ 不存在通用關係。第四部分作者以甲骨文晚期使用的 ▯ 作爲考釋該字的定點,將其與 ▯、▯、▯ 繫聯,認爲後者很可能由 ▯ 演變而來。作者根據馮勝君先生對 ▯、▯、▯ 等字的考釋意見,認爲 ▯ 讀音應與"少"或"毛"相近,結合其在甲骨文中之含義，主張可將🔣讀爲"廟"。然後將這一含義代入甲骨文中有關該字的相關辭例中，卜辭含義都能得到很好解釋。論文最後一部分則對🔣、🔣的造字本義進行了討論，作者認爲這兩個字在字形上都像斗勺類器，其中🔣像柄部較寬的斗勺之形，可讀爲"勺"，"勺"與"廟"讀音相近。

何先生一文資料整理較爲全面，文中很好地吸收了学界相关研究成果。作者對各類古文字材料都十分熟悉，研究方法上注重文字的貫通，善於將文獻文物與文字相結合，对字形差異極爲敏感，文中將🔣与祼字所從的🔣、🔣、🔣区分爲不同的器物這一观点具有較強合理性。作者提出的將作爲宗廟建築名的🔣、🔣釋讀爲"廟"這一觀點從文意上來説十分貼切，極具啟發性。不過，我們認爲該文對麻字含義的理解有待商榷。該字不論從構形還是用法上看，舊將其理解爲建築名都是非常合理的。我們以何先生文中所舉第 97 例（《合集》2235）來做一説明，該卜辭爲"壬寅卜，殻貞：王卩于父麻"，與其對貞的内容應是"壬寅卜，殻貞：王勿卩于父麻"。何先生文中未對這一卜辭含義做解釋，其實該卜辭中"卩"的用法應與《合集》32700"辛酉貞：🔣以二南于父丁宗卩"相同。張玉金（2002）對此曾有過討論，認爲可讀爲"切"，類似辭例，張先生文中還舉有《合集》974"王卩豕于父乙㝷/勿卩豕于父乙㝷"。不過《合集》974 中的"卩"與"豕"距離較近，似爲一字，可隸定爲豖，上面對貞刻辭的占辭在背面爲"王占曰：其豖"，同版還有"豖妣己㝷"。豖字可看作從豕，卩聲，與上面卩表同一詞的可能性很大，也可能就是"卩豕"之專字。綜合這三版卜辭來看，可知"父麻"與"父丁宗"、"父乙㝷"、"妣己㝷"相當，"麻"應與"宗"、"㝷"一樣，理解爲一種建築名稱。何先生文中所舉的 107 例（《合集》32289），同版的"同啚（京）"和"窅"都是具體建築名，而非專有地名，故辭中的"祼"也是建築名稱，關於甲骨文中的"某京"當理解爲建築名，可參李學勤（1985：161—166）、韋心瀅（2013：195）。例 106（《合集》27695），何先生釋文有誤，該版前兩條卜辭內容爲"丁丑卜，彭貞：于文室①/貞：于祼"，其中的"祼"字形上不帶有"宀"，但文例上與"文室"對舉，恐怕也應理解爲表建築名稱。另外，文中將例 104（《合集》25977）中的"邕其用于麻"與《合集》27281 的"栁叀夘各于祼用"相比附也並不恰當，後者是在祼祭的什麽時間用栁，"于祼"相當於"用栁"的時間狀語，而"邕其用于麻"只能理解爲"邕用在什麽對象上或場所裡"，並

---

① 蒙劉影先生相告，此處"室"字字形爲"宀"下一個倒寫的"至"。

不能理解爲"在祼祭的時候用鬯"。總之，綜合甲骨文中有關麻的辭例看，將其理解爲建築名比理解爲祭祀名要合理很多①，之前學者所提觀點應該是可信的。

既然甲骨文中的麻確可表建築名，那么它與 𤔔、𤔔 的關係還是值得考慮。當然，若從字形上看，可以認爲兩者没有什麽關係，畢竟 𤔔、𤔔 與 麻、𤔔、𤔔 等字寫法有别，特别是 𤔔 與祼，對此，周忠兵（2015）有過辨析②。不過，從用法和辭例以及組類差别來看，它們表同一詞的可能性仍然很大。麻作爲一種祭祀祖先的場所，可跟在祖先名後，而之所以未見有"二麻"的搭配，應與時代因素有關，卜辭中的"二𤔔（或二𤔔）"很可能是祭祀"二父"（即祖己、祖庚）的場所，屬於廪辛、康丁時期，而麻字只見於賓組和出組，時代上還未到廪辛、康丁。誠然，如周忠兵先生所説"辭例只能爲我們判讀不同形體的字形是否是一字異體提供一種限制作用，並不是決定作用"。這裏我們也承認 𤔔 字中的器物形狀與祼字（𤔔、𤔔、𤔔）所從的器物形狀有别，可能是兩種不同的器物，名稱上也有區别，祼字所從器物舊多認爲是瓚，若按最新研究成果，似當釋爵，參李春桃（2018）。但值得注意的是 𤔔 這一類字形大部分是在斗形器上加有小點（古文字中確定的"升"字只是在斗口裏加點以表意，並未見有在斗柄旁邊加點的，故舊將該字釋爲"升"並不可信），它所代表的詞並不是器物名，特别是對加有"示"旁的 𤔔 這類字形，其斗形器口無一例外的都朝向祖先之牌位，這與祼（𤔔）之表意完全一致，這種特殊的組合關係也基本限定了兩者表同一詞的可能性極大。也就是説，該類字形含義都是表示向祖先澆灌鬯酒之意，只是舀酒的工具有所不同，或可看作義近通用。猶如甲骨中的 𤔔、𤔔、𤔔、𤔔 等字形，雖然寫法不同，但代表的都是語言中的"牝"一詞。況且也正因 𤔔 與 𤔔 之類字形有别，故又存在異體分工之現象，當其在同一組類甚至是同一條卜辭中表示不同的詞時，會分别使用不同字形。

總之，作爲宗廟建築類的 𤔔、𤔔 與麻表一詞的可能性是很大的，若此，則舊釋爲祼的觀點仍然值得重視（除非我們對"祼"、"麻"等字的釋讀有誤）。何先生文中將 𤔔 與 𤔔 等字繫聯雖有一定相似性，但還是缺少證據，畢竟後者已明確屬於形聲字。從辭意上説，該類建築與"宗"之關係確實非常密切，甲骨文中經常

---

① 目前，就我們所見，只有《合集》2273 中的"于彡麻/勿彡麻"之"麻"可能是表動詞含義的，同版還有"作麻"一辭。
② 周先生文中强調了 𤔔 與祼的區别，但文中未提及 𤔔 這類字形，但後者恰好是溝通 𤔔 與祼之間關係的一個重要環節。

是"于宗"與"在🈯（以此字形兼🈯辭例，下同）"對舉，從介詞搭配看，🈯比宗應離得近，參黃天樹（2006）；且從何先生文中所舉的例125、126來看，🈯這類建築可以建在宗裏；另外，🈯這類建築主要是爲二代之内近親先王及配偶設立的祭祀場所，參朱鳳瀚（1990），而"宗"字有大乙宗（《合集》32360）、河宗、夒宗（《合補》10430）等，說明其使用範圍比🈯廣，可用於早期先王或自然神。至於西周金文中的"廟"與"宗"之間是否也存在這一區别目前還不好論定。即使🈯確與廟性質相當，但也不排除殷周稱呼之别，猶如殷人稱祀周人稱年，殷人稱庠周人稱序。

（方稚松　撰）

• 參考文獻

黃天樹 2006　《殷墟花園莊東地甲骨》中所見虛詞的搭配和對舉，清華大學學報（哲學社會科學版），第2期。
黃天樹 2015　再談甲骨卜辭介詞"在""于"的搭配和對舉，漢語言文字研究，第1輯，上海古籍出版社（又載燕京語言學文存，第2輯，學苑出版社，2019年）。
李春桃 2018　從斗形爵的稱謂談到三足爵的命名，"中央研究院"歷史語言研究所集刊，第89本第1分。
李學勤 1985　論賓組胛骨的幾種記事刻辭，英國所藏甲骨集下編上册，中華書局。
王子楊 2013　甲骨文字形類組差異現象研究，中西書局。
韋心瀅 2013　殷代商王國政治地理結構研究，上海古籍出版社。
張玉金 2002　釋甲骨文中的"🈯"和"🈯"，古文字研究，第23輯，中華書局、安徽大學出版社。
周忠兵 2015　釋甲骨文中的"阩"——兼說"升""祼"之别，中國書法，第24期。
朱鳳瀚 1990　殷墟卜辭所見商王室宗廟制度，歷史研究，第6期。

謝明文

說 "臨"

原載《出土文獻與古文字研究》第 6 輯，上海古籍出版社，2015 年；收入謝明文：《商周文字論集》，上海古籍出版社，2017 年。

謝明文《說"臨"》一文，對甲骨文中學術界舊或釋爲"臨"的"👁"（《合集》36418）形和懷疑是"臨"的"👁"（《屯》2080）形進行了進一步的考釋和確認。同時還新釋出了甲骨文中舊不識的臨字"👁"（《合集》3748）和"👁"（《合集》4299）。

《說"臨"》一文對"臨"字的構形進行了分析，指出"臨"字初形應是一個會意字，象一個站立人形向下看視川水狀，本義就是"向下視"。後加"品"字爲聲符，再後又省去"川"形，就變成了"臨"。

《說"臨"》一文還對金文䚻尊銘文中"谷（欲）天👁我不敏"的"👁"字在陳劍先生疑似意見的基礎上進行了進一步論證，認爲"👁"字也應該釋爲"臨"，並認爲從文義方面說，尊銘"臨"應該是"護視"之義。

這是一篇比較成功的甲骨文考釋文章，首先對字形的考釋可以說毫無問題，其次是對"臨"字構形的解釋也值得信從。作者說"臨"從"品"聲，舉"稟"之於"廩"、"癛"、"凜"，"風"之於"嵐"、"葻"之間的關係爲證，其實還可以舉"冰"與"陵"（金文或從冰聲）等從"夌"聲的字之間的關係爲證。

"臨"字的構形與其所記錄的詞之間的關係很有特點。從字形上看，人在水邊向下看水，需要臨近水，因此"臨"有靠近的意思，人向下看水，與"監"字表示人向下看鑒中之水有相近之處，因此"臨"又有"看視"、"監視"之義，又因爲"看"和"視"既有"監視"的意思，又都有"照顧"、"看護"的意思，所以"臨"又引申出"照顧"、"看護"的意思。砢尊銘文中"谷（欲）天㿷我不敏"中的"㿷"《説"臨"》一文訓爲"護視"，就正是"照顧"、"看護"的意思。

（劉　釗　撰）

趙 鵬

殷墟 YH127 坑賓組龜腹甲鑽鑿佈局探析

原載《考古學報》2017 年第 1 期。

甲骨鑽鑿佈局研究較早者應屬許進雄先生，他在 1972 年爲《安明》一書寫釋文時注意到卜骨鑽鑿佈局（他稱爲"長鑿的配置"）在第三期和第四期卜骨上有很大不同（許進雄 1973），認爲——式的 ⌒ 或 ⌒ "起於第三期晚期而大行於第四期"，一三式的 ⌒ 是"大行於第三期而衰退於第四期早期"（許進雄 1977：8）。後專門就此問題寫了《從長鑿的配置試分第三與第四期的卜骨》一文詳細論述（許進雄 1973）。

此後，《屯南》整理者亦對卜骨上的鑽鑿佈局（稱爲"鑿之排列"）有系統論述，將之據鑽鑿列數的不同分爲三型，Ⅰ、Ⅱ、Ⅲ型分別對應鑽鑿的一、二、三列，其中Ⅱ型又據兩列鑽鑿中首個鑽鑿的對齊形式的不同而分爲四式。康丁時期的卜骨以Ⅱ1、3 數量最多，武乙時以Ⅱ1、2 最多，文丁時以Ⅱ1 最多（屯南 1983：1506—1508）。

以上是對卜骨鑽鑿佈局的研究，對卜甲鑽鑿佈局研究較早者屬曹兆蘭先生，其對龜甲内腹甲（即中甲）上鑽鑿的分佈情況進行了分類，將之分爲四大類，如"空無鑽鑿"、"對稱鑽鑿"等，並在此分類基礎上，對兆序的刻寫、卜辭的刻寫先後等問題作了很好的研究（曹兆蘭 1998）。

《花束》整理者將花束卜甲上的鑽鑿在甲首、前甲、後甲、尾甲這些部位的分佈情況分爲〇二二一（即首甲無、前後甲各兩列，尾甲一列，其列數均按卜甲單側計算）、一二二一等九式，認爲"施鑿行數之多少與卜甲寬度有關：施 2 行鑿者多在 10 釐米以下；而施 3 行鑿者，多在 10 釐米以上"（花束 2003：1771—1775）。

張惟捷先生 2011 年完成的博士論文對 YH127 坑賓組字甲的鑽鑿佈局作了研究，"推測同類型的鑽鑿排列佈局反映了該批尺寸相近的腹甲具有高度同質性"。他以卜甲單側後甲上的鑽鑿排列佈局作爲考察對象，將之分爲 1—1、1—2、2—3（指 2 列 3 行鑽鑿）等類型，舉例説明據鑽鑿佈局可推測《丙》431、436 兩版卜甲 "時間高度重疊，很可能就是同一進貢者所進的腹甲，或非同者所進，但至少同時整治並用來書寫"。還提及鑽鑿佈局中一類 "中空" 型態很有特點（多出現在 3—3、3—4 兩型中），值得注意。並對各種鑽鑿佈局類型在卜甲上分佈情況作了列表説明（張惟捷 2013：499—522）。

另劉一曼（2015：199）將卜甲的鑽鑿排列以千里路爲界，其兩側鑽鑿按 1 至 5 列的不同分爲五種形式，並歸納了這幾種鑽鑿排列形式的一些特點，如 1 式卜甲一般較小，大多數甲橋無鑽鑿。

趙鵬先生關於 YH127 坑賓組腹甲鑽鑿佈局的研究，最初以《YH127 坑賓組龜腹甲鑽鑿與兆序排列的初步整理與研究》爲題在 2016 年 "中研院" 舉辦的 "第二届古文字青年論壇" 上宣讀，修改後以《殷墟 YH127 坑賓組龜腹甲鑽鑿佈局探析》（2017）爲題正式發表。趙文從卜甲全局出發，全面系統地對 YH127 賓組龜腹甲的鑽鑿佈局作了研究，其主要觀點如下：

一、將反面鑽鑿分爲稀疏型、密集型、稀疏密集混合型三種模式，各模式又細分不同的型式，如稀疏型進而分爲單環稀疏型、複環稀疏型兩大類。

再舉例説明各型式鑽鑿佈局對卜辭佈局、刻寫的行款、兆序的排列次序、犯兆、對反面刻辭的影響，如單環稀疏型，其卜辭行款特色是沿邊緣或千里路兩則直行而下刻寫，兆序自上而下依次排列，若首甲中甲有鑽鑿，中甲部分的兆序 "二" 歸右側卜辭所屬。單環稀疏型基本未見犯兆，複環稀疏型個别犯兆，主體兩列密集型少量犯兆，主體三列及以上密集型有三分之一存在犯兆，可見犯兆現象主要是由刻寫空間不够引起的。一般來講，龜腹甲尺寸比較大、鑽鑿比較密集，其反面刻辭就較常見。

二、從鑽鑿佈局看，影響鑽鑿數量的主要是由其佈局來決定。如《合》9523 長 29.4 釐米，鑽鑿佈局爲稀疏型中 0 字 I 型變式 i，整版只有六個鑽鑿；《乙》5280 長 16 釐米，爲近甲橋處無鑽鑿主體兩列密集型，整版卻有三十一個鑽鑿，故鑽鑿的多少與龜甲大小關係不是很密切。當然，若皆爲密集型，龜甲的大小和鑽鑿的多少一般成正比。

三、對鑽鑿製作和兆序刻寫的時間作了分析，認爲前者的時間可能有兩個：

一爲具有預先性，沒有具體占卜事件時即按一定佈局施以鑽鑿，以備日後取用。殷墟甲骨施鑿的時間絕大多數屬於這一類。一爲具有臨時性，即確定要占卜的事件，對其占卜方式和過程有初步設想，再取龜施以鑽鑿。如稀疏密集混合型的稀疏部分很可能就具有臨時性。

後者的時間可能有三個：一辭一兆或兆序排列混亂者，卜兆一般是成兆後即刻寫；卜兆排列規則，可能是灼一組刻一組，也可能是一灼一刻；被犯之兆的兆序，在卜辭刻寫之後，再刻寫或修改兆序。有的卜辭未刻兆序，可能是忘記刻寫。兆序的刻寫形式雖靈活，但多數還是成兆之後刻寫卜辭之前刻寫。

四、鑽鑿佈局與成套卜辭的關係：不同版的成套卜甲多出現在首甲中甲無鑽鑿的單環和複環稀疏型鑽鑿佈局中；一版內的成套卜辭多見稀疏型鑽鑿佈局。成套卜甲一般五版或一版上的成套卜辭其兆序一般至五，這與首甲中甲無鑽鑿的單環稀疏型鑽鑿佈局有關，此類鑽鑿佈局的龜甲一般是左右各有五個鑽鑿。

五、認爲當時貞人應有預先設想的占卜方案，即預先想好使用哪個區域的哪個鑽鑿以及燒灼鑽鑿的次序。占卜預設比較明顯的體現在幾種情況：每種鑽鑿佈局的特色行款；成套佈局和成套卜辭；按龜甲天然結構分區的占卜區域。並利用鑽鑿佈局的特點，可對綴合成果正確與否作檢驗。如所舉《合》13333 與 16998 的綴合辨誤例。

六、不同鑽鑿佈局類型與一定的甲骨字體類比對應，對 YH127 坑龜甲來說，密集型多對應賓一類、稀疏型多對應典賓類，可見主體三列及以上密集型佈局出現較早。另可據鑽鑿佈局作爲推測甲骨字體類別的輔助手段。並對主體左右各三列密集型鑽鑿佈局中甲部位的鑿數、序數及所屬情況作了分析說明。

趙文對 YH127 坑賓組卜甲上的鑽鑿佈局進行細緻分類，並在此分類框架下對卜辭佈局、兆序刻寫等諸多問題作了科學的分析，得出了一些規律性的結論，如鑽鑿數量主要是受鑽鑿佈局的影響，犯兆現象的出現主要是由於密集型鑽鑿佈局致使正面卜兆密集，從而使得刻寫卜辭的空間不足造成的，等等。另提出有的鑽鑿的製作具有臨時性、當時的貞人在進行占卜時可能存在占卜預設等具有啟發意義的觀點。並能利用鑽鑿佈局分類成果對綴合成果進行驗證。這些皆是趙文的亮點，對相關問題的研究有積極的推動作用。趙鵬先生還有一些與此相似的研究成果，可一併參看。

（周忠兵　撰）

• 參考文獻

曹兆蘭 1998　龜甲占卜的某些具體步驟及幾個相關問題，容庚先生百年誕辰紀念文集，廣東人民出版社。
劉一曼 2015　論殷墟甲骨整治與占卜的幾個問題，古文字與古代史，第 4 輯，"中央研究院"歷史語言研究所。
許進雄 1973　從長鑿的配置試分第三與第四期的卜骨，中國文字，第 48 期。
許進雄 1977　明義士收藏甲骨釋文篇，加拿大皇家安大略博物館。
張惟捷 2013　殷墟 YH127 坑賓組甲骨新研，萬卷樓。
趙　鵬 2016　賓一類胛骨兆序排列的整理研究，南方文物，第 3 期。
趙　鵬 2016　賓組三類胛骨鑽鑿與兆序排列的初步整理與研究，出土文獻研究，第 15 輯，中西書局。
趙　鵬 2016　師賓間類胛骨兆序排列及其相關問題，古文字研究，第 31 輯，中華書局。
趙　鵬 2018　出組二類胛骨鑽鑿佈局、兆序排列與占卜，古文字研究，第 32 輯，中華書局。
中國社會科學院考古研究所 1983　小屯南地甲骨鑽鑿形態·卜骨上鑿之排列，小屯南地甲骨下冊第 3 分冊，中華書局。
中國社會科學院考古研究所 2003　殷墟花園莊東地甲骨鑽鑿形態研究·卜甲上鑽鑿排列型式，殷墟花園莊東地甲骨，雲南人民出版社。

林宏明

115 賓組骨面刻辭起刻位置研究

原載李宗焜主編:《古文字與古代史》第 5 輯,"中央研究院"歷史語言研究所,2017 年。

林宏明《賓組骨面刻辭起刻位置研究》揭示了賓組胛骨骨扇部位卜辭起刻位置從對邊向臼邊逐漸上升的規律。

林文是賓組胛骨骨扇部位卜辭起刻位置研究的開創之作。以往胛骨文例研究成果多在骨條部位的相間刻辭以及邊面對應等問題（參見劉影 2016）。林文細化了賓組骨扇部位卜辭刻寫規律的研究,揭示了起刻位置的規律並將之應用於胛骨左右的判定。

全文共分爲三個部分。第一部分提出了研究主題,即賓組胛骨骨扇部位有一條或數條卜辭,這些卜辭的契刻位置高低錯落,論文的目的在於揭示這些卜辭起刻位置的規律,並指出卜辭的契刻位置與卜辭長短無關。第二部分爲本題意義,指出考察賓組胛骨骨扇部位卜辭起刻位置是有意義的,原因在於賓組骨面上的幾條成套卜辭,若爲同向胛骨,其起刻位置多一致,若爲對向胛骨則基本對稱,起刻位置是有規律可循的。第三部分揭示出賓組胛骨骨扇部位卜辭起刻位置的規律爲從對邊向臼角逐漸增高,近臼角的卜辭起刻位置最高。同時指出了三版例外,這體現了作者實事求是的科學態度。

林文的創新點在於揭示出了賓組胛骨骨扇部位卜辭起刻位置從對邊向臼邊逐漸上升的規律,對辨識胛骨左右、甲骨綴合、甲骨文例等研究具有積極意義。

林宏明在甲骨綴合研究方面成果豐碩,在甲骨文例研究方面也多有發現。林宏明（2003）揭示歷組一類骨面刻辭多倒刻,無名組左右支卜與左右胛骨多一致等規律。林宏明（2009、2011）揭示出賓組胛骨骨首部位，有一條或兩條從中間起刻的卜辭時，近骨臼的一條卜辭時間較早。這些發現對卜辭文例以及商代占卜研究具有積極意義，也爲甲骨綴合提供了新的視角。

（趙　鵬　撰）

● 參考文獻

林宏明 2003　小屯南地甲骨研究，政治大學博士學位論文，指導教師：蔡哲茂。
林宏明 2009　賓組骨首刻辭與左右胛骨的關係，出土文獻研究視野與方法，第 1 輯，臺灣書房出版有限公司。
林宏明 2011　從成套卜辭看賓組骨首刻辭的先後，"國科會"中文學門小學類 92—97 研究成果發表會論文集，新文豐出版公司。
劉　影 2012　殷墟胛骨文例，首都師範大學博士學位論文，指導教師：黃天樹（首都師範大學出版社，2016 年）。

張惟捷　宋雅萍

從一版新材料看甲骨文家譜刻辭的真僞問題

原載《出土文獻與古文字研究》第 7 輯，上海古籍出版社，2018 年。

甲骨文於 1899 年被發現後，因利益驅使，很快就出現了作僞的現象。在 1903 年出版的第一部甲骨文著録書《鐵雲藏龜》中已有若干僞刻存在（參看周忠兵 2011：111）。一百二十年來，辨僞始終是甲骨學研究中一項重要的基礎工作。①

就目前所見，絶大部分僞刻或出於臆造、拼湊，或有明確的抄録對象，都是比較容易辨别的。仍存在争議的，主要是以既有認識水平（或圖版質量）來看，合理、不合理成分兼有的，爲數不多的幾片。其中最著名的，就是所謂"家譜刻辭"。

"家譜刻辭"指一種以連續的"某子曰某"爲基本格式的記事刻辭，詞句較完整者至少有五版②，除《庫》1506（《英》2674）外，其餘各版均已被判定爲僞。《庫》1506 係方法斂於 1909 年購得，1911 年入藏不列顛博物館，現藏不列顛圖書館，目前最清晰的圖版是不列顛圖書館網站發佈的高清照片③。這一版可能是其他四版僞刻抄録的範本，其自身的真僞也一直存在争議（參看郅曉娜 2013：149—156）。

---

① 關於甲骨辨僞的歷史、成果及各著録書所收僞刻的情況，參看趙紅蕾（2016）。
② 分别爲《庫》1506（《英》2674）、《庫》1989、金 566（《英》2634）、金 760 及柏林民俗博物館藏一版。
③ 見 http://www.bl.uk/manuscripts/Viewer.aspx?ref=or_7694!1506_f001r。

關於家譜刻辭真偽問題的討論，陳光宇《兒氏家譜刻辭綜述及其確爲真品的證據》（2011/2016）、郅曉娜《家譜刻辭百年研究綜述》（2012）二文已有較全面的總結。① 從相關研究史可以看出，隨著新材料的不斷湧現、甲骨學研究水平的持續提高，早先的種種質疑大多已得到了相對合理的解釋。帶著"甲骨文研究史的年代觀"來看（語出松丸道雄1980/1981），《庫》1506的刻辭中存在不少1909年以前的作偽者無處抄錄，卻見於後出材料的字形，如ㄓ、ㄗ、ㄟ、ㄠ等；還有一些作偽者難以理解的文字學知識，如ㄘ、ㄛ與"鳥"、"隹"互作，ㄜ（壺）字从"魚"得聲等，足以證明其並非臆造，至少是有所本的倣刻。而艾蘭、陳光宇通過顯微觀察，得出《庫》1506文字刻劃特徵與真品一致、骨面裂紋晚於文字（及界劃綫）出現的結論，更是突破了舊有文字研究的框架，成爲《庫》1506不偽的力證。

不過，在已知的約十六萬片甲骨中，"某子曰某""某弟曰某"這類辭例仍顯得過於特別。在以往的研究中，除了《合》14925小片家譜殘辭外，幾乎沒有可以參照的對象。

2018年，張惟捷、宋雅萍發表了《從一版新材料看甲骨文家譜刻辭的真偽問題》一文，揭示了殷墟YH127坑出土的一版龜背甲上，內容、行款均與《庫》1506近似的一組刻辭，爲家譜刻辭的研究提供了極爲重要的新材料。

張、宋文所舉出的，是宋雅萍綴合的一版左背甲——《合》13517（《乙》4817＋5061＋5520＋5804）＋《乙》6087＋R②60751。作者發現，此版背甲上除若干條師賓間類卜辭外，還有經刮削而殘存的長篇刻辭痕跡，"形成大約十組左右的豎行字排形式"，"都是以'子曰某'的詞句所組成"。此組"子曰某刻辭"見於科學發掘品，絕無作偽的可能，基於此，作者作出以下幾點推論：

1. 此組刻辭在正式契刻前被刮去，且不避兆，應刻寫於鑽鑿之前。
2. 此組刻辭不具備貞問性質，且字體不夠成熟，可歸入習刻。
3. 此組刻辭的内容當爲家譜，"子曰某曰某"的複數子輩名的形式爲《庫》1506未見。
4. 刻手挑選家譜（或虛構之家譜）爲對象，可能是爲進行較長段落的默背練習，其動機或與習刻干支表類似。

---

① 此二文未提及者，還有黃國輝（2012）等。
② "R"爲史語所數位典藏系統登錄號，此版未經著錄。

最後，作者審慎地提出："歷來對'家譜刻辭'所進行的爭論可望獲得進一步的釐清，至少爲'子曰某'的這種文例提供了較爲堅實的文本基礎。"①

張、宋文對"YH127家譜刻辭"觀察入微，對其内容、性質及成因的分析均屬合理。其説如能成立，便可證明家譜刻辭辭例的客觀存在，亦可解決相關研究中的多個關鍵問題。

比如，《庫》1506、《合》14925的字體與"YH127家譜刻辭"十分接近，比照後者同版的師賓間類卜辭，可知三版家譜刻辭的字體同屬師賓間類。

又如，《庫》1506、《合》14925兩版家譜刻辭都具有習刻的特徵②，其性質或與"YH127家譜刻辭"相同。那么，家譜刻辭在字形、行款、刻劃形態等方面的諸多"疑點"，似乎都可以從習刻的角度作出解釋。

不過，"《合》13517＋《乙》6087＋R60751"上刮削未盡的文字究竟是不是家譜刻辭，似乎並不是毫無疑問。此版右上角有兩條卜辭，均作"癸子（巳）曰……"，其中恰有相連的"子"、"曰"二字。如果本版被刮去的文字並不是"某子曰某……"，而是"癸子（巳）曰……"，是對應右上角卜辭的習刻，那么與家譜刻辭相關的論述也就失去了基石。正如作者所説："本版綴合後仍不完整，左肋甲上方尚缺兩片邊甲，恰好殘去了大約十排字的前半部……希望在不久的將來可以對其做進一步的復原。"

（葛　亮　撰）

• 參考文獻

陳光宇 2011　兒氏家譜刻辭綜述及其確爲真品的證據，復旦大學出土文獻與古文字研究中心

---

① 張、宋文在引用材料上有兩處小問題，稍可留意：1.原文第21頁所引"《金》566"、"《金》760"當爲金璋所藏甲骨編號，實際並未收入《金》一書。可依鄧曉娜（2013）處理辦法改爲"金566"、"金760"。2.原文第26頁注③所引陳逸文"《"中央研究院"歷史語言研究所殷墟第一到九次發掘所得》，政治大學2013年博士研究生學位論文"當作"《"中央研究院"歷史語言研究所殷墟第一到九次發掘所得甲骨之整理與研究》，臺灣中山大學2013年博士研究生學位論文"。

② 李學勤（2004：90）等曾指出，《庫》1506家譜刻辭是利用已卜用胛骨的空白部分契刻的。《合集》14925家譜刻辭帶有縱向界欄，與之類似者有2010年大司空村所出刻辭胛骨、《合集》20338＋《合集》21844等（參看何毓靈2018、張惟捷2017），其文字犯兆、内容難以讀通，應該都是在廢棄甲骨上刻寫的。

網站，http://www.gwz.fudan.edu.cn/Web/Show/1715，11 月 21 日（又載甲骨文與殷商史，新 6 輯，上海古籍出版社，2016 年）。

何毓靈 2018　河南安陽市殷墟大司空村出土刻辭牛骨，考古，第 3 期。

黃國輝 2012　"家譜刻辭"研究新證，出土文獻，第 3 輯，中西書局。

李學勤 2004　再論家譜刻辭，華學，第 7 輯，中山大學出版社。

松丸道雄 1980　甲骨文僞造問題新探，池田末利博士古稀記念東洋學論集（又陳維廉中譯本，古文字研究，第 6 輯，中華書局，1981 年）。

張惟捷 2017　史語所藏殷墟甲骨目驗校訂九則，甲骨文與殷商史，新 7 輯，上海古籍出版社。

趙紅蕾 2016　甲骨刻辭辨僞研究成果匯總及相關問題研究，吉林大學碩士學位論文，指導教師：何景成。

邸曉娜 2012　家譜刻辭百年研究綜述，中國社會科學院歷史研究所先秦史研究室網站，http://www.xianqin.org/blog/archives/2879.html，12 月 31 日（又爲邸曉娜 2013 之一節）。

邸曉娜 2013　金璋的甲骨收藏與研究，中國社會科學院研究生院博士學位論文，指導教師：宋鎮豪。

周忠兵 2011　從卡内基博物館所藏甲骨實物看早期甲骨的作僞問題，中國國家博物館館刊，第 3 期。

李春桃

117 釋甲骨文中的"觴"字

原載《古文字研究》第 32 輯,中華書局,2018 年。

商周古文字與古器物的研究具有十分密切的關係,如古文字中象形程度較高的象物字,往往明確反映出其所象的器物的器形;而古器物銘文中的"自名",對於器物的定名及相關文字的釋讀,往往又是最直接的證據。

近幾十年來,研究者在古文字與古器物互證方面取得了許多重大進展。如商晚周初最常見的酒器組合"觚爵組合"中,所謂"觚"、"爵"的定名,均因新出古文字證據而有了重新討論的必要。

2010 年,自名爲🖼(銅)的觚形器"内史亳同"問世,證明宋人所謂"觚"實應稱"同"(或"筒"),而"同"字的初文🖼正象古器物"同"之形(參看吴鎮烽 2010)。

1976 年,陝西扶風出土了兩件自名"爵"的帶圈足寬柄斗形器"伯公父爵",其自名🖼與後世"爵"字的字形存在嚴格的對應關係,定名爲"爵"當無疑義。此後,宋人所謂"爵",即帶流三足器的定名,便引起了廣泛的討論。

其中,李春桃《從斗形爵的稱謂談到三足爵的命名》(2018)以魯侯爵(《銘圖》8580)添加"丁(昜)"聲的自名🖼字(及🖼字)、新出旨爵(《銘續》666)添加"正"聲的自名🖼等多方面證據,推定🖼等字應釋爲"觴",帶流三足器亦應稱"觴"。①

隨著金文"觴"字的釋出,甲骨文🖼、🖼、🖼等字的識讀問題也就迎刃而解

---

① 關於🖼字,參看謝明文(2015),其意見與李文不同。

了。李春桃《釋甲骨文中的"觴"字》一文，將甲骨文❐等字分析爲从"畀""丂"①聲，釋爲"觴"。其主要依據是：叔虞方鼎（《銘圖》2419）❐字、文王玉環（《銘圖》19710）❐字均讀爲"唐"，"在各自語境中都極爲通順"；魯侯爵❐字與之同構，可分析爲从"爵"、"丂"聲；魯侯爵❐字，《銘圖》4353、4354 ❐字則應分析爲从"畀"、"丂"聲，以上五字均應釋"觴"。楚公逆鐘（《銘圖》15500、15501）有❐字，上部可看作❐、❐糅合之省形，下部爲聲符"錫"。此"錫"聲的限制，對釋❐、❐、❐等字爲"觴"是有力的支持。

據此，作者認爲甲骨文❐與金文❐、❐、❐關係密切，❐與❐整體構形相同，❐與❐則僅有从"畀"與从"爵"之別，屬於意符替代。因此，可認定甲骨文❐爲"觴"字。

《釋甲骨文中的"觴"字》是作者爲2018年古文字年會而作的短文，論述簡明扼要，而古文字"觴"與古器物"觴"的問題涉及一系列文字的釋讀及多種器物的定名、器用、演變，需要綜合考量。李春桃《從斗形爵的稱謂談到三足爵的命名》（2018）對此有整體性的論述，可參看之。

（葛　亮　撰）

• 參考文獻

李春桃 2018　從斗形爵的稱謂談到三足爵的命名，"中央研究院"歷史語言研究所集刊，第89本第1分。
李春桃 2020　甲骨文中"丂"字新釋，甲骨文與殷商史，新10輯，上海古籍出版社。
吳鎮烽 2010　內史亳豐同的初步研究，考古與文物，第2期。
謝明文 2015　談談青銅酒器中所謂三足爵形器的一種別稱，出土文獻，第7輯，中西書局。

---

① 關於"丂"的來源與讀音，作者另有專文討論，參看李春桃（2020）。

118 釋甲骨金文的"蠢"兼論相關問題

蔣玉斌

原載《復旦學報（社會科學版）》2018 年第 5 期。

蔣玉斌先生該文 2018 年榮獲中國文字博物館首批"甲骨文釋讀優秀成果"唯一的一等奬。該文對各種古文字資料的運用十分嫻熟，對各種古文字考釋方法的把握恰到好處，論證過程精細入微，結論堅實可靠，是近十年來難得一見的優秀論文。

甲骨文中有一類字作↓，蔣文主要探討的就是該字的釋讀問題。

該字與甲骨文中常見的"屯"字↓在形體上有著一定的相似性，但也有一定的區別，在用法上區別就更爲明顯了。蔣文詳細分析了學者對這類字的意見。學者多將這類字與"屯"字區別開來，不過也有將這類字釋爲"屯"的，但對這類字與"屯"字的形體關係沒有明確的認識，對這類字在卜辭中的用法也沒有令人信服的説法，所以釋"屯"之説並没有引起大家的重視。這些紛繁的説法充分説明了大家對該字形體與用法的認識是很不明晰的，該字有重新檢討的必要。

蔣文指出，該字雖然與甲骨文中的"屯"字不是太像，但與西周金文中的"屯"字↓比較相似，所以釋爲"屯"在形體上是有依據的。但關鍵的問題是如何理解該字與甲骨文中"屯"字的區別，因爲這一區別正是大家未將該字釋爲"屯"的重要原因。

蔣文回顧了于省吾考釋甲骨文中"屯"字的過程，指出于先生考釋的定點正是金文中的"屯"字。于先生還特別論證了甲骨文"屯"字↓與金文"屯"字↓在形體上的演變關係，其中的關鍵證據是甲骨文中用爲"春"的"屯"字↓，該字是溝通甲骨、金文"屯"字的橋梁。既然金文中的"屯"字可以與甲骨文中的

"屯"字溝通，那麽將甲骨文中與金文"屯"字更爲相似的↓釋爲"屯"當然也就没有問題了。另外，蔣文還列舉了幾例可以溝通甲骨文"屯"字與金文"屯"字的例子，如師賓間類用爲"春"的"屯"字，花東類卜辭中的"白屯"之"屯"，"子組"A類卜辭及黄類卜辭中的"春"字所从之"屯"。這些有别於甲骨文中常見"屯"字的形體，與蔣文所論之↓形體尤爲相似。這就在甲骨文内部找到了釋↓爲"屯"的堅實的證據。

考證出↓爲"屯"字，蔣文又進一步分析了該字在卜辭中的用法。該字在卜辭中除了偶用爲地名和與軍事行動有關的屯聚義之外，更主要的用法是"屯盂方"和"屯人方"。先秦古書中或曰"蠢兹有苗"，或曰"蠢殷"，或曰"蠢爾蠻荆"，或曰"蠢邦"。這些辭例都是"蠢"加某方國，與卜辭中"屯"加某方國的辭例相同，而"屯"是"蠢"的基本聲符，兩者語音相近。據此，蔣文將卜辭中的這類"屯"字讀爲"蠢"。還據古書中"蠢"字含義，將卜辭中"屯（蠢）某方"訓爲動亂、騷動的某方。

西周金文中還有一類字，其比較有代表性的形體作 𢦏、𢦏、𢦏、𢦏、𢦏 等。謝明文先生將這諸多形體繫連起來，考定爲同一字，並將 𢦏 定爲正體，認爲从"又"从"戈"。蔣文認同謝先生將這類字繫連起來的意見。何景成先生曾將甲骨文中的"屯"與 𢦏 聯繫起來，認爲 𢦏 的左旁就是"屯"。蔣文亦認同這一意見，並據此將 𢦏 定爲這類字的正體，並解釋了諸多變體之間的關係，考定這類字从"戈"从"屯"，象以戈斷"屯"之形。

西周金文中的這類字都是用在作亂也是要被征伐的方國部族名稱之前，與甲骨文中的"屯（蠢）"字及古書中的"蠢"字用法相同，所以蔣文也將金文中的這類字讀爲"蠢"。蔣文還將這類字的構形表述爲从"戈"斷"屯"，"屯"亦聲，並指出這類字表示切斷義，可能跟後世的"刊"、"剗"、"剸"等字有關。

蔣文還將傳抄古文中的"蠢"字 𢦏、𢦏 等，與甲骨、金文中用爲"蠢"的"屯"、𢦏 等聯繫起來。這一繫連既合理解釋了傳抄古文的形體，又爲甲骨、金文中用爲"蠢"之字的釋讀提供了用字習慣上的證據。

甲骨文中的兩類"屯"字↓與 𠃊，出現於不同的類組中，蔣文利用甲骨文類組不同，文字繁簡不同的特點，確定了甲骨文"屯"字形體中↓爲較原始的形體，𠃊 爲俗省寫法。然後據較原始的"屯"字形體，肯定了連劭名對"屯"字本義的解釋，也即認爲"屯"字是草木（或其枝條）初生幼芽的形象。

蔣文還根據甲骨、金文及先秦古書中出現了二十餘次的"蠢某"的説法，歸納出了"蠢某"的使用習慣,並以之重新檢討了古書及金文中某些存在疑問的與"蠢某"相關的文句,比如證成了《尚書·大誥》"蠢殷"句今文學家的句讀,及顧頡剛先生對文意的理解;指出《墨子·兼愛下》所引《禹誓》與"蠢茲有苗"相關的文句中有脫文;肯定了謝明文先生對四十二年逑鼎中"蠢獫狁"應是主語的判斷。

　　蔣文對甲骨、金文中用爲"蠢"之字的考釋,有比較堅實的字形證據,辭例也能很好地疏通,使這些字的形、音、義都得到了合理的解釋,結論顯然是可靠的。

　　蔣文對甲骨文"屯"字的考釋,最主要的證據,是在卜辭中找到的與所釋"屯"字形體幾乎相同的辭例明確的"屯"字(或从"屯"之字)。這説明對甲骨文某些少見異體的關注,對考釋相關古文字具有重要作用。當年于省吾先生對甲骨文"屯"字的考釋,也正是藉助了比較少見的"屯"字異體,來作爲溝通甲骨、金文"屯"字的橋梁。

　　蔣文對金文用爲"蠢"之字的考釋,聯繫了傳抄古文,兩者合證,説服力是很強的。這又一次提醒我們,傳抄古文在考釋古文字中的作用是不容小覷的。傳抄古文中某些形體,根據已知的古文字學知識不好解釋,這樣的形體往往有自己的淵源,在古文字考釋過程中,對這些形體善加利用,可能會有意想不到的效果。

　　甲骨文類組差異,已被很多學者反復論及,利用甲骨文類組差異考釋古文字,也是學者們屢試不爽的重要考釋手段。對甲骨文類組差異的利用,也是蔣文的一個亮點。蔣文利用類組差異,合理解釋了兩類"屯"字同爲甲骨文,而形體卻有明顯區別的現象,而且還利用類組差異論證了兩類"屯"字誰的形體更爲原始的問題。

(劉　雲　撰)

● 參考文獻

何景成 2015　甲骨文"再册"新解,中國文字學報,第6輯,商務印書館。
連劭名 1988　甲骨文字考釋,考古與文物,第4期。
謝明文 2011　試説金文中的"叟"字,中國文字,新37期,藝文印書館。
于省吾 1979　釋屯,甲骨文字釋林,中華書局。

邬可晶

119 釋 "穗"

原載田煒主編：《文字・文獻・文明》，上海古籍出版社，2019年。

此文可分爲兩部分：第一部分將殷墟甲骨文中的🌾、🌾、🌾釋爲"穗"。第二部分主要討論了西周至戰國文字中的🌾、🌾、🌾等字以及"采"的相關問題。

甲骨文中寫作🌾、🌾、🌾的字，一般都視爲"禾"的異體，也有人指出是"穗"的初文，但並沒有舉出文字學上的證據。此文則通過分析"季"的構形，找到了將🌾類形體釋爲"穗"的語音綫索。就字形而言，🌾"酷肖成熟的穀子"，"特別突出'禾（穀子）'下垂的飽滿的穗，說爲'穗'的初文是十分直截的"，可以類比"枼"字的表意方法。師組肥筆類卜辭中"季"寫作🌾、🌾，即从🌾从子作。作者通過分析，指出🌾類形體出現的組類時代都較早，認爲🌾類形體應該是"季"的古體，後來才省變作从一般的"禾"。清華簡《命訓》篇的"秠之以季"、"季必忍="、"季而不忍="之句，傳世的《逸周書》作"撫之以惠"、"惠不忍人"、"惠不忍人"。據此異文材料，清華簡中"季"假借爲"惠"，可知从"惠"聲的"穗"與"季"讀音相近。所以，作者認爲"'穗'正可充當'季'的聲旁"，"'季'當分析爲从'子'、'穗'聲"。將🌾釋爲"穗"和"季"分析爲从"穗"聲，可以互相支持。然後，將所釋"穗"字帶入相關卜辭中進行了合理的辭意解讀。

西周至戰國文字中的🌾、🌾、🌾等字，有學者釋爲"采"，作者認爲這些字形象"在植物的頂端畫出直上的穗形"，與🌾類字形"既頗相似，又有所區別"，指出"似當取象於麥子（'來'）之類的穀物抽穗"。劉家莊銅量🌾及🌾之所从，有可能正是🌾等字較古的寫法。作者認爲🌾既爲"穗"的初文，🌾等字"似只能認爲是當穀物開花講的'秀'的表意初文了"。最後，文章還對"采"的讀音進行了辨析，認爲"出土文字資料似乎還不能爲《說文》以'采'爲'穗'之說提供可靠的證明"，"對於'采'讀'穗'音，或把'采'同時視爲'穗'的表意初文的説法，尚需存疑"。

以上是文章的主要内容。關於"季"字的分析，季旭昇（2019：284—290）也有相關研究，也指出"甲骨文的'季'字上部所從的'禾'有幾個特別標出禾穗，比較像成熟的穀子"，但認爲"'季'的本義應該是'穊'，栽種時過於密集的穀子，成熟時禾穗較不飽滿，因此農人收割後被挑出放在一旁，由小孩子扛回去"，蓋不可信。關於 䇞、𪅛 等字，據安大簡《詩·柏舟》"髧彼兩髦"之"髦"作 𩭤、𩭵，從鳥從 㞢 爲聲，徐在國（2018：1—6）將其釋爲"矛"字，周波（2019：199）認爲《容成氏》此字應讀爲與"敉"、"沐"聲近之"泭"。

（袁倫強　撰）

• 參考文獻

季旭昇 2019　說"季"，中國文字學會第十屆學術年會論文集，鄭州。
徐在國 2018　試説古文字中的"矛"及從"矛"的一些字，簡帛，第 17 輯，上海古籍出版社。
周　波 2019　說上博簡《容成氏》的"冥"及其相關諸字，古文字與出土文獻青年學者論壇論文集，長春（收入出土文獻與中國經學、古史研究國際學術研討會論文集，高文出版社，2019 年）。

孫亞冰

殷墟卜骨的雙兆幹現象

原載《甲骨文與殷商史》新 9 輯，上海古籍出版社，2019 年。

甲骨上的卜兆乃灼燒反面鑽鑿形成，一般來説一個鑽鑿燒灼出來的卜兆爲一豎枝（兆幹）一斜枝（兆枝）這樣一種形態，甲骨文"卜"的字形即卜兆的象形反映。但事實上，甲骨上的卜兆形態還是較爲複雜的，劉一曼（2015）一文結合以往學者的研究，將卜兆形態分爲十類，其中第 7—10 類爲劉先生新增類型：

7. 在兆幹的左、右各出一枝。此類兆，有一些是由於反面相應的位置鑿之兩側各有一灼而形成的。

8. 二幹一枝。即兩個豎的兆幹之中部與一橫兆枝相連接，其形狀似較寬的 H 形。

9. 二幹二枝。兩個兆幹，各出一兆枝。8、9 兩類，其反面相應的位置只一鑿、灼，但灼的尺寸較大，灼痕深黑。

10. 只見兆幹，未見橫的兆枝，也可以説是不完全的卜兆。此種兆，其反面的灼痕顏色較淺、灼的温度不大高。（劉一曼 2015：206）

劉文首次揭示出一個鑽鑿其對應的卜兆存在二兆幹這樣一種特殊的卜兆形態（8、9 兩類，第 10 類從劉文：226 所録圖一六：5 看亦包括二兆幹的現象），並對其形成原因及主要出土地點進行了説明（見於殷墟其他遺址，如苗圃北地、白家墳東、郭家灣）。這種特殊的卜兆類型非常值得作進一步研究。孫亞冰（2019）一文即對此問題作了較爲深入的研究，其主要内容爲：

1. 據兆枝的有無將雙兆幹卜兆細分爲四類，其中第 1、2、4 類分别對應劉文的第 9、8、10（有雙兆幹者）類。

2. 補充 2017 年殷墟大司空出土甲骨等材料中無字甲骨上的雙兆幹卜兆例子，並分別說明這些雙兆幹卜兆分別屬於其所分四類類型中的何類。

3. 舉例說明刻辭甲骨上的雙兆幹卜兆，如見於《合》9680、11955 上的此類卜兆。並詳細分析了《合》9680 上兆序 "四" 及兆辭的刻寫由於雙兆幹卜兆造成的一些特別的避讓現象。通過分析《合》11955 上兆序的刻寫及刻兆現象，認爲商人對 "雙兆幹" 的使用並非是用此廢彼，而是將之皆視爲有意義的兆紋。

4. 總結了五點雙兆幹卜兆的特點，如只出現在卜骨上、雙兆幹卜兆的形成是由於背面的燒灼力度大、此類卜兆從武丁至帝辛皆有、出土地包括小屯及小屯以外、商人已將雙兆幹卜兆視爲判斷吉凶的依據。

5. 對雙兆幹卜兆中的特殊的 "單兆幹" 現象進行了研究，通過實際例證說明了此類卜兆的特點。

孫文對雙兆幹卜兆研究取得的進展還是較爲明顯的，如補充了較多的此類卜兆的甲骨實例，特別是對刻辭甲骨中由於雙兆幹卜兆帶來的特殊的避讓現象的分析，以及對此類卜兆的時代、出土地的判斷，等等。皆大大加深了我們對此類卜兆的了解。

此外，劉一曼先生對此問題的研究亦有新的成果，集中體現在劉一曼（2019：120—124）一書中，其中較大的變化爲：一、將原來混在第 10 類型中的雙兆幹類卜兆單獨出來，列爲一類 "二幹"，此類即對應孫文中的第 4 類。二、認爲第 7 類型（書中作第 8 類）的卜兆其兆幹 "有的對應於灼點的中部"，此卜兆在燒灼部位的正面呈現，而鑽鑿對應的正面並無兆幹只有兆枝，這一特徵符合孫文特殊 "單兆幹" 的第一類型的卜兆特點，説明劉一曼先生亦注意到了此類卜兆型式，只是未將之視爲雙兆幹卜兆的一種變體。

當然，由於材料的限制，即大量甲骨只公佈了拓片，而拓片上的卜兆形態多數看不清晰。所以，隨著清晰甲骨照片的公佈，此問題的研究還可能取得新的進展，如是否在卜甲上亦有此類雙兆幹卜兆；此類卜兆類型其對應的反面鑽鑿是否有何特別的特徵；是否能從甲骨字體分類的角度來考察一下此類卜兆類型的分佈情況有何特點，是否只對應某幾類甲骨；等等。

（周忠兵　撰）

• 參考文獻

劉一曼 2015　論殷墟甲骨整治與占卜的幾個問題，古文字與古代史，第 4 輯，"中央研究院"歷史語言研究所。

劉一曼 2019　殷墟考古與甲骨學研究，雲南人民出版社。

附　錄

附錄一：主要甲骨文著錄書及古文字工具書等簡稱表

1903 年　劉鶚《鐵雲藏龜》——《鐵》
1913 年　羅振玉《殷虛書契前編》——《前》、《前編》
1914 年　羅振玉《殷虛書契菁華》——《菁》、《菁華》
1915 年　羅振玉《鐵雲藏龜之餘》——《餘》
1916 年　羅振玉《殷虛書契後編》——《後》、《後編》
1916 年　羅振玉《殷虛古器物圖錄》——《殷圖》
1917 年　明義士《殷虛卜辭》——《虛》、《明》
1917 年　姬佛陀《戩壽堂所藏殷虛文字》——《戩》
1921 年　林泰輔《龜甲獸骨文字》——《林》、《龜》
1925 年　葉玉森《鐵雲藏龜拾遺》——《拾》、《拾遺》
1925 年　王襄《簠室殷契徵文》——《簠》、《簠天》、《簠地》、《簠帝》、《簠人》、《簠歲》、《簠干》、《簠貞》、《簠典》、《簠征》、《簠游》、《簠雜》、《簠文》
1928 年　羅福成《傳古別錄第二集》——《傳別二》
1931 年　下中彌三郎《書道全集》——《書道》
1931 年　關百益《殷虛文字存真》——《存真》、《真》
1933 年　商承祚《福氏所藏甲骨文字》——《福》、《福藏》
1933 年　容庚、瞿潤緡《殷契卜辭》——《契》、《挈》、《燕》
1933 年　郭沫若《卜辭通纂》——《通》、《通纂》
1933 年　羅振玉《殷虛書契續編》——《續》、《續編》
1933 年　商承祚《殷契佚存》——《佚》、《佚存》
1935 年　金祖同《郼齋所藏甲骨拓本》——《郼》
1935 年　黃濬《鄴中片羽初集》——《鄴一》、《鄴初》、《鄴》
1935 年　方法斂、白瑞華《庫方二氏藏甲骨卜辭》——《庫》、《庫方》
1935 年　明義士《柏根氏舊藏甲骨文字》——《柏》

1937年　郭沫若《殷契粹編》——《粹》、《萃》、《粹編》
1937年　黃濬《鄴中片羽二集》——《鄴二》、《鄴 2》、《鄴二集》
1937年　孫海波《甲骨文錄》——《文錄》
1938年　方法斂《甲骨卜辭七集》——《七》
1939年　唐蘭《天壤閣甲骨文存》——《天》
1939年　金祖同《殷契遺珠》——《珠》、《遺》
1939年　李旦丘《鐵雲藏龜零拾》——《零》、《鐵零》
1939年　方法斂《金璋所藏甲骨卜辭》——《金》、《金璋》
1939年　曾毅公《甲骨叕存》——《叕》
1940年　孫海波《誠齋殷虛文字》——《誠》
1940年　梅原末治《河南安陽遺寶》——《寶》
1941年　李旦丘《殷契摭佚》——《摭》
1942年　黃濬《鄴中片羽三集》——《鄴三》、《鄴 3》
1945年　胡厚宣《甲骨六錄》——《六中》、《六清》、《六束》、《六曾》、《六華》、《六釋》
1948年　金祖同《龜卜》——《龜卜》
1948年　董作賓《殷虛文字甲編》——《甲》、《甲編》
1948年　董作賓《殷虛文字乙編》——《乙》、《乙編》
1948年　羅福頤《殷虛書契四編》——《四編》
1950年　胡厚宣《元嘉造像室所藏甲骨文字》——《元嘉》
1950年　胡厚宣《頌齋所藏甲骨文字》——《頌齋》
1950年　曾毅公《甲骨綴合編》——《綴》、《綴合》、《綴合編》
1950年　李亞農《殷契摭佚續編》——《摭續》
1951年　胡厚宣《戰後寧滬新獲甲骨集》——《寧》、《寧滬》
1951年　郭若愚《殷契拾掇》——《掇一》、《掇 1》、《掇》
1951年　胡厚宣《戰後南北所見甲骨錄》——《南輔/輔仁》、《南誠》、《南上/上海》、《南南》、《南無/無想》、《南明》、《南師》、《南坊》
1953年　郭若愚《殷契拾掇》二編——《掇二》、《掇 2》
1954年　胡厚宣《戰後京津新獲甲骨集》——《京》、《京津》
1955年　郭若愚、曾毅公、李學勤《殷虛文字綴合》——《殷合》、《殷綴》
1955年　胡厚宣《甲骨續存》——《存》、《續存》

1956 年	董作賓《殷虛文字外編》——《外》	
1956 年	饒宗頤《日本所見甲骨錄》——《饒》、《日見》	
1957 年	張秉權《殷虛文字丙編》——《丙》、《丙編》	
1959 年	貝塚茂樹《京都大學人文科學研究所藏甲骨文字》——《人》、《京人》	
1959 年	松丸道雄《日本散見甲骨文字蒐彙》——《日彙》	
1959 年	陳邦懷《甲骨文零拾》——《甲零》、《零拾》	
1961 年	屈萬里《殷虛文字甲編考釋》附綴合圖版——《甲釋》、《甲編考釋》	
1966 年	伊藤道治《故小川睦之輔氏藏甲骨文字》——《小川》	
1967 年	史語所《冬飲廬藏甲骨文字》——《冬》、《冬飲廬》	
1970 年	李棪《北美所見甲骨選粹》——《北美》	
1971 年	伊藤道治《藤井有鄰館所藏甲骨文字》——《藤井》	
1972 年	伊藤道治《檜桓元吉氏藏甲骨文字》——《檜桓》	
1972 年	郭沫若《安陽新出土的牛胛骨及其刻辭》——《安新》	
1972 年	許進雄《明義士收藏甲骨》——《安明》	
1972 年	明義士、許進雄《殷虛卜辭後編》——《明後》	
1973 年	嚴一萍《美國納爾森美術館藏甲骨卜辭考釋》——《納美》	
1973 年	明義士《輔仁大學所藏甲骨文字》——《輔》	
1975 年	嚴一萍《甲骨綴合新編》——《綴新》	
1976 年	周鴻翔《美國所藏甲骨錄》——《USB》、《USS》、《美藏》、《美》	
1978 年	郭沫若《甲骨文合集》——《合》、《合集》	
1979 年	渡邊兼庸《東洋文庫所藏甲骨文字》——《東文庫》、《東洋文庫》	
1979 年	許進雄《懷特氏等收藏甲骨文集》——《懷》、《懷特》	
1979 年	松丸道雄《謝氏瓠廬殷墟遺文》——《謝文》	
1980 年	中國社會科學院考古研究所《小屯南地甲骨》——《屯南》、《屯》	
1980 年	松丸道雄《散見於日本各地的甲骨文字》——《散》	
1983 年	松丸道雄《東京大學東洋文化研究所藏甲骨文字》——《東文研》、《東大》、《東研》	
1984 年	嚴一萍《商周甲骨文總集》——《總集》	
1985 年	雷煥章《法國所藏甲骨錄》——《法藏》	
1985 年	李學勤、齊文心、艾蘭《英國所藏甲骨集》——《英》、《英藏》	
1987 年	天理大學附屬天理參考館《甲骨文字》——《天理》、《日天》	

1988 年	胡厚宣《蘇德美日所見甲骨集》——《蘇德美日》、《蘇德》、《蘇》
1994 年	中國歷史博物館《中國歷史博物館藏法書大觀》——《中歷博》
1995 年	鍾柏生《殷虛文字乙編補遺》——《補遺》、《乙補》
1996 年	胡厚宣輯（王宏、胡振宇整理）《甲骨續存補編》——《存補》
1996 年	荒木日呂子《中島玉振舊藏の甲骨片について》——《中島》
1997 年	雷煥章《德瑞荷比所藏一些甲骨錄》——《GSNB》、《德瑞》、《德瑞荷比》
1998 年	劉敬亭《山東省博物館珍藏甲骨墨拓集》——《山東》、《山博》
1999 年	彭邦炯、謝濟、馬季凡《甲骨文合集補編》——《補編》、《合補》
1999 年	蔡哲茂《甲骨綴合集》——《綴集》
1999 年	李學勤、齊文心、艾蘭《瑞典斯德哥爾摩遠東古物博物館藏甲骨文字》——《瑞典》、《瑞斯》
2000 年	路東之《路東之夢齋藏甲骨文》——《路東之》、《夢齋》
2002 年	曹瑋《周原甲骨文》——《周原》
2003 年	中國社會科學院考古研究所《殷墟花園莊東地甲骨》——《花東》、《花》
2004 年	蔡哲茂《甲骨綴合續集》——《綴續》
2005 年	郭若愚《殷契拾掇》三編——《掇三》
2006 年	郭青萍《洹寶齋所藏甲骨》——《洹寶》、《洹》、《洹寶齋》
2006 年	李宗焜《當甲骨遇上考古——導覽 YH127 坑》——《導覽》
2007 年	中國國家博物館《中國國家博物館館藏文物研究叢書·甲骨卷》——《國博》
2008 年	段振美、焦智勤、党相魁、党寧《殷墟甲骨輯佚——安陽民間藏甲骨》——《輯佚》
2008 年	李鍾淑、葛英會《北京大學珍藏甲骨文字》——《北大》、《北珍》
2009 年	濮茅左《上海博物館藏甲骨文字》——《上博》
2009 年	焦智勤《殷墟甲骨拾遺（續五）》——《續五》、《拾遺》
2009 年	宋鎮豪、朱德天《雲間朱孔陽藏戩壽堂殷虛文字舊拓》——《朱孔陽》、《雲間》
2009 年	宋鎮豪、朱德天《雲間朱孔陽藏戩壽堂殷虛文字舊拓·殷虛文字拾遺》——《殷拾》

2009 年　史語所《史語所藏購甲骨集》——《史購》
2009 年　宋鎮豪《張世放所藏殷墟甲骨集》——《張世放》
2010 年　黃天樹《甲骨拼合集》——《拼集》、《拼合集》
2011 年　黃天樹《甲骨拼合續集》——《拼續》
2011 年　蔡哲茂《甲骨綴合彙編》（圖版篇）——《綴彙》
2011 年　林宏明《醉古集——甲骨的綴合與研究》——《醉古集》、《醉》
2011 年　宋鎮豪、趙鵬、馬季凡《中國社會科學院歷史研究所藏甲骨集》——《中歷藏》、《歷》
2012 年　陳子游《奧缶齋·殷契別鑒》——《奧》、《奧缶齋》
2012 年　中國社會科學院考古研究所《殷墟小屯村中村南甲骨》——《村中》、《村中南》
2013 年　黃天樹《甲骨拼合三集》——《拼三》
2013 年　林宏明《契合集》——《契合》
2013 年　宋鎮豪、瑪麗婭《俄羅斯國立愛米塔什博物館藏殷墟甲骨》——《俄藏》、《愛》、《愛米塔什》
2014 年　宋鎮豪、郭富純《旅順博物館所藏甲骨》——《旅藏》
2015 年　宋鎮豪、焦智勤、孫亞冰《殷墟甲骨拾遺》——《殷遺》
2015 年　周忠兵《卡內基博物館所藏甲骨研究》——《卡》、《卡內基》
2015 年　蕭春源《珍秦齋藏甲骨文》——《珍秦齋》
2016 年　黃天樹《甲骨拼合四集》——《拼四》
2016 年　宋鎮豪、趙鵬《笏之甲骨拓本集》——《笏（一）》、《笏（二）》
2016 年　宋鎮豪、黎小龍《重慶三峽博物館藏甲骨集》——《三博》、《三峽》
2017 年　李宗焜《典雅勁健：香港中文大學藏甲骨集》——《中大》、《港中大》
2017 年　韓國國立韓古爾博物館《韓中日書體特別展》——《韓中日》
2018 年　宋鎮豪《符凱棟所藏殷墟甲骨》——《符凱棟》、《符藏》
2018 年　宋鎮豪主編、馬季凡編纂《徐宗元尊六室甲骨拓本集》——《徐尊》
2019 年　呂靜主編、葛亮編著《復旦大學藏甲骨集》——《復旦》
2019 年　宋鎮豪主編、馬季凡編纂《繪園所藏甲骨》——《繪園》
2019 年　黃天樹《甲骨拼合五集》——《拼五》
2019 年　安陽博物館《安陽博物館藏甲骨》——《安博》

以下爲甲骨拓本和現藏簡稱：
曾毅公、李學勤《甲骨文攟》——《攟》、《文攟》
劉體智《善齋藏契萃編》——《善齋》、《善》
《甲骨文集》——《甲骨文集》
中國社會科學院歷史研究所藏拓本——歷拓
中國社會科學院考古研究所原白恒——考白
中國社會科學院考古研究所原孫壯——考孫
北京圖書館/中國國家圖書舘所藏甲骨——北圖/國圖
北京文物管理處——北文處
南京博物院拓本——南博拓
覺玄藏契（陳中凡）——覺玄
明治大學——明大、明治
關西大學——關西
旅大文物商店——旅文店
武漢文物商店——武漢店
吉林博物院——吉博
貴州博物館——貴博
旅順博物館——旅博
湖南博物館——湖南博
吉林省博物館所藏甲骨拓本——吉博

其他古文字工具書及重要著作簡稱：
［宋］ 薛尚功《歷代鐘鼎彝器款識法帖》——《薛氏》
［宋］ 王俅《嘯堂集古錄》——《嘯堂》
1937/1983 年　羅振玉《三代吉金文存》——《三代》
1940 年　于省吾《雙劍誃古器物圖錄》——《雙劍誃》
1940 年　于省吾《雙劍誃殷契駢枝》——《駢枝》
1956 年　陳夢家《殷虛卜辭綜述》——《綜述》
1957 年　于省吾《商周金文錄遺》——《錄遺》
1962 年　朱芳圃《殷周文字釋叢》——《釋叢》
1962 年　中國科學院考古研究所《美帝國主義劫掠的我國殷周青銅器集錄》——《美》

1965 年　中國社會科學院考古研究所《甲骨文編》——《文編》
1965 年　李孝定《甲骨文字集釋》——《集釋》
1967/1971 年　島邦男《殷墟卜辭綜類》——《綜類》
1979 年　于省吾《甲骨文字釋林》——《釋林》
1984 年　中國社會科學院考古研究所《殷周金文集成》——《集成》
1988 年　姚孝遂主編、肖丁副主編《殷墟甲骨刻辭摹釋總集》——《摹釋》、《摹釋總集》
1989 年　姚孝遂主編、肖丁副主編《殷墟甲骨刻辭類纂》——《類纂》
1989—1998 年　饒宗頤《甲骨文通檢》——《通檢》
1996 年　于省吾《甲骨文字詁林》——《詁林》
1999 年　胡厚宣主編《甲骨文合集釋文》——《釋文》
2004 年　陳佩芬《夏商周青銅器研究》——《夏商周》
2005 年　吳鎮烽《商周金文資料通鑒》軟件——《通鑒》
2006 年　沈建華、曹錦炎《甲骨文校釋總集》——《校釋》
2009/2014 年　劉釗主編《新甲骨文編（修訂本）》——《新編》
2010 年　陳年福《殷墟甲骨文摹釋全編》——《摹釋全編》
2012 年　吳鎮烽《商周青銅器銘文暨圖像集成》——《銘圖》
2012 年　李宗焜《甲骨文字編》——《字編》
2016 年　吳鎮烽《商周青銅器銘文暨圖像集成續編》——《銘圖續》、《銘續》

附録二：篇目及文獻索引 *

B

白川静 1948　卜辭の本質，立命館文學，第 26 號。　（本書 040、073 提要）

白玉崢 1978　殷墟第十五次發掘成組卜甲　（本書 047）

白玉崢 1980　讀甲骨綴合新編暨補編略論甲骨綴合，中國文字，新 1 期。　（本書 041 提要）

貝塚茂樹 1938　殷金文に見えた圖像文字に就いて，東方學報，第 9 册。　（本書 026 提要）

貝塚茂樹 1946　中國古代史學の發展，弘文堂。　（本書 026 提要）

貝塚茂樹 1960　京都大學人文科學研究所藏甲骨文字（本文篇），京都大學人文科學研究所。　（本書 026、030、039 提要）

貝塚茂樹　伊藤道治 1953　甲骨文斷代研究法の再檢討——董氏の文武丁時代卜辭を中心として（甲骨文斷代研究法的再檢討——以董氏所謂文武丁時代卜辭爲中心）　（本書 026）

貝塚茂樹　伊藤道治 1980　甲骨文字研究，同朋舍。　（本書 026 提要）

秉　志 1931　河南安陽之龜殼，安陽發掘報告，第 3 期。　（本書 104 提要）

C

蔡運章 2008　洛陽新獲西周卜骨文字略論，文物，第 11 期。　（本書 064 提要）

蔡哲茂 1988　釋"𤔔""𠂤"　（本書 071）

---

* 説明：本索引可檢索本書選入的 120 篇甲骨學論文的著者、發表年份與篇題，以及各篇提要所列參考論著的目録信息，其中加陰影的篇題爲 120 篇精選篇目。索引各條按作者姓名的漢語拼音順序排列，每條後括注本書編號或所屬提要編號。

蔡哲茂 1989　甲骨文四方風名再探，金祥恒教授逝世周年紀念論文集。　（本書060 提要）

蔡哲茂 1993　卜辭生字再探，"中央研究院"歷史語言研究所集刊，第 64 本第 4 分（又復旦大學出土文獻與古文字研究中心網站，http://www.gwz.fudan.edu.cn/Web/Show/1041，2009 年 12 月 28 日）。　（本書020 提要）

蔡哲茂 1993　説"ӬӬ"，第四屆中國文字學全國學術研討會論文集，大安出版社。（本書 016 提要）

蔡哲茂 1999　甲骨綴合集，樂學書局。　（本書 031、041 提要）

蔡哲茂 2004　甲骨綴合續集，文津出版社。　（本書 041 提要）

蔡哲茂 2005　契生昭明辨，東華漢學，第 3 期。　（本書 004 提要）

蔡哲茂 2005　説殷卜辭中的"圭"字，漢字研究，第 1 輯，學苑出版社。　（本書035 提要）

蔡哲茂 2005　殷卜辭"肩凡有疾"解，第十六屆中國文字學國際學術研討會論文集。　（本書 012 提要）

蔡哲茂 2009　説殷人的始祖——"戜"（契），高明教授百歲冥誕紀念學術研討會，臺北政治大學（又發表於中國社會科學院歷史研究所先秦史研究室網站，http://www.xianqin.org/blog/archives/1851.html，2010 年 2 月 10 日；又復旦大學出土文獻與古文字研究中心網站，http://www.gwz.fudan.edu.cn/Web/Show/1090，2010 年 2 月 24 日）。（本書 004、075 提要）

蔡哲茂 2010　讀《中國國家博物館館藏文物研究叢書·甲骨卷》，中國文化研究所學報，第 50 期。　（本書 064 提要）

蔡哲茂 2011　殷卜辭"用侯屯"辨，甲骨文與殷商史，新 2 輯，上海古籍出版社。　（本書 021 提要）

蔡哲茂 2013　甲骨文四方風名再探，甲骨文與殷商史，新 3 輯，上海古籍出版社。　（本書 029、060 提要）

蔡哲茂 2013　説甲骨文北方風名，東華漢學，第 18 期。　（本書 029、060 提要）

蔡哲茂 2018　加拿大維多利亞博物館藏五片甲骨介紹，甲骨文與殷商史，新 8 輯，上海古籍出版社。　（本書 064 提要）

蔡哲茂　吴　匡 1999　釋肙（蜎），古文字學論文集，"國立"編譯館。　（本書

089 提要）

曹定雲 1989　殷墟四盤磨"易卦"卜骨研究，考古，第 7 期。（本書 085 提要）

曹定雲 1994　新發現的殷周"易卦"及其意義，考古與文物，第 1 期。（本書 065 提要）

曹定雲 2005　論商人廟號及其相關問題，新世紀的中國考古學——王仲殊先生八十華誕紀念文集，科學出版社。（本書 037 提要）

曹定雲 2007　殷墟卜辭"戉"爲"武"字考——兼論商湯名"戉"及其相關問題，考古，第 4 期。（本書 075 提要）

曹定雲　劉一曼 2004　殷人卜葬與避"復日"——《庫方》985＋1106 辭義辯正，夏商周文明研究·六——2004 年安陽殷商文明國際學術研討會論文集，社會科學文獻出版社。（本書 031 提要）

曹定雲　劉一曼 2019　四論武乙、文丁卜辭——無名組與歷組卜辭早晚關係，考古學報，第 2 期。（本書 046、107 提要）

曹錦炎 1982　釋甲骨文北方名　（本書 060。029 提要）

曹錦炎 1987　讀甲骨文劄記（二則），上海博物館集刊，第 4 期，上海古籍出版社。（本書 060 提要）

曹錦炎 1990　浙江省博物館新藏甲骨文字，文物，第 5 期。（本書 064 提要）

曹錦炎 2005　西泠印社新收藏的甲骨文，書法叢刊，第 5 期。（本書 064 提要）

曹錦炎 2013　記杭州藏友收藏的甲骨文，甲骨文與殷商史，新 3 輯，上海古籍出版社。（本書 064 提要）

曹　瑋 2002　周原甲骨文，世界圖書出版公司。（本書 099 提要）

曹兆蘭 1998　龜甲占卜的某些具體步驟及幾個相關問題，容庚先生百年誕辰紀念文集，廣東人民出版社。（本書 096、114 提要）

常耀華 2012　甲骨文田獵刻辭性質芻議　（本書 109）

常玉芝 1980　説文武帝——兼論商末祭祀制度的變化，古文字研究，第 4 輯，中華書局（又見商代周祭制度，社會科學出版社，1987 年；增訂本，綫裝書局，2009 年）。（本書 004 提要）

常玉芝 1986　祊祭卜辭時代的再辨析，甲骨文與殷商史，第 2 輯，上海古籍出版社。（本書 057 提要）

常玉芝 1987　商代周祭制度，中國社會科學出版社（又綫裝書局，2009 年）。

（本書 006、057、091 提要）

常玉芝 1987　晚期龜腹甲卜旬卜辭的契刻規律及意義　（本書 068）

常玉芝 1992　論商代王位繼承制，中國史研究，第 4 期。（本書 005 提要）

常玉芝 1993　黃組周祭分屬三王的又一證據，文博，第 2 期。（本書 091 提要）

常玉芝 1998　殷商曆法研究，吉林文史出版社。（本書 059、066、076 提要）

常玉芝 2001　黃組周祭分屬三王的再論證　（本書 091）

常玉芝 2006　商人的四方神崇拜，考古學研究（六），科學出版社。（本書 029、081 提要）

常玉芝 2010　商代的天文與曆法，見宋鎮豪主編，商代史　第六卷　商代經濟與科技，第十一章，中國社會科學出版社。（本書 076 提要）

常玉芝 2020　殷墟甲骨斷代標準評議，中國社會科學出版社。（本書 030 提要）

常正光 1981　殷曆考辨，古文字研究，第 6 輯，中華書局。（本書 059 提要）

常正光 1982　"辰爲商星"解——釋"辰、晨、辳"　（本書 059）

晁福林 1989　關於殷墟卜辭中的"示"和"宗"的探討，社會科學戰綫，第 3 期。（本書 005 提要）

陳邦懷 1925　殷虛書契考釋小箋，石印本。（本書 024 提要）

陳邦懷 1959　殷代社會史料徵存，天津人民出版社。（本書 089 提要）

陳邦懷 1959　殷代社會史料徵存・四方風名，天津人民出版社。（本書 029、060、081 提要）

陳邦懷 1989　一得集，齊魯書社。（本書 060 提要）

陳復澄 1984　殷墟卜辭中的彡，考古與文物，第 2 期。（本書 056 提要）

陳光宇 2011　兒氏家譜刻辭綜述及其確爲真品的證據，復旦大學出土文獻與古文字研究中心網站，http://www.gwz.fudan.edu.cn/Web/Show/1715，11 月 21 日（又載甲骨文與殷商史，新 6 輯，上海古籍出版社，2016 年）。（本書 116 提要）

陳漢平 1986　西周册命制度研究，學林出版社。（本書 081 提要）

陳漢平 1989　釋夲、檮、擣、禱，屠龍絕緒，黑龍江教育出版社。（本書 080 提要）

陳漢平 1989　説四方與四方風名，屠龍絶緒，黑龍江教育出版社。（本書029 提要）

陳漢平 1989　屠龍絶緒，黑龍江教育出版社。（本書053、081 提要）

陳漢平 1991　古文字釋叢·釋因 （本書081）

陳　劍 2001　據郭店簡釋讀西周金文之一例，北京大學中國古文獻研究中心集刊2，北京燕山出版社（收入甲骨金文考釋論集，綫裝書局，2007年）。（本書080 提要）

陳　劍 2004　甲骨金文"甼"字補釋，古文字研究，第25 輯，中華書局（收入甲骨金文考釋論集，綫裝書局，2007 年）。（本書086 提要）

陳　劍 2004　説花園莊東地甲骨卜辭的"丁"——附：釋"速"，故宫博物院院刊，第4 期。（本書097 提要）

陳　劍 2006　釋"造"（本書100）

陳　劍 2007　甲骨金文考釋論集，綫裝書局。（本書058 等提要）

陳　劍 2007　甲骨文舊釋"眢"和"蠿"的兩個字及金文"鼐"字新釋，甲骨金文考釋論集，綫裝書局。（本書051、053 提要）

陳　劍 2007　據郭店簡釋讀西周金文之一例，甲骨金文考釋論集，綫裝書局。（本書098 提要）

陳　劍 2007　殷墟卜辭的分期分類對於甲骨文字考釋的重要性，甲骨金文考釋論集，綫裝書局。（本書016、083、087 提要）

陳　劍 2007　説殷墟甲骨文中的"玉戚"，"中央研究院"歷史語言研究所集刊，第78 本第2 分。（本書035 提要）

陳　劍 2007　柞伯簋銘補釋，甲骨金文考釋論集，綫裝書局。（本書098 提要）

陳　劍 2008　甲骨金文舊釋"鼗"之字及相關諸字新釋，出土文獻與古文字研究，第2 輯，復旦大學出版社。（本書013、028 提要）

陳　劍 2008　釋《忠信之道》的"配"字，文後網友評論，復旦大學出土文獻與古文字研究中心網，http://www.gwz.fudan.edu.cn/Web/Show/343，2 月20 日（原載國際簡帛研究通訊，第2 卷第6 期，2002 年）。（本書105 提要）

陳　劍 2010　釋"屮"，出土文獻與古文字研究，第3 輯，復旦大學出版社。（本書002、031、088、089 提要）

陳　劍 2012	試説甲骨文的"殺"字，古文字研究，第29輯，中華書局。　（本書029、086提要）	
陳　劍 2013	簡談《繫年》的"戬"和楚簡部分"嗇"字當釋讀爲"捷"，安徽大學學報（哲學社會科學版），第6期。　（本書086提要）	
陳　劍 2013	甲骨文釋字四則（摘要），中國文字學會第七屆學術年會會議論文集，長春。　（本書096提要）	
陳　劍 2015	《釋殷墟甲骨文裏的"遠""狀"（邇）及有關諸字》導讀，中西學術名篇精讀·裘錫圭卷，中西書局。　（本書100提要）	
陳　劍 2015	"羞中日"與"七月流火"，古文字與古代史，第4輯，"中央研究院"歷史語言研究所。　（本書024提要）	
陳　劍 2016	釋殷墟甲骨文的"付"字，古文字研究，第31輯，中華書局。（本書084提要）	
陳　劍 2021	説"窜"等字所從"甶"形來源，中國文字，總第5期。　（本書016提要）	
陳　絜 2006	説"敢"，史海偵迹——慶祝孟世凱先生七十歲文集，香港新世紀出版社。　（本書103提要）	
陳夢家 1936	古文字中之商周祭祀，燕京學報，第19期（又見殷虚卜辭綜述，科學出版社，1956年）。　（本書004提要）	
陳夢家 1937	釋豕，考古學社社刊，第6期（收入陳夢家學術論文集，中華書局，2016年）。　（本書019提要）
陳夢家 1939	［釋注　釋丂　釋生月］（本書020）
陳夢家 1940	商王名號考，燕京學報，第27期。　（本書003、031提要）
陳夢家 1951	甲骨斷代學甲篇，燕京學報，第40期。　（本書026提要）
陳夢家 1951	甲骨斷代與坑位——甲骨斷代學丁篇，中國考古學報，第5册。（本書014、026提要）
陳夢家 1953	殷代卜人篇——甲骨斷代學丙篇，考古學報，第6册。　（本書026提要）
陳夢家 1954	商王廟號考——甲骨斷代學乙篇，考古學報，第8册。　（本書003、026、031、037提要）
陳夢家 1956	殷虚卜辭綜述·斷代　上　（本書030）

陳夢家 1956　　殷虛卜辭綜述，科學出版社（又中華書局，1988、2004 年）。
　　　　　　　（本書 006、021、026、027、031、036、037、043、046、050、
　　　　　　　059、088、109 提要）

陳年福 2010　　殷墟甲骨文摹釋全編，綫裝書局。　（本書 016 提要）

陳年福 2016　　從甲骨文論早期形聲字的聲符形化現象，浙江師範大學學報（社會
　　　　　　　科學版），第 2 期。　（本書 052 提要）

陳佩芬 2004　　夏商周青銅器研究，上海古籍出版社。　（本書 081 提要）

陳其南 1973　　中國古代之親屬制度——再論商王廟號的社會結構意義，"中央研
　　　　　　　究院"民族學研究所集刊，第 35 期。　（本書 037 提要）

陳秋輝編 2003　沈之瑜文博論集，上海古籍出版社。　（本書 082 提要）

陳　曲 2018　　日本慶應義塾大學所藏殷墟甲骨的整理與研究，吉林大學碩士學位
　　　　　　　論文，指導教師：崎川隆。　（本書 064 提要）

陳斯鵬 2003/2006　論周原甲骨和楚系簡帛中的"囟"與"思"——兼論卜辭命
　　　　　　　辭的性質，第四屆國際中國古文字學研討會論文集，香港中文大學
　　　　　　　中國語言文學系；文史，第 1 輯。　（本書 074 提要）

陳斯鵬等 2012　新見金文字編，福建人民出版社。　（本書 080 提要）

陳桐生 2019　　百年卜辭文學研究的反思與展望，光明日報，9 月 2 日 13 版。
　　　　　　　（本書 018 提要）

陳煒湛 1980　　郭沫若《釋五十》補說，郭沫若《釋五十》補說再補，中華文史論
　　　　　　　叢，第 15、16 輯，上海古籍出版社。　（本書 011 提要）

陳煒湛 1980　　甲骨文字辨析（兩篇），中山大學學報（社會科學版），第 1 期（收
　　　　　　　入甲骨文論集，上海古籍出版社，2003 年；又收入三鑒齋甲骨文
　　　　　　　論集，上海古籍出版社，2013 年）。　（本書 056 提要）

陳煒湛 1981　　甲骨文異字同形例　（本書 056）

陳煒湛 1985　　"歷組卜辭"的討論與甲骨文斷代研究，出土文獻研究，第 1 輯，
　　　　　　　文物出版社。　（本書 046 提要）

陳煒湛 2003　　甲骨文論集，上海古籍出版社。　（本書 056 提要）

陳煒湛 2013　　三鑒齋甲骨文論集，上海古籍出版社。　（本書 056 提要）

陳逸文　青木智史 2019　天理參考館所藏未著錄甲骨選錄，第三十屆中國文字學
　　　　　　　國際學術研討會論文集，成功大學。　（本書 064 提要）

陳逸文　青木智史 2019　《天理大學附屬參考館藏甲骨文字》補釋，紀念甲骨文發現 120 周年國際學術研討會論文集，安陽。（本書 064 提要）

陳　贇 2015　晚年王國維的學術轉向及其對中西文化的再認識，杭州師範大學學報（社會科學版），第 4 期。（本書 005 提要）

成祖明　趙亞婷 2018　重新檢視王國維的《殷周制度論》——走出王國維的"二重證據法"，社會科學戰綫，第 8 期。（本書 005 提要）

池田末利 1964　書評介紹；松丸道雄著：殷墟卜辭中の田獵地——殷代國家構造研究のために，東洋學報，第 46 卷第 4 號。（本書 036 提要）

種建榮 2018　試論西周甲骨的埋藏方式——以周公廟刻辭甲骨的出土爲例，文博，第 3 期。（本書 064、099 提要）

崔恒昇 2001　簡明甲骨文詞典（增訂本），安徽教育出版社。（本書 056 提要）

D

党　寧 2018　方寸之間猶可得——安陽博物館藏商代"貞侑于祖辛"牛胛骨卜辭賞析，文物天地，第 5 期。（本書 064 提要）

島邦男 1953/1975　禘祀　（本書 027）

島邦男 1953　祭祀卜辭の研究——甲骨卜辭研究・第一部，弘前大學文理學部文學研究室。（本書 027 提要）

島邦男 1958　殷墟卜辭研究，中國學研究會（又溫天河、李壽林譯，鼎文書局，1975 年）。（本書 027、034、036 提要）

島邦男 1967　殷墟卜辭綜類，大安（增訂版，汲古書院，1971 年；增訂版第 2 次印刷，1977 年）。（本書 019、027 提要）

島邦男 1971　五行思想と禮記月令の研究，汲古書院。（本書 027 提要）

島邦男 1973　老子校正，汲古書院。（本書 027 提要）

德日進　楊鍾健 1936　安陽殷墟之哺乳動物群，中國古生物誌，C-Vol. XII-1。（本書 079 提要）

鄧　飛 2013　商代甲金文時間範疇研究，人民出版社。（本書 066 提要）

鄧　飛 2014　殷商甲骨卜辭"今來"補論，考古與文物，第 1 期。（本書 066 提要）

丁　山 1930　釋𦉢　釋𤓊　（本書 008）

丁　山 1948/1997　卜辭所見先帝高祖六宗考，文史，第 43 輯。　（本書 004 提要）

丁　山 1956　甲骨文所見氏族及其制度，科學出版社。　（本書 025 提要）

丁　山 1961　中國古代宗教與神話考·四方之神與風神，龍門聯合書局。　（本書 029、060、081 提要）

丁　驌 1966　契文獸類及獸形字釋，中國文字，第 21 期。　（本書 079 提要）

丁　驌 1966　再論商王妣廟號的兩組說，"中央研究院"民族學研究所集刊，第 21 期。　（本書 037 提要）

丁聲樹　胡厚宣 1942　甲骨文四方風名考補證，責善半月刊，第 2 卷第 22 期。　（本書 029 提要）

丁四新 2018　數字卦研究的階段、貢獻及其終結，周易研究，第 5 期。　（本書 065 提要）

東山鐸（侯乃峰）2008　《忠信之道》"禹"字補釋，復旦大學出土文獻與古文字研究中心網，http：//www.gwz.fudan.edu.cn/Web/Show/368，3 月 7 日。　（本書 105 提要）

董蓮池 2008　"莘"字釋禱說的幾點疑惑，古文字研究，第 27 輯，中華書局。　（本書 080 提要）

董蓮池 2010　西周金文幾個疑難字的再研究，古文字研究，第 28 輯，中華書局。　（本書 080 提要）

董蓮池　畢秀潔 2010　商周"圭"字的構形演變及相關問題研究，中國文字研究，第 13 輯，大象出版社。　（本書 035 提要）

董　珊 2006　試論周公廟龜甲卜辭及其相關問題　（本書 099）

董作賓 1929　商代龜卜之推測，安陽發掘報告，第 1 冊，中央研究院歷史語言研究所（收入中國現代學術經典·董作賓卷，河北教育出版社，1996 年）。　（本書 041、104 提要）

董作賓 1929　新獲卜辭寫本，安陽發掘報告，第 1 冊，中央研究院歷史語言研究所。　（本書 041 提要）

董作賓 1930　"獲白麟"解，安陽發掘報告，第 2 期，中央研究院歷史語言研究所。　（本書 079 提要）

董作賓 1930　甲骨文研究之擴大，安陽發掘報告，第 2 期。　（本書 032 提要）

董作賓 1931　大龜四版考釋，安陽發掘報告，第 3 期。　（本書 068、082 提要）

董作賓 1933　甲骨文斷代研究例　（本書 014。004、026、031、037 提要）

董作賓 1933　殷契佚存・序，金陵大學中國文化研究所叢刊甲種。　（本書 041 提要）

董作賓 1933　帚矛說——骨臼刻辭的研究，安陽發掘報告，第 4 期（收入董作賓先生全集甲編，第 2 冊，藝文印書館，1977 年）。　（本書 012 提要）

董作賓 1936　安陽侯家莊出土之甲骨文字，田野考古報告，第 1 冊（收入董作賓先生全集甲編，第 2 冊，藝文印書館，1977 年）。　（本書 023 提要）

董作賓 1936　五等爵在殷商，中央研究院歷史語言研究所集刊，第 6 本第 3 分。（本書 026 提要）

董作賓 1945　［大采、小采］　（本書 024）

董作賓 1945　殷曆譜，中央研究院歷史語言研究所專刊之 23，中央研究院歷史語言研究所（又藝文印書館，1977 年）。　（本書 002、026、027、036、041 提要）

董作賓 1948　小屯（第二本）殷虛文字乙編上輯，中央研究院歷史語言研究所。（本書 026 提要）

董作賓 1951　論商人以十日爲名，大陸雜誌，第 2 卷第 3 期。　（本書 003、031 提要）

董作賓 1953　臺灣大學所藏甲骨文字附考釋，臺灣大學考古人類學刊，第 1 期（收入董作賓先生全集甲編，第 2 冊，臺北藝文印書館，1977 年）。（本書 064 提要）

董作賓 1954　骨臼刻辭再考，"中央研究院"院刊，第 1 輯（收入董作賓先生全集甲編，第 2 冊，藝文印書館，1977 年）。　（本書 012 提要）

董作賓 1954/1977/1996　殷曆譜的自我檢討，大陸雜誌，第 9 卷第 4 期；大陸雜誌・史學叢書，第 1 輯第 2 冊，先秦史研究論集（上）；董作賓先生全集・乙編，第 5 冊，藝文印書館；中國現代學術經典・董作賓卷，河北教育出版社。　（本書 041 提要）

董作賓 1957　甲骨實物之整理　（本書 032。104 提要）

董作賓 1957　爲書道全集詳論卜辭時期之區分，大陸雜誌，第 14 卷第 9 期。

（本書 027 提要）

董作賓 1962　卜辭中之大小采與大小食說，慶祝朱家驊先生七十歲論文集（大陸雜誌特刊，第 2 輯）。（本書 024 提要）

董作賓 1996　中國現代學術經典・董作賓卷，河北教育出版社。（本書 109 提要）

董作賓　胡厚宣 1937　甲骨年表，商務印書館。（本書 064 提要）

董作賓　金祥恒 1961　本系所藏甲骨文字——臺灣大學所藏甲骨文字之二，臺灣大學考古人類學刊，第 17、18 期（收入董作賓先生全集甲編，第 2 冊，臺北藝文印書館，1977 年）。（本書 064 提要）

F

方　輝 2000　明義士和他的藏品，山東大學出版社。（本書 064 提要）

方靜若 1948　屮爲"小甲"合文說，上海中央日報文物周刊（又載中國文字，新 4 期，藝文印書館，1981 年）。（本書 004 提要）

方述鑫 1992　殷墟卜辭斷代研究，文津出版社。（本書 046 提要）

方稚松 2007　釋殷墟花園莊東地甲骨中的瓚、祼及相關諸字（本書 101）

方稚松 2009　殷墟甲骨文五種記事刻辭研究，綫裝書局。（本書 012、021、023、084 提要）

房　曄 2015　殷契匯津門——館藏甲骨概述，文物天地，第 6 期。（本書 064 提要）

馮勝君 2010　試說東周文字中部分"嬰"及从"嬰"之字的聲符——兼釋甲骨文中的"癭"和"頸"，出土文獻與傳世典籍的詮釋：紀念譚樸森先生逝世兩周年國際學術研討會論文集，上海古籍出版社。（本書 092 提要）

馮　時 1990　殷曆歲首研究（本書 076）

馮　時 1994　殷卜辭四方風研究，考古學報，第 2 期。（本書 029、060 提要）

馮　時 2001/2007/2010　中國天文考古學，社會科學文獻出版社；中國社會科學出版社；中國社會科學出版社。（本書 076 提要）

馮　時 2006/2009　中國古代的天文與人文，中國社會科學出版社。（本書 076 提要）

馮　時 2011　百年來甲骨文天文曆法研究，中國社會科學出版社。（本書076 提要）

馮　時 2012　殷人疾病考佚，古文字研究，第 29 輯，中華書局。（本書092 提要）

G

甘　露 2000　《鐵雲藏龜》劉序所釋甲骨文正誤小考，黔西南民族師專學報，第 4 期。（本書 001 提要）

高嶋謙一（Takashima, Ken-ichi）1978　Decipherment of the Word Yu 㞢, 又, 有 in the Shang Oracle Bone Inscriptions and in Pre-Classical Chinese, *Early China 4*.（本書 045 提要）

高嶋謙一（Takashima, Ken-ichi）1980　The Early Archaic Chinese Word yu 有 in the Shang Oracle-Bone Inscriptions: Word-Family, Etymology, Grammar, Semantics and Sacrifice, *Cahiers de linguistique Asie orientale 8*, pp.81-112.（本書 045 提要）

高嶋謙一 1985　殷虛文字丙編通檢，"中央研究院"歷史語言研究所。（本書 073 提要）

高嶋謙一 1989　殷代貞卜言語の本質（殷代貞卜語言的本質）（本書 073、040、042 提要）

高嶋謙一 1994　商代漢語中表達情態的虛詞"其"，第一屆國際先秦漢語語法研討會論文。（本書 042 提要）

高嶋謙一 2013　論甲骨文和金文中之"日"字，黄德寬主編，安徽大學漢語言文字研究叢書——高嶋謙一卷，安徽大學出版社。（本書 024 提要）

高　亨 1981　文字形義學概論，齊魯書社。（本書 035 提要）

高鴻縉 1969　中國字例，三民書局。（本書 075 提要）

高田忠周 1905　古籀篇，大通書局。（本書 075 提要）

高玉平　陳　丹 2015　"吉""圭"蠡測，古漢語研究，第 4 期。（本書 035 提要）

葛　亮 2013　甲骨文田獵動詞研究，出土文獻與古文字研究，第 5 輯，上海古籍出版社。（本書 028、087、109 提要）

葛英會 1990　殷墟卜辭所見王族及其相關問題，紀念北京大學考古專業三十周年論文集，文物出版社。　（本書 025 提要）

葛志毅 1996　商周王位繼承制度新探，盡心集，社會科學出版社。　（本書 005 提要）

宮長爲 2003　東北師大所藏甲骨選釋，紀念殷墟甲骨文發現一百周年國際學術研討會論文集，社會科學文獻出版社。　（本書 064 提要）

顧德融 1982　中國古代人殉、人牲者的身份探析，中國史研究，第 2 期。　（本書 051 提要）

郭寶鈞 1950　記殷周殉人之史實，光明日報，3 月 19 日。　（本書 051 提要）

郭沫若 1931　釋祖妣　（本書 013）

郭沫若 1931、1934　釋五十　釋七十——殷文紀數之一新例　（本書 011）

郭沫若 1932　釋干鹵，金文叢考・金文餘釋，文求堂（又人民出版社，1954 年）。　（本書 038 提要）

郭沫若 1933　《卜辭通纂》序，文求堂。　（本書 110 提要）

郭沫若 1933　卜辭通纂，文求堂（收入郭沫若全集・考古編，第 2 卷，科學出版社，1983 年）。　（本書 004、012、016、027、036、041、079 提要）

郭沫若 1933　殘辭互足二例，殷契餘論，文求堂（郭沫若全集・考古編，第 1 卷，科學出版社，1982 年）。　（本書 033 提要）

郭沫若 1933　釋嵒向，殷契餘論，文求堂（收入郭沫若全集・考古編，第 1 卷，科學出版社，1982 年）。　（本書 002 提要）

郭沫若 1934　骨臼刻辭之一考察　（本書 012）

郭沫若 1937　殷契粹編，文求堂。　（本書 024 提要）

郭沫若 1950　讀了《記殷周殉人之史實》，光明日報，3 月 21 日。　（本書 051 提要）

郭沫若 1954　金文餘釋之餘・釋媵，金文叢考，人民出版社。　（本書 053 提要）

郭沫若 1956　由壽縣蔡器論到蔡墓的年代，考古學報，第 1 期。　（本書 053 提要）

郭沫若 1965　殷契粹編，科學出版社。　（本書 016、109 提要）

郭沫若 1982　中國古代社會研究，郭沫若全集・歷史編，第 1 卷，人民出版社。

　　　　　　　（本書 013 提要）

郭沫若 1984　奴隸制時代，郭沫若全集·歷史編，第 3 卷，人民出版社。（本書 103 提要）

郭沫若 1991　商周古文字類纂，文物出版社（又郭沫若全集·考古編，第 4 卷，科學出版社，2002 年）。（本書 084 提要）

郭若愚 1979　釋黽　（本書 049。016 提要）

郭若愚 2003　落英繽紛——郭若愚師友憶念錄，上海書畫出版社。（本書 049 提要）

郭若愚　曾毅公　李學勤 1955　殷虛文字綴合，科學出版社。（本書 041 提要）

郭小武 2001　古文字考釋五題，殷都學刊，第 3 期。（本書 016、049 提要）

郭妍利 2018　陝西師範大學博物館藏甲骨文釋讀與研究，考古與文物，第 3 期。（本書 064 提要）

郭永秉 2010　談古文字中的"要"字和从"要"之字　（本書 105）

郭祐麟 1997　館藏殷墟甲骨刻辭之曙光乍現，（歷史博物館）歷史文物，第 2 期。（本書 064 提要）

H

韓江蘇 2007　殷墟花東 H3 卜辭主人"子"研究，綫裝書局。（本書 110 提要）

韓江蘇 2018　甲骨文"胸"字考，殷都學刊，第 3 期。（本書 092 提要）

韓江蘇　江林昌 2010　商代史卷二·《殷本紀》訂補與商史人物徵，中國社會科學出版社。（本書 004 提要）

何海慧 2013　甲骨傳拓技術小議，甲骨文與殷商史，新 3 輯，上海古籍出版社。（本書 032 提要）

何　會 2014　殷墟王卜辭龜腹甲文例研究，首都師範大學博士學位論文，指導教師：黃天樹。（本書 068 提要）

何疾足 1998　就《殷墟甲骨刻辭摹釋總集》淺議甲骨文的釋文諸問題，胡厚宣先生紀念文集，科學出版社。（本書 096 提要）

何家興 2012　《中原文化大典》溫縣盟書考釋（十一則）之"八、釋'旃'"，中國國家博物館館刊，第 5 期。（本書 086 提要）

何景成 2009　試釋甲骨文的北方風名，殷都學刊，第 2 期。（本書 029 提要）

何景成 2013　試論祼禮的用玉制度，華夏考古，第 2 期。　（本書 101 提要）
何景成 2015　甲骨文"再册"新解，中國文字學報，第 6 輯，商務印書館。（本書 118 提要）
何景成 2015　試釋甲骨文中讀爲"廟"的"勺"字　（本書 112）
何景成 2016　試釋甲骨文的"盾"字——甲骨文所謂"智"字新釋，甲骨文與殷商史，新 6 輯，上海古籍出版社。　（本書 038 提要）
何琳儀 1999　説"秋"，江蘇紀念甲骨文發現 100 周年甲骨文與商代文明國際學術研討會論文選集（收入安徽大學漢語言文字研究叢書·何琳儀卷，安徽大學出版社，2013 年）。　（本書 016、049 提要）
何樹環 2005　莽字再探與兼釋※，中山人文學術論叢，第 6 輯，澳門出版社。（本書 080 提要）
何毓靈 2013　論殷墟新發現的兩座"甲骨貞人"墓　（本書 110）
何毓靈 2018　河南安陽市殷墟大司空村出土刻辭牛骨，考古，第 3 期。　（本書 116 提要）
何毓靈　岳占偉 2012　論殷墟出土的三枚青銅印章及相關問題，考古，第 12 期。　（本書 110 提要）
河北大學歷史系 1998　河北大學文物室所藏甲骨，胡厚宣先生紀念文集，科學出版社。　（本書 064 提要）
河南省地方史志編纂委員會 1993　河南省志·文物志，河南人民出版社。　（本書 064 提要）
侯乃峰 2016　《史記·殷本紀》"三報"世系次序再議，歷史研究，第 4 期。（本書 004 提要）
胡光煒 1958　讀契札記，江海學刊，第 1、2 期（收入胡小石論文集三編，上海古籍出版社，1995 年；又收入甲骨文獻集成，第 12 册，四川大學出版社，2001 年）。　（本書 012 提要）
胡厚宣 1937　甲骨文材料之統計，益世報·人文周刊，第 13 期，4 月 2 日/月報第 1 卷第 5 期，開明書店。　（本書 064 提要）
胡厚宣 1937　論殷代的記事文字，益世報·人文周刊，第 25—31 期，天津。（本書 023 提要）
胡厚宣 1939　釋牢，中央研究院歷史語言研究所集刊，第 8 本第 2 分。　（本書

062 提要）

胡厚宣 1941　甲骨文四方風名考，責善半月刊，第 2 卷第 19 期。　（本書 029 提要）

胡厚宣 1943　殷人疾病考，學思，第 3 卷 3、4 期（收入甲骨學商史論叢初集，成都齊魯大學國學研究所專刊，1944 年）。　（本書 008 提要）

胡厚宣 1944　武丁時五種記事刻辭考　（本書 023）

胡厚宣 1944　卜辭下乙説，甲骨學商史論叢初集，齊魯大學國學研究所專刊（又甲骨學商史論叢初集［外一種］，河北教育出版社，2002 年）。（本書 004 提要）

胡厚宣 1944　甲骨文發現之歷史及其材料之統計，甲骨學商史論叢初集，成都齊魯大學國學研究所。　（本書 064 提要）

胡厚宣 1944　甲骨文四方風名考證，甲骨學商史論叢初集，齊魯大學國學研究所。（本書 029、060、081 提要）

胡厚宣 1944　殷代封建制度考，甲骨學商史論叢初集，齊魯大學國學研究所專刊。（本書 005 提要）

胡厚宣 1944　殷代婚姻家族宗法生育制度考，甲骨學商史論叢初集，齊魯大學國學研究所專刊。　（本書 005 提要）

胡厚宣 1945　卜辭中所見之殷代農業，甲骨學商史論叢二集，齊魯大學國學研究所。　（本書 079 提要）

胡厚宣 1947　卜辭同文例，中央研究院歷史語言研究所集刊，第 9 本。　（本書 033 提要）

胡厚宣 1950　古代研究的史料問題，商務印書館（又雲南人民出版社，2005 年）。　（本書 018 提要）

胡厚宣 1951　五十年甲骨文發現的總結，商務印書館。　（本書 064 提要）

胡厚宣 1952　五十年甲骨學論著目，中華書局。　（本書 028 提要）

胡厚宣 1956　釋殷代求年於四方和四方風的祭祀　（本書 029。060 提要）

胡厚宣 1980　殷代的冰雹，史學月刊，第 3 期。　（本書 054 提要）

胡厚宣 1982　甲骨文合集・序，中華書局。　（本書 033 提要）

胡厚宣 1984　八十五年來甲骨文材料之再統計　（本書 064）

胡厚宣 1985　關於劉體智、羅振玉、明義士三家舊藏甲骨現狀的說明，殷都學刊，第 1 期。　（本書 064 提要）

胡厚宣 1986　記香港大會堂美術博物館所藏一片牛胛骨卜辭，中原文物，第 1 期。　（本書 069 提要）

胡厚宣 1986　甲骨入藏山東補記，文物天地，第 3 期。　（本書 064 提要）

胡厚宣 1988　國內四個文物商店所見甲骨，殷都學刊，第 3 期。　（本書 064 提要）

胡厚宣 1996　大陸現藏之甲骨文字，"中央研究院"歷史語言研究所集刊，第 67 本第 4 分。　（本書 064 提要）

胡厚宣 1997　再論甲骨文發現問題，中國文化，第 15、16 期。　（本書 102 提要）

胡輝平 2003　殷卜辭中商王廟主問題研究，中國社會科學院研究生院碩士學位論文，指導教師：馮時。　（本書 031、037 提要）

胡輝平 2005　國家圖書館藏甲骨整理札記，文獻，第 4 期。　（本書 064 提要）

胡輝平 2012　國家圖書館藏"四方風"與大龜四版，中國書法，第 6 期。　（本書 060 提要）

胡小石 1943　卜辭中的羔即昌若説，國立中央大學文史哲季刊，第 1 卷第 2 期（收入胡小石論文集三編，上海古籍出版社，1995 年）。　（本書 004 提要）

黄德寬 1988　卜辭所見"中"字本義試説　（本書 069）

黄德寬　徐在國主編 2019　安徽大學藏戰國竹簡（一），中西書局。　（本書 105 提要）

黄國輝 2012　"家譜刻辭"研究新證，出土文獻，第 3 輯，中西書局。　（本書 116 提要）

黄銘崇 2007　商人日干爲生稱以及同干不婚的意義，"中央研究院"歷史語言研究所集刊，第 78 本第 4 分。　（本書 037 提要）

黄奇逸 1981　古國、族名前的"有"字新解，中國語文，第 1 期。　（本書 045 提要）

黄奇逸　彭裕商 1982　釋小甲，古文字研究論文集，四川大學學報叢刊，第 10 輯。　（本書 004 提要）

黃天樹 1991　殷墟王卜辭的分類與斷代，文津出版社（又科學出版社，2007年）。　（本書 007、014、030、039、046、063、078 提要）

黃天樹 1995　關於非王卜辭的一些問題，陝西師範大學學報（哲學社會科學版），第 4 期（收入黃天樹古文字論集，學苑出版社，2006 年）。　（本書 030、097 提要）

黃天樹 1998　非王"劣體類"卜辭，徐中舒先生百年誕辰紀念文集，巴蜀書社（收入黃天樹古文字論集，學苑出版社，2006 年）。　（本書 030、050 提要）

黃天樹 1999　非王卜辭中"圓體類"卜辭的研究，出土文獻研究，第 5 集，科學出版社（收入黃天樹古文字論集，學苑出版社，2006 年）。　（本書 030、050 提要）

黃天樹 1999　午組卜辭研究，甲骨文發現一百周年學術研討會論文集，文史哲出版社（收入黃天樹古文字論集，學苑出版社，2006 年）。　（本書 030、050、056 提要）

黃天樹 1999　婦女卜辭，中國古文字研究，第 1 輯，吉林大學出版社（收入黃天樹古文字論集，學苑出版社，2006 年）。　（本書 030、050 提要）

黃天樹 2000　子組卜辭研究，中國文字，新 26 期，藝文印書館（收入黃天樹古文字論集，學苑出版社，2006 年）。　（本書 030、050 提要）

黃天樹 2005　花園莊東地甲骨中所見的若干新資料，陝西師範大學學報（哲學社會科學版），第 2 期（收入黃天樹古文字論集，學苑出版社，2006 年）。　（本書 083 提要）

黃天樹 2005　重論關於非王卜辭的一些問題　（本書 097。030 提要）

黃天樹 2006　《殷墟花園莊東地甲骨》中所見虛詞的搭配和對舉，清華大學學報（哲學社會科學版），第 2 期。　（本書 112 提要）

黃天樹 2006　簡論"花東子類"卜辭的時代，古文字研究，第 26 輯，中華書局。　（本書 030 提要）

黃天樹 2006　殷墟甲骨文"有聲字"的構造，黃天樹古文字論集，學苑出版社。（本書 067 提要）

黃天樹 2007　殷墟王卜辭的分類與斷代，科學出版社。　（本書 039、083 提要）

黃天樹 2009　關於卜骨的左右問題，紀念王懿榮發現甲骨文 110 週年國際學術研討會論文集，社會科學文獻出版社（收入黃天樹甲骨金文論集，學

苑出版社，2014 年）。 （本書 084 提要）

黃天樹 2009　殷墟龜腹甲形態研究，北方論叢，第 3 期。 （本書 104 提要）

黃天樹 2010　**甲骨形態學** （本書 104）

黃天樹 2010　甲骨拼合集，學苑出版社。 （本書 041 提要）
黃天樹 2011　甲骨拼合續集，學苑出版社。 （本書 041 提要）
黃天樹 2013　甲骨拼合三集，學苑出版社。 （本書 041 提要）
黃天樹 2014　黃天樹甲骨金文論集，學苑出版社。 （本書 049 提要）
黃天樹 2015　《論"歷組卜辭"的時代》導讀，中西學術名篇精讀・裘錫圭卷，中西書局。 （本書 057 提要）
黃天樹 2015　契文瑣記，出土文獻與古文字研究，第 6 輯，上海古籍出版社。（本書 092 提要）
黃天樹 2015　再談甲骨卜辭介詞"在""于"的搭配和對舉，漢語言文字研究，第 1 輯，上海古籍出版社（又載燕京語言學文存，第 2 輯，學苑出版社，2019 年）。 （本書 112 提要）
黃天樹 2016　甲骨拼合四集，學苑出版社。 （本書 041 提要）
黃天樹 2018　卜辭"畢馬亦有傷"補說，古文字研究，第 32 輯，中華書局。（本書 084 提要）
黃天樹 2019　卜辭釋文補正兩則，中國文字，總第 1 期，萬卷樓圖書股份有限公司。 （本書 028 提要）
黃天樹 2019　甲骨拼合五集，學苑出版社。 （本書 041 提要）
黃天樹 2020　談談"非王卜辭"研究中的一些問題，古文字研究，第 33 輯，中華書局。 （本書 050 提要）
黃庭頎 2010　《殷虛文字乙編》背甲刻辭内容研究，政治大學中國文學系碩士學位論文，指導教師：蔡哲茂。 （本書 041 提要）
黃庭頎 2015　論金文"餴"及"餴＋器名"，東華漢學，第 21 期。 （本書 080 提要）

黃錫全 1981　**甲骨文"屮"字試探** （本書 055）

黃錫全 2019　甲骨文"吉"字新探，紀念甲骨文發現 120 周年國際學術研討會論文集，河南安陽。 （本書 035 提要）
黃展岳 1987　中國古代的人牲人殉問題，考古，第 2 期。 （本書 051 提要）

J

吉德煒（David N. Keightley）1972　SHIH CHENG 釋貞：A NEW HYPOTHESIS ABOUT THE NATURE OF SHANG DIVINATION（釋貞：商代占卜本質的新假設）（節選）　（本書 040。073 提要）

吉德煒（David N. Keightley）1978　Sources of Shang History（商代史料），University of California Press. （本書 040 提要）

吉德煒 1989　中國古代的吉日與廟號，殷墟博物苑苑刊（創刊號），中國社會科學出版社。　（本書 031、037 提要）

吉德煒（David N. Keightley）2000　The Ancestral Landscape, Time, Space, and Community in Late Shang China, Institute of East Asian Studies, University of California at Berkeley. （本書 040 提要）

吉德煒（David N. Keightley）2012　Working for His Majesty: Research Notes on Labor Mobilization in Late Shang China（ca.1200-1045B.C.）, as Seen in the Oracle-Bone Inscriptions, with Particular attention to Handcraft, Industries, Agriculture, Warfare, Hunting, Construction, and the Shang's Legacies（爲王勞作）, University of California. （本書 040 提要）

季旭昇 2002　《雨無正》解題　（本書 094。056 提要）

季旭昇 2002　說文新證，藝文印書館，初版（藝文印書館，2014 年第二版）。（本書 080 提要）

季旭昇 2006　說"娈"、"要"，古文字研究，第 26 輯，中華書局。（本書 105 提要）

季旭昇 2019　說"季"，中國文字學會第十屆學術年會論文集，鄭州。（本書 119 提要）

冀小軍 1991　說甲骨金文中表祈求義的䇦字——兼談䇦字在金文車飾名稱中的用法　（本書 080）

賈連翔 2014　出土數字卦材料研究綜述，中國史研究動態，第 4 期。（本書 065 提要）

賈連翔 2021　出土數字卦文獻輯釋，中西書局。（本書 065 提要）

賈雙喜 2013　甲骨傳拓技法，甲骨文與殷商史，新 3 輯，上海古籍出版社。（本書 032 提要）

姜亮夫 2002　姜亮夫全集·十八·古漢語論文集，雲南人民出版社。（本書 069 提要）

蔣玉斌 2003　自組甲骨文獻的整理與研究，東北師範大學碩士學位論文，指導教師：董蓮池。（本書 041 提要）

蔣玉斌 2006　殷墟子卜辭的整理與研究，吉林大學博士學位論文，指導教師：林澐。（本書 026、033、041、047、050、056、088、097 提要）

蔣玉斌 2009　《甲骨文合集》綴合拾遺（第七—十二組），中國社會科學院歷史研究所先秦史研究室網站，http://www.xianqin.org/blog/archives/1639.html，9 月 14 日。（本書 031 提要）

蔣玉斌 2014　釋甲骨文中的"獨"字初文，古文字研究，第 30 輯，中華書局。（本書 020、099 提要）

蔣玉斌 2015　釋甲骨文中有關車馬的幾個字詞，中國書法，第 20 期。（本書 052 提要）

蔣玉斌 2018　釋甲骨金文的"蠢"兼論相關問題（本書 118。012、021 提要）

蔣玉斌 2019　内藤湖南舊藏甲骨整理札記五種，甲骨文與殷商史，新 9 輯，上海古籍出版社。（本書 064 提要）

蔣玉斌 2020　綴玉聯珠：甲骨綴合 120 年，出土文獻綜合研究集刊，第 12 輯，巴蜀書社。（本書 041 提要）

金祥恒 1959　續甲骨文編，藝文印書館。（本書 019 提要）

金祥恒 1962　釋吕　（本書 034）

金祥恒 1968　楚繒書"鼄虘"解，中國文字，第 28 冊，藝文印書館。（本書 054 提要）

金祥恒 1991　釋九十兼談卜辭之計數法，中國文字，新 14 期。（本書 011 提要）

金祖同 1935　殷虛卜辭講話，中國書局。（本書 004 提要）

金祖同 1939　殷契遺珠考釋，上海中法文化出版委員會。（本書 027 提要）

荆門市博物館 1998　郭店楚墓竹簡，文物出版社。（本書 105 提要）

井上聰 1990　商代廟號新論，中原文物，第 2 期。（本書 037 提要）

鞠煥文 2014　殷周之際青銅觚形器之功用及相關諸字，中國文字研究，第 1 期。（本書 101 提要）

L

來國龍 2014　釋"迹"與"迷"——兼談古文字中的"拼音字"，饒宗頤國學院院刊，創刊號（又見武漢大學"簡帛"網站，http://www.bsm.org.cn/show_article.php?id = 2175，2015 年 3 月 13 日）。（本書 080 提要）

勞　榦 1968　古文字試釋，"中央研究院"歷史語言研究所集刊，第 40 本上冊。（本書 035 提要）

雷煥章（Jean A. Lefeuvre）1977/1979　The Two Editions of the Quian-bian, *Early China* 3（古代中國，第 3 卷）/前編的兩種版本（蔡哲茂中譯），大陸雜誌，第 58 卷第 1 期。（本書 043 提要）

雷煥章（Jean A. Lefeuvre）1990　RHINOCEROS AND WILD BUFFALOES NORTH OF THE YELLOW RIVER AT THE END OF THE SHANG DYNASTY: Some Remarks on the Graph 兕 and the Character 兕（晚商黃河北部的犀牛和野水牛——談談兕形與兕字）（本書 079）

李愛輝 2010　同文卜辭的初步整理與研究，首都師範大學碩士學位論文，指導教師：黄天樹。（本書 084 提要）

李愛輝 2013　清晰拓本在甲骨綴合中的重要意義，政大中文學報，第 19 期。（本書 041 提要）

李愛輝 2016　甲骨綴合方法研究，中國社會科學院歷史研究所博士後研究工作報告，合作導師：宋鎮豪。（本書 041 提要）

李伯謙　鄭傑祥 1981　後李商代墓葬族屬試析，中原文物，第 4 期。（本書 092 提要）

李春桃 2018　釋甲骨文中的"觴"字（本書 117）

李春桃 2018　從斗形爵的稱謂談到三足爵的命名，"中央研究院"歷史語言研究所集刊，第 89 本第 1 分。（本書 101、112、117 提要）

李春桃 2019　否叔諸器銘文釋讀——兼釋甲骨文中的"告"字，文史，第 1 輯。（本書 054 提要）

李春桃 2020　甲骨文中"丂"字新釋，甲骨文與殷商史，新 10 輯，上海古籍出版社。（本書 117 提要）

李達良 1972　龜版文例研究，香港中文大學聯合書院中國文學系（收入甲骨文獻集成，第 17 册，四川大學出版社，2001 年）。（本書 082 提要）

李　發 2015　説甲骨文中的"圭"及相關諸字，出土文獻綜合研究集刊，第 2 輯，巴蜀書社。（本書 035 提要）

李　發 2020　説"𡿦"與"𢆞"，甲骨文與殷商史，新 10 輯，上海古籍出版社。（本書 110 提要）

李鶴年 1996　"請求補退被抄部分甲骨"函，大唐西市 2018 夏季藝術品拍賣會。（本書 064 提要）

李紅薇 2017　商周金文數字卦輯證，古籍研究，第 2 期。（本書 065 提要）

李家浩 2002　仰天湖楚簡十三號考釋，著名中年語言學家自選集·李家浩卷，安徽教育出版社。（本書 012 提要）

李家浩 2012　甲骨文北方神名"勹"與戰國文字從"勹"之字，文史，第 3 輯。（本書 021、029、060 提要）

李　凱 2007　試論作册般黿與晚商射禮，中原文物，第 3 期。（本書 098 提要）

李　零 1983　爲《説"引"字》釋疑，古文字論集（一）·考古與文物叢刊第 2 號（收入待兔軒文存·説文卷，廣西師範大學出版社，2015 年）。（本書 044 提要）

李　零 2002　郭店楚簡校讀記（增訂本），北京大學出版社（又中國人民大學出版社，2007 年）。（本書 080、105 提要）

李　零 2017　説龍，兼及饕餮紋，中國國家博物館館刊，第 3 期。（本書 089 提要）

李旼姈 2005　甲骨文字構形研究，政治大學博士學位論文，指導教師：蔡哲茂。（本書 056 提要）

李　圃 1989　甲骨文選注，上海古籍出版社。（本書 051 提要）

李圃主編 2002　古文字詁林，第 5 册，上海教育出版社。（本書 016、075 提要）

李圃主編 2004　古文字詁林，第 9 册，上海教育出版社。（本書 054 提要）

李善貞 2001　甲骨文同文例研究，政治大學碩士學位論文，指導教師：蔡哲茂。（本書 033 提要）

李守奎 2014　清華簡《筮法》文字與文本特點略說，深圳大學學報（人文社會科學版），第 1 期（收入古文字與古史考——清華簡整理研究，中西書局，2015 年）。　（本書 086 提要）

李守奎 2014　清華簡《繫年》"也"字用法與攻敔王光劍、戀書缶的釋讀，古文字研究，第 30 輯，中華書局（收入古文字與古史考——清華簡整理研究，中西書局，2015 年）。　（本書 086 提要）

李守奎　肖攀 2015　清華簡《繫年》文字考釋與構形研究，中西書局。　（本書 028 提要）

李先登 1982　關於小屯南地甲骨分期的一點意見，中原文物，第 2 期。　（本書 007、014、046 提要）

李先登 1983　孟廣慧舊藏甲骨選介，古文字研究，第 8 輯，中華書局。　（本書 064 提要）

李小燕　井中偉 2012　玉柄形器名"瓚"說——輔證內史亳同與《尚書·顧命》"同瑁"問題，考古與文物，第 3 期。　（本書 101 提要）

李孝定 1964　讀契識小錄·說干　（本書 038）

李孝定 1965　甲骨文字集釋，"中央研究院"歷史語言研究所（再版，1970 年）。（本書 019、024 提要）

李孝定 1976　李光前文物館所藏甲骨文字簡釋，文物彙刊，第 2 號，新加坡南洋大學李光前文物館。　（本書 064 提要）

李學勤 1956　談安陽小屯以外出土的有字甲骨，文物參考資料，第 11 期。（本書 065 提要）

李學勤 1957　論殷代親族制度·日名的意義　（本書 031）

李學勤 1957　論殷代親族制度，文史哲，第 11 期（收入李學勤早期文集，河北教育出版社，2008 年）。　（本書 003、005、025 提要）

李學勤 1957　評陳夢家殷虛卜辭綜述，考古學報，第 3 期（收入李學勤早期文集，河北教育出版社，2008 年）。　（本書 003、014、031、037、050 提要）

李學勤 1958　帝乙時代的非王卜辭，考古學報，第 1 期（收入李學勤早期文集，

河北教育出版社，2008年）。（本書030、050提要）

李學勤 1959　關於甲骨的基礎知識，歷史教學，第7期（收入李學勤早期文集，河北教育出版社，2008年）。（本書084提要）

李學勤 1959　殷代地理簡論，科學出版社（收入李學勤早期文集，河北教育出版社，2008年）。（本書031、036提要）

李學勤 1977　論"婦好"墓的年代及有關問題，文物，第11期。（本書007、014提要）

李學勤 1979　論美澳收藏的幾件商周文物·兩片肋骨刻辭，文物，第12期。（本書031提要）

李學勤 1980　關於自組卜辭的一些問題，古文字研究，第3輯，中華書局。（本書051、073提要）

李學勤 1981　小屯南地甲骨與甲骨分期，文物，第5期。（本書014、030、057、091提要）

李學勤 1985　論賓組胛骨的幾種記事刻辭，英國所藏甲骨集下編上册，中華書局。（本書112提要）

李學勤 1985　商代的四風與四時，中州學刊，第5期。（本書029、060提要）

李學勤 1989　殷墟甲骨兩系說與歷組卜辭（本書046）

李學勤 1990　力、耒和踏鋤，農業考古，第2期。（本書009提要）

李學勤 1995　記美國飛爾德博物院所藏甲骨，收藏家，第1期。（本書064提要）

李學勤 1997　賓組卜骨的一種文例，南開大學歷史系建系七十五週年紀念文集，南開大學出版社。（本書084提要）

李學勤 1998　癸酉日食說，中國文化研究，秋之卷，總第2期。（本書049提要）

李學勤 1998　海外訪古續記·日名的卜選，四海尋珍，清華大學出版社。（本書031提要）

李學勤 1999　夏商周年代學札記，遼寧大學出版社。（本書076提要）

李學勤 2000　甲骨文同辭同字異構例，江漢考古，第1期。（本書054提要）

李學勤 2003　申論四方風名卜甲，華學，第6輯，紫禁城出版社。（本書029、060提要）

李學勤 2004　從兩條《花東》卜辭看殷禮，吉林師範大學學報（人文社會科學版），第 3 期。　（本書 035 提要）

李學勤 2004　關於花園莊東地卜辭所謂"丁"的一點看法，故宮博物院院刊，第 5 期。　（本書 097 提要）

李學勤 2004　路東之《夢齋藏甲骨文》序，清路集：李學勤學術序跋評論集，團結出版社。　（本書 064 提要）

李學勤 2004　再論家譜刻辭，華學，第 7 輯，中山大學出版社。　（本書 116 提要）

李學勤 2005　一版新綴卜辭與商王世系，文物，第 2 期。　（本書 004 提要）

李學勤 2007　汐翁《龜甲文》與甲骨文的發現　（本書 102）

李學勤 2008　李學勤早期文集，河北教育出版社。　（本書 031 提要）

李學勤 2008　帝辛征夷方卜辭的擴大，中國史研究，第 1 期。　（本書 046、063 提要）

李學勤 2008　明義士對一坑卜骨的整理，社會科學戰綫，第 9 期。　（本書 007 提要）

李學勤 2009　甲骨卜辭與《尚書·盤庚》，甲骨文與殷商史，新 1 輯，綫裝書局。　（本書 092 提要）

李學勤 2009　再談甲骨金文中的"戠"，湖南省博物館館刊，第 6 輯，岳麓書社（收入三代文明研究，商務印書館，2011 年）。　（本書 086 提要）

李學勤 2010　通嚮文明之路，商務印書館。　（本書 007 提要）

李學勤主編 2011　清華大學藏戰國竹簡（貳），中西書局。　（本書 105 提要）

李學勤主編 2018　清華大學藏戰國竹簡（捌），中西書局。　（本書 105 提要）

李學勤主編 2019　清華大學藏戰國竹簡（玖），中西書局。　（本書 105 提要）

李學勤　彭裕商 1996　殷墟甲骨分期研究，上海古籍出版社。　（本書 014、031、039、046、063、078 提要）

李雪山 2004　商代分封制度研究，中國社會科學出版社。　（本書 005 提要）

李亞農 1939　鐵云藏龜零拾考釋，中法文化出版委員會影印本。　（本書 034 提要）

李亞農 1951　殷契雜釋·勹字的補釋，中國考古學報，第 5 冊第 1、2 分。　（本書 034 提要）

李亞農 1978　殷代社會生活，李亞農史論集，上海人民出版社。（本書 051 提要）

李延彥 2011　殷墟龜腹甲形態的初步研究，首都師範大學碩士學位論文，指導教師：黃天樹。（本書 104 提要）

李延彥 2015　殷墟卜甲形態的初步研究，首都師範大學博士學位論文，指導教師：黃天樹。（本書 104 提要）

李延彥 2017　項目組赴上海整理謝伯殳散佚甲骨紀實，故宮博物院藏殷墟甲骨文整理與研究工作簡報，第 7 期。（本書 064 提要）

李延彥 2017　殷墟卜甲形態研究，故宮博物院博士後出站報告，合作導師：王素。（本書 104 提要）

李裕民 1981　侯馬盟書疑難字考，古文字研究，第 5 輯，中華書局。（本書 071 提要）

李宗焜 1995　論殷墟甲骨文中的否定詞"妹"，"中央研究院"歷史語言研究所集刊，第 66 本第 4 分。（本書 022 提要）

李宗焜 2001　從甲骨文看商代的疾病與醫療（本書 092。008 提要）

李宗焜 2007　卜辭中的"望乘"——兼釋"比"的辭意，古文字與古代史，第 1 輯，"中央研究院"歷史語言研究所。（本書 058 提要）

李宗焜 2012　花東卜辭的病與死，從醫療看中國史，中華書局。（本書 092 提要）

李宗焜 2012　甲骨文字編，中華書局。（本書 016、019、022、053、054、060、077 提要）

李宗焜 2015　何日章挖掘甲骨，甲骨文與殷商史，新 5 輯，上海古籍出版社。（本書 064 提要）

連劭名 1988　甲骨文字考釋，考古與文物，第 4 期。（本書 118 提要）

連劭名 1992　甲骨刻辭叢考，古文字研究，第 18 輯，中華書局。（本書 004、013、075 提要）

梁月娥 2011　《古文字譜系疏證》初步研究，香港中文大學碩士學位論文，指導教師：沈培。（本書 035 提要）

林宏佳 2008　爲"弘"字覆議，臺大中文學報，第 28 期。（本書 044 提要）

林宏明 2003　小屯南地甲骨研究，政治大學博士學位論文，指導教師：蔡哲茂。

（本書 012、033、041、115 提要）

林宏明 2004　從一條新綴的卜辭看歷組卜辭的時代，古文字研究，第 25 輯，中華書局。　（本書 004、041 提要）

林宏明 2009　賓組骨首刻辭與左右胛骨的關係，出土文獻研究視野與方法，第 1 輯，臺灣書房出版有限公司。　（本書 115 提要）

林宏明 2011　從成套卜辭看賓組骨首刻辭的先後，"國科會"中文學門小學類 92—97 研究成果發表會論文集，新文豐出版公司。　（本書 115 提要）

林宏明 2011　醉古集——甲骨的綴合與研究，萬卷樓。　（本書 056、104 提要）

林宏明 2013　甲骨綴合的方法——推知殘辭限縮範圍的綴合，政大中文學報，第 19 期。　（本書 041 提要）

林宏明 2014　甲骨新綴第 484 例，中國社會科學院歷史研究所先秦史研究室網站，http://www.xianqin.org/blog/archives/3886.html，4 月 11 日。　（本書 031 提要）

林宏明 2015　董作賓先生在甲骨綴合上的貢獻，古文字與古代史，第 4 輯，"中央研究院"歷史語言研究所。　（本書 041 提要）

林宏明 2017　賓組骨面刻辭起刻位置研究　（本書 115）

林宏明 2018　甲骨新綴第 768—775 例，中國社會科學院歷史研究所先秦史研究室網站，http://www.xianqin.org/blog/archives/9686.html，1 月 3 日。　（本書 111 提要）

林巳奈夫 1958　安陽殷虛哺乳動物について，甲骨學，第 6 號。　（本書 079 提要）

林泰輔 1919　龜甲獸骨文に見えたる地名，斯文，第一編第三、四號。　（本書 036 提要）

林小安 1999　殷契本義論稿，出土文獻研究，第 5 輯，科學出版社。　（本書 035 提要）

林小安 2000　再論"歷組卜辭"的年代，故宮博物院院刊，第 1 期。　（本書 046 提要）

林雅婷 2004　甲骨綴合研究，政治大學碩士學位論文，指導教師：蔡哲茂、林宏明。　（本書 041 提要）

林　澐 1965　說"王"，考古，第 6 期。（本書 013 提要）

林　澐 1979　從武丁時代的幾種"子卜辭"試論商代的家族形態　（本書 050。025、026、047、058、097 提要）

林　澐 1981　甲骨文中的商代方國聯盟　（本書 058。056 提要）

林　澐 1984　小屯南地發掘與殷墟甲骨斷代　（本書 063。007、014、030、046、057 提要）

林　澐 1985　豐豐辨，古文字研究，第 12 輯，中華書局（收入林澐學術文集，中國大百科全書出版社，1998 年）。（本書 006 提要）

林　澐 1986　關於中國早期國家形式的幾個問題，吉林大學社會科學學報，第 6 期。（本書 058 提要）

林　澐 1986　無名組卜辭中父丁稱謂研究，古文字研究，第 13 輯，中華書局。（本書 014、063 提要）

林　澐 1989　說戚、我，古文字研究，第 17 輯，中華書局（收入林澐學術文集，中國大百科全書出版社，1998 年）。（本書 035 提要）

林　澐 1990　商代兵制管窺，吉林大學社會科學學報，第 1 期。（本書 058 提要）

林　澐 1990　新版《金文編》正文部分釋字商榷，中國古文字研究會第八屆年會論文。（本書 051 提要）

林　澐 1996　士王二字同形分化說，盡心集：張政烺先生八十慶壽論文集，中國社會科學出版社。（本書 013 提要）

林　澐 1996　說飄風，于省吾教授百年誕辰紀念文集，吉林大學出版社。（本書 029 提要）

林　澐 1998　林澐學術文集，中國大百科全書出版社。（本書 058 提要）

林　澐 1998　我的學術道路，林澐學術文集，中國大百科全書出版社。（本書 050 提要）

林　澐 2000　說干、盾，古文字研究，第 22 輯，中華書局（收入林澐學術文集［二］，科學出版社，2008 年）。（本書 038 提要）

林　澐 2002　釋昫，古文字研究，第 24 輯，中華書局（收入林澐學術文集［二］，科學出版社，2008 年）。（本書 020 提要）

林　澐 2005　"百姓"古義新解——兼論中國早期國家的社會基礎，吉林大學社會科學學報，第 4 期。（本書 058 提要）

林　澐 2006	所謂"玉豬龍"並不是龍，二十一世紀的中國考古學——慶祝佟柱臣先生八十五華誕學術文集，文物出版社（收入林澐學術文集［二］，科學出版社，2009年）。（本書089提要）	
林　澐 2010	《甲骨文字釋林》述介，甲骨文字釋林，商務印書館。（本書021提要）	
林　澐 2010	甲骨文中所見的耒和耜，"甲骨文與文化記憶世界論壇"論文，"中央研究院"。（本書009提要）	
林　澐 2012	再論殷墟卜辭中的"多子"與"多生"，古文字與古代史，第3輯，"中央研究院"歷史語言研究所。（本書058提要）	
林　澐 2013	評《三論武乙、文丁卜辭》，李宗焜主編，出土材料與新視野，"中央研究院"歷史語言研究所。（本書014、107提要）	
林　澐 2016	耒：東亞最古老的農具，經濟社會史評論，第1期。（本書009提要）	
林　澐 2016	中國考古學中"古國""方國""王國"的理論與方法問題，中原文化研究，第2期。（本書058提要）	
林　澐 2018	豐豐再辨，古文字研究，第32輯，中華書局。（本書006提要）	
林　澐 2018	商史三題，"中央研究院"歷史語言研究所。（本書050、058、088提要）	
林　澐　劉金山 2015	《甲骨文斷代研究例》在斷代研究中仍可發揮作用，古文字與古代史，第4輯，"中央研究院"歷史語言研究所。（本書014提要）	
劉德隆 1989	試論劉鶚對甲骨學的貢獻，天津師大學報（社會科學版），第3期（又載中國書法，1999年第12期）。（本書001提要）	
劉　鶚 1903	《鐵雲藏龜》自序　（本書001。006提要）	
劉風華 2018	一種成套卜辭的文例分析及應用，紀念中國古文字研究會成立四十週年國際學術研討會論文集，長春。（本書033提要）	
劉　剛 2014	讀《清華簡四》札記，復旦大學出土文獻與古文字研究中心網站，http://www.gwz.fudan.edu.cn/Web/Show/2209，1月8日。（本書086提要）	
劉洪濤 2016	甲骨金文"截"字補釋——兼釋《詩經》中的"截"字，出土文	

献，第 9 輯，中西書局。 （本書 086 提要）

劉洪濤 2018 釋"四"，漢語言文字研究，第 2 輯，上海古籍出版社。 （本書 092 提要）

劉 桓 1989 釋鳦 （本書 075。004 提要）

劉 桓 1989 殷契新釋，河北教育出版社。 （本書 066 提要）

劉 桓 2002 釋黍，甲骨徵史，黑龍江教育出版社。 （本書 080 提要）

劉 桓 2008 虬字補釋，甲骨集史，中華書局。 （本書 089 提要）

劉 桓 2008 釋甲骨文虬字，甲骨集史，中華書局。 （本書 089 提要）

劉 桓 2008 釋甲骨文☉字，甲骨集史，中華書局。 （本書 092 提要）

劉蕙蓀 1982 鐵雲先生年譜長編，齊魯書社。 （本書 001、102 提要）

劉 莉 陳星燦 2002 中國早期國家的形成——從二里頭和二里崗時期的中心和邊緣之間的關係談起，古代文明，第 1 卷，文物出版社。 （本書 058 提要）

劉麗婷 2015 徐中舒《耒耜考》的當代價值和歷史局限，農業考古，第 6 期。 （本書 009 提要）

劉新民 2008 殷墟甲骨第一期卜辭文例研究，西南大學碩士學位論文，指導教師：喻遂生。 （本書 082 提要）

劉信芳 2003 包山楚簡解詁，藝文印書館。 （本書 105 提要）

劉秀惠 2018 《甲骨文合集》40125 收藏地新探，中國社會科學院歷史研究所先秦史研究室網站，http://www.xianqin.org/blog/archives/10833.html，8 月 1 日。 （本書 064 提要）

劉一曼 1989 殷墟獸骨刻辭初探，殷墟博物苑苑刊，創刊號，中國社會科學出版社。 （本書 079 提要）

劉一曼 1997 安陽殷墟甲骨出土地及其相關問題 （本書 085。064 提要）

劉一曼 2002 論殷墟甲骨的埋藏狀況及相關問題，揖芬集——張政烺先生九十華誕紀念文集，中國社會科學文獻出版社（又收入三代考古[一]，科學出版社，2004 年）。 （本書 085 提要）

劉一曼 2015 論殷墟甲骨整治與占卜的幾個問題，古文字與古代史，第 4 輯，"中央研究院"歷史語言研究所。 （本書 085、114、120 提要）

劉一曼 2018 試論殷墟商代貞人墓，考古，第 3 期。 （本書 110 提要）

劉一曼 2019　殷墟考古與甲骨學研究，雲南人民出版社。　（本書 085、120 提要）

劉一曼　曹定雲 2004　殷墟花東 H3 卜辭中的馬——兼論商代馬匹的使用，殷都學刊，第 1 期。　（本書 052 提要）

劉一曼　曹定雲 2011　三論武乙、文丁卜辭　（本書 107。046、107 提要）

劉　影 2012　殷墟胛骨文例，首都師範大學博士學位論文，指導教師：黃天樹（首都師範大學出版社，2016 年）。　（本書 084、104、115 提要）

劉　影 2015　甲骨新綴第 196—199 組，中國社會科學院歷史研究所先秦史研究室網站，http://www.xianqin.org/blog/archives/5212.html，5 月 16 日。　（本書 031 提要）

劉　影 2016　周原甲骨新綴及相關問題分析，出土文獻，第 9 輯，中西書局。（本書 099 提要）

劉淵臨 1969　殷虛"骨筯"及其有關問題，"中央研究院"歷史語言研究所集刊，第 39 本上冊。　（本書 033、082 提要）

劉　源 2008　殷墟"比某"卜辭補說，古文字研究，第 27 輯，中華書局。　（本書 058 提要）

劉　釗 1990　釋甲骨文耤、羲、蟺、敖、栽諸字　（本書 077）

劉　釗 1996　談饒宗頤教授在甲骨學研究上的貢獻，華學，第 2 輯（收入古文字考釋叢稿，岳麓書社，2005 年）。　（本書 087 提要）

劉　釗 2001　卜辭"雨不正"考釋——兼《詩·雨無正》篇題新證，殷都學刊，第 4 期（收入古文字考釋叢稿，岳麓書社，2005 年）。　（本書 056、094 提要）

劉　釗 2005　古文字考釋叢稿，岳麓書社。　（本書 077 提要）

劉　釗 2006　古文字構形學，福建人民出版社。　（本書 077、094 提要）

劉　釗 2009　釋甲骨文中的"秉棘"，故宮博物院院刊，第 2 期（收入書馨集，上海古籍出版社，2013 年）。　（本書 080 提要）

劉釗主編 2009/2014　新甲骨文編，福建人民出版社；又增訂本。　（本書 016、019、053、054 提要）

劉昭瑞 1987　關於甲骨文中子稱和族的幾個問題，中國史研究，第 2 期。　（本

　　　　　　　書 025 提要）

羅　琨 1982　商代人祭及相關問題，甲骨探史錄，生活·讀書·新知三聯書店。
　　　　　　（本書 051 提要）

羅振玉 1910　殷商貞卜文字考　（本書 003）

M

馬保春　宋久成 2013　中國最早的歷史空間舞臺——甲骨文地名體系概述，學苑出版社。　（本書 036 提要）

馬承源 1987　關於商周貴族使用日干稱謂問題的探討，王國維學術研究論集（二），華東師範大學出版社。　（本書 037 提要）

馬承源主編 2004　上海博物館藏戰國楚竹書（四），上海古籍出版社。　（本書 105 提要）

馬承源主編 2012　上海博物館藏戰國楚竹書（九），上海古籍出版社。　（本書 105 提要）

馬季凡　徐義華 2017　清華大學藏"滂喜堂"甲骨的來源與朱檉之其人，南方文物，第 4 期。　（本書 064、102 提要）

馬薇廎 1971　薇廎甲骨文原，藝文印書館。　（本書 053 提要）

門　藝 2008　殷墟黃組甲骨刻辭的整理與研究，鄭州大學博士學位論文，指導教師：王蘊智。　（本書 033、041、068 提要）

孟蓬生 2004　釋"莽"，古文字研究，第 25 輯，中華書局。　（本書 080 提要）

孟世凱 1983　商代田獵性質初探，甲骨文與殷商史，上海古籍出版社。　（本書 109 提要）

孟世凱 2009　甲骨學辭典，上海人民出版社。　（本書 110 提要）

苗利娟 2012　略論甲骨卜辭中"翌"與"來"的時間差異，中國語文，第 3 期。　（本書 066 提要）

苗利娟 2019　安陽博物館館藏殷墟甲骨的初步整理與新收穫，黃河·黃土·黃種人，第 8 期（中）。　（本書 064 提要）

明義士 1928　殷虛卜辭後編序　（本書 007。046 提要）

明義士 1933　表校新舊版《殷虛書契前編》並記所得之新材料，齊大季刊，第 2 期（收入甲骨文獻集成，第 19 冊）。　（本書 043 提要）

明義士 1996　甲骨研究，齊魯書社。　（本書 007 提要）

莫伯峰 2013　據甲骨碴口綴合及其驗證方式初探，政大中文學報，第 19 期。（本書 041 提要）

N

倪德衛（David S. Nivison）1977　THE PRONOMINAL USE OF THE VERB YU（GIǓG：坐，𢎨，㝅，有）IN EARLY ARCHAIC CHINESE（動詞"坐、𢎨、㝅、有"在早期古漢語中的代詞性用法）　（本書 045）

倪德衛（David S. Nivison）1982　1040 as the Date of the Chou Conquest, *Early China*, Vol.8, pp.76-78. （本書 045 提要）

倪德衛（David S. Nivison）1982　The "Question" Question, 美國檀香山商代文明國際討論會會議論文。（本書 040、042 提要）

倪德衛（David S. Nivison）1983　The Date of Western Chou, *Harvard Journal of Asiatic Studies*, 43.2, pp.481-580. （本書 045 提要）

倪德衛（David S. Nivison）2009　The Riddle of the Bamboo Annals, Airiti Press；中譯版 2015《竹書紀年》解謎，上海古籍出版社。（本書 045 提要）

P

潘　敏　孫全滿 1995　商王廟號及商代諡法的推測，河北學刊，第 1 期。（本書 037 提要）

裴明相 1985　略談鄭州商代前期的骨刻文字，全國商史學術討論會論文集，《殷都學刊》編輯部。（本書 055 提要）

裴文中 1934　跋董作賓"獲白麟解"（一、二），北平世界日報自然科學周刊，3 月 18、25 日。（本書 079 提要）

彭邦炯 1983　商人卜螽説——兼説甲骨文的秋字，農業考古，第 2 期。（本書 049 提要）

彭裕商 1983　也論歷組卜辭的時代，四川大學學報（哲學社會科學版），第 1 期。　（本書 007、014、046、078 提要）

彭裕商 1986　　非王卜辭研究，古文字研究，第 13 輯，中華書局。　（本書 088 提要）

彭裕商 1990　　賓組卜辭的時代分析　（本書 078）

彭裕商 1994　　殷墟甲骨斷代，中國社會科學出版社。　（本書 078 提要）

彭裕商 1995　　殷代卜法初探，夏商文明研究——91 年洛陽"夏商文化國際研討會"專集，中州古籍出版社（收入甲骨文獻集成，第 17 冊，四川大學出版社，2001 年；又收入述古集，巴蜀書社，2016 年）。（本書 033、047、082 提要）

彭裕商 2016　　關於"戋"字釋讀的一點淺見，古文字研究，第 31 輯，中華書局。　（本書 086 提要）

彭裕商 2016　　述古集·前言，巴蜀書社。　（本書 078 提要）

朴載福 2011　　先秦卜法研究，上海古籍出版社。　（本書 085 提要）

濮茅左 1983　　卜辭釋序分析二例，中原文物，第 3 期。　（本書 082 提要）

Q

崎川隆 2008　　殷墟出土大字骨版刻辭的史料性質考辨，東方考古，第 4 集。（本書 093 提要）

崎川隆 2010　　"字排特徵"的觀察對殷墟甲骨文字體分類研究的重要性　（本書 106）

崎川隆 2011　　賓組甲骨文分類研究，上海人民出版社。　（本書 078 提要）

齊航福 2015　　殷墟甲骨文賓語語序研究，中西書局。　（本書 095 提要）

齊文心 1993　　記美國辛格博士所藏甲骨，文物，第 5 期。　（本書 064 提要）

裘錫圭 1979　　説"弜"，古文字研究，第 1 輯，中華書局（收入裘錫圭學術文集·甲骨文卷，復旦大學出版社，2012 年）。　（本書 022 提要）

裘錫圭 1980　　甲骨文中的幾種樂器名稱——釋"庸""豐""鞀"，中華文史論叢，第 2 輯，上海古籍出版社（收入古文字論集，中華書局，1992 年；又收入裘錫圭學術文集·甲骨文卷，復旦大學出版社，2012 年）。　（本書 006 提要）

裘錫圭 1980　　甲骨文字考釋（八篇）·釋"梟"，古文字研究，第 4 輯，中華書局。　（本書 021、060 提要）

裘錫圭 1980　釋"柲",古文字研究,第 3 輯,中華書局(收入裘錫圭學術文集·甲骨文卷,復旦大學出版社,2012 年)。（本書 056 提要）

裘錫圭 1981　論"歷組卜辭"的時代　（本書 057。007、014、030、063 提要）

裘錫圭 1981　釋"勿""發",中國語文研究,第 2 期,香港中文大學(收入裘錫圭學術文集·甲骨文卷,復旦大學出版社,2012 年)。（本書 022 提要）

裘錫圭 1983　卜辭"異"字和詩、書裏的"式"字,中國語言學報,第 1 期(收入裘錫圭學術文集·甲骨文卷,復旦大學出版社,2012 年)。（本書 074 提要）

裘錫圭 1983　關於商代的宗族組織與貴族和平民兩個階級的初步研究,文史,第 17 輯,中華書局(收入裘錫圭學術文集·古代歷史、思想、民俗卷,復旦大學出版社,2012 年)。（本書 005、058 提要）

裘錫圭 1983　甲骨卜辭中所見的"田""牧""衛"等職官的研究——兼論"侯""甸""男""衛"等幾種諸侯的起源,文史,第 19 輯,中華書局(收入裘錫圭學術文集·古代歷史、思想、民俗卷,復旦大學出版社,2012 年)。（本書 058 提要）

裘錫圭 1983　釋"虫"　（本書 061）

裘錫圭 1985　甲骨卜辭中所見的逆祀,出土文獻研究,文物出版社(收入裘錫圭學術文集·甲骨文卷,復旦大學出版社,2012 年)。（本書 004 提要）

裘錫圭 1985　釋殷墟甲骨文裏的"遠""狋"(邇)及有關諸字,古文字研究,第 12 輯,中華書局(收入裘錫圭學術文集·甲骨文卷,復旦大學出版社,2012 年)。（本書 087 提要）

裘錫圭 1986　中國大百科全書(中國文學卷)"甲骨卜辭"條,中國大百科全書出版社(收入裘錫圭學術文集·雜著卷,復旦大學出版社,2012 年)。（本書 071 提要）

裘錫圭 1987　關於殷墟卜辭的命辭是否問句的考察,中國殷商文化國際討論會,安陽(收入裘錫圭學術文集·甲骨文卷,復旦大學出版社,2012 年)。（本書 071 提要）

裘錫圭 1988　關於殷墟卜辭的命辭是否問句的考察　（本書 070。040、042、051、073、074 提要）

裘錫圭 1988　說金文"引"字的虛詞用法，古漢語研究，第 1 期（收入裘錫圭學術文集・金文及其他古文字卷，復旦大學出版社，2012 年）。（本書 044 提要）

裘錫圭 1988　說字小記，北京師範學院學報，第 2 期（收入裘錫圭學術文集・金文及其他古文字卷，復旦大學出版社，2012 年）。（本書 035、083 提要）

裘錫圭 1988　文字學概要，商務印書館（修訂本，商務印書館，2013 年）。（本書 028 提要）

裘錫圭 1989　甲骨文中所見的商代農業，"力和耒（附論牛耕問題）"，農史研究，第 8 輯，農業出版社（收入裘錫圭學術文集・甲骨文卷，復旦大學出版社，2012 年）。（本書 009 提要）

裘錫圭 1990　評《殷墟甲骨刻辭類纂》，書品，第 1、2 期（收入裘錫圭學術文集・雜著卷，復旦大學出版社，2012 年）。（本書 087 提要）

裘錫圭 1990　釋殷墟卜辭中的"卒"和"裚"，中原文物，第 3 期。（本書 081 提要）

裘錫圭 1990　殷墟甲骨文字考釋（七篇）之"五、釋'勻'"又"七、釋'注'"，湖北大學學報（哲學社會科學版），第 1 期（收入裘錫圭學術文集・甲骨文卷，復旦大學出版社，2012 年）。（本書 020 提要）

裘錫圭 1992　甲骨文字考釋（續）・釋南方名，古文字論集，中華書局。（本書 029、060、081 提要）

裘錫圭 1992　甲骨文字考釋（續）・說"以"，古文字論集，中華書局（收入裘錫圭學術文集・甲骨文卷，復旦大學出版社，2012 年）。（本書 034 提要）

裘錫圭 1992　評《殷虛卜辭綜述》，文史，第 35 輯，中華書局（收入裘錫圭學術文集・雜著卷，復旦大學出版社，2012 年）。（本書 020、030 提要）

裘錫圭 1992　釋"木月""林月"，古文字論集，中華書局（收入裘錫圭學術文集・甲骨文卷，復旦大學出版社，2012 年）。（本書 020 提要）

裘錫圭 1993　釋殷虛卜辭中的"兄""兄"等字，第二屆國際中國古文字學研討會論文集，香港中文大學中國語言及文學系（收入裘錫圭學術文

集·甲骨文卷，復旦大學出版社，2012 年）。 （本書 076 提要）

裘錫圭 1993　說殷墟卜辭的"奠"——試論商人處置服屬者的一種方法，"中央研究院"歷史語言研究所集刊，第 64 本第 3 分（收入裘錫圭學術文集·古代歷史、思想、民俗卷，復旦大學出版社，2012 年）。（本書 002 提要）

裘錫圭 1997　釋西周甲骨文的"㠱"字，香港中文大學中文系編集，第三屆國際中國古文字學研討會論文集（收入裘錫圭學術文集·甲骨文卷，復旦大學出版社，2012 年）。 （本書 074 提要）

裘錫圭 2000　說"勻凡有疾"，故宮博物院院刊，第 1 期（收入裘錫圭學術文集·甲骨文卷，復旦大學出版社，2012 年）。 （本書 111 提要）

裘錫圭 2002　䚄公盨銘文考釋，中國歷史文物，第 6 期（收入裘錫圭學術文集·金文及其他古文字卷，復旦大學出版社，2012 年）。 （本書 080 提要）

裘錫圭 2005　"花東子卜辭"和"子組卜辭"中指稱武丁的"丁"可能應該讀爲"帝"，黃盛璋先生八秩華誕紀念文集，中國教育文化出版社（收入裘錫圭學術文集·甲骨文卷，復旦大學出版社，2012 年）。（本書 097 提要）

裘錫圭 2007　釋《子羔》篇"鉋"字並論商得金德之説，簡帛，第 2 輯，上海古籍出版社（收入裘錫圭學術文集·簡牘帛書卷，復旦大學出版社，2012 年）。 （本書 004、013、075 提要）

裘錫圭 2012　釋"殹"，裘錫圭學術文集·甲骨文卷，復旦大學出版社，2012 年。 （本書 016 提要）

裘錫圭 2012　《醉古集》第 207 組綴合的歷組合祭卜辭補說，古文字研究，第 29 輯，中華書局。 （本書 004、031、037 提要）

裘錫圭 2012　從文字學角度看殷墟甲骨文的複雜性，裘錫圭學術文集·甲骨文卷，復旦大學出版社。 （本書 028 提要）

裘錫圭 2012　裘錫圭學術文集·甲骨文卷，復旦大學出版社。 （本書 081 提要）

裘錫圭 2012　從殷墟甲骨卜辭看殷人對白馬的重視，裘錫圭學術文集·甲骨文卷，復旦大學出版社。 （本書 052 提要）

裘錫圭 2012　甲骨文字考釋（八篇），裘錫圭學術文集·甲骨文卷，復旦大學出版社。 （本書 052 提要）

裘錫圭 2012　甲骨文中的幾種樂器名稱——釋"庸""豐""鞀",裘錫圭學術文集·甲骨文卷,復旦大學出版社。（本書 109 提要）

裘錫圭 2012　甲骨文中所見的商代農業,裘錫圭學術文集·甲骨文卷,復旦大學出版社。（本書 059 提要）

裘錫圭 2012　釋"無終",裘錫圭學術文集·金文及其他古文字卷,復旦大學出版社。（本書 013、035 提要）

裘錫圭 2012　殷墟甲骨文"彗"字補說,裘錫圭學術文集·甲骨文卷,復旦大學出版社。（本書 016 提要）

裘錫圭 2012　關於商代的宗族組織與貴族和平民兩個階級的初步研究,裘錫圭學術文集·古代歷史、思想、民俗卷,復旦大學出版社。（本書 025、103 提要）

裘錫圭 2019　說《盤庚》篇的"設中"——兼論甲骨、金文"中"的字形,出土文獻與傳世典籍的詮釋,中西書局。（本書 069 提要）

裘錫圭 2019　談談編纂古漢語大型辭書時如何對待不同於傳統說法的新說,辭書研究,第 3 期。（本書 035 提要）

屈萬里 1948　甲骨文从比二字辨,中央研究院歷史語言研究所集刊,第 13 本,商務印書館。（本書 058 提要）

屈萬里 1948　謚法濫觴於殷代論,中央研究院歷史語言研究所集刊,第 13 本。（本書 031 提要）

屈萬里 1961　殷虛文字甲編考釋,"中央研究院"歷史語言研究所。（本書 041 提要）

R

饒宗頤 1959　殷代貞卜人物通考,香港大學出版社。（本書 006、034、040 提要）

饒宗頤 1988　四方風新義,中山大學學報（社會科學版）,第 4 期。（本書 029 提要）

饒宗頤 1992　如何進一步精讀甲骨刻辭和認識"卜辭文學",成功大學中文系編,甲骨學與資訊科技學術研討會論文集（收入饒宗頤二十世紀學術文集卷二下甲骨集林,新文豐出版股份有限公司,2003 年;中國人民大學出版社,2009 年）。（本書 018 提要）

饒宗頤 1999　《甲骨文通檢》田獵篇前言（節選）　（本書 087）

任光宇 2018　"王劉聯合發現說"和甲骨文發現研究新論，廣西師範大學學報（哲學社會科學版），第 6 期。　（本書 102 提要）

任光宇 2019　1904 年中國甲骨文發現公告之再發現，文化與傳播，第 5 期。（本書 001 提要）

任會斌 2013　清華藏戰時安陽所出一坑甲骨述要，甲骨文與殷商史，新 3 輯，上海古籍出版社。　（本書 064 提要）

任平生 2017　"2015 全國首屆甲骨文整理與研究學術討論會"紀要，甲骨文與殷商史，新 7 輯，上海古籍出版社。　（本書 064 提要）

Rev. Frank Herring Chalfant 1906　*Early Chinese Writing*，Memoirs of the Carnegie Museum，Pittsburg，Vol. iv No.1.　（本書 041 提要）

容　庚 1934　甲骨文編序　（本書 015）

S

單育辰 2012　甲骨文考釋兩則，中國國家博物館館刊，第 5 期。　（本書 108 提要）

單育辰 2013　釋"餗"，復旦大學出土文獻與古文字研究中心網站，http://www.gwz.fudan.edu.cn/Web/Show/2004，1 月 23 日（又載考古與文物，2017 年第 5 期）　（本書 080 提要）

單育辰 2017　甲骨文兩種昆蟲字形考述，第六屆中國文字發展論壇論文集，中州古籍出版社。　（本書 089 提要）

單周堯 1987　"𰯂"非"羌甌"辨——兼論唐蘭之釋"𰯂"，王力先生紀念論文集，三聯書店香港分店。　（本書 016 提要）

商承祚 1931　釋甲　釋畾　（本書 010）

商艷濤 2007　再論金文中的"䞣"字，語言學論叢，第 36 輯，商務印書館。（本書 086 提要）

商艷濤 2008　金文"䞣"字補議，古漢語研究，第 2 期。　（本書 086 提要）

尚秀妍 1998　再讀胡厚宣先生《五種記事刻辭考》，殷都學刊，第 3 期。　（本書 023 提要）

沈長雲 1997　論殷周之際的社會變革——爲王國維誕辰 120 週年逝世 70 週年而作，歷史研究，第 6 期。（本書 005 提要）

沈建華　曹錦炎 2008/2017　甲骨文字形表，上海辭書出版社；又增訂本。（本書 019 提要）

沈建華 1981　甲骨文釋文二則・釋雹　（本書 054）

沈建華 2002　釋卜辭中方位稱謂"陰"字，古文字研究，第 24 輯，中華書局（收入初學集：沈建華甲骨學論文選，文物出版社，2008 年）。（本書 083 提要）

沈建華 2017　《饒宗頤甲骨書札》編者序，中西書局。（本書 087 提要）

沈　培 1992　殷墟甲骨卜辭語序研究，文津出版社。（本書 072、096 提要）

沈　培 1994　讀《甲骨文虛詞詞典》，書品，第 3 期。（本書 072、084 提要）

沈　培 1999　從兩個"百年"紀念會談甲骨文的發現，中華讀書報，9 月 22 日。（本書 102 提要）

沈　培 2002　卜辭"雉衆"補釋，語言學論叢，第 26 輯，商務印書館。（本書 090、096 提要）

沈　培 2002　申論殷墟甲骨文"气"字的虛詞用法，北京大學中國古文獻研究中心集刊，第 3 輯，北京大學出版社。（本書 021、084 提要）

沈　培 2002　説殷墟甲骨文"气"字的虛詞用法，古文字研究，第 24 輯，中華書局。（本書 084 提要）

沈　培 2005　殷墟卜辭正反對貞的語用學考察　（本書 096。074、082 提要）

沈　培 2005　周原甲骨文裏的"囟"和楚墓竹簡裏的"囟"或"思"，中國文字學會、河北大學漢字研究中心編，漢字研究，第 1 輯，學苑出版社。（本書 074 提要）

沈　培 2006　關於殷墟甲骨文"今"的特殊用法，古文字研究，第 26 輯，中華書局。（本書 006、066 提要）

沈　培 2009　商代占卜中命辭的表述方式與人我關係的體現，古文字與古代史，第 2 輯，"中央研究院"歷史語言研究所。（本書 022、096、097 提要）

沈　培 2015　《關於殷墟卜辭的命辭是否問句的考察》導讀，中西學術名篇精讀・裘錫圭卷，中西書局。（本書 070、074 提要）

沈　培 2017　釋甲金文中的"迺"——兼論上古音魚月通轉的證據問題，"上古音與古文字研究的整合"國際研討會論文集，澳門大學中國語言文學系、香港浸會大學饒宗頤國學院主辦。（本書 103 提要）

沈之瑜 2002　甲骨文講疏，上海書店出版社。（本書 082 提要）

沈之瑜 2011　甲骨學基礎講義，上海古籍出版社。（本書 082 提要）

沈之瑜　濮茅左 1992　卜辭的辭式與辭序 （本書 082）

施順生 2002　甲骨文異字同形之探討，第十三屆全國暨海峽兩岸中國文字學學術研討會論文集。（本書 056 提要）

施謝捷 1995　甲骨文考釋三篇，南京師大學報（社會科學版），第 4 期。（本書 092 提要）

時　兵 2005　花園莊東地甲骨卜辭考釋三則，東南文化，第 2 期。（本書 105 提要）

時　兵 2007　上古漢語雙及物結構研究，安徽大學出版社。（本書 095 提要）

舒　鐵 2017　學術轉型視野下的《山海經》與民國古史研究——以王國維王亥考證爲中心，史林，第 6 期。（本書 004 提要）

司禮義（Paul L-M. Serruys）1969　甲骨刻辭的語言中的否定詞，裘錫圭 1979/2012 編校追記引。（本書 022 提要）

司禮義（Paul L-M. Serruys）1974　STUDIES IN THE LANGUAGE OF THE SHANG ORACLE INSCRIPTIONS（商代甲骨文中的語言研究）（本書 042。022、040、049、096 提要）

司禮義（Paul L-M. Serruys）1981　Towards a Grammar of the Language of the Shang Bone Inscriptions，"中央研究院"國際漢學會議論文集語言文字組。（本書 096 提要）

司禮義（Paul L-M. Serruys）1982　Basic Probrems Underlying the Process of Identification of the Chinese Graphs of the Shang Oracular Inscriptions，*The Bulletine of the Institute of History and Philology*，Vol.LIII，Pt.3.（本書 042 提要）

司禮義（Paul L-M. Serruys）1985　Notes on the Grammer of the Oracular Inscriptions of Shang，*Contribution to Sino-Tibetan Studies*，E. J. Brill.（本書 042 提要）

司禮義（Paul L-M. Serruys） 高嶋謙一 2010 殷虛文字丙編研究，"中央研究院"歷史語言研究所。（本書 073 提要）

松丸道雄 1959 甲骨文字，奎星會出版部。（本書 036 提要）

松丸道雄 1963 殷墟卜辭中の田獵地について——殷代國家構造研究のために（關於殷墟卜辭中的田獵地——爲研究殷代的國家構造）（節選）（本書 036）

松丸道雄 1980 甲骨文僞造問題新探，池田末利博士古稀記念東洋學論集（又陳維廉中譯本，古文字研究，第 6 輯，中華書局，1981 年）。（本書 116 提要）

松丸道雄 1980 西周青銅器とその國家，東京大學出版會。（本書 036 提要）

松丸道雄 1981/1988 日本蒐儲の殷墟出土甲骨について，東洋文化研究所紀要，第 86 册/日本收藏的殷墟出土甲骨（宋鎮豪中譯），人文雜志，第 4 期。（本書 064 提要）

松丸道雄 1983 東京大學東洋文化研究所藏甲骨文字，東京大學出版會。（本書 036 提要）

松丸道雄 1996 再論殷墟卜辭中的田獵地問題，盡心集：張政烺先生八十慶壽論文集，中國社會科學出版社。（本書 036 提要）

松丸道雄 2000 殷代の學書について，書學書道史研究，第 10 集。（本書 093 提要）

松丸道雄 2003 介紹一片四方風名刻辭骨——兼論習字骨與"典型法刻"的關係，紀念殷墟甲骨文發現一百週年國際學術研討會論文集，社會科學文獻出版社。（本書 029、064 提要）

松丸道雄 高嶋謙一 1994 甲骨文字字釋綜覽，東京大學出版會。（本書 016、036、049、073 提要）

宋華强 2002/2005 釋"𢆉、𣎵、𣩇、𣩇"字及其用法，甲骨文疑難語辭例釋，鄭州大學碩士學位論文，指導教師：王蘊智；釋甲骨文中的"今朝"和"來朝"，漢字研究，第 1 輯，學苑出版社。（本書 100 提要）

宋華强 2010 新蔡葛陵楚簡初探，武漢大學出版社。（本書 065 提要）

宋華强 2011 釋甲骨文的"戾"和"體"，語言學論叢，第 43 輯，商務印書館。（本書 092 提要）

宋雅萍 2008　殷墟 YH127 坑背甲刻辭研究，政治大學中國文學系碩士學位論文，指導教師：蔡哲茂、林宏明。（本書 041、104 提要）

宋雅萍 2011　說甲骨文、金文的"敢"字，出土文獻研究視野與方法，第 2 輯。（本書 103 提要）

宋雅萍 2014　商代背甲刻辭研究，政治大學中國文學系博士學位論文，指導教師：蔡哲茂。（本書 041 提要）

宋鎮豪 1983　甲骨文"九十"合書例，中原文物，第 4 期。（本書 011 提要）

宋鎮豪 2004　商代的疾患醫療與衛生保健，歷史研究，第 2 期。（本書 008、092 提要）

宋鎮豪 2006　從新出甲骨金文考述晚商射禮（本書 098）

宋鎮豪 2006　甲骨文中的夢與占夢，文物，第 6 期。（本書 008 提要）

宋鎮豪 2007　記國博所藏甲骨及其與 YH127 坑有關的大龜六版，中國國家博物館館藏文物研究叢書・甲骨卷，上海古籍出版社。（本書 064 提要）

宋鎮豪 2016　甲骨文釋義方法論的幾點反思，甲骨文與殷商史，新 6 輯，上海古籍出版社。（本書 108 提要）

宋鎮豪 2017　甲骨文材料的全面整理與研究，甲骨文與殷商史，新 7 輯，上海古籍出版社。（本書 064 提要）

宋鎮豪　趙鵬　馬季凡 2011　中國社會科學院歷史研究所藏甲骨集，上海古籍出版社。（本書 039 提要）

蘇建洲 2016　釋與"沙"有關的幾個古文字，出土文獻，第 9 輯，中西書局。（本書 086 提要）

蘇建洲 2017　西周金文"干"字再議，復旦大學出土文獻與古文字研究中心網站，http://www.gwz.fudan.edu.cn/Web/Show/2980，2 月 12 日。（本書 038 提要）

孫常敘 1992　瞿雀一字形變說（本書 083）

孫常敘 1998　"毁虎"考釋，孫常敘古文字學論集，東北師範大學出版社。（本書 108 提要）

孫海波 1935　卜辭文字小記，考古學社社刊，第 3 期。（本書 024 提要）

孫海波 1965　甲骨文編，中華書局。（本書 019 提要）

孫　機 2001　蜷體玉龍，文物，第 3 期。（本書 089 提要）

孫　俊 2005　殷墟甲骨文賓組卜辭用字情況的初步考察，北京大學碩士學位論文，指導教師：沈培。（本書 069 提要）

孫　俊　趙　鵬 2011　"艱"字補釋，甲骨文与殷商史，新 2 輯，上海古籍出版社。（本書 016 提要）

孫亞冰 2006　百年來甲骨文材料統計，故宮博物院院刊，第 1 期。（本書 064 提要）

孫亞冰 2014　殷墟花園莊東地甲骨文例研究·第三章第二節"一、異版成套卜辭的特點"，上海古籍出版社。（本書 047 提要）

孫亞冰 2014　殷墟花園莊東地甲骨文例研究，上海古籍出版社。（本書 023、033、056 提要）

孫亞冰 2019　殷墟卜骨的雙兆幹現象（本書 120）

孫詒讓 1904/1917　《契文舉例》選（本書 002）

孫詒讓 1927　契（栔）文舉例，蟬隱廬印行。（本書 006、010、034 提要）

孫詒讓 1988　古籀餘論，華東師範大學出版社。（本書 053 提要）

T

唐　蘭 1934　《殷虛文字記》選（本書 016）

唐　蘭 1934/1981　殷虛文字記，北京大學石印本（又中華書局，1981 年）。（本書 006、012、069 提要）

唐　蘭 1935　[釋斤]（本書 017）

唐　蘭 1936　卜辭時代的文學和卜辭文學（本書 018）

唐　蘭 2015　天壤閣甲骨文存并考釋，唐蘭全集，第 6 册，上海古籍出版社。（本書 016 提要）

唐　蘭 2015　殷虛文字二記，唐蘭全集·論文集，下編，上海古籍出版社。（本書 013 提要）

唐際根 2019　殷墟西北崗祭祀坑人骨與甲骨文中的"羌"，第一屆"出土文獻與中國古代史"學術論壇暨青年學者工作坊論文集，上海。（本書 002 提要）

唐鈺明 1992　屮、又考辨，古文字研究，第 19 輯，中華書局（收入著名中年語言學家自選集・唐鈺明卷，安徽教育出版社，2002 年）。（本書 055 提要）

陶　安　陳　劍 2011　《奏讞書》校讀札記，出土文獻與古文字研究，第 4 輯，上海古籍出版社。（本書 080 提要）

童恩正　張陞楷　陳景春 1977　關於使用電子計算機綴合商代卜甲碎片的初步報告，考古，第 3 期。（本書 041 提要）

W

王　紅 2015　殷人重視白馬補證——以一則重要綴合爲例，首都師範大學學報（社會科學版），第 1 期。（本書 052 提要）

王　暉 2003　殷商十干氏族研究，中國史研究，第 3 期。（本書 037 提要）

王　暉 2004　論殷墟卜辭中方位神和風神的蘊義，2004 年安陽殷商文明國際學術研討會論文集，社會科學文獻出版社。（本書 029、060 提要）

王　暉 2011　卜辭⌂字與古戈頭名"叚"新考——兼論"⌂"字非"圭"説，殷都學刊，第 2 期。（本書 035 提要）

王　暉 2017　甲骨金文"中"字初義與商周宗廟旗杆銘旌制度研究，陝西師範大學學報（哲學社會科學版），第 2 期（收入古文字與中國早期文化論集，科學出版社，2017 年）。（本書 069 提要）

王　素 2016　故宫博物院藏殷墟甲骨文整理與研究項目緣起，故宫博物院院刊，第 3 期。（本書 064 提要）

王　素 2017　故宫博物院藏殷墟甲骨文的整理與出版，甲骨文與殷商史，新 7 輯，上海古籍出版社。（本書 064 提要）

王　襄 1929　簠室殷契類纂，增訂本，河北第一博物院。（本書 002、006 提要）

王　襄 1961　古文流變臆説，龍門聯合書局。（本書 006 提要）

王恩田 2015　釋秋，復旦大學出土文獻與古文字研究中心網站，http://www.gwz.fudan.edu.cn/Web/Show/2578，8 月 25 日。（本書 016、049 提要）

王國維 1915　殷墟卜辭中所見地名考，雪堂叢刻。（本書 036 提要）

王國維 1917　戩壽堂所藏殷虚文字考釋，上海倉聖明智大學。（本書 006、

022、027、041 提要）

王國維 1917　殷卜辭中所見先公先王考　殷卜辭中所見先公先王續考　（本書 004。003 提要）

王國維 1917　殷周制度論　（本書 005）

王國維 1923　《觀堂集林》選　（本書 006）

王國維 1923　釋珇，觀堂集林，卷 6，烏程蔣汝藻密韻樓排印本。（本書 022 提要）

王化平　周　燕 2015　萬物皆有數：數字卦與先秦易筮研究，人民出版社。（本書 065 提要）

王宇信 1977　釋"九十"，文物，第 12 期。（本書 011 提要）

王宇信 1980　商代的馬和養馬業　（本書 052）

王宇信 1999　甲骨文"馬"、"射"的再考察——兼駁馬、射與戰車相配置說，出土文獻研究，第 5 集，科學出版社。（本書 052 提要）

王宇信 2009　中國甲骨學，上海人民出版社。（本書 052 提要）

王玉哲 1956　試論商代"兄終弟及"的繼統法與殷商前期的社會性質，南開學報（哲學社會科學版），第 1 期。（本書 005 提要）

王元鹿 1986　說"方"，辭書研究，第 2 期。（本書 035 提要）

王蘊智 2000　"贏"、"龍"考辨，殷商文明暨紀念三星堆遺址發現 70 週年國際學術研討會論文。（本書 089 提要）

王蘊智 2000/2004　出土文獻中所見的"贏"和"龍"　（本書 089）

王蘊智 2002　贏字探源，追尋中華古代文明的蹤跡——李學勤先生學術活動五十年紀念文集，復旦大學出版社（收入漢字漢語研究論集，中華書局，2004 年）。（本書 089 提要）

王蘊智 2006　釋甲骨文 ⚇ 字，古文字研究，第 26 輯，中華書局。（本書 035 提要）

王澤文 2012　對《瑞典斯德哥爾摩遠東古物博物館藏甲骨文字》的補充及相關著錄的調查，古文字研究，第 29 輯，中華書局。（本書 064 提要）

王占奎 2010　讀金隨札——內史亳同，考古與文物，第 2 期。（本書 111 提要）

王震中 2013　中國古代國家起源、發展與王權形成論綱，中原文化研究，第 6

王子楊 2011　説甲骨文中的"逸"字，故宫博物院院刊，第 1 期（收入甲骨文字形類組差異現象研究，中西書局，2013 年）。　（本書 002、090 提要）

王子楊 2012　卜辭"贏不既作"試解，出土文獻，第 3 輯，中西書局。　（本書 089 提要）

王子楊 2013　甲骨文舊釋"凡"之字絶大多數當釋爲"同"——兼談"凡"、"同'之別　（本書 111）

王子楊 2013　甲骨文字形類組差異現象研究，中西書局。　（本書 028、049、058、083、089、112 提要）

王子楊 2016　釋花東甲骨卜辭中的"禾"，古文字研究，第 31 輯，中華書局。　（本書 052 提要）

韋心瀅 2013　殷代商王國政治地理結構研究，上海古籍出版社。　（本書 112 提要）

魏慈德 2001/2011　［子組"又史"卜辭的意義］　（本書 088）

魏鴻雁 2017　日名制的產生及商王尊號，殷都學刊，第 2 期。　（本書 037 提要）

温少峰　袁庭棟 1983　殷墟卜辭研究——科學技術篇，四川省社會科學院出版社。　（本書 006、069 提要）

聞一多 1937　釋豕　（本書 019）

聞一多 1948　聞一多全集·古典新義，開明書店（又聞一多全集·10，湖北人民出版社，1993 年）。　（本書 004 提要）

鄔可晶 2011　文公之母弟鐘銘補釋，中國文字，新 36 期。　（本書 081 提要）

鄔可晶 2013　釋上博楚簡中的所謂"逐"字，簡帛研究 2012，廣西師範大學出版社。　（本書 028 提要）

鄔可晶 2014　談談所謂"射女"器銘，出土文獻，第 5 輯，中西書局。　（本書 012、016 提要）

鄔可晶 2019　"夔"及有關諸字綜理，商周金文與先秦史研究論叢，科學出版社。　（本書 004、013、075 提要）

鄔可晶 2019　釋"穗"　（本書 119）

吳浩坤 1989　商朝王位繼承制度論略，學術月刊，第 12 期。　（本書 005 提要）
吳俊德 2007　殷墟《屯》4050＋《屯補》244 新綴卜辭新探，臺大中文學報，第 26 期。　（本書 004 提要）
吳麗婉 2018　試論骨臼刻辭的順序，考古與文物，第 6 期。　（本書 012 提要）
吳其昌 1933　卜辭所見殷先公先王三續考，燕京學報，第 14 期。　（本書 004 提要）
吳其昌 1934/1959/2008　殷虛書契解詁，文哲季刊，第三卷第 2、3、4 期手書連載；又藝文印書館；武漢大學出版社。　（本書 004、006、066 提要）
吳新華 2013　甲骨文字形同形現象研究，河北大學碩士學位論文，指導教師：陳雙新。　（本書 056 提要）
吳振武 1998　"弋"字的形音義　（本書 086）
吳振武 2000　《合》33208 號卜辭的文字學解釋，史學集刊，第 1 期。　（本書 086 提要）
吳振武 2005　試說平山戰國中山王墓銅器銘文中的"旃"字，語言文字學研究，中國社會科學出版社（又載中國文字學報，第 1 輯，商務印書館，2006 年）。　（本書 086 提要）
吳振武 2012　"不是專家"的張政烺先生，中華讀書報，5 月 9 日 7 版。　（本書 065 提要）
吳鎮烽 2010　內史亳豐同的初步研究，考古與文物，第 2 期。　（本書 111、117 提要）
吳鎮烽 2020　釋讀山西黎城出土的季姒盤銘文——兼論否叔器，復旦大學出土文獻與古文字研究中心網站，http://www.gwz.fudan.edu.cn/Web/Show/4671，10 月 19 日。　（本書 054 提要）
武家璧 2013　周公廟"肜祭"卜辭及其天象與年代，殷都學刊，第 2 期。　（本書 099 提要）
武亞帥 2017　甲骨刻辭"屮/又"字句研究，西南大學碩士學位論文，指導教師：李發。　（本書 055 提要）

X

西北大學文博學院考古專業 2002　百年學府聚珍——西北大學歷史博物館藏品

選，文物出版社。（本書 064 提要）

西江清高 1990　1989 年の歷史學界回顧と展望（東アジア、中國、殷・周・春秋），史學雜誌，第 5 期。（本書 073 提要）

夏含夷 1983　*The Composition of the Zhouyi*，Ph.D. dissertation，Stanford University.（本書 040 提要）

夏含夷 1989　試論周原卜辭𠁾字——兼論周代貞卜之性質　（本書 074）

夏含夷 2012　再論周原卜辭由字與周代卜筮性質諸問題，興與象：中國古代文化史論集，上海古籍出版社。（本書 074 提要）

夏含夷 2014　契於甲骨——西方漢學家商周甲骨文研究概要，甲骨文與殷商史，新 4 輯，上海古籍出版社。（本書 042 提要）

夏含夷 2018　西觀漢記——西方漢學出土文獻研究概要，上海古籍出版社。（本書 040、042、045 提要）

夏　渌 1980　學習古文字散記，古文字研究，第 4 輯，中華書局。（本書 089 提要）

夏　渌 1981　釋弜——張宗騫《卜辭弜、弗通用考》的商榷，武漢大學學報（社會科學版），第 3 期。（本書 022 提要）

夏　渌 1985　釋甲骨文春夏秋冬——商代必知四季說，武漢大學學報（社會科學版），第 5 期。（本書 016、049 提要）

夏商周斷代工程專家組 2000　夏商周斷代工程 1996—2000 年階段成果報告・簡本，世界圖書出版公司北京公司。（本書 076 提要）

肖春林 1995　殷代的四方崇拜及相關問題，考古與文物，第 1 期。（本書 060 提要）

肖　楠 1980　論武乙、文丁卜辭，古文字研究，第 3 輯，中華書局。（本書 046、107 提要）

肖　楠 1984　再論武乙、文丁卜辭，古文字研究，第 9 輯，中華書局。（本書 046、107 提要）

肖　楠 1989　安陽殷墟發現《易卦》卜甲，考古，第 1 期。（本書 064 提要）

蕭良瓊 1983　卜辭中的"立中"與商代的圭表測景，科技史文集，第 10 輯，上海科學技術出版社。（本書 069 提要）

蕭良瓊 1986　卜辭文例與卜辭的整理和研究　（本書 084）

謝　濟 1982	試論歷組卜辭的分期，胡厚宣等編，甲骨探史錄，生活・讀書・新知三聯書店。　（本書 046 提要）	
謝明文 2011	試說金文中的"戈"字，中國文字，新 37 期，藝文印書館。　（本書 118 提要）	
謝明文 2012	商代金文的整理與研究，復旦大學博士學位論文，指導教師：裘錫圭。　（本書 052 提要）	
謝明文 2012	㚔一形兩用試析，商代金文的整理與研究（下編九），復旦大學博士學位論文，指導教師：裘錫圭。　（本書 086 提要）	
謝明文 2013	釋金文中的"䤆"字，中國文字，新 39 期，藝文印書館（收入商周文字論集，上海古籍出版社，2017 年）。　（本書 105 提要）	
謝明文 2014	臣諫簋銘文補釋，中國國家博物館館刊，第 3 期。　（本書 111 提要）	
謝明文 2015	霸伯盤銘文補釋，中國文字，新 41 期，藝文印書館（收入商周文字論集，上海古籍出版社，2017 年）。　（本書 086 提要）	
謝明文 2015	說"臨"　（本書 113）	
謝明文 2015	談談青銅酒器中所謂三足爵形器的一種別稱，出土文獻，第 7 輯，中西書局。　（本書 117 提要）	
謝明文 2016	"或"字補說，出土文獻研究，第 15 輯，中西書局。　（本書 099 提要）	
謝明文 2016	說䵼與蔑，出土文獻，第 8 輯（收入商周文字論集，上海古籍出版社，2017 年）。　（本書 008 提要）	
謝明文 2018	西周金文車器"鞎"補釋——兼論《詩經》"鞹鞃"，漢字漢語研究，第 4 期。　（本書 053 提要）	
謝明文 2019	試論"揚"的一種異體——兼說"圭"字，甲骨文與殷商史，新 9 輯，上海古籍出版社。　（本書 035 提要）	
謝湘筠 2008	殷墟第十五次發掘所得甲骨研究，政治大學碩士學位論文，指導教師：蔡哲茂。　（本書 033、041、047 提要）	
新　亭 2014	岐山周公廟卜甲"王斯妹克奔逸于廟"的觀察和思考，復旦大學出土文獻與古文字研究中心網站，http://www.gwz.fudan.edu.cn/Web/Show/2254，4 月 26 日。　（本書 099 提要）	

徐寶貴 2008　石鼓文整理研究，中華書局。（本書 012 提要）

徐亮工 2015　從"書"裏到"書"外：徐中舒先生的治學方法，徐中舒，古器物中的古代文化制度，商務印書館。（本書 009 提要）

徐錫臺 1980　西德、瑞士藏我國殷墟出土的甲骨文，人文雜志，第 5 期。（本書 064 提要）

徐錫臺 1987　周原甲骨文綜述，三秦出版社。（本書 099 提要）

徐在國 2018　試說古文字中的"矛"及從"矛"的一些字，簡帛，第 17 輯，上海古籍出版社。（本書 119 提要）

徐中舒 1930　耒耜考　（本書 009。035 提要）

徐中舒 1987　我的學習之路，文史知識，第 6 期（又先秦史十講・代前言，中華書局，2009 年）。（本書 009 提要）

禤健聰 2008　楚簡釋讀瑣記（五則），古文字研究，第 27 輯，中華書局。（本書 105 提要）

許進雄 1965　對張光直先生的《商王廟號新考》的幾點意見，"中央研究院"民族學研究所集刊，第 19 期。（本書 037 提要）

許進雄 1968　殷卜辭中五種祭祀的研究，臺灣大學文學院。（本書 006 提要）

許進雄 1970　鑽鑿對卜辭斷代的重要性　（本書 039）

許進雄 1972　略談貞人的在職年代，中國文字，第 44 期。（本書 039 提要）

許進雄 1972　談貞人荷的年代，中國文字，第 43 期。（本書 039 提要）

許進雄 1973　卜骨上的鑽鑿形態，藝文印書館。（本書 039 提要）

許進雄 1973　從長鑿的配置試分第三與第四期的卜骨，中國文字，第 48 期。（本書 039、114 提要）

許進雄 1977　明義士收藏甲骨釋文篇，加拿大皇家安大略博物館。（本書 039、114 提要）

許進雄 1978　甲骨的長鑿形態示例，董作賓先生逝世十四周年紀念刊，藝文印書館。（本書 039 提要）

許進雄 1978　鑽鑿研究略述，屈萬里先生七秩榮慶論文集，聯經出版事業公司。（本書 039 提要）

許進雄 1979　懷特氏等收藏甲骨文集，皇家安大略博物館。（本書 039 提要）

許進雄 1979　甲骨上鑽鑿形態的研究，藝文印書館。（本書 039 提要）

許進雄 1984　區分第三期與第四期卜骨的嘗試，中國文字，新 9 期。（本書 039 提要）

許進雄 1984　讀小屯南地甲骨的鑽鑿形態，中國語文研究，香港中文大學。（本書 039 提要）

許進雄 1999　甲骨第三期兆側刻辭，臺大中文學報，第 11 期。（本書 039 提要）

許進雄 2010　許進雄古文字論集，中華書局。（本書 039 提要）

許倬雲 1965　關於《商王廟號新考》一文的幾點意見，"中央研究院"民族學研究所集刊，第 19 期。（本書 031、037 提要）

許子瀟 2017　西周甲骨材料整理及相關問題研究，吉林大學碩士學位論文，指導教師：馮勝君。（本書 052、099 提要）

Y

顏世鉉 2015　說"截"字的構形及其用法，戰國文字研究的回顧與展望國際學術研討會論文集，復旦大學出土文獻與古文字研究中心。（本書 086 提要）

嚴一萍 1957　卜辭四方風新義，大陸雜誌，第 15 卷第 1 期。（本書 029、081 提要）

嚴一萍 1966　釋小㝬，中國文字，第 19 期。（本書 031 提要）

嚴一萍 1970　重印殷虛書契前編序，殷虛書契前編重印本，臺北藝文印書館（又刊中國文字，第 37 冊，臺灣大學中文系，1970 年；收入萍廬文集，第 3 輯，臺北藝文印書館，1989 年；又收入甲骨文獻集成，第 40 冊）。（本書 043 提要）

嚴一萍 1975　甲骨綴合新編，藝文印書館。（本書 041、077 提要）

嚴一萍 1975　文武丁祀譜，"中央研究院"歷史語言研究所集刊，第 46 本第 2 分。（本書 091 提要）

嚴一萍 1976　殷虛書契前編的三種不同版本（本書 043）

嚴一萍 1976　甲骨綴合新編補，藝文印書館。（本書 041 提要）

嚴一萍 1980　甲骨是非偶記，中國文字，新 1 期，香港藝文印書館（收入萍廬文集，第 2 輯，臺北藝文印書館，1989 年）。（本書 043 提要）

嚴志斌 2016　商金文編，中國社會科學出版社。（本書 022 提要）

楊　華　要二峰 2015　商周射禮研究及其相關問題——兼評袁俊傑著《兩周射禮研究》，史學月刊，第 12 期。　（本書 098 提要）

楊寶成　楊錫璋 1983　從殷墟小型墓葬看殷代社會的平民，中原文物，第 1 期。（本書 103 提要）

楊逢彬 1998　殷墟甲骨刻辭動詞研究，武漢大學博士學位論文，指導教師：郭錫良。　（本書 095 提要）

楊蒙生 2017　紐約蘇富比 2015 春季拍賣會所見部分中國古文字資料簡編，甲骨文與殷商史，新 7 輯，上海古籍出版社。　（本書 064 提要）

楊紹萱 1950　關於"殷周殉人"的問題，光明日報，4 月 26 日。　（本書 051 提要）

楊升南 1982　對商代人祭身分的考察，先秦史論文集，人文雜志（增刊）。（本書 051 提要）

楊升南 1983　卜辭所見諸侯對商王室的臣屬關係，甲骨文與殷商史，上海古籍出版社。　（本書 058 提要）

楊升南 1985　從殷墟卜辭中的"示"、"宗"說到商代的宗法制度，中國史研究，第 3 期。　（本書 005 提要）

楊升南 1988　商代人牲身份的再考察，歷史研究，第 1 期。　（本書 051 提要）

楊升南 1992　論郭沫若解放以來有關中國奴隸社會的研究，郭沫若史學研究學術討論會論文集。　（本書 051 提要）

楊樹達 1945/1954　甲骨文中之四方風名與神名，積微居甲文說・卜辭瑣記，中國科學院。　（本書 029、060、081 提要）

楊樹達 1954　釋追逐　（本書 028）

楊樹達 1954/1986　積微居甲文說，中國科學院；上海古籍出版社。　（本書 016、027 提要）

楊樹達 1954　《戰後京津新獲甲骨集》序，群聯出版社。　（本書 029 提要）

楊樹達 1983　積微居小學述林，中華書局。　（本書 059 提要）

楊希枚 1966　聯名制與卜辭商王廟號問題，"中央研究院"民族學研究所集刊，第 21 期。　（本書 037 提要）

楊希枚 1989　論商王廟號問題兼論同名和異名制及商周卜俗，殷墟博物苑苑刊（創刊號），中國社會科學出版社。　（本書 031、037 提要）

楊郁彥 2004　甲骨文同形字疏要，臺灣輔仁大學博士學位論文，指導教師：季旭昇。（本書 056 提要）

楊澤生 2005　甲骨文字研究的開端——劉鶚《鐵雲藏龜》自序略論，漢字研究，第 1 輯，學苑出版社。（本書 001 提要）

楊澤生 2006　甲骨文"丿"讀爲"奇"申論，華學，第 8 輯，紫禁城出版社。（本書 012 提要）

姚　萱 2006　殷墟花園莊東地甲骨卜辭的初步研究，綫裝書局。（本書 033、052、085、098 提要）

姚　萱 2012　非王卜辭的"瘥"補說，河北大學學報（哲學社會科學版），第 4 期。（本書 052、105 提要）

姚孝遂　肖　丁（趙　誠）1985　小屯南地甲骨考釋·今來翌　（本書 066）

姚孝遂 1963　論甲骨刻辭文學，吉林大學社會科學學報，第 2 期。（本書 018 提要）

姚孝遂 1979　商代的俘虜　（本書 051）

姚孝遂 1981　甲骨刻辭狩獵考，古文字研究，第 6 輯，中華書局。（本書 109 提要）

姚孝遂 1984　牢宰考辨　（本書 062）

姚孝遂 1985　小屯南地甲骨考釋，中華書局。（本書 006 提要）

姚孝遂 1989　《殷墟甲骨刻辭類纂》序，中華書局（收入姚孝遂古文字論集，中華書局，2010 年）。（本書 087 提要）

姚孝遂 1989　殷墟甲骨刻辭類纂，中華書局。（本書 019 提要）

姚孝遂 1996　于省吾主編，姚孝遂按語編撰，甲骨文字詁林，中華書局。（本書 044 提要）

葉祥奎 1990　陝西長安灃西西周墓地出土的龜甲，考古，第 6 期。（本書 104 提要）

葉祥奎　劉一曼 2001　河南安陽殷墟花園莊東地出土的龜甲研究，考古，第 8 期。（本書 104 提要）

葉玉森 1929　殷契鉤沈，北平富晉書社。（本書 010 提要）

葉玉森 1933　殷虛書契前編集釋，上海大東書局。（本書 002、006、010、

027 提要）

伊藤道治 1987　天理參考館所藏の甲骨について，天理教道友社。　（本書064 提要）

于豪亮 1977　説引字　（本書 044）

于　芹　張　媛 2017　山東博物館藏甲骨述要，甲骨文與殷商史，新 7 輯，上海古籍出版社。　（本書 064 提要）

于省吾 1939、1940/1979　《甲骨文字釋林》選　（本書 021）

于省吾 1940　雙劍誃殷契駢枝，大業印書局。　（本書 021 提要）

于省吾 1941　雙劍誃殷契駢枝續編，大業印書局。　（本書 021 提要）

于省吾 1943　釋𥫗，雙劍誃殷契駢枝三編，大業印書局（雙劍誃殷契駢枝・雙劍誃殷契駢枝續編・雙劍誃殷契駢枝三編［附古文雜釋］，中華書局，2009 年）。　（本書 020 提要）

于省吾 1943　雙劍誃殷契駢枝三編，大業印書局。　（本書 021、024 提要）

于省吾 1945　雙劍誃殷契駢枝四編稿本。　（本書 021 提要）

于省吾 1956　商周金文錄遺・序言，科學出版社（1957）。　（本書 060 提要）

于省吾 1957　從甲骨文看商代社會性質，東北人民大學人文科學學報，第 2—3 期。　（本書 058 提要）

于省吾 1979　甲骨文字釋林，中華書局。　（本書 096 提要）

于省吾 1979　釋具有部分表音的獨體象形字　釋古文字中附劃因聲指事字的一例　（本書 048）

于省吾 1979　釋广、庂，甲骨文字釋林，中華書局。　（本書 008 提要）

于省吾 1979　釋杏、㤅，甲骨文字釋林，中華書局。　（本書 052 提要）

于省吾 1979　釋四方和四方風的兩個問題，甲骨文字釋林，中華書局。　（本書 029、060 提要）

于省吾 1979　釋屯，甲骨文字釋林，中華書局。　（本書 118 提要）

于省吾 1979　釋次、盗，甲骨文字釋林，中華書局。　（本書 067 提要）

于省吾 1982　于省吾自傳（林澐執筆），晉陽學刊，第 2 期。　（本書 021 提要）

于省吾 2009　雙劍誃殷契駢枝・雙劍誃殷契駢枝續編・雙劍誃殷契駢枝三編，中華書局。　（本書 021 提要）

于省吾主編 1996 甲骨文字詁林，中華書局。 （本書 002、016、019、021、022、054、075、105 提要）

余永梁 1927 殷虛文字考，清華研究院國學論叢，第 1 卷第 1 號。 （本書 034 提要）

虞萬里 2006 商周稱謂與中國古代避諱起源，傳統中國研究集刊，第 1 輯，上海人民出版社。 （本書 037 提要）

喻遂生 2002 甲骨文雙賓語句研究 （本書 095）

喻遂生 2002 甲金語言文字研究論集，巴蜀書社。 （本書 028 提要）

喻遂生 2007 語法研究與卜辭訓釋，綿陽師範學院學報，第 4 期。 （本書 095 提要）

袁俊傑 2013 兩周射禮研究，科學出版社。 （本書 098 提要）

袁倫强　李　發 2017 釋"扶"，第六屆中國文字發展論壇論文集，中州古籍出版社。 （本書 084 提要）

Z

曾毅公 1939 甲骨叕存，齊魯大學國學研究所。 （本書 041 提要）

曾毅公 1950 甲骨綴合編，修文堂書店。 （本書 041 提要）

曾毅公 1973/2000 論甲骨綴合 （本書 041）

曾毅公 2016 殷虛卜辭後編考釋，文物出版社。 （本書 007 提要）

詹鄞鑫 1986 甲骨文字考釋二則・釋慶 （本書 067）

展　翔 2019 "安陽民間系"甲骨著録文獻校理，甲骨文與殷商史，新 9 輯，上海古籍出版社。 （本書 064 提要）

章　念 2010 殷墟甲骨第二至五期卜辭文例研究，西南大學碩士學位論文，指導教師：喻遂生。 （本書 082 提要）

章　霜 2013 甲骨文形同形近現象例説，福建師範大學碩士學位論文，指導教師：林志强。 （本書 056 提要）

章秀霞 2019 甲骨文所見商代先公研究 120 年回眸，中國社會科學報，10 月 21 日。 （本書 004 提要）

張秉權 1956 卜龜腹甲的序數，"中央研究院"歷史語言研究所集刊，第 28 本

《慶祝胡適先生六十五歲論文集》上冊。（本書 033、041、104 提要）

張秉權 1957　殷虛文字丙編・序，"中央研究院"歷史語言研究所。（本書 033 提要）

張秉權 1957—1972　殷虛文字丙編，"中央研究院"歷史語言研究所。（本書 006、041 提要）

張秉權 1960　論成套卜辭（本書 033）

張秉權 1968　祭祀卜辭中的犧牲，"中央研究院"歷史語言研究所集刊，第 38 本。（本書 062 提要）

張秉權 1983　記先師董作賓先生手批殷虛書契前編——附論前編的幾種版本，"中央研究院"歷史語言研究所集刊，第 54 本第 2 分（收入甲骨文獻集成，第 34 冊）。（本書 043 提要）

張秉權 1988　甲骨文與甲骨學，"國立"編譯館。（本書 032、033、041 提要）

張聰東 1970　甲骨文所見商朝的祭祀：中國上古宗教之古文字學的研究，Otto Harrassowitz。（本書 042 提要）

張聰東 2018　李成純譯《李學勤先生讀書筆記摘選》，出土文獻，第 13 輯，中西書局。（本書 046 提要）

張富祥 2005　商王名號與上古日名制研究，歷史研究，第 2 期。（本書 037 提要）

張富祥 2011　重讀王國維《殷周制度論》，史學月刊，第 7 期。（本書 005 提要）

張富祥 2014　日名制・昭穆制・姓氏制度研究，上海古籍出版社。（本書 031、037 提要）

張光直 1963　商王廟號新考（本書 037。003、031 提要）

張光直 1973　談王亥與伊尹的祭日並再論殷商王制，"中央研究院"民族學研究所集刊，第 35 期。（本書 037 提要）

張光直 1980　商文明，耶魯大學出版社。（本書 007 提要）

張光直 1983　中國青銅時代，生活・讀書・新知三聯書店。（本書 037 提要）

張桂光 2007　讀卜辭三劄・說廟號，華南師範大學學報（社會科學版），第 2 期。（本書 037 提要）

張培瑜 1999　甲骨文日月食與商王武丁的年代，文物，第 3 期；日月食卜辭的證

		認與殷商年代，中國社會科學，第 5 期。（本書 076 提要）
張世超	1986	古文字"義近形旁通用"問題，東北師範大學學報（哲學社會科學版），第 2 期。（本書 062 提要）
張世超	2001	賓組大字骨版刻辭研究 （本書 093）
張世超	2002	殷墟甲骨字跡研究——自組卜辭篇，東北師範大學出版社。（本書 062 提要）
張世超等	1996	金文形義通解，（京都）中文出版社。（本書 081 提要）
張惟捷	2013	説殷卜辭中的"縣"（梟）字，復旦大學出土文獻與古文字研究中心網站，http://www.gwz.fudan.edu.cn/Web/Show/2051，5 月 16 日。（本書 108 提要）
張惟捷	2013	殷墟 YH127 坑賓組甲骨新研，萬卷樓。（本書 041、114 提要）
張惟捷	2017	史語所藏殷墟甲骨目驗校訂九則，甲骨文與殷商史，新 7 輯，上海古籍出版社。（本書 116 提要）
張惟捷 宋雅萍	2018	從一版新材料看甲骨文家譜刻辭的真僞問題 （本書 116）
張新俊	2005	釋殷墟甲骨文中的"騽"，古籍整理研究學刊，第 3 期。（本書 052 提要）
張 旭	2018	背甲形態的整理與研究，首都師範大學碩士學位論文，指導教師：黃天樹。（本書 104 提要）
張亞初	1981	甲骨金文零釋·釋祇（附 𤔲、品、娟、𥁕） （本書 053）
張永山 羅 琨	1980	論歷組卜辭的年代，古文字研究，第 3 輯，中華書局。（本書 046 提要）
張宇衛	2012	再探甲骨、金文"𢦏"字及其相關字形，臺大中文學報，第 37 期。（本書 086 提要）
張宇衛	2013	甲骨卜辭戰爭刻辭研究——以賓組、出組、歷組爲例，臺灣大學文學院中國文學研究所博士學位論文，指導教師：徐富昌。（本書 041 提要）
張宇衛	2016	楚簡"捷"字再探，經學文獻研究集刊，第 16 輯，上海書店出版社。（本書 086 提要）

張宇衛 2017　　説"述"字及其相關問題，臺大文史哲學報，第 87 期。　（本書 080 提要）

張玉金 1988　　卜辭中表示兩事時間關係的詞的意義和用法　（本書 072）

張玉金 1990　　論卜辭中表示一事爲另一事時間背景的虚詞，古漢語研究，第 1 期。　（本書 072 提要）

張玉金 1994　　甲骨文虚詞詞典，中華書局。　（本書 045、072 提要）

張玉金 1995　　論殷墟卜辭命辭的語氣問題，古漢語研究，第 3 期。　（本書 040、073 提要）

張玉金 1998　　論甲骨文中表示兩事先後關係的虚詞，古漢語研究，第 3 期。（本書 072 提要）

張玉金 2000　　周原甲骨文"囟"字釋義，殷都學刊，第 1 期。　（本書 074 提要）

張玉金 2001　　甲骨文語法學，學林出版社。　（本書 072、095 提要）

張玉金 2001　　殷墟卜辭命辭語言本質及其語氣研究評述，古籍整理研究學刊，第 1 期。　（本書 040、073 提要）

張玉金 2002　　甲骨卜辭語法研究，廣東高等教育出版社。　（本書 072 提要）

張玉金 2002　　釋甲骨文中的"㠯"和"㠯"，古文字研究，第 23 輯，中華書局、安徽大學出版社。　（本書 112 提要）

張玉金 2003　　20 世紀甲骨語言學，學林出版社。　（本書 072 提要）

張玉金 2004　　殷墟甲骨文"正"字釋義，語言科學，第 4 期。　（本書 056、094 提要）

張玉金 2006　　殷墟甲骨文"吉"字研究，古文字研究，第 26 輯，中華書局。（本書 035 提要）

張振林 2014　　釋"𣎳𣎳（本）、𣎵𣎵(拔)"之我見，古文字研究，第 30 輯，中華書局。　（本書 080 提要）

張政烺 1951　　古代中國的十進制氏族組織　（本書 025）

張政烺 1973　　卜辭"裒田"及其相關諸問題，考古學報，第 1 期。　（本書 025 提要）

張政烺 1980　　試釋周初青銅器銘文中的易卦，考古學報，第 4 期。　（本書 065 提要）

張政烺 1983　　殷契"𠚖田"解，甲骨文與殷商史，第 1 輯，上海古籍出版社。

（本書 025 提要）

張政烺 1984　帛書《六十四卦》跋，文物，第 3 期。　（本書 065 提要）

張政烺 1985　殷墟甲骨文中所見的一種筮卦　（本書 065）

張政烺 1988　易辨——近幾年根據考古材料探討《周易》問題的綜述，中國哲學，第 14 輯，人民出版社（該文寫於 1984 年）。　（本書 065 提要）

張政烺 2012　古代中國的十進制氏族組織，張政烺文集·甲骨金文與商周史研究，中華書局。　（本書 103 提要）

張忠松 1981　《説"引"字》質疑，考古，第 6 期。　（本書 044 提要）

張宗騫 1940　卜辭弜弗通用考　（本書 022）

趙愛學 2017　國家圖書館的甲骨收藏與整理發布，甲骨文與殷商史，新 7 輯，上海古籍出版社。　（本書 064 提要）

趙　誠 1988　甲骨文簡明詞典——卜辭分類讀本，中華書局。　（本書 056 提要）

趙　誠 1989　甲骨文行爲動詞探索（一），古文字研究，第 17 輯，中華書局。（本書 067 提要）

趙　誠 2002　甲骨文的弘和引，古文字研究，第 23 輯，中華書局（收入探索集，中華書局，2011 年）。　（本書 044 提要）

趙　誠 2003　斷代和歷組卜辭討論，古籍整理研究學刊，第 6 期。　（本書 057 提要）

趙　誠 2005　楊樹達甲骨文研究，古漢語研究，第 1 期。　（本書 028 提要）

趙　誠 2006　二十世紀甲骨文研究述要，書海出版社。　（本書 030、040、073 提要）

趙　誠 2014　兩周金文中的"弘"和"引"，古文字研究，第 30 輯，中華書局。（本書 044 提要）

趙　誠　陳　曦 2001　殷墟卜辭命辭性質討論述要，古籍整理研究學刊，第 1 期。　（本書 040、073 提要）

趙紅蕾 2016　甲骨刻辭辨僞研究成果匯總及相關問題研究，吉林大學碩士學位論文，指導教師：何景成。　（本書 116 提要）

趙　鵬 2007　關於殷墟甲骨文中"婦某"的結構問題，殷墟甲骨文人名與斷代的初步研究，綫裝書局。　（本書 012 提要）

趙　鵬 2007	殷墟甲骨文人名與斷代的初步研究，綫裝書局。　（本書 050 提要）	
趙　鵬 2009	殷墟甲骨文女名結構分析，甲骨文與殷商史，新 1 輯，綫裝書局。　（本書 016 提要）	
趙　鵬 2016	賓一類胛骨兆序排列的整理研究，南方文物，第 3 期。　（本書 114 提要）	
趙　鵬 2016	賓組三類胛骨鑽鑿與兆序排列的初步整理與研究，出土文獻研究，第 15 輯，中西書局。　（本書 114 提要）	
趙　鵬 2016	師賓間類胛骨兆序排列及其相關問題，古文字研究，第 31 輯，中華書局。　（本書 114 提要）	
趙　鵬 2017	殷墟 YH127 坑賓組龜腹甲鑽鑿佈局探析　（本書 114）	
趙　鵬 2018	出組二類胛骨鑽鑿佈局、兆序排列與占卜，古文字研究，第 32 輯，中華書局。　（本書 114 提要）	
趙　鵬 2019	論同貞卜辭，待刊稿。　（本書 047 提要）	
趙　鵬 2019	殷墟甲骨鑽鑿研究述評，甲骨文與殷商史，新 9 輯，上海古籍出版社。　（本書 039 提要）	
趙平安 2000	戰國文字的"遊"與甲骨文"夆"爲一字説　（本書 090。002 提要）	
趙平安 2001	從楚簡"娩"的釋讀談到甲骨文的"娩妌"，簡帛研究 2001，廣西師範大學出版社（收入新出簡帛與古文字古文獻研究，商務印書館，2009 年）。　（本書 012 提要）	
趙平安 2008	關於"廼"的形義來源，中國文字學報，第 2 輯，商務印書館（收入新出簡帛與古文字古文獻研究，商務印書館，2009 年）。　（本書 092 提要）	
趙平安 2014	戰國文字"噬"的來源及其結構分析，古文字研究，第 30 輯，中華書局（收入新出簡帛與古文字古文獻研究續集，商務印書館，2018 年）。　（本書 092 提要）	
趙平安　王子楊 2013	甲骨學研究的豐碩成果——《裘錫圭學術文集·甲骨文卷》評述，中國典籍與文化，第 4 期。　（本書 057 提要）	
趙錫元 1956	試論殷代的主要生産者"衆"和"衆人"的社會身分，東北人民大學人文科學學報，第 4 期。　（本書 103 提要）	

趙錫元 1980　論商代的繼承制度，中國史研究，第 4 期。（本書 005 提要）

鄭邦宏　喻遂生 2016　古文字中的形近字"引""弘"與古文獻校訂，古籍整理研究學刊，第 1 期。（本書 044 提要）

鄭慧生 1984　商代卜辭四方神名、風名與後世春夏秋冬四時之關係，史學月刊，第 6 期。（本書 029、060、081 提要）

鄭慧生 1984　從商代無嫡妾制度說到它的生母入祀法，社會科學戰綫，第 4 期。（本書 005 提要）

鄭繼娥 2007　甲骨文祭祀卜辭語言研究，巴蜀書社。（本書 095 提要）

鄭傑祥 1994　商代四方神名和風名新證，中原文物，第 3 期。（本書 029、060、081 提要）

郅曉娜 2012　家譜刻辭百年研究綜述，中國社會科學院歷史研究所先秦史研究室網站，http://www.xianqin.org/blog/archives/2879.html，12 月 31 日（又爲郅曉娜 2013 之一節）。（本書 116 提要）

郅曉娜 2013　金璋的甲骨收藏與研究，中國社會科學院研究生院博士學位論文，指導教師：宋鎮豪。（本書 116 提要）

中國社會科學院考古研究所 1983　小屯南地甲骨鑽鑿形態·卜骨上鑿之排列，小屯南地甲骨下册第 3 分册，中華書局。（本書 039、114 提要）

中國社會科學院考古研究所 2003　殷墟花園莊東地甲骨鑽鑿形態研究·卜甲上鑽鑿排列型式，殷墟花園莊東地甲骨，雲南人民出版社。（本書 039、114 提要）

中國社會科學院考古研究所 2012　殷墟小屯村中村南甲骨·小屯村中村南甲骨鑽鑿形態，雲南人民出版社。（本書 039 提要）

中國社會科學院考古研究所安陽工作隊 2012　河南安陽市殷墟王裕口村南地 2009 年發掘簡報，考古，第 12 期。（本書 110 提要）

中國社會科學院語言研究所古代漢語研究室 1999　古代漢語虛詞詞典，商務印書館。（本書 045 提要）

鍾柏生 1989　殷商卜辭地理論叢，藝文印書館。（本書 036 提要）

鍾舒婷 2018　典型賓組甲骨文分類新探，甲骨文與殷商史，新 8 輯，上海古籍出版社。（本書 078 提要）

周　波 2019　說上博簡《容成氏》的"冥"及其相關諸字，古文字與出土文獻青年學者論壇論文集，長春（收入出土文獻與中國經學、古史研究國際

學術研討會論文集，高文出版社，2019年）。（本書119提要）

周　嘉 2018　上海新發現兩版甲骨文考釋，練祁研古：上海練祁古文字研究中心集刊，第1輯，中西書局。（本書064提要）

周鴻翔 1958　商殷帝王本紀，香港（收入甲骨文獻集成，第20冊，四川大學出版社，2001年）。（本書004提要）

周鴻翔 1969　卜辭對貞述例，香港萬有圖書公司。（本書096提要）

周鴻翔（Hung-Hsiang Chou） 1973　Computer Matching of Oracle Bone Fragments, Archaeology, Number 3. 陳仲玉譯，甲骨文破片的電腦拼兌法，大陸雜誌，第47卷第3分。（本書041提要）

周書燦 2012　《殷周制度論》新論——學術史視野下的再考察，清華大學學報（哲學社會科學版），第5期。（本書005提要）

周原考古隊 2006　2003年陝西岐山周公廟遺址調查報告，古代文明，第5卷，文物出版社。（本書064提要）

周忠兵 2004　《小屯南地甲骨·釋文》校訂，東北師範大學碩士學位論文，指導教師：張世超。（本書041提要）

周忠兵 2006　甲骨文中幾個從"丄（牡）"字的考辨，中國文字研究，第7輯，廣西教育出版社。（本書052提要）

周忠兵 2009　卡內基博物館所藏甲骨的整理與研究，吉林大學博士學位論文，指導教師：林澐。（本書041提要）

周忠兵 2011　從甲骨金文材料看商周時的墨刑　（本書108。092提要）

周忠兵 2011　從卡內基博物館所藏甲骨實物看早期甲骨的作偽問題，中國國家博物館館刊，第3期。（本書116提要）

周忠兵 2013　甲骨鑽鑿形態研究，考古學報，第2期。（本書039、085提要）

周忠兵 2015　卡內基博物館所藏甲骨研究，上海人民出版社。（本書039、041提要）

周忠兵 2015　釋甲骨文中的"阩"——兼說"升""祼"之別，中國書法，第24期。（本書112提要）

朱芳圃 1947　殷卜辭中所見先公先王再續考，新中華，復刊第5卷第4期。（本書004提要）

朱芳圃 1962　《殷周文字釋叢》選　（本書035）

朱芳圃 1962　殷周文字釋叢，中華書局。　（本書002、067提要）

朱鳳瀚 1981　殷墟卜辭中"衆"的身份問題，南開學報（哲學社會科學版），第2期。　（本書103提要）

朱鳳瀚 1990　金文日名統計與商代晚期商人日名制，中原文物，第3期。　（本書037提要）

朱鳳瀚 1990　商周家族形態研究，天津古籍出版社。　（本書025、026提要）

朱鳳瀚 1990　殷墟卜辭所見商王室宗廟制度，歷史研究，第6期。　（本書112提要）

朱鳳瀚 2000　說殷墟甲骨文中的"龍"字及相關諸字，故宮博物院院刊，第6期。　（本書089提要）

朱鳳瀚 2009　再讀殷墟卜辭中的"衆"　（本書103。025提要）

朱鳳瀚 2015　新見商金文考釋（二篇），出土文獻與古文字研究，第6輯，上海古籍出版社。　（本書035提要）

朱　旗 2015　新鄉市博物館館藏甲骨，華夏考古，第3期。　（本書064提要）

朱曉雪 2017　美國哥倫比亞大學所藏甲骨梳理，華僑大學學報（哲學社會科學版），第4期。　（本書064提要）

朱彥民 2001　《明義士家藏中國文物展》中兩片甲骨考釋，文史哲，第4期。（本書064提要）

朱彥民 2008　近代學術史上的一大公案——關於甲骨文發現研究諸說的概括與評議，邯鄲學院學報，第2期。　（本書102提要）

朱彥民 2013　論殷卜辭中"河"的自然神屬性，黃河文明與可持續發展，第5輯，河南大學出版社。　（本書004提要）

鄒芙都　卜兆明 2011　西南大學藏甲骨文考釋七則，文獻，第3期。　（本書064提要）

附錄三：精選論文篇目分類索引 *

一、甲骨文材料蒐集整理

劉　鶚 1903　《鐵雲藏龜》自序　　　　　　　　　　　　　　　（本書 001）
董作賓 1957　甲骨實物之整理　　　　　　　　　　　　　　　　（本書 032）
曾毅公 1973/2000　論甲骨綴合　　　　　　　　　　　　　　　（本書 041）
嚴一萍 1976　殷虛書契前編的三種不同版本　　　　　　　　　　（本書 043）
白玉崢 1978　殷墟第十五次發掘成組卜甲　　　　　　　　　　　（本書 047）
胡厚宣 1984　八十五年來甲骨文材料之再統計　　　　　　　　　（本書 064）
劉一曼 1997　安陽殷墟甲骨出土地及其相關問題　　　　　　　　（本書 085）
董　珊 2006　試論周公廟龜甲卜辭及其相關問題　　　　　　　　（本書 099）
李學勤 2007　汐翁《龜甲文》與甲骨文的發現　　　　　　　　　（本書 102）
張惟捷　宋雅萍 2018　從一版新材料看甲骨文家譜刻辭的真偽問題
　　　　　　　　　　　　　　　　　　　　　　　　　　　　　（本書 116）

二、甲骨文字詞考釋研究

孫詒讓 1904/1917　《契文舉例》選　　　　　　　　　　　　　（本書 002）
羅振玉 1910　殷商貞卜文字考　　　　　　　　　　　　　　　　（本書 003）
王國維 1923　《觀堂集林》選　　　　　　　　　　　　　　　　（本書 006）
丁　山 1930　釋𡈼　釋𦎧　　　　　　　　　　　　　　　　　　（本書 008）
商承祚 1931　釋甲　釋霝　　　　　　　　　　　　　　　　　　（本書 010）
郭沫若 1931、1934　釋五十　釋七十——殷文紀數之一新例　　 （本書 011）

---

* 說明：以下大致按五大類列出本書選入的 120 篇甲骨學論文，以便讀者關注特定領域的研究狀況。這五類是：一、甲骨文材料蒐集整理；二、甲骨文字詞考釋研究；三、甲骨卜辭分類斷代研究；四、甲骨形態卜法與文例文法研究；五、甲骨文所反映的歷史文化等內容研究。每類內部再按發表年代排序。

容　庚	1934	甲骨文編序	（本書 015）
唐　蘭	1934	《殷虛文字記》選	（本書 016）
唐　蘭	1935	［釋斤］	（本書 017）
聞一多	1937	釋豕	（本書 019）
陳夢家	1939	［釋注　釋囧　釋生月］	（本書 020）
于省吾	1939、1940/1979	《甲骨文字釋林》選	（本書 021）
朱芳圃	1962	《殷周文字釋叢》選	（本書 035）
金祥恒	1962	釋后	（本書 034）
李孝定	1964	讀契識小錄·說干	（本書 038）
于豪亮	1977	說引字	（本書 044）
于省吾	1979	釋具有部分表音的獨體象形字　釋古文字中附劃因聲指事字的一例	（本書 048）
郭若愚	1979	釋鼀	（本書 049）
張亞初	1981	甲骨金文零釋·釋祇（附埶、呂、妞、鼗）	（本書 053）
沈建華	1981	甲骨文釋文二則·釋雹	（本書 054）
黃錫全	1981	甲骨文"屮"字試探	（本書 055）
陳煒湛	1981	甲骨文異字同形例	（本書 056）
常正光	1982	"辰爲商星"解——釋"辰、晨、農"	（本書 059）
曹錦炎	1982	釋甲骨文北方名	（本書 060）
裘錫圭	1983	釋"虫"	（本書 061）
姚孝遂	1984	牢宰考辨	（本書 062）
詹鄞鑫	1986	甲骨文字考釋二則·釋憂	（本書 067）
黃德寬	1988	卜辭所見"中"字本義試說	（本書 069）
蔡哲茂	1988	釋"𦥑""𢍏"	（本書 071）
劉　釗	1990	釋甲骨文耤、羲、蟺、敖、栽諸字	（本書 077）
陳漢平	1991	古文字釋叢·釋因	（本書 081）
冀小軍	1991	說甲骨金文中表祈求義的奉字——兼談奉字在金文車飾名稱中的用法	（本書 080）
孫常敘	1992	瞿雀一字形變說	（本書 083）
吳振武	1998	"弋"字的形音義	（本書 086）
王蘊智	2000/2004	出土文獻中所見的"羸"和"龍"	（本書 089）

趙平安 2000	戰國文字的"遊"與甲骨文"奉"爲一字説	（本書 090）
陳　劍 2006	釋"造"	（本書 100）
方稚松 2007	釋殷墟花園莊東地甲骨中的瓚、祼及相關諸字	（本書 101）
郭永秉 2010	談古文字中的"要"字和从"要"之字	（本書 105）
王子楊 2013	甲骨文舊釋"凡"之字絶大多數當釋爲"同"——兼談"凡"、"同"之别	（本書 111）
何景成 2015	試釋甲骨文中讀爲"廟"的"勺"字	（本書 112）
謝明文 2015	説"臨"	（本書 113）
李春桃 2018	釋甲骨文中的"觸"字	（本書 117）
蔣玉斌 2018	釋甲骨金文的"蠢"兼論相關問題	（本書 118）
鄔可晶 2019	釋"穗"	（本書 119）

三、甲骨卜辭分類斷代研究

明義士 1928	殷墟卜辭後編序	（本書 007）
董作賓 1933	甲骨文斷代研究例	（本書 014）
貝塚茂樹　伊藤道治 1953	甲骨文斷代研究法の再檢討——董氏の文武丁時代卜辭を中心として（甲骨文斷代研究法的再檢討——以董氏所謂文武丁時代卜辭爲中心）	（本書 026）
陳夢家 1956	殷虚卜辭綜述・斷代　上	（本書 030）
李學勤 1989	殷墟甲骨兩系説與歷組卜辭	（本書 046）
裘錫圭 1981	論"歷組卜辭"的時代	（本書 057）
林　澐 1984	小屯南地發掘與殷墟甲骨斷代	（本書 063）
彭裕商 1990	賓組卜辭的時代分析	（本書 078）
常玉芝 2001	黄組周祭分屬三王的再論證	（本書 091）
黄天樹 2005	重論關於非王卜辭的一些問題	（本書 097）
崎川隆 2010	"字排特徵"的觀察對殷墟甲骨文字體分類研究的重要性	（本書 106）
劉一曼　曹定雲 2011	三論武乙、文丁卜辭	（本書 107）

四、甲骨形態卜法與文例文法研究

郭沫若 1934	骨臼刻辭之一考察	（本書 012）

張宗騫 1940	卜辭弜弗通用考	（本書 022）
胡厚宣 1944	武丁時五種記事刻辭考	（本書 023）
楊樹達 1954	釋追逐	（本書 028）
張秉權 1960	論成套卜辭	（本書 033）
許進雄 1970	鑽鑿對卜辭斷代的重要性	（本書 039）

David N. Keightley（吉德煒）1972　SHIH CHENG 釋貞：A NEW HYPOTHESIS ABOUT THE NATURE OF SHANG DIVINATION（釋貞：商代占卜本質的新假設）（節選）　　（本書 040）

Paul L-M. Serruys（司禮義）1974　STUDIES IN THE LANGUAGE OF THE SHANG ORACLE INSCRIPTIONS（商代甲骨文中的語言研究）
（本書 042）

David S. Nivison（倪德衛）1977　THE PRONOMINAL USE OF THE VERB YU（GIŬG：屮, 㞢, 㝆, 有）IN EARLY ARCHAIC CHINESE（動詞"屮、㞢、㝆、有"在早期古漢語中的代詞性用法）　（本書 045）

張政烺 1985	殷墟甲骨文中所見的一種筮卦	（本書 065）
姚孝遂　趙　誠 1985	小屯南地甲骨考釋・今來翌	（本書 066）
常玉芝 1987	晚期龜腹甲卜旬卜辭的契刻規律及意義	（本書 068）
裘錫圭 1988	關於殷墟卜辭的命辭是否問句的考察	（本書 070）
張玉金 1988	卜辭中表示兩事時間關係的詞的意義和用法	（本書 072）
高嶋謙一 1989	殷代貞卜言語の本質（殷代貞卜語言的本質）	（本書 073）
夏含夷 1989	試論周原卜辭䚄字——兼論周代貞卜之性質	（本書 074）
沈之瑜　濮茅左 1992	卜辭的辭式與辭序	（本書 082）
蕭良瓊 1996	卜辭文例與卜辭的整理和研究	（本書 084）
張世超 2001	賓組大字骨版刻辭研究	（本書 093）
季旭昇 2002	《雨無正》解題	（本書 094）
喻遂生 2002	甲骨文雙賓語句研究	（本書 095）
沈　培 2005	殷墟卜辭正反對貞的語用學考察	（本書 096）
黃天樹 2010	甲骨形態學	（本書 104）
趙　鵬 2017	殷墟 YH127 坑賓組龜腹甲鑽鑿佈局探析	（本書 114）
林宏明 2017	賓組骨面刻辭起刻位置研究	（本書 115）
孫亞冰 2019	殷墟卜骨的雙兆幹現象	（本書 120）

五、甲骨文所反映的歷史文化等內容研究

王國維 1917	殷卜辭中所見先公先王考　殷卜辭中所見先公先王續考	
		（本書 004）
王國維 1917	殷周制度論	（本書 005）
徐中舒 1930	耒耜考	（本書 009）
郭沫若 1931	釋祖妣	（本書 013）
唐　蘭 1936	卜辭時代的文學和卜辭文學	（本書 018）
董作賓 1945	［大采、小采］	（本書 024）
張政烺 1951	古代中國的十進制氏族組織	（本書 025）
島邦男 1953/1975	禘祀	（本書 027）
胡厚宣 1956	釋殷代求年於四方和四方風的祭祀	（本書 029）
李學勤 1957	論殷代親族制度・日名的意義	（本書 031）
松丸道雄 1963	殷墟卜辭中の田獵地について――殷代國家構造研究のために
	（關於殷墟卜辭中的田獵地――爲研究殷代的國家構造）（節選）
		（本書 036）
張光直 1963	商王廟號新考	（本書 037）
林　澐 1979	從武丁時代的幾種"子卜辭"試論商代的家族形態	（本書 050）
姚孝遂 1979	商代的俘虜	（本書 051）
王宇信 1980	商代的馬和養馬業	（本書 052）
林　澐 1981	甲骨文中的商代方國聯盟	（本書 058）
劉　桓 1989	釋胾	（本書 075）
馮　時 1990	殷曆歲首研究	（本書 076）
Jean A. Lefeuvre（雷煥章）1990　RHINOCEROS AND WILD BUFFALOES NORTH OF THE YELLOW RIVER AT THE END OF THE SHANG DYNASTY: Some Remarks on the Graph 兕 and the Character 兕（晚商黃河北部的犀牛和野水牛――談談兕形與兕字）		（本書 079）
饒宗頤 1999	《甲骨文通檢》田獵篇前言（節選）	（本書 087）
魏慈德 2000/2011	［子組"又史"卜辭的意義］	（本書 088）
李宗焜 2001	從甲骨文看商代的疾病與醫療	（本書 092）
宋鎮豪 2006	從新出甲骨金文考述晚商射禮	（本書 098）

朱鳳瀚 2009	再讀殷墟卜辭中的"衆"	（本書 103）
周忠兵 2011	從甲骨金文材料看商周時的墨刑	（本書 108）
常耀華 2012	甲骨文田獵刻辭性質芻議	（本書 109）
何毓靈 2013	論殷墟新發現的兩座"甲骨貞人"墓	（本書 110）

後　記

　　2018年6月,"中國文字學高端論壇暨中國文字學會理事會"在西南大學舉行,會上教育部語信司王丹卉調研員就教育部、國家語委牽頭開展的"甲骨文等古文字研究與應用"專項工作進展及推進計劃做了詳細介紹。爲迎接甲骨文發現和研究120周年,教育部、國家語委決定設立兩個專項課題予以支持,並委託中國文字學會具體落實。中國文字學會理事會通過調研和協商,決定由我率復旦大學出土文獻與古文字研究中心承擔其中的一個課題,課題內容初步定爲對120年來甲骨文研究成果的總結。會後經與黃德寬會長及學界幾位同仁交換意見,最後確定題目爲《傳承中華基因——一百二十年來甲骨文研究論文精選及提要》(後改爲《傳承中華基因——甲骨文發現一百二十年來甲骨學論文精選及提要》),初衷是想在甲骨文發現和研究120周年的關鍵節點,總結甲骨學發展的歷程,展望甲骨學未來的發展方向,爲研究者和愛好者提供一份集中的、具有指導意義的論著精選和提要,以期深入發掘甲骨文的歷史思想和文化價值,擴大甲骨學的公衆關注度和社會影響。具體做法是在甲骨文發現和研究120年來公開發表的1萬多篇論文中,精選出120篇能充分體現甲骨學研究的總體面貌,在學術上有貢獻、有發明創見的論文,將這些論文重新錄入排版,製作添加更爲準確清晰的字形,並爲之撰寫提要。

　　2018年7月初完成了課題申報並成立了課題組,課題組成員包括劉釗(復旦大學)、陳劍(復旦大學)、崎川隆(吉林大學)、趙鵬(中國社會科學院)、周忠兵(吉林大學)、方稚松(北京外國語大學)、蔣玉斌(復旦大學)、王子楊(首都師範大學,後調至清華大學)、謝明文(復旦大學)、葛亮(上海博物館)、劉雲(河南大學)、袁倫强(首都師範大學)共 12 人。除負責人劉釗外,其餘都是 70 年代後出生的當前甲骨學界最優秀的年輕學者。課題組成立後,經廣泛收集和查閱資料,並參考宋鎮豪先生主編的《百年甲骨學論著目》等工具書,擬出了一份有 204 篇論文的初選目錄以徵求意見。

2018 年 7 月 16 日,課題立項論證會在復旦大學舉行,教育部語用司、語信司司長田立新,教育部語信司調研員王丹卉,復旦大學副校長陳志敏,復旦大學傑出教授裘錫圭,以及課題組主要人員出席會議。會上裘錫圭先生對精選論文的分類、收錄原則、具體篇目等提出了指導性意見。陳志敏副校長表達了學校對課題的大力支持。田立新司長最後做總結講話,希望課題組發揮優勢,確保品質,打造精品;注重選篇的代表性、貢獻度、標誌性和國際化。會後課題組成員對初選的 204 篇論文逐一進行了討論,並遵照裘錫圭先生在論證會上提出的"可選可不選的堅決不選"、"課題組在選擇自己文章或關係密切的人的文章時,更要謹慎,要比別人更嚴格"的意見,經過增刪調整,形成了 181 篇論文選目的第一版。之後第一版選目在聽取了裘錫圭先生的意見後,又進行了精簡和調整,形成了 121 篇論文選目的第二版。

2018 年 8 月,教育部語信司司務會議確認該課題意義重大,決定儘快立項。課題立項前,經 5 位專家評審,一致給予了充分肯定。2018 年 8 月 3 日,教育部、國家語委"甲骨文等古文字研究與應用"專項重大委託項目"傳承中華基因——一百二十年來甲骨文研究論文精選及提要"(項目編號:YWZ-J012,後調整爲現名)正式立項。

2018 年 10 月,經與時任商務印書館上海分館總經理賀聖遂先生協商,確定課題成果由商務印書館上海分館負責編輯出版。

2019 年 1 月,課題開題論證會在復旦大學舉行。課題組聘請由吳振武(組長)、宋鎮豪、黃天樹、黃錫全、王蘊智、陳偉武 6 人組成的專家委員會蒞臨復旦大學進行指導。會上諸位專家對課題論文選目和課題研發提出了很多建設性意見。裘錫圭先生也提出了很多重要意見和建議。2019 年 1 月 10 日至 11 日,課題組召開全體會議,對第二版 121 篇論文目錄又進行了逐一討論,再次歷數國內外研究機構和甲骨學者,以確保重要論文不被遺漏,最後確定了 120 篇論文的第三版目錄。會議還討論並確定了提要撰寫要則、分配了任務並簽訂了工作合同。商務印書館編輯也被邀參加,並就錄入、校勘和提要撰寫等問題進行了溝通。

2019年3月25日,"甲骨文等古文字研究與應用專項工作專家委員會"會議在北京召開,會議議題之一,是就《傳承中華基因——一百二十年來甲骨文研究論文精選及提要》(後調整爲現名)課題研發工作聽取專家的意見和建議。與會各位專家對課題的定位、內容、呈現形式及論文選目提出了一些參考意見。會後,課題組根據專家的意見和建議,又對論文選目做了調整,形成了論文選目的第四版。調整之處包括增收卜辭分類分期研究中持歷組晚期説的篇目,以全面反映該項研究的歷程;決定每位作者入選論文篇數進一步壓縮爲不超過3篇,相應地加入更多作者的論文,使論文作者的涵蓋面更爲廣泛。之後論文選目第四版又經過課題組討論,少數待定篇目得以確定,最後於2020年5月形成了論文選目第五版。

2019年2月,向出版社提交了120篇精選論文的底本。

2019年12月11日至12日,課題組召開《提要》審定會,會後對《提要》部分又進行了進一步的修改並提交出版社。

課題的論文選目經過反覆討論,數易其稿,在修改過程中不斷徵求、聽取各方面意見,儘量做到最大化地公平公正,照顧全面。經過艱難痛苦的斟酌打磨,歷經近一年才最終定稿。即使這樣,這一論文選目也只能説主要代表了課題組的意見,並不代表學界的共識。要在1萬多篇有關甲骨學的論文中選出120篇經典論文,是件非常困難的事情,很容易陷入吃力不討好和得罪人的境地。首先,何爲經典論文,每個人就有每個人的看法,很難定於一尊。其次,因個人學術背景、研究領域和興趣好惡的不同,每個人對他人的學術評價都有差異,甚至差別很大,而個人對自身的評價和學術界對其的評價又多有不同,甚至相反。因此,這就造成對一個人及其學術的評價,一般情況下很難有一個普適的準確定評的境況。課題組在確定論文選目時,既要考慮論文品質和學術上的貢獻力及創新度,也要考慮作者的學術資歷、學術影響和學術貢獻,還要考慮論文不同內容的均衡、撰寫時代的涵蓋和作者國別地域的分佈,等等。如有的甲骨學者主要以著作名世,重要學術思想和創見主要體現在著作中,而本課題爲論文精選(節選著作的僅有少數特例),這種情況下入選的論文自然就較少。

論文選目最初按論文所屬大類、每類內部再按發表年代排次,後來爲了直觀反映 120 年來甲骨學研究的發展歷程，調整爲全部按照發表年代排序。總體來看，這個論文選目集思廣益，照顧全面，基本上反映了甲骨學研究 120 年來的重要成果，可以説既保證了代表性，又有較廣泛的覆蓋面。

120 篇入選論文按所涉研究領域大體分爲五類，各類篇數如下：

  A. 甲骨文材料蒐集整理 10 篇
  B. 甲骨文字詞考釋研究 47 篇
  C. 甲骨卜辭分類斷代研究 11 篇
  D. 甲骨形態卜法及文例文法研究 26 篇
  E. 甲骨文歷史文化等内容研究 26 篇

從論文作者看，共有作者 101 位。其中境内學者 72 位，境外及國外學者 29 位。其中中國臺灣地區作者 13 位：董作賓、金祥恒、李孝定、張秉權、嚴一萍、白玉崢、蔡哲茂、季旭昇、李宗焜、魏慈德、林宏明、張惟捷、宋雅萍；中國香港地區作者 2 位：饒宗頤、沈培；日本作者 5 位：貝塚茂樹、伊藤道治、島邦男、松丸道雄、崎川隆；美國作者 5 位：張光直、吉德煒、倪德衛、司禮義、夏含夷；加拿大作者 3 位：明義士、許進雄、高嶋謙一；法國作者 1 位：雷焕章。作者入選論文達 3 篇的有 8 位，2.5 篇（合著的各計半篇）的 1 位，2 篇的 5 位，1.5 篇的 1 位，1 篇的 78 位，合著的 8 位。

從論文發表的時間看，很能體現甲骨學研究各階段的特點。"學如積薪，後來居上"，因爲"後出轉精"，所以在論文選目上也體現了"厚今薄古"：

  1899—1927 年 6 篇
  1928—1948 年 19 篇
  1949—1978 年 23 篇
  1979—1998 年 39 篇
  1999—2018 年 33 篇

課題組成員全部參與了《提要》部分的撰寫和全書文稿的校訂，蔣玉斌研究員義務承擔了編製論文選目、與出版社聯繫溝通、組織學生校對等工作,操心費力,貢獻最多。在編製論文選目、撰寫提要、校對文稿等工作中,課題組全體成員齊心協力,認真高效,完成了一次成功的科研協作。復旦大學出土文獻與古文字研究中心在讀或已畢業的學生趙争、暨慧琳、張昂、高强、吴淏、徐曉美慧、楊熠、黄博、何滿福共9人參與了全部書稿的校對,付出了很多時間和精力。

從課題的申報立項,到書稿的撰寫出版,教育部語信司田立新司長、王丹卉調研員始終給予了關心和指導;中國文字學會黄德寬會長、張涌泉副會長在項目立項和題目確定上也曾給予幫助;蒐集選篇論文文本時,黄天樹、張玉金、林宏明、張惟捷、宋雅萍、孫亞冰、李春桃等先生提供了word文稿,朱鳳瀚先生還專門發來論文校勘意見,爲編輯出版提供了方便;最令人感動的是,裘錫圭先生還爲本書撰寫了簡短的《前言》。商務印書館學術顧問賀聖遂先生和上海分館鮑静静總經理、總編輯非常重視這一選題,在編輯出版方面給予了大力支持,編輯閆海文、周祺超認真負責,全力協助。對以上各位的指導、幫助、支持和協助,我代表課題組在此致以誠摯的謝意。

書稿在論文選目方面一定還存在取捨不當、遺珠失玉之處,提要部分也一定有評騭欠妥、優劣誤判的地方,希望讀者能夠及時發現並賜告,我們一定會認真聽取並採納,在合適的時候加以修改和彌補。

本書所收120篇論文的作者達100多位,在編輯過程中,得到其中很多作者或家屬的支持和配合,我們非常感謝。受客觀條件的限制,一部分作者或家屬一時還聯繫不上,我們希望本書出版後,一時聯繫不上的作者或家屬若有需要,可以通過本書或其他讀者跟我們聯繫。

劉 釗
2021年7月於上海索然居

項目統籌：鮑静静　李彦岑
責任編輯：閻海文　周祺超
封面設計：高　原